近代建築保存の技法
Preservation of Modern Architecture

テオドール・H・M・プルードン 著

玉田浩之 編訳

鹿島出版会

PRESERVATION OF MODERN ARCHITECTURE by Theodore H.M.Prudon

Copyright ©2008 by John Wiley & Sons, Inc.

All rights reserved.

Published 2012 in Japan by Kajima Institute Publishing Co., Ltd.

Japanese translation published by arrangement with John Wiley & Sons International Rights, Inc.
through The English Agency (Japan) Ltd.

近代建築保存の技法

Preservation of Modern Architecture

本書について

　本書の翻訳は「建築リソース・マネジメントの人材育成」とわれわれが名づけた、大学院の教育プログラムのなかから生まれたものである。

　建築教育に長い実績を誇る京都工芸繊維大学には、私や本書の翻訳者・玉田も含めて建築史に関連する教育・研究に携わる教員が数多く在籍している。従来の大学における建築学教育のなかでは、建築史は新たに建築を創造するために参照される知識を提供する学として位置づけられてきた。われわれも、そうした立場から講義を行ってきた。

　しかし、成熟社会を迎えて、状況は大きく変わりつつある。歴史的に築かれてきた環境そのものが、建築のテーマになりつつあるのではないか。そこで、われわれは、建築史の新しい教育内容が必要になると考えた。扱う対象を文化財建築に限定するのではなく、すでに存在するあらゆる建築、あるいはその資料にまで拡大し、それを資源（リソース）として捉える。そのうえで、その資源をどのように扱っていけるのか、そのための知識や技能を育成する教育プログラムを構想した。

　幸いにも、この教育構想は文部科学省の「大学院教育改革支援プログラム（大学院GP）」に採択され、2009年度から大学院博士前期・後期課程の教育プログラムとして開始することとなった。本書は、このプログラムのなかから生み出された成果のひとつなのである。したがって、まずもって、この支援には感謝しなければならない。

　しかし、建築をリソースとして捉える、といってはみたものの、実際にその認識に立ったときに必要となる知識や技能、知恵はきわめて多岐にわたり、しかも今のところ曖昧なままの部分が多い。認識の方法は明快だが、教育プログラムの中身を構築するのはきわめて難しい。建築やその資料を価値づけるための理念や方法、それを使い続けるための制度や戦略、そして、使い続けるためのマネジメント。今までの狭義の建築史学では、とうてい太刀打ちできない広がりを持っている。従来の文化財保存のノウハウだけでは足りないことがあまりにも多い。

　そこでわれわれは、学生とともに現場で学ぶことから始めた。おもに日本とアジアを中心とした、建築保存や町並み保存、建築資料アーカイブなどの現場に、現地の教員や技術者らの協力を得ながら主体的にかかわり、広範な知識と技能を学んでいった（その様子をリアルタイムに伝える「アーキリソース」というウェブのページも構築しているので参照してほしい）。しかし、そこで得られた知識・技能だけでは、教育プログラムを体系化することは難しい。すでに同様な目的を持った事業を展開している専門家や研究者からも多くのことを学ばなければならない。とりわけ、建築の保存事業においては、長い歴史を刻んできた欧米から学ぶことはきわめて多い。

　そこで、国際シンポジウムを開催するなどして、建築リソース・マネジメントとい

う教育プログラムの可能性を模索してきた。そのなかで、本書の重要性に気づかされたのである。近代建築の保存について、それ自身を研究テーマとしてきたプルードンによる本書には、まさに、われわれが扱わなければならない課題が、すべて網羅され論じられているといってよい。われわれが目指す建築をリソースとして捉え保存・再生する事業は、確かにわが国でも社会的テーマのひとつとして認識されつつあるが、必ずしもその成果による議論の深化や理論化が進んだとはいいがたい。その背景には、本書のような欧米の優れた理論書が紹介されないままになっている状況があるのではないかとも考えた。

　とりわけ、本書が扱っている近代建築をめぐっては、その保存のための分析と議論はきわめて重要である。本書でも指摘されるように、近代建築には、それより古い様式建築に見られるような本質的に備わる永続性の性質が希薄だ。それが希薄だからこそ、近代の建築として成立したともいえるだろう。したがって、それでもなお、それを保存し活用しようとするには、設計者の企図だけでなく、人々の思いや社会的コンテクストも丹念に読み取り、機能的・技術的な解決の方法まで深く踏み込んでいく必要がある。そこで、その多様な論点を丹念に検証している本書のような存在こそが、建築の保存・再生を目指す方法論の構築において、きわめて重要なテキストになるのである。

　しかも、本書は抽象的な議論にとどまっておらず、広範な保存事例の紹介を伴っている。ここに集められた近代建築の保存事例は、単純な類型化を拒むほどに複雑で多様であるが、そのことが、本書で提示される議論の最大の価値となっているともいえるだろう。そして、そのことは同時に教育用のテキストとしても優れた特長となるわけである。

　実際に、本書の翻訳作業は、教育プログラムのなかで博士後期課程の実習の一環として行われた。もちろん、翻訳の最終責任者は指導にあたった玉田浩之であり、本書は玉田の翻訳によるものといえるが、その下訳の作業とそこでの議論を通じて、学生たちは建築の保存から広がる広範な問題群に自らの関心を開いていくことになったようだ。

　こうして、教育プログラムのなかから生まれた本書であるが、その成果は、われわれの教育成果を超えて大きな意味を持つことになるはずだ。近代建築の保存に関わるプルードンの膨大な論考を日本語で読むことができるようになったことで、わが国の建築保存をめぐる議論は確実に深化を遂げることになるはずであり、その成果は、個別の保存・再生の事業の展開にも大きな力となっていくことは間違いないであろう。そうした結果として現れるのは、新しい建築の世界であるはずだ。つくり上げる建築ではなく、使い続ける建築の世界だ。

　そうした新しい建築の世界が確実に広がることで、初めて、われわれの教育プログラムの成果も問われることになる。この翻訳書の出版が、建築を使い続けるための知識と技能に基づく新しい職能を確立することに、ぜひともつながってほしいと願っている。

京都工芸繊維大学大学院教授・「建築リソース・マネジメントの人材育成」教育プログラム事業代表

中川　理

目次

本書について　中川 理　4

謝辞　8

序文　10

第1部　近代建築の保存——概論

第1章　近代建築保存のはじまり　16

第2章　建築保存のデザインに影響する哲学的な課題　39

第3章　保存の理念と基準の発展　71

第4章　近代的な素材と工法における保存の論点　98

第5章　近代建築を保存する——なぜ、何を、どこを、どういう方法で保存するのか　192

第6章　近代の建造物および構造物の調査と評価　207

第2部　建築保存の類型学

第7章　パヴィリオン　238
　　　　バルセロナ・パヴィリオン　240
　　　　アルミネア・ハウス　247

第8章　住宅建築　253
　　　　一戸建て住宅　255
　　　　　サヴォア邸　259
　　　　　グロピウス邸　263
　　　　　ファンズワース邸　270

　　　　郊外住宅地　275
　　　　　グリーンベルト　277
　　　　　レヴィット・タウン　282
　　　　　マー・ヴィスタ　287

　　　　集合住宅・高層住宅　293
　　　　　チャタム・タワーズ　295
　　　　　ピ ボディ・テラス　301
　　　　　レイモンド・M・ヒリアード・センター　308

第9章	プレファブリケーション　315
	セメスト・ハウス　319
	ラストロン・ハウス　325

第10章	学校　331
	オープンエアスクール　333
	クローアイランド小学校　337
	ムンケゴー小学校　342

第11章	舞台芸術センター　348
	ロイヤル・フェスティバル・ホール　350
	リンカーン・センター　356
	シドニー・オペラハウス　364

第12章	ホテル　372
	カリブ ヒルトン ホテル　375
	SASロイヤルホテル　380

第13章	空港ターミナル　386
	TWAターミナル, ジョン・F・ケネディ国際空港　390
	ワシントン・ダレス国際空港　398

第14章	産業建築　405
	フィアット・リンゴット工場　409
	ファン・ネレ工場　417

第15章	外壁構成材──ガラスと石材　426
	ガラス
	シュンク百貨店　430
	レヴァー・ハウス　435
	外装石材
	フィンランディアホール　438
	アモコ・ビル　441

第16章	複合施設　443
	ゾンネストラール・サナトリウム　444
	ファースト・プレスビテリアン教会堂　451

訳者あとがき　玉田浩之　457

索引　460

謝辞

　私の建築、建築史、保存に対する興味や思考は、ふたりの卓越した人物に多くを負っている。私がオランダのデルフト工科大学で学生をしていたとき、ティーチングアシスタントとして4年間ヤン・テルヴェン教授のもとで働く機会を得た。建築家であり歴史家でもあった彼から、歴史的建築を正しく理解することの重要性、そして読書、研究、執筆することの大切さを教わった。コロンビア大学大学院の歴史保全学科で研究を続けていた頃、著述家、建築家、そして熱心な近代主義者かつ保存主義者でもあったジェームス・マーストン・フィッチ教授のティーチングアシスタントとなり、その後、大学教員としてともに働く機会を得た。彼は私を保存の世界へと導き、意見を持つことの重要性やそのために積極的に立ち上がることの重要性に気づかせてくれた。建築の実務はもちろんだが、この本の執筆を可能にしたのは彼らの指導の賜物である。

　一般建築と近代建築の保存問題に対する私の関心は、大勢の人々と協働するなかで培われてきた。ともに働いた人々すべてが内容を深めるため、さまざまなかたちで寄与している。私はドコモモ・インターナショナルとドコモモUSの両方に属しているが、両組織がアメリカ合衆国や諸外国の保存実務に関する貴重な知識を提供してくれた。ドコモモは当初のモダニズム建築の国際的な広がりとさまざまな国々や支部が直面している問題の類似性を裏づけてきた。

　本をつくるという作業は、決してひとりでできるものではない。多くの人々の見識、助言、援助のうえに成り立つということを認めなければならない。お世話になったのは以下の方々である。アリーズ＆モリソン・アーキテクツは、ロイヤル・フェスティバル・ホールに関する資料や事務所が担当した仕事の情報を、ジョン・ブレイハンはミドル・リバーの情報と見識を提供してくれた。ドルフ・ブロークハウゼンは、学校の一般的な評価、特にオープンエアスクールの評価について教示してくれた。リーランド・D・スコットはピーボディ・テラスに関する助言をしてくれた。ヴィッセル・デ・ヨンゲはファン・ネレ工場を案内してくれただけでなく、修復や技術の一般的な見識を提供してくれた。ウィリアム・デュポンはファンズワース邸のテキストやそれに関連する問題を明示してくれた。グレッグ・フレンツェルとローリー・R・ハメルは各章に目を通してコメントしてくれた。マイルス・グレンディニングはエディンバラのモアダンやその地区のアイロ・ハウスの情報を、ピーター・ホルステンはレイモンド・M・ヒリアード・センターの案内と関連する情報を提供してくれた。マルッティ・ヨッキネンはフィンランディアホールの情報を提供し解説してくれた。ジーン・ランビンはラストロン・ハウス研究の橋渡しをしてくれたうえに、ラストロン・ハウスの考察やプレファブリケーションの草稿に目を通してくれた。キャサリン・ロングフェローはプレファブリケーションの研究材料を、エミリー・ガンツブルガー・メイカスはテネシー・オークリッジのセメスト・ハウスの研究と写真を提供してくれた。リナ・ノードランダーとマイケル・シェリンダンはコペンハーゲンのラディソンロイヤルSASホテルに関する情報を提供し、建物を案内してくれた。カイル・ノル

マンディンは技術に関する問題について、いくつかコメントしてくれた。フレッド・ピーレンはインターコンチネンタルホテルの開発初期の出版物を提供してくれた。ジャック・パイバーンはアメリカの「ショックベトン」の研究成果を寛容にも提供してくれただけでなく、本書を読んで多くの箇所にコメントしてくれた。マイケル・シュワルティングはアルミネア・ハウスの情報提供と案内をしてくれた。オーラ・ウェドブルンはムンケゴー小学校の研究と図版を提供し、建物を案内してくれた。ペニー・アン・ザレタはグロピウス邸を案内してくれただけでなく、該当する章に目を通してくれた。

そのほかにも、コンラッド・シュミット・スタジオのバーナード・グルンク・ジュニアとコンラッド・ピッケル・スタジオのポール・ピッケルは「ダル・ド・ヴェール」に関する見識を提供してくれた。ローフ・ガラス・スタジオのピーター・ローフ・シニアはファースト・プレスビテリアン教堂の「ダル・ド・ヴェール」の知識を提供してくれた。いずれの事例においても彼らの見識が私の記述や分析に磨きをかけ、洗練させる助けとなり、同時に誤りや誤認を正してくれている。

多くのプライベート・コレクションや公的なコレクションは、本書での画像の掲載を快諾してくれた。写真クレジットは本書の巻末に記載している。一方、図面は本書のために特別に作成されたものであり、おもにマーガレット・オールドファーザーとトニー・ディマジオが作成した。彼らは時間を見つけて忍耐強く同じプランのさまざまなパターンを用意してくれた。

本書の原稿を準備する過程で、サラ・アダムス、ディアン・デファツィオ、サラ・デヴァン、エイミー・ディール、トニー・ディマジオ、ハイディ・ドラックミラー、タニア・ゴッフィー、ディールド・グールド、オリヴィア・クローゼ、ジェニファー・コー、マーガレット・オールドファーザー、シルク・トリンボーンを含む多くの人々が、研究成果や研究資料を提供してくれた。キャサリン・ギャヴィンは特に第1部の内容と言語の両方を明確にするうえで重要な役割を果たしてくれた。

調査や解説、原稿の一部にコメントする労力や時間を割いてくれた人もいれば、十分に取り組めるように支えてくれた人もいる。コロンビア大学大学院の歴史保存プログラムの私の同僚はインスピレーションと見識を与えてくれた。私の建築事務所は肉体的・精神的な不在を容認し、思う存分仕事に打ち込ませてくれた。

最初に出版を提案してくれたワイリー社のジョン・クザルネッキには特に感謝する。全体を通して熱心に励まし、支援し、編集とデザインのために専門家を集めてくれた。彼らは私が想像していた以上のものに仕上げてくれた。

とりわけ、ふたりにはいろんな意味で心から感謝している。フローラ・チョウは全体を通してこの本の準備を助けてくれた。彼女の支援、見識、意見と助言がなかったら、本書は決して完成しなかっただろう。私のパートナーであるシャシ・カーンはこの仕事に没頭することに辛抱強く耐え、支援してくれた。励ましと支援だけでなく、ユニークかつ有益な見方を提供してくれた。

最後に、本書はグラハム財団美術研究基金の寛大な援助によって出版できたことを記しておく。

序文

　建築家が自分たちの専門分野について書いた本はどれも職業上のものの見方に影響されている。しかしそれはそれぞれの経歴に基づいているため、避けることのできない事実である。本書も例外ではない。私は1960年代初めにヨーロッパの建築学校に入学した。その頃はモダニストたちの原理や価値観が建築やデザインのカリキュラムに組み込まれていたため、モダニズムは私の建築観に非常に大きな影響を与え、さらに保存の考え方、特にモダニズム建築の保存に対する見方や考え方に影響を与えた。アメリカで行った調査研究や専門とする保存の研究は、それまでとはまったく異なる経験をもたらした。保存のための法律や規制の枠組みができ上がったのはその頃である。大規模な都市再開発計画や古い住宅地の破壊に対する抗議運動が盛んになっていた。この抵抗は、最初のうちは近代建築の原理に対する拒絶とは見られていなかった。むしろ排他的で差別的な都市計画の失敗を認識したためだと考えられていた。60年代末から70年代初め頃は、第二次世界大戦以前から存在する伝統的な保存の枠組みを超えて、あるいは18世紀の住宅や重要な遺跡を個々に保護するというような既存の枠組みを超えて、新たな保存運動が展開されていた。ある意味で、保存は一部のエリート層のものではなくなり、大衆のものとなりつつあったのである。

　私たちの仲間は保存活動の最前線に立ち、自分たちは前衛的だと信じる者もいた。しかし私たちは近代の都市計画や建設技術に挑もうとしたのであって、決してモダンデザインに対して疑問を持ったのではなかった。そのほかの者たちは、しばしば近代の建築や都市計画を非難し、特にモダニズムを非難した。彼らが意識的または無意識的のどちらであったにせよ、保存運動のさまざまな面に影響を与えた。

　現在は、伝統的で古典的な建築言語に対する賛辞は少なくなってきている。というのも、公的な建物と私的な建物のどちらにおいても、当時の保存運動が大きな成功を収めたからである（それらが結果的に見境のないコンテクスチュアリズムであったことには多少議論の余地があるかもしれないが）。

　近代建築の保存は、保存主義者と建築家たちにいくつかの根本的なジレンマを抱かせた。60年代および70年代における保存主義者たちの反モダンの傾向は徐々に克服されてきているが、近代以前

の遺産を都市の再開発から守ろうとして懸命に闘ってきた人々が、近過去の建造物の保存を提唱するのは容易ではない[*1]。再開発に対する反発が保存運動を駆り立てた唯一の背景というわけではないが、アメリカ合衆国の法律や基準の多くは確かにそうした出来事を背景としてつくられており、結果として反近代建築的になっている。法律が内包するこの傾向は克服されなければならず、現在では徐々に克服されつつある。もうひとつの根本的な問いは、日ごとにその深刻さが増している近代建築と近代建造物の仮設性（temporariness）の問題である。戦後に発展した保存理念は永続性やオーセンティシティの概念にどっぷりと漬かっている。こうした状況にあるがゆえに、私たちは過去半世紀のうちに発展した基準を再検討し、なんとかして対応していかざるをえない。

　どのような保存の取り組みでも、建物の意義と築年数、建設された時期（時代）、そして建物の状態が近代の建造物を保存するうえで大切な要素となる。にもかかわらず、戦中・戦後期の建築保存に関する議論の多くは、美学的な原理や社会的な問題のみに焦点が当てられている。当初ドコモモ（DOCOMOMO）などの団体は、このような、これまでの保存の指針を調査することになっていた。保存指針は、建築保存の議論の基礎になるだけでなく、それらがどれほど今日的な意味を持つのかを議論するうえで欠かせないからである[*2]。1920年代から第二次世界大戦後まで、建築家が直面してきた課題は根本的に変わっておらず、初期の価値観や責務は今も関連があるとされる。わかりやすい例は高品質・低価格の住宅への関心、そしてそれを提供するための独創的で手頃な設計手法を探すことの必要性である。その意味では、あまり変わっていないといえる。そのような考察は、近代建築の保存の基礎にはならないと言う人もいるが、特定の時代の建築と敷地・環境を保存するという行為は、老朽化や物理的保存の必要性に応じて行われるだけではない。そもそも建築を保存するという行為は、建築を特色づけている哲学的価値や社会的価値に対する関心や探求心によって突き動かされる[*3]。

　これが私の思う近代建築と保存の交わるところであり、こうした心構えで本書をまとめた。

　本書の内容に話を移そう。本書全体を通して「近代建築（modern architecture）」という用語を使用しているが、様式的な意味よりも時間的な意味で、意図的にいくぶんゆるやかに用いている。つまり近代建築とは、近い過去の建築を指す。「モダニスト」「モダニティ」「モデルネ」「モダンムーブメント」といった用語は、今もさまざまな意味を持つ言葉として建築理論の言説を拡張しつつあり、ときには特定の事例を意味することもあるが、言葉の意味の広がりに関する議論を回避するために慎重に用いた。このように、本書はより一般的な立場に立つように心がけ、「モダン（modern）」は時間的な意味で用い、「モダニスト（modernist）」は様式的な見かけを意味するものとして用いた。本書では、一部の例外を除いて20世紀初頭から75年頃にかけてつくられたさまざまな建造物の保存を対象としている。

　産業の近代化は19世紀末までに米国や諸外国で勢いを増し、新しい機能を満足させるようなプログラムやデザインを取り入れた新しい建物やビルディングタイプが求められるようになった。製造業が近代化を果たしたのはこの時期である。自動車や飛行機が発明され、教育や宿泊施設、そのほかのサービス業が興隆し、新しい建物がさまざまな要求を満たし、より特殊なニーズにも対応した。住宅供給は、第一次世界大戦の終わる頃にヨーロッパで大きな課題となったが、第二次世界大戦後に再び

課題となり、1930年代以降のアメリカ合衆国でも問題となった。両大戦間期に技術が進歩して生産性が向上し、建設方法にも導入された。その後すぐに、技術は平時の住宅不足を緩和するために応用された。建設方法や素材や美学は、70年代に入るまでに変容し、その頃に建築界の風向きが変わったのである。

　技術の進歩は国際的に広がっているため、本書の取り扱う範囲はアメリカ合衆国に限定しなかった。同時に、どの近代建築を保存するのか、それらをどのように保存するのかという課題、またその後に生じる問題については、特定の国に限定せず、世界中の人々を苦しめている問題を取り上げた。ここで示す解決策は、ある国では物理的、思想的、政治的に受け入れられるかもしれないが、逆に拒絶されることもあるかもしれない。また、ある国では、解決策を探る手がかりにもなりえないかもしれない。例えば、80年代初めの、オランダのヒルフェルスムにあるゾンネストラール・サナトリウム（20年代後半の建造物）の保存は、オーセンティシティや素材の問題、そして設計意図の意義や機能の陳腐化した建物の取り扱い方といった問題について議論することを余儀なくされた。保存する対象の拡大とともに近代建築はより一般的な文化資源の範疇に入りつつあるが、こうした議論は古くて価値の認めやすい建物に限らず、さまざまな建物にも当てはまる。保存の哲学や理念の再考は、伝統的な19世紀の地理学や哲学のパラメーターを超えて、広い枠組みのなかで生じている。それゆえに本書の対象とする範囲を広げることはきわめて重要だったのである。

　どの本もまとめようとすれば取捨選択を迫られるし、本書も同様である。すべてをまとめることは到底不可能である。本書はふたつのパートに分かれている。第1部は概論として哲学的な課題と実務的な課題について述べる。第2部では、さまざまな事例研究を試み、それらを類型学的に編成した。第1部での議論は、何十年も放置されてきた結果、生じた課題についてのイントロダクションとして読むことができるだろう。建造物の仮設性の問題が大きくなることによって生じる難しい課題は、素材のオーセンティシティなどの概念を強調するだけで、おそらく復元（reconstruction）や再建（rebuilding）という名の亡霊を増やすばかりであろう。これまで以上に、設計意図を犠牲にすることなく、建築の構成材を保存する必要があるだろうし、通常は経済的で実行可能な範囲で保存を進める必要があるだろう。もう一方の、こちらをいらだたせる質問は、何を保存するのか、なぜ保存するのかというたぐいのものだ。これに特別な基準があるわけではない。さらなる比較分析が必要であることは明らかであるし、そのような研究成果が保存の新しい基準やガイドラインをつくることになるかもしれない。これまでに保存に対する認識や方法に影響を与え、世界を変えようとした建築事例に合わせるしかない。

　第2部のケーススタディを明確なものとするため、いくつかの基準を用意した。何よりもまず、それらの事例が近代建築の保存をめぐって生じている問題の総合理解を助け、今後の議論に役立つものでなければならない。出版物などですでによく知られている、近代建築の巨匠がデザインした象徴的な構造をした建物を取り上げる一方で、あまり知られていないかもしれないが、重要であると思う事例も取り上げた。結果的に、非常に明白な事例や特徴のある建築家の作品はあまり登場しない。例えば、フランク・ロイド・ライトやルイス・カーンの作品の保存は近代建築の保存をめぐる課題を論じるなかでは触れるが、ケーススタディとしては取り上げていない（彼らの作品の保存

については脚注を参照されたい）[＊4]。

　ケーススタディを類型学的に編成することによって保存の戦略を比較したり、類似例を探したりすることが可能だが、すべての類型を明示することは意図していない。繰り返しになるが、事例の選択は、20世紀の75年間に建てられた建築ストックの幅広さや深さや範囲を示しつつ、保存に関する課題の多様性と複雑さを示すために行った。本書では住宅建築や集合住宅、郊外住宅地に特に注目した。というのも、建築家やデザイナー、そして建設業者や政策立案者たちが20世紀の70年間で試みていたことは、立派で高品質な住宅を提供しようという願望に映し出されているからである。この時期の住宅建築は建物ストックの大部分を占めている。住宅供給とその入手しやすさの問題は今日的な課題でもあるが、住宅のストック自体は50年前ほどには注目や支援を得られていない。実際に現実社会の不備と想像力不足のために、破壊や取りかえしのつかない改変のどちらかを行う必要に迫られている。住宅建築の偏在性や慎ましさ、そして20世紀初頭および半ばの郊外住宅地との関連性は問題をさらに複雑にしている。この建築類型の保存は最も難しく、いまだ解けない問題のひとつとなっている。

　一方、わずかな関心しか持たれていない分野もある。いくつか例を挙げよう。ランドスケープデザイン、都市計画、インテリア、アートの分野はどれも近代建築の外観や経験的価値に対して批判的である。特にランドスケープデザインと都市計画の分野は注目に値するが、この本の扱う範囲を超えている。近代建築に対する異議申し立ての多くは、都市計画や都市計画概念の理解不足に起因する。インドのチャンディガールやブラジルのブラジリアのような近代の都市デザインは、限られた範囲ではあるが、称賛と承認を受けた例外である。一方、英国のニュータウンや戦後期の住宅供給の失敗は、不適切にも近代建築の失敗だとみなされている。

　技術面については、近代的な材料や部品、そしてそれらに関連する修復技術などにかなり多く紙面を割いた。特定のプロジェクトを詳細に取り上げているところもあれば、参考程度に記したところもある。多くの情報がすでに書籍や記事になっていたり、対象物がさまざまな研究組織の中心課題になっていたりするので、本書では包括的な考察は行っていない。むしろ、以前の施工技法との差異やそれらの技法が保存の選択にどれほど影響を与えたのかについて明示することを意図している[＊5]。近代的な材料の保存に関する研究はまだ始まったばかりである。近代建築についていえば、近年注目が集まっているのはカーテンウォール形式の外装材やコンクリートの使用に関することである。継続的な修復や偶然起きた不具合がその素材性能の知識の実となってきた。そうした議論や参考文献が本文に盛り込まれている。それでもまだ、プレファブリケーションの理念的・技術的な意味、個々の独立部材としてよりも部材の組み立てやすさの問題、インテリアやその仕上げ材に関する問題など、技術に関する3つの分野の情報は不足しており、その多くは未開拓のままである。こうした理由から、プレファブリケーション、化粧板、プラスチックの項目を盛り込んだ。

　建造物、構造物、敷地・環境のいずれに対しても保存とは、物質の存在を保護することにほかならない。近代以前の建築遺産と比べると、近過去の建築とデザインは個性的な建築家・施主・所有者の理念や哲学をよく表しているし、その多くは有名人でまだ存命の場合もある。このような見方を強調することは今まで以上に物事を複雑にするが、物理的な仕組みを保存するのと同じくらいに、保存の

プロセスにおいて大切な部分を占めている。近代建築の理念や哲学を把握することは難しく、解釈するのが至難の業である。古い時代のもの以上に理論的概念であることが、建築の保護をさらに難しくしている。しかし同時に、私たちはそのような過去、楽観主義、生活の質の向上に対する関心から多くを学ぶことができる。それはごく一部の人間のためではなく、すべての人のためなのである。

【注】

＊1　Richard Longstreth, "The Difficult Legacy of Urban Renewal," *CRM: The Journal of Heritage Stewardship* 3, no. 1 (Winter 2006): 6-23.
＊2　Hubert-Jan Henket and Hilde Heynen, eds., *Back from Utopia* (Rotterdam: 010 Publishers, 2002), 9-17. ヘンケットはモダンムーブメントを振り返ったのち、序論で次のように問いかけている。「ニヒリズムの時代でもなお、このこと（モダンムーブメント）から学ぶことができるかどうかを問うことには意味があるだろう。モダンムーブメントの楽観主義的な考えと社会的、文化的、技術的な経験は、私たちの未来にとって意味があるのだろうか、あるいは現在の状況と無関係なのだろうか」。ここでは、はっきりと述べていないが、彼の分析を見ると答えはイエスであるように思える。序論の最後の言葉「私たちはひどい現実に直面している。理想郷は永遠に手にすることはできないが、それでもよりよいものを追い求めようとする夢や無限の力に突き動かされる。それは美しいパラドックスであるといえよう。進歩に対する信奉、人間性への配慮、そして建築がともにある。モダンムーブメントの挑戦、バック・フロム・ユートピア」。こうした意見を述べているのはヘンケットだけではない。グロピウスの教え子たちの建築家グループは、これらの原理を現代社会のコンテクストへの再接続を試みて、国際近代建築家会議（CIMA：the Congress of International Modern Architects）という組織を 2003 年に結成した。この名称は明らかに、CIAM を意識している。
＊3　France Vanlaethem, "The Difficulté d'être of the Modern Heritage," *Journal of Architecture* 9, no. 2 (June 2004): 157-172.
＊4　現在進行中の落水荘の修復のほかに、フランク・ロイド・ライトの主要作品のいくつかは（建物によっては複数回）修復されている。例えばシカゴのロビー邸、ニューヨークのグッゲンハイム美術館は前回の修復運動後、再び修復に取りかかっている。これらのプロジェクトの情報はおもに専門誌で広く取り上げられている。
＊5　Thomas C. Jester, ed., *Twentieth Century Building Materials: History and Conservation* (New York: McGraw-Hill, 1995).

第1部　近代建築の保存 — 概論

第1章　近代建築保存のはじまり

　近代建築は20世紀のデザインを特徴づけたことで知られる。近代建築はその後も多方面に影響を与え続けており、その保存はそれ以前の時代の建築を保存することに等しく、歴史的にも意義深い。近代建築は連続体としての建築史の一部であり、それらの建造物が長年放置されてきたという事実や正当な評価を受けてこなかったという事実を指摘するまでもなく、素材の劣化から機能の陳腐化にいたるまでさまざまな脅威にさらされている。それゆえ、近代建築の保存に対する関心は次第に高まりつつある。ここで重要なことは、20世紀の建築部材の保護技術の進展に注目し、保存・修理に最適な方法を見つけ出すことである。

近代建築小史

　近代建築の歴史は知的にも視覚的にも複雑であるし、今も幅広い学問分野で考究対象となっている。建造物それぞれの特異性を明確にすることが全体を理解するための場を用意することになり、合理的な保存の指針や計画を立てるのに役立つ。
　近代の進歩主義的な雰囲気は、先進的工業生産が生み出した好機に刺激を受けて、20世紀初頭に欧米で広まった。第一次世界大戦の廃墟が残るヨーロッパでは、先進的な考えを持つ世代が日常の建物や空間を通して生活の質を向上させようとし、近代建築を積極的に受け入れた。両大戦期の初期モダンムーブメントの建築理論と建築事例は、ル・コルビュジエ（1887-1965）の近代建築の五原則やバウハウス、CIAM（近代建築国際会議）などの議論を経て、社会的価値や美学的目的に関係する強い信念により定義された。技術の進歩は、過去を参照せずに新しいスタイルを生み出す機会をつくっただけではない。創造や改良のための道具として、またすべての人々がアクセスがしやすく購入しや

図 1-1：ゲートウェイ・センター、アメリカ・ペンシルヴァニア州ピッツバーグ。この都市再開発計画は米国で最初の事例であり、現在では成功した事例だと考えられている。エクイタブル生命保険会社の支援で 1950 年に開始され、エガーズ＆ヒギンズ事務所が設計した複数の新しいビルで構成された。同時期に開発されたポイント・ステーク公園内に、ピッツバーグの初期入植地のひとつ、フォート・デュケーヌの敷地跡が地面に残されている

すい、健康的な生活環境や労働環境を提供するために用いられた。平らな四角い箱、陸屋根、コンクリートの壁、スタッコ仕上げのコンクリートブロック、鋼製のサッシなどの視覚的要素は、初期のモダンムーブメントを連想させる。また、それはレンガ造や木造建築といった過去の様式からの脱却にもかかわりがある。これらの視覚的要素は、その後発展することとなる建物の外観の原点でもあり、数多くの建物や建築類型に反映されているデザインの単純さ、装飾の否定、空間の明快さ、材料の新しい使用法、大開口の窓から降り注ぐ光などは、人々の胸のなかでは近代建築と同義である。モダンムーブメントの初期の数年間で、近代建築は社会的変化、美学的変化、技術革新と結びつき、近代を象徴する視覚的な記号だと解釈されるようになった。近代とは、ヨーロッパから南アメリカ、北アメリカ、アジア、アフリカにいたるまで、建築物の見直しを迫った時代であった。

　米国では、モダニズムの社会的要素と美学的要素が1930年代に現れて住宅とデザインの先駆者たちに刺激を与えたが、その効果は建設時の経済性や機能性に限られていて、多くの人々にサービスやアメニティを提供しようという願望と直結していた。こうして、モダンデザインはニューディール政策の建設プログラムにおいて影響力を持つようになった。第二次世界大戦が勃発すると、米国政府と民間再開発業者は戦争によって生じた、工場施設や関連住宅の膨大な需要に対応しようとして、近代建築の採用を正当化するために経済性や機能性の概念を援用した。戦時下のヨーロッパでは建設需要が急速に冷え込んだが、アメリカでは新素材や合理的な生産の実験が進められた。この実験により、米国は戦後の発展を支える技術革新を引き寄せることに成功した。プレファブリケーションが次第に優位になり、軍需産業従事者が使用する倉庫から住居にいたるまで、あらゆるものに採用された。なかには突貫工事の脆弱な建物もあったが、戦時中から終戦直後までの期間は、共通の目標に向かってともに働き、資源を最大限生かす必要があった。こうした出来事が新しい考え方やスタイルを受け入れる素地をつくったのである。

　第二次世界大戦の終結とともに近代建築は主流となり、その優位は続き、20世紀の終わり頃には世界中の至る所で見られるようになった。また、近代建築は住宅建築だけでなく、学校、市民会館、図書館のような公共建築と民間企業の建造物など、さまざまなビルディングタイプにも適用されるようになった。それらはすべてインターナショナルスタイルとして分類され、視覚的にも認知されるようになり、この呼称自体も広く受け入れられるようになった。ヨーロッパでは、歴史都市が前代未聞の大規模な空爆や砲撃を受けて破壊されたため、直ちに大がかりな再建を行う必要があった。明るい未来に向けて都市を再建しようとするなかで、社会的な計画と近代建築の経済性が融合してひとつになった。できるだけ早く人々にすまいを提供しようとして、高層住宅と連続する低層住宅を組み合わせたことがその典型である。これらの都市計画や建築はヒューマンスケールや市民参加の概念を基礎としていた。ブルータリズムが欧米の建築言語において優勢になりはじめていた1950年代から60年代初めに、CIAMが解散し、チームXなどの若い世代の建築家たちの声が注目されるようになった。

　米国の終戦直後の数年間は、絶え間ない成長と機会に恵まれたように見えるが、東西冷戦期の政治と文化の修辞に徐々に傾いていった。この時代は、スピード、簡素さ、機能性により定義された近代性が未来の方法として受け入れられ、社会意識の高いモダニストたちの理論が控えめとなった前向きな時代であった。ヨーロッパと違って再建復興する必要のなかったアメリカは、比較的スムーズに平

時経済に移行することができた。戦時中に財政と空間計画の効率化を図り、技術革新の微調整を行っていたため、戦前から問題となっていた建物不足の解消に役立てることができた。戦後数年間の近代性に対する楽天的な見かたは、あらゆるタイプの新しい建物に見ることができる。ニューヨークの国際連合本部ビル、レヴァー・ハウス、TWAターミナルビルなど、モダニストたちによる象徴的な建築の国際的な成功のおかげで、公共建築なのか商業建築かに関係なく、あらゆるビルディングタイプに新様式が適用されるようになった。急成長する航空産業が必要とした空港から、文化を賞揚するための劇場、清潔で落ち着きのある個人住宅や集合住宅、そして低価格住宅にいたるまで、近代建築は先進的な方向性を象徴するものであり、よりよいものに対する希求や市民の未来への希望を象徴していた。どのレベルの政府の建物でも、経済性や強度や信頼性を背景に、モダニズムの外観が採用された。1960年代を通して、米国では近代性（特に近代建築）の積極的な受容が続いた。しかし60年代末までに近代建築はありふれたものとなって人気がなくなり、もはや興味の対象ではなくなった。70年代には近代建築に対する受け止めかたが変わり、特に都市再開発計画、大型の集合住宅、公共広場においては、次第に否定的な反応を集めるようになる。

　戦後は、地域的モダニズムが発展した時代でもあった。1920年代および30年代のヨーロッパで確立されたモダニズムの美学と機能主義の概念は、アフリカ、ラテンアメリカ、アジアの気候や文化に合わせて変化した。戦前期におけるモダニズムの影響は30年代のイスラエル・テルアヴィヴのホワイト・シティの建設に始まり、それらは明らかにバウハウスの原理に基づいていた。モダニストの語彙は20世紀を通してアジアやアフリカにあるヨーロッパの植民地に輸出されたが、インターナショナルスタイルの形態と言語は戦後になるまで優位には立たなかった。地元の建築家たちが追求した、モダニズムの地域的な表現は新しいレジームの一部として、あるいは時間的に連続性のあるものとして展開した。例えば、戦後期にモダニズムが隆盛した場所のひとつにラテンアメリカがある。ルシオ・コスタ（1902-98）やオスカー・ニーマイヤー（1907-）、そしてランドスケープデザイナーのロベルト・B・マークス（1909-94）は膨大な数の国家委員会の審議を経て、30年代後半に始まったブラジルの近代的で自由な形態を徐々に明確にしていった。この3名は最も重要なモダニズムの実験のひとつであるブラジリアの都市建設（1956-88）にかかわった[図1-2]。そのほか、ラテンアメリカにおける戦後モダニズムの優れた事例は、メキシコのルイス・バラガン（1902-88）、キューバ生まれのイタリア人、建築家のリカルド・ポッロ（1925-）、ベネズエラのカルロス・R・ビリャヌエバ（1900-75）の作品に見ることができる。いずれも各国の地域性とアイデンティティを有する作品である。

　1970年代のはじめ頃、様式的な画一性はまず欧米で消えはじめ、この傾向は次第に地球全体に広がっていった。モダニストたちの厳格で型にはまった表現は次第に弱まり、モダニストの建築言語は硬直さが段々と見られなくなり、凝った形態や華美な表層が好まれるようになった。モダニズムへの反発は折衷的で気まぐれなポストモダニズムの言語の発展のなかで部分的に現れ、伝統的な様式が自由に参照された。しかしながら基本的な理念とデザインの変化はモダニズムが始まった頃と同じような喜びに満ちておらず、素材や類型や建設の効率性を置き去りにした様式上の現象であった（現在、保存修復家が直面している問題に仮設性や非希少性がある。この問題は、歴史的意義を獲得する代わりにポストモダニズムの時代そのものを表し続けることになるだろう。したがって保存論の再検討が必要である）。

図 1-2：国会議事堂、ブラジル・ブラジリア。都市計画はルシオ・コスタ、建築設計はオスカー・ニーマイヤー、ランドスケープデザインはロベルト・B・マークスが担当した。ブラジリアはおもに 1956 年から 60 年の間に建設され、近代都市の代表例かつお手本と考えられた。竣工からわずか 30 年ほどの 1987 年に世界文化遺産に登録された

近代建築の保存の歴史

　近代建築の保存は、保存論を新しい方向へと推し進めているように見えるかもしれないが、近代建築に関する論点は決して特異なものではなく、初期の伝統的な建築様式の評価を発展させたものである。一般的には、モノに対する興味は収集家が最初に持ちはじめる。しかし収集家たちは 25 年から 30 年ほど経過してから、つまり内省や郷愁の念を抱くのに十分な時間が経過した時点で、特定の時代の美術と工芸品に注意を向ける。その後、有名な建築家や建物に目覚め、その時代の正当な評価へと興味の対象を広げる。保護主義者たちが最初に注目するのは、著名な建築家の代表作として知られる象徴的な建造物であることが多い。特にそれらの建造物は、素材の間違った使い方や保全の方法、竣工後半世紀を迎えようとしている建物の機能の陳腐化や物理的な劣化、あるいは都市開発からの圧力や急速な変化によって引き起こされる破壊という脅威にさらされている（建造物の歴史的意義はさまざまな法的権限のなかで考慮される）。ひとつの帰結としての建築保存の成功と失敗があってはじ

めて、国民の意識や保存への取り組みがほかの著名な建物や建築家、そしてその時代の思潮にまで広がり、保全する価値のある時代だと一般に受け入れられるようになる。

　近代建築についても、時代や国や理由などはさまざまだが、同じようなパターンの出来事が起きている。例えば、アメリカでは20世紀末の10年で近代建築を象徴する作品の修復よりも先に、エーロ・サーリネン（1910-61）のテーブルやイームズの椅子、ミース・ファン・デル・ローエ（1886-1969）のバルセロナチェア、イサム・ノグチの照明などのミッドセンチュリーのデザインが注目を集めた。21世紀に入って数年後に、ようやく建築とそれに付随するインテリアデザインが広く愛好家の目にとまるようになった。広い目で見れば、近代建築の保存の動きは、その様式の発祥地ヨーロッパで始まったばかりである。

ヨーロッパにおけるモダニズム建築の保存への機運

　文化遺産として、モダニズム建築に最初に関心が持たれたのは1950年代から60年代のヨーロッパであった。この時代の急激な変化と誤った保全によって、モダンムーブメントやモダンデザインの理念、そして建築家の偉業を想起させる有名建造物が脅威にさらされはじめた。保存への取り組みは次第に広がりを見せ、法制度の見直しやこの時代の重要な建造物を探そうとする政府の試みによって徐々に強められていった。象徴的な建物の保存が60年代から70年代にかけて限られた資料をもとに行われていたとき、そのほかの重要な戦前の建物は断続的にではあるが、世間の注目を浴びた。しかし近過去のものを非常に価値のある遺産として認知してもらうには、その機運が高まる90年代まで待たねばならなかった。したがって、ヨーロッパにおける保存の取り組みの発展と、近代建築の保存を推進するうえで重要な役割を果たした象徴的な建物やマスターアーキテクトの双方を理解しておくことが大切である。

　ヴァルター・グロピウス（1883-1969）によってデザインされ、1925年から26年にかけて建設されたバウハウスは、20年代のドイツのモダンムーブメントのはじまりを最も明確に示す建物である[図1-3]。教育機関としての重要性もあって、校舎は40年代に初めて修復された。第二次大戦時中に著しい損傷を受けたが、その後に学校を再開し、64年には早くも地元で建物の価値が正式に認知され、その10年後に国（旧東ドイツ）の歴史的建造物に指定された。竣工して50年後の指定に伴って70年代半ばに大規模な修復が開始され、傷んでいたカーテンウォールが修理された[*1]。バウハウスはモダンムーブメントに多大な影響を与えた建物である。その修復事業は数年にわたって続けられ、保存対象は建設初期の住居施設部分やデッサウ市のバウハウス校舎にまで広がりを見せた。モダニズムの象徴としてのバウハウスの保存は、様式と時代の両方の意義が初めて評価された模範的な例である。

　バウハウスのように近代の建造物であることを意識して保存しようとするとき、巨匠たちの偉業に焦点を合わせて進められるのが通例である。最も顕著な例は、ル・コルビュジエである。1929年から31年にかけて建設されたサヴォア邸は近代建築の五原則を体現しており、フランスの近代建築にとって画期的な出来事であった[p.225カラー図1][*2]。ル・コルビュジエは自らフランス・パリ郊外のポワシーにあるこの住宅の保存に尽力したが、この建物は建築家の没後まで、フランス文化省の歴史

図1-3：バウハウス、ドイツ・デッサウ、ヴァルター・グロピウス (1925-26)。近代建築のアイコンとなっているこの建物は最初に1960年から61年にかけて、そして再び65年に改修された。76年の50周年記念の際に、鉄製ウィンドーウォールはアルミニウムで再建された。特にコーナー部分は新材料が用いられ、当時のデザインの透明性を維持している

　的モニュメントに指定されなかった[＊3]。実際にル・コルビュジエの作品のなかで最も人々に知られているのは、1964年のマルセイユのユニテ・ダビタシオンである[図4-3]。68年にル・コルビュジエの友人たちがつくった組織とフランス文化省が協力して、ル・コルビュジエ財団が設立された[＊4]。この財団はサヴォア邸の保存の一環として設立されたものであり、現在も彼の一連の作品を保存するように訴える活動を続けている。保存・修復の技術はサヴォア邸で大きく進歩した。住宅の歴史や意義を再解釈し厳密な保存手法を導入することによって、2か所の大規模なリノベーションが行われた。

　モダニズムのもうひとつの中心地であるオランダでも1920年代および30年代の遺産が60年代初めに人々の注目を集めた。モダンデザインの理念を体現した建物が、用途変更によって大きく改変さ

れる可能性があったからである。ヤン・ダウカー（1890-1935）らによって設計されたゾンネストラール・サナトリウムは26年から28年に建設され、公衆衛生上の脅威となっていた結核の収束後、しばらく放置されていた[p.225カラー図2]。建物のおかれた惨状を受けて、あるオランダの建築雑誌は62年に一冊の特集を組んだ[＊5]。建物は80年代まで病院として使用されていたが、一貫したモダニズムの表現が取り入れられていたために複雑な空間構成となっていて、医療施設としての実用性が二の次となっていた[＊6]。当該敷地のなかでも重要な部分が意味のあるかたちで保存されたのは、90年代後半から2000年代初めになってからであるが、80年代後半から90年代初めのゾンネストラールに関する議論は、近代の建物に迫っている脅威や保存への挑戦に集中した。それが結果的に近代建築を保護する取り組みの基盤となったのである。

　ドイツのシュツットガルトにあるヴァイゼンホーフジードルンクの修復の試みはモダニズム建築の保存において重要な基準点となった。27年にドイツ工作連盟によって「住宅（Die Wohnung）」と題する展覧会が開催され、そこで33棟の独立住宅と6棟の集合住宅を通じて近代住宅の潜在能力が示された。ル・コルビュジエ、ミース、J・J・P・アウト（1890-1963）、マルト・スタム（1899-1986）、グロピウス、ハンス・H・シャロウン（1893-1972）、ペーター・ベーレンス（1868-1940）などの計17名の建築家によって設計された住宅は、驚くべきことに手法が一貫していた[＊7]。これらの実験住宅群は、38年に地方自治体によって売却された。第二次世界大戦後、敷地の中央に立っていた損傷を受けた住宅は、建て替えのために大量に取り壊され、オリジナルデザインの存亡の危機に直面した。引き続き急激な改変が行われていたが、56年に敷地に残っていた住宅の意義が提唱されはじめた結果、58年に地方の歴史的建造物に登録されることになった。後から取りつけられた部分を取り除くという広範囲に及ぶリノベーションはようやく81年から87年の間に行われた[＊8]。ル・コルビュジエ設計のふたつの建物は2002年に再修復され、ビジターセンターや定住・修復の歴史を展示する美術館へと変更された[＊9]。ヴァイゼンホーフの意義が早い段階で認められたことで、建物が孤立してしまうことを防ぐことができた。つまり、この集合住宅がこの時代の遺産の基礎であると全国的に認められたことで、集合住宅地の保存が成功したのである[＊10]。

　前述したモダンムーブメントを代表する作品の4つの事例は、旧東ドイツ、フランス、オランダ、旧西ドイツ（実際にはヨーロッパ全土だが）の専門家や国民に対して、戦前のモダンムーブメント期の構造物の保存を考える契機を与えた。70年代にそれぞれの国が国家レベルで断続的に建造物の登録を始めたことによって着実に保存意識が高まった。イギリスでは、32年にE・オーウェン・ウィリアムズ（1890-1969）が設計したノッティンガム・ブーツ薬品工場を含む戦間期の一連の作品が、英国の保存機関イングリッシュ・ヘリテージにより、建築的、歴史的、文化的意義を持つ建造物として70年に登録された[図4-30][＊11]。法制度を改正して建物の登録対象を1840年から1939年までに広げたために、新たに登録することができた。そのほか、1929年にエイミアス・コネル（1901-90）が設計したバッキンガムのハイ・アンド・オーバーは70年代末頃に登録リストに追加された。これは英国でアール・デコとネオジョージアン様式の建物が十分に受け入れられていない頃、あるいは登録リストに推薦されていなかった頃の出来事である[＊12]。39年以降に建設された建物が登録を許可されるようになったのは87年になってからである。その当時は、イングリッシュ・ヘリテージが登

録を決める基準としていた「30年ルール」が適用されていた。

　こうして、象徴的な建物であると認められたものだけでなく、著名な建築家や戦後期の建造物が評価や保存の対象になった。この動きは地方レベルや国家レベルで発展し続け、80年代に広く知られるようになった。ロンドン動物園のペンギンプール（1934）はテクトンとともにバーソルド・リュベトキンが設計したものだが、87年に緻密な修復が行われた。これは英国で最初の近代建造物の修復事業であった[＊13]。オーギュスト・ペレ（1874-1954）設計のル・ランシーのノートル・ダム教会堂（1922-23）の修復も87年に完了した。ミースのバルセロナ・パヴィリオン（1929）は30年に取り壊されたが、80年に復元案が出され、その3年後に実際に復元された。各地で主要な近代建造物が認知されるようになり（成功したものもあったが、同じくらい闘いに敗れたものもあった）、あまり知られていない建物や戦後期の重要な事例にも等しく注意が払われるようになった[＊14]。

視野の拡大 ── 国際的な取り組みと象徴性を超えた見かたの融合

　近代初期の建物を周知させる活動によって断続的に修復活動が行われるようになったが、1980年代の終わり頃まで、近代建造物の保存活動は文化遺産の専門家、建築家、研究者といった比較的小規模にとどまっていた。しかし90年代半ばには国際会議の場で、近代建築に関する特殊な保存問題やその時代を研究する必要性が叫ばれるようになった。この動きは、保存運動が活性化し、国や地域を問わず、20世紀建築の保存に焦点があてられるようになったことに呼応していた。デッサウやワイマールのバウハウスの建造物群が96年に世界遺産に登録されたことによって、初期の近代建築に対する認識が高まり、文化遺産管理のあらゆる面で幅広い取り組みが進められるようになったのである[＊15]。

　ヨーロッパ諸国における近代建築保存のいくつかの流れは89年にひとつになった。ゾンネストラールに対する関心とその論点はリノベーションに携わっているオランダの建築家たちを駆り立て、近代建築に興味を持つ専門家、学会・協会、文化遺産にかかわる組織を後押しすることになった。そのなかには、フランスのル・コルビュジエ財団、イギリスの30年協会（1992年に「20世紀協会」に改称）、スペインのミース・ファン・デル・ローエ財団などの既存の組織もあった。近代建築保存に対する主導的な活動を受けて、ドコモモ（DOCOMOMO）というモダンムーブメントに関する建物と環境形成の記録・調査および保存のための国際組織が設置されるにいたった[＊16]。1年もたたないうちに、オランダのアイントホーヘンで第1回国際会議が行われた。この会議は20カ国から140名の専門家たちを集めることに成功し、そこでさまざまな主導的なプロジェクトが紹介された。そしてその場でアイントホーヘン宣言が採択された。この宣言は設立して間もない組織の本質的な使命に関する声明文であり、象徴的な建造物に注目しがちな既存の保存の枠組みを超えて、モダニズム建築に関する情報の収集と普及を目的とした。

　ドコモモの設立は近代建築保存の拡大の動きを反映しているだけではない。近代建築の歴史と保存に関する議論や研究のための場も提供した。ヨーロッパ各地のモダニズムの発展はそれぞれ異なるが、国内および国外の視点から見た意義の確立または保存の技術に関係があり、保存問題の多くには共通性があった。こうしてドコモモの活動と出版事業は学識と経験を共有するフォーラムとなった[＊17]。

最も重要なのは一般市民の保存に対する関心を高めること、そして学術評価がさらなる学問探究を刺激し、調査を通して20世紀の重要な建造物を明確にすることである。それと同時に、取り壊しの危機が迫っている重要な近代建造物を保護する活動を通して、その時期の包括的な理解が個々の建物の調査に必要だということも明らかになってきた。つまり近代建築の保存には、個々の意義だけでなく全体的なコンテクストへの貢献が必要なのである。20世紀最後の20年間で、建造物の調査は徐々に一般化していった。例えば、オランダでは1850年から1940年までの工業化の時代に建設された構築環境(ビルト・エンバイロメント)に関する調査と記録が行われた。英国でも調査と記録が進められており、米国でも断続的ではあるが実施されている。英国と米国におけるさまざまな総合調査は一定のテーマに基づいて行われることが多く、両国の近代遺産の識別方法を大きく変えることになった。この傾向が顕著なのは英国であり、それまで遺産として認められなかった数多くの建物がイングリッシュ・ヘリテージの登録リストに加えられた。オランダの調査では、プレファブリケーションや半工業化した最初期の実験的建築などさまざまな社会的な集合住宅プロジェクトが指定された。オランダのヒルフェルスムの建築家W・M・デュドックの作品やロッテルダムのJ・A・ブリンクマンとL・C・ファン・デル・フルーフトの設計によるファン・ネレ工場（1925-31）も指定された。

　このような国際レベルで保存のイニシアチブが強まるにつれて視点と論点が拡大し、あまり象徴的でなくとも地域にとって意義深いと思われる建築やさまざまなビルディングタイプが指定や登録の対象になった。さらに新しくて革新的な建築保存の戦略が、これまでにない規模の建物のために考案された。ファン・ネレ工場は工場建築の保存における意義深い実験のひとつである。当該企業が、所有者、規制当局、開発業者、関心を持つ人々を巻き込んで、協調関係を構築するのに非常に熱心だったため、建築再生計画は建築的意義と機能的な実現可能性の両方に配慮する結果となった。ファン・ネレ工場の例が示しているのは、ヨーロッパの近代建築保存が専門家と一般市民のどちらからもあまり抵抗されなかったということである[*18]。ヨーロッパの文化遺産の枠組みに近代の建造物を組み込もうとする意欲が独創的なアプローチと解決法を生みだした。既存の遺産に関する規制を創造的に援用し、たびたび文化省のような政府機関による支援も引き出すことができた。1990年代は戦前の近代建築の評価をめぐって、初の試みを成功させた時期であった。

　モダンムーブメント初期の近代建築が保護に値する文化遺産の一部として受け入れられたことで、第二次世界大戦後の建物は次第に保存の価値があると考えられはじめた[*19]。ヨーロッパでは戦後復興の時代から1990年代半ばまで、建物と敷地に関する議論は限定的なままであり、21世紀になるまで注目されていなかった。これは米国が戦後の建材の調査をまとめた時期と一致する。フランスではジャン・プルーヴェ（1901-84）のようなル・コルビュジエ以外の戦後の重要な建築家の作品が保存の提唱によって認知されはじめた。99年に現存していたメゾン・トロピカルは工業化住宅のプロトタイプとして49年に計画された3タイプのうちのひとつであるが、コンゴで解体されて修復と再建のためにフランスに輸送されたのちに世界各地で展示された[*20]。注目すべきはオーギュスト・ペレによるル・アーヴルの都市保存再生の取り組みである。95年にフランス政府によって保存が開始されて以来、現在も維持されている。これらの取り組みが10年後にル・アーヴルを世界遺産へと導いた。

イギリスでは、国家の遺産に大いに貢献している建造物は「30年ルール」の適用が免除されるようになった。ロンドンのアレクサンドラ・ロードにある集合住宅はテラスハウスの都市再生計画として知られており、ニーブ・ブラウンによる設計で78年に完成した。当初はプロジェクトやその特殊な種類と規模に対する反感が示されていたにもかかわらず、居住者グループが要望したことによって竣工後15年足らずで登録されるにいたった。居住者グループは不適切で見苦しい修理や部材の交換が行われるのを防ぐために、ドコモモUKなどの保存を提唱する人々から支援を受けた[*21]。この事例の成功により、重要なモダニストたちの建物が数多く保護されるようになり、近代の遺産に対する関心をよりいっそう集めることができた。新しい柔軟な法律の解釈や主題別調査による支援のおかげで、315件の戦後の建造物や建造物群が2000年にイングリッシュ・ヘリテージに登録された[*22]。イングリッシュ・ヘリテージによって保存された戦後の建物の数は増加し続け、議論の余地のあるブルータリストの建物も含められた。エルノ・ゴールドフィンガー設計のトレリックタワーは66年から72年にかけて建設されたものだが、この時代の建物の評価については否定的な意見が出ていた[*23]。

　ヨーロッパの文化遺産の専門家たちは、建築保存に配慮しない開発行為や重要建造物の放置（または破壊）という脅威と現実に立ち向かい続けた。そのような出来事のおかげで、通常ならば話題に上らない建物が突如ニュースになった。オランダでは、80年代後半にアムステルダムの市営児童養護施設（子供の家）（1955-60）が取り壊しの危機に直面した[*24]。この建物はチームXのメンバーのひとりであるアルド・ファン・アイク（1918-99）の設計で知られている。広い建物の敷地は、最終的に再開発業者が購入することになったが、この業者は古い児童養護施設に新しい連続する低層の建築物を隣接させて建てることを提案し、その所有権の一部を売却することで、ファン・アイクの建物を修復して事務所として利用することにしたのである。あまり成功していない事例に、ブラッケン・ハウスの修復がある。アルバート・リチャードソンの設計によって59年に竣工した、あまりモダンとはいえないレンガ造の新聞社の社屋であったが、オリジナルのファサードを一部残して、古い建物で新しい建物を包み込んでいた[図1-4]。ブラッケン・ハウスは戦後の建物のなかで初めて87年にイングリッシュ・ヘリテージに登録された建物であるが、ファン・ネレ工場の成功例や解決法とは違って、ここで採用されたファサード主義はこの建築の意義や保存に対する潜在的な誤解を示している[*25]。一方、スコットランドの戦後の最も優れた建物として有名なのはグラスゴーの聖ピーターズ大学（別名カードロス神学校）である。この大学はグリスピー・キッド＆コイアによる設計で、62年から68年にかけて建てられたが、ブルータリズム信奉者たちの強迫観念が薄れつつある現在も閉鎖されたままになっている[*26]。

　数少ない象徴的な建造物の例を除いて、ヨーロッパの近代建築の保存手法は、厳密な意味での建物や敷地の保存・修復というよりも、修復を強化し工夫して使い続けているというのが実情である。イタリア・トリノのフィアット・リンゴット工場の会議施設や教育施設としての複合利用による再生は、大変興味深い革新的プロジェクトであり、使い続けながら建物を修復した事例となっている。90年代半ばのマスタープランのもとで段階的に実行されたファン・ネレの修復はゾンネストラールと同じように、経済性、文化、機能性が永続しうるかを問題とした。このような建物の継続利用は、当初の意義と現在の意義において欠かせないと認知されている。社会住宅(ソーシャルハウジング)の保存アプローチは厳密保存よりも修復を強調することさえあった。デニス・ラスダン設計の低所得者向け住宅であるキーラー・

図1-4:ブラッケン・ハウス、イギリス・ロンドン、アルバート・リチャードソン(1959)。マイケル・ホプキンスによるリノベーション(1987-92)。様式的に見て近代的とはいえないが、これは第二次世界大戦後の建造物のうち英国で最初に登録されたもののひとつであった。街区の両端にあるオリジナルの伝統的な組積造の部分は保存されたが、新しい建物が中央部に建設された

ハウス(1957-59)は、皮肉なことに2001年に豪華な集合住宅に改築された[*27]。

　全般的に見れば、ヨーロッパ諸国は20世紀の建物を個別的かつ集合的に明示し、調整し、保全し続けた。21世紀になってこの分野は次第に組織化されて、文化遺産をめぐる言説のなかで注目を集めるようになった。ヨーロッパでは遺産管理のプロセスやモニュメントを擁護する伝統が確立されているにもかかわらず、近代建築の受け入れや保存行為、特に象徴性を基準とする価値観を超えて建物を保存する試みは、緒についたばかりである。

アメリカ ── 第二次世界大戦後から現在まで

　大西洋の西側にあるアメリカが前代未聞の建設ブームに沸き、アメリカでモダニズムの建築言語が優勢になったのは第二次世界大戦後になってからであった。しかし近代の建造物、遺構や遺跡、ランドスケープが米国で文化遺産として考えられはじめたのは20世紀最後の20年間のことであり、ヨーロッパで第二次大戦後の遺産の検証を始めた時期と並行している。これらの建物が歴史的に重要だと

考えられるには50年が経過している必要があったが、開発による圧力や維持・管理上の問題が広く知られるようになり、その問題が次第に建造物の脅威となっていた。ヨーロッパにおいて象徴的な建物や巨匠と呼ばれる建築家だけでなく、一般的な構築物にも広く注目される必要があると考えられ、近代建築が文化遺産やアイデンティティの一部として受け入れられるようになったのは、20世紀最後の20年から21世紀の初めにかけてのことである。

アメリカ合衆国の近代建築

アメリカにおける近代建築の受容と保存は、先見性のある建築家フランク・ロイド・ライト（1867-1959）を中心としている。アメリカには第二次大戦前までヨーロッパの諸国にあるような強力なモダニズムの伝統がなかった。様式的な関心は当時普及していたアール・デコにあったし、それらはさまざまに派生していった。フランク・ロイド・ライトの作品はヨーロッパのモダンムーブメントから離れた位置にあった。彼は1900年代から10年代にかけて飾り気のないオープンプランの住宅を通して、単純化した建築言語をアメリカに広め、ヨーロッパからの移民建築家たちを刺激した。彼らの多くはライトを尊敬していたか、ライトのもとで働こうとして渡米した人々であり、その後いかに独立するかが課題となった[*28]。

独特なスタイルとしてのモダニズムは、ヨーロッパから移ってきた建築家、あるいは初期の近代建築に影響を受けた建築家の作品を通して紹介された。彼らは1920年代前後にアメリカに到着し、ニューイングランドのボストン近郊、カリフォルニアのサンフランシスコとロサンゼルス、中西部のシカゴ、そしてプエルトリコなど、各地で初期の近代的な表現の集中するエリアを形成した。その集団のなかには、オーストリア出身のリチャード・ノイトラ（1892-1970）がいた。彼は28年にシカゴに到着し、2年後ロサンゼルスに移り住んだ。そこで彼は同じオーストリア出身のR・M・シンドラー（1887-1953）とともに働いた。彼自身も14年にシカゴに到着後、19年にカリフォルニアに移住していた。スイスのアルバート・フライ（1903-98）もまた、30年にニューヨークに到着したのち、4年後にカリフォルニアのパームスプリングに移住した。アメリカにモダニズムを紹介したそのほかの重要人物は、「アーキテクチュラルレコード」誌の編集者で建築家でもあったローレンス・コッカーとヘンリー・クラムである。彼らは28年にドイツからアメリカに渡り、44年にプエルトリコに移り住んだ[*29]。クラムとノイトラはともに短期間だがライトのもとで働いた。37年にヴァルター・グロピウスとマルセル・ブロイヤー（1902-81）がドイツから英国経由でボストンに渡り、同年バウハウスの同僚であったミース・ファン・デル・ローエがシカゴに到着した。米国人建築家エドワード・ダレル・ストーン（1902-78）とウォレス・K・ハリソン（1895-1981）はともに戦前から近代的な建築言語を使っていた。

ニューヨーク近代美術館（MoMA）もまた、アメリカにモダニズムを紹介するうえで非常に重要な役割を果たした。美術館が設立された3年後の32年に、出版を伴った展覧会が開催された。このときの出版物である『インターナショナルスタイル――1922年以降』はヘンリー・ラッセル・ヒッチコック（1903-87）とフィリップ・ジョンソン（1906-2005）によって著され、ヨーロッパのモダニズム

のほかに米国の事例を加えて紹介した。展覧会は当初の社会的な計画や文脈を軽視して、世界中に影響を与えつつある新しい視覚的言語として近代建築を紹介した。続く43年に、MoMAで行われたブラジル建築展は近代建築の卓越性を強調することで、戦後期のモダニズム受容の素地を用意した。

第二次大戦後の建設ブームは、住宅の需要増、無秩序に広がる郊外住宅地への企業進出や都市部制度の普及、そして都市の改良を特徴とする。戦時中の軍事産業が実現した建築部材や施工法の基礎と知識基盤は、建設需要の急増に適用しやすかった。こうしてあらゆる種類の建物の爆発的な需要の伸びと戦時中に磨き上げた高い効率性が、個人・社会・経済上の好機や楽観主義という例えようもない感覚と重なり合ったのである。言い換えれば、それはアメリカ史上かつて経験したことのない文化的、経済的、政治的なエネルギーであった。この活力のおかげで、建設過程のあらゆる場面で近代的な建築原理や表現が採用されることになり、その結果、モダンデザインの語彙が受け入れられるようになったのである。

世界大恐慌時や戦時中の深刻な住宅不足は、退役軍人によってさらにその度合いを強めた。いわゆる復員軍人援護法（GI Bill）やさまざまな政府保証抵当権プログラムなどのいくつかの法令は、住宅不足を解消し、有効な住宅戸数を増やすことを目的としていた。その結果、安価で簡素な戸建住宅が郊外に広がり、これが戦後期アメリカの特徴となっている。郊外住宅地の例に、やや伝統的な様式のニューヨーク州ロングアイランドのレヴィット・タウンや、数としては少ないがいくぶんモダンなロサンゼルスのマー・ヴィスタ住区がある。

第二次大戦中または終戦後に、このような大規模な戸建住区が計画されたことにより、建設手法や空間配置手法が発展し、公共住宅改良を提唱する人々やモダニストたちに影響を与えた。また、政府は比較的小規模な住宅不足に対処するため、主要都市に居住する低所得・中所得者層のための住宅建設補助金を準備した。その多くは多層または高層住宅であったが、それが戦中戦後のヨーロッパの公共住宅の取り組みに刺激を与えた。

同じ頃に、新しいアイデアや革新的な製品によって弾みをつけた米国企業の成長は、ガラスと鉄で構成されたオフィスビルにうかがうことができる。これらの建物は多くの透明性（文字どおりの透明性と比喩的な透明性）を表現していて、アール・デコ建築のような戦前の組積造建造物のなかで行うビジネスのイメージとは対照的である。この楽観主義の時代の建築家たちは技術革新を熱狂的に支持し、新製品が出るとすぐに採用してさまざまな素材と仕上げを試した。ジョン・ディア社のような機器メーカーは、本社社屋に自然風化鋼などの新素材を試し、樹脂メーカーであるフォーマイカは急速に広がりつつあったインテリア市場のために新しくプラスチック製の化粧板を開発した。

情感をこめた厳格な形態や美学的表現をむき出しにした形態のためか、一般には受け入れられなかったが、米国における近代性や近代建築に対する積極的な受容は60年代になるまで続いた。この頃、政府は住宅不足が緩和されたことで都心部が荒廃、また衰退したと考え、退役軍人のための住宅供給から都心部の再開発へと政策転換したのだが、そのことでモダニズムは突発的に反感を買うようになった。というのも、都市再開発の取り組みが結果的に古い地域の破壊を招き、その多くが近代的な素材を用いて無装飾の近代様式でデザインされたからである。このような過去の破壊行為が、いろいろな意味で近代建築を目立たせることになった。そして、このことが戦後数十年で発展した保存運

動の背景のひとつになっていたのである。典型的な例はニューヨークのボザール様式のペンシルヴァニア駅である。この駅は1905年から10年にかけて、マッキム・ミード＆ホワイトによって設計されたが、63年に取り壊され、旧駅舎は特徴のないスポーツアリーナと高層オフィスビルに取って代わった。ペンシルヴァニア駅の解体は草の根の建築保存運動の推進力となり、最終的に厳密な保存法の制定へとつながった。地方自治体はさまざまな条例と地方自治体法を制定し、国は国家歴史保全法（National Historic Preservation Act、NHPA）を66年に制定したのである。

歴史的環境保存と近代建築が対立関係にあるかに見えたにもかかわらず、20年代のアメリカで繁栄した建築と建築類型が次第に再評価されるようになった。その後の数十年間で否定的な評価を受けるようになったものもあるが、それらの多くは建築上意義深いというだけでなく、戦後期アメリカの諸都市が革新的な都市計画と都市デザインの主導によって形づくられてきたことを物語る、重要な歴史そのものでもあった[図1-1][＊30]。近代建築の再評価は保存運動に寄与しただけでなく、保存を近代の専門領域として高めることに寄与した[＊31]。

アメリカにおける近代建築の保存

アメリカにおける20世紀の建築保存の展開はヨーロッパとよく似ていたが、明白な違いもあった。ヨーロッパと同じように戦前期の建物が注目を集めはじめたのは、保存運動に火がついた1960年代から70年代初め頃であるが、米国の戦前期は英国と同様、モダニストによるデザインよりもアール・デコやモデルネによって特徴づけられる。米国の近代建築保存の取り組みは、フランク・ロイド・ライトの作品の評価に始まるといっても過言ではない。したがって近代建築保存の展開については保存運動の先駆者であり、今もなお断続的に保存運動の対象とされているライトから始めなければならない[＊32]。彼のその象徴的な人物像ゆえに、建築保存の取り組みはライトの作品に集中したからである。

フランク・ロイド・ライトの遺産

ライトの建物と遺産を保存しようとする最初の取り組みは、ル・コルビュジエの場合とは違って、建築家自身の働きかけで始まった。タリアセン・フェローシップは、学生たちがライトに学び、彼の作品の修理や改修を行う教育機関として1932年につくられた。このタリアセンがあったおかげで、ライトの遺産を長らく維持することができた。いわば、ライトの遺産の将来を保全していたのである。第二次大戦が勃発する少し前に完成し、非常に多くの雑誌に取り上げられたのが、ライトの落水荘だった[p.226カラー図3]。ヒッチコックとジョンソンが行ったニューヨーク近代美術館の展覧会では展示されなかったが、落水荘は近代的な様式と建築言語を最初に紹介した作品だと、アメリカ国民に受け止められていたことはほぼ間違いない。56年に所有者のエドガー・カウフマンが亡くなった後、彼の息子エドガー・カウフマン・ジュニアが西部ペンシルヴァニア保護団体に落水荘を寄贈したが、彼は落水荘の学芸員としての責任を保持したまま、63年に美術館として開館した[＊33]。

落水荘が一般公開された時期とほぼ同じくして、もうひとつの重要なライトの住宅が大きな変化の

渦中にあった。64年に2人目の所有者であったマジョリー・ライリー氏は、ポープ・ライリー邸を保存団体のナショナル・トラストに寄贈した[図1-5][*34]。このすまいはローレン・ポープの依頼でつくられた1200平方フィートのユーソニアンハウスであったが、当時の道路計画に適合していなかった。ナショナル・トラストは取り壊しを避けるために、もともと建っていたヴァージニア州フォールズチャーチから同州アレクサンドリアのウッドローン・プランテーションの敷地に建物を移築し、ジョージアンコロニアル住宅の建つ敷地の片隅に移築された。こうしてライトのポープ・ライリー邸は近代の保存手法のひとつである「移築保存」の最初の例となった。この住宅は、建築家が比較的小規模で安価な単世帯住宅を目指して革新的なデザインを行ったことを示すものである。ナショナル・トラストはまた、ライフスタイルの変化に合わせてどのようにすまいが変わったのかがわかるように、2世帯分の土地を維持し続けた[*35]。

図1-5:ポープ・ライリー邸、アメリカ・ヴァージニア州アレクサンドリア、フランク・ロイド・ライト（1939-41）。1964年の初めに、ライトのユーソニアン・ハウスのひとつは解体の危機に瀕し、ヴァージニア州フォールズチャーチの主要幹線高速道路の建設のため同年移築された。この建物は米国のナショナル・トラストに寄贈され、アレクサンドリアのウッドローン・プランテーションに移築された

いくぶん早い時期にライトの建物は取り壊しを避けることができたおかげで、地方においても比較的最近の作品の保存も推進されるようになった。シカゴのフレデリック・C・ロビー邸は1910年に竣工したライトの作品であり、プレーリーハウスの典型である。57年のロビー邸の解体危機を発端とする保護活動は、シカゴ歴史的建造物委員会の発足を促し、ロビー邸が最初の指定物件となった。それにもかかわらず、ロビー邸がシカゴ大学の管理事務所として機能していた時期に、建て替え案が出された。97年にフランク・ロイド・ライト保存財団が建物を借り上げ、有名な内部空間と必要なシステムのリニューアルなど、修復と再建を組み合わせたプロジェクトが始動した。1910年当初のロビー邸の設計意図を回復させる作業は2003年に終了し、現在は美術館として公開されている。

　アメリカ建築におけるライトの地位は、保存に対する影響力という点でフランスのル・コルビュジエやフィンランドのアルヴァー・アールト（1898-1976）と同じ水準にあった。彼らの作品の保存がうまくいった理由は、どの建築家も有名だったからである。生前または亡くなった後すぐに、ライトとル・コルビュジエとアールト（ほかの建築家も同様だが）の遺産を保護して管理する財団が設立された。財団は建物だけでなく、建築家の仕事に関する文書記録（そして評価に関する文書記録）の管理に責任を持ち、保存に積極的に参加する役割を担った。彼らは巨匠としてよく知られているので、建物に対する脅威が迫ってくると、建物を保存するうえで重要な役割を果たす大衆の注目を集めることができた。ライトの場合、伝統的なクラフツマンシップに関係があったこと、そして保存に対する反響を弱めてしまうモダンムーブメントから離れていたことが、同じ戦後期のモダニズム建築より有利に働いた。さらにライトの建築作品の保存は20世紀の建築に関心を集めることに貢献しただけではなく、18世紀や19世紀の保存事例を超えて何を保存すべきなのかを考え、それまでと異なる美学的な定義を考える契機となったのである。

モダニズムの保存：象徴的な建築を超えて

　アメリカにおける保存運動は1960年代に急速に拡大し、個別の集団による草の根運動から幅広い支持を受けた都市運動へと移行した。最初は都市再開発の政策に対する反発心によって突き動かされていたが、60年代の終わり頃には連邦法の後押しで規律を確立するようになった[*36]。この時期は、幅広く建築遺産に対する関心が増し、最終的には建築構成部材に見られる近代性への影響に焦点があたりはじめた時代と見ることができる。象徴的なライトの作品といくつかの建造物が60年代から70年代にかけて注目を集めたが、その後の数十年で近代建築に対する関心が高まり、90年代に本当の意味で注目を集めるようになった（南カリフォルニアにあるリチャード・ノイトラのロヴェル邸（1927–29）とルドルフ・シンドラーのロヴェル・ビーチハウス（1926）が1971年と74年に国の史跡登録台帳であるナショナル・レジスター（National Register of Historic Places）に登録された）。

　70年代にはさらに非常に多様なイニシアチブがとられたことで保存活動の領域が広がり、活動家たちは、古さ、希少性、象徴性といった価値基準を超えて、戦後のアメリカを特徴づける近代建築に関心を持つ者の先駆けとして行動した。例えば、71年に米国で設立された産業考古学会（SIA）は、英国の例にならって、国内の技術や産業に関する遺産の研究や記録、保存を始めた。産業考古学会に

よる研究や記録は近代建築の発展に必要不可欠な部分を形成している工業化に人々の関心が集まっていることの証ともいえる。これらの成果が非伝統的なビルディングタイプを重要なものとして広く受け入れられるための土台づくりに貢献した。77年に設立された商業考古学会（SCA）は、20世紀の建造物や遺物の文書での記録に取り組んでいる。商業考古学会は、やや早くに創設された産業考古学会に刺激を受けて、おもに20年代および30年代のロードサイド建築に着目していたが、次第に40年代と50年代の高速道路関連の建物や文化遺産に対象を移していった。その過程で、産業発展の歴史や産業が建物の形態に与えた影響について記録している。産業考古学会と商業考古学会の両組織が産業・商業の考古学に関心を持ったという事実は、保存対象領域の急速な拡大を示す指標となるが、戦後の遺産に取り組むときには再び課題に直面することになるだろう。

このような対象領域の拡大に関するもうひとつの兆候はフランク・ロイド・ライトの作品をめぐっても現れた。85年にライトの住宅を所有する人々が集う会議の開催と組織化が提起されたが、第1回会議が開催されたのは87年になってからであった。2年後の89年にフランク・ロイド・ライト建築保護団体が創設され、教育、擁護、保存地役権、技術的なサービスなど、残っている部材の保存と維持・管理を助けた。それ以来、この組織はライト建築の支援活動と保存活動を精力的に行った。さらに、継続的かつ広範囲にわたる落水荘の修復は保存技術の最先端であり続けた。作業中に生じる問いの数々は、近代建築の保存を取り巻く問題を理解するのに役立った。80年代には、20世紀半ばの建物の評価と維持・管理のプロジェクトが始まった。特に問題になったのは、所有者が代わったか時代遅れになった社屋であった。例えば、スキッドモア・オーウィングス＆メリル（SOM）のゴードン・バンシャフト（1909-90）が設計した作品、ニューヨークのレヴァー・ハウスは解体の危機に瀕していた82年に、国と地方公共団体の史跡台帳に登録された。ニューヨークのペプシコーラの社屋は所有者が代わったことで、80年代半ばにうまく修復を進めることができた。

近代の建造物がアメリカの遺産として認められるように本格的に取り組んだのは95年であった。その年に初めて、歴史的環境保存教育財団（Historic Preservation Education Foundation）の支援を受けて「近過去保存会議」（Recent Past Conference）がシカゴで行われた。この会議は予想を超える参加者を集め、最近関心の高まっているテーマが紹介された[*37]。95年の会議後、近代の象徴的な建物や主要建築家に関する作品のほか、地方の建物の保存も注目されるようになった。90年代後半には保存活動は活発化した。フィリップ・ジョンソン設計のグラス・ハウス（1949）のような重要な建物が97年にナショナル・レジスターに加えられた[p.226カラー図4]。注目に値する修復再生のひとつに、98年に始まったレヴァー・ハウスのカーテンウォールがある。また、重要な例に97年に行われたグロピウス邸の修復があり、2001年には再解釈が試みられている。ミース・ファン・デル・ローエのファンズワース邸は96年の洪水を受けてリノベーションされた。リチャード・ノイトラが46年に設計したカウフマン邸は99年に修復された。また、90年代半ばに連邦政府によって行われた研究は、冷戦期あるいは宇宙時代に関連する多数の施設の周知につながった。例えば、フロリダのケネディ宇宙センター（1962-65）は2000年に国の登録となっている。またチャールズ・イームズのような重要な建築家に関する個別の取り組みがよく知られるようになった。カリフォルニアのパシフィックパリセーズにあるイームズ邸（1949）はナショナル・レジスターに推薦され、2006年に登録された。

そのほかにも、象徴的とはいえない建物群が90年代後半または21世紀初頭に注目されるようになる。例えば、カリフォルニアのケース・スタディ・ハウス・プログラムやジョセフ・アイクラーによる革新的な郊外住宅地の開発がある。有名建築家によってデザインされた建造物は早くから評価され関心が持たれるようになった。鋼製パネルを用いたラストロン・ハウスの評価が高まっていることにうかがえるように、ミッドセンチュリーの特異なデザインや素材の使用法が注目されるようになった。最初に完成したラストロン・ハウスは97年にナショナル・レジスターに登録されたが、そのほかの膨大な数のラストロン・ハウスは21世紀に入る頃に、続いて登録に加えられた。現在、企業団地と戸建て住宅と舞台芸術センターが、保存修復家たちの視野に入ってきている。これらは人々の挑戦を示すものであるが、近代建築の優れた事例は保存に値すると受け止められるようになっていることを示している。

95年の近過去会議以降に活動が活発化したことは、近代建築の保存と支援活動に寄与する組織の創設のおかげでもあった。そのような組織は全国レベル（ドコモモUSや近過去保存ネットワークなど）でも地方レベル（ロサンゼルス近代保護団体やヒューストンModなど）でも活動しており、どちらの組織も戦前、戦後期のアメリカの近代遺産保存になくてはならない存在である。彼らの取り組みにはやや曖昧なところがあるが、近代建築のイメージを変えるのに役立ち、保存運動のいくつかを支援した。特筆すべきは、建築家、著者、批評家、教育者であったジェームズ・マートン・フィッチ（1909–2000）である。彼は64年にコロンビア大学大学院に最初の保存プログラムを設置し、彼自身モダニストの建築家かつ近代建築の研究者であり、最も影響力のある保存教育者のひとりであった。彼は保存とモダンデザインの両方を支持し、反近代的な態度ではなくモダニズムの欠点に言及した[*38]。

アメリカの近代建築の保存においては、建築を人々に認知してもらうことが現在もなお最も大きな課題のひとつになっているが、建物の経年による機能の不一致や素材の老朽化も問題となっている。加えて、米国の諸都市を特徴づけているのが第二次大戦後の発展の均一性であるため、希少性や特異性を重大な論点にできないことが問題になっている。最終的には、国や地方を問わず、重要な建物や建物群を見極めようとする活動の積み重ねが近代建築の保存には欠かせないだろう。

未来への挑戦

近代建築の保存に携わる人々が直面している諸問題は、その時代の建材に適した方法とツールの開発に重点的に取り組むことで、解決されていくことだろう。このような問題はイコモス（ICOMOS：国際記念物遺跡会議）やユネスコ（UNESCO：国連教育科学文化機関）、ドコモモ（DOCOMOMO）などの組織を通して国際的に取り上げられ制度化されるだろう。その際、一般的なガイドラインは各地域で運用できるように適宜設定されるはずである。そのほかにも近代遺産に関する対話を進展させると思われる論点には、以下のようなものがある。アジア、アフリカ、ラテンアメリカの研究や保存の取り組みを通してモダニズムの理解を深めること。近代建築の形態や言語を統合するものとして、

ランドスケープデザイン、都市計画、インテリアデザインを対象に含め、その保存を考慮すること。そして、近過去に対するわれわれの解釈は一時的なものであることを認識し、時間の経過に伴う遺産の再評価を柔軟に受け入れることの必要性である。

欧米が経験してきたことは、(輸入された)近代遺産を受け入れている国々や地域でさまざまなかたちで繰り返し起こっているし、今後も繰り返されることだろう。地方の気候や文化に適応したモダンデザインの言語と形態が建築遺産の大部分をなしており、それらは次第に学術研究の対象となり、近年興味深い成果を上げている[*39]。この点については21世紀初めのヨーロッパ以外の国々のドコモモ作業部会が大きく貢献したことが知られているが、引き続き、この種の遺産の保存が地域的・国際的なレベルで議論の的になると思われる。こうした地域の多くは、設計者たちが理想としていた近代ユートピアの建設過程を実際に目の当たりにしている。ブラジリアやインドのチャンディガールのような都市の歴史を知ることは、モダニズムの発展を深く理解するうえできわめて有意義である。

近代建築の研究を深めることがその全体の意義を明確にする助けとなるが、都市計画、ランドスケープデザイン、インテリアデザインは、現在の保存の取り組みの対象となっている建物を形づくっており、どれも等しく関係がある。3つの要素とも建築の分析よりもあまり重要でないと思われているが、近代建築の概要を理解する際の基礎となるものである。モダニストの都市計画は都市再生の負の側面と結びついているが、戦後の再建例は都市計画が貢献した事実を立証している。ランドスケープアーキテクトであるロベルト・B・マークスやダン・カイリー(1912-2004)の作品はよく知られていて尊敬を集めているが、十分に保存されているとはいえない[*40]。インテリアデザインは近代の建造物のなかでランドスケープデザインに次いで壊れやすい性質を持っている。インテリア(特に商業用インテリア)は近代の建築類型別に見ると、変化が非常に起きやすい類型に属する。建物は地方の建築条例とゾーニング法、保存指定により保護されるが、インテリアについてはまったく保護されないかそれに近い状態にある。現状の保全だけなく建物の将来の再評価に柔軟に対応するためには、近代建築を解釈する初期段階でインテリア空間の重要性を認識する必要がある[*41]。

最終的に、竣工以来あまり時間がたっていないにしても、今後取り組むことになる内容を想定し、簡潔な歴史的なパースペクティブを持つことが建物の長寿命化に必要である。建造物の意義を解釈する際の評価は一過性のもので、将来変化する可能性がある。これは建築素材に本来備わっている一時的または半永久的な性質によるものだが、近代建築の保存にとって大きな挑戦でもある。また、このことは建築家たちに大きな影響を与えてきた建築家の遺産を取り扱う際に特に重要である。時がたつとそれぞれの建物(と適切な保存手法)の再評価が必要となるだろうし、そうなるのは間違いない。

100年の時をへて保存は歴史となり、保存のためのガイドラインが確立した。近代建築の保存は、かつて近代建築が前近代の建築に対して行ったように、基本的な概念の確立に挑戦してきた。しかし、これは今のところ適切であると考えられているにすぎず、この難題はさらに意義のある保存概念に到達するために解決される必要がある。なぜなら保存の概念は現在われわれが直面している建物、構造、敷地にぴったりと当てはまらないというだけでなく、将来われわれが直面するものにもうまく当てはまらないように思われるし、一方で、建築は様式や素材の両面において、ますます一時的な存在になっているように思われるからである。

【注】

＊1　この建物は1960年代にも使用されていた。しかし実質的な修復作業はその10年後に行われた。この建造物の歴史と修復は、Margret Kentgens-Craig, ed., *The Dessau Bauhaus Building 1926-1999* (Boston: Birkhäuser, 1998) で詳述されている。1970年代の修復の責任者でありデッサウ市の建築家であったウルフガング・ポールはそれを「再建 reconstruction」だとみなしている。

＊2　サヴォア邸については第8章のケーススタディを参照のこと。サヴォア邸は取り壊しの危機に最初に直面した1950年代後半から長い時間をかけて話し合いが行われたことにより、最終的に指定と最初の修復が実現した。フランス文化省は、サヴォア邸に国際的な関心が集まったことで、それが特別な象徴だというだけでなく、そのほかの20世紀建築の象徴であるということに気づいた。フランス政府は1957年から63年にかけて保護すべき近代建造物の3つのリストを用意した。これはフランスの基準である歴史的モニュメントを修正した61年の法令と連動しており、20世紀建築を含めることを可能にした。しかし、そのリストの建造物の実際の指定はゆっくりと時間をかけて行われた。90年までに歴史的モニュメントに指定された3万6000件のうち、300件が20世紀建築であった。ル・コルビュジエ、オーギュスト・ペレ、ギュスターヴ・ペレ、エクトール・ギマールを含む主要な建築家の作品が、20世紀の建築を認知してもらう活動の中心におかれた。Bernard Toulier, *Architecture et patrimoine de XXème siècle en France* (Paris: Caisse nationale des monuments historiques et des sites/Éditionsdu patrimoine, 1999), 19-23.

＊3　Kevin D. Murphy, "The Villa Savoye and the Modernist Historic Monument," *Journal of the Society of Architectural Historians* 61, no. 1 (March 2002): 68-89.

＊4　ル・コルビュジエ・フレンズ協会（The Association of the Friends of Le Corbusier）は財団となる1年前の1967年に設立された。2006年3月にフランス文化省は、建築計画と都市計画を含むル・コルビュジエの作品をユネスコの世界遺産に登録しようと申請準備を進めた。ル・コルビュジエ作品の保存に関する情報は以下の文献を参照のこと。Fondation Le Corbusier, *La conservation de l'oeuvre construite de Le Corbusier* (Paris: Fondation Le Corbusier, 1990).

＊5　1962年1月号はすべてゾンネストラールと建築家ヤン・ダウカーの特集であった。"Duiker and the 'Zonnestraal,' Hilversum, Holland," special issue, *Forum* (Amsterdam) 16 (1962).

＊6　サナトリウムとその保存の詳細な議論については第16章のゾンネストラールのケーススタディを参照。

＊7　巨匠たちの協働の成果として、またインターナショナルスタイルの普遍性の証明としてのヴァイゼンホーフはモダンムーブメントが形成された決定的瞬間を示している。展覧会は大成功し5万人近くの来訪者を集めた。ヴァイゼンホーフが竣工した1年後に、展覧会に参加した多くの建築家たちが1928年6月にCIAMを組織した。Richard Pommer and Christian F. Otto, *Weissenhof 1927 and the Modern Movement in Architecture* (Chicago: University of Chicago Press 1991).

＊8　1980年代のリノベーションは基本構造の修理を含み、コンクリート壁やコンクリートブロック壁の熱特性を改良するためや湿気の侵入を防ぐための断熱材の設置も含んでいた。窓はひどく劣化しており、結果的に窓は取り換えられた。長年にわたる建物のプログラム上の変化は、各内部空間の動線や組織の新しい解決策を必要とした。ヴァイゼンホーフのほかに、DOCOMOMO, "BDR German Federal Republic," *DOCOMOMO Newsletter*, no. 1 (August 1989) では、第4章で扱うファグス靴工場を含む旧西ドイツの6つの保存例と「アンクル・トムの小屋」（注10参照）について言及している。1980年代のヴァイゼンホーフの修復は以下の文献に詳しい。Hermann Nägele, *Die Restaurierung der Weissenhofsiedlung 1981-1987* (Stuttgart: Karl Krämer, 1992). この著書はすべての建物と図面を詳述し、オリジナルの形状、実施された変更箇所や妥協点を比較している。

＊9　この美術館はバーデン＝ヴュルテンベルク州とヴェシュテンロート財団の協力により可能になった。この財団はモダニズムの建築の保存をいくつか手がけている。さまざまな国にあるル・コルビュジエの作品を世界遺産リストに推薦する試みが続けられてきた。ここにヴァイゼンホーフの住宅群が含まれることだろう。

＊10　初期の保存活動の恩恵を受けた別のドイツの住宅団地に、ブルーノ・タウト（1880-1938）、フーゴ・ヘーリンク（1882-1958）、オットー・ルドルフ・サルヴィスベルク（1882-1940）が1926年から32年にかけて設計した「アンクル・トムの小屋」がある。この大規模な修復活動は敷地の遺産的価値だけでなく、住宅の質を現代の生活水準にまで引き上げようとしたことを強調している。

＊11　近代建築の保存に関する対話のなかで最も重要なのは時期と質にある。ヨーロッパの第二次世界大戦前の遺産と大戦後の遺産の間には明らかな違いがある。特にヨーロッパ大陸では、第二次世界大戦が始まると、それまで行われていた建設活動が停止し、ふたつの時期の間に論理的分離が生じる。しかし戦争につながりそうな不穏な年に、建築家のヴァルター・グロピウス、エーリッヒ・メンデルゾーン、セルジュ・イワン・シェマイエフ、アルバート・フライ、バーソルド・リュベトキン、そして建築史家のニコラウス・ペブスナーを含む近代建築の支持者たちは英国に移住した。この建築家たちは第二次世界大戦開戦前に米国に移住するまで、数年間英国に滞在した。英国の戦間期はモダニズムよりもアール・デコやリバイバル様式の建築によって特徴づけられるが、戦後復興期は、モダニストによる都市計画や建造物が大量につくられ、英国政府は、近代的な言語でデザインされたニュータウンや社会住宅に傾注した。

＊12　1928年にウォリス・ギルバート＆パートナーズが設計したファイアストーン工場の解体は、1980年以降の一般市民による抗議の過程で、20世紀初期の建築の認識を変えた。詳細については以下の文献を参照。Pete Smith, "Post-War Listed Buildings," *Context: Institute of Historic Building Conservation* 65 (March 2000), (http://www.ihbc.org.uk/context_archive/65/postwar/postwar.html.)

＊13　英国に関してはモダニズムの流入が遅かった。英国では数名の重要な建築家が第二次世界大戦前の10年間活動していたが、建築界は米国とたいして違わず、伝統的外観の建物が大半を占めていた。ペンギンプールの修復はいくつか記事になった。リュベトキンの知名度とその作風、そして建物の特異性のおかげであるが、もうひとつの理由は戦後モダニズム建築で初めて慎重を期

して行われた修復例のひとつだったからである。リュベトキンの作品の概要は以下の文献を参照。John Allan, *Berthold Lubetkin* (London: Merrell, 2002), "Penguin Pool," 68-71, and "Finsbury Health Center," 104-6. リュベトキンとテクトンの作品の修復については以下の文献に詳しい。John Allan, "Conservation of the Works of Lubetkin and Tecton, Architects," in *Conference Proceedings: First International Conference, September 12-15, 1990*, eds. H. J. Henket and W. de Jonge (Eindhoven, Netherlands: DOCOMOMO International, 1991), 180-85. ペンギンプールのプロジェクトは当初はそのモダンデザインに関心が向けられた。さらに数件が、1988年にイングリッシュ・ヘリテージに登録された。ここには公共の戦後近代建築であるロイヤル・フェスティバル・ホールが含まれる。さらに、戦前建築のリノベーションが90年代に行われた。例えば、リュベトキンとテクトンの設計によるフィンズベリー健康センター（1935-38）は94年に修復された。ウェルズ・コーツ設計のローン・ロード・フラット（1934）は2003年に修復された。エーリッヒ・メンデルゾーンとシェマイエフの設計によるデ・ラ・ウォー・パヴィリオン（1933）は2005年に改修された。Alastair Fairley, *De La Warr Pavilion: The Modernist Masterpiece* (New York: Merrell, 2006); and John McAslan, "De La Warr Pavillion," in *Preserve and Play: Preserving Historic Recreation and Entertamment Sites*, ed. Deborah Slaton, Chad Randl, and Lauren van Damme (Washington, DC: Historic Preservation Education Foundation, National Council for Preservation Education, National Park Service, 2006), 263-66.

*14　重大な損失のひとつは、オランダのアウト＝マテーネッセ地区の住宅地開発であった。J・J・P・アウトの設計でホワイト・ヴィレッジと呼ばれていたが、1980年に解体された。Bernard Colenbrander, *Oud-Mathenesse: het witte dorp* (Rotterdam: De Hef, 1987).

*15　Marieke Kuipers, "The Bauhaus and the World Heritage List," in Kentgens-Craig, *The Dessau Bauhaus Building 1926-1999*, 174-85. このリストはユネスコ（UNESCO）とイコモス（ICOMOS）の間の継続的な対話の成果の一部であるが、その過程でドコモモ・インターナショナル（DOCOMOMO）の支援を得ている。詳細については第3章を参照のこと。

*16　当初「初期近代建築の記録と修復の国際検討部会」と呼ばれていた。この名称は1990年に the International Working Party for DOcumentation and COnservation of Buildings, Sites and Neighborhoods of the MOdern MOvement の頭文字を並べた DOCOMOMO に変更された。DOCOMOMO, "What Has Been Done So Far," *DOCOMOMO Newsletter*, no. 1 (August 1989): 2-3; and *DOCOMOMO Newsletter*, no. 2 (January 1990). ドコモモの歴史については *DOCOMOMO Journal 27: The History of DOCOMOMO*, edited by Wessel de Jonge et al, no. 27 (June 2002) を参照。

*17　国ごとに近代建築の保存に関心を持つ個人や専門家たちが独自のグループを組織し、グループが十分な規模に達すると、国際組織の一部となり各国の代表で構成された審議母体である国際評議会の地方代表となる。国際評議会は2年おきに行われる国際会議期間中に開かれる。会議はさまざまな国のメンバーが出席し、地方のワーキンググループが主催する。評議会のほかに、国際科学委員会（International Scientific Committees: ISC）という委員会が、登録、技術、ランドスケープ、アーバニズム、教育などの特殊なテーマを扱うために設置されている。登録と技術の委員会は個別の活動であり、それぞれが独自の出版物を発行し国際会議を開いている。登録委員会は世界中の近代建築の資料やドキュメントを収集している。この取り組みは、*The Body, Sport and Modern Architecture*, DOCOMOMO Series Notebooks of the Modern No. 2. (Athens: Futura Publications, 2006), P. Tourniktiotis, editor に見ることができる。ISC の技術部会は近代建築の建設や修復に影響を及ぼす建築技術や素材に関する調査報告書を発刊している。DOCOMOMO International Specialist Committee-Technology, "Climate and Building Physics in the Modern Movement," *DOCOMOMO Preservation Technology Dossier*, no. 9, ed. Jos Tomlow and Ola Wedebrunn (September 2006).

*18　ファン・ネレ工場の保存の議論については Anne Mieke Backer, D'Laine Camp, Matthijs Dicke, eds., *Van Nelle: Monument in Progress* (Rotterdam: De Hef, 2005) と第14章のケーススタディを参照。

*19　「ヴィクトリアン協会」の対象にならない1914年以降に建設された建造物の保存を提唱する「30年協会」の名称は、92年にその対象の幅広さを考慮して「20世紀協会」に変更された。ドコモモも当初は1920年代および30年代の初期のモダニズムをおもな興味の対象として設立されたが、現在は75年までに建てられた世界中の建築を対象としている。

*20　ひとつは修復されて展示されたが、もうひとつは芸術品として競売にかけられた。William L. Hamilton, "From Africa to Queens, a Modernist Gem, Fully Assembled," *New York Times*, May 16, 2007.

*21　Catherine Croft, "Alexandra Road, London," in *Modern Matters: Principles and Practice in Conserving Recent Architecture*, ed. Susan Macdonald (Shaftesbury, UK: Donhead, 1996), 48-57. 著者はいわゆる「10年ルール」に言及している。これは、きわめて優れていて国際的な関心を集めているもの、そして解体の脅威に直面しているものというふたつの基準に適合している場合、建造物の登録が可能になるという例外規定である。

*22　Pete Smith, "Post-War Listed Buildings."

*23　建造物の特徴に影響を与えるような方法で、登録済建造物に手を加える場合は、イングリッシュ・ヘリテージの外郭団体である地方計画局から許可を得なければならない。登録された建造物や遺跡の解体についても同様である。

*24　アムステルダム市営児童擁護施設の設計概要は以下の文献を参照。Max Risselada and Dirk van den Heuvel, eds., *Team 10, 1953-1981: In Search of a Utopia of the Present*(Rotterdam: NAi, 2005), 68-71.

*25　ブラッケン・ハウスの情報については以下を参照。Elain Harwood, *England: A Guide to Post-War Listed Buildings* (London: Batsford, 2003).

*26　Diane M. Watters, "Cardross Seminary: Gillespie, Kidd & Coia and the Architecture of Postwar Catholicism" (Edinburgh: Royal Commission on the Ancient and Historical Monuments of Scotland, 1997), Diane M. Watters, "Cardross Seminary: Modernity, Decay and Ruin," *DOCOMOMO-US Newsletter* (September 2007): 3,15.

*27　この建物は1992年に閉鎖された。93年にイングリッシュ・ヘリテージはこの建物が解体の危機にあると認めている。複合

施設からコンドミニアムへの改修は 99 年から 2001 年にかけて行われた。Martin Cherry, "Listing Twentieth-Century Buildings: The Present Situation," in Macdonald, *Modern Matters*, 5-14. この刊行物は 1995 年のイングリッシュ・ヘリテージ主催のカンファレンスで発表された論文を掲載している。

*28　フランク・ロイド・ライトの作品集 *Ausgeführte Bauten und Entwürfevon Frank Lloyd Wright* (Berlin: Wasmuth Verlag, 1910) が 20 世紀初頭にヨーロッパで刊行された結果、彼は広く知られるようになった。その後オランダの雑誌「ウェンディンヘン（Wendingen）」は、1925 年に大々的にライトの作品を取りあげた。

*29　クラムは 40 年間プエルトリコで活動し、そこで彼はかなりの数のモダニズム建築にかかわった。彼は国じゅうの若い建築家たちに影響を与えた。Enrique Vivoni-Farage, "Modern Puerto Rico and Henry Klumb," *DOCOMOMO Journal*, no. 33 (September 2005): 28-37. クラムの業績に関しては以下を参照。Enrique Vivoni-Farage, ed., *Klumb, Una arquitectura de impronta social/An Architecture of Social Concern* (San Juan PR: Archivo de Arquitectura y Construcción de la Universidad de Puerto Rico, 2007).

*30　保存修復家たちによる戦後建築の価値の再解釈が一般的になりつつある。ニューヨークでは、1960 年代のスラム・クリアランス・プログラムの一環として設計された、I・M・ペイのシルバータワーを歴史的建造物に登録しようと試み、グリニッジヴィレッジ歴史保存協会が保存運動の先頭に立ったが、いつものように反論する人々からの激しい抵抗に遭っている。

*31　Richard Moe, "Introduction: Celebrating a Year of Anniversaries," *Forum: The Journal of the National Trust for Historic Preservation* 21, no. 1 (Fall 2006): 4-7. 今も彼は都市再生プログラムおよび米国住宅都市開発省（US Department of Housing and Urban Development: HUD）の支援プログラムの影響に責任を負う立場にある。都市再生プログラムやその影響、そして保存の必要性の議論については以下の文献を参照。Richard Longstreth, "The Difficult Legacy of Urban Renewal," *CRM: Journal of Heritage Stewardship* 3, no. 1 (Winter 2006): 6-23. この著書で彼は、多くのプロジェクトが連邦政府によって推進されているのではなく、よくあることだが関心を持っている地域の人々によって推進されている、と指摘する。また、これらのプロジェクトは複数の要素から構成されており、異なる時期に実施されるが、計画には一貫性がない。都市再生プロジェクトは全体として扱うべきなのか、あるいはさまざまに異なる構成要素は個別に保護することができるのか、という疑問が生じる。

*32　フランク・ロイド・ライトはモダニズムの建築家ではなかったが、後年の作品で近代的な建築言語を取り入れた。しかし特筆すべきは、ライトが決してインターナショナルスタイルの支持者でなかったこと、そして新設された国立空軍士官学校の設計者としてスキッドモア・オーウィングス＆メリルを選出するのに不利な証言をしたことである。Sheri Olson, "Strange Alliances: Frank Lloyd Wright and Congress," in *Modernism at Mid-Century: The Architecture of the United States Air Force Academy*, ed. Robert Bruegmann (Chicago: University of Chicago Press, 1994), 43-44.

*33　Franklin Toker, *Fallingwater Rising: Frank Lloyd Wright, E.J. Kaufmann, and America's, Most Extraordinary House* (New York: Alfred A. Knopf, 2004), 310-22. この本では、エドガー・カウフマン・ジュニアが写真やほかの文書記録をもととしながら、どのようにして展示用住宅を準備したのかについて記している。カウフマン・ジュニアは展示や住宅の解釈に非常に深くかかわっていたので、1989 年の彼の死は継続的な解釈についての興味深い問題を提起した。

*34　"Special Issue on Pope-Leighey House," *Historic Preservation* 21, nos. 2-3 (April-September 1969).

*35　ウッドローン・プランテーションに移築後の最初の 20 年間、そこで開かれる小さな会議の出席者用の居住施設としてよく利用されたが、この試みはその後継続されなかった。

*36　米国の保存指針の発展については第 3 章を参照。

*37　第 2 回会議「近過去を保存するⅡ」は 5 年後にフィラデルフィアで行われた。Deborah Slaton and William G. Foulks, eds., *Preserving the Recent Past 2* (Washington, DC: US Department of the Interior, National Park Service, 2000).

*38　James Marston Fitch, *Historic Preservation: Curatorial Management of the Built World* (New York: McGraw-Hill, 1982). この第一版は従来の保存問題を扱っており、1980 年代半ばの最新技術を反映している。近代建築については、保存に及ぼす影響に関して議論されているだけであり、保存そのものを対象としていない。第二版以降はほかの領域についての情報が更新されているが、近代建築を保存することのジレンマにはほとんど触れていない。しかし彼のほかの論考は近代建築に対する深い関心と理解を映し出している。論考の概要については以下の文献を参照。Martica Sawin, ed., *James Marston Fitch: Selected Writings on Architecture, Preservation and the Built Environment* (New York: W. W. Norton, 2007).

*39　ドコモモ・インターナショナルによって発行される機関誌の最新号では、中東、アフリカ、アジア、カリブ海沿岸に焦点を当てている。

*40　米国の重要なランドスケープアーキテクトである、ダン・カイリー、ガレット・エクボ（1910-2000）、トーマス・チャーチ（1902-78）の作品はそれぞれ研究書にまとめられている。近代のランドスケープアーキテクトについては以下を参照。Charles A. Birnbaum, ed., *Preserving Modern Landscape Architecture I: Proceedings from the Wave Hill National Park Service Conference* (Cambridge, MA: Spacemaker Press, 1999); Charles A. Birnbaum, ed., with Jane Brown Gillette and Nancy Slade, *Preserving Modern Landscape Architecture II: Making Postwar Landscapes Visible* (Washington, DC: Spacemaker Press 2004).

*41　解体を予定している比較的目立たない建物に重要なインテリアが存在する場合、状況はさらに複雑になり、インテリアの移築という問題が浮上する。関連する問題については以下を参照。Theo Prudon, "Preserving MoMo Interiors in the USA: To Be or Not To Be, That Is the Question," *DOCOMOMO Journal*, no. 22 (May 2000): 40-45. アールトのインテリアを含むふたつの事例については以下を参照。Michael Webb, "Conference Stall: Alvar Aalto Conference Room Is in Jeopardy in New York," *Interiors* 159, no. 12 (2000): 69-70; 近年のほかのアールトのインテリアについては以下を参照。John Gendall, "Controversy over Plan to Renovate Aalto Interior," *Architectural Record* 194, no. 8 (August 2006): 28.

第 2 章 建築保存のデザインに影響する哲学的な課題

　建築の保存は次の世代につなげていくために、基本的には約10年単位でゆっくりと進められる。しかしすべての材料はいつの日か取り換えられる必要に迫られる。材料の交換は時間の問題である。建物や素材の物理的な保存には十分に注意を払う必要があるが、近代建築の保存をめぐる議論には、すでに明白になっている問題もあれば、伝統的な保存に関する原理と実例を直接対比することで初めて明らかとなった微妙なジレンマもあり、包括的かつ哲学的なアプローチはいまだ登場していない。

　近代建築の保存と伝統建築の保存の間にある基本的な差異のひとつは、近代の部材は加速度的に取り換えられるという事実である。また、こうした問題が生じたときの哲学的な課題もそれぞれに異なる。伝統建築の素材や構造は数十年から数世紀にわたって時間をかけて交換される傾向にあるが、近代の建造物に見られる革新的な素材や効率的なデザインは、比較的早く修理や交換を必要とする。過去と現在の間にある文化的、物理的な距離は以前よりも短くなっており、保存の取り組みに対する緊急性が増している。同時に、建物が建設された時代のなかで保存問題を経験することになるため、この問題は以前にも増して急速に顕在化しつつある。保存において時間の経過が果たす役割と最初の選択で問われる希少性は消え去り、その代わりに、私たちにとって直接重要なものであるかどうかの判断が求められるようになった。

　保存における哲学的な課題は以下の概要で検証し、本章の中盤で今後起こりそうな問題の例を挙げて詳細に検討する。例えば、ミッドセンチュリーの建築によく見られるのだが、建物の認知度の低さや機能的な問題など、保存の障害となるものもそこには含まれる。保存計画は設計意図、透明性、時代の証となるものなどに気を配らなければならず、素材のオーセンティシティや復元に対する検討も必要である。

　どのような保存においても重要なのは、ある時期の建築文化や遺産の価値が広く認知されることである。近代建築の多くは、技術革新を受け入れて懸命に産業革命の成果を活用しようとする集団的な楽観主義と、それを好機ととらえる感性によって鼓舞された。そして、産業革命は、機能的な建物を

図 2-1：シーグラム・ビル、アメリカ・ニューヨーク、ルードヴィッヒ・ミース・ファン・デル・ローエとフィリップ・ジョンソン (1954-58)。ブロンズ色のカーテンウォールの建物は、レヴァー・ハウスのようにパーク・アヴェニューに立つ古典的な組積造建造物の増築を目的に建てられた。カーテンウォールのグリッドはそのままインテリアにも持ち込まれている。建物全体が透明であるため、天井面がはっきりと見えており、この建物のデザインに欠かせない要素になっている

通して、より多くの人々に美学と社会の利益をもたらすと考えられた。近代建築は大きな社会的な目的に役立てられるように意図されていたが、皮肉なことに受け入れられたのはごく一部にすぎず、役立てられるべき市民からは受け入れられずに孤立した。そして、建築家は未来像の構想などに関心を持ち、人々に理解してもらう努力もせず、近代建築は次第に難解になっていったのである。今なお一部で目にするのは、まさにこの現象である。特に第二次大戦後の近代建築はヒューマンスケールや快適さ、あるいは福祉に無関心であると、1980年代から厳しい言葉で批判されてきた。この時期の象徴的な建物の多くは、美学や社会学の専門家によって高く評価され、持ち上げられてきたが、概して大衆からは拒絶されてきた。近代の建物はかなり否定的に見られていたのである。こうした認識が保存に取り組む際の大きな障害となっている。すべてともいわないまでも、戦後から数十年遡った時期の権威ある建物でさえも同じことがいえる。

近代建築の保存の論議やジレンマの中心にあるのは機能の陳腐化と材料の老朽化である。オリジナルの建造物の（きわめて特殊な）用途変更や商業用、居住用の不動産などの継続的な変化は、想定外の新しい要求を強いることもあるが、これは長い目で見れば保存の脅威となりうる。そのほか、健康や生命を守る安全規定、機械や電気のシステム、内部仕上げ材など、時代とともに基準が進化した結果、インテリア空間の更新や費用のかかるリノベーションが必要になった。これらには、さまざまな物理的な意味合いがある。長年、建築の保存の現場では、機能とデザインの双方の「生存能力」がいつも第一に考えられ、当初の設計意図や理念のバランスをとることがきわめて重要であるとされてきたが、近代の建造物にとってはこれまで以上に挑戦的な問題であるかもしれない。

近代建築の保存は、建造物に現れる無形の表現に焦点を当てることを意味する。それゆえ、保存の正当性を保証する要素を特定することが求められる。建物の意義はその建物に残された物理的な現実のなかに歴史的に発見されるが、近代建築の意義は、建築家の設計意図という概念的なるものに引き寄せられる。建てられたものとして、または意図されたものとして、デザインを保存することに対する疑念は、たとえ当初材を犠牲にしなければならないとしても素材よりも設計者の意図をはっきりさせ、それを持続させようとしたときに生じる。設計者の創造的役割を表象するものとしての当初の建築理念は、建物全体の視覚上のインテグリティ（完全性）において最も重要である。

同時に、鉄、ガラス、コンクリートなど近代建築で用いられる組立部品と素材の一体化には、それまでとは異なる取り扱いや評価が要求される。つまり、木、レンガ、石などの伝統的建造物の建材とは異なる配慮が求められる。さらに、考慮すべきはガラスとその取りつけ工事の優位性である。これらが生み出す透明性や光は、近代の建物の意義や理解に欠かせない。近代建築と伝統建築を比べると、開閉可能な空間の割合がまったく異なる。このことは内側と外側の関係に影響を与えているだけでなく、ガラスという素材にも関係がある。ガラスはきわめて壊れやすいために、すでに何度か取り換えられて、オリジナルのガラスはほとんど残っていない場合もある。そのほかにも、時代の痕跡は、風化によるものであろうと緑青によるものであろうと、近代の建物の設計意図に比べてわかりやすいときもある。伝統建築では、風化や緑青は認められていて賞賛の対象にまでなっている。そのため、新しい箇所は設計意図にあまり留意せずに優先的に風化処理を施した結果、建物の性能を下げることがある（ブルータリズムの建築で用いられている打ち放しコンクリートは例外である）。

当初の設計意図や意義を強調したり、オーセンティシティを幅広く解釈することにより、素材の保存と保全に対して、あまり厳格すぎないアプローチの選択が可能になる。より手に入りやすい素材に取り換えることや場合によっては増築や復元することの必要性がしばしば議論されるが、そこでは素材と設計意図に関する議論が複雑に絡み合う。原寸大の復元は設計意図の究極の再現方法だと議論されることがあるが、どの時代の建築であってもそれが問題であることに変わりはない。当時の文書資料が大量に存在するため、復元可能な近代建造物も次第に増えてきている。今も数多くのパヴィリオンが復元されているが、はっきりしているのは、この行為が実際に保存と呼びうるかどうか疑問だということである。

　この問題は入り組んでいるし、議論のなかで複数の結論と実践が導き出される危険性がある。しかしここには近代建築の保存が直面している苦境も垣間見える。

認知と保存

　アメリカにおける保存支援はその建物や敷地の認知度と密接な関係があり、その建物や場所の（視覚的、歴史的、文化的な価値に対する）現在の認識、そして過去や未来に直接的なかかわりを持つ。このことは保存の歴史と、プレモダンの時代やその時代の建築の評価に時間がかかったことを見れば明らかである。最近まで、アール・デコはつまらないものだと考えられていたし、ヴィクトリア朝は品がないと見られていた。したがって近代建築が早い段階で認知されていなかったとしても驚くにはあたらない。しかし専門家と一般の認識が重ね合わされることで、結果的に特定の建物に遺産としての価値が与えられる。

　近代建築に対する認知は、国ごとに異なり、建築類型により異なることがある。そして時がたてば変化もするだろう。これらの移ろいやすいもののすべてが保存に影響を与える。近代の建物に対する認識が変化した例は、さまざまな分野の美術館、文化施設、公共施設や住居建築、アメリカの公共住宅に見ることができる。そこではさまざまなレベルでの評価と軽視がなされてきた。当初はひとつひとつが、その美学を具体化し、近代建築の価値を連想させる、建築的なデザインの象徴と考えられた。しかし最終的に、それらのいくつかは熱から冷めて無頓着に扱われ、ときには見下され退けられる。その一方で、最初は歓迎しなかった人々がある程度受け入れることもある。これらのすべての認識は、今では幅広い支持へと変化しつつある[*1]。

　ボストン市庁舎はカルマン、マッキネル＆ノールズによる設計で1963年から68年にかけて建設された。ニューヨーク州ゴーシェンのオレンジカウンティ裁判所はポール・ルドルフ（1918-97）によって63年から67年にかけて設計された。どちらも竣工時に多くの市民と専門家から賛辞を贈られたが、それぞれの地域コミュニティでは十分に受け入れられず、たびたび深刻な取り換え工事や解体の危機にさらされてきた政府関連の建物の例である[図2-2]。公共空間としてデザインされた、都市部の広場やプログラムの変更が可能な空間は、その後に公共のアメニティ空間として理解され、普及

した。しかし、もともと計画に盛り込まれていなかった機能については十分に果たすことができず、周辺の利用者やコミュニティからは、あまり快適でないと非難された。さらに、70年代から80年代の社会変化とそれに関連する疾病や犯罪率の増加によって、広場は誤った使われ方がされるようになり、次第に荒廃していった。こうして広場とそこに隣接する建物に対する否定的なイメージが強められていったのである[*2]。同じ頃の公共住宅や補助金付集合住宅は、低所得者の生活水準を高めるという進歩的な願望をもととするが、経済的で安価でありながら十分な戸数を確保しオープンスペースをつくるという近代建築の実践のために利用された。そうして公共住宅はわかりやすい建築類型に変わっていった。その多くは高層アパートに分類される。20世紀初頭から半ばにかけての数十年のうちに、政府の財源やサービス・支援が減り、居住アメニティの基準を変えることができなかったことが、この種の建築ストックの荒廃を招き、都市住宅に対する非難を招いたのである。もともとは公共住宅と結びついていた「公園のなかの塔」は結果的に70年代と80年代を通じて社会政策の不十分さを表象するようになり、お粗末な管理と全体的な荒廃によって悪評は確実なものとなった。

　建物の破壊や大規模な改造は、これらの建物や敷地の失敗を正すのに利用されてきた。ローレンス・ハルプリン（1916-）によって設計され1970年から73年にかけて建設されたコロラド州デンバーのスカイライン・パークは、利用者にとってより親しみやすい空間へと置き換えられたものであるし、

図 2-2：市庁舎、アメリカ・マサチューセッツ州ボストン、カルマン、マッキネル＆ノールズ（1963-68）。ル・コルビュジエの作品を想起させる建物と広場は、その完成度ゆえに歓迎されたが、議論の的となり、一般には十分受け入れられなかった。広場は多数変更されているが、庁舎は大きな変更は加えられず、思慮深く保存を検討するに値する近代の歴史的建造物と考えられている

ボストン市庁舎前の広場の一部は何度か改築された。ニューヨークのM・ポール・フリードバーグ（1931-）設計による戦後の遊び場の多くは著しい改変が加えられ、ひとつも残っていない。野外広場も、収益確保や集約的利用を目的とする再開発地区として注目されている。その例のひとつはダン・カイリー設計のニューヨークのリンカーン・センターのノース・プラザに見ることができる。一方、公共住宅の壮大な破壊に、セントルイスのプルーイット・アイゴーやシカゴのカブリニ・グリーンがある。これらは直ちにこの種のビルディングタイプを連想させ、今も悪評が続いているという意味で象徴的である。どの時代や様式の建物でもすべてを残せるわけではないが、選択と破壊は、嫌悪感や否定的イメージのような主観的な規準のみに基づいているのではない。否定的な見方のほとんどは、ほぼ間違いなく大切なことをよく知らないか、近視眼的な見方に基づく。

　以下のニューヨークのふたつの建物は、近代建築の認知が保存の判断にどれほど影響を与えるかを示している。ひとつは64年に完成したハンティントン・ハートフォード近代建築ギャラリー[図2-3]であり、現在はツー・コロンバス・サークルと呼ばれている。もうひとつは56年から62年にかけて建設されたTWAターミナルである[図2-4]。現在はニューヨーク・ニュージャージー港湾局の計画により、元の建物をできるだけ連想させないようにするため、その場所はターミナル・ファイブと呼ばれている。TWAターミナルは世界的にも高く評価されており、アイコンとしてのその地位は研究者、専門家、利用者の誰もが一様に認めている。その建物は完成前に、やや大げさだが「自由形態コンクリートの究極の表現、アナーキーな建築解放の声明である」と評された[*3]。しかしツー・コロンバス・サークルの受け入れられ方はまったく違っていた。大理石で覆われたこの小さな塔はロリポップビルディングの異名をとり、歴史主義建築であるとモダニストたちに揶揄された。本来は美術コレクションを保有する計画だったが、非常に早い段階で所有者が入れ代わり、最終的には当初意図されていなかったオフィスビルになった[*4]。

　エーロ・サーリネンとエドワード・ダレル・ストーンは、それぞれTWAターミナルとツー・コロンバス・サークルの最初の建築家であり、ともに近代アメリカ建築史上、最も重要な人物のひとりであることは間違いない。彼らは近代建築の支持者として出発したが、それぞれ独自のスタイルへと到達した。彼らの建物と評価の認知もまた異なる展開を見せた。父エリエル（1873-1950）の仕事を引き継いだエーロ・サーリネンは一般市民や会社事業者に向けてつくった建築物や複合施設を通して、米国で最も有名な建築家のひとりとなった。彼の建物と家具は絶えず広く賞賛された[*5]。一方、エドワード・ダレル・ストーンは注目すべき初期モダニズムの作品を残している。彼は「タイム」誌の表紙を飾ったことでも有名な建築家である。晩年の作品は初期の作品ほどには知られていないが、インド・ニューデリーの米国領事館などは高い評価を受けている。ストーンはサーリネンのように、商業的に非常に成功したが、彼の建造物の現代における批評はあまり芳しくない。それとは対照的に、TWAターミナルは完成まもなくして機能的に陳腐化したにもかかわらず、瞬く間に積極的に受け入れられた。ジャンボジェット機の登場により航空旅行の形式が一変し、大型旅客機や旅行者・荷物の増加に対応するため、建造物の変更や増築をしなければならなかったが、それでもなお、サーリネンのターミナルは象徴的な地位を保ち続けている。

　両方の建物の初めのうちの評価は、賞賛と幻滅が入り交じり、保存の論議に影響を与えた。TWA

図 2-3：ツー・コロンバス・サークル、アメリカ・ニューヨーク、エドワード・ダレル・ストーン（1958-64）。当初私的な近代美術のコレクションギャラリーとして設計されたが、いくつか別の用途に変えられたのち、オフィスビルになった。相性の悪い転用は、その否定的な印象を付加しただけで、機能の陳腐化の議論を強めた。歴史的建造物の指定は拒否され、アーツ・アンド・デザイン美術館に変更された。オリジナルの大理石ファサードは、2006 年にはじまった復元作業の一環として取り除かれ、08 年に完成した

図 2-4：ジョン・F・ケネディ国際空港の TWA ターミナル、アメリカ・ニューヨーク、エーロ・サーリネン事務所（1956-62）。ジャンボジェット時代の幕開けとともに竣工したターミナルビルは、当初は大きな賞賛を受けたが、急速に陳腐化した。保存されることになった空っぽの建物の背後に大きな新ターミナルが竣工し、ターミナルの将来的な用途は未解決のまま放置されている

ターミナルについていえば、長年の闘争のなかで出された問いは建物を保存するかどうかではなく、どのようにして保存するかであるが、ツー・コロンバス・サークルについては保存するかどうかの議論もされなかった[*6]。ターミナルの保存は今もジョン・F・ケネディ国際空港の敷地の開発において欠かせない一部になっている。TWA ターミナルは新しい役割を担うことになっている（新しい大型ターミナルは TWA の背後に建てられた）。

　一方、ツー・コロンバス・サークルは地方レベルの歴史的建造物とは考えられていなかった。この

建物は2006年に大規模に改築された。大理石のパネルは取り外され、新しいガラス張りのファサードがつくられた。皮肉なことに、08年に竣工し開業したツー・コロンバス・サークルの建物は「美術館」という計画当初の機能を取り戻すことになったが、外壁は新しくなり、内部空間の配置はそれまでと異なっている(狭い都市部の敷地にあるために全体の規模や形状は変わっていない)。TWAターミナルは元の形状を保持するだろうが、飛行機旅行に利用する付属物にすぎない[*7]。保存の取り組みが始まったときの、これらふたつの建物の既存の評価は結局のところ、いずれも建物の価値づけにも影響を与えている。戦後期の土木構造物のように、保存主義者たちが保護のために参集しはじめる前までの無関心と嫌悪感がツー・コロンバス・サークルの運命を決定づけたのである。

建物に対する認知がどのようにして広まったのかを理解することが、包括的な保存アプローチを形成するうえできわめて重要である。そうした知識が市民を引き込むための情報の基礎を構築するのに役立つ(そのほかにも、初期近代建築の批評、初め頃の認知、連続性に重点をおくこともできる)。建物に対する認知や評価は時とともに変わるだろうし、過去を調査することが既存の価値を考える議論の基礎となり、近代建築保存の基礎となることだろう。これらふたつの建物をめぐる議論は、建築の認知に寄与するさまざまな要素を明確にする必要があることを示し、また自分や他人を教育し続ける必要があることを浮き彫りにしている。

機能性と陳腐化

機能性と陳腐化、そして建築の寿命は、伝統的建造物以上に近代建築の保存において重要な要素であることは間違いない。これらの問題は、さまざまな機能に特化したデザインや特殊な機能に生じた急速な変化に関係がある。近代の建築家はしばしば実験的な材料を用いたが、このことが事態を深刻にしている。近代建築にとっての陳腐化には、機能的な面と物理的な面があり、機能的な陳腐化についてはふた通りに解される。ひとつは、当初の用途は現在求められていないということ、もうひとつは、建造物に対する期待が膨らんでいったために時代遅れのようにとらえられることである。後者は当面の課題である。規模、アメニティ、交通の便など、建造物に対する期待の劇的な変化が、既存建築物の適応能力に難問を突きつけており、今後もこの状況は続くだろう。建物やプログラムの機能的な面に影響を与える要素は、以下の項目のひとつ、またはふたつ以上から構成される。ビジネス方法や働き方、期待されるサービスやアメニティの形式、または提供されるサービスやアメニティの形式の変化、居住用・商業用不動産の基準の変動、人・モノ・サービスの変化である。

近代建築の陳腐化は、材料や建設システムといった物理的用語でも定義される。この分野の新しい展開や実験は20世紀前半の時代を特徴づけているし、戦後の建設ブームの基礎を形づくっている。新しく改良された材料は常に生産されており、すぐさま新しいものに取って代わる。結果的に、伝統建築よりも近代建築のほうが物質的な劣化の問題がより深刻である。建物の機能的・物理的な持

続性と直接的な関係にあるのは、その経済的な持続性である。経済的な持続性はあらゆる保存においても関連が深いけれども、特殊なタイポロジーの場合、伝統的で機能的でない建築類型に比べると、近代建造物のアダプティブユースは簡単ではない。もとから想定されているニーズが狭ければ狭いほど将来、そのニーズから乖離してしまうだろうし、建物はますます機能的・効率的ではないと考えられるようになるだろう。

　機能の陳腐化のルーツは産業革命にまで遡る。当時さまざまな機能が求められ、その数が増したことにより、機能に特化したビルディングタイプの創出が助長された。このような機能の多様化を果たす前までは、建物は政府関連、宗教関連、仕事関連、生活関連に分けられる程度でわずかな種類にしか分類されておらず、市庁舎、教会、倉庫、住宅の建設技術や建材は、本質的に同じであった。機能優先の18世紀と19世紀の建築は、今も時代遅れになっておらず、うまく適応している[*8]。しかし第二次大戦前の数十年の間に、特定の用途に効果的に対応できる建物をつくろうとする気運が高まった。極限まで効率化を追い求めたために、その後用途が変更されることとなり、そのことによって部材の取り換えが必要になったり、場合によっては新たな用途や建築家たちの意見に合わせて特殊な機能に変更するために、撤去または解体されたりする。

　機能的要求の進展が、20世紀のビルディングタイプに大きな影響を与えた。典型的な例は航空産業である。航空機旅行が、小人数に限定されたサービス形態から大規模輸送の形態へと拡大したことで、航空業関連施設のすべてのプログラムが劇的に変化した。エーロ・サーリネンは大型航空機が新しい規格となる前の50年代に、ジョン・F・ケネディ国際空港にTWAターミナルを設計した。それゆえに、ターミナルは開設された62年には、機能面ですでに時代遅れのものになっていた。747型機は大きすぎて既存の搭乗ブリッジに適合せず、出発ロビーはあまりにも小さかった。大型航空機は以前より大人数を運ぶようになり、旅行者数が増加したことで、ターミナル、チケットカウンター、手荷物管理の許容能力を超えてしまったのである。70年代にターミナルの拡張工事が行われ、80年代にターミナル前の歩行者通路と自動車交通に適応するため、独立した大きなひさしが設置された。TWA特有のコンクリートシェル構造は全体に及び、改修や拡張を難しくしていた。改修や拡張を行えば、間違いなく構造上の意義が失われていたことだろう。2001年に閉鎖されたターミナルの将来的な用途と保存の計画は流動的なままであり、航空関連の機能など、ほかの用途が模索されているところである。今後セキュリティ上の問題やサービスのオートメーション化によって大きな空間や大人数の従業員があまり要らなくなり、産業構造が大きく変化する可能性がある。

　それとは正反対にTWAターミナルの1年後に開港したワシントンD.C.のダレス国際空港は、あまり制限のない構造で、大型航空機に合わせて設計された。この空港はうまく機能し続けており、実際に国内で最も発着数の多い空港のひとつになっている（最近になって大規模な増築が行われた）。サーリネンは、旅行者数の増加やチケット・手荷物の搭乗手続カウンターの事実上の廃止、あるいは全米の空港に新しいセキュリティゲートなどを内部空間に置くことになるとは予測できなかった。航空技術やサービス、そして近年のセキュリティ上の要求の変化が空間の再配置や増築の一定の圧力になっているが、幸運なことに、これまでの繊細な増築や現在のマスタープランでは、構造に見られる建築的意義がある程度認められている。しかし増え続ける要求に合わせて増築しようとする圧力は、

サーリネンのオリジナルのアイデアを保存するという点に影響を与え続けるだろう。

ふたつの空港を比較してわかるように、建物の利用形態が変化し、より厳密に機能を限定すれば、修正や交換に取り組む機会が増えることになる。機能上の陳腐化は重大な変更や解体をめぐる議論のもとになることが多い。

本来どのような機能も一時的なものである。変化は常に身の回りで起きており、どのような修正案や新しい機能もいずれ変化するだろう。したがって、長期的に見て建物が陳腐化するかどうかの判断は、どの機能も等しく変化の影響を受けやすいものであるという認識に基づいてなされるべきである。議論は機能のみにとどまらない。専門家や市民の期待や要求の変化を推測し、建物の意義も考慮して議論されなければならない。

建物の必要性の変化は、機能面だけでなく質的にも起こりうる。わかりやすい例は一戸建て住宅である。価値観やライフスタイルの変化は、20世紀半ばの都市部や郊外住宅地の発展に顕著に現れている。戦後期は小中規模の住宅や中規模の独立住宅により特徴づけられるのに対し、90年代は平均的な規模の住宅が飛躍的に増加した。4人家族を想定したニューヨーク州のレヴィット・タウンの第1世代の住宅はそれぞれ1000平方フィート以下であった[*9]。現在の同規模の家族の住宅は少なくとも2倍の広さがあり、3倍にはならないにしてもそれに近い広さになる。結果として、一等地に建っている既存の初期近代住宅は、都心近くか田舎町にあるかどうかに関係なく、広々としたアメニティ空間を用意することができないため、改築、増築、解体が続いて起こる[図2-5, 図2-6]。例えば、ポール・ルドルフやリチャード・ノイトラなどの著名な建築家によりデザインされた住宅でも、現代の住宅に対して人々が抱く期待には沿えない。魅力的な立地や非伝統的な外観が危機に瀕しているが、それらの一部は解体現象の犠牲になっている。62年にノイトラが設計したカリフォルニア州パームスプリングのマスロン邸は02年に取り壊された。ゴードン・バンシャフト設計のニューヨーク州イーストハンプトンのトラヴァーティン邸は05年に取り壊された。ポール・ルドルフ設計のコネチカット州ウェストポートのミケール邸は07年に解体されている[*10]。この傾向はあまり知られていない郊外住宅地に顕著だといってよい。

居住用建物と同様、近代企業のキャンパスはビジネス文化の発展や新しさへの期待感のせいで、時代遅れになる危険性がある。郊外への人口流出に伴い、第二次世界大戦後に形成されたこれらの企業用地は、最初は単一企業が所有または占有していたが、現在のテクノロジーや企業文化、効率性、商品購買層にあまり適していない。絶え間ない経済的な圧力によって企業の経営統合が図られている。新技術や競合に対応して、根本的に業態が変化したことにより、敷地の単独所有の必要性が軽視されるようになる。地代の高騰、別の有利な条件、土地利用をめぐる外圧が、建物の放置や部分的な解体を招くことがある。

SOMのゴードン・バンシャフトが設計したコネチカット州ブルーミントンにあるコネチカット総合生命保険会社（1957）とエーロ・サーリネンが設計したニュージャージー州ホルムデルのベル研究所（1962）は、いずれも、時代に合わなくなったことを理由に解体される危険性がある。ベル研究所（現・ルーセントテクノロジー）の場合、200万平方フィートの複合施設は大きすぎて単一企業が占有するのは難しいと判断され、2006年に解体の危機に直面した。保存運動家や科学者、地方共

図2-5：レヴィット・タウン、アメリカ・ニューヨーク州ロングアイランド、ディベロッパーのレヴィット＆サンズ社が1947年に発注し、51年に竣工した。別の様式の住宅が47年と51年に追加されたが、基本的なデザインのひとつはランチ様式と呼ばれる900平方フィート以下の伝統的なモデルであった。当時の住宅基準を反映して設計されているため、当時の姿を残している物件はそう多くない
図2-6：住宅にはしばしばドーマーが取りつけられ、ニーズの変化に合わせてガレージが増築される。その結果、住宅の規模は当初の倍に及ぶこともある

同体、開発業者からの抗議のおかげで、ダン・カイリーのランドスケープデザインとサーリネンのオリジナルの建物の両方が全部撤去されるという計画案が取り下げられた。しかし建築保存団体の抗議からわずか3年もたたずして、コネチカット総合生命保険会社敷地内のエムハート・ビルディングは吸収合併したシグナ保険会社により03年に解体された。この事例を受けて、まだ残っている建物と企業用地を一体統合するアイデアに関心が集まった。同じ敷地内にあるバンシャフトのワイルド・ビルディング（1957）は重要な建築であり、当面の間は維持する価値があると受け止められているようである[＊11]。

　一戸建て住宅と企業キャンパスの両方が改変されているという事実は、ほかのビルディングタイプにも波及しうるし、実際にそうなってきている。そこでは物理的な劣化も問題となる（シグナ社の建物では単層ガラスの非効率性が問題になっている）。実際に、物質的な劣化や機能的な陳腐化のふたつは、取り換えや解体を正当化するためによく持ち出される。機能上の陳腐化はおもに建物の用途に関係があるが、物理的な劣化は建物やそのシステムの性能、そして素材や仕上げの不具合にもかかわる。さらにシステムの更新や安全基準とアクセシビリティに関する法規に合わせることなど、これらすべてが建物の機能の（知覚的）持続性に影響を与える。しかし、こうした問題は克服できなくてもよい。例えば、ロンドンのロイヤル・フェスティバルホールのリノベーション（2005-07）では、基本的に失われた部分はないが、室温調節ができなくなっていた51年からの機械換気システムを交換し、障害者用にどの階にもアクセスできるエレベーターを増設した。

　近代の建物で用いられる素材やシステムは、新しく非伝統的な性質を持つために寿命や効率を改善するのが困難だとされてきたが、不可能ではない。単層ガラスの非効率性については、ブリンクマン＆ファン・デル・フルーフト設計のファン・ネレ工場（1925-31）の修復で解決された。そこではオリジナルの単層ガラスからセットバックさせて、第二のカーテンウォールが設置された。要するに「箱のなかに箱をつくる」ことで解決したのである。機能やシステムの陳腐化は別として、実験的な素材は時代遅れになると、さらに適切で信頼性が高く性能を向上させる方法を経験的に生み出す。その結果、交換を検討する必要が生じるというのが一般的である。そのような試練は、近代建築保存における哲学的なジレンマのひとつとなって現れ続けるだろう[＊12]。

　一般的に、機能の陳腐化や物質の劣化の恐れは目の前の現実に基づいているが、誤解されたり曲解されたりすることで、その脅威が高まることもある[＊13]。不動産をめぐる圧力はどの時代の建物の保存にも影響を与えるが、近代建築の仮設性の問題、あるいは機能上の非効率性の問題は、解体を正当化するために非常によく用いられる。しかし、企業用地や商業施設や研究機関を扱うときによく見られるのだが、うまく適応して入居したり継続使用したりするとしても、その建物を特徴づけているものの解体や部分撤去は、保存の観点から見れば、よい解決策とはいえない。状況に合わせたアダプティブユースの手法は、変化のサイクル、陳腐化、実際の劣化の違いをよく認識したうえで提案されるように、時間をかけて行うべきである。機能の再定義が何度もなされる場合、重要な特徴を保全し、将来的な変化を許容するような繊細な変更を加えることによって、保存の目的を達成し、陳腐化を辛うじて避けることができるのである。

設計意図

　当初の設計意図を評価する能力は、近代建築の保存において非常に重要である。当初の設計意図は設計者の創造性を示す視覚的かつ概念的な表現であり、結果的に建物とその建設方法に関する情報を与えてくれる。この無形の遺産を受け入れて、それに対して大きな信頼を置くこと（したがって材料表現への依存度が相対的に低下する）は、米国における従来型の保存実務とは異なる。オーセンティシティの概念の幅広い解釈が求められると同時に、文字どおりの材料保存にはあまり熱心に取り組まないことが求められる。伝統的な保存では、当初材やその存在は最も真正さを保っており保存されるべきものと考えられているが、近代建築の保存においては、デザインそのものに重点を置きながら、設計意図と材料のオーセンティシティの両方の組み合わせを考える。

　19世紀以降、当初の材をできるだけ多く保存したいという思いが保存実務のカギとなっているが、それは当初材には究極の歴史の証人として、建物の起源として、そして文化的・歴史的な芸術品としての真正さが保たれている、とみなされているからである。しかし、近代建築だからといって、建物の歴史的発展や物質的進化が評価されるわけではない。つまり、建物の評価に関しては近代以前の建物と比べてそれほど大きな変化が生じているわけではない。近代建築においては、オリジナルのコンセプトやアイデアが最も重要である。当初材を保存しようする願望は排除されることはないが、あまり重視されない。

　以下に挙げる3つの変化が、こうした重視ポイントの転換を引き起こした。ひとつ目は、主要な創造者として設計者の役割を重視すること、ふたつ目に、手づくりの部材以上に工場生産された標準化部材および構成材を優位におくこと、3つ目はふたつ目の結果として、個人的な職人技以上にデザインに重点を置くこと。創造におけるデザイナーの役割が重視されたことで、彼らが貢献した部分が明確に区別できるようになり、それが建物の意義を正当化する要素のひとつとして用いられはじめている。つまり、デザイナーの技能は、近代建造物の芸術的表現を決定づけている職人技よりも重視されるようになっている。手工業者の役割は工場生産の導入部分である素材・部品・組み立てなどの普及に伴って減っていった。デザイナーの創造的役割は今では明白であるが、伝統建築の建設工程に見られるような技芸の優位は明白であるとはいえない。デザインの根本的理解は、インテグリティを表現するものとしての創造的な（工場生産の）独立部位以上に重要になった。しかしながら、視覚的インテグリティを強調することは、保存をめぐる摩擦や対立や論争を生まないとも限らない。

　設計意図の重要性は、ファンズワース邸やTWAターミナル、グラス・ハウス、レヴァー・ハウスのカーテンウォールなどの権威ある建物を検証すれば容易に理解される。これらの建物では経験や視覚的統合を重視しているが、そのうちのいくつかは、当初考えられていたほどには劇的に現れていない。グラス・ハウスやファンズワース邸は当初の場所で、今でも鑑賞の対象となっており、大いに評価されている（周囲のランドスケープは成長して変化している）が、TWAターミナルやレヴァー・ハウスの当初の強いインパクトは容易には感受できない。ジョン・F・ケネディ国際空港内では多数の大型

ターミナルが建てられ、そのうちのひとつがTWAターミナルの背後に置かれている。そのターミナルはエアサイドとの視覚的連続性を遮断してしまっている。パーク・アヴェニュー沿いにある古典主義の石積みの建物はレヴァー・ハウスによく似たガラスと鉄の建物に変わっている[図2-7、図2-8]。しかしそれぞれの建物の視覚的なメッセージは今も設計者の明確な選択の意思を示し、その特徴を決定づけている。例えば、TWAターミナルの造形のなかに航空旅行の優雅さや可能性を感じ取ることができるであろうし、レヴァー・ハウスのカーテンウォールにキラキラとした輝きと清潔さを感じることができるだろう。このような特徴的な建物の保存においては、独立部位の物理保存と同時に、デザインのインテグリティが考慮されねばならない（近代建築も近代以前の建物も同様である）。レヴァー・ハウスのカーテンウォールの部品は、可能な限り元の外観を取り戻そうとしたためにシステムそのものが取り換えられた。これはオーセンティックな材料の保持よりも、設計意図に重点を置いた修復プロジェクトの一例に数えられる[*14]。

　20世紀建築の保存における素材のオーセンティシティの再検証が文化相対主義を背景として、そして文化資源の幅広い解釈に向かう流れの一部として、早くも90年代から始まった。国際レベル、および国内レベルの保存の取り組みは、結果的にオーセンティシティについての異なる解釈の道を開いた。しかし西欧では、概して素材のオーセンティシティに頼り続け、近代建築に関する議論のなか

図2-7、2-8：レヴァー・ハウス、アメリカ・ニューヨーク、スキッドモア・オーウィングス＆メリル（SOM）のゴードン・バンシャフト（1951-52）。50年代のレヴァー・ハウス（写真左）は、パーク・アヴェニューで最初の金属とガラスでできたカーテンウォール建築であっただけでなく、低層部が通りに面し高層部が特異な配置になっていたため、比較的小さい古典主義の組積造建造物の間でひと際目立っていた。現在もレヴァー・ハウスの重要性は変わらないが、明確になっているわけでもない。修復再生された建物は新しい高層の、ガラスと鉄でできたカーテンウォール建築に取り囲まれている

で総合的に解釈されていた。

　保存プロセスにおいて設計意図や視覚的経験を重要な要素とみなして持ち上げることは、非常に大きな危険性を伴う。まず何よりも、この見方は歴史的な材料を除去するための免罪符として解釈されるべきではない。しかし、それは同時に設計意図の十分な理解や解釈の機会を確保するために、かなり大きな責任をデザインやプロジェクトにかかわる修復建築家たちに担わせることをも意味する。そうすることにより設計や保存のプロセスで適切に設計意図が再現されるかもしれない。保存を最終目的とする設計意図への配慮は、うまくいけば不必要な交換や当初材への無関心を防ぐことに役立つ。場所や立地は建物にとって重要な意味があるが、設計意図は同じ場所にまるごと復元したりレプリカをつくったりすることを許可し正当化するものではない。設計意図の概念が提供するのは、知的に擁護できる実質的な方法で、十分に視覚的なインテグリティを保ちながら建物を保存する機会である。

　最終的に交換や付加を正当化するためによく用いられるふたつの議論がある。ひとつは、その建物を設計した建築家ならば、その時点で使用できる材料やシステムを採用しただろうという議論である。もうひとつは、その建物を設計した建築事務所が再設計の仕事を担当したというものである。前者の議論は、竣工時の様子を示す建物のインテグリティや建物に備わっているリアリティを考慮していない。デザインコンセプト、ドローイング、歴史や構造全体の意義を伝えるものとしての建物は、結果的によりよい素材やシステムに置き換えるとしても、慎重に検討されるべきである。後者の議論は逆説的である。オリジナルの設計者との相談は結局のところ歴史的記録を補完するものでしかない。しかし現実問題として、当初の建築家や建築事務所は、保全プロジェクトというよりもむしろ新しいデザインへの挑戦として建物にアプローチするかもしれない。課題となるのは技術的に受け入れられる保存方法を獲得することであって、デザインの現代的な再解釈ではない。そういう理由から、ル・コルビュジエはサヴォア邸の正当な保存建築家とはいえないが、オスカー・ニーマイヤーのブラジリアにおける建造物の増築は必然的によい考えであるということになる[*15]。シドニーのオペラハウスで展開された手法は、最も適切なアプローチのように思われる。元の建築家であるヨーン・ウッツォンは、自分のオリジナルデザインに関する相談を受けて、時代遅れの状態を改善するため、どうすれば新しい技術を使用できるかについての助言を求められた。このデザイン指針が保存計画全体の中心に置かれている。

透明性と視覚的連続性

　設計意図と密接なかかわりを持つ近代建築のもうひとつの側面は透明性である。これが最近の保存実務におけるジレンマを引き起こしている。ガラスの製造技術と工法の発展によって室内外の拡張が求められるようになり、その特異な使用法が近代の建造物で試みられるようになった。また、機能的な連続性や健康的な光にも意義を認めるようになった。これは内部空間と外部空間とガラスの視覚的な一体化を意味する。したがって、ガラスとその透明性は建築デザインと設計理念の融合した部分と

いえるし、現在も一般に普及している。このことは保存の実務と理論に大きな衝撃を与えた。というのも、ガラス窓の大型化だけでなく、内側を拡張し、外側を取り込む別の素材により、内部と外部の空間を明確に分け隔てていたものが消滅したか完全に失われてしまったからである。

ガラス壁

　伝統的な組積造建築を特徴づけるのは、広くどっしりとした組積造の壁面と小さなガラスの面である。大きな開口部が組積造のファサードの典型となったのは、建設技術が進歩してからであった。産業革命以降、職場の環境改善のために、低層建築物のファサードにおける壁と開口の割合が次第に重視されるようになり、また人間の成長や健康のために日光を重視した建物（工場、温室、療養施設など）が非常に重要な意味を持つようになった。19世紀末までに、人工室内照明のまだ少ない状況下で採光を強化するため、ガラスと窓枠を使用することが慣習となった。それらは実際に初期の近代建築において欠かせないものだった。そうした例に、ヴァルター・グロピウスとアドルフ・マイヤー（1881-1929）設計のファグス靴工場（1911-13）、ブリンクマン&ファン・デル・フルーフト設計のファン・ネレ工場[図4-23]がある。安価な大型ガラスが製造可能になったこと、そして健康や福祉における太陽光の重要性が明らかになったことがガラスと窓枠の大量使用を後押しした。以前よりも大きくなったガラス窓は、集合住宅、パヴィリオン、百貨店、サナトリウムなどにも見られるが、そこでは昼の太陽光が仕事や快適さや健康にとって重要な意味を持つ。オランダのゾンネストラール・サナトリウムとバルセロナ・パヴィリオンは戦前の事例のほんの一部にすぎない。広範囲に及ぶガラスの使用は第二次世界大戦後にも拡がり続け、住宅建築（極端な例はグラス・ハウスやファンズワース邸）や企業の高層事務所建築（シーグラム・ビルやレヴァー・ハウスなど）によく見られるようになった。

　伝統建築と近代建築のガラスの使用の対比は、例えば50年代のレヴァー・ハウスの古い写真によく現れている[*16]。ガラスのカーテンウォールと周囲の19世紀末か20世紀初頭の組積造建築は非常に対照的である[図2-7]。周囲の建物と対照的なのはレヴァー・ハウスの大きさではなく、組積造建築のファサードに見られる小さな開口とガラスと鉄の並び方である。タワー部分は区画線に囲まれた街区を完全に埋めつくすのではなく、すべての階に等しく光が入るように工夫されており、ガラスのファサードの隣に大きなオープンスペースを配置することでこの対比が強められている。レヴァー・ハウスはパーク・アヴェニュー沿いに立ち並ぶカーテンウォールの建築のひとつである[図2-8]。これらの建物の透明性は昼夜を問わず、通りの雰囲気に直接的な影響を与えている。かつて組積造や木造枠組構造の壁の背後に隠されていた室内の詳細や仕上げは、外観全体の建築的表現の一部となっている。

　最新の保存指針を近代建築に適用するときに生じる矛盾は、おもに閉鎖的で伝統的な建築のために法令や規則が開発されてきたことに起因する。建築表現上の内側と外側の分離は視覚的にとらえることができる。これに合わせて、規制当局は外部と内部の指定・保護を別々に分けた。しかし近代の建物では、内外の区別は（意図的に）不明瞭にされており、その区別が存在しない場合や区別

そのものが不可能な場合もある。このことが米国の歴史的建造物指定と既存の保存指針の適用を難しくしている。シーグラム・ビルは天井と照明のデザインにより夜間時の視覚的意図を当時のまま一体的に保持しているという点で重要な例といえる[図2-1]。

　この内部と外部の関係性がもたらすインパクトはふたつある。まず、建物は全体の問題として扱うことが必要となるが、内部空間の改修は近代以前の建物よりもかなり大きな影響を与えるため、外部空間との密接な関係が考慮されなければならない。次に、内部空間に合わせて選ばれた新たな用途が内側に適しているというだけでなく、外観に及ぼす影響についても検討される必要がある。外観との密接な関係を考慮せずに、インテリアをバラバラにつくったために、外部空間の視覚的つながりを破壊することがよくある（たいていは単にそのときのニーズに対応しただけである[*17]）。視覚的メッセージがはっきりしているがゆえに、インテリアの扱いが昼夜問わず直接目に触れることになる。したがって、ガラスで覆われた建物の場合は透明性を考慮しなければならないし、どのような変更を加えるにしても一時的なものであるべきで、取り外しができるものにしなければならない。

　ニューヨーク5番街43丁目角に位置する前述のSOMのゴードン・バンシャフト設計のマニュファクチャー・ハノーヴァー・トラストビル（1954）はこのジレンマを明白に示す。この銀行支店のデザインは、まったく新しい視覚的形式と業務サービス形式を表現している[*18]。これが建設される前の銀行は室内のほとんどが隠れていて、どっしりとした石造耐力壁の建物で、安全性と堅実性のオーラを全体にまとっていた[図2-9]。それとは逆にこの建物はすべてガラスで覆われている。インテリアは通りから見通せるようになっていて近づきやすい。金庫は5番街に面した通りに沿って配置されており、毎朝開店する様子を通りがかりに目にすることができる。銀行業務の執務空間と事務所となっている上層階の3層とも透明性が連続している。上層階でさえ、外部と内部の関係がほとんど切り離されていない。

　銀行間の合併により、20世紀末には支店の役割が変化した。銀行業務の多くは電子化し、オンラインで現金自動支払機により行われるようになった[*19]。その結果、その場しのぎではあるが、5番街に面した金庫の横に現金自動支払機が設置された。最も大きな視覚的な変化は上層階である。当初の設計で、家具は窓と大型カーテンを視覚的に遮ることのないように、注意深く配置されていた。最近はファイル棚と椅子が通りから見えていて、それらが建物の大部分を占めているために、それまでと異なる印象を与えている。最初に意図されていたファサードの視覚的均一性がゆがめられているのである。銀行の室内が変化したことでインテリアや照明の配列が見えるようになり、夜の外観に影響を与えている。同時期のほかの建築写真に見られるように、明るい蛍光灯の光の面は不透明なポリカーボネートで隠されている。当初のデザインの特徴は残っているものの、全体的に光量が増している。この微妙な変化が当初意図した効果を変えてしまっている。その結果、内部空間をいささか不快で味気ないものにし、近代建築の特徴として一般の人々が心のなかに抱いている荒涼とした印象を強めている。当初の効果が見られないために、建物が根本的に変わってしまったが、こうした変化はそう簡単に修復できない。これらは外部と内部の関係に見られる、重要で共生的な関係を示すよい例である。

　建物の透明性と視覚的な連続性をつくり出そうとする取り組みは、いくつかの方法で成功している。

図 2-9:マニュファクチャー・ハノーヴァー・トラストビル、アメリカ・ニューヨーク、スキッドモア・オーウィングス & メリル (SOM) のゴードン・バンシャフト(1951-54)。建物の透明性は、支店に対する認識を変えただけでなく、昼夜を問わず、内部と外部を視覚的に一体化している。照明器具や家具の変更を含むインテリアの改変は、外観に直接的な影響を与えている

　オランダのゾンネストラール・サナトリウムやヘールレンのグラス・パレスで注意深く計画された解決策は、外壁の透明性に及ぼす悪影響を考慮し、当初のものとはかなり違った新しい使い方をしているにもかかわらず、内部と外部の空間構成の関係を維持している[*20]。解決法は営利目的の建物または高層建築物のみに関係するのではなく、複数のテナントで構成されている現在の施設はそのどちらでもあり、一貫した厳密な建物の基準が維持されている[*21]。しかし、そのような基準を維持することは難しいかもしれない。というのも、商業用不動産の基準の維持は、テナント入居が途切れないようにしようとする努力を制限するし、テナントの多くは競争市場のなかでしばしば移転するからである。しかも米国の保存関連の法律や規則のほとんどがインテリアを対象にしていないからである。

ガラスを超えて

　透明性は外の世界と室内の出来事を関連づけることに貢献している。しかしそれは外部の活動に参加し室内を外の世界に近づけることを意図しているか、単純に周辺のランドスケープを眺めて賛美することを意図している[*22]。TWAターミナルでは、大きな曲面ガラスの窓や小さな窓がエアサイド

外側の景色や飛行機の離着陸する様子を独創的に切り取っている。内側から外側に連なる、平面上の仕上げの連続性と素材の一貫性が、内側の空間と外側のファサードの間の関係を強調する。小さな窓の窓枠はシンプルにコンクリートのなかに収められ、視線を遮らないようにしている[図2-10]。室内の仕上げ材は外部と連なっているため、表面の扱いはこの建物の建築表現においてとても重要である。

　同じように、ハーヴァード大学構内にあるピーボディ・テラスでは、外側の打ち放しコンクリートが内側にまで達している。これらふたつの例に見られる、内側と外側が連続する壁は一体感を出すために白く塗られることが多い。ファンズワース邸では、グリッド状のタイル床が内部から外部まで連続している。つまり、タイルの反復が家のプラットフォームの連続性を強調しているのである。どのような場所であっても保全が必要となり改変を加えるときは、そのような関係（未検証の仕上げ材や透明性も同様）が設計意図の一部であると認識し、可能な限り維持されなければならない。

　透明性の問題にかかわる建物の保存・修復・修繕の試みは、伝統工法の建物よりも難しく、まったく異なるといってよい。伝統建築における室内と室外は、あまり関係ないものとして扱われる。透明性と視覚的連続性は非常に微妙な問題であるが、当初の設計意図を実現するために忠実に復元される必要もない。昼間でも夜間でも、内部と外部のやりとりに見る繊細さを正当に評価することが、設計意図や建物の美学的意義の理解の基本である。20世紀建築の内部空間と仕上げへの対応の仕方が、建物外部に直接的な影響をもたらす。したがって、視覚的連続性の維持を目的とする建物の保存は、総体的にとらえ実行に移されなければならない[*23]。

図2-10：ジョン・F・ケネディ国際空港のTWAターミナルビル。ビルの外の活動がデザインの一部として取り込まれている。それは窓の取りつけ位置にかかわり、内側と外側の素材と仕上げに同じものを使用することで表現されている

時代の痕跡：近代建築における材料破壊

　透明性と仕上げ材の連続性は設計意図を維持するという意味において重要であるが、近代的な材料の視覚的・物理的な風化作用は設計意図に反するものであり、既存の保存の取り組みにあてはめながら再吟味される必要がある。サヴォア邸における植物の成長、シーグラム・ビルの銅の酸化、ミースの建築に見られるカーテンウォールの鉄部の退色やくすみ、そして近代の建造物における時間の流れの痕跡は一見したところ、当初の設計意図や革新性・新規性という歴史的意義に完全に反している。一方で、ルイス・カーン（1901-74）が設計したソーク研究所、イタリア・トレヴィソのカルロ・スカルパ（1906-78）設計のブリオン化学工場のコンクリートの汚れは予期され、計算されていた。エーロ・サーリネンのジョン・ディア本部（1956-64）では、鉄の酸化による自然風化が想定されていたし、ほかの事例でも風化を歓迎していた[*24]。設計意図に関する議論の拡張と素材のオーセンティシティの相関は後に検討するが、近代の素材に風化の跡が存在することは本質的に矛盾するものであり、若干の疑問がわいてくる。あちこちで目にする、大規模なシステムを生み出すのに不可欠な、実験的材料の適切な保存手法とはどのようなものなのだろうか。何を時代の痕跡とみなすべきなのだろうか。

　1903年の歴史的記念物の価値に関する議論のなかで、オーストリアの美術史家アロイス・リーグルは「新しさの価値」の概念を、大衆がそれを理解し、その美しさを正しく認識できるような、フォルムや色彩にみる完全性のひとつと定義した[*25]。しかし、彼はすべてのモニュメントはいくらか自然の法則に影響を受け、結果的にその新しさの価値は建設後まもなく失われると記している。例外はガラスのカーテンウォールの建物であり、「新しさゆえの新しさ」を維持することが論点になるが、非常に多くの近代の建物にもあてはまる。近代建築の表面の風化の存在が当初の設計意図に反するならば、既存の保存理論に照らして議論することができる[*26]。シーグラム・ビルの銅製カーテンウォールは基本的に緑青を発生させないようにするという通常の処理方法を採用しているが、それは新しさの価値や設計意図を維持しようとする意識を反映しているばかりでなく、年代的価値を拒絶している。だが、それは継続的にメンテナンスを行うことにより達成される。

　しかし、近代的な素材の多くに見られる風化は単に見た目の問題ではないかもしれない。それは性能劣化のサインでもありうるし、メンテナンスやリニューアルを必要としているかもしれない。例えば、1960年代のサヴォア邸の写真に見られる植物の成長や染み、そしてスタッコ層のひび割れのような風化作用は、再発しないように修理や継続的なメンテナンスを短期的に施す必要がある。そうして本来の「新しさ」を回復させるのである。近代的なデザインの金属、特に鉄材やアルミニウム材の風化は、見苦しいだけでなく構造上の劣化の証であるかもしれない。金属は劣化から守るために再塗装などの処理が行われるが、このことが外観の評価における経年価値を（おそらく気づかずに）奪い去っている。ミースの鋼製構造材の黒い塗装は彼の建物のひとつの個性となっている。経年によって生じる塗装の変色と退色は、ル・コルビュジエのスタッコの劣化のようにすぐに物理的な問題となるわけではないが、その建物が通常どのような外観をしているのか（あるいはどのように見せようとしているのか）に関して一般市民に間違った印象を与える。また、近代初期の建物を白く保つには維持

費がかかる。この種の大規模な修復はイスラエルのテルアビブのホワイト・シティで続けられている。これはパトリック・ゲデスによる都市デザインであり、30年代初めから50年代の間につくられた優れたバウハウス建築の例として2004年に世界遺産に登録された。これらの建物の時代の痕跡は根本的に設計意図に反しているが、同時に材料の崩壊のはじまりを示している。これらの建物の維持には、長期耐久性と設計意図の継続性の両方が求められる。

　近代の建物には、意図的に風化や緑青の模様がつけられたものと意図せずについた模様の両方があるが、それらは適切な状態にあり、結果的に受け入れられている。さびが発生するように意図的に酸化させた耐候性鋼材は、建築家や彫刻家に大変好まれている。銅のように酸化第一鉄やさびの層はある程度鉄を保護し、緑青を除去すると金属の浸食が進む。ジョン・ディア本社の錆びた色は芸術的な表現の一部であり、建物の個性にもなっている[p.229カラー図9]。マルセル・ブロイヤーが意図していたかどうかは別にして、オランダのデ・バイエンコルフ百貨店（1956）において興味深いのはその汚れ方である[図2-11]。環境のなかで育まれる素材感と石積みの相互作用は正真正銘の建物の歴史であり、多くの人はそれを魅力的だととらえているため、この建物の洗浄はそれほど優先順位が高くない[＊27]。

　コンクリートはまさに近代を代表する材料である。この素材には、著しい風化作用が起こりがちであり、カルロ・スカルパの作品では風化が期待されている。彼の作品はブルータリズムの多くの建物がそうであるように大部分がコンクリート造で、風化や染みを誘っている。そしてボリュームのある形態や質感の多様さは、染み、植物の成長、表面に蓄積された時代の痕跡を受け入れている[＊28]。52年から56年にかけて設計・竣工した、インドのチャンディガールの高等裁判所のようにル・コルビュ

図2-11：デ・バイエンコルフ百貨店、オランダ・ロッテルダム、マルセル・ブロイヤー（1953-57）。外観。石材外装材の風化の跡が目立ってきたが、図らずも建物のデザイン性を高めている

図 2-12：高等裁判所、インド・チャンディガール、ル・コルビュジエ（1952-59）。コンクリート表面は、おもに型枠によってつくられた手の込んだテクスチャーを持っているが、風化やパッチ処理や修理の結果、意図していなかった模様が浮かび上がってきている。これらは不具合を示すこともあるが、建物の外観や認知に欠かせない部分ともなっている

ジエの建物の多くは、その効果を表現している[図2-12]。修理が必要になるのはコンクリートが破砕し鉄筋が目に見えるようになってからである。ボストンのピーボディ・テラスやカーペンター・センターなど、最近の修復作業では素材が連続して見えるようにするため、周囲のコンクリートと調和させたり新しい素材を混合したりするのに非常に苦労している[p.230カラー図11、12]。建築材料でたくさん着飾っているとはいえ、最終的な結果は異なる。金属、ガラス、研磨された石板は、風化の跡を残すようには思えないが、オリジナルの特徴を保存しやすいように思われる。スタッコや非恒久的な材料においては、風化や染みは見苦しいだけでなく、材質の悪さを示す。これらの素材は継続的にメンテナンスと修理を行うことで、当初の設計意図である新しさを維持する必要があるかもしれない。

オーセンティシティ：クラフツマンシップ vs 設計意図

　素材のオーセンティシティの概念は過去100年間、保存哲学の基盤のひとつとしての役割を果たし、保存をめぐる言説のなかで議論の的であり続けている。この議論は複雑で矛盾に満ちているし、文化によってさまざまに異なる。オーセンティシティは何よりもまず、特殊な問題や実際に適用されたプロジェクトとの関連で認識されなければならない。伝統的な西欧の保存の取り組みは、素材のオーセンティシティに大きな信頼をおいている。一方、ヨーロッパ中心主義ではない文化圏では、特殊な建造物の伝統的価値のなかにオーセンティシティの評価の基礎をおいており、それは概して本質的に無形である。近代建築におけるオーセンティシティは、当初材を保存する以上に当初の設計意図の継続性

に信頼をおいている。とはいえ、先に論じたように、当初材の重要性が完全になくなったわけではない。

　素材のオーセンティシティの重視はコンテクストのなかでとらえられなければならず、その起源の大部分は19世紀末のアーツ・アンド・クラフツ運動や初期の保存運動の影響を受けているということを理解しておかねばならない。19世紀の保存理論に登場した、崩壊した廃墟に対するロマン主義的な見方は、真正な歴史的対象に畏敬の念を示すことに通じている。手作りの材料や芸術的製品は、（醜いと思われている）初期の工場生産品とは対照的に、しばしば評価され褒め称えられる。20世紀初頭から現在にいたるまでの保存理論は、オリジナルのものをできるだけ多く残そうとしてきた。非ヨーロッパ文化圏で定義されるオーセンティシティは、20世紀末の20年間で注目されるようになった。この見方が大部分の保存の言説を特徴づけているが、一方で素材のオーセンティシティは今も優勢であることに変わりはない。

　設計意図の優先や結果的に起きる材料破壊（すなわち素材のオーセンティシティの欠如）は、近代建築において特異なことではないが、前述のように材料破壊やその交換の比率が急速に増してきており、以前より短期間のうちにこの現象に直面する。近代建築保存の現場では、確立された素材のオーセンティシティの概念に、いくつかの方法で挑戦を試みている。伝統的にオーセンティシティに関する議論は、おおむねクラフツマンシップの重要性（複雑な大工仕事、石工事、左官工事への称賛）に集中している。そして、最小限の充填材で当初の建物を保護するようにひとつずつ個別の保存手法がとられる。内部と外部はほぼ別個の存在である。ファサード（例えば、店頭部分）の部分修復は独立した要素のように扱われるが、どの作業でも既存の材料を扱うことのできる高度に熟練した修復家や歴史的手法を用いて欠損箇所を再形成する職人が必要である。伝統的建造物を修復する場合、その性質上、当初の段階的な建設過程と同じプロセスをとるのが適している。近代の建造物を修復する場合でも、当初の建設過程を反映すべきだという意見もある。近代建築を特徴づけているのは大がかりな建て方や統合システムであり、部分的または個別の存在として対処するほうが妥当で経済的で物理的に望ましいとは限らず、建物全体（システムの性能やそれを意図した外観）に非常に大きな力点がおかれる。ひいてはそのデザインの芸術性に重点が置かれることになる[*29]。実際には、建設に必要な技術は保存プロセスの初期段階に移転される。建設過程ではデザイナーと製品エンジニアの質と専門技術が欠かせない。このことは基本的な問題としての設計意図の重要性を強調することでもある。

　最近のインテリア保存の試みのなかでは、視覚的または物理的なインテグリティを超えて、建物のどの部分が実際に守られるべきかという問いが浮かび上がっている。95年のシカゴ芸術クラブの解体はこうした問題に注目が集まった。ミースの設計（1948-51）によるインテリアをどのように守るのか、あるいは新しい場所で復元するのかについて議論された。しかし詳細に検討された結果、確実に救出すべきものを特定するのは困難だということがわかってきた。最終的に、別の場所に移設するには階段が適しているとされた[*30]。

　カーテンウォールを構成する骨組み、接合部、取りつけ金物、ガスケット、ガラスなどの部品はどれも経年変化を起こす。しかし壁は同じディテールを繰り返すシステムであり、その影響は全体に及ぶ。一部の損傷がすべての関連要素の性能低下を引き起こす可能性があり、すべてを崩壊させることもある。まだ十分に機能するガスケットやガラスを維持しながら、損傷した骨組みと接合部を取り換

えるために壁全体を分解するよりも、組み立て部品のすべてを同種の物や改良されたディテールに置き換えることも可能である。その結果、当初の設計意図（たいていは視覚的なもの）に合わせてカーテンウォールは修復される。レヴァー・ハウスやデュッセルドルフのティッセン・ハウス、英国ノッティンガムのブーツ薬品工場など、注目を集めたカーテンウォールの修復は、当初の設計意図に関する議論に基づいており、このときに視覚的なインテグリティと技術革新を建物の主要な意義とする議論が確立された[＊31]。

とはいえ、近代建築を保存するには、部分的な取り換えから全面的な取り換えまで、そしてまれではあるが当初材の修復にいたるまで、さまざまな解決方法がある。工業製品や大量生産品の現在の基準はこのプロセスに影響を与え、判断に直接的な影響を与える。現行の法令・条例に適合させるため、あるいは当初材が不足しているために、やむをえず使用される代替品の材質はテクノロジーの進歩により変化する。これはよくあることであり、伝統的な材料よりも高い割合で起きている。結果として、素材やそのオーセンティシティの重要性は、近代の建造物を保存する場合、最新の素材で当初の設計意図を維持しようとする願望に取って代わる。

修復を通して当初の設計意図を再現しようという議論は古くからある。この議論はフランス人建築家ウジェーヌ・エマニュエル・ヴィオレ・ル・デュク（1814-79）の作品や著書によって19世紀の間に確立されており、保存論の支柱のひとつとなっている。「修復とは、ある特定の時点で実際に存在しなかったかもしれない、ひとつの完全な状態に再び置き直すことである」という彼の有名な（あるいは悪名の高い）言葉は「けずり落とし」修復哲学の基礎である。つまり、彼は建物を当初の外観に復元することを提唱している。ヴィオレ・ル・デュクは結果的に反「けずり落とし」運動に相対する立場となった[＊32]。反けずり落とし運動は、風化したプラスターや石材を取り去ってしまうことに反対して名づけられた。この運動の代表格である ジョン・ラスキン（1819-1900）はアーツ・アンド・クラフツの理念を支持する人々とともに歴史的建造物の保存を唱え、存続能力を回復または持続させようとするだけでなく、理想的な状態に戻そうとする様式主義的修復よりも、あまり干渉しないで安定化させることを推奨した[＊33]。

建物の機能の存続能力を高めることと、力強いデザインでインターベンションすることの融合を図ろうとしたヴィオレ・ル・デュクの試みは、近代建築保存の文脈で検討してみる価値がある。彼の修復の仕事は、現存する建築の歴史や様式についての豊富な見識（特に彼がかかわった建物の歴史）に基づいている。彼は厳密で普遍的な修復手法よりも、知識に基づいた適切なアプローチをとることを主張した。彼は「当初の建築家の立場になろうとすること、そして当時の建築家が何をしようとしていたかを想像すること」が修復プロセスの理解に欠かせない作業であったと、書き残している。しかし彼は、悪いことにこの概念を極端にとらえて、既存の建材に独自の解釈を挟み込んだ。新しい材料とデザインが、結果的に彼の修復を特徴づけている[＊34]。

近代建築保存の根本的な目標と設計意図に新たな注目が集まったのと同じように、ヴィオレ・ル・デュクの仕事に新たな関心が集まったことで、再び関連する保存の言説が生み出された。バルセロナ・パヴィリオンの復元に関する議論と当時の判断は、ミースの設計意図がどのくらい含められるべきなのだろうかという問題を提起する。たとえ、当時の建造物がコストや時間的制約のためにミースが意

図していた通りに実現しなかったにしても、である[*35]。

　現在の保存実務では、例えばカーテンウォールの正確な状態を把握するための厳格なチェックや、健全な歴史的建材を維持・保全することの実行可能性など、あらゆる調査が強く求められる。こうした歴史的部材への愛着やその根底にあるオーセンティシティの理念においては、反「けずり落とし」の議論が優位を保ったままである。近代建造物の物理的な重要性が竣工時の視覚的特徴よりも強調されるときに、難しい哲学的な乖離が生じやすい。これらの建物を特徴づけるカーテンウォールシステムの技術革新や材料実験を重視することは、より柔軟なアプローチの選択を可能にし、当初の意図が継続しているものとしてデザインやテクノロジーに重点をおくことができる。この思想による修復は、うまくいけば、本当の意味での建物の意義の継承を可能にする。しかしこのつながりを実現するには、オーセンティシティの幅広い解釈が求められる。

復元：再建の程度とオーセンティシティの喪失

　設計意図の概念はいったいどこまで考慮すべきだろうか。もし設計意図が理解されていて、十分に文書に記録されている建物が解体されてしまったならば、それは復元されるべきであろうか。保存コミュニティの答えは否定的である。建物全体を復元するということは、歴史の捏造にかかわり続けることを意味する。復元は本当の意味で決して取り戻すことのできないオリジナルのレプリカの創造(偽物)とみなされる。ところが、今でも部分的または全面的な復元は続けられている。

　一般的な保存実務は、集合体として視覚的に完成させることや、後で付加された不適切と思われる箇所の除去を目的とし、できる限り当初のデザインに近づくように建物の重要な部分をつくり直して調和させようとする。特にオリジナルの形状の検討には、確実な証拠が利用される。例えば、当初のデザインに着想を得て、店頭に残存する鋳鉄柱を差し込んだり、19世紀のファサードのイメージに感化されて観音開きの窓を設置したり、フェデラル様式の住宅に特徴的なレンガをフランス積みにするなど、部分的な復元の例がある。素材や部材の取り換えがオリジナルの建物との関連で行われる限り、取り換え箇所に影響が及ぼされるとしても、それは「インフィル」の復元としてみなされる（絵画やフレスコの失われた部分を埋め合わせるという美術品の修復技法「インペイント」を連想させる）[*36]。残存しているものとの関連で、復元部分が大きくなり複合化すると、さらに問題解決が難しくなる。復元は、つくり直しを特徴とする様式的修復や19世紀の新しいデザインに始まり、20世紀初期から中頃にかけて考古学遺跡で採用されてきた復元手法アナスタイローシスへと続き[*37]、戦後期にはヨーロッパの都市再生を含め、欠損部分の修復、建物の改築、失われたものの再製作が行われるようになった。それらはかつて存在しなかった手法であった。その有用性は、教訓的な実例をつくる手法として認められている。ジョン・ラスキンからジェームス・マーストン・フィッチにいたる著名な保存理論家たちは、復元は規律形成に寄与したと認めている。ヴィオレ・ル・デュクの想像を加えた塔の復元や1897年のアメリカ・テネシー州ナッシュビルのパルテノンの復元（最初に1897

図 2-13：ポーランド・ワルシャワ、戦後に行われた街の中心部の復元。第二次世界大戦中に破壊された街の中心部の多くがその後復元された。ワルシャワの旧市街は、新しい用途に合わせて機能的につくっているが、アイデンティティを再構築したいという願いを背景に、戦争前の姿そっくりに復元された

年に建てられ、1920年代に復元された)、そして戦時中に破壊されたポーランド・ワルシャワの歴史的地区の復元（旧市街の再建が認められて世界遺産に登録）にいたるまで、これらの建物は建築史として意義深いというだけでなく、その時代を象徴していて非常に重要であるし、長い目で見ればそれ自体に保存の価値がある [図2-13]。

2007年に修復されたフランク・ロイド・ライト設計のダーウィン・D・マーティン邸 (1903-05) は、真正面から取り組み十分に裏づけをとったうえで竣工時の敷地に復元された例のひとつである。この建物の再建は過去を部分的に消すというよりも大規模修復プロジェクトの一環として実施された。この計画は、温室、馬車置き場、母屋に続くパーゴラ増築部分の復元を含み、部分的復元と全面的復元の両方を意味した。この修復プロジェクトは、複数の建物から構成されるマーティン邸を当初からライトが意図していたように修復することを目的として提案され、よりよい全体像をつくり出すため、すでに確立している保存実務の範囲内で（前述の部分的な復元とインフィルの復元の観点から）できることを示した代表例である。

原寸大復元の試みは、さまざまな理由から今も勢いが衰えることなく続いている。例えば、遅ればせながら旧東ドイツ政府領地内の近代建築の解釈が進められ、ベルリンの共和国宮殿の解体が06年の春に始まった。最終的には（現在は残っていないが）「都市宮殿」のように、以前その地に建っていたバロック様式の建物に建て替えられることになっている。この復元計画は、美学的見地から正当化されているけれども、あまり喜ばしくない過去を消し去りたいという願望、あるいは好ましいと思

われている時代を連想させるものをつくりたいという願望に駆り立てられているように思える[＊38][図2-14]。

　復元プロジェクトのこの領域は、復元の取り組みにかかわるさまざまな論点と意見の対立をよく示している。復元の妥当性の評価は、伝統的にいくつかの基準を基礎としている。基準となるのは利用できるオリジナル文書の量とその活用法、当初の設計意図の解釈、建設当初の場所との連続性、復元に使われる原材料である。これらの基準の基礎となるのは、復元の割合とその目的そして設計意図と建設プロセスとの整合性である。当時の場所で当初の材料を使って復元することは、遠く離れた場所で新しい材料を使って復元するよりも望ましいとみなされる。しかし実際には、新しい材料で復元されることが多く、当初の敷地で復元されることは少ない。それでも、復元保存を考えるべきなのだろうか。さまざまな疑問が浮かび上がってくる。

　復元の取り組みは、もともと短期間維持できればよいと考え、存続させる予定のなかったものまで巻き込む。仮設的な構造材で展示物として建てられたパヴィリオンの復元を思い起こせば、そのジレンマがよくわかるだろう。そもそも、復元とは建造物を永久的な構造に変えようとする行為であり、デザインの調整を要する。そのような調整は材料やディテールによく表れる。当初材の継続性もよく問題となる。そのパヴィリオンが実験的技術あるいは新しい技術を象徴していた場合、または象徴している場合に、そのような問題が特に顕著に現れるのだが、たいていの場合、当初材を維持できない。材料を恒久的に設置しようとするとき、当初材の破損や欠損あるいは材料の耐久性不足は、デザインや素材の選択に大きな影響を与える。テネシー州ナッシュビルの「パルテノン」は、ギリシャの本物

図 2-14：共和国宮殿、ドイツ・ベルリン、ハインツ・グラフアンダー（1973-76）。旧東ドイツ領地内にあったこの建物は 2006 年に取り壊しが始まった。近い将来、かつてその敷地にあった 18 世紀の建物が復元されることになっており、あまり望ましくないと考えられている時代や建物の視覚的な痕跡を消し去ろうとしている

のパルテノン神殿の正確なレプリカで、木材、石こう、レンガの構成からポリクロミーにいたるまでオリジナルに忠実である。州創立100周年記念祭を最後に解体される予定であったが、人々に人気があることを理由に、今も存続が許されている。数年後、材料の破壊が進み、20年代初めにコンクリートで復元された。北アメリカ大陸の反対側のサンフランシスコでは、1915年のパナマ太平洋万国博覧会に展示された「芸術の殿堂」パヴィリオンの重要な部分が60年代にコンクリートで復元された。どちらも仮設的な建物だと考えられていたが、今も所定の場所に建ち、より恒久的な材料によって建て替えられ、現在では歴史的意義があると考えられるようになっている。

近代建築を象徴する権威ある作品のひとつに、ミースが1929年に設計した、バルセロナ万国博覧会のドイツ館がある。一般にバルセロナ・パヴィリオンとして知られるこの建物は30年に解体されて当初材のほとんどが失われた。このパヴィリオンは数十年の時を経て、当時と同じ敷地に85年から86年にかけて復元された（ムンジュイック公園の端部にあたる）。当初の材がまったく残っておらず、復元では当初の設計意図が最も重要視された。部材断面はドローイングによりある程度特定したが、予算の制約のために、復元されたパヴィリオンのディテールは正確ではない。屋根、排水、ディテールなどは、永続的な建物にするために変更されている。復元されたパヴィリオンは、ある意味で当時ミースが意図していたものになっているが、実際に建てられていたものの正確なコピーではない。ミース・ファン・デル・ローエ財団の本拠地となっているこの建物は一般公開されており、建築の学生、建築家、建築愛好家で賑わっている[*39]。

材料の改良は復元プロジェクトに付き物である。当初材が手に入らないときや永続的な構造として不十分であるとき、取り換えられた材料の保存価値に関する疑問はほとんど問題にならない。しかし、まったく同じ敷地や異なる敷地に建造物を復元する可能性、新たな用途の導入、そして設計意図の解釈は、保存を代表するものとして、あるいは保存の考え方に基づくものとしてプロジェクトが受け入れられるための挑戦である。実寸大の復元が保存の観点から受け入れられるとしたら、当初の敷地との連続性があること、同じ材料または類似の材料を使用すること、当初の設計や復元後の目的が理解されていることを基本とすることになる。

建設時と異なる場所にいくつかの変更を加えて復元された例にソンスベーク・パヴィリオンがある。これはアルド・ファン・アイクによる設計でオランダのアーネムのソンスベーク公園に建てられていたが、06年にクレーミューラー美術館に移築された。このプロジェクトは現代的復元の典型例である。徹底的に研究を行って当初の設計意図を復元することが、この取り組みの基本となった[*40]。モルタル目地のついたシンプルなコンクリートブロック壁は、ファン・アイクと相談しながら当時の設計や感覚に合わせてつくられた。最終的にパヴィリオンを永続的な構造物とするために、屋根形状のみが変更されている。この建物は当初の目的である彫刻のパヴィリオンとして使用されており、本来意図されていたような空間を体験することができる。

永続性を考慮した部材交換はニューヨーク工科大学構内のアルミネア・ハウス（オリジナルの最初の建設年は1930-31）の復元に影響を与えた。この住宅は、残されていた当初材の軽量鉄骨材やアルミ骨材ではなく、当初の建設方法に従ってすべて新しい材料で復元された。この住宅はファン・アイクのパヴィリオンのように、もはや当時の敷地にはない。ここで紹介したほかのパヴィリオンと違って、

アルミネア・ハウスは取り壊される予定だったし、実際に 20 世紀の間にさまざまな場所に移築された経歴を持つ[*41]。

　ル・コルビュジエのエスプリ・ヌーヴォー館はほかでは見られない、復元に関するデザイン上の問いと素材に関するジレンマを映し出している。最初はパリの展覧会のために 25 年に設計されたのだが、50 年以上の時を経て 77 年にイタリアのボローニャで新しく建設された。ル・コルビュジエが近代住宅のプロトタイプとして考案したその建物は、わずか 4 か月間で建設されたが、資金不足と時間的制約のために完全には計画通りになっていなかった。そして展覧会終了後に解体された。一方、復元された建物は、展示センターとボローニャの催し広場の交差する公共公園のなかに少々わびしく建っている。77 年に万国博覧会の一部として建てられた新しいパヴィリオンは当時意図されていたプランでつくられていて、25 年に実際に建設されていたものとは異なる。現在は事務所として使用されている。復元プロジェクトは結果的にそれ自体重要な意義を持ちうる。ル・コルビュジエ設計の純粋な作品として建設されてからずいぶん時間がたっているので、ボローニャで復元されたパヴィリオンであること自体がモニュメントであるし、そのように理解されるべきである[*42]。ナッシュビルの「パルテノン」とサンフランシスコの「芸術の殿堂」は、過去 15 年のうちに改修を経験し、復元作品として維持・保全されている。これらは材料のオーセンティシティに関する議論をさらに混乱させるし、近代のパヴィリオンの復元に別の意味の重要性を付加している。

　以上の例からも明らかなように、これらのプロジェクトでは、設計意図やデザインや施工について判断するために、細心の注意を払いながら調査を行っている。また、当初の設計や建設にかかわった建築家たちが復元プロセスの一環としてインタビューを受けている。アルド・ファン・アイクとアルバート・フライはそれぞれ新たにソンスベーク・パヴィリオンやアルミネア・ハウスの相談を受けている。これらの事例はいずれも解釈の重要性や復元した建物の継続使用を検討していた。バルセロナ・パヴィリオンとアルミネア・ハウスは建築家や学生の教育ツールとなっており、ファン・アイクの作品は本来の用途を引き継いでいる。復元されたエスプリ・ヌーヴォー館は、最初に用途がはっきりしていなかったため、80 年代に事務スペースにテナントが入らず、解体の危機に直面した。

　復元は一般的になりつつあるがゆえに（実際に近代建築を永続させるには都合のよい方法のひとつであるが）、どれほど適切であるかについては疑わしく思うし、注意深く考える必要がある。復元の目的は、次第に保存とは無関係になり、芸術的・文化的・商業的な価値、そして訪問者の興味にかかわるようになっている。これらの動機は、教訓的・教育的な意図を持つ復元とは異なり、根本的な問題を生じさせる。つまり結局のところ、それらは保存の理論と実践を意味するものではない。復元の取り組みは、実現しなかったデザインを視覚化する究極の方法、あるいは当初の建築家の設計意図を示す最善の方法であるかもしれないが、当初材がまったく残っていないときや建物の建てられた敷地と無関係である場合、それらはかなり疑わしいといわざるをえない。フランク・ロイド・ライト設計の大規模墓地（ニューヨーク州バッファロー近郊の敷地に計画されたが建設されなかった）の建設計画のようなプロジェクトは、明らかに商業的な動機から復元されている。チャールズ・レニー・マッキントッシュ（1868-1928）が 20 世紀初頭に設計した芸術愛好家の家は、コンペに提出された水彩画を通して知られていたのだが、96 年にグラスゴーの郊外で復元された。復元された家は同種のカ

テゴリーに属するし、やはり同種の懸念を抱かせる。多少違うところもあるが、まったく同様の問題が58年にベルギー・ブリュッセル万博のためにル・コルビュジエが設計したフィリップス・パヴィリオンでも起きている。このパヴィリオンはオランダのアイントホーヘンの関係のない郊外住宅地に復元された。その町には当初のクライアントであったフィリップス・エレクトロニクスの本社がおかれている[*43]。建物に関する十分な文書記録が存在しているだけでなく、特定の曲を聴くための建物という特殊な位置づけにあるにもかかわらず、その目的はほとんど保存と呼ぶことはできない。

テクノロジーの進歩や空間を再現するためのグラフィックソフトやビジュアル化ソフトの出現は、メッセージ性の高い新たなソリューションを提供し、仮想空間における復元によってまたとない機会を提供することだろう。過去に復元された建物は、遺産的価値を獲得しているが、さらに復元しようと努力して近代建造物を複製することはしないほうがいいし、伝統建築や20世紀建築の実物大復元の価値は疑問視されなければならない。バルセロナ・パヴィリオンやアルミネア・ハウスのオーセンティシティについてはかなりの疑問が残る。この点は第2部のケーススタディで詳しく検討する。また、伝統的な保存の基準は憶測を最低限にとどめることを要請するが、おびただしい数の計画案（未建設やすでに存在しない建物の現況図や設計コンセプト）が存在し、記録文書や手法が特に建物の詳細な理解を助けるのであれば、もっと復元に挑戦していかなければならない。美術史家チェーザレ・ブランディは芸術を語るなかで、レプリカは教訓としてまたは記念物としてのみ価値を持つと述べている。これは建築保存にもあてはまるだろう。

複製品は歴史的・美学的観点から正当化することはできない。ただし、芸術品の複製品が単に統合的機能を持つにすぎず、それ自体価値がない場合を除く。複製は歴史的・美学的な捏造である。純粋に教訓的なものであるか、記念となるものであるということだけで正当化されないし、歴史的・美学的な損害を与えることなしにすますことはできないのである[*44]。

【注】

*1　歴史的な近代建築やさまざまなビルディングタイプの保存に関する議論は、業界誌や消費者向けの雑誌にも幅広くいろいろなかたちで現れはじめた。例えば、"The Restoration Era," *Metropolis*, February 15, 2006, 12-16 では、イェール大学アートギャラリー（ルイス・カーン）、グッゲンハイム美術館（フランク・ロイド・ライト）、ウェクスナー視覚芸術センター（ピーター・アイゼンマン）の修復を扱っている。Anne Mathews, "Embracing the Brute," *Preservation: The Magazine of the National Trust for Historic Preservation* 58, no. 3 (2006): 40-41, 71 ではブルータリズムの建物を多く扱っている。William Morgan, "Photo Essay: Rogues Gallery," *Architecture Boston* 9, no. 3 (2006): 26-35 では、立場の異なる一般的な意見を紹介している。"Pretty Ugly," *Architecture Boston* 9, no. 3 (2006): 18-25 は初期近代建築やその受け止め方に関する議論を記録している。ボストン市庁舎をめぐる論争は解体を求める側と保存を求める側で継続している。*Architecture Boston* 10, no. 5 (2007).

*2　興味深いことに非常に成功したのは同時期に誕生した、いわゆるポケットパークである。マンハッタンのミッドタウンに位置するペイリー・パークは最もよく知られた事例のひとつである。公共建築のそばに公共の広場があるところでは、それらは閉鎖されているか、あるいは周辺建造物のバッファゾーンとなるように、そして安全上の脅威を減らすためにつくられていて、最近はさらに縮小されている。したがって、公的な広場は安全保障上必要な境界と安全地帯という新たな用途を発見したと見ることができる。

*3　Ada Louise Huxtable, "Eero Saarinen 1910-1961," *New York Times*, September 10, 1961.

*4　ロリポップ・ビルディングという呼称はニューヨーク・タイムズ紙の記者が最初に使った。Ada Louise Huxtable, "Architecture: Huntington Hartford's Palatial Midtown Museum," *New York Times*, February 25, 1964. Paul Goldberger, "Central Park South Is for Strolling," *New York Times*, December 9, 1977; Herbert Muschamp, "Columbus Circle's Changing Face," *New York Times*, March 27, 1994.

*5　サーリネンの作品は近年研究の対象になっている。驚いたことにストーンの作品は自著以外にどの研究論文にも詳細に論じら

れていない。Edward Durell Stone, *The Evolution of an Architect* (New York: Horizon, 1962). TWA ターミナルの詳細については第 13 章のケーススタディを参照。

＊6　建物に対する当初の否定的な受け止め方がどのような役割を果たすのかは、最終的にうまくいかなかった保存の取り組みを見れば明らかである。ツー・コロンバス・サークルの解体やその後の改築の計画が 02 年に明らかになったとき、計画支援者たちは、その建物は放置されていて目障りだとし建造物の指定に抗議した。激しい擁護活動とメディアの注目にもかかわらず、ニューヨーク市歴史的建造物保存委員会（New York City Landmarks Preservation Commission）は、歴史的建造物に指定するかどうかについて審議するための公聴会の日時を設定しなかった。04 年にツー・コロンバス・サークルはアーツ・アンド・デザイン美術館（MAD）に売却された。Theodore H. M. Prudon, "What Should We Do with 2 Columbus Circle?" *Preservation* 56, no. 6 (2004): 24.

＊7　2006 年の冬、ニューヨーク・ニュージャージー港湾管理委員会はターミナルの新しい用途や包括的な修復を提案する開発チームを招致するためのプロポーザル要項を発行した。

＊8　アメリカにおける典型的なアダプティブユースの事例は以下を参照。Barbaralee Diamondstein, *Remaking America: New Uses, Old Places* (New York: Crown, 1986); Sherban Cantacuzino, *New Uses for Old Buildings* (London: Architectural Press, 1975); Sherban Cantacuzino, *Re-Architecture: Old Buildings/New Uses* (London: Thames & Hudson, 1989).

＊9　ニューヨークのレヴィット・タウンや米国の郊外住宅地のさらなる議論は第 8 章を参照。

＊10　詳細については *DOCOMOMO-US Newsletter*, Fall 2006, (http://docomomo.org/resources/newsletter) を参照。David Hay, "A Reprieve in Connecticut for a Large Modernist House," *New York Times*, December 23, 2006; David Hay, "Plan to Raze Home Prompts Belated Outcry," *New York Times*, December 17, 2006.

＊11　どちらのプロジェクトも紙面に多く登場している。ベル研究所については以下の文献を参照のこと。Antoinette Martin, "An Inventive Solution to Save Home of Bell Labs," *New York Times*, September 20, 2006; Flora Chou, "Compromise Reached to Save Saarinen's Bell Labs Building," *DOCOMOMO-US Newsletter*, Fall 2006,10. 2007 年秋の時点で建物と敷地の計画は未解決のままであり、開発案に対する抵抗が続いている（訳注：保存を意識した開発が計画されていたが、2009 年に再び解体が議論されている）。コネチカット・ゼネラルについては以下を参照。Robert Campbell, "A Modern Corporate Icon Worthy of Preservation," *Boston Globe*, July 26, 2001.

＊12　評価時点ですでに機能していない素材や仕上げが、歴史的・文化的に重要な建物の全体に対してどれほど貢献しているのかについては、広範囲の取り換えまたはすべてを取り換える前に十分理解されなければならない。

＊13　Alex Mathews, "SOM Building Fighting Against Demolition by Big-Box Retailer," *DOCOMOMO-US Newsletter* (Summer 2005): 2, ここでは機能の陳腐化が主張された例について述べている。カリフォルニア州サンホセの旧 IBM 用地にある建物は、特殊な小売業という「ビジネスモデル」に適合しないという理由で解体計画が提案された。その後の判決で裁判所は、この問題は確証を得るには十分ではなく、建物の解体の許可は特殊な議論をもとに認めることはできない、とした。

＊14　レヴァー・ハウスについては第 15 章を参照。

＊15　建物の保存におけるル・コルビュジエの役割に関しては第 8 章のサヴォア邸のケーススタディを参照。

＊16　20 世紀建築を特徴づける透明性は、昼と夜に撮影したモノクロームの建築写真からも明白であり、保存の対話を導いてくれることだろう。

＊17　例えば、ニューヨーク市歴史的建造物保存委員会の梁の下端や天井の下げ幅に関する基準によれば、ガラスのラインから 18 インチ離さなければならない。伝統的建築における重要なインテリアの変更を目立たなくするのに大いに役立つ。しかしガラスを多用した建物では、照明がインテリアデザインに不可欠な部分となり、規定の寸法では十分に対応できなくなっている。

＊18　その銀行支店はもともとマニュファクチャー・ハノーヴァー・トラスト銀行のために設計されたが、複数の企業合併の結果、現在建物はチェース・マンハッタン銀行の所有となっている。

＊19　21 世紀初めの 10 年で支店銀行の意義が再び変化した。業界内の合併や整理統合のために支店が閉鎖したところがあるが、新支店の多くは以前禁止されていた金融サービスの立ち並ぶ通りに開店している。あるとき、最も重要であると考えられていた機能が、次の日にはいとも簡単に陳腐化してしまうことがある。逆もまた同様である。

＊20　新しい複合健康保険施設としてのゾンネストラール・サナトリウムの修復・再生は、オランダ政府や民間の慈善家を含むさまざまなところから寄付金を得ることで可能になった。旧シュンク百貨店は活気に満ちた文化センターに変わった。

＊21　ゾンネストラールとシュンク百貨店については、第 16 章と第 15 章のケーススタディを参照。

＊22　その関連性の重要さは「ピクチャーウィンドウ」という言葉に表れている。大きくて、遮るもののない窓ガラスは戦後アメリカのリビングルームに定着した。米国の建築における窓の役割については Sandy Isenstadt, *The Modern American House: Spaciousness and Middle Class Identity* (New York: Cambridge University Press, 2006) の特に第 5 章と第 6 章を参照。

＊23　SOM の設計主任者のゴードン・バンシャフトとシニアディレクターのナタリー・デ・ブロワは、ニューヨークのパーク・アヴェニュー 500 番地にあった旧ペプシコーラ社屋（1950-60）の責任者であった。この建物は、前・マニュファクチャー・ハノーヴァー・トラスト銀行に見られた明るい天井のようであり、この時期の典型となっている。この天井はポルシェック＆パートナーシップ・アーキテクツの設計で 1981-84 年にかけて行われたリノベーションで取り外され、薄い色の乾式壁工法の天井に取り換えられた。これらの強力な天井照明は、実際にはオリジナルの工法の複製ではないが、オリジナルの明るい天井を暗示する。結果としては、建物全体のイメージはオリジナルの設計意図に近づいている。しかしその後、それぞれのテナントの改修により典型的な商業用の照明に取り換えられ、天井パネルのイメージは変わってしまった。

＊24　Frank G. Matero, "Loss, Compensation, and Authenticity: The Contribution of Cesare Brandi to Architectural Conservation in

America," *Future Anterior* 4, no. 1 (Summer 2007): 51-53. マテロは建築の風化とパティナについて、いくつか問題を検討している。「失うものまたは得るものとしての風化」の章で、近代の材料と建造物の保存は、パティナと経年価値の従来通りの認識に挑戦しはじめている、と認めている。

* 25　経年価値は建物のゆっくりとした劣化という生命衰退のサイクルに対する深い認識によって決まる。20世紀に入って経年価値の評価は、次第に保存の理論だけでなく実践の場でも広まった。経年価値の強調はジョン・ラスキンやウィリアム・モリスが確立した基礎によって育まれており、時代経過の痕跡の上位に修復と再利用をおこうとしたヴィオレ・ル・デュクの代表的な取り組みと直接対比される。リーグルは、ヴィオレ・ル・デュクによって確立された様式的修復は、「新しさの価値と歴史的価値の密接な融合（つまり、自然崩壊の顕著な痕跡はどれも取り除かれることになっており、どの欠損や破片も修理されることになっていた。それらの作品は、全体を完全に統合するために修復されることになっていた）を体現していると記している。Alois Riegl, "The Modern Cult of Monuments: Its Essence and Its Development," in *Historical and Philosophical Issues in the Conservation of Cultural Heritage*, ed. Nicholas Stanley Price, M. Kirby Talley, Jr., and Alessandra Melucco Vaccaro (Los Angeles: Getty Conservation Institute, 1996), 69-83. アロイス・リーグル、尾関幸訳『現代の記念物崇拝―その特質と起源―』（中央公論美術出版、2007）。歴史的価値は経年価値とよく似ているが、劣化の兆候を容認しない代わりに、最もオーセンティックな位置づけにある芸術品の保存に関心を持っている。経年価値はオーセンティシティの議論に欠くことのできない部分になっている。

* 26　（伝統的な）モニュメンタルな建物は保持され定期的に洗浄されているので、パティナや目に見える風化の跡は歴史的特徴を認識するのに必要とされないが、バナキュラー建築は時間経過の跡をより多く示しているように思える。もし、ほとんどの時代の建築的な象徴が伝統的に維持され、定期的に洗浄されていたとしたら、設計意図の一部としての風化を受け入れる必要はない。この議論は以下の文献を参照。James Marston Fitch, *Historic Preservation: Curatorial Management of the Built World* (Charlottesville: University Press of Virginia, 1990), 243-47

* 27　この立面の詳細写真は Mohsen Mostafavi and David Leatherbarrow, *On Weathering: The Life of Buildings in Time* (Cambridge: MIT Press, 1993) の表紙になっている。モーセン・ムスタファヴィ、デイヴィッド・レザボロー著、黒石いずみ訳『時間のなかの建築』（鹿島出版会、1999）

* 28　素材の風化は設計とその詳細に欠くことができない部分であった。Bianca Albertini and Sandro Bagnoli, *Carlo Scarpa: Architecture in Details* (Cambridge: MIT Press, 1988).

* 29　さまざまな憲章、宣言、声明に関する議論を参照されたい。オーセンティシティやクラフツマンシップの問題は第3章で検討している。

* 30　救出された階段の一部の写真は以下を参照。Phyllis Lambert, ed., *Mies in America* (Montreal: Canadian Centre for Architecture, 2001), 16.

* 31　一般的なカーテンウォールの交換の問題についての詳細な議論はこれらの3つの建物と第4章を参照。

* 32　Eugéne-Emmanuel Viollet-le-Duc, "Restoration," in Price, Talley Jr., and Vaccaro, *Historical and Philosophical Issues*, 314-18.

* 33　「けずり落とし派」対「反けずり落とし派」の論争については、第3章を参照。

* 34　ヴィオレ・ル・デュクのアプローチはピエールフォンの修復を見ると、よく理解できる。Béatrice Jullieu, "L'invention de Pierrefonds: La restauration de Pierrefonds par Viollet-le-Duc, 1857-1870," *Le Visiteur* no. 4 (Summer1994):78-91.

* 35　バルセロナ・パヴィリオンの復元に使用された新材料については第7章のケーススタディを参照。

* 36　この文脈から見ると、芸術作品における剥落箇所の対処についてのチェーザレ・ブランディの見解は興味深い。Cesare Brandi, "Postscript to the Treatment of Lacunae," *Future Anterior* 4, no.1 (Summer 2007): 58-63.

* 37　アナスタイローシスの手法は、新しくて容易に区別できる素材（一般的な鉄筋コンクリート）のなかに当初材の残存物を取り入れた復元といえる。

* 38　「都市宮殿」（Stadtschloss）やベルリン・シティ・パレスは第二次世界大戦中の甚大な被害に耐えた後、共和国宮殿の建て替えのために50年に解体された。今後、それが「都市宮殿」の復元のために撤去され、もともと建っていたのと同じ場所で復元されることになっている。Adrian von Buttlar, "Berlin's Castle Versus Palace," *Future Anterior* 4, no. 1 (Summer 2007): 13-30. この論文の初出は06年4月1日に開かれたコロンビア大学歴史保存コースのジェームズ・マーストン・フィッチ・コロキアムの講演である。コロキアムのテーマは「Resurrection: Reconstruction and Denial」であった。

* 39　バルセロナ・パヴィリオンの復元に関する詳細については第7章を参照。

* 40　パヴィリオンは当初、66年5月から9月まで開催された第5回国際彫刻展覧会のためにアーネムのソンスベーク公園に建設されたが、その後まもなく解体された。

* 41　アルミネア・ハウスの詳細については第7章のケーススタディを参照。

* 42　Giuliano Gresleri, "Le Pavilion de l'Esprit Nouveau (reconstruction versus restauration)," Fondation Le Corbusier, *La conservation de l'oeuvre construite de Le Corbusier* (Paris: Fondation Le Corbusier, 1990), 101-109.

* 43　フィリップスのパヴィリオンについては以下を参照。Marc Treib, *Space Calculated in Seconds: The Philips Pavilion, Le Corbusier, Edgard Varése* (Princeton, NJ: Princeton University Press, 1996). 復元計画は06年6月18日にオランダのアイントホーヘンで開かれた国際シンポジウムで提示され討議された。

* 44　Cesare Brandi, "Theory of Restoration, III," in Price, Talley Jr., and Vaccaro, *Historical and Philosophical Issues in the Conservation of Cultural Heritage*, 377-79. チェーザレ・ブランディ著、小佐野重利、大竹秀実、池上英洋訳『修復の理論』（三元社、2005）

第3章　保存の理念と基準の発展

修復に絶対的な原理を持ち込むと、すぐにも不合理にいたるであろう。

ウジェーヌ・エマニュエル・ヴィオレ・ル・デュク[*1]

　ヴィオレ・ル・デュクは上記のように修復に関する所見を述べるなかで、歴史的建造物の適切なガイドラインを形づくる際について回る複雑さについて記している。それは現代においても当てはまる。19世紀の英国で修復の議論が開始されて以降、数多くの憲章、宣言、指針では、意義やオーセンティシティ、そして世界中の保存原理の相対的性質の認識をはじめている。これらの文書とその相対的性質は保存原理の発展を示すものであるし、以前からある議論と、保存領域の拡張を促してきた継続的な再評価の両方を映し出している。さまざまな憲章や宣言の内容は、各地の保存制度が想定され反映されている。

　19世紀のヨーロッパにおける議論の最前線にあって、今もわれわれの思考に影響を与え続けている重要人物が、ヴィオレ・ル・デュク、ジョン・ラスキン、ウィリアム・モリスの3人である。ヴィオレ・ル・デュクはフランスにおける修復作業を定義づけた。一方、ラスキンとモリス（1834-96）の著書は英国においてきわめて重要だとされている。彼らは建築遺産の議論に影響を与え続けており、論争を拡張している。ラスキンとモリスは、建物への介入処置（インターベンション）は最小限にとどめるか、まったく干渉しないことを提唱する保存論者であり、ヴィオレ・ル・デュクたちが体系化した様式主義的修復のイデオロギーに反対して現代の保存論の礎を築いた。

　20世紀の保存の理論と実践は19世紀を礎にして発展した。当初はおもに単体のモニュメンタルな芸術表現に焦点を当てていたが、今では都市景観だけでなく、バナキュラー建築、文化的景観、さまざまな無形文化財を網羅する。議論の中心はイタリアの修復理論の発展やその科学的プロセスの重視にあり、ヴェニス憲章（1964）やその結果として形成された文書に影響を与えたことからもうかがえる。議論への参加者がより国際的になり、オーセンティシティの概念が北ヨーロッパの建築遺産

に基づき、より包括的なものへと移行していったことでこの対話は発展した。この発展の動きは世界に広がり、意義（重要性：significance）、オーセンティシティ（真正性）、インテグリティ（完全性）という言葉はさらに微妙な意味合いを持つようになった。保存領域の拡大に伴って近代建築が保存対象になると、過去100年間で落ち着いたように思われていた議論が再燃し、次第に今日的な意味を帯びはじめた[*2]。これらの理念の再検証がこの領域を存続させていくためには欠かせない。現在の思考や実践の表現としての宣言、憲章、ガイドラインはこのような発展を反映しているが、近代建築の保存への適用はまだ十分に探求されていない。最近の憲章や宣言はさまざまな例を提供してくれているし、近代建築の包括的な保存アプローチの基礎を発展させることだろう。

国際的な憲章と宣言

古建築保護協会宣言

　古建築保護協会（SPAB）は1877年に宣言文を発表した。SPAB宣言はウィリアム・モリスによって書かれており、過去50年のうちに芸術的古代モニュメントに対する関心が次第に増しつつあることを指摘した彼の論文を下地にして作成されている。19世紀に新しい技術や材料が出現したときに、SPAB宣言は増大する産業革命の影響や歴史的建造物の取り扱いの進歩に対応した。これは英国で当時支配的であった様式の統一を目的とする修復の議論がさかんな時代に出版されており、この時期の保存関連の書物（1849年に出版されたジョン・ラスキンの『建築の七燈』）に次いで重要な出版物である[*3]。クリストファー・レン（1632-1723）やニコラス・ホークスムア（1661-1736）などの初期の英国建築家による既存の建造物の改修か増築は、工業化以前の建造物の材料と技術の両方を維持することを理由に許された。確かに彼らの仕事はその後の19世紀中に行われた修復作業よりも共感を持って受け止められていたし、「破壊」の度合いが減ったことは間違いない。この頃に設計や修復過程における建築家の役割が人目を引くようになった。しかし工業化が勢いを増す時代にあって、修復を通して意匠を統一しようとする試みは、きわめていい加減な保存方法や既存部材の無差別な除去を許すことになった。こうして建造物への干渉は次第に数を増し、その建物にふさわしい様式を超えて、それ以上のことが行われた。19世紀末に支配的だった修復方法に対する不満が頂点に達して提示されたのがSPAB宣言であり、ほかの憲章や宣言に影響を与えているという点で、今なお意味を持っている。

　修復の実務に関する初期の議論は英国を中心としていたが、19世紀の保存理念の変化に関する現在の議論は地理的境界を越えて行われている。しかしながら、その多くは「けずり落とし」のイデオローグとしてのヴィオレ・ル・デュクと「反けずり落とし（anti-scrape：おもに様式修復を目的として部材や装飾を除去することに反対すること）」運動、あるいは反修復運動の声を上げた人物としてのラスキンの対比に終始している。ヴィオレ・ル・デュクはラスキンの同時代のライバルだが、19世紀

の修復建築家として最もよく知られており、強い影響力を持ち続けている。彼の高度な方法論的な修復手法は20世紀の科学的修復プロセスの基盤の一部をなしているため、近年、研究や再評価の対象となっている。12世紀から13世紀のモニュメントであるフランスのヴェズレーのラ・マドレーヌ教会堂やパリのサント・シャペル礼拝堂、そしてノートル・ダム大聖堂の修復など19世紀半ばの彼の仕事は、完全性の探求に特徴がある。つまり、過去にまったく存在しなかったような完成度を目指したのである[*4]。歴史的精確さを犠牲にしてまで様式の統一を追い求めた彼の姿勢は、パリ北部ピエールフォンの中世の城（1858-84）の再建において最も高く評価されている[*5]。

ヴィオレ・ル・デュクは何よりもまず建築家であった。彼の関心は、歴史的構造物の修復にとどまらず、新しい形態、構造上の技術、素材の探求にも関心があった。彼の関心は著書『建築講話』に映し出されている[*6]。彼はこの本のなかで、修復とは基本的に近代の概念であると述べ、危険性の高い完璧な解決法を求めて、修復事業において独創的なアプローチをとることを主張している。彼は、現代的なシステムや高品質の代替材料を用いて建物を更新すること、建物と敷地に付加された物の意義を判断すること、修復作業の適切な範囲を査定することを要求しており、いずれも現代の修復事業においてきわめて重要である。ヴィオレ・ル・デュクの歴史的部材へのアプローチはかなり実用的である。つまり、彼は再利用、意匠への干渉、当初の設計意図、修復プロセス自体に、新素材を組み込もうとした。彼の目的は、修復や復元、そして十分検討したうえでのインターベンションという三つの手法を組み合わせてオリジナルの様式を取り戻すことによって建物に命を吹き込むことであった。彼は実務に携わる建築家としてさまざまな方法で解決すべきジレンマに取り組んだ。彼は、厳密な意味で建築の訓練を受けていなかったラスキンやモリスとは違った位置づけにある。ヴィオレ・ル・デュクの様式や修復についての考えに対して異議を唱える人もいるかもしれないが、彼の基本的な方法論や徹底ぶりは今も適用できる。彼が実際に行ったインターベンションは急進的であったが、彼の方法論やアプローチは近代建築の保存を考えるときに役立つ。修復とは虚偽であるというジョン・ラスキンの宣言は、当時の英国建築家による荒っぽい仕事に対して直接反応したものであった。例えば、セインズベリー大聖堂に見られるジェームズ・ワイアットやジョージ・ギルバート・スコットによる修復は、ヴィオレ・ル・デュクによるフランスの修復手法と同じように、様式を統一することで建物を「改善」しようとした。ラスキンの議論は、素材のオーセンティシティの重要性や既存の歴史的部材への干渉を最小限にとどめるべきだ（ミニマムインターベンション）という考え方を確立した。この「反けずり落とし」の議論は、ウィリアム・モリスがSPAB宣言を出したことで確固たるものとなり、またそれはより好ましい「装飾」様式で聖堂をつくり直そうとすることに抵抗する意味合いもあった。この宣言は保存・修復の基準を定めた最初で最も重要な文書のひとつであるといえる[*7]。その根本原理はアテネ憲章や最近のヴェニス憲章などの文書に反映されている。SPAB宣言では、時とともに建物が物理的に発展することの重要性や変更・付加されたものを尊重することの必要性を認めている。

「人々の心のなかに古建築の「修復restoration」という奇妙な考えが出てきた。それは奇妙にして忌まわしいことこのうえない考えである。その言葉そのものを見ればわかるが、修復とは、建物からその歴史のあれやこれや、あるいはそのほかの部分（つまりその建物の生命そのもの）をはぎ取って、

ある気まぐれなところで手を止めておいて、それでもまだその建物は歴史的なもので、生きたものだとそう言おうとしている行為なのである」[*8]

　この宣言は、経年変化を受け入れることにより、様式統一を目指す修復を非難している。のちにつけ加えられたもの（おそらく様式に適合するとは思われない付加物）の取り外しや「想像的付加」を行う設計や施工も非難している。特に、「大聖職者」（才能があっていい職業に就くに値する人物だが、詩や歴史の要求に耳を傾けない人を指してこう呼ぶ）のもとで働き、当初の郷愁をかき立てようとする建築家たちを非難している[*9]。また、この宣言はオリジナルの部材を尊重し広範囲の取り換えを拒否する建築家たちにも呼びかけている。建造物の修復は、歴史とオーセンティシティのどちらをも歪曲し、必然的に建物のインテグリティを破壊するものとみなされる。しかし、宣言に見られる言葉は今でも多くの真実を含んでいるものの、近代建築やそれが直面する特殊なジレンマについては考慮していない。

　SPAB宣言の原則は、産業革命時代の苦難に根ざしている。歴史証人としての当初材と当時の職人技の評価はアーツ・アンド・クラフツ運動の理念を反映しており、ほとんど宗教的な作法で織り交ぜられている。ところが、職人技と職人を擁護する人々は産業革命の産物である建物（機械生産部品でつくられた当時の建築）にもその理想を当てはめようとした。モリスや宣言支持者たちは、このような明らかな矛盾を一切考慮していなかった。SPAB宣言を近代建築に適用するには、現代文化において何がクラフトの構成要素となるのかを再定義する必要があり、思想の転換を必要とする。

　SPAB宣言において示された、近代建築の保存に関する問題で直接的なインパクトを持つもうひとつの側面は、パティナ（時を経た風格）あるいは表面に対する愛着である。ロマン主義運動のなかで生じた廃墟やピクチャレスクな崩壊に対する賛美を背景とするSPAB宣言は、すり切れた石・レンガや金属や木材など、風化した素材の見た目や感触を、経験のオーセンティシティ（真正性）と歴史的部材のインテグリティ（完全性）にとって不可欠だと見ている。

「このような破壊とつけ足しの双方向の過程で、必然的に建物の表面全体がいじくりまわされることになる。そうして、それまで残されていた躯体の古い部分から昔の遺物の様相が取り去られていても、見る人には何かが失われたかもしれないという疑念が生まれる余地さえも残されない。結果、大変な労力をかけて、か弱く生気のないニセモノが生まれる、というわけだ」[*10]

さらに宣言は以下のように続く。

「最悪なのは、建物の最も興味深い部分そのものを、文字どおりはぎ取ってしまう思慮のない行為にほかならない。最もましなものでも、絵画の「修復」とまったく同じで、部分的に朽ちかけた古の名人の作品が、今の時代のどこにでもいるような、無分別な三流職人のこざかしい細工によってこぎれいかつ滑らかにされてしまっている」

「けずり落とし」反対論を基礎として、当初の表面を洗浄して新しくしたり、取り換えたりするために、

表層部分を除去することが否定されているのは明らかである。一方、「けずり落とし」の議論は復元などのインターベンションを通じて建物に新しい命を吹き込むことにポイントがある。

表面を洗浄して新しくしたいという願望は、ある意味で近代建築の核心をなしている。この宣言では、復元や修復のために破壊を優先することは推奨されないが、ラスキンは絵画の複製の有効性を認めている[*11]。近代建築の保存で議論されているインターベンションの範囲に関するふたつの見解はさまざまな面で対極に位置する。現代における保存の理念と実践においては、適当な同種部材を用いるなどの中間的な立場がより受け入れられやすい。しかし全体としてまたその一部としてのオーセンティシティやインテグリティが内包する意味については未解決のままである。インターベンションの規模が修復・保存から復元へと転換するのは、どの時点なのであろうか。ヴィオレ・ル・デュクの言葉を借りれば、その問いはそれぞれの事例に合わせて個別に導き出されなければならない。19世紀の議論を通して、素材のオーセンティシティとミニマムインターベンション（最小限の干渉）を基礎とする価値観が形成されるにいたった。20世紀の保存理念はこれを基礎として築かれるが、それらは21世紀の保存理念にも大いに影響を与え続けているし、近代建築の保存が直面している、設計意図や素材のオーセンティシティの問題に取り組むための基準となる概念を提供してくれている。

アテネ憲章

アテネ憲章は1931年の「第1回歴史的記念建造物に関する建築家・技術者国際会議」において採択された[*12]。この会議は、保存・修復に取り組む宣言を出した、最初の公的な国際集会であった。アテネ憲章に盛り込まれた精神の多くは、初期のSPAB宣言の原理や言葉、そして美術史家アイロス・リーグルの『現代の記念物崇拝』(1903)で明確にされた経年価値の定義を反映している。この憲章は様式的「修復」や歴史的部材の除去により構成されるどの作品も拒絶しており、これまでの議論を引き継いでいる。また、この憲章は保全や維持管理を奨励し、本格的な研究と知識を要する科学的プロセスとして修復を認識している。力点が置かれるのは、「固有の特徴や歴史的価値を失うような間違いを避けるために、見識のある人からの批評を受けること」の必要性である。究極の目的は建造物のオーセンティシティを保存することである。

アテネ憲章はSPAB宣言とは違って、使用可能な資源や技術を思慮深く用いることによって記念物を修理することを許している。特に鉄筋コンクリートに言及し、どの修理作業も目立たないようにするか隠すべきだとしている。そのような修理作業は、おもにヨーロッパで第一次世界大戦時に広範囲な破壊を受けたのちに復元が行われたことや復元に必要だった熟練工や資源が不足していた結果として生じたのであろう。

現代的材料を現実として進んで受け入れるのは実用主義の時代の証である。特に近代イタリアの保存理論は19世紀後半にカミッロ・ボイトにより提唱された理念を受けて、近代的材料の使用を推奨しはじめた。明確な文書記録を利用して憶測をできるだけ少なくするというボイトの主張は、アテネ憲章にはっきりと表れている[*13]。ボイトの思想を受け継いだギュスターヴォ・ジョヴァンノーニはアテネ憲章の草稿に参加し、保全や修復に対して広い意味での科学的アプローチを重視した。しか

し彼の影響は 1964 年のヴェニス憲章に強く表れている。

　第一次世界大戦直後は初期モダニストによる建物が建てられ、まさに新しい建設技術が同時代の建物で探求されていた時代であった。耐震性を高めるため、注入セメント、金属、鉄筋コンクリート構造の利用が次第に普及しつつあった。31 年のアテネ憲章で用いられた言葉は、確かにそうした現代技術（初期近代建築または実験的な技術を扱うときに生じる問題）の受け入れを示唆しているが、無差別なインターベンションが行われる危険性や困難さも強調している。それは不必要に建造物を取り壊したり再建したりすることを避ける方法として、近代技術の採用を提唱することに大きな関心がある。これによって、不適切な干渉や保全技術の使用が少なくなる。さらに重要なことに、この憲章では、近代技術は（おもに鉄筋コンクリートにおいて参照されることになるだろうが）できるだけ隠して、全体の外観や当初の表面は場所やその経年価値が損なわれないようにしておくべきである、とされた［＊14］。だが、初期の歴史的部材と交換する際、近代的な技術や改良された技術が適していると推奨しているわけでは決してない。たとえ近代技術がそのような方法で用いられるとしても、そのようにしたことを明確に識別できるようにすることが要求される。

　古い技術を新しい製品やシステムに交換する際のジレンマは、初期の作品の背後に隠すことができないほどに、建築的要素やシステムの全置換が求められるときに生じる。これは多数の新素材や新システムが初めて使われた近代建築に特に生じやすい。ここでふたつの解釈が成立しうる。全体の視覚的外観を変えない場合、あるいは、改良された素材の視覚的意味が受け入れられる場合、物理的な性能を上げるために新しい製品を用いることができる、と。長い目で見て建物の有効性が本当に改善されるかどうかは疑論の余地があるが、アテネ憲章で表明された警告は今も適用できる。なぜなら、不要な場合でも大幅に取り換えることを正当化するために、建物の状態や有効性がしばしば引き合いに出されるからである。

　この憲章は、部分的な復元（アナスタイローシス anastylosis）の概念をめぐる議論において、より直接的かつ哲学的な修復の問題に対処している。特に遺跡に言及して、次のように指摘する。

「遺跡の場合、入念な保存が必要である。そして、可能な場合には、回復可能な当初材の断面を復位するための処置がとられねばならない（アナスタイローシス）。この目的のために使用される新規材料は、どんな場合でも見分けがつくものでなければならない」［＊15］

　アナスタイローシスとは、廃墟のなかで散り散りになっている当初の建物の一部を組み入れて構造体を再建することを意味する。欠損部分は復位させるが、そのほかは建設当初のように、建物を完全な状態で経験できるようにつくり直し、そしてそれを新しいものとして明確に識別できるようにしておく。この技法はほとんどの場合、おもに解釈を目的とする考古学の遺跡で用いられる。アテネのアゴラにあるアッタロスのストア（ヘレニズム時代のもの、1952 年から 56 年に復元）がおそらく最もよく知られている例であろう。当初の建物の断片を取り込んで、オリジナルのものに近い位置と視点で展示されることで、オーセンティシティのアウラは維持されている。

　アテネ憲章は、初期のモダニズム建築が登場したときと同時代のものである。この憲章は保全と

修復の問題に取り組んでいるが、同時代の思考がその原理のなかにも見いだせる。さらにいえば、保存の概念は完全に近代的であって好古趣味的ではない、ということがうかがえる。この憲章は国際的な協力と協調のおかげで成立したものであり、史跡遺産の歴史的重要性や修復プロセスにおける包括的な科学的アプローチの必要性（方法論的な文書記録と調査そして実験室での作業を含む）を認めている。

　この憲章は、専門職とは言い難かった保存や建築保全の分野を動かしはじめる。スペイン・アルハンブラ宮殿の修復の責任者であるレオポルド・トーレス・バルバスはスペインの重要な保存修復家のひとりであるが、彼は31年の会議で保存修復家のアプローチに賛同し、ヴィオレ・ル・デュクに共感を示しつつ、独自性や歴史的建造物の必要性を理由に、保存のルールを確立することは無意味だと述べて発表を締めくくった[*16]。アテネ憲章は、建物、場所、意匠の精神的な意義や無形なるものの意義には、まだ取り組んでいなかった。その意味で第二次世界大戦以前の保存理論や認識を色濃く映し出されている。ヴェニス憲章が受け入れられた20世紀末になってはじめて、この原則が非ヨーロッパ文化圏の保存（特にバラ憲章）の文脈で、再び取り上げられるようになった。その後の展開は、近代建築の保存の哲学的な原理や解釈に直接的な影響を与えるだろう。

ヴェニス憲章

　近代建築の保存にとって「歴史的記念物及び遺跡の保存と修復のための国際憲章」（いわゆるヴェニス憲章）はとりわけ重要である。これは1964年にヴェネツィアで行われた「第2回歴史的記念建造物に関する建築家・技術者国際会議」で採択された。第1回会議に出されたアテネ憲章のように、ヴェニス憲章はヨーロッパが復元を進めていた第二次大戦後に発展した。その原則の記述は、戦後の「保全（conservation）」「保存（preservation）」「復元（reconstruction）」を基礎としていた。それはまた、のちの「憲章」や「スタンダード」の基準点となった。ヴェニス憲章は、国際的レベルで遺産に対する関心が高まり、世界各地で国内レベルの保存の取り組みが急増したことを反映している。それが書かれた頃に、保存や文化に関する3つの重要な国際組織が設置された。国連教育科学文化機関（ユネスコ UNESCO）、国際博物館会議（イコム ICOM）、文化財保存修復研究国際センター（イクロム ICCROM）である。ヴェネツィアの国際会議を受けて、建築遺産にとって最も重要な、国際記念物遺跡会議（イコモス ICOMOS）が65年に設立された。

　ヨーロッパやアメリカで都市の再生や復元の取り組みがピークに達したときに想起されたヴェニス憲章は、世界中から集まった参加者たちの経験をベースとしている。都市構造の破壊と建設がヨーロッパ再建の中心をなしていたが、その多くは第二次大戦後の被害によって開始されたものである。一方、米国は空前の建設ラッシュと経済繁栄の時期にあった。ヨーロッパの遺産保全計画は、ワルシャワの歴史的地区に建つ13世紀から20世紀頃までの建物の復元やオーギュスト・ペレが指揮したフランスのル・アーヴル旧市街地計画における復元と新築を組み合わせた維持保全そしてオランダ・ロッテルダムの完全に近代的な開発計画を含んでいた。これら3つの都市は戦時中に深刻な被害を受けていた[*17]。同じ頃米国では、59年に始まるリンカーン・センター建設のためのスラム・

クリアランスや60年のチャタム・タワーズの建設など、ロバート・モーゼスによってニューヨークの都市再生が進められた[*18]。シカゴでは、地方住宅局が開発用に広大な大地を破壊し続けた。例えば、ツインタワーの集合住宅であるレイモンド・M・ヒリアード・センターは、62年に工事を開始し、12.5エーカーの敷地に建てられた。ジェイン・ジェイコブズは61年に出版された『アメリカ大都市の死と生』のなかで都市構造の破壊に対して抗議している[*19]。ヴェニス憲章が発行された頃に、保存擁護団体が徐々に組織化され法体系化も進んだ[*20]。

　ヴェニス憲章は以前の憲章よりも哲学的な意味において幅広く、修復や保存の理論や実践の発展にとって非常に有意義であった。その文書はアテネ憲章の焼き直しであるが、その大部分はイタリアの修復哲学と理論、おもにギュスターヴォ・ジョヴァンノーニの「科学的修復（resutauro scientifico）」を反映している[*21]。また、美術史家・美術批評家であるチェーザレ・ブランディの修復理論も憲章に影響を与えている[*22]。イタリアの人々が強調する科学的方法論や美的・歴史的意義の重要性は、保全、修復、発掘の章に編み込まれている。

　ヴェニス憲章は、単体で象徴的な芸術的表現や記念物性の強調、そして質素でバナキュラーな作品や都市と地方のランドスケープの意義の強調など、アテネ憲章が確立した内容と少し距離がある。この憲章は専門職の分野横断的な特徴を認めており、規範となる慣習よりもむしろ幅広い指針やガイドラインを提供している。ヴェニス憲章はさまざまな参加国で実践されている保存方法を確認し、建物、敷地、工作物の重要性を判断することの社会的・文化的意味と同時に、都市や地方の状況に配慮して取り組んだ最初の国際憲章であった。しかし、歴史地区やタウンスケープについてはまだ対応しておらず、環境や装飾の変化に合わせて建物を使用することは考慮されていなかった。だが、この憲章はわずかではあるが、意味のある効果的な保存を実現するために、機能変更の概念を取り入れはじめている。社会に有用な目的を考えて許容可能な範囲でプログラムの調整を行うという考え方の導入は、約10年後に登場する、"アダプティブユース"という緩やかなコンセプトの土台をつくった。また、アダプティブユースはその後の20世紀の保存運動の主流となっただけでなく、近代建造物と敷地・用地の保存を実現するうえでも欠かせない。

　しかし当初材の保存と尊重は、オーセンティシティを維持し確実なものにする手段として今でも最も重要である。さらに、時代に合わせつつもアテネ憲章の精神を引き継いでいるヴェニス憲章第9条には、修復作業は「推測が始まるところでやめ」なければならず、新しい仕事が差し込まれるところでは、調和を図る必要はあるが、はっきりと違いがわかるようにしなければならないと記されている。付加物や新たに手を加えた部分が新しいものだと明確に識別できるようにするという考え方が生まれたのは、ヴェニス憲章においてであった。当時は、ジャンカルロ・デ・カルロやヴェネツィアのカルロ・スカルパなどの近代の建築家たちが新しいデザインや方法によって歴史的な断片を大胆（そしてときには荒々しく）かつ詩的に統合し、称賛を受けた時代であった。第13条には、建物に付加する行為は許されないと明記されているが、歴史的構造物の意義が損なわれる場合や付加物が周囲に合っていない場合に限られる[*23]。裏を返せば、思慮深く共感を持って行うインターベンションや付加工事は規定の対象外となる。この条文は憲章における「現代の刻印」とみなされている。歴史的建造物を正しく評価し、コミュニティに不可欠な部分として継続利用するという意味にお

て、確かに近代の建築やデザインの役割を認めている。

「伝統技法」の不備や失敗、そして保存に用いられる新技術の役割についての声明は、近代建造物を保存の対象にすることは意図しておらず、間接的な関心にとどまっている。特に保全技術の利用に関して、第10条で以下のように記述されている。

「伝統的な技術が不適切であることが明らかな場合には、科学的なデータによってその有効性が示され、かつ、経験的にも立証されている近代的な保全、構築技術を用いて、記念建造物の補強をすることも許される」[*24]

　近代建造物の建設においては、伝統的でない技術の使用が一般的であり、それが規範や慣習を非伝統的なものにしている。この条文を基礎とすれば、近代建造物に不具合が生じたとき、視覚的な変化を与えずに物理的に改善するという「改良」を目的として、ほかのより近代的な技法や改良された技法が利用できると、議論することができるだろう。だが、これらの技法は最先端で試されたことがないために、「経験的に立証された有効性」がその後の交換作業でも提示できそうにない。それゆえ、この分裂した状態は今後も続くだろう。

　復元については、ヴェニス憲章の第12条で検討されている。この条文は欠損部分の補修を扱っている。また、第15条では特に発掘について書かれている。当時の様式の復元についての議論を反映して、第11条では、「様式の統一は修復の目的ではない」と明記している。バラバラになっているものの復元とアナスタイローシスを通して行われる歴史的要素の使用は受け入れられる。欠損部分の補修は、全体と調和させ、十分に一体となるようにされなければならない。しかし条文は、「修復が芸術的または歴史的証拠を誤り伝えることのないようにするために」、古い部分と新しい部分の違いを区別できるようにする必要性を強調する。どのような復元行為も一切理屈抜きで排除すべきであると述べられており、第15条では、オリジナルの材料を用いて「記念建造物の保全とその形態の復旧を保証できるようにする」ため、アナスタイローシスを通して現代の材料と区別することを強調する。この憲章全体を貫いているのは、オリジナルまたは歴史的部材の優位である。それと同時に、はっきりしているのは、利用可能な文書記録や敷地や建物の分析が基礎となるということである。受け入れられるプロセスの範囲内ではあるが、近代的材料の使用と部分的な復元の両方が実行可能な保存手法として提示されている。

　ヴェニス憲章は、保存において重要であり、きわめて大きな影響を与えた。そして今も欧米の保存実務の基盤であり続けている。後で述べることになるが、ヴェニス憲章の概念の数々は、米国の内務長官基準にも影響を与えている。この基準は1976年に初めて定式化され、数回の改訂を経て米国の保存を導いている[*25]。

イコモス憲章と諸原則

　ヴェニス憲章に基づき、そのほかの憲章・宣言・原則が国際レベル、地域レベル、国レベルで制定

された。国際的な憲章や宣言の多くは特定の保存問題に向けられており、近代建築においては限定的な意味しか持っていない。20世紀末の20年間で、保存は有形の文化芸術品（単体の記念碑的芸術品）を対象とする西洋流のとらえ方から、文化的多重性やバナキュラー表現そして無形遺産を対象とする、幅広いとらえ方へと発展した。このような文化の包括性とあまり関係はないが、それに並行して、近代建築保存の考え方が1990年代初めに再評価された。それが近代建築保存の適切な枠組みを導いたというのは、まさに二重の意味での発展であった。

　ユネスコが記念物と遺跡の保護・保全に関する問題の主要な助言者であるように、イコモスは国際レベルと国内レベルの遺産に関する言説の進化を促した。その憲章や原則は、一連の会議や集会や協議会の成果であり、会議は特殊なニーズや現場で保護・保全に取り組んでいる各国、各州の委員によって構成された。特に非ヨーロッパ圏のメンバーらによる貢献が、その分野の解釈を広げるのを助けた。オーストラリアの「バラ憲章」（81）と「オーセンティシティに関する奈良ドキュメント」（94）は文化の多重性を重視しており、近代建築の保存の議論に貢献した。オーセンティシティに関する地域的概念の重要性についての具体的な分析は、奈良ドキュメントにおいても見られる。地域的な憲章と宣言の急増は90年代に顕著に見られ、異文化のオーセンティシティと意義についての認識が相対的に増したことを物語る。

　多くの憲章と宣言に共通しているのは、徹底的な調査と検証、そしてその過程における組織的・科学的アプローチの重視である。保存の原理は、アテネ憲章とヴェニス憲章、科学的修復の哲学を引き継いで20世紀の第2四半期に具体化し、保全と保存は次第に科学に信頼を置くようになった。非破壊検査技術、非侵襲調査、試料採取、最小限の干渉はヴェニス憲章以降のさまざまな憲章でしばしば重視されてきたテーマである。いずれも維持・管理の重要性を認めると同時に、有資格専門家、技術的な訓練、国際協力の必要性を認めている。だが、学問の詳細や必要な人材を訓練し評価するための検査基準は、文書から抜け落ちている。また、20世紀末の宣言に見られる保存の概念の広がりを概観すると、基準やガイドラインと近過去の建造物への適用の間にはまだ隔たりがあることがわかる。

　オリジナルの建築部材におけるオーセンティシティの解釈の議論は20世紀の遺産においても消え去っていないし、当初の設計意図の価値や建物と敷地に見る精神性に大いに関連している。20世紀遺産の価値の認識と調査・文書化に関する技術改良に変化は起きているが、偏在性や機械化、そしてこの時代の材料や建設過程の標準化を承認し、それを保存処置に正式に適用するという試みは、今のところ取り入れられていない。近い将来に全体の枠組みを確立することが重要である。

バラ憲章

　バラ憲章は、国際的な原則をオーストラリアという場に適合させることによって、既存の保存に関する言説から分岐した主要な文書のひとつである。オーストラリア・イコモスは1979年にオーストラリアのバラにて、ヴェニス憲章を採択し、それを75年のオーストラリア遺産委員会法（Australian Heritage Commission Act）の文脈に則って適用するように努めた。この憲章は、特定の場所、地域、国にとって意義のある自然や土着の歴史的遺跡を含め、あらゆる種類の遺跡を評価するため、遺跡の

識別や再評価の包括的なアプローチを採用した。評価のための幅広い基準は美学・年代・建築的価値を超えて確立された[*26]。重要性の識別や評価を中心とする「場所の文化的意義」という基準をつくることによって、また記念物の概念やヴェニス憲章で公式化された文脈を拡張することによって、そのプロセスはさまざまな文化遺産にかなり幅広く適応できるようになった。このような保存の概念的アプローチが普遍性を有し、オーストラリアという地域性を超えた意義を有していたおかげで、すぐに国際的に注目されることになった。バラ憲章の特長は、文化的意義の定義にあるということ、そしてその重要性の意味は相対的なものであり、ケースバイケースを基本として評価されねばならないと認識している点にある。

　79年の最初の憲章のテキストはその後何度も修正された。81年と88年、99年にも改訂されている。最も重要な変化は一般分野への拡張を盛り込んだ99年の改訂版に現れている。文化的意義についての有形でない側面が明確に定式化されたのは、この99年版においてである[*27]。この改訂版は、精神的価値の付与、使用上の貢献度、連想性、文化的意義の定義にかかわる土地の意味についても取り入れている。文化的意義の概念は「土地の構成物であるだけでなく、それ以上のものである」として拡張され、美的、歴史的、科学的、社会的、あるいは過去・現在・未来の世代に必要な精神的価値として定義された。重要性（significance）は、「土地そのもの、組織、周辺環境、用途、連想性、意味、記録、関連する土地、関連する物品」により具現化される。土地の概念は、記念物、木々、庭園、公園、歴史的な出来事のあった土地、都市部、町、工業地域、建物、考古学的遺跡、精神的・宗教的場所を含む。このようなきわめて幅広いパラメーターは、エリート主義的で壮大なものからバナキュラーで日常的なものへと、そして物質的なものから無形の文化的表現へと対象領域がシフトしたことの証である。

　近代建築の保存に変化はつきものである。「用途」「連想」「土地の意味」という項目からも明らかなように、社会的価値が新たに重視されているが、それとは別に99年の改訂版では土地の解釈に貢献するものとしての復元が許可されている。復元プロセスは、損傷を受けたり取り換えるられたりした造作を修理するための適切な手段とみなされる。場合によっては、「文化的意義を保つような利用法や習作の一部」とみなされることもある。用途に関する広範な議論は、この文書が柔軟であることを示している。99年版の序文は、アダプティブユースの奨励というよりも、意義のある用途を想定している。しかし「用途保存」の議論においては、意義深い用途を持続、修正、復位させることは、適切な（推奨される）保全形態であるとしている。たとえ、組織の重大な変更が求められるとしても、実質的な新しい処置が含まれるとしても、そのようにみなされる。代替用途に関しては、建物の重要性の変更は最小限にとどめ、土地についての連想性や意味を尊重することが重視される。「新しいサービスや新しい用途または土地を保護するための変更」と定義される「活用」も、建物の重要性に与える影響を最小限にとどめる場合には許容される。これは矛盾しているように見えるかもしれないが、そうではない。この憲章は基本的に、各土地に付随する文化的意義の概念を基礎としている。したがって適切な保全のために、無数の選択肢が利用できるのである。これはまさに近代建築に最も有効なアプローチである。多くの場合、構造物の重要性は当初の用途によって判断されるし、当初の用途と密接にからみ合っている。特殊なタイポロジーを持つものであれば、なおさ

らである。

　バラ憲章に示されているのは、文化的意義が理解されるには長い時間がかかるかもしれないということ、そして時間とともに建物や遺跡の解釈は変化するかもしれないという認識である。これは構造物や建築様式の変化をどのように評価するかを考えるとき、大変重要である。憲章が推奨しているのは、文化的意義を減じる改修はいつでも元に戻せるようにすること、そして補強材や付加物の判別が可能で、保護のみを目的としていることである。保存行為のすべてにおいて、文化的意義やその解釈、および評価を歪曲しあいまいにする可能性は排除されるべきであり、特に模倣を避けることの重要性に言及している。重要建造物の保全においては、伝統的な技法や材料が優先される。ある条件下では、実質的で、保全に有効な近代の技術や材料は適切だとみなされることもある。しかし、その必要性が堅実な科学的な証拠と経験によって裏づけられていなければならない。保全における科学的・方法論的アプローチの重視は（ヴェニス憲章にあるのと同じように）バラ憲章全体でも維持されているし、その重要さは一般的実務に反映されている。

　バラ憲章は、76年に第1版が発効された「歴史的遺産のトリートメントに関する内務長官基準」とは異なり、指針声明と一連のガイドラインを組み合わせている。定義やガイドラインの明確さと簡潔さ、そしてその幅広い視野が、バラ憲章の基礎となる。憲章では、意義を評価し、遺産保全の指針とガイドラインを発展させ、研究を指導し、レポートを用意するための方向性が示される。条項は、保存の原則とプロセス、意義の確立を基本とする実務に分けられる。またこの条項には、保存と開発のガイドとして「土地」の意義が用いられる。アテネ憲章やヴェニス憲章がそうであったように、この文書は博識で熟練した専門家が保全、維持管理、保存、修復、復元の管理者として行動する必要性を繰り返し強調している。

　オーストラリアの文化遺産保護の多くはバラ憲章を基礎としており、その影響は近年の保全の取り組みにも現れている。例えば、ホーレット＆ベイリー建築事務所によるパースの公営住宅（1962）やヨーン・ウッツォンのシドニー・オペラハウス（1959-73）では、保全計画の適切かつ柔軟なアプローチが近代のアイコンの継続使用を可能にした[＊28]。バラ憲章は文化的多様性や、その多様性のために生じる意義の概念の相対性を認識している。バラ憲章は厳格な基準としてではなく、変化しやすく相対的な「土地の意義」を強調した概念的文書であるので、インテグリティやオーセンティシティは、文化的に価値あるものを考慮して土地との関連で解釈される。これと同じくらい影響力を持った議論は、オーセンティシティ（異文化の意義と各地の保存の理念と実践の関連性の両方）の見直しである。この概念こそが、近代建築の文化的意義そして美学的または個人的称賛の域から離れた文化を明確にするガイドライン形成の手引きとなったのである。

奈良ドキュメント

　1994年の「オーセンティシティに関する奈良ドキュメント」は、特に「ヴェニス憲章の精神」でもって、また現代世界の文化遺産に対する関心に応答しようとして考えられた文書である[＊29]。日本の奈良にちなんで名づけられたこの文書は技術的なガイドではなく、むしろ一連の宣言集というべきものである。

とりわけ、伝統の保存の問題（デザイン、素材、職人、周辺環境）に取り組んでいるにもかかわらず、オーセンティシティの議論は近代建築の保存において重要な意味を持っている[*30]。

オーセンティシティという言葉は、厳密にいえばSPAB宣言にもアテネ憲章にも登場していない。ヴェニス憲章の序文で定義されないまま登場したのである。ところが、この概念はほかの国際憲章においても、歴史的遺跡の価値や意義を確立する際のカギとなっていた。奈良ドキュメントは、単なる素材のインテグリティを超えて、初めて正式にオーセンティシティを定義し評価し、そして現在の文化相対主義の文脈よりも幅広い用語として位置づけた。奈良ドキュメントは、価値やオーセンティシティは固定的な基準を基礎にすることはできないと明言し、伝統的な保存領域を拡張している。そしてバラ憲章で具体化された概念を反映しつつ、自国の文化的コンテクストのなかでオーセンティシティの重要性について問いかけているが、再確認もしている。以下のように、奈良ドキュメントは近代建築の保存における素材のオーセンティシティに関する問いを発している。

「文化遺産をそのすべての形態や時代区分に応じて保存することは、遺産が持つ価値に根ざしている。われわれがこれらの価値を理解する能力は、部分的には、それらの価値に関する情報源が信頼できる、または真実であるとして理解できる度合いにかかっている。文化遺産の原型とその後の変遷の特徴およびその意味に関連するこれらの情報源の知識と理解は、オーセンティシティのあらゆる側面を評価するために必須の基盤である」[*31]

バラ憲章と奈良ドキュメントは、建築部材のインテグリティをいかに保つのかという問いを超えようとする、オーセンティシティの動的理解へと向かっていることを示しており、また、その部材に代わるものに形を与え、実体化するプロセスの——伝統的、機能的、技術的、芸術的——インテグリティをいかに守るのかという挑戦へと向かっていることを示している。以下の文章では、ヴェニス憲章とのつながりが再構築されているが、文化遺産とオーセンティシティの解釈を広げているにすぎない。

「このように理解され、ヴェニス憲章で確認されたオーセンティシティは、価値に関する本質的な評価要素として出現する。オーセンティシティに対する理解は、世界遺産条約ならびにそのほかの文化遺産の目録に遺産を記載する手続きと同様に、文化遺産に関するすべての学術的研究において、また保存と復原の計画において、基本的な役割を演じる」[*32]

奈良ドキュメントの意義が保存のほかの領域にまで及んでいるのは、オーセンティシティの意味に関するこの議論である。日本における保存事例には、素材そのものよりも建物の精神性や建設上の伝統技能に求めようとするものがある。その日本でこの会議が開かれたのは偶然ではなかった[*33]。ここで重視されるのは、プロセス、伝統、伝統的技法である（最後のふたつは近代建築の信条にほとんどあてはまらない）。だが、建物の持つ精神の重要性や、かたちを与え、部材を実体化するプロセスにおけるインテグリティは、近代建築の真正な要素（設計意図や視覚的一体性）を定義する際に重要な意味を持つ。奈良ドキュメントは、オーセンティシティは常に流動的で、決して完全ではありえず、

いつも相対的なままであるということを認めている[*34]。

ドコモモ・アイントホーヘン宣言と近代建築保存への注目

第1回ドコモモ国際会議が1990年にオランダ南部のアイントホーヘンで開催された。いわゆるアイントホーヘン宣言はドコモモの目標を掲げた文書であると同時に、近代建築とモダニズム建築の保存に取り組んだ最初の国際宣言として重要な文書である。宣言の目的は、近代建築やその保存について関心を持つ一般の人々および専門家を教育すること、重要な建物や遺跡のリスト（「登録リスト register」と呼ばれる）を作成すること、破壊や破損に反対すること、適切な保存修復技術を発展させること、そして修復や保存の基金を募ること[*35]として、簡潔かつ明確に述べられている。

1920年代に見られた宣言文の精神でアイントホーヘン宣言を記すことにより、ドコモモは近代遺産（当時はおもに20年代および30年代の建物を想定していた）の保存の先頭に立とうとし、まず第一にそうした建築を生み出した思考を再活性化しようとした。現在50か国以上の代表者で構成されるこの国際組織は、近代遺産に関する対話の意味を明確にしていった。ドコモモは国際レベル、国レベル、地域レベルの大きな伝統的保存組織から独立した、擁護団体という立場を保っている。その名称の「モダンムーブメントにかかわる建物と環境形成の記録調査および保存のための国際組織（Documentation and Conservation of buildings, sites and neighborhoods of the Modern Movement）」はその目的を表しているが、いくぶんとらえどころがない。重要なのは、敷地・遺跡、近隣地域、都市開発、庭園、ランドスケープが含まれていること、そして象徴的なものと同じように平凡なものにも焦点を当てようとしていることである。文書記録は、情報の普及や近代建築の理解や評価を促進するうえで重要だと認められているが、すべてのものが保護され復元されるとは限らないということも認識されている。モダンムーブメントの研究は、モダニティの3つの側面、美学的、技術的、社会的な革新により特徴づけられる。技術革新は、構造デザインや建設方法に採用されている材料を通して明らかにすることができる。社会革新は、衛生、健康、娯楽、共同事業、近代的な美徳など機能主義者の建築事例に、ある程度関連づけられる。近代建築は外観、形態、ディテール、空間、独創的発想の組み合わせを一体化した存在であり、近代建築の評価は建物の外観あるいは材料のオーセンティシティを超えている。

国際的な登録リストや多数の主題別リストが用意され、今もさまざまな革新に関連する基準をもとにして拡大し続けている[*36]。登録は、近代遺産の方法論、知恵、先駆性を示す資産よりも、伝統的な歴史学や機能性の外側にあるものに狙いを定めて行われる。それは建築家や保存専門家と同様、保存賛同者にとっても資産である。ドコモモの国際登録リストに掲載された建物は、モダニティの地方の宣言であるとともに、近代建築の国際的な面を明らかにしている。リストには、前掲のシドニー・オペラハウス、ファン・ネレ工場、サヴォア邸、ブラジリア大聖堂、広島ピースセンター（広島平和記念資料館および平和記念公園）、イリノイ州のクローアイランド小学校が記載されており、登録の多様性は建物の国際的な性格を映し出している。

世界各地の代表で組織されるドコモモは、モダンムーブメントの遺産を扱う保存の専門家が直面し

ている問題の調査と議論のプラットフォームを提供した。ドコモモは97年にイコモスや世界遺産委員会（WHC）との協力によって、こうした遺産の評価基準を議論して報告書を作成した[*37]。そのレポートでは、世界遺産会議（World Heritage Convention）は広く20世紀の遺産にも適用するべきだと結論づけているが、それはオーセンティシティの概念の見直しの推奨でもあった。報告書『モダンムーブメントと世界遺産リスト』では、アイデア、形態、空間、外観、建設、ディテール、素材のオーセンティシティを含む、幅広い定義が提示された[*38]。

　ほかの諸機関はドコモモの活動と連動して、近代遺産への対応を熱心に試みていた。欧州評議会（Council of Europe）とイコモスはどちらもその時期の傑作の保護を促進するために一般的な勧告書を公表した。91年に欧州評議会の勧告番号R（91）13では、建造物の長寿化にとって重要な、新しい用途を見いだすことが重視されている。4年後にヘルシンキで行われた20世紀遺産に関するイコモスのセミナーでは、素材の検討を超えて記憶の大切さを重視する必要性が提起された。文書記録、調査、建造物リスト、象徴性を超えた遺産の幅広い理解といった会議で取り上げられた内容は、国際的な場で一貫して議論されてきたテーマであった。次いで開かれたイコモス会議は96年にメキシコシティで開かれ、2001年にはカナダ・モントリオールとフィンランド・ヘルシンキで開かれ、計2回開催された。また、同様に重要なのは、地方レベルで開かれた近代遺産の会議である。このような会議は2002年から05年までに、ラテンアメリカ、アジア、環太平洋、サハラ砂漠以南のアフリカ、北アメリカ、地中海沿岸地方で毎年開催されている。

　こうした活動の増加は、この時期の建築遺産に対する関心の高まりを示すものである。注目すべきはドコモモなどによるランドスケープアーキテクチャーに関する議論である。まず、ランドスケープも近代を構成する要素であるということを理解することが不可欠である。90年代の初めに行われた会議では、これまでの基準と価値体系をこの時期の遺産に最終的に適用することができたが、その後のどの会議でも、新しい基準について議論された。それを近代建築に当てはめてみたとき、素材のオーセンティシティの概念は、今ではあまり関係がないと考えられた。近代遺産の事例は膨大な数に上るため、選択的な保全の必要性を認めるにいたった（この時期やそれに続くポストモダン期にも応用するための、伝統的な基準やガイドラインの再検証はまだ行われていない）。

歴史的遺産のトリートメントに関する内務長官基準

　国際レベルの遺産保全の取り組みの増加はそれ相応の展開があることを示し、また保存の実践が各地で多様に展開されていることを意味する。米国では1966年に国家歴史保存法（National Historic Preservation Act：NHPA）の批准を開始し、保存の取り組みは個人的な提唱活動や慈善活動から政府の活動領域へと移行した。この時点まで、政府の保存への取り組みは、おもに国立公園の設置によって広く自然環境を守ることに限られていた。その取り組みはジョン・ミューアの仕事や1916年の国立公園局（National Park Service）の創設に始まる[*39]。

構築環境やそれに付随する文化遺産の保護の取り組みの拡大は、1906年の古物法（Antiquity Act）のもとで有史以前の芸術工芸品を保護するといった以前の取り組みからの理にかなった進歩であった。33年にニューディール政策の一環として資源保存市民部隊（Civilian Conservation Corp）が結成されて、米国歴史的建造物調査所（Historic American Building Survey: HABS）が設置された（これに続いて69年にHistoric American Engineering Record: HAERと2000年にHistoric American Landscape Survey: HALSが創設された）。35年には、史跡法（Historic Site Act）が制定された。これらすべては国立公園局の指揮下の一機関として存続している。そして最終的には、米国議会の要請により49年にナショナル・トラスト（National Trust for Historic Preservation）が創設された。

　ヨーロッパの最初期の保存の取り組みは、それまでの遺産保存の哲学にしたがって、歴史的意義を持つ単体の記念碑的建築ばかりに集中していた。ノースカロライナ州チャールストンが31年に、ルイジアナ州ニューオリンズのヴューカレ地区が36年にそれぞれ歴史的地区に指定されたが、同じ30年代半ばに、ジョン・D・ロックフェラー・ジュニアの尽力によって、コロニアル・ウィリアムズバーグ（歴史地区）が創設された。これらはおもに都市構造に対する関心に基づいていたが、都市の開発は60年代にさらに進んだ。

　第二次世界大戦以前の国立公園局は37年に「修復指針声明（Restoration Policy Statement）」を出した。コロニアル・ウィリアムズバーグなど複数の修復プロジェクトのアドバイザーとなったフィスク・キンバル[*40]は「修理よりは保存、復原よりは修理、復元よりは復原のほうがより望ましい」[*41]という有名なアフォリズムで知られ、指針の発展に尽力した。この哲学と、素材のオーセンティシティやミニマムインターベンションという価値観は、31年のアテネ憲章に示された（のちにヴェニス憲章にて明確にされた）考えを反映している。これらが米国における保存の原則と実践の核になっていることは間違いない。

　米国政府はヨーロッパの国々の政府と比べて、保存の取り組みにおいては小さな役割しか果たしていなかった。直接的な成果をあげたものとしては米国の保存団体による草の根運動がある。米国政府の立場は、個人資産と所有権を尊重する米国特有の法的伝統に則っていた。これらは保存の基準やガイドラインの発展や強化に非常に大きな影響を与え、現在も影響を与えている。例えば、米国の税制優遇政策下で行われる保存と不動産開発はいつも複雑にからみ合っていたし、今も完全にからまり合ったままである。結果として、米国の実際のガイドラインの発展は、初期の国際憲章とはかなり異なるものになった。

　国家歴史保存法が66年に可決される以前に、戦後期の都市再生や建設ブームが、保存や保存計画に対する支持や関心を呼び起こした。ジェイン・ジェイコブズとピーター・ブレイクの出版物は都市再生政策に対する不満を明確に打ち出し、地域的な視点を示すことにより構築環境保護の一連の運動を生み出した[*42]。国内レベルでは、リンドン・B・ジョンソン大統領（在任1963-69）が環境と文化を尊重する「グレート・ソサエティ」という考え方を示し、『遺産とともに豊かに With Heritage So Rich』という出版物は国家歴史保存法や付随するガイドラインや基準の策定を後押しした。国際的な出来事と並行して、この時期に新たな変化があった。単体の歴史的意義が認められる

モニュメンタルな建築や場所以外にも、保存の価値を認めたのである。大規模都市再生計画が米国の諸都市で追求されたことの必然的な結果として、このような認識が生まれた。

　1966 年の国家歴史保存法は、国の建築遺産に関心があり、連邦政府が環境改善のために税金をつぎ込むことができるようにするものであって、一般市民が建築遺産にかかわることを妨げるものではない[*43]。新たにナショナル・レジスター（National Register of Historic Place）が法制定されたが、この法律は、連邦政府が資金拠出したプログラムや認可したプログラムは、ナショナル・レジスターに登録された敷地、建物、工作物、地区、構造物に悪影響を与えることはできないと定めている。こうして無分別な再開発を防ぎ、地元の保存家に法的枠組みを提供するという、検討プロセスがつくり出された[*44]。ナショナル・レジスターの資産となっているからといってインターベンションや解体が妨げられるわけではないが、実際には、ナショナル・レジスターの登録解除が不適切な変更や破壊を招くことがある。69 年の国家環境政策法（National Environmental Policy Act）は、ナショナル・レジスターに登録されているかどうかの問題を超えて、構築環境の建築的、歴史的、社会的な意義を検討するプロセスをつくることで、保存管理の法的基礎を築いた。そのプロセスが連邦政府の財源や補佐官の開発計画能力にも影響を与えた。開発とともに進められる保存を推奨するための継続的な税制優遇が 76 年の税制改革法（Tax Reform Act）により制定されたが、81 年の再生・活用に関する新しい税制控除にとって代わった[*45]。

　税制優遇プログラムと大統領令が保存を促進していたため、保存プロジェクトが容認され、税額控除を受けられるように、ひとまとまりの基準と定義を制定せざるをえなかった。79 年には「歴史的建築のトリートメントに関する内務長官基準」（略称スタンダード）が国立公園局により初めて発行された[*46]。それは、オリジナルの素材と構築部材に価値を置くという初期の概念を反映していた[*47]。初めは、連邦政府の税制基準との関連から文書が作成されたが、それは根本原理の哲学的議論ではなく、さまざまなステークホルダーのために用意された詳細なガイドラインであった。ヴェニス憲章は米国により公式に署名されていない指針書である。「スタンダード」は種々の作業のためのガイドラインであるが、ヴェニス憲章でつくられた基本的な規定が考慮されており、保全のための科学的プロセスと素材のオーセンティシティの理論の両方にしっかりと根ざしている。

　保存の実務における主観的または恣意的な性質や、先住アメリカ人の文化遺産に関係の深いオーセンティシティに対する認識が 20 世紀最後の 20 年で変化した。バラ憲章や奈良ドキュメントと時を同じくして、90 年に「アメリカ先住民墓所の保護送還法」などが法制定された。また、特定の保存の取り組みや文化的相対主義の認識により、キイヤムイ・ガイドラインが導入されている。このガイドラインの技術項目は 9 つあり、米国の先住民ホピ族が設立したホピ財団によって作成された[*48]。この分野の再評価は、おもに文化的景観の重要性に関する見識に基づいている。近過去の保存に取り組んだ国際会議や郊外住宅地を指定するためのガイドラインの存在は、近代建築やその重要性を認めていることの証であった。しかしながら基準の正式な再評価は、この時期（近代建築の時代）に本来備わっている価値に即していない。近代建造物の個別の事例が状況変化に影響を与えたが、今でも既存の指針や実践で十分だと思われている。

「スタンダード」の適用

「スタンダード」は米国の指針や実務の基礎となるものである。本来は、連邦政府の立法に関連して用いられることを目的として用意されたのだが、「スタンダード」は広く受け入れられ、アメリカ全土の地方の規制機関で適用されている。今では不適切だと思われるプロセスを削除したり、初期の宣言や定義を明確化するために拡張したりして、何度か改訂を重ねて合理化された。このように段階的に進められた微妙な変化は、指針や哲学上の重大な変化というよりも（保存の）フィールドの拡大を示している。1995年に出版された「スタンダード」の最新版では、「現状保存（preservation）」「修復再生（rehabilitation）」「復原（restoration）」「復元（reconstruction）」という4つのカテゴリー、または「トリートメントアプローチ」が列挙され、定義されている。「取得（acquisition）」「保護（protection）」「安定化（stabilization）」という3つのトリートメントアプローチは改訂中に削除された。各トリートメントの基準は、建築部材へ実際に適用されるものとして、より明確に定義されている。添付されたガイドラインと解説用資料が「スタンダード」を補完し、実務用に定義が試みられている。保存の伝統を保持し、すべてにおいてオリジナルの素材が重視され、優位に置かれている。「スタンダード」は、定義、ガイドライン、トリートメント（処置方法）の内容を提供しているという点で、バラ憲章と類似している。しかし遺産保存の実務の基礎になっているオーストラリアの理念的概念は、かなり柔軟性があるし、また意義についての幅広い解釈を許容している。それに対し、米国の「スタンダード」は概念的な文書ではなく、実践のためのガイドラインである。「スタンダード」は建物の解釈に柔軟に対応できることが実証されており、たいていの伝統的な建築にも適用できる。その結果、「スタンダード」を20世紀遺産（特に戦後建築）に当てはめようとすると、直ちに問題が生じる。単体構築物の保存を基本とする伝統的な価値体系の妥当性や、本来短命な標準化部材の使用を特徴とする大規模開発の解釈は、いずれ問題になってくるだろう[*49]。とはいえ、「スタンダード」はこれまでのところ有効なツールだとわかっているし、問題点を自覚し再検証を継続していくならば、近代建築保存において非常に有効だと思われる。

以下では、スタンダードの各項目のほかトリートメントカテゴリーの定義を検討することにより、そのガイドラインを近代建築に当てはめるときに生じるジレンマを示す。ナショナル・レジスターに登録された建物や税法優遇を考慮した建物のインテグリティが包括的に評価・査定され、その後、外側や内側の形態や素材が検討される。実務上のジレンマが生じることはあるけれども、このガイドラインは近代建造物の保存を妨げるものではない。再評価・再査定の欠如は、建築の根底にある意義をとらえそこなった保存計画や的外れな保存計画を招く。以下のトリートメントオプションは「スタンダード」の最新版で定義されているものである。

トリートメントオプション：現状保存（preservation）

「保存は歴史的遺産の現在の形態、インテグリティ、材料を維持するのに必要な対策を講じる行為、または過程と定義される。仕事としては、その遺産を保護し、堅固にするための予備対策を含み、一

般的には大々的な取り換えや新しく建造するのではなく、歴史的な材料や造作の補修と修復に集中する。外観に新しくつけ加えることはこのトリートメントの範囲外の行為である。しかし遺産を機能的にするために、機械、電気、配管系統について規制された範囲で注意深く改善することや、ほかに許可が必要な仕事は現状保存の計画内に収まる行為である」

　現状保存には、歴史的遺産となる現在の形態、インテグリティ、材料の維持が求められる。最小限の干渉（ミニマムインターベンション）による保全が求められ、遺産の評価や作業の方法は、材料のインテグリティによって判断される。ここで定義されているように、現状保存が望ましいのは間違いないが、いつも可能であるとは限らず、近代建造物にとって十分だとは言い難い。しかも費用がかかりすぎる傾向にあり、実現させるのがきわめて難しい。「遺産の形態」の保存は、設計意図の概念にかかわるものと解釈できる。なぜなら、形態は創造過程を表現し、アイデアは建造物の意匠や構造のなかで具体化されるからである。だが、ここで定義される保存の手段にしたがって、近代建築のアイデアやプロセスの価値を高めようとするとき、材料の取り換えや機能を優先したデザインへの改築はさまざまな難しい問題を生み出す。多くの近代建造物には、建築的に、歴史的に重大な改造がほとんど行われていない（多くの事例では、こうした要素の除去がその特徴やオリジナルのデザインの質を高める）のだが、当初の材料や構造に見られる仮設的性質が近代建築の直面している問題となるため、現状保存の定義どおりに、できるだけ多くのオリジナルの部材を維持することが難しく、それほど実現の可能性があるようには思えない。

「スタンダード」で示される現状保存の第一の基準は、歴史的用途の継続、あるいはその建造物に特有の素材、特徴、空間、空間的なつながりを最大限維持するような、新しい用途の導入を求めている。歴史的用途の継続はどの場合にも望ましいのだが、アダプティブユースの概念は実行可能な保存手法として十分に確立されている。機能優先の建造物を扱うときに、より大きな問題が生じる可能性がある。そして建造物の継続使用や状況に合わせた変更は非常に難しく不可能だとする議論が、現占有者がその建物を不適格と考える方便として、または、既存の歴史的空間に合わせて創造的または革新的な用途を開発することを避ける方便としてよく用いられる。

　そのほかの基準は、材料のオーセンティシティについて述べている。保全や安定化に関するどの作業も、オリジナルの部材と区別できるように明示しなければならない。多様な研究の成果を受けて、取り換えが不可避と判断されたときは、同種の物質による取り換えが優先的に推奨される。だが、このような取り換えがどの程度生じるかについては明記されておらず、その解釈は開かれたままになっている。類似の材料ではなく同種の物質で取り換えることは、時代遅れになった材料にとっては障害になる。トリートメントオプションとしての「現状保存」の定義上、最小限の干渉が許可されているが、パティナ（風化の跡）や時代の痕跡が残るように、現存する当初材の補強と保全が推奨される。先述したように、時代の痕跡とパティナを保存するという考え方はどちらも、近代建造物の意図と精神に反していることが多いし、全体の設計意図に矛盾する。残存する当初材は大きなシステムの一部であることが多く、結果としてシステムの一部の修理を必要とする場合、それらは伝統的建造物の構造のときとは異なり、部品の大部分に影響を与える。

トリートメントオプションとしての「現状保存」に最も適しているのは、建物の性格を決定づける特徴が失われていないとき、または用途の継続や更新が大規模な取り換えや付加を必要としないときである。ファンズワース邸やグロピウス邸はともにナショナル・レジスターに登録されている。住宅の博物館化という伝統的な保存手法は、「現状保存」と「修復」の両方を行う[*50]。上記のふたつの住宅における変更は、安全性やアクセシビリティに対応する必要性、または安全な窓枠の追加やトイレの水洗化など、維持管理の問題によるものかもしれない。これらの住宅は近代建築のアイコンであり、そういうものとして大切にされる。にもかかわらず、保全のためにはオリジナルの部材の大きな変更が要求されるし、そうすることで公的施設として使用できるようになる。伝統的な意味での現状保存、そして「スタンダード」で定義される現状保存は、近代建築の材料やプログラムの現実性や機能上の意図に反するのかもしれない。実質的には、戦後建築に対する処置としては不十分であるし、その時代の大きな意義を失いかねない。一方、修復再生は、解釈、評価、保全に、より適している[*51]。

トリートメントオプション：修復再生（rehabilitation）

「修復再生は、遺産の歴史的・文化的・建築的価値を伝える一方で、修理・改変・付加によって遺産の現代的使用を可能にする行為または過程と定義される」

　最近の建物では機能の変更・追加が要請されがちであるため、修復再生が最も適切な解決法だと思われる。この手法は、単一の構造的な有形物よりも、建造物がつくられたプロセスを重視する。また、おもに機能主義の原理に根ざしている建築の場合、建造物の存続を維持できるような用途を探し求めるのがよい。近代建築の修復再生は、相性のよいプログラムにしたがって適切に実施されれば、当時の意図の連続性が保たれるので、当初の設計意図と一致するという議論も成立しうる。
　設計意図や機能性が近代建築の意義にとって不可欠なもので、その作品を特徴づけるものと認識することにより、伝統的建築またはそれ以前の建築向けに定義された「修復再生」は近代建造物の「保存」になる。結果的に、単なる継続使用やアダプティブユースではなく、機能的に矛盾のない使用法を探し出すことが、当初の建築精神を保存するための第一歩となる。ロッテルダムのファン・ネレ工場の修復再生に見られるような、建物の精神の永続化は、近代建築の修復再生の潜在性を具現化している。当初の工場は先進的で、紅茶、コーヒー、たばこを製造していた。「デザイン工場」へのコンバージョン（用途変更）は、創造的で継続性のある使用例となっている。
「スタンダード」のトリートメントオプションとしての「修復再生」は「現状保存」の基準よりもさらに柔軟に解釈することができる。このふたつのトリートメントはほぼ同じものと言ってもよいだろう。修復再生においては、新しい用途の導入や劣化部分の大規模な取り換え、そして頑丈な新工法の採用が許されている。全体を特徴づけているものについては同種の物に取り換えられるのが望ましいとされるが、技術的あるいは経済的な制約がある場合は、必ずしなければならないというものでもない。はっきりと明記されていないが、建物や材料のシステムのすべてを交換することはこれらのガイドラインに適合しているし、よくあることで、近代建造物にとって必要な場合が多い。物理的な部材

の現実とその状態や市場からの圧力については、修復再生の定義により比較的簡単に対処することができる。シカゴのヒリアード邸の外部コンクリートに適用された、コーティング（塗布）のような問題は、このアプローチに規定されている柔軟さで解決することができる。

　残された疑問はこれがオーセンティシティの問題を考慮したときに保存と呼びうるかどうかである。近代建築における保存が有形の材料よりも当初の設計意図という無形の概念に強い信頼を置くならば、その修復再生は伝統的建造物の保存ほどには意義を有していないということになる。「奈良ドキュメント」によれば、新しい用途を導入したり技術的に革新的な改修や再生・活用を図ることによって、近代建造物の生存可能性を永続化させことは、オリジナルの建造物の創造的アプローチとうまく合致する。修復再生はもはや近代建築における保存の準形式として認識されるべきではない。実際にそれは４つのトリートメントオプションのうち最も進歩的であり、建造物の生存能力を保存するために取られる創造的アプローチといえる。復原 (restoration) と復元 (reconstruction) は、歴史的建造物の伝統的なアプローチであるという点において修復再生とはまったく異なるが、いずれも近代建築に等しく適用することができる。

トリートメントオプション：復原 (restoration)

「復原は、遺産が特定の時期に持っていた形態・造作・特徴を、ほかの時期に行われた改造の除去と、以前の復原の際に失われた造作を復元することによって、正確に描写する行為または過程と定義される。遺産を機能的にするための、機械・電気・配管系統の規制された範囲での注意深い改善や、ほかに許可が必要な仕事は復原の計画内に収まる行為である」

　復原の概念は、近代建築にも伝統的建造物にも同じように適用できるように思えるだろう。しかし近代建築小史をひもといて、その〝時代〟がいかに簡単に定義されているかを見れば、今後大量に最近の建築を復原する可能性があることがわかるだろう。
「スタンダード」はヴェニス憲章の科学的な手順や調査法にならっている。また「スタンダード」はヴェニス憲章と同様、復原にも言及しているが、その使用を推奨していない。トリートメントオプションとしての復原は、文献証拠に基づいて時代判定した造作の劣化部分や欠損部分を、相性のよい現代の材料に取り換えることを容認している。ところが、近代建築に対処しようとすると、使用可能な材料の不足や、時代遅れの技術とディテールの変更または更新の必要性に直面することになる。復原のアプローチを追求しているときでさえ、妥協と解釈が必要とされる。

　建物や敷地・遺跡にとって重要な時期の豊富な文書資料は、修復再生よりもむしろ復原を考慮するプロジェクトで必要とされる。近代建造物の資料は直ちに役立つことが多い。グロピウス邸やファンズワース邸のような近代のアイコンとなっている建築の復原は、近代建築にこの基準を当てはめた事例である。しかしこの時期のアイコンは、多くの伝統建築のアイコンと同じように美術館・博物館として保存されている。解釈がこれらの建物の保存に影響を与え続けることだろう。

トリートメントオプション：復元（reconstruction）

「復元は、ある特定の時期とその歴史的な敷地における外観を複製する目的で、新しく建造することによって、現存していない遺跡、風景、建造物構造物、物品の形態、造作、ディテールを描写する行為または過程と定義される」

　最も問題が多く、議論の余地のあるトリートメントが復元である。すでに詳述したように、多くの保存家にとって復元という考え方は、ヴィオレ・ル・デュクの修復理論を想起させるし、素材のオーセンティシティを重視した、現代の保存実務とは正反対のものである。

「スタンダード」の定義では、復元は「遺産の一部」に限定されており、「解釈を目的とする」場合にのみ、憶測を最小限にとどめて行わなければならない。復元は現代の再創造物であることを明確にされなければならず、かつて実際に建てられたことのないような意匠を創造するようなことがあってはならない。近年、多くの初期近代建築のランドマークが復元されている。そのほとんどはパヴィリオンか仮設建造物であるが、そのほかのビルディングタイプも同様に復元されている。バルセロナ・パヴィリオンは高度な価値のある教育ツールとみなされていて、多くの建築家や建築学生たちが訪れる。保存プロジェクトとして見れば、そのオーセンティシティに疑問を持たずにはいられないが、19世紀末のコロニアルリバイバルの復元方法と大して違わないにもかかわらず、50年を経過すれば、それは20世紀後半の文化的な表現と見られることだろう。

「スタンダード」の序論では、適切なトリートメントオプションを選択することが強調されている。選択のための4つの基本的な基準は、歴史的な重要性や意義、物理的な条件、提案された用途、法令に関連する安全要件にかかわりがある。歴史的意義は、伝統的建築と近代建築のどちらに取り組むにしても、まったく同じである。物理的条件と用途案は、たびたび大きな問題となって現れる。どの部位のディテール（大量生産品、大規模なユニット、統合システム）が議論されるにしても、その条件は近代建築に本来的に備わっているものであり、単なる部分的な取り換えやインターベンションよりも多くのことが要求される。同様に、これらの建物には特殊な意匠が施されているため、使用上の変化や法令に基づく義務が、小さな建造物やわずかな占有者のために用意された伝統的な保存の慣例を超えて、重大な変更を招きがちである。結果としてインターベンションの規模がかなり大きくなるが、大方は妥当であるとされ、好意的に受け止められる。無数の近代のアイコンが復原されて「スタンダード」のもとで税額控除を受けているし、その後にナショナル・レジスターに推薦されてきた。レヴァー・ハウスの作業内容のなかで、卓越している点は、カーテンウォールの多くを取り換える必要があることを認めつつも、できるだけオリジナルの材料を保全しようと非常に熱心に取り組んだということである。このような取り換えは、工事の規模は別にして、コロニアル建築の下見板を交換するのとよく似ていると言う人もいる。シカゴのヒリアード・ハウスでは、着色塗装がコンクリート表面全体に適用されたが、それは起伏や後からできた勾配を隠して建築家の意図に近づけるため、そして当初用いられた材の均一性を醸し出すためであった。このトリートメントでは、視覚的な均質性をつくろうとする意図や潜在する新しさの価値が認められており、パティナや風化の価値という伝統的な考え方は

拒絶されている。ニューヨークのリンカーン・センターやイリノイ工科大学のクラウン・ホールでは、修復再生の詳細なガイドラインが建物やランドスケープのために用意されている。アルミネア・ハウスの大規模な復元は、現在のロングアイランド市から別の新しい場所へ移されない限り、ナショナル・レジスターへの登録の再検討は進められないだろう。しかし、この復元例はナショナル・レジスターに指定される可能性がある。というのも、当初から移築や復元されることが意図されていたし、複数の場所で何度も復元されることが、その建物の歴史や意義に欠かせない部分になっているからである。これらのプロジェクトはいずれも近代建築のなかでも際立っているし、間もなく直面すると思われる種類の課題を表している。

「歴史的建築のトリートメントに関する内務長官基準」に照らして、近代という時期とその評価を考えてみると、保存に関する問題が明確に表れているのは、用途、材料、設計意図の基本的な規定においてである。それらの言語や適用法については、再検討と調整が必要である。現在規定されているガイドラインの範囲内で、近代建築保存に広く適用できる唯一の手法は、修復再生であるように思われる。素材のオーセンティシティに基づく、確立された価値観に依存する傾向は、近代建築保存の仕事における挑戦的課題であり続けるだろう。しかしながら「スタンダード」は、ナショナル・レジスターに登録された近代遺産に適用するに十分な柔軟さを持っていることが証明されている。近代遺産の保存に直接的な関係を持つ国立公園局が新たな基準を示したことは、20世紀の構築物全体の意義についての認識が着実に広がっていることを裏づけている。ナショナル・レジスターへの登録は50年以上が経過していることや、その時期を特徴づける郊外地区であることを条件とするが、登録遺産のために最近になって確立されたガイドラインが、近代建築を確認したり、記録したり、最終的に保存したりするプロセスを支援している[＊52]。

結論

　建築遺産や文化遺産の保存にささげられた宣言、憲章、ガイドラインは、哲学や実践の両方の分野の成長を反映している。これらの文書は「古建築保護協会宣言（SPAB宣言）」をつくった英国の19世紀の議論に始まり、20世紀を通して、基礎となるアテネ憲章やヴェニス憲章により発展した。20世紀末には声明や会報が急増するにいたった。また、こうした文書は好ましい理論と実践、そしてそれら発展の理解に不可欠である。当初はクラフツマンシップやモニュメンタルな建造物に焦点があてられていたが、文化的多様性とオーセンティシティの再評価へと進展した。この進歩が近代建築に向けられるまなざしにとって決定的に重要である。そして20世紀の建築遺産の多くが評価されるにつれて、これらはますます重要になっていくだろう。

　既存の憲章の多くを近代建築に直接適用するのは問題も多いが、ヴェニス憲章やバラ憲章、そして奈良ドキュメントに見られる科学的プロセスの重視は、近代建築の保存の議論に大いに関係がある。さらに、バラ憲章で定義される文化的意義の理解や奈良ドキュメントで示されたオーセンティシティの

相対的性質に対する柔軟なアプローチはともに、代替アプローチを容認するような柔軟性があるため、近代建造物の保存アプローチを考えるうえで有効なガイドラインとなる。伝統建築のために発展した原理や実践法を近代建造物に適用しようとする挑戦的試みの有効性や保存への意識が高まっているにもかかわらず、こうした遺産の特殊性を再評価する必要性についての明確な議論はまだ現れていない。

現在のこれらの文書に欠けているのは、新しい保全技術または外国の保全技術の採用、保存に従事する人の資格、材料や装置の検査基準に触れていないこと、そしてこれらの問題に関する学術用語の用法があいまいなままであることである。特定の文化のなかの特定の建築類型のために用意されたガイドラインだけが、あらゆる問題に対して適切に述べることができたし、現在までの保存プロジェクトを導いていくことができた。これらの憲章の継続的な改定が、確立されている基準やガイドラインの長期的運用を確実にするために必要である。

国際的な憲章と原理はどの国においても法的権限を持つわけではない。多くの場合、国と地方の行政機関は、国際的な憲章や規則が発達する以前に、保存に関する立法を十分に定めている。しかし地方の法律制定は変更する必要性に迫られるかたちで発展してきた。こうした改訂は国際憲章に書かれている概念や規則を考慮に入れている。同様に、地域や地方の原理やガイドラインも考慮されており、その例はアメリカのキイヤムイ・ガイドラインの導入に見ることができる。米国の保存の実践を形成している既存のガイドラインは、多くの国際的な憲章と宣言のように、今のところ評価プロセスを通じて近代建造物の機能を継続させるという基本的な枠組みを提供している。トリートメントオプションとしての修復再生は、大変柔軟な対応が可能であるように思われるし、近代建築に適した保存アプローチになる可能性がある。

しかし当初の設計意図、新技術の採用、代替材料、増加する復元についての理解や想像的解釈は、革新的なプログラムや用途の探求と相まって、近代建築の保存にとって重要な役割を果たすにちがいない。必要とされているのは、柔軟性や概念的なガイダンスを反映したオーセンティシティに関する基本哲学の再評価である。さらに、既存の基準やガイドラインの再検討が進展しなかったとしても、保存問題を喚起した近代建築を保存するという一見矛盾した任務を受け入れることが、保存専門家たちの課題であり続けるだろう（仮設性と用途上の問題を抱えているポストモダン期の再評価も同様である）。保存の絶対的な原理は結果として不条理になるというヴィオレ・ル・デュクの主張は、構築環境保全の実務に携わる専門家から繰り返し言われてきた。20世紀の建物・空間・土地は、次第に保存の取り組みの対象となってきている。伝統的な保存の価値観は変えていかなければならない。さもなければ、この時期の意義を見失うことになるだろう。

【注】

＊1　Eugène-Emmanuel Viollet-le-Duc, *Dictionnaire raisonné de Varchitecture française du Xle au XVle siècle*, 10 vols. (Paris: A. Morel, 1864-1874), 全巻は1858年から出版され、著作選集が英語に翻訳された。"Restoration," in *Historical and Philosophical Issues in the Conservation of Cultural Heritage*, ed. Nicholas Stanley Price, M. Kirby Talley Jr., and Alessandra Melucco Vaccaro (Los Angeles: Getty Conservation Institute, 1996), 314-18; *The Foundations of Architecture: Selections from the "Dictionnaire Raisonné,"* trans. Kenneth D. Whitehead (New York: G. Braziller, 1990).

＊2　本書では preservation（保存）という用語を使用している。国際憲章では heritage conservation（遺産保存）が標準的な用語であり、米国の preservation（保存）という語とほぼ同義である。preservation の文脈で使用される conservation は材料や材料化学

にほぼ限られ、当初材や仕上げ材を無傷のまま保つことを目的とする、直接的な物理的インターベンションのことを指す。一般に米国で用いられる場合、conservation という単語は建物を指すこともあるが、ほとんどが自然環境や芸術品の修復に関する行為を指す。

*3　英国で 19 世紀を通じて展開した修復論争の詳細については以下を参照。Janet A. Null, "Restorers, Villains, and Vandals," in *Association for Preservation Technology Bulletin* 17, nos. 3 &4 (1985): 26-41. 彼女は重要な宗教復興が 1820 年代に始まる教会の大規模な修復運動を後押ししたことについて記している。ケンブリッジ・キャムデン協会、ジョージ・ギルバート・スコット、ジョン・ラスキンは、修復の方法論的アプローチへの関心が生じた頃の 19 世紀半ばの重要人物であった。ミニマル・インターベンションという考え方が支持されはじめた 1870 年代までは、修復の実践はまだ様式統一のための創造という価値観に非常に大きく依存していた。

*4　彼の保存や修復に対するアプローチは以下の文献で論じられている。"Restoration in the Dictionnaire" in *The Foundations of Architecture*, 195:「修復とは、言葉も出来事も近代のものである。ひとつの大建造物を修復するとは、それを維持するとか、修理するとか、復元するとかという意味ではなく、かつてある時点に存在しなかったかもしれない、ひとつの完全な状態にそれを置きなおすことを意味する。別の時代の構造物を修復するということは今世紀のわずか第 2 四半期をさかのぼるにすぎないが、この種の構築的修復が明確に否定されてきたかどうかは定かではない。おそらく、これはわれわれにとって、修復で意図されていたこと、そして意図されるはずだったことを正確に明らかにする絶好の機会である。というのも、われわれのこの特殊な活動を決定づける、または決定づけるはずの意図を、数多くの曖昧さが取り囲んでいるように思えるからである。言葉と出来事の両方が近代のものであると述べた。実際に、どのような歴史上の文明や人々も、現在われわれが理解しているような意味での修復は実施してこなかったのである」

*5　修復に関する 20 世紀初期の記述や写真記録については以下を参照。Jacques Mayor, *Pierrefonds, Le château de Louis d'Orkans* (Versailles: A. Bourdier, 1912).

*6　Eugène-Emmanuel Viollet-le-Duc, *Entretiens sur l'architecture* (Paris: A. Morel, 1863-1872). 本書はヴィオレ・ル・デュクの生存中に英訳された。*Foundations of Architecture*, 266-9 を参照。

*7　John Earl, *Building Conservation Philosophy* (Reading, UK: College of Estate Management, 1996), 53-61.

*8　この引用と続くテキストは 1877 年の SPAB 宣言からである。この宣言は多数の出版物に再録されている。例えば、以下のものがある。Earl, 156-159（頴原澄子訳、ウィリアム・モリス「古建築保護協会宣言」、「古建築保護協会第一回会合での演説」『みすず』2004 年 4 月号、8-17）。

*9　Earl, *Building Conservation Philosophy*, 157-158.

*10　Earl, *Building Conservation Philosophy*, 157-158.

*11　Price, Talley Jr., and Vaccaro, "Restoration and Anti-Restoration," in *Historical and Philosophical Issues*, 308-13.

*12　この会議は第一次世界大戦直後の 1919 年の国際連盟設置の成果であった。芸術とモニュメントの保存の取り組みは、国際博物館事務局（International Museums Office）に委託され 26 年に始動した。ローマでのカンファレンスに続き、アテネ会議では芸術作品の検証と保存に集中的に取り組んだ。このアテネ憲章は、CIAM（International Congress of Modern Architecture）によりまとめられた同時期のアテネの名を冠した憲章と混同してはならない。CIAM は 28 年に設立されたのち 33 年に第 4 回国際会議が行われ、そこで声明または決議（"Constations"）が記された。これらはアテネ憲章としてその後出版され、その多くはル・コルビュジエにより書かれた。Eric Mumford, *The CIAM Discourse on Urbanism, 1928-1960* (Cambridge: MIT Press, 2002), 73-91 and 153-159 参照。会議の決議文は「都市の歴史的地区」という見出しのなかで、歴史的建造物が重要であるならば尊重されるべきだが、不健康な生活環境をなおざりにされるべきではないと記している。さらに重要なことに、モニュメント周辺のスラムを解消することで、健康的な状況を提供する空地や緑地をつくることができた。

*13　ボイトと近代イタリアの保存理論については以下を参照。Jukka Jokilehto, *A History of Architectural Conservation* (Oxford: Butterworth-Heinemann, 1999). 益田兼房監修、ユッカ・ヨキレット著、秋枝ユミ・イザベル訳『建築遺産の保存―その歴史と現在』（アルヒーフ、2005）

*14　既存構造の補強に使用したコンクリートは隠れているために、それ相応の問題を引き起こした。特に問題となったのは会議の行われた都市、アテネであった。Fani Mallouchoufano, "The History of Interventions on the Acropolis," in *Acropolis Restoration: The CCAM Interventions*, ed. Richard Economakis (London: Academy Editions, 1994), 68-85.

*15　International Council on Monuments and Sites (ICOMOS), "The Athens Charter for the Restoration of Historic Monuments" (http://www.icomos.org/athens_charter.html). この憲章は 1931 年にアテネで行われた第 1 回歴史的記念建造物建築家・技術者国際会議（First International Congress of Architects and Technicians of Historic Monuments）で採択された。

*16　Jokilehto, *History of Architectural Conservation*, 249.

*17　ワルシャワとル・アーヴルはともに世界遺産リストに認められた。ル・アーヴルの復元は建築、技術、地区計画における都市計画の伝統と近代的な開発が融合したきわめて優れた事例であると明記されている。コンクリートの使用についても記されている。ワルシャワは 20 世紀半ばの保存と復元の模範的省察として記されている。

*18　都市再生が変化の兆しを見せはじめたことが認知されているだけでなく、最も偉大な勝利者のひとり、ロバート・モーゼスが評価されている。例えば、Michael B. Shavelson, "Bob the Builder," *Columbia: The Alumni Magazine of Columbia University* (Winter 2006-7): 32-37 がある。ロバート・モーゼスの作品に関する一連の展覧会とシンポジウム、そして展覧会カタログについては以下の文献を参照。Hilary Ballon and Kenneth T. Jackson, *Robert Moses and The Modern City: The Transformation of New York* (New York: W.W.Norton, 2007).

*19　Jane Jacobs, *The Death and Life of Great American Cities* (New York: Vintage, 1961). ジェイン・ジェイコブズ著、山形浩生訳『アメリカ大都市の死と生』（鹿島出版会、2010）。ジェイン・ジェイコブズのようにジェームズ・マーストン・フィッチが当時グリニッジ・

ヴィレッジに居住し、1964 年にコロンビア大学で歴史保存プログラムを立ち上げ、都市再開発に激しく抵抗したのは偶然ではない。Martica Sawin, ed., *James Marston Fitch: Selected Writitigs on Architecture, Preservation, and the Built Environment* (New York: W. W. Norton, 2007), 7. J・M・フィッチ著、マーティカ・ソーウィン編、金出ミチル訳『ジェームズ・マーストン・フィッチ論評選集―建築・保存・環境』(鹿島出版会、2008)。

＊20　ヴェニス憲章の 2 年後に発行された With Heritage So Rich (New York: Random House, 1966) は「米国市長会議歴史保存特別委員会」の報告書であり、アルバート・レインズ (Albert Rains) が議長を務めた。委員会では米国の保存ポリシーの強化について話し合われた。同年、国家歴史保存法 (The National Historic Preservation Act) が承認された。また、ニューヨーク市の歴史的建造物保存法 (The New York City's Landmarks Preservation Law) も、旧ペンシルヴァニア駅の解体を受けて同年に施行された。

＊21　Jokilehto, *History of Architectural Conservation*, 288.

＊22　近年チェーザレ・ブランディと彼の著作は、雑誌 *Future Anterior* の最近の特集が示しているように、再び重要な研究対象になっている。Laurence Kanter, "The Reception and Non-Reception of Cesare Brandi," *Future Anterior* 4, no. 1 (Summer 2007): 31-44 では、ブランディの理論と米国における美術史家と修復家の反応を論じている。歴史的建造物に対する直接的な興味については以下を参照。Frank G. Matero, "Loss, Compensation, and Authenticity: The Contribution of Cesare Brandi to Architectural Conservation in America," *Future Anterior* 4, no. 1 (Summer 2007): 45-58.

＊23　この問題は重要で象徴的な建造物の保存で生じている。そうした建物では、プログラム上の要求に合わせるために、オリジナルよりも大きくてかさばるものが増築されている。ジョン・F・ケネディ空港の TWA ターミナルの背後に建っている新ターミナルはその典型である。しかし傑作とされる建築に限った話ではない。初期の重要な郊外住宅地では、非常に小さなオリジナルの住宅よりも増築部分が大きいということがよくある。第 8 章と第 13 章のケーススタディを参照。

＊24　Earl, *Building Conservation Philosophy*, Appendix 3, 160-163. International Council on Monuments and Sites (ICOMOS), "The Venice Charter: International Charter for the Conservation and Restoration of Monuments and Sites."「第 2 回歴史的記念建造物関係建築家技術者国際会議 (ヴェニス、1964)」は 1965 年にイコモスにより採択された。

＊25　ヴェニス憲章における条項と米国内務長官基準における基準の比較については以下を参照。W. Brown Morton III, "The Secretary of the Interior's Standards for Historic Preservation Projects: Ethics in Action" (lecture presented at the Annual Meeting of the National Council for Preservation Education, Indianapolis, IN, October 23, 1993). ブラウン・モートン三世らは 1979 年の内務長官基準の初版の準備と定式化を担当している。W. Brown Morton III and Gary L. Hume, *The Secretary of the Interiors Standards for Historic Preservation Projects: With Guidelines for Applying the Standards* (Washington, D.C.: US Dept. of the Interior, Heritage Conservation and Recreation Service, Technical Preservation Services Division, 1979).

＊26　Penny O'Connor, "Heritage Conservation in Australia: A Frame in Flux," *Journal of Architectural Conservation* 6, no. 1 (March 2000): 56-72.

＊27　Australia ICOMOS, "The Burra Charter: The Australia ICOMOS Charter for the Conservation of Places of Cultural Significance." 憲章の全文は前掲の文献に掲載されている。Earl, Appendix 4,164-179.

＊28　シドニー・オペラハウスに関連する保存問題については第 11 章を参照。カウンシル・ハウスについては以下を参照。Hannah Lewi, "Paradoxes in the Conservation of the Modern Movement," Hubert-Jan Henket and Hilde Heynen, eds., *Back from Utopia, The Challenge of the Modern Movement* (Rotterdam: 010 Publisher, 2002), 350-357.

＊29　「オーセンティシティに関する奈良ドキュメント」は 1994 年に奈良で開催された世界文化遺産会議のオーセンティシティに関するカンファレンスの参加者たちによりまとめられ、ユネスコ、イクロム、イコモスの協力のもと文化庁と奈良県により準備された。

＊30　1972 年にユネスコの世界遺産条約でつくられたこの基準は、オーセンティシティを検査するものであるが、文化的景観の場合、この検査は顕著な特徴や構成要素に依存する。

＊31　Knut Einar Larsen, ed., *Nara Conference on Authenticity: Proceedings* (Paris: UNESCO World Heritage Centre, 1995), xxxiv.

＊32　ICOMOS, "The Nara Document on Authenticity." (http://www.international.icomos.org/charters/nara_e.htm). ドキュメントは 1994 年に世界文化遺産奈良カンファレンスで書かれた。

＊33　日本の建築保存に関してしばしば議論されるのが伊勢神宮で 20 年ごとに行われる式年遷宮である。James Marston Fitch, *Historic Preservation: Curatorial Management of the Built World* (Charlottesville: University Press of Virginia, 1990), 85. そのほかの日本の例は、1972 年に京都で確立した特別伝統的建造物群保存地区である。建材や意匠が残っているが、当初の都市構造 (urban fabric) が保存されていない地区を対象としている。Masafumi Yamasaki, "Control Tools for Conservation of Historic Townscape with Citizens' Strong Property Right: Experience of Kyoto" (in proceedings from *Monuments and Sites in their Settings: Conserving Cultural Heritage in Changing Townscapes and Landscapes*; ICOMOS Fifteenth General Assembly and Scientific Symposium, Xian, China, 2005), 3-35.

＊34　David Lowenthal, "Managing the Flux of Authenticity," in Larsen, *Nara Conference on Authenticity*, 369-70. ドコモモ創設メンバーのひとりが奈良カンファレンスに出席した (注 29)。遺産保存の議論に寄与した意見の多様さを反映している。

＊35　DOCOMOMO International, *Conference Proceedings: First International Conference, September 12-15, 1990*, ed. H. J. Henkel and W. de Jorge (Eindhoven, Netherlands: DOCOMOMO International, 1991), 14.

＊36　ドコモモ・レジスターに含まれる建造物については以下を参照。Dennis Sharpe and Catherine Cooke, eds., *The Modern Movement in Architecture: Selections from the DOCOMOMO Registers* (Rotterdam: 010 Publishers, 2001). この出版物は当時のドコモモのワーキングパーティであった各国 25 作品を掲載している。レジスターの選考基準については以下を参照。Hélène Lipstadt and Theodore H. M. Prudon, "International Connections: DOCOMOMO-US's Proposal for DOCOMOMO and the World Heritage Programme on Modern Heritage; Modern Heritage Criteria for World Heritage Sites in the United States"（初出は 2004 年 10 月 10 日から 13 日にマイアミビーチで行われた「ユネスコ世界文化遺産センター会議：第 4 回近代遺産に関する地域集会」である）。

＊37　選考基準に関する議論は以下を参照。DOCOMOMO ISC-Registers, "Modern Movement and the World Heritage List: The DOCOMOMO ISC-Registers Recommendation to ICOMOS," *DOCOMOMO Journal*, no.18 (1998): 41-53.

＊38　UNESCO World Heritage Centre, *World Heritage Papers 5: Identification and Documentation of Modern Heritage* (Paris: UNESCO World Heritage Centre, 2003), 10.

＊39　米国の国立公園局の役割については以下を参照。Charles B. Hosmer Jr., *Preservation Comes of Age: From Williamsburg to the National Trust, 1926-1949* (Charlottesville: University Press of Virginia, 1981), part 3.

＊40　フィスク・キンバルは建築家・著述家であり、フィラデルフィア美術館の元ディレクターであった。コロニアル・ウィリアムズバーグの修復に関する彼の論考は以下を参照。Fiske Kimball, *The Restoration of Colonial Williamsburg in Virginia* (New York: F. W. Dodge, 1935).

＊41　モートン三世による引用。"The Secretary of the Interior's Standards for Historic Preservation Projects: Ethics in Action."

＊42　Jane Jacobs, *Death and Life of Great American Cities*; and Peter Blake, *God's Own Junkyard; The Planned Deterioration of America's Landscape* (New York: Holt, Rinehart &Winston, 1964).

＊43　William J. Murtagh, *Keeping Time: The History and Theory of Preservation in America* (Hoboken, NJ: John Wiley & Sons, 2006), 53.

＊44　リチャード・ニクソンの大統領令 11593 号：1971 年の文化的環境の保護と強化に関する命令。これは州立歴史保存事務所によってリストに登録されることが決まった連邦所有の遺跡にも、ナショナル・レジスターに登録された遺跡に与えられる保護施策を推し広げることを定めたものである。

＊45　*Historic Preservation Law and Tax Planning for Old and Historic Buildings* (Philadelphia: American Law　Institute-American Bar Association Committee on Continuing Professional Education, ca. 1985).

＊46　内務長官基準は 1979 年に初版が発行されて以来、数回の改定と増補が行われている。National Park Service, *The Secretary of the Interior's Standards for the Treatment of Historic Properties: with guidelines for preserving, rehabilitating, restoring and reconstructing historic buildings* (Washington, D.C.: U.S. Department of the Interior, National Park Service, Heritage Preservation Services, 1995).

＊47　内務長官基準とヴェニス憲章に負っている部分についての発展史については再度以下の文献を参照。Morton III, "The Secretary of the Interior's Standards for Historic Preservation Projects: Ethics in Action." この論考は最初のスタンダード発布前の米国における基準と哲学の展開を概観している。特にヴェニス憲章に多くを負っていることを認めている。

＊48　キイヤムイ・ガイドラインは部族住居（伝統的なホピ族の建物）の保存に成功した成果である。現場を綿密に研究することによって、保存修復家と地元民が持続的にガイドライン作成に貢献することができた。ガイドラインは、保存プロセス、伝統的技術、特殊な場所や構造物の現代の保存実務の詳細情報を提供し、同時にホピ族のニーズや保存概念も考慮に入れている。ホピ財団が異議を唱えたように、建築遺産の保存は、処置ではなく、文化的伝統が実践され続け、そして自分たちで保持するプロセスである。結果的に、文化的な文脈を認識せずに、既存の形態、インテグリティ（完全性）、歴史的財産となる材料の維持に価値を置くことは、それが属するコミュニティの遺産の本当の意味での重要性を否定している。この考え方はバラ憲章や奈良ドキュメントで表明されている内容によく似ている。異なる文化遺産の価値システムを認識して、1990 年に通過したネイティブアメリカン墓地保護送還法は「文化的項目」の返還を規定している。遺体、埋葬品、礼拝品、直系子孫の文化伝承品、文化的関連するネイティブアメリカンの部族、ネイティブハワイアンの組織などを含む。個人所有の財産としてというよりもむしろ、ネイティブアメリカンの集団や文化自体の中心をなす、歴史的、伝統的、文化的な重要性を有するものとして、文化伝承を定義する際に、この法律は遺産やオーセンティシティの地域で異なる解釈を認めようとした。ノンネイティブアメリカンの遺産に関する米国における一般的な保存の実践は、依然として有形の芸術品に重きが置かれている。Hopi Foundation, "Kiiyamuy: Technical Guides on the Preservation and Maintenance of Hopi Clan Houses; Technical Guide No. 7—Stabilization and Protection" (Hotevilla, AZ: The Hopi Foundation, 1997).

＊49　国立公園局はこの問題に取り組んで出版している。David L. Ames and Linda Flint McClelland, *Historic Residential Suburbs: Guidelines for Evaluation and Documentation for the National Register of Historic Places*, National Register Bulletin Series (Washington, DC: US Department of the Interior, National Park Service, 2002).

＊50　ファンズワース邸とグロピウス邸の詳細については第 8 章のケーススタディを参照。

＊51　"Preserving the Recent Past," *CRM* 18, no. 8 (1995), entire issue, especially H. Ward Jandl, "Preserving the Recent Past: An Introduction," and Rebecca A. Shiffer, "The Recent Past," as well as Rebecca A. Shiffer, "Cultural Resources from the Recent Past," *CRM* 16, no. 6 (1993), 3-11.

＊52　Marcella Sherfy and W. Ray Luce, *Guidelines for Evaluating and Nominating Properties That Have Achieved Significance within the Past Fifty Years*, National Register Bulletin, no. 22, rev. ed. (Washington D.C.: US Department of the Interior, National Park Service, originally published 1979, latest revision 1998); and Ames and McClelland, *Historic Residential Suburbs*.

第4章 近代的な素材と工法における保存の論点

　近代建築の保存に関する議論は何十年もの間、おもに特定の美学や形式の発展に焦点を合わせてきた。革新を可能にした技術、材料、プロセスの改善についてはあまり注意が払われてこなかったのだが、ごく最近になって建築史家たちが建造物の構造、施工、材料の意義に関する研究を開始している[*1]。保存において形式的美学と技術的美学を分けることは難しく、近代建築を扱うとき、特にその分離は困難になる。保存を主張するには、デザイン、構法、ランドスケープなどの意義を立証し、それらに寄与しているあらゆる面を理解することが非常に大切である。保存、修理、用途変更のために建築部材へのインターベンションが検討される場合、近代の材料とシステムの歴史および性能に関する知識がさらに重要になる。

　建築技術の変化や実践の過程で生じる変更の多くは、相互に関連するさまざまな目標を達成するために導入された。すなわち建設すべき建造物数の増加、その建設工期の短縮、非熟練労働者による施工など、あらゆる面の品質改善を達成しようとしていたのである。技術革新はおもに、コストの削減、量と質の確保、工期短縮を目標とする。具体的にいえば、建設資材の製造法の改良、構造設計やシステムの研究によって発展したシステムや素材への変更、材質の改良、工学システムや材料の科学分析、そして建設プロセスそのものの合理化や標準化である[*2]。

　通常、新しい素材はディテールの単純化や標準ユニットの製作によって、これらの目標の達成を目指す。その結果、工事に必要な熟練労働者の数が減って生産性が向上し、低価格が実現するのである。そうしたもののなかには、わずかだが、建設産業が独自に発見した新素材も含まれる。以下で概説する近代的な資材の例は、近代建築の発展を示す典型的なものに限られるが、それゆえに保存のプロジェクトで遭遇しそうな問題を取り上げている。そのほかにも数多くの材料やシステムが知られている。現在もその研究が進められており、今後注目を集めることになると思われる。この時期に現れた膨大な数の材料の歴史的研究はまだ始まったばかりである。

　以下では、材料のデザインと技術の進歩を可能にした、前世紀の発展のいくつかを概観する。構造

システムと被覆システム（そしてそれぞれを結びつける材料）、プラスチック、積層材（化粧板）、プレファブリケーションはこの章の後半で詳述する。システムと材料はそれぞれ保存問題に関するところで述べるが、それが適用される箇所については本書の第二部のケーススタディを参照されたい。

技術的進歩の概要

　構造システム（構法）の進歩は工学の発展に直接的な関係があり、正確に応力を計算したり、部材やシステムを設計したりする能力に関係している。例えば、鉄の断面処理や新しい接合法が優れた工学技術によって開発されたときに、先進的な鉄骨造が実現した。同じ頃、鉄筋コンクリート造の性能理解や新しい構法と床組技術の研究が相前後して発展した。敷地を最大限活用するために建物を高層化しようとする試みは、鉄骨造と被覆システムの改良を迫った。これらの発展は構造躯体と外部皮膜の分離を促した。このような構造と被覆の分離によって、カーテンウォールは誕生したのである[*3]。
　独立構造用部材をより効果的なものにしようとするなか、技術の進歩がおもに大型の構造システムに見られるようになった。ウェブトラスシステムと集成木材を用いたトラス、アーチ、梁は、間柱のない大空間を効率よく確保できるようにした改良資材のひとつである。第二次世界大戦中または直後に、構造の形態と技術は建築において重要な部分のひとつになり、コンクリートか集成木材かに関係なく、シェルやアーチに幅広く応用された。
　建材の製造はおもに組立工場で行われるようになり、工業化が進むにつれて品質改良と寸法の高精度化を実現していった。建設プロセスに導入された新材料の多くは、ほかの産業の科学的発展、または製造上の発展の成果である。ほかの産業の製造過程の副産物は、商業生産が可能になるまでコストに見合わなかったのだが、使用できるようになった。製鉄技術は鉄道産業から建築材料にいたるまでさまざまな領域で使用されているが、ほかにもそうした例はある。例えば、天然のタールやアスファルトは18世紀まで多大な経費をかけても少量しか採取できなかったが、その後、利用可能になった。瀝青炭は蒸留の過程で、都市ガス、鉄精錬用のコークス、屋根防水材となるコールタールという3つの製品をつくることができる。いずれも19世紀に初めて使用可能になった副産物である[*4]。同様に、集成材、充塡剤、塗装、コーティングは以前から知られていたが、第二次世界大戦後に石油生産の蒸留物により大きく進歩した。
　技術はほかの産業からも建設業に移転された。アメリカの鉄道延伸工事は、工学の学問領域を刺激し、鉄骨造や組立方法がそのまま建造物に応用できることが判明した[*5]。もうひとつの例はエーロ・サーリネンの作品に見ることができる。彼は施主企業のエンジニアの協力を得て自動車の窓に取りつけるネオプレンガスケットを、ゼネラル・モーターズ技術研究所のカーテンウォールの設計に取り入れた。それ以来、ネオプレンガスケットは窓やカーテンウォールに共通する特徴のひとつになっている。直接的な技術移転が完璧に成功したわけではなかったが、それらはしばしば新しいデザインや技術の探求を促した。

材料科学が進歩し、製造と工学に応用されるにつれて、新しく高品質な材料も建築に使用できるようになった。材料強度の予測と計算が可能になったことで、建物に応用したときの性能判断は効率的で信頼できるようになっていた[*6]。さらにこの分析能力のおかげで、仕上げ材を検査するための知識を準備することもできた。工学の知識を活用して構造システムの性能計算や近似値計算することにより、余剰寸法、体積、断面寸法を減らすことが可能になった。予測可能性が高まったことにより、必要な安全マージンを確保しつつも、誤差を低減することができた。しかしこのことは、材料の品質や取りつけ箇所の維持管理に対して非常に大きな信頼を置くことをも意味する。

工業化は建設過程のさらなる合理化も推し進めたが、技術革新は技術的・歴史的な議論や出版物において常に認識されているとは限らない。建築部材の標準化は交換可能な部品を生み出し、現場合わせの作業を軽減したが、そのどちらも現場施工の短時間化に貢献している。標準化によって、工場生産された建築部材は次第に大規模なものになっていった。モデュラーコーディネーションの発達は、その時代の伝統的な組積造を見れば明らかであろう。機械生産の標準型レンガを用いても同じことである。モデュラーコーディネーションは次第に近代システムの基礎になっていった。カリフォルニアのゴールドラッシュを支えた町や災害後に再建された場所のように、急成長した地域に住宅や工場の建設を求める動きが、標準ディテールの形成を部分的に促し、大型ユニットや異種材料を、既成部品のなかでうまく整合させる方法を考案することにつながった。これがその後の近代建築のもうひとつの重要な要素となっている[*7]。

加工・組立の効率化の探求は、美学的にもさまざまな意味合いを含んでいた。工場生産は、型枠、金型、その他工具の初期費用を抑えるため、無数のユニットの製造を必要とした。つまり、装飾的なディテールを削除し単純化することが望まれた。鋳造や型枠は形態の自由度に大きくかかわる。押し出し成形のような製造法は、金型で材料を一方向に押し出すことでディテールをつくる。そしてプレス成形機が別のディテールをつくることもある。どちらの場合も結果は単純で、非装飾的で平らな建築や「流線形」の建築をつくり出す[*8]。

個々の部材と接続部品の標準化によって、効率的な組み立てや取りつけが可能になる。その結果、実現したもののひとつがカーテンウォールである。戦後建築によく見られるカーテンウォールのグリッドは、三次元コーディネーションの表現のひとつであり、建物の柱、内部間仕切り、天井面、そして家具も含まれる。標準化、合理化、プレファブリケーションが今も重要な意味を持つ、もうひとつの分野は住宅産業である。第二次大戦後すぐ、レヴィット・タウンで名を馳せたエイブラハム・レヴィットは、成功の秘訣は合理的に建てる能力にあると主張していた。彼は工場内で部品をつくり、作業員が特定の仕事に責任を持ち、次から次へと現場を移っていくという、流れ作業による建設方法を採用した。レヴィットだけでなく多くの住宅業者や開発業者は、戦時中に工期短縮やコスト削減を目的として類似の技術を学び、採用した。プレファブリケーションが発達し、建設資材やユニット部品は大きくて複雑なものになり、部材間の調整が非常に重要になった。早期にプレファブ住宅システムを採用したラストロン・ハウスは、自動車製造の組立ラインを意識的にまねて住宅を建設していた。その住宅は色彩豊かな互換性のある部品を用いていたため、さまざまなモデルに利用することができた。特注生産という手法が知られているにもかかわらず、標準化部材の創造的な使用によるプレファ

ブ住宅の建設は今も続いている。

構造システムと材料

　19世紀末までに耐荷重組積造は徐々に柱梁構造へと移行した。鋳鉄製コラムの導入に始まり、その後、鉄やコンクリートの柱と梁が使用されるようになる。このように、耐候性能と荷重性能が分けられたことにより構造の概念が根本的に変化した（耐荷重組積造はそのふたつの性能を併せ持っていた）。これは意匠設計や詳細設計だけでなく、建設プロセスに大きな影響を与えた。非耐力壁はより薄く、より軽くなり、建物は高く、梁間の距離は長くなった。被覆材は組積造の壁から、金属・ガラスの組立部品、プレキャスト部材、または別の種類のパネルに進化した。

　新しい構造技術の導入は、鉄やコンクリートの柱梁に限らない。ウェブトラスシステムと集成材のトラス、アーチ、梁の発展は、あらゆる既存構造部材の設計や工学技術の大幅な改善に貢献した[*9]。第二次世界大戦中および終戦直後に、コンクリートや木造のシェル構造は重要な建物に広く適用された。構造技術の表現が建築言語に統合されたが、このことがミッドセンチュリーのデザインに大きく寄与した[*10]。

構造用鉄材

　構造用鉄骨材は、米国の鉄道建設で必要とされた工学と建設技術の産物であった。それは高層建築の実現に寄与した先進的技術のひとつである。米国の鉄骨構造の発展は19世紀第4四半期、第二次世界大戦前期、第二次世界大戦後期に分けることができる。第1期は、最初期であると同時に、鋳鉄から鋼鉄への移行期と見ることができる。第2期は、おもに重たい組積造の被覆を鉄骨に巻きつけたものが登場した時期である。戦後期は、被覆と鉄骨が完全に分離し、被覆材が金属・ガラス・コンクリート製のパネルやスキンに替わった時期である。鉄骨は火災から材を保護するために覆い隠され、ほとんど外から見ることができなくなった[*11]。

　鋳鉄は耐火性のある建造物や工場をつくる方法として18世紀頃に導入された。鋳鉄は1851年のロンドンのクリスタル・パレスの建設を絶頂として19世紀でもよく使用された。しかし米国では、建設構造材としての利用は1871年のシカゴ大火災以後、急速に見られなくなった。大火災のときにあまりよい性能を発揮しなかったためである[*12]。1870年代末までに鋳鉄はほとんど見られなくなり、徐々に鋼鉄に替えられていった。構造用圧延鋼材は、鉄道のレール製造に用いられた技術により可能になった。最初の圧延鋼材の梁はレール梁またはT字型バルブと呼ばれ、カーネギー・ミルズ社は1876年に自社の鋼製梁の断面を記載したハンドブックを初めて出版し、ほかの製造会社もすぐに追随した。1896年にアメリカ製鉄協会がアメリカの標準断面を発表し、1906年にベスレヘム・スチールが自社の鋼製梁の断面を発表した。ベスレヘム・スチールが発展させた鋼製梁は幅広フリンジのH

型形状をしており、現在の工業標準となっている。当時は、利用可能な圧延材のサイズがまだ小さかったため、支柱や桁に必要な、比較的大きな断面を持つ部材は、隅部材とプレートをリベット接合してつくられた[*13]。1900 年から第二次大戦の初め頃にかけて建てられた鉄骨は十分に発展し、リベット接合により大型の複雑な支柱やスパンドレルがつくれるようになった。また、外部の組積造被覆を支持するのに、大量の二次鋼製材が必要とされた[図4-1]。

梁と柱の接合は、構造用鉄骨材の安全性を確保するために必要であり、近代的な高層建築を実現するうえでも大変重要であった。鋳鉄に見られるような、ボルトやピンで軽く留められた初期の接合部はあまり強固なものではなかった。新しい鉄骨が登場した 1890 年代までに、リベット接合は柱と梁を接合するのと同じ位に、顧客の要望に応じた断面部材をつくるのに必要な標準技術となった。鋼材の組み合わせ断面はすべて工場で生産されるようになったが、柱と梁は現場でリベット接合により念入りに固定された[*14]。構造用鉄骨材の技術変化は床組の建設にも影響を与えている。初期の高層建築の床は、大方テラコッタブロック床システムを使って建設されている。このシステムは 20 世紀第 2 四半期に開発されたが、20 年代までにメッシュで覆ったコンクリート床に変わった。

第二次世界大戦後の数十年間で、建物の鉄骨技術にいくつか重要な変化が起きている。高力鋼製ボルトと改良された溶接技術は、面倒なリベット接合の過程を経ずに、同等かそれ以上の性能を持つ接合を可能にした[図4-2]。また、複合金属製デッキが導入され、コンクリート型枠や養生の不要な効率的な床システムが提供されている。吹き付け耐火材（今思うと残念だが、主要な材のひとつはアスベスト繊維だった）が利用できるようになり、鉄骨材やデッキの保護や天井や床組の自由を享受することができた[*15]。これらの変化はインテリアに影響を与えたが、外部にさらに大きな影響を与えた。戦前期の重い組積造の壁は、金属やガラスの部品やパネルから構成される新しい被覆システムに取って代わった。それらは取りつけやすいというだけでなく、いわゆる湿式工法が採用されていない。レンガや石を積む作業は重労働を強いるし天候に左右されやすい。独立被覆材を取りつけた骨組みのおかげで、内部工事は外部工事とは別に連続して行うことができるようになり、「コア & シェル」という概念を生み出した[*16]。

保存の論点：構造用鉄骨

構造用鉄骨の保存はほかの構造材よりもシンプルで直接的である。組積壁やカーテンウォールを組み込んだ建物のなかに鉄骨構造が存在する場合、その保存は概して現実的である。鉄骨構造の果たす機能や、鉄骨材が断熱材などで包まれていることを考えると、構造は実質的に変化するようにも思えないし、通常、オリジナルの構造形が維持されることになるだろう。鉄道用の車庫や橋のように、鉄骨の骨組みが工学的な構造を示す視覚要素になっている場合、建造物や構造物全体の継続的な使用、あるいはアダプティブユースを考慮した保存形式になり、建物用途が変化したとしても構造自体は元の機能を全うし続けるだろう。例えば、1893 年のフィラデルフィアのリーディング・ターミナルの車庫は、かつて全長 259 フィートもある世界最大の列車用車庫であったが、現在も保存されており、新市街のコンベンションセンターの展示ホールのひとつとなっている。また、セン

図 4-1：バンカーズ・トラスト・ビル、アメリカ・ニューヨーク、トローブリッジ&リビングストン (1912)。リベット接合を用いた鉄骨構造の施工写真。大型の鉄製コラムや桁は現場の外で、リベットで留められる。かつて部材は現場でリベットにより接合していた。この技術は 1950 年代までニューヨーク市で使用されていた。鉄の取りつけ金物や二次部材は組積造の外壁を支持するフレームに取りつけられた

図4-2：レヴァー・ハウス、アメリカ・ニューヨーク、ゴードン・バンシャフトとSOM（1950-52）。鉄骨構造の施工外観。第二次世界大戦後、骨組みは当初リベット留めした圧延鉄鋼部材で組み立てられた。ガラスと金属のカーテンウォールは、鉄骨の骨組みに取りつける代わりに縦型の金属レールに接合されており、組積造壁の荷重を支えていた初期の建造物に必要だった重たい鉄骨部材の必要性がなくなっている

トルイスのユニオン駅も保存されている。これは1894年竣工の列車用車庫だったが、当初の構造を保全したまま、内部と下層部にショッピングセンターがつくられた。駅前に位置する本社棟はホテルに変更されている。

　当初の鉄骨構造がよい状態にあり、現代的なデザインのニーズを満たしているのであれば、金属構造の保存による主要な変更は二次的なもので、アスベストや鉛塗装などの有害物質の有無に関係する。耐火被覆などに使用するアスベスト含有材料の除去についてはよく知られているが、鉛塗装も対処しなければならない課題となっている。構造用鉄骨が雨さらしになっていて塗装がその外観と密接に結びついているところでは、再塗装を行うときは非常に念入りな処置を必要とするし、オリジナルの色と合わせるのは容易ではないだろう[p.228カラー図7]。

コンクリート

　コンクリートはローマ時代に始まる長い歴史を持つ材料である。この材料は19世紀になって建築構造物と土木構造物の構造に応用され、よく用いられたが、視覚的に表現されることはめったになかった。19世紀初頭までにふたつの変化が生じている。ひとつは、初歩的な試みとして補強用に鉄筋や鉄骨がコンクリートに挿入されたことである。こうした試みは20世紀初頭までに、適正な鉄筋コンクリート構造へと発展していった。ふたつ目は、19世紀末頃から石の模擬材としてコンクリートが用いられるようになったことである。この頃に「鋳物石」「人造石」「人工石」のような用語が

図4-3：ユニテ・ダビタシオン、フランス・マルセイユ、ル・コルビュジエ (1947-52)。外観詳細。ピロティとその下端はコンクリート表面を見せており、その模様は注意深く型枠によりつくられている。この技法はこれ以降、多くの建築家が採用している。通常、腐食鉄筋に起因する剥離によって必然的に生じる、コンクリート表面の修理は、ここで行われたように、オリジナルの外観を保持するために注意深く行う必要がある

現れはじめた。コンクリートの成型や組立技術の多くは第二次世界大戦前に十分に発展した。ダム、橋、工場などの構造物へのコンクリートの利用は、第二次世界大戦前までに構造的かつ視覚的に受け入れられるようになり、その建築表現は、さまざまなプレキャスト部材やパネルの製作が新しい一体成型技術により可能になった戦後期に現れた。また、近代建築では、3つのまったく異なる方法でコンクリートが適用された。ひとつ目は、構造システムに用いる現場打ち鉄筋コンクリートである。ふたつ目は、外部被覆システムに使用されるプレキャストパネルと構造材である。3つ目はシェル構造コンクリートである。新しい方法でコンクリートを表現したいという思いが、多様な構造形態や室内外に使用できる新しい表面仕上げを生み出した。

表面とテクスチャー

打ち放しコンクリートに関しては形式や形態に関係なく、表面全体の見え方が素材の新しい表現方法を探求するデザイナーにとって重要であった。現在も使用されているさまざまなテクスチャと仕上げは、なめらかにしたもの、道具で仕上げたもの、骨材を露出させたもの、ざらざらにしたものの4つの基本的なタイプに分けられる。コンクリートの模様やテクスチャーは人気があり、広く用いら

れている[*17]。模様は木の型枠を用いてつくられる。たいていの場合は、合板により養生コンクリートや打ち放しコンクリートに目に見える跡がつけられる。さまざまな素材やテクスチャーの並置もよく行われる。プレキャストコンクリートの隣に合板型枠コンクリートや現場打ちコンクリートを並置したり、自然石の隣にプレキャストコンクリートが並置されたりしている。ル・コルビュジエのマルセイユのユニテ・ダビタシオン（1947-52）は型枠の角板の方向を注意深く変えて配置している。マルセル・ブロイヤーはワシントンD.C.のアメリカ住宅都市開発部（1965-68）において、合板型枠仕上げ、プレキャスト窓枠ユニットの骨材表し仕上げ、そして建物短辺部に張られた花崗岩のテクスチャーを対比させている[図4-4, 4-10]。骨材表しや型枠板の跡のほか、はつり、洗い出し、酸性エッチング技法を用いた道具仕上げも一般的になった。劣化がかなり進行すると、これらの仕上げの取り扱いは、コンクリートの保存・修理において最も厄介な問題になる。

現場打ちコンクリート

コンクリートの最初期の施工法は現場打ちであった。この方法はレンガの空隙を埋めて断面をつなぎ合わせるために用いられた。コンクリートの性能（そしてその重要性）は鉄筋や鉄骨による補強材を入れることによって著しく変化した。ヨーロッパではフランソワ・エネビック、ジョセフ・モニエ、エドモン・コワニエなどの建築家やエンジニアによってコンクリートを用いた実作品が発表され、理論研究が進められた。アメリカではアーネスト・レスリー・ランサムにより構造材としての鉄筋コンクリートとその使用法の理解が深められた[*18]。

当初の鉄筋コンクリート構造システムは、ランサムが開発した方法のように、まだ柱と梁の組み立て作業を必要とした。しかしながらこの施工方法は新しい技術というよりもむしろ、いろいろな面で木造枠組工法と似ていた。20世紀に入る頃までに、アメリカではランサムの方法とは別のシステムが市場に現れた[*19]。重要な発明のひとつが水平スラブの技術である。複雑な配筋などによって押抜き剪断破壊の問題を解決し、スラブが受ける床荷重を柱に伝えることにより、梁や桁の必要性がなくなった。この技術革新は階高の低減や照明効果の改善をもたらしただけでなく、障害物のない天井を実現した。この技術によって、梁に妨げられることなく駆動部や伝導装置を頭上に配することができるようになり、産業施設で広範囲に使用されるようになった。アルバート＆ジュリアス・カーンやクロード・A・P・ターナーの作品は、鉄筋コンクリート床の施工と水平スラブの技術を完璧なものにしているため、殊に重要である[*20]。鉄筋コンクリートの初期理論に基づいた作品と水平スラブの技術はヨーロッパ、殊にフランスで誕生したが、それを商業化したのはアメリカであった。この時期のアメリカの工業用建造物は、1920年代に逆にヨーロッパで大いに称賛されるようになる。イタリア・トリノにあるフィアットのリンゴット工場（1914-25）は柱梁の技術を用いた好例であり[図14-4]、オランダ・ロッテルダムのファン・ネレ工場（1925-31）は水平スラブ技術の代表作である[図14-12][*21]。

鉄筋コンクリートは、さまざまな産業施設や工学研究施設のなかでむき出しの状態になっているが、第二次世界大戦前のごく一部の事例では、現場打ち鉄筋コンクリートの意匠上の可能性が熱心に探求されている。ロバート・メイラートの橋はよく知られていて印象的であるが、アメリカで建設された

図4-4：住宅都市開発部、アメリカ・ワシントン D.C.、マルセル・ブロイヤー（1965-68）。外観。3つの材料が建物の外側で表現されている。主構造は現場打ち鉄筋コンクリートで、型枠の跡によって杉縞模様がつくり出されている。床と床の間にはプレキャストコンクリートのウィンドウパネルが取りつけられる。各ウィングの端部の立面全面に花崗岩外装材が張られている

橋とダムは同様に革新的である。ソルトレークシティの10マイル東に位置するマウンテン・デル・ダムは、ジョンソン・S・イーストウッドが設計し、14年から25年の間に2段階に分けて建設された。このダムは、それまでになかったコンクリートの表現と支持方法を提示しており、この技術はずっと後になって建築表現に取り入れられた［図4-5］。

現場打ちコンクリートのデザインに対する関心は、第二次大戦後期に戦前期以上の高まりを見せた。50年代から60年代の現場打ちコンクリートの建造物では、ル・コルビュジエの建築作品やブルータリズムという名の様式に刺激を受けて、コンクリートのテクスチャーや表面の風合いのほかに、彫刻的または量塊的な表現の可能性が追求された［*22］。イギリスの建築家アリソン＆ピーター・スミッソンは打ち放しコンクリートの使用を提案した人物として最もよく知られているが、ルイス・カーン、マルセル・ブロイヤー、ポール・ルドルフを含むそのほか大勢の建築家は、幅広く多様な方法で材料を扱った。具現化したものには、アメリカの美術館のなかで重要なもののひとつであるフランク・ロイド・ライト設計のニューヨークのグッゲンハイム美術館（ライトの没後の1959年に竣工）、ゴードン・バンシャフトが設計したワシントンD.C.のスミソニアン博物館のハーシュホーン博物館と彫刻の庭（1974）、シェル構造を採用したニューヨークのジョン・F・ケネディ国際空港のTWAターミナル、マルセル・ブロイヤーのアメリカ住宅都市開発部、バートランド・ゴールドバーグ（1913-97）の設計によるシカゴのマリーナ・シティ（1959-64）［図4-6］とレイモンド・M・ヒリアード・センター

図4-5：マウンテン・デル・ダム、アメリカ・ユタ州ソルトレークシティ、技師ジョン・E・イーストウッド。1914年と25年の間に2段階に分けて建設された。上流側から見ると、アーチ型バレルが鉄筋コンクリート構造の革新的利用法を表現していることがわかる。彼のコンクリート工学の原理の深い理解と材料に特有の表現を与える能力の両方が示されている

(1962-66)［図8-52］、ウォレス・ハリソンが設計したニューヨーク州アルバニーのネルソン・ロックフェラー・エンパイア・ステート・モールにある舞台芸術センター、通称「エッグ」(1966-78)［図4-7］がある。

　こうして打ち放しコンクリートの利用は広まり、国際的になっていった。ル・コルビュジエはインド・パンジャブ州の州都チャンディガール［図2-12］やユニテ・ダビタシオンでコンクリートを用い[＊23]、マルセル・ブロイヤー、ピエール・ルイジ・ネルヴィ(1891-1979)、ベルナール・ルイス・ゼルファスは、パリのユネスコ本部棟でコンクリートを用いた(第二次世界大戦前後のイタリアで建てられた、コンクリートを用いたネルヴィの作品は、建築的位置・工学的位置の両面において革新的であった[＊24])。大がかりな現場打ちコンクリートの例には、ロンドンのバービカンのような戦後復興プロジェクトがある。バービカンは、爆撃を受けた後に空地になっていた35エーカーの敷地に、多数の文化的施設と大規模集合住宅を組み合わせて建設された複合用途建築である。これはチェンバリンの建築事務所のパウエル＆ボンによって設計され、第1期計画は50年代に発表された。住宅部分の建設は60年代中頃に始まり、70年代末に完成した。続いて芸術センターが完成し、82年に正式にオープンした[＊25]。途上国で現場打ちコンクリートが選択されるのは、コストの優位性や要求される技術が比較的シンプルだからかもしれないが、より進歩的な世界での使用は、どのような形状も形づくる

図4-6：マリーナ・シティ、アメリカ・イリノイ州シカゴ、バートランド・ゴールドバーグ（1959-64）。外観。ゴールドバーグの作品の多くに見られるように、現場打ち鉄筋コンクリートは、独自の方法で建築的・構造的に用いられている。薄いカンティレバーのスラブがホタテ貝の形状をしているためにトウモロコシビルの異名をとるようになった

図4-7：ネルソン・ロックフェラー・エンパイア・ステート・モールの芸術センター、アメリカ・ニューヨーク州アルバニー、ウォレス・ハリソン（1966-78）。外観。プラザ上部のこの目立つ鉄筋コンクリート構造（通称「エッグ」）は、その機能を表現しており、その真横のある幾何学的で直線的な事務所建築とは対照的である

ことができるという素材の可能性、特異なデザインを探求しようという願望に起因している。

プレキャストコンクリート

　成形コンクリートは1835年頃にニューヨークのスタテン島で用いられた[*26]。しかしその最初の目的は石を模倣することと節約することであった。つまり新しい技術の探求の結果ではなかった。いくぶん議論の的となったのは、プレキャストの概念が人造石としてよりも特異な別の素材として登場したことである[*27]。オーギュスト・ペレは1920年代にフランスのル・ランシーにあるノートル・ダム教会堂のために、プレキャストと現場打ちコンクリートの組み合わせを探求した最初の建築家として知られている[*28]。米国では、彫刻家の父の工房を引き継いだジョン・J・アーリーが第二次世界大戦前に、打ち放し骨材表し仕上げのプレキャストパネルを初めて開発した。骨材がはっきりと見えるために、その形成は当初モザイクコンクリートと呼ばれた。30年末にアーリーはデクストン社と共同して、その技術を洗練させ、プレキャストコンクリートに近い素材をつくり出した。モーサイ・アソシエイツ（その後、モーサイ研究所と改称）は40年にプレキャストコンクリートの製造法の認可を全米で取得した[*29]。モーサイ・システムの使用例は、I・M・ペイ（1917-）が設計したデンバーのヒルトンホテル（1960）、ヴァルター・グロピウスとピエトロ・ベルッチがエモリー・ロスと共同して設計した、ニューヨークの旧パンナム・ビル（1985-63、現メトロポリタン生命ビル）、エーロ・サーリネンによるオスロとロンドンの米国公文書保管所（1955-60）[図4-8]がある[*30]。

　第二次世界大戦前の技術革新の多くは、石に見立てたプレキャストコンクリートをつくることに注力していたが、モーサイ・システムの例が示すように、戦後期は梁の形状や彫刻的なものから高品質な大型パネルにいたるまで、その能力の拡大により関心が持たれるようになった。大きさ、外見、品質を改善するために、組み立てや品質管理に力点が置かれた。それまでの小さな間仕切り壁や組立部材は、窓ユニットを取りつけた、フルハイト仕様の多層階用のパネルに急速に置き代えられていった。このパネルは細部までつくり込まれていて構造躯体にじかに取りつけられるようになっており、また断熱材も組み入れられていた。このような大型ユニットの設計により、鉄筋補強パネルが大いに注目されるようになった。接合部、排水管、水切りのデザインは、性能と外観の両方に配慮するようになっていく[*31]。

　高品質のプレキャストコンクリートをつくるためには、コンクリートの締め固めと混合比というふたつの要素が非常に重要であり、どちらも正確でなければならなかった。望ましい密度を達成するために、また成型パネルの空隙、特に外部表面の空洞を最小限にするため、型枠内の混合物は振動機で締め固められる。戦後オランダで開発された新しい技術のショックベトン（締め固めの技術）は世界中に広まり、採用された。手動工具を使用するのではなく、型枠全体を振動テーブルの上に置き、持ち上げられたテーブルが1分に約250回の振動で4分の1インチずつ上下し、混合物を均一に締め固める。型枠は健全な状態を保っていなければならず、望ましい品質を得るために厳密な正確さを保ち、振動と再利用に耐える必要がある[*32]。ショックベトンの工程は、多くの米国企業

図4-8：米国大使館、ノルウェー・オスロ、エーロ・サーリネン&アソシエイツ（1955-59）。施工時の外観。オスロ公文書館ビルではモーサイ・システムにより製造されたプレキャストコンクリートは外装に使われ、外壁にノルウェー産の深緑の花崗岩が取りつけられていた

が実施許諾を取得し、60年代半ばから70年代末まで用いられた。このシステムを用いて建てられたもののひとつにアイルランドの米国大使館がある。これはジョン・M・ヨハンセンによって設計され64年に竣工した。そのほか、ゲデス・B・Q・カニンガム設計のペンシルヴァニア州フィラデルフィアの警察本部ビル（1963）［図4-9］、コネチカット州ニューカナンのフィリップ・ジョンソンのグラス・ハウスの池のほとりに立つ小規模なパヴィリオンなどがある。

多層階の住宅建設には、プレキャストコンクリートが主構造に用いられてきた。さまざまに異なるシステムがフランス、イギリス、東欧諸国、そして米国において用いられてきた。そのいくつかは、建造技術、限定的な快適性、または社会風土の変化が問題となり、いつもうまくいくわけではなかった。低予算で建設されていて容易に改修できなかった複合建築の多くは、今では時代遅れで不適切なものだと考えられている［*33］。米国とヨーロッパのどちらのシステムも、以下のふたつの一般的な原理のうちのひとつに従っている。それは、独立パネルまたはモデュラーボックスという組立手法が採用されているか、もしくはそれらを組み合わせたものが採用されているかのどちらかである。パネルシステムのほうが一般的であった。この種の最も革新的なプロジェクトのひとつは、モシェ・サファディ（1938-）が1967年のモントリオール万国博覧会のためにデザインした「ハビタ住宅群」

図 4-9:警察本部ビル、アメリカ・ペンシルヴァニア州フィラデルフィア、ゲデス・B・Q・カニンガム（1963）。立面詳細。建物全体はショックベトンと呼ばれるプレキャストコンクリートで建設された。そのシステムが床や天井や下端にも使われているので、建物は一風変わっているが、それが建築表現全体に欠かせない部分となっている

である[*34]。一連のモデュラーユニットが特徴のある形態をつくり出すように積み重ねられる。しかしながら、その建設は、建築的に成功し、広く賞賛されて出版物も刊行されたが、構造が複雑で高コストであったために、直ちに多くの追随者を生み出したわけではなかった。プレキャストコンクリートを用いたプロジェクトの多くは不満の残る結果となり、ゆっくりと取り壊されるか、致命的な改造が行われている。

建築資材としてのプレキャストは何十年間も好まれて使用されてきたし、今も広く使用されている。その生産技術と、形状、表面、テクスチャーにおいて達成されている視覚的な効果は、いずれも非常に洗練されている。プレキャストパネルシステムの利点は（コンクリート部材と取りつけ具の）耐久性とその工期の短さにある。デザインとプレファブのディテールに注意することで、パネルをより一体的に見せることができる。そのシステムは、効率化が図れ反復が可能で低コストでなければならず、複雑な視覚的ディテールは排除されねばならない。ル・コルビュジエやマルセル・ブロイヤーなどの建築家たちは、立体的なディテールや多様性をつくり出す好機ととらえ、プレキャストコンクリートや木製型枠を用いた現場打ちコンクリートから石などの別の素材との組み合わせや処理方法にいたるまで、さまざまな可能性を探求した[図4-10、4-4]。

シェルコンクリート

建築構造デザインの最も顕著な発展を示すもののひとつがシェル構造である。シェル構造は一般に

図4-10:住宅都市開発部、アメリカ・ワシントンD.C.、マルセル・ブロイヤー(1965-68)。コンクリート木目仕上げの詳細外観。広場のある階の鉄筋コンクリートの構造支柱は、木目仕上げで強調された独特なかたちをしている。注意深くデザインされた木目仕上げは、その上部の窓に組み込まれたプレキャストコンクリートの骨材表し仕上げと対照をなしている

近代の発明であると考えられているが、その高い評価や活発な探求が私たちの時代のひとつの現象になったとはいえ、完全に正しいとはいえない。シェル型の構造は、ラファエル・ガスタヴィノ・シニアの作品や彼のタンバリン形状のヴォールト天井、そしてバナキュラー建築の伝統のなかに見ることができる[＊35]。その構造は地中海沿岸地域の古い建造物の伝統に根ざしており、薄いタイルの層で構成される[図4-11][＊36]。このシェル型構造はメキシコやカリブ海沿岸の国々でも見られる。この構造はそれらの地域で少なくとも1960年代まで用いられていた。建築家のリカルド・ポッロとヴィットリオ・ガラッティそしてロベルト・ゴッタルディは初期のモダニズムよりもキューバ文化に適した建造物の伝統を探求し、その薄型組積造の技術をハバナの芸術学校(1961-65)のドームとシェルに非常にドラマティックなかたちで効果的に用いている。その建物は完成していなかったが、最近になって当初の建築家たちと相談してリノベーションされ、建物の一部が完成している[図4-12、p.228カラー図8]。

　建築家たちは伝統的組積造のヴォールトやドームが重量による問題を引き起こさないようにするため、曲線や複雑な幾何学的形状の大スパンをつくろうとした。このような技術に対する関心は、現場打ちコンクリートシェル構造と同じく20世紀になっても続いた。コンクリートシェル構造の最も早い例のひとつが、第一次世界大戦直後のドイツで開発されたツァイス・ディヴィダク・システムであった。米国で最も早く適用したもののひとつがブルック・ヒル・ファーム・デイリー社の多スパンシェル構造である。これは34年にシカゴで行われた「進歩の世紀」博覧会の第2期に建てられたものである[＊37]。ニューヨーク自然史博物館の一部であったハイデン・プラネタリウムはすでに取り壊されてしまったが、米国におけるコンクリートシェル構造のドームの先駆けと考えられる。しかしシェ

ル構造の最大の発展は第二次大戦後に起きている。さまざまな形状、大スパン、モニュメンタルな形態の可能性は、結果的に、空港やその他公共の建造物で試されることになった[*38]。ミノル・ヤマサキ（1912-86）が設計したセントルイスのランバート空港（1956）とサーリネン設計のジョン・F・ケネディ空港のTWAターミナルは、機能のモダニティを称揚する特殊で壮観な空間をつくるためにシェル構造を用いた早い例である。この時期の重要なエンジニアのひとりに、おもにメキシコと南アメリカで活躍したフェリックス・キャンデラ（1910-97）[図4-13]がいる。そのほかにも36年にペ

図4-11：市庁舎ビル、アメリカ・ニューヨーク、マッキム・ミード＆ホワイト（1916-18）。市庁舎の地階アーケードとその真下にある地下鉄駅のタンバリン型のヴォールト天井システムは、ラファエル・ガスタヴィノ・シニアが米国で生み出した技法を使った代表的な事例であり、1890年から1920年の間に全国で広く用いられた。その名に反してヴォールトはシェル構造のような機能を有しており、構造的でもあるが装飾的でもあった

図 4-12：国立芸術学校のバレエ学校、キューバ・ハバナ、ヴィットリオ・ガラッティ（1961-65、未完成）。シェル構造の外観。学校の構造は伝統的手法のシェル構造で構成されている。ガスタヴィノのヴォールトと同じ伝統に由来する技法の驚くべき成果である

ンシルヴァニアのハーシェイ・アイスアリーナを設計し、そこで米国で初めての大型コンクリートシェル構造の屋根をつくったアントン・テデスコ、そしてシアトルのキングドームのエンジニアであったジョン・クリスチャンセンも戦後期の重要なエンジニアに数えられる[*39]。

保存の論点：コンクリート

　コンクリートシェル構造は次第に頻繁に建てられることはなくなり、現存するミッドセンチュリー期のシェル構造物は劣化が進んでいる。保存における問題はコストや維持管理の煩雑さ、そしてデザインの特異性にある。それゆえに、当初の目的以外の用途に転用するのが難しい。そうした建物が当初の形態のインテグリティ（完全性）あるいは当初のコンテクストを欠いたまま残されている[*40]。通常、コンクリートシェル構造は、大規模な集会目的にかなうもの、あるいは視覚的な象徴性を備えているものに多く採用されているので、それらは今では不十分または時代遅れだと考えられている。それらが空室になって放置されていると、取り壊しの危険性が非常に高くなる。機能が時代に合わな

図 4-13：メキシコ国立自治大学の都市部キャンパスにある宇宙線パヴィリオン、メキシコ・メキシコシティ、フェリックス・キャンデラとホルヘ・ゴンザレス・レイナ（1952）。この小さな建物はシェルコンクリート構造の最初期の事例で、ふたつの双極放物線で構成されている

図 4-14：マサチューセッツ工科大学のクレスギ・オーディトリアム、アメリカ・マサチューセッツ州ケンブリッジ、エーロ・サーリネン（1950-55）。全景。コンクリートシェル構造は建設中にずいぶんたわんだので、ガラス壁のマリオンが補強され、それが構造の荷重を支持している。アクリルと白石の混合物でできたオリジナルの屋根の覆いは、熱による伸縮に起因する問題に見舞われ、すぐに取り換えられた。最近の（この写真にあるような）銅製はぜ継ぎ屋根はふき替えて3回目のもので、1970年代末に設置された。今では建築家が当初意図していた輝く印象とはまったく異なる外観になっている

くなる問題に加えて、構造や維持管理の問題、特に屋根や防水に関する問題は、概して克服できないものだと考えられている。1960年にテデスコが設計したデンバー・パラボロイドと75年にクリスチャンセンが設計したキングダムは両方ともここ10年の間に取り壊された。キングダムは築後わずか25年で取り壊された。

マサチューセッツ工科大学のキャンパスにあるクレスギ・オーディトリアムとTWAターミナルは、アメリカのシェル構造の例としてよく知られている。双方ともエーロ・サーリネンの設計で、アマン&ホイットニーが構造設計を担当している。これらの建物の歴史は、何が初期の構造に影響を与えているのかを示唆している。例えば、技術的問題、維持・管理、用途変更に関してである。サーリネンは50年に1200席のオーディトリアムの設計依頼を受けた。この建物はのちに建設費を寄付したセバスチャン・クレスギの名が付けられており、彼の財団はオーディトリアムに付属する小さなチャペルの建設費も寄付している[図4-14][*41]。オーディトリアムは三角形をしていて球形のコンクリート屋根で覆われている。屋根の施工やリノベーションの履歴は、大スパンやシェル型の構造物の屋根をふき替え続けなければならないという問題があることを示し、そのことが保存を進めるうえでどれほど影響を与えるのかをよく示している。オーディトリアムの施工写真を見ると、複雑な木製型枠と、コンクリートを流し込むのが困難なほどの大量の鉄筋により建設されていることがわかる。この建物は3点支持の設計であったために、建設中にアーチ側にたわみが生じ、屋根の縁の荷重を一部負担するガラスの内壁をつくる必要に迫られた[図4-15、4-16]。

オリジナルの屋根はアクリルと石材で構成された混合物であり、それがキラキラとした白い外観をつくり出していた。熱による素材伸縮の影響で、60年代半ばに屋根にひびが入った。竣工後のわずか数年で、アクリルと石材でつくられた屋根は、格子上のステンレス鋼が取りつけられた鉛シートに取り換えられた。その代わり、このシートは構造用シェルにしっかりと固定することができた。この鉛シートはハンダ付けで継ぎ合わされたが、継ぎ目の多い鉛屋根は、伸縮の生じる厳しい気候条件のもとでは、十分な性能を発揮することができなかった。70年代末までに、シェル側面に設置されたコンクリートの縁桁、すなわち施工時に支保工で補強していたものが劣化し、修理が必要となった。鉛屋根は銅製はぜ継ぎ屋根に3度取り換えられて現在にいたっている。建物の外観は最初想定していたものから著しく変化し、サーリネンが当初考えていた外観は技術的に実現することができなかった。こうして建物は設計意図から離れてしまったが、新しい材料は近い将来、建築家の意図が達成されるような素材やシステムに取り換えられることだろう[*42]。

オーディトリアムの屋根や構造システムに見る問題は、初期のコンクリートシェル構造についてまわる設計の難しさを示しており、しかも建物の継続的な維持管理や保存を考えるなかでその問題に直面している。多くの構造上の問題は解決できるが、屋根防水の問題が改善されなければ、そのほかの構造に影響を与え続けることになる[*43]。気候条件の厳しさがコンクリートシェル構造の屋根の性能に影響を与えていると考えると、その種の建物の多くがメキシコ、キューバ、南アメリカで建設されているという事実はそれほど驚くことではない。そうした地域では、良好な状態を保って存続してきたようである。

風化とは別に、コンクリートの構造や表面に広がる物理的劣化は、鉄筋腐食やそれに伴う亀裂、表

図 4-15：マサチューセッツ工科大学のクレスギ・オーディトリアム。外側から見たコーナー部分。このコンクリートシェルは 3 点で支持されている。支持点の間に入れるガラス面は地面に達しており、シェルの浮遊感を強調している。支持点は素早く排水するためにトレンチ溝で囲まれているが、地面に触れる窓枠とシェルの支持体は維持するのが難しい

図 4-16：マサチューセッツ工科大学のクレスギ・オーディトリアム。内部から見たコーナー部分。3 点支持で視覚的に浮遊するシェルというコンセプトは、エントランスロビーからの体験をドラマティックなものにしている

面侵食、剥離に関係することが多い。この劣化は普遍的な現象であり、保存や工学分野の研究文献において大いに注目されてきたし、今も注目されている。コンクリートの修理や保存を考えるとき、構造のインテグリティ（完全性）がきわめて重要であるが、視覚的にはオリジナルの仕上げが設計意図と建物外観の基礎となる。

打ち放しコンクリートは、コンクリートによって近代建造物が設計された当時に期待されていたとおり、風化した石材のように明らかに風化した外観に変化している。しかし、伝統建築のパティナ（古びた風格）が積極的に受け入れられているのとは違って、年月を重ねてさまざまな灰色の跡を残したコンクリートは好意的に見られるとは限らない。当然のことながら60年代から70年代初め頃かそれ以前に、風化した外観が議論の的になった[*44]。コンクリート構造の力強いモノリスティックな形状、風化の効果の国際的な取り扱い、高品質なプレキャストの入念な細工、そしてさまざまな素材の組み合わせを考慮した保存は成功を収め、目ざましい成果を挙げているし、それらの多くはオリジナルの設計意図を反映している。コンクリートが建築材料として受け入れられていくにしたがって、風化したように見える手法も同様に受け入れられることだろう[*45]。

どのようなコンクリートでも保全における最大の関心事は鉄筋の腐食である。コンクリートの炭酸化（アルカリ性が徐々に失われていくこと）は、重要な腐食保護剤のひとつを取り去ってしまう。そして、そのことに直接的な影響を与えるのはコンクリートのかぶり厚さである。第二次世界大戦前の建物の多くは、多孔質コンクリートの覆いが最小限に抑えられている。コンクリートの劣化の仕方や施工不良についての理解不足の結果、鉄筋を保護するコンクリートの層が不足していたのである。適正な量のコンクリートかぶりがあれば、炭酸化の最前線が急速に鉄部に達することはない。結果として、コンクリートかぶりの必要量は1インチ以下から数インチ程度に変更された。炭酸化の比率に影響を与える別の要素は、コンクリートの空隙率と建設後の平均湿度である。炭酸化とその結果としての鉄筋腐食はどこにでもあることで、さまざまな対処方法が何年にもわたって試みられているが、十分に満足のいく解決方法はまだ発見されていない。

標準的なコンクリートの修理が、地理的な条件が異なるにもかかわらず同じ方法で行われている。すなわち、鉄筋が腐食したことによって亀裂が入ると、破損したコンクリートは取り除かれ、鉄筋についたさびをこすり落として修理し塗装される。そして打ち放しコンクリートの表面は下処理をして継ぎ当てを行う。新しく継ぎ当てした部分と古い部分を付着させる因子を改良したさまざまな接着剤が用いられている[*46]。しかし修理が構造的に満足のいくものであっても、継ぎ当て部分を、構成、色、テクスチャー、オリジナルのコンクリートの全体の表面仕上げにぴったり合わせるという作業が残る。周囲とうまく合わせるために、研究所で現場サンプルを採取して分析するのが一般的で、継ぎ当てを成功させるには徹底した調査と周到な準備、そして作業が行えるだけの熟練した技能が必要である[*47]。

新旧のコンクリートを合わせるプロセスはオリジナルのコンクリートが多様であるため、いっそう複雑になる。明らかな差異やムラのある外観、そしてオリジナルのコンクリートに挿入される継ぎ当て用コンクリートを隠すために行う修復作業では、染料やコーティング剤が適用される。染料は表面をやや暗くし、均一な外観をつくるが、差異のすべてを隠してしまうものではない。有色コーティングを使用すると、差異や継ぎ合わせた部分を隠すことができるが、見え方やオリジナルのコンクリー

図4-17：バービカン、イギリス・ロンドン、チェンバリン、パウエル&ボン（最初の竣工・研究 1951-63、設計・施工 1963-82）。住居部通路の一部を見る。コンクリートの修理や維持管理の詳細なガイドラインがつくられたことにより、（打ち放しコンクリートに多い）場当たり的な見苦しい外観にならないようになっている

トの色も変えてしまう。また、維持・管理の仕事を増やすことにもなる[*48]。仕上げやテクスチャーもできる限り近いものに合わせなければならない。かき落としや骨材露出仕上げは、オリジナルの表面をつくり直す場合、いくらか自由度があるが、型枠板の模様に配慮するとき、つくり直しは継ぎ当て部分が見苦しくならないように注意深く処理されなければならない[図4-17]。

シカゴのレイモンド・M・ヒリアード・センターの場合、すべて現場打ちコンクリートでつくられているため、これまでの修復による、周囲とうまく調和していない継ぎ跡がコンクリート表面に多数点在して残っている[*49]。以前の継ぎ跡をすべて新しいものに取り換えて周囲とぴったり合わせることは、実行可能な案ではなかった。新しい補修箇所をライトグレーに合わせる必要があったため、コンクリート色をしたコーティングが、均一な外観にするときの最適な解決法であると考えられた。この方法ではコンクリートの特徴が損なわれるが、建造物の色を統一して見苦しい継ぎ跡を隠すことができた。この手法は不整合の問題を解決しているし、視覚的に魅力的な解決法を提供しているが、その下層部に抱えている、追加で必要となる維持・管理の問題については少しも解決していない。オリジナルのコンクリート表面に施した意図的な風化処理は損なわれるだろうし、道具を使って処理した表面はカリカリとした風合いを奪い去ることだろう[*50]。このように、同質性を実現するがために、オリジナルの表面全体は失われることは、まったく意図されていなかったであろうが、目障りな継ぎ当て部分を隠すことによってバランスをとろうとしてきた。ただし、それはオリジナルの設計意図の一部をなしているわけではない。現時点では、コーティングフィルムの厚さをより薄くすることにより、オリジナルのコンクリート型枠のテクスチャーがはっきりと見えるように工夫されている。

たいていの場合、コンクリート造の持つ簡素さ自体が、さまざまな問題を引き起こすもとになっている。その工学技術は複雑であるかもしれないが、その建設はそれほど複雑ではないし、ある程度の工具があれば修理することができる。しかし、構造自体が非常に実験的である場合、この手法は根本的な解決にならないかもしれない。コンクリートスラブ自体が薄くて、それほど大きくなく余分なものがついていない場合には、腐食は極度に進行する可能性がある。ドレッセルホイス棟（オランダのゾンネストラール・サナトリウムの一部）のオリジナルのコンクリートスラブとカンティレバーは約4インチ（約10cm）厚で、鉄筋はひどく腐食していた。そのため、かろうじて残っているもの、構造上の一体性を失っている箇所と、既存の静荷重を支えることができず、動荷重が必要とされる部分のオリジナルのコンクリートは取り除かれた。選択肢は既存コンクリートを修理するか、構造全体を再建するかのどちらかしかない。既存コンクリートの修理は、コンクリートの腐食と爆裂が進行していると難しくなる。この方法を選択すると、かなりの量の鉄筋が必要とされるし、スラブが分厚くなりやすく、重大な視覚上の変化を生み出すことになる。単純に構造用コンクリートを再建することはオーセンティシティに関する深刻な問題となり、結果的に分厚いスラブを生み、構造上特徴のある部分のひとつを消し去ってしまうことになりかねない（腐食がそれほど進んでいない場合、シカゴのマリーナ・シティの駐車デッキのカンティレバーのように、建物の全体の外観を維持しながら修理することができる）[図4-18、4-19]。

ドレッセルホイス棟では、保存アプローチの判断を留保して、コンクリートのアルカリ化による

図 4-18、4-19（右ページ）：マリーナ・シティ、アメリカ・イリノイ州シカゴ、バートランド・ゴールドバーグ（1959-64）。駐車場デッキの外側から見る。コンクリートスラブは、できるだけ薄く見せようとして先端部分にテーパーがつけられていて、相対的に薄くなっている。シカゴの天候の厳しさと道路用の塩の使用がコンクリートの劣化速度を早めている。1994年のリノベーションでスラブは再建され、鉄筋は修理された。オリジナルの建築的特徴は復元されている

さらなる劣化が避けられた。再アルカリ化の技術による炭酸化鉄筋コンクリートの修繕は保存に適用するには十分ではないが、いずれ一般化するだろう（再アルカリ化の技術は1990年代初頭以来、橋や工学的構造物に使用されている）[*51]。通常、炭酸化したコンクリートは取り除かれ、新しいコンクリートが差し込まれる。炭酸化が極度に進行し、当初のコンクリートがすでに数回修理されている場合、通常より大胆なコンクリート修理方法が選択される。スイス・バーゼルの聖アントニウス聖堂は、カール・モーザーの設計で1925年から27年にかけて建設されたものだが、完全に炭酸化した当初のコンクリートは、外側部分の約1.5インチ（約38mm）が取り除かれている。当初の打ち放しコンクリートは必要なところだけ修理し、新しいワイヤーメッシュがコンクリートに取りつけられている。新しいコンクリートの外側は最新の注意を払ってつくられており、当初の表面仕上げをそっくりまねている。新しいコンクリートはもとの型枠仕上げを出すため、ゴム製の型を敷き詰めた特別な型枠で現場打ちされている。当初のコンクリートの表面を改良するため、適切な仕上げを施した新しい外側部分は、建物のオリジナルの面をはみ出し、平均で3/8インチから3/4インチ（約9.5〜19mm）ほどになった。

　同様の手法が、スイス・ドルナッハのゲーテアヌムの北東立面、東と南の立面の修復にも採用された。この建物はルドルフ・シュタイナー（1861-1925）の設計にしたがって28年になってようやく完成したものである[*52]。統一感のある仕上げの巨大パッチをつくるというこのアプローチは、理論上コンクリートの問題を適切に解決しているように思える。しかし、この手法は完全に成功しているわけではなく、当然ながら数年後に表面に小さなクラックが入りはじめた。スタッコ仕上げ

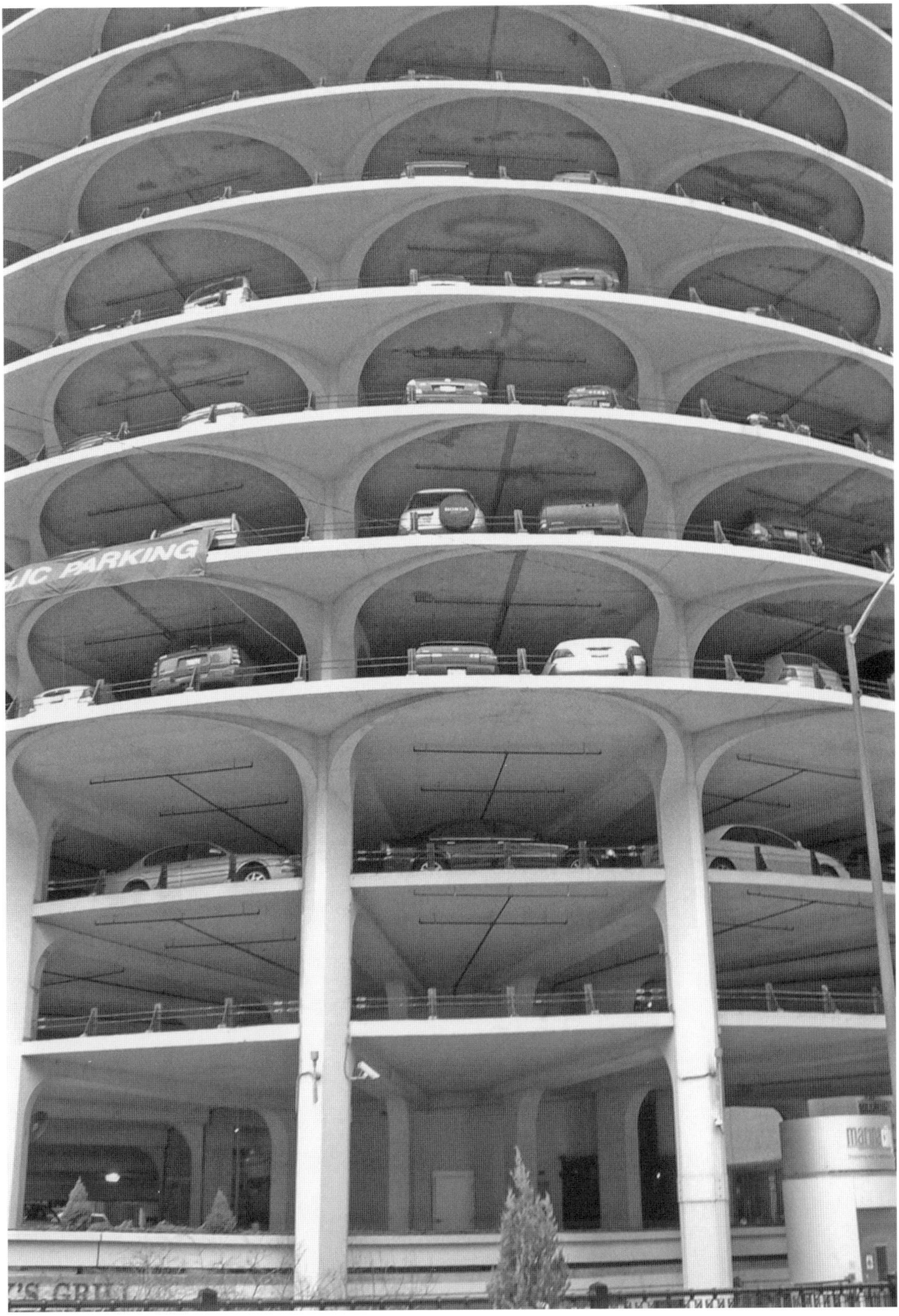
LIC PARKING

の表面被覆において、収縮やクラックはよくあることである[＊53]。コンクリート外側全面の取り換えは、カーテンウォールの取り換えと比較して議論することができる。したがって安全性と性能は、全体の見え方と設計意図とのバランスを考えておかなければならない。とはいえ、ゲーテアヌムのような例は、楽観的で過激な解決法を避けるべきだということを強く暗示している。オリジナルの素材（この場合はオリジナルの表面）を永久的に失う場合には特にそうである。

集成木材構造

　19世紀末および20世紀初頭における建築物の技術進歩の多くは、既成品あるいは新材料の大型軽量ユニットがすぐさま設置できるように、簡素な構造ディテールをつくり出すことを目標としていた。それゆえ、新しい構造形態は既存の材料の物理的特徴を改良することにより発展した。あまり知られていない発明のひとつに集成木材がある。この発明は標準的な木製梁よりも小さなサイズ、大きなスパン、強度を持つ木製構造材の製造を可能にした。1〜2インチ（2.5〜5cm）ほどの厚さの木断面は、木目を長手方向に揃えて張り合わせられる[＊54]。この材は梁や柱として使われることもあるが、最もドラマティックな使用法は通常の木部材では不可能な大スパンのアーチやトラスそしてシェルの形態に見ることができる。この材は、鉄筋コンクリートや鉄骨部材が望ましくなく、不適切または扱いが難しすぎる箇所に適用され、今も使用されている。

　木材を重層させて構造材をつくるという考え方は19世紀初めに始まり、当時はアーチ、ドーム、トラスが鉄製クランプで結束することにより機械的に建設された[＊55]。構造部材の性能は、単に部品の集合体を意味するだけではないということが、にわかに明らかになり、部材研究の初期段階では部材性能の特徴、特にたわみの理解が目標とされた[＊56]。クランプの代わりに接着剤を使うというアイデアは、一般的にドイツ・ワイマールのカール・フリードリヒ・オットー・ヘッツァーによるものとされるが、そのほかにも多くの人がこの技術の発展に大いに貢献した[＊57]。ヘッツァーは1891年から1910年にかけてさまざまな種類の木構造の取り扱いに関する一連の特許を取得している。彼は1906年に恒久的に接着し湿度に耐性を示す、ふたつ以上の積層板を構成した曲線部材の特許を取得した。こうしてクリアスパンが大きくとれるアーチが誕生した。ヨーロッパ各国で特許が取得され、許諾権が認められた。積層材を用いた建物はヘッツァー工法と呼ばれ、ドイツからスカンジナビア、オランダとその植民地、イタリア、最終的にはアメリカ合衆国にまで広がった[＊58]。第一次世界大戦まで、接着積層された部材は、特にドイツやスイスの建物で使用された。鉄道駅舎、作業場、工場、体育館、教会、展示ホールなど、大きなクリアスパンを必要とする構造に使用されている。10年にヘッツァー・システムは、135フィート（約41m）のクリアスパンを持つ建物により、ベルギー・ブリュッセルで開かれた万国世界博覧会で大賞を受賞し、13年にライプツィヒの国際建築博覧会で金賞を受賞した[＊59]。

　初期の集成材の多くはカゼイン接着剤を用いて製造された。このタイプの接着剤は古くから使われており、最低限の耐水性しか有していなかった。特許は19世紀中頃まで石灰カゼイン接着剤で取得されていた。ヘッツァーは独自に製剤も行っていた[＊60]。石灰カゼイン接着剤は第一次世界大戦の間、

商業的に重要で、プライウッド（合板）のような別の製品にも応用された。しかし、カゼイン接着剤は信頼性に欠けていたので、30年代および40年代にフェノール系、レソルシノール系、尿素樹脂の合成接着剤に取って代わった。

　米国の集成材の発展はいくぶん異なるルートをたどっている[*61]。ヘッツァーによって発明された技術は、1923年に米国に移住しウィスコンシン州ラシーンに定住したマックス・ハニッシュ・シニアによりもたらされた。ドイツの工業技術学校を卒業した彼は1906年から11年に独立開業するまでヘッツァー事務所に参画し、第一次世界大戦に召集されるまでその事務所で勤務した。ラシーンで独立開業した後、彼は教会、ダンスホール、アリーナなどに使われる、層状（ラメラ）構造で立体屋根の構造を設計する技術会社と業務提携した[*62]。ハニッシュは34年にウィスコンシン州ペシュティーゴ市の学校や体育館の設計依頼を受けた[図4-20]。最初は層状（ラメラ）構造を考えていたが、入札過程で接着剤を用いた集成材アーチに変更され、わずかにコストが抑えられた。彼はトンプソン・ブラザーズ・ボート製造会社とともに「ユニット・ストラクチュア」という会社を設立し、その会社は現在も営業している。この巡り合わせは偶然だった。ハニッシュと彼の家族は技術的知識を提供し、

図4-20：ペシュティーゴ高校体育館、アメリカ・ウィスコンシン州ペシュティーゴ、マックス・ハニッシュ・シニア（1934年頃）。内部。この体育館はまだ健在で図書館として使用されている。これはヘッツァー・システムによる集成梁を用いた米国で最初の構造物のひとつであった。ヘッツァーとともに働いてアーチを製造するボート製造会社を創設したハニッシュは、建物の認可を得るために構造材にボルトを取りつけなければならなかった

トンプソンは必要な熟練職人と作業場を提供した。建設技術上の興味を満たしつつ、地方の建築条例の許諾を当局から得るため、ペシュティーゴの建物（接着剤集成材を使用した米国で最初の建物）のアーチは、接着材を使用した集成材が座屈した場合に備えてプレートとボルトで補強された。この建物は今も図書館として利用されている。ユニット・ストラクチュア社がフォレスト・プロダクツ研究所のために提供したアーチ屋根の支持材は、詳細な検査が行われた。その調査結果報告書は「グルーラム」（集成材）の構造性能についての不安を和らげることに貢献した[*63]（新しいフォレスト・プロダクツ研究所はウィスコンシン州マディソンの同企業用地内に1934年から35年の冬に建設された）。34年から第二次世界大戦中の初めにかけて、接着集成材は100棟以上に用いられたが、その多くは木造建造物の伝統があったウィスコンシン州とその近隣に位置していた。まだ、地方の現象にとどまっていたのである。開戦に伴い、鉄が戦略的資材となって確実に使える資材ではなくなり、接着集成材がクリアスパンの大きい構造物において選ばれるようになった。ユニット・ストラクチュア社の接着集成材はイリノイ州グレートレイクの米国海軍訓練駐屯地第八訓練所（1941）のような大きなクリアスパンを持つ建造物に用いられ、特に軍部を納得させるのに十分な性能を持っていた。接着集成部材は民間でも利用された。41年にサーリネン・スワンソン＆サーリネン事務所はマサチューセッツ州レノックスのバークシャー音楽センターのオペラハウスの屋根トラスに用いた[*64]。接着集成材は50年代までに、アーチ、ドーム、トラスのほか、梁や板材として幅広く適用されるようになった[*65]。

　構造用集成材は、教会、集会所、体育館、運動施設や産業施設、展示空間など、大きな無柱スパンが必要とされる建物に使用され続けたが、そこで重要なのは外観と気候であった[図4-21]。木はコンクリートや鉄より親しみやすい外観をしているし、高湿度の環境でも結露する可能性が少ない。ヨーロッパでは、集成木材は戦後数十年にわたって使用され続けている。52年にブルーノ・ジャコメッティが設計したヴェネツィア・ビエンナーレのスイス館や、64年のスイス・ローザンヌ博覧会のフェスティバルホールなど、建築的に興味深い集成材の応用が試みられている[*66]。米国では、ここ数十年間でも、いまだスポーツ施設に利用されている。カリフォルニア州アナハイムにあるフランク・O・ゲーリー（1929-）の設計したアナハイム・アイス（1995）と呼ばれるスケートリンクはその一例である。正式にはディズニー・アイススケートリンクとして知られる。その継続的な人気により適切なデザインや施工法のガイドラインがつくられることとなり、今も継続的に更新され発行されている[*67]。

保存の論点：集成木材

　集成木材を使用した建物の保存における問題は、素材に関するものと形状に関するもののふたつに分類できる。コンクリートシェル構造でもそうであったように、屋根と防水はしばしば問題となる。湿気の侵入が劣化を引き起こし、それが構造上のインテグリティ（完全性）に次々と直接的な影響を及ぼす。集成材トラス、アーチ、梁のシステムの取りつけられた基礎や支持台の連結部は、常に湿気にさらされているので最も壊れやすく、定期検査ではこの部分に特別の注意が払われるべきであ

図 4-21：ハイアライ球技場、フロリダ州ウェストパームビーチ、スパイサー＆ゲラート（1955）。施工時。集成材は、大スパン構造物を必要とした第二次世界大戦中に広く受け入れられた。その理由は鉄とコンクリートが不足していたからであるが、これらの材は戦後も大型の集会所やスポーツ施設で人気があった。多くの大スパン架構が3点支持アーチで建設された

図 4-22：ハーバート・S・タウン・フィールドハウス、ウィリアムズ大学、マサチューセッツ州ウィリアムズタウン、ロックウッド・グリーン建築事務所（1970）。アーチ支持体。集成木材は特に湿気に弱い。基礎に接合するために部材が建物の外側にのびていて雨ざらしになっているところには、多くの場合、保護用カバーが取りつけられる

る。繊維組織の露出した部分を正しく湿気から保護することにより、劣化や腐食が避けられる[*68][図4-22]。そのほかの問題の多くは木構造の問題と大して違わない。この技術は今でもすぐに利用できるので、集成材が損傷を受けた箇所の断面を修理・補強したり、劣化がかなり進行した場合には再設計あるいは再製造したりすることができる[*69]。コンクリートシェル構造と同様、集成材構造の形状については、洞窟のようなドラマティックな形態が、さらに複雑な用途の建物に採用されている。

カーテンウォールと被覆システム

　20世紀建築に生じた劇的かつ急速な視覚的変化のひとつはカーテンウォールなどの外装被覆システムの外観と建設方法に関係している。それらは一般に（特に米国の）第二次世界大戦後の近代建築の真の象徴となっている。この建築言語はやや見境なく第二次世界大戦前の組積造壁工法や戦後の鉄・ガラスを用いたデザインに適用された。その発展は、様式発展に寄与した技術的進歩に注目しつつ、様式的な建築言語で歴史的に記述される。しかし、改良した材料、生産能力、取りつけの技術、これらすべてが一体となって初めて、それはモダニティの象徴ということができる。

　カーテンウォールは概念的には、耐候性を有する外皮から荷重機能を分離した結果の産物といえる。この分離によって外壁の厚みや重量を減らすことができるようになり、同じ外皮のままでも床面積を増やせるようになった。構造と外皮というふたつの機能を分離するというアイデアは新しいものではなく、概念的には初期の木造枠組み工法（ツーバイフォー工法）においてすでに見られるものである。「カーテンウォール」という言葉は、外壁が構造躯体からつり下げられていると想像させるため、少々語弊がある。実際にはほとんどの場合、「壁」には自重があり、下から支持されている。この言葉は19世紀の半ば頃には、非荷重の室内間仕切りのみを指していたが、20世紀初頭には、構造用骨組で支持された外壁を含むようになった[*70]。オフィス空間を増やす必要性、建物平面の利便性を大きく高めようとする試み、そして耐火性能の向上に対するニーズの高まりは、大規模建築や高層建築の探求や開発を正当化するに十分であり、大きな不動産需要を生み出した[*71]。人工照明は20世紀に入ってしばらくたつまで十分に発展しているとはいえなかったので、昼光（そしてガラスの取りつけ）は依然として重要であったし、より大きな窓とガラスがオフィスや工場建築に求められた。（分厚い）耐荷重組積造から鉄骨造に変化したことによって組積造の壁は薄くなり、重大な構造上の変更をしなくても窓開口を幅広く高くすることができた[*72]。

　工場に見られる鉄とガラスのウィンドーウォールは、のちの金属とガラスで構成されるカーテンウォールの先駆けと考えられており、ある意味で、窓の技術自体も直接高層建築に移転されている[*73]。これはガラスの進化によって可能になった。ガラスはコストが下がって入手しやすくなり、徐々にサイズも大きくなって品質もよくなった[*74]。この初期のウィンドーウォールは、外壁から離れたところに柱を動かすことで、目の前の柱に邪魔されることなく見通すことができるようになり、近代的な外観をした倉庫や工場建築でよく用いられた。その代わりに、スラブのカンティレバーが窓荷

図 4-23：ファグス靴工場、ドイツ・アールフェルト、ヴァルター・グロピウスとアドルフ・マイヤー（1911-13）。全景。鋼製窓でできた壁の初期の事例で、構造と窓枠の分離により柱なしのコーナーが可能になった。これがグロピウス建築の重要な特徴になっている。修復時に壁の大部分は取り換えられた。人々が滞在するエリアには、室内を快適にするため、断熱ガラスが差し込まれているが、機械室や二次的なエリアでは、単板ガラスを維持したデザインになっている。ふたつの解決法の間に現れるわずかな違いは一見してわかるものではない

重を負担することによって、連続窓や鉄製窓枠の縞模様など、初期のカーテンウォールに見られる視覚的効果が提案された。なかでも、グロピウスが1911年に設計したドイツのファグス靴工場[図4-23]やウィリス・ポークが18年に設計したサンフランシスコのハリディー・ビル[図4-24]は、ガラスと金属でできた壁の最初期のよい例であり、これらの建物の構造システムはすでに被覆壁から切り離されている[*75]。バウハウスの校舎におけるオリジナルの窓の壁面は、鉄製窓の組み合わせで構成された。窓枠はカンティレバーのコンクリートスラブに取りつけられ、構造用の柱は窓の背後に置かれる[図4-25]。

　ウィンドーウォールと構造を切り離すことで大きなフレキシビリティを確保することができた。ほんの少しの寸法調整を行うだけでよく、ふたつをぴったりとつなぎ合わせるのに必要な特殊部品の数は少なくなった。この発展は美学的な考察によってある意味で拍車がかけられたのかもしれないが、建設プロセスのさらなる合理化でもあった。もうひとつの利点は、現場で組み立てる過程で技能を要する労働が減ったことである。結果的に外壁をつくるための、あらゆる湿式工法の作業（組積造にかかわる職人）も事実上削減されることとなった。したがってカーテンウォールの施工は天候にそれほど左右されなくなり、特別な足場もあまり必要でなくなった。第二次世界大戦前まで、組積造に必要だった構造用骨組は建物のスタンダードであったが、40年代末までに組積造建造物はほとんど見られなくなった。石やプレキャストコンクリートのような積上げ作業の必要な材料は、ずっと後になるまで、建物の外観に再び現れることはなかったし、再登場したのはプレファブ化やパネル化されたものだけであった。

　構造で壁全体を支持することや、目立つレンガや石積みのスパンドレル壁をなくしたことで、別の

図 4-24：ハリディー・ビル、アメリカ・カリフォルニア州サンフランシスコ、ウィリス・ポーク (1918)。外観。このウィンドーウォールは、初期のカーテンウォールの例としてしばしば取り上げられる。柱はセットバックし、スラブは片持ち梁になっている。ウィンドーウォールは何にも邪魔されずに、上下方向と水平方向のどちらにも延ばすことができた。この鋼製窓システムは小さな突き出し型の可動窓を備えていたが、実際には初期のウィンドーウォールの窓枠部の太陽熱吸収は無視できなかったにちがいない

図4-25：バウハウス、ドイツ・デッサウ、ヴァルター・グロピウス（1925-26）。オリジナルの鋼製窓システムは1976年にすべて取り換えられたが、できる限りオリジナルに近づけてつくられた。グロピウスのファグス靴工場のように、ウィンドーウォールは構造躯体から離れたところにあり、上下方向と水平方向のどちらにも連続して延ばすことができた

技術的な問題が生じた。当時の建築法規は、十分な防火区画と延焼防止を確保するためにワイヤー入りガラスの使用を要求し、また別階に延焼するのを防ぐためにガラスのカーテンウォールの背後にブロック壁を設置することを要求し続けた。結果として、法令や断熱の要件を満たすために、補助的な組積壁が不透明なスパンドレルガラスや金属パネルの背後に設置され続けることになった[*76]。60年代末までにほとんどの消防法の問題は解決され、カーテンウォールの技術設計そのものが重要になった。

　外壁と構造の分離は間接的にではあるが、商業建築の施工における別の種類の分離も引き起こしている。コア＆シェルという概念は、構造、外皮、内部空間の設計業務と内装工事（設計者と建設業者とともにテナント入居者によって後でつくり込まれる工事）により構成され、建物の建設過程を分離したのである。これらの革新は、建物の設計方法、不動産開発の方法、そして建物の所有と運営の方法が、次々と変化した結果であった。このことは特に米国のインテリアデザインの職能の確立と拡張、そしてその機運の盛り上がりにも直接的な影響を与えている。

組み立て、設置、システム設計、構成部材

　カーテンウォールのデザインは年を追うごとにさまざまな形式に分離していくが、その特徴は施工・設置の方法、または技術デザインのいずれかに該当する。現場組立と効率化・パネル化による組立という基本的にふたつの施工・設置の方法がある。現場組立の場合、多数の工場生産部品が現場に運ばれ、そこで組み立てられる。これは作業を単純化しているが、設置のための労働力を要し、設置ミスの可能性が増える。初期のカーテンウォールの多くは現場組立であった。というのもこのほうが簡単で、後で現場で合わせればよいと考えていたからである。レールやランナーが構造材に取りつけられた後、グレージングやスパンドレルの充填剤が取りつけられ密封される。ニューヨークのレヴァー・ハウスや国連事務局の建物で見られるような、初期の外壁システムは強度や剛性が大きいため、組立部品に炭素鋼材やガラス留め材が組み込まれていたが、1960年代初めまでに炭素鋼の部品は取り除かれた。それが適用されたところでは、壁全体に腐食による深刻な問題が生じて、大規模な修理や新しい耐腐食性の金属部品を用いて部分的に取り換える必要があったからである。この問題は、新しい壁のオーセンティシティやすべてのプロセスの真実性に関する無視できない議論を巻き起こした[*77]。

　ユニット化システムまたはパネル施工システムは、店舗内の各階の床板すべてを工場でパネル化し、現場で一度に設置する方式である。これにより、視覚的かつ技術的にさらに複雑な設計が可能になった。すなわち、ジョイントを少なくし、施工ミスの機会を減らし、そして最終的にはより高品質な施工とすることが可能になったのである。一方、金属やガラスも使用されるがパネル施工は、大型プレキャストコンクリート、工場生産の金属部品、コンクリートで裏打ちした石材、そして石材単体において一般的になっている。輸送費、処理費、組み込み作業に必要な特殊装置のコスト高は、施工スピードの向上や工事にかかる人件費の削減で相殺される。一般に、現場建て起こしの壁はユニット化システムで建設されたものと比べて、被覆工事の範囲が広くなる。この傾向はパネルにどの素材が採用されているかによって多少変化するが、ユニット化システムは、性能のほかにも、安全性や効率のよい処理や設置を実現するために、より信頼できる部品を必要とする。すべてのガラスに当てはめることはできないかもしれないが、現代の壁はますますパネル化が進んでいる。そして両方の特徴を利用したハイブリッドのシステムが何年も時間をかけて発展してきた。

　カーテンウォールは気候や水に対する一枚の防御壁であるだけでなく、現場を密閉する役目を果たす。現場建て起こしの壁の利点はすでによく知られているが、それに加えて、この種の壁は施工しやすく修理や取り換えが比較的簡単である。初期事例の多くには、内部排水管や水抜き穴がある。60年代初めに設計されたバンシャフトのチェース・マンハッタン銀行やペプシコーラ本社ビルのカーテンウォールは同様の特徴を持っている。60年代初めから70年代にかけて、圧力の均等化や水切りなど、さらに複雑な設計案の導入が試みられ、最終的にその後数十年で応用されるにいたった[*78](2001年の9・11で破壊されたニューヨークのワールドトレードセンタービルのカーテンウォールでは、圧力均等化システムが検討された[*79])。組み立てによる防水の難しさが認識されていたので、室内外の圧力を均等にするため、あるいは水が侵入したとしても再び排水できるようにするため、部分的に空隙や仕切りがつくられている。どちらのシステムも風圧による水の侵入を軽減する[*80]。

既存のカーテンウォールの性能評価と査定は専門性の要する仕事である。伝統的な外壁の工法や修理に関する調査の基本項目とは異なり、いくつかの特別な評価基準を考慮しておかなければならない。原則的にふたつの異なるタイプの基準がある。壁の性能に関するもの（空気や水の浸透性と熱特性）と、さまざまな部品の物理的状態とその長期耐久性に関するものである。適切な評価と査定が行われるように、標準的な性能基準が、米国材料試験協会（ASTM）やさまざまな素材やシステムの製造業を代表する業界団体など、別組織で開発されている。これらの基準の多くはオリジナルのデザインの基礎とはならないかもしれないが、現状の比較・評価・査定に活用できる。

　組み立てや施工の方法とは別に、カーテンウォールを形づくる構成部材の検討も必要だろう。最も一般的な素材は、戦後期に広範囲に使用されたガラスと金属そしてプレキャストコンクリートである。50年から75年にかけては、ガラスと金属が（そのほかの素材も使用されているが）広範囲に使用されている。

ガラス

　ガラスは19世紀末以降、2通りに進展し、改良された組立技術によって大型化と高品質化が進んだ[*81]。19世紀の建築家とエンジニアは温室や展示会場などに革新的な方法でガラスを用いた[*82]。20世紀になると、ガラスは数多くの建物で使用されるようになり、さらなる利用拡大のなかで外部被覆にも適用された。このような利用度の増加は、強化処理や美的品質、そしてエネルギー効率を改善したり、太陽熱から保護するコーティングシステムなど、種類の異なるガラスの発展を促した。これらの変更や改良そして大量使用が保存における一連の問題を生み出してきた。

ガラス製造

　ガラス製造には、融解、成型、徐冷という3つの基本的な段階がある。ケイ石、石灰、炭酸ソーダ、炭酸カリウム、金属酸化物を摂氏1400℃に熱して、温度が下がり粘性が変化するときに成型可能な溶解物がつくられる。焼なまし（アニリーニング）と呼ばれる、ゆっくりと時間をかけて冷却する過程で、混合物は結晶化することなく凝固する。ソーダ石灰シリカガラス類は耐酸性で硬く耐久性があるため、一般に建物によく用いられる。ガラス製造は古代芸術のひとつであるが、建物に用いられるガラスは、手吹円筒形、平板形、クラウン型、型板など、いくつかの基本的な形態を利用するしかなかった。これらはすべて手でつくられたが、製造量、品質の均一性、製造可能な大きさは限られていた。20世紀初めまでは、早く経済的に大量生産することができず、このことが広範囲に使用する際の障害のひとつとなっていた[*83]。

　19世紀末から20世紀初頭にかけては、ガラス材の多様化と高品質化、生産性の向上を目指す発明と特許が次々と誕生した時代であった[*84]。板ガラスの新しい製造法はベルギー人のエミール・フルコールによって1901年に発明された。板ガラスはガラスタンクの細い隙間から溶融ガラスを流し込んで連続ローラーで延ばし、素早く冷却した後、焼きなましてつくられる。垂直引上法（フルコール法）は250年以上のガラス製造の歴史を変える概念的にまったく新しい方法であり、大型の板ガ

ラスは非常に迅速かつ均質に製造することができた。この方法は、第二次世界大戦後までに米国で板ガラスの製造に最もよく用いられた。この方法は製造速度を著しく上げたので、クリスタル・パレスのすべてのガラスは当時有効だった方法を用いて、わずか2日で製造された[＊85]。ピッツバーグ板ガラス社はそのプロセスに独自の手法を加えて発展させた。その方法（ピッツバーグ法）は60年代まで使用され続け、フロートガラス製造の足がかりとなった。

垂直引上法のガラスとは別に、プレートガラスが20世紀初頭に最も頻繁に用いられた。この製品は溶融ガラスをテーブルにゆっくりと注ぎ込んだ後にローラーで延ばし、応力でクラックが入らないように注意深く冷やして焼きなましてつくられる。いったん冷却されると、その素材は天窓など二次製品に用いられるが、その多くは表面を完全に滑らかにするために研磨される。その製造方法は電気研磨機やクレーンそして連続焼きなまし炉を用いて、徐々に改良された。同時研磨（ガラスの両面を同時に磨くこと）が製造上のおもな改良点であったが、その工程は時間がかかり費用が高くついた。第一次世界大戦後の自動車産業の需要が製造方法を改良する大きな推進力となった（連続ロール法）[＊86]。

戦後建築の発展は、これまで以上に大きな洗練されたガラスの需要を生み出した。フロートガラス法は、アラステア・ピルキントンによって開発されたのだが、入手しやすいガラスの量と質をさらに高めるうえで重要なステップであった。その方法は、液体すずの入った桶の上に溶融物を浮かばせて、ほぼ完全な表面を保つことで、プレートガラスの仕上げのように研磨（面倒で高価な工程）をすることもなく、両面とも平らで滑らかなガラスをつくることができるというものであった。生産性が高く経済的で高品質なフロートガラスは、大型の窓ガラスを製造する能力を備えていたため、間もなくして、大型ディスプレー用の分厚いガラスに用いられていたプレートガラスに取って代わった。60年代初めまでに、古いタイプのガラスは新しいフロートガラスに置き代えられていった。

初期のガラス製造法は、ガラスに欠陥があったかもしれないが、フロートガラスとプレートガラスは製造法自体にほとんど問題がなかった。しかし比較してみると、互いに入れ替えて使用するのは難しく、わずかだが明白な違いも見られる。プレートガラスは最初に店先や店舗で使用されたが、商業施設や住宅でも用いられた。店頭の場合、プレートガラスは透明性が求められる箇所に使用され、建築・構造用ガラス（ヴィトロライトとも呼ばれる）として知られる不透明ガラスは透明性が求められない箇所に使われた。プレートガラスのように研磨が必要になるガラスは、米国ではもうつくられていない[＊87]。スパンドレルガラスは第二次世界大戦後に市場に登場し、「スパンドレライト」などさまざまな呼称で販売された。セラミック被覆の板ガラスあるいはフロートガラスは、透明ガラスの上でガラス原料を溶かしてつくられた。これらは、透明パネルの真下に位置する床構造や組積壁を隠すため、カーテンウォールのスパンドレルパネルとしておもに用いられた[＊88]。

ガラスの破損や落下の危険性があるところでは、別のタイプのガラスが使用された。最初期に最も頻繁に使用された形態は網入りガラスである。破損したとしても金網がガラスの破片を留め置くことができる。19世紀末以降、この種のガラスは天窓や連続窓に用いられた。ほかの安全ガラスよりも比較的安価ゆえにまだ使用されており、ラミネートガラスよりも（金網の見える）その見かけは多くの人にとってなじみがある。その概念は第一次世界大戦頃に発展したが、今では透明プラスチック

のシートが金網と同じ役割を果たし2枚のガラスの間に挟み込まれる。強化ガラスはガラスの再加熱と冷却を急速に行うことによって製造される。こうすることでガラスの強度をさらに上げている。割れたとしてもその破片は非常に小さく粉々になり、大きな破片でけがをする危険性を軽減することができる。焼き戻しの手法を用いた最初の例は1930年代にまでさかのぼる。

　第二次世界大戦後のガラスの主要な発展のひとつは、ガラス性能を向上させるコーティングとトリートメントの導入であった。コーティングはガラス面の内側か外側、あるいはふたつのガラスの間に施され、ガラスの強度や耐久性、特に断熱性能を高める。ほとんどのコーティングシステムは60年代になってはじめて発明されたが、より現代的なコーティングの導入と利用が進めば、窓ガラスの交換という選択肢が議題に上るかもしれない。現在、最も一般的なのは断熱性能を改善するために金属皮膜をコーティングした薄い透明ガラス、つまり低放射ガラス（Low-Eガラス）である。現代ガラスのそのほかのコーティングは明らかに目に見えるし、ガラスを取り換えれば建物の外観を変えてしまう。

　ガラスの断熱性能を向上させようという願望は、コーティングの発展だけに見られるものではない。中間層に空調・換気のための空隙を持つ二重壁という発想は新しいものでもない。それほど成功していないが、ル・コルビュジエによって試されている。ふたつのガラス板で空気層を閉じ込めるという考え方は1865年頃にすでに探求されていたが、30年代頃にその製品が発達した。商業用の製品が発表されたのは、第二次世界大戦の終わりになってからである[*89]。複層ガラスの初期の製品では、絶縁空間を密閉し続けることに多くの問題があった。70年代初めのオイルショックは、絶縁ガラスの長期品質の改良や、シールやスペーサーの欠陥による曇り現象を回避する原動力となった。

金属

　何年にもわたってさまざまな金属がカーテンウォールに使用されてきたし、金属の選択はさまざまな要因に基づいている。例えば、入手しやすさ、生産性、コスト、耐久性、物性、マーケティングなどである。初期のウィンドーウォールシステムの多くは、圧延炭素鋼材に開閉式窓やはめ殺し窓、透過パネル、固形部材と一緒に組み合わせる。小さな窓枠付きの一枚板ガラスで構成されたガラス窓は大型パネルに組み込まれ、このパネルには各階間にわたす金属やガラスのスパンドレルと窓が取りつけられる。これを採用した事例に、ファグス靴工場[図4-23]、ハリディー・ビル[図4-24]、ファン・ネレ工場[図14-23]がある。窓はレンガの連続スパンドレルの上や構造グリッドの内側に沿って、水平連続窓や大型窓として組み立てられる。コリー&コリーが設計し1932年に竣工したニューヨークのスタレット・リーハイ・ビルやトリノのフィアット・リンゴット工場はその代表例である。

　炭素鋼は50年代から60年代の間でもまだ、内側の構造支持材や窓枠そして構造に欠くことのできない部分など、さまざまなかたちでカーテンウォールに用いられていた。初めて適用されたのは、戦後まもない時期にSOMのゴードン・バンシャフトが設計したカーテンウォールにおいてである。バンシャフトは垂直形のマリオンやガラス窓の支持材を補強するため、炭素鋼のふたつのチャンネ

図4-26：イリノイ工科大学建築学部、クラウン・ホール、アメリカ・イリノイ州シカゴ、ミース・ファン・デル・ローエ（1950-56）。外観。ミースの初期のカーテンウォールの多くがそうであったように、ウィンドーウォールは炭素鋼材とガラス留めでつくられた。オリジナルのガラスは、上半分が透明で下半分がスタジオで作業する生徒のプライバシーのためにサンドブラスト加工が施されていたが、1970年代に取り換えられた。最近の修復で、すべてのガラスが現法規に適合させるため、また、できるだけオリジナルの外観に戻すために取り換えられた

ル材（溝型鋼）を用いた。レヴァー・ハウス、チェース・マンハッタン銀行、国連事務局ビルは、炭素鋼が使用された建築例である[図15-9]。ミースによって設計されたウィンドーウォールの多くは、スパンドレル、架構材、ガラス窓支持材として炭素鋼を使用し続け、時折、透過ガラスを取りつけたアルミニウム製窓枠を使用している。シカゴのイリノイ工科大学クラウン・ホール（1950-56）[図4-26]、イリノイ州プレイノのファンズワース邸（1951）[図8-19]、シカゴのフェデラル・センター（1959-74）（すべてミースの設計）では、この種のさまざまな外部ディテールが見られる。炭素鋼は60年代末までにカーテンウォールの設計から消え去り、別の素材や金属に取り換えられた。当初、炭素鋼は初期のウィンドーウォールのいくつかの事例で使用されていたが、多くの建物で確認されているように、炭素鋼の腐食が厄介な問題となっていた。ウィンドーウォールシステムでその素材が使用されていたのがおもな理由であるが、カーテンウォールシステムの進化に伴なって別の金属に取り換えられた。

アルミニウム

　第二次世界大戦後、窓やカーテンウォールに導入された新素材のうち、主要なもののひとつはアルミニウムである。アルミニウムは19世紀初頭に確認されて単離されるようになったが、低純度のものを少量しか扱うことができなかった。その後の進展により、高純度のものを大量に精錬できるようになった。この素材はおそらく1884年に小さなピラミッド形の杯がワシントン記念塔の頂部に取りつけられたのが初めてだろう[*90]。1886年にアメリカのチャールズ・M・ホールは十分な純度を持つアルミニウムを大量に精錬することに成功した。その製法は19世紀末までに商業用アルミニウムの価格を下げるに十分であった。その頃、ピッツバーグ・リダクション社が設立され、1907年にアメリカ・アルミニウム社（通称「アルコア」Alcoa）に社名を変更した。

　アルミニウムは鉄よりもはるかに軽く可鍛性もあり、鋳型への流し込みや押し出し成形もしやすい。アルミニウムは第二次世界大戦期に航空産業で広く用いられ、引き続いて戦後のカーテンウォールに用いられるようになったのだが、これは偶然ではない。軍需産業界が新しい市場をつくろうと戦後に熱心に取り組んだおかげである。戦時中に多大な政府援助を受けて大型工場が建設されたが、それらは戦後に民間所有となり、アルコア社だけでなく、カイザー・アルミニウム社やレーモンド・メタル社なども民間市場に参入した。アルミニウムは耐腐食性や軽量性を有しているため、建設業にとって理に適った製品をつくることができた[*91]。また、大量の広告が打たれ、その性能と美的な品質が脚光を浴びることになった。この金属は、構造、配管、屋根、羽目板、窓、そしてカーテンウォールへの適用が推奨された。戦前にすでにアルミネア・ハウス[図7-6]に見られた羽目板や構造用柱のほかに、窓やカーテンウォールといった用途がよく知られている[*92]。最初期の形態は、当時さまざまな雑誌で示されたような単純なスティックシステム（訳注：最初にマリオンが取りつけられ、その後ガラスパネルがはめ込まれる方式）だった。一方、ハリソン＆アブラモヴィッツによって設計されたピッツバーグのアルコア社ビル（1953）[図4-27]では、横幅6フィート（約1.83m）で高さ12フィート（約3.66m）程度の側面パネルが用いられた[*93]。これらのパネルは、1/8インチ厚（約3mm厚）のアルミを使った型打ち成形材と押し出し形成材の組み合わせたものであった。

　成形パネルはより肉厚の薄い金属に用いられるようになり、型打ち技術はそのほかの材料や当時の建物に適用されるようになったが、60年代にアルミニウム材が単純なファサードの意匠に用いられ、スパンドレルのような平らなアルミニウム板に用いられた[*94]（型打ちパネルの組み立てには、機械生産に必要な多額の費用と低価格化を実現するためのリピート客が求められた）。ニューヨークのチェース・マンハッタン銀行（1961）とマリン・ミッドランド・ビル（1967）はどちらもSOMのゴードン・バンシャフトの設計であるが、平板材から押し出し材への移行を示すいい例で、全国の組立部品のプロトタイプであった。押し出し技術はさまざまな素材のスパンドレルパネルの可能性を開き、別の時期に視覚的かつ建築的な興味を満足させるために、ガラス、陶材、ほうろう、石がはめ込まれるようになった。

　アルミニウムは空気にさらされると、酸化を防ぐために薄い膜を形成するが、それにより表面にかすかな穴が空き、鈍い灰色になる。この現象は初期の製品によく見られる。この酸化による色と性能

図4-27:アルコア・ビルディング、ペンシルヴァニア州ピッツバーグ、ハリソン&アブラモヴィッツ（1953）。外観詳細。この異形パネルは高さ6×幅12フィートでアルミニウムの押し出し成形によりつくられる。窓枠がガスケットで取りつけられている。アルミを変形させたことにより、各階の間に渡すに十分な剛性が得られている

は十分とはいえなかったため、ほうろう仕上げ、陽極被覆仕上げ、工場生産された高性能フッ素重合体系熱硬化性樹脂仕上げの3種類の仕上げ方法が開発された。この3つのうち、ほうろう仕上げが最初に試されている。フッ素重合体はごく最近になって登場したものだが、陽極被覆よりも発色がよく、色のバリエーションが豊富である。いずれも40年代終わり頃から60年代に一般化した[*95]。

アルミニウムはカーテンウォールのリノベーションや修理においてめったに問題にならない。よくある問題は、壁の構造デザインや隣接する素材との関係である。陽極酸化の処理や洗浄、あるいは別のアルミニウムの仕上げが維持管理に使われる[*96]。

ステンレス鋼

ステンレス鋼という言葉は、鉄、クロム、ニッケルを含むさまざまな耐腐食合金を含む。これらは炭素鋼と同じ強度を持っており、当初はおもに被覆材として用いられた。耐腐食性の鉄合金の探求は19世紀に開始されたが、ステンレス鋼合金がパネルや被覆材料に使用できるまでに改良されたのは1920年代後半になってからであった。これらの素材はニューヨークのクライスラー・ビル、エンパイア・ステート・ビル（1930年および31年頃）のような有名なランドマークに用いられた[*97]。第二次世界大戦後、ステンレス鋼はさらに確実に扱える素材となり、カーテンウォールの建物の被覆材として用いられるようになった。51年頃のレヴァー・ハウスの縦型マリオンは、ファサード補強用の炭素鋼チャンネル材を保護したステンレス鋼のカバーであった。そのほか、柱のカバーや被覆材またはスパンドレルパネルとして使用している建物に、SOMが50年代末に設計したシカゴのインランド・スチール・ビルとハリソン&アブラモヴィッツが設計したニューヨークのソコニー・モービル・ビルディング[図4-28]がある。後者の場合、スパンドレルパネルの幾何学模様は、サイズを変えずに薄板を固定するのに役立っている[*98]。ステンレス鋼の最も壮観な使用方法のひとつに、セントルイスのジェファーソン国立発展記念碑（通称「ゲートウェイ・アーチ」）がある。エーロ・サーリネンによって61年から66年にかけて建設され、ステンレス鋼で完全に覆われている。しかし構造材にステンレス鋼を用いたことで、莫大な費用がかかった。その後70年代末頃まで、ステンレス鋼の使用はアクセントとなるパネルに限られていた。アルミニウムはあまり高価でなく作業しやすかったので相変わらず好ましい材料だった。

ステンレス鋼は非腐食性であるけれども、厳しい環境下で（合金の種類にもよるが）劣化することがある[*99]。劣化により、非陽極被覆アルミニウムを連想させる鈍い灰色の表面の色になったり、穴があいたりする。パネル、金属被覆、柱カバーのあるところでは、下層の基質や構造の腐食、または外側からの影響により歪みを引き起こす可能性がある。しかし全体的に見れば、多くのステンレス鋼は良好な状態にある。オリジナルの仕上げは再処理、洗浄、バフ研磨によってほぼ復元できる。クライスラー・ビルの先端部にあるステンレス鋼の被覆は竣工後60年たっても、修復された80年後半頃と変わらずきわめていい状態を保っている。

そのほか合金：建築用青銅と耐候性鋼材

　建築用青銅は前世紀中の立派な建物のドア、窓、手すり、照明設備、装飾飾りに用いられた[*100]。カーテンウォールに用いた有名な建物に、ミースとフィリップ・ジョンソン設計のニューヨークのシーグラム・ビルがある[図2-1][*101]。この金属は未処理のまま放っておくと、合金の成分のひとつである酸化銅の緑色に変色する。シーグラム・ビルの外装部材はこのような自然な緑青の発生を抑えるためのオイル処理が施されている。銅と鉄の合金は鉄や鋼鉄よりもかなり強く、耐腐食性があ

図4-28：ソコニー・モービル・ビルディング、アメリカ・ニューヨーク、ハリソン&アブラモヴィッツ（1954-56）。ディテールを見る（背後にあるのはウィリアム・ヴァン・アレン設計、1928-30年のクライスラー・ビル）。異形パネルの利用はアルミニウム限らず、ステンレス鋼のようなほかの材料にも適用されている。クライスラー・ビルは米国のステンレス鋼を外装に適用した最初期の事例のひとつである

図4-29：USスチール本社ビル、アメリカ・ペンシルヴァニア州ピッツバーグ、ハリソン&アブラモヴィッツ（1970）。さびの保護層を持つ耐候性鋼材は、橋のような構造物のメンテナンスを減らすことを目的に開発された。独特なさびの色は急速に建築家たちの人気を集めたが、さびが進行する過程で雨だれが発生するし、腐食部分が膨張するために壁の水密シールを維持することが難しい。こうした理由から外部であまり使用されなくなった

ることが1929年に発見された。ほぼ同じ頃、ステンレス鋼が紹介された。USスチール社はいわゆる耐候性製品を市場に投入した[*102]。屋外暴露を想定した耐候性鋼材は鉄さびの薄層を形成し、1年以内に茶褐色または赤茶色のパティナと保護膜を形成する。

当初、さびによる自己保護層の生成と強度の向上という組み合わせは、鉄道橋や駅舎など定期的なメンテナンスがしにくい構造物の設計者の目に非常に魅力的に映った。50年代後半にサーリネンは、イリノイ州モリーンのディア&カンパニー国際本部（1956-64）[p.229カラー図9]の素材選定を担当する建築家に任命された[*103]。彼は構造体だけでなく、ガスケットシステムを採用したガラスのカーテンウォールの窓枠にもこの素材を用いた。このシステムは、ミシガン州ウォーレンのゼネラル・モーターズ技術研究所で用いられていたものとよく似ている。この素材は大変な人気を博し、ディア&カンパニービルの低層棟は早速60年代の高層建造物にならって建設された。60年代の高層建築には、C・F・マーフィー、SOM、レーベル・シュロスマン・ベネット&ダートによって65年に設計されたリチャード・J・デーリーセンター、ハリー・ウィーズ事務所が69年に設計したシカゴのタイムライフ・ビル、ハリソン&アブラモヴィッツが70年に設計したUSスチール本社ビル[図4-29]などがある。

耐候性鋼材を魅力的なものにしているその特徴そのものが問題となり、大型外装材の人気を急速に失墜させることになった。表面を伝って流れ落ちるさびの汚れが非常に厄介で、ピッツバーグのUS

スチール本社ビルでは、柱まわりや壁沿いの小さな排水溝に集めることによって処理している。長期間にわたって、耐候性鋼板の表面の水や水蒸気を回収する方法は素材のさらなる腐食を招き、いくぶん早く周辺部材の断面が薄くなり、その部分全体にさびが回ってしまう可能性がある。根太、溶接部、シーリング剤の前処理は将来的な腐食を防ぎ、意図的に腐食させた部材の体積膨張を原因とする早期不具合を避けるため、十分な注意と慎重な処理を要する。耐腐食性を有するにもかかわらず、いまだ定期検査や維持管理が不可欠であり、派手に喧伝された利点をやや無効にしている。耐候性鋼板が手の届きやすい外部表面や彫刻に用いられている場合、落書きが問題となる。スプレー塗料が酸化材料に浸透してしまい、保護しているさびの層を傷つけずに取り除くのが難しい。コーティングを使用すれば一定の範囲は保護できるだろうが、それによってオリジナルの素材のテクスチャーや見映えが変わってしまうだろう。

保存の論点：ガラスと金属カーテンウォール

金属やグレージング（ガラス工事）システムの保存、改良、交換は20世紀建築の技術的・哲学的なジレンマのひとつである。解決法によっては、性能不足やシステム・構成部品の劣化の原因になったり、オリジナルの素材や形態の使い勝手の悪さをさらに悪化させたりするので、ケースバイケースを基本にして処理されなければならない。ガラスの取りつけ工事は問題となったもののひとつである。1950年代および60年代に建てられた多くの建物は、フロートガラスが使用できる前まで、垂直引上法による延べ板ガラスやプレートガラスを使用している。延べ板ガラスやプレートガラスはその製法のために、わずかだが表面に欠陥が残る。一見して目に見えるものではないが、完璧なフロートガラスの隣におくと違いがよくわかる。これらのガラスはインフィルの交換として扱われがちである。よく似た問題がスパンドレルガラスの調整時にも起こるかもしれないし、その色は非常に安定しているものの、時間がたつと褪せるかもしれない。部分的な交換あるいはインフィルの交換が必要な場合、オリジナルの色が使えるとしても交換した窓ガラスは一目瞭然である。しかしほとんどの場合、修理方針を決定する段階で、カーテンウォールシステムの別の部品の状態や故障を優先し、ガラスの調整の問題は後回しにされる。

第二次世界大戦前後の大多数の建物は、広範囲に及ぶ修理を経験している。これらのなかには、劣化や性能不足のために、外装金属とガラス壁がすべて取り換えられたものもある。こうした修理や交換の戦略はいくつかのカテゴリーに分類できる。戦前期の外壁が開閉部の付属する鋼製窓の組立工事に関係する場合、オリジナルの鉄製部品が腐食していたり、オリジナルのガラスが広範囲に破損していたりすると、窓組立部品の部分的またはすべての交換が必要になる。オリジナルのウィンドーウォールの断熱値が不十分な場合、または日光遮蔽能力が不足している場合は、それぞれのケースに合わせて個別に判断される。例えば、完全に新しいデザインに変更した例（フィアット・リンゴット工場）、古いデザインにならいつつも断熱ガラスや遮蔽係数ガラスを新しく設置した例（ブーツ薬品工場）、断熱ガラスを設置した例（ゾンネストラール・サナトリウム）、補助的な窓枠を挿入して古い壁面を修復した例（ファン・ネレ工場）がある[*104]（詳細は以下を参照）。

1990年代後半から2000年代初めにかけてレンゾ・ピアノ（1937-）事務所が設計したフィアット・リンゴット工場のリノベーションの場合、20世紀初期の工場建築の特徴となっている大きな鋼製窓は修復されず、すべて取り換えられた［図14-8］。新システムでは、既存の古い窓よりも小さくならないように再分割して断熱ガラスが使用されている。精確に複製されているわけではないが、全体の印象はオリジナルのデザインを連想させる［*105］。1931年にオーウェン・ウィリアムズによって設計された、イギリス・ノッティンガムのブーツ薬品工場のD10棟は、ウィンドーウォールのすべてが取り換えられた［図4-30］。新しい断熱ガラスを使用しているが、全体のデザインと新システムの外形は、オリジナルのものに限りなく近づけようとしている。現在でも使用できる標準の鋼製窓部品は残され、水平方向の風圧に対応するために補強されている。最も大きな変化は、10％の熱線反射ガラスを使用したことで当初の透明性がなくなり、外観を変えてしまったことである［*106］。オランダのゾンネストラール・サナトリウムでは、ウィンドーウォールのエネルギー性能を改良しつつも、当初の建物の透明性と風通しのよさを取り戻すためにできる限り忠実に外観を修復することがもくろまれた［p.225カラー図2］。基本的に当初の窓のデザインを使っているが、特注断熱ガラスを採用したため、窓枠の鉄材の量がわずかに増した。この断熱ガラスの片面は延べ板ガラスとなっている［*107］。

　ウィンドーウォールの取り換えという手法は早くも76年のバウハウスに見られ、バウハウス工房のウィンドーウォールは新しい黒色の陽極酸化アルミニウムに取り換えられた（初期の窓枠は第二

図4-30：ブーツ薬品工場ビルD10棟、イギリス・ノッティンガム、オーウェン・ウィリアムズ（1932）。外観。最近のリノベーションで、当時クリッタル社製であった鋼製窓は、断熱ガラスの標準鋼製窓を取りつけ、オリジナルのデザインをできるだけ再現しようとした新しいシステムにまるごと取り換えられた。ガラスは10％灰色がかった太陽光反射コーティング加工により、建物内部がそれまでよりも快適になったが、外観は大きく変わってしまった

図 4-31：ファーストセキュリティ・ユタ銀行、アメリカ・ユタ州ソルトレークシティ、W・A・サルミエント（1950 年代初め）。外観。オリジナルのカーテンウォールは適度に良好な状態を保っており、アルミニウムの窓のみが新しい断熱ガラスに適合させるために取り換えられている。ほうろうは退色していたので、模様のついたスパンドレルパネルは再塗装された

次世界大戦期に失われている)。オリジナルのデザインにできるだけならって隅部の透明性を保持したこれらの窓は今も残っている[＊108]。同じように、ヴァルター・グロピウスとアドルフ・マイヤーが設計したファグス靴工場（1911-13）の窓は、居住空間には断熱ガラス、そのほかの場所には一般的な単板ガラスに交換された[＊109][図4-23]。この妥協案はその後ゾンネストラール・サナトリウムでとられた解決手法を思い起こさせる。

　オランダ人建築家のブリンクマンとファン・デル・フルーフトが設計した、ロッテルダムのファン・ネレ工場（1925-31）では、もうひとつの修復方法が提案されている。この建物の窓ガラスは40年のロッテルダムの爆撃後にすべて取り換えられたが、当初の鋼製窓の構成は維持されている。鉄骨造の壁には、透過ガラスがはめ込まれた開閉窓と固定窓が取りつけられている[＊110]。構成部材とスパンドレルパネルは良好な状態にあり、清掃、修理、再塗装されている。断熱ガラスが設置されていないだけでなく、「箱のなかに箱」をつくるような、独立した二次的な窓ガラスのシステムは導入されていない。当初の回転窓はまだ変えられていないし、窓の開閉は建物のエネルギー管理を考慮して、総合的に行われる[＊111][図14-14]。

　第二次世界大戦後期の建物の修復に採用されてきた戦略は、戦前期のウィンドーウォールのそれ（修理、部分的あるいは全面的な取り換え）とそれほど違わない。ただし最近のウィンドウシステムの技術はやや複雑である。カーテンウォールが適切な状態を保っていると思われるところでは、数か所の部品交換修理で十分事足りる。W・A・サルミエントが設計したソルトレークシティのファーストセキュリティ・ユタ銀行の外装では、窓だけが断熱ガラスに合わせて取り換えられたが、色褪せたほうろう製スパンドレルパネルは塗装され、ファサード全体が再形成された[図4-31][＊112]。

　ファーストセキュリティ・ユタ銀行は、レヴァー・ハウスのカーテンウォールの全交換と対照的である[＊113]。ここでは、炭素鋼製の窓の留め具、アングル材、構造用チャンネルの腐食が、ガラスの連続破損を引き起こした。このような状態であったことを理由に、当初のものに似せた新しいカーテンウォールにすべて交換することが正当化された[図2-7,図2-8]。レヴァー・ハウスはファサードがすべて交換されたことで注目を集めたが、そのような手法が取られた唯一の建物というわけではない。デュッセルドルフにあるティッセンハウス（1957-60、ヘントリッヒ・ペチュニック＆パートナーズの設計）の24階建てのカーテンウォールはリノベーションの過程ですべて交換された[＊114]。オリジナルのデザインは見た目にレヴァー・ハウスによく似ており、ほぼフラットな外観で垂直材と水平材でグリッドが表現されている[＊115]。一方、オリジナルに酷似した新しいデザインは、改訂された風圧や断熱性能の法的基準に適合させるために調整され、また金属部品内には断熱層が確保されている。太陽熱の吸収を和らげるため、反射コーティングガラスが検討されたが不採用となった。その代わりに高断熱ガラスが選ばれ、当初の建物の透明性を確保するために透過パネルが採用された[＊116]。双方の建物のオリジナルの窓枠はすべて交換された結果、わずかな外見上の変化が生じているが、延べ板ガラスとフロートガラスの比較ができないため、すぐにはわからない。

　レヴァー・ハウスとティッセンハウスの両方で採用された交換手法は、イェール大学アートギャラリーのカーテンウォールの修復においても採用されようとしている。レヴァー・ハウスとティッセンハウスのリノベーションは設計意図を出発点とし、徐々に新しい立面を理想に近づけていった。この

方法は、新しいシステムや材料が使えたとしたら、当初の建築家たちはそれらを選択するだろうという信念に基づいて決定された。イェール大学のリノベーションはいくぶん同じような道をたどっている。ルイス・カーン自身が確認し受け入れた作業内容（おそらく嫌々だっただろうが）のなかには、組み立てや建設時に生じた欠陥や誤りが認められる。それらは必ずしも保存する価値があるというものではない。カーテンウォールの再設計において、オリジナルの炭素鋼材は、適切な断熱層を備えた新しいアルミニウムのウィンドウシステムに取り換えられた。つまり、カーン本人だったら間違いなく実行したと思われる、ウィンドーウォールの性能特性の改善が試みられている[＊117]。

金属とガラスで構成されるカーテンウォールの問題と複雑さは、高層建築に限った話ではない。一般的な商業用建造物ならば、設計意図の保存で十分事足りるかもしれないが、イェール大学のアートギャラリーやクラウン・ホールなど、オリジナルの建築家や建物そのものがアイコニックな地位を獲得している場合、問題はもっと複雑になる。アートギャラリーとクラウン・ホールは、さらにリノベーションを主題とした。クラウン・ホールはシカゴのイリノイ工科大学の建築学校の校舎であり、ミースの設計で1956年に完成した[図4-26][＊118]。比較的早い段階でのリノベーションであるにもかかわらず、ウィンドーウォールの炭素鋼製の骨組みと窓の額縁は腐食が進行し、ガラスの破損を引き起こしていた。それと同時に、ミースの建物を特徴づける、オリジナルの深い黒の塗装がくすんだ灰色に退色していた[＊119]。近年の修復では、作業を開始するにあたって、70年代のリノベーションを「復元」せずに、できるだけオリジナルのデザインに戻すことが決定された。ここでは、窓枠パネルに課される新しい法的要件への対応とこの法的要件に付随するディテールの変更というふたつの基本的な問題に取り組まなければならなかった。

建物の外側を養生幕で完全に包囲した後、腐食した鉄はサンドブラストで磨いて修理し再塗装された。上部パネルはもともと9フィート8インチ×12フィート9インチ（2.7×3.6m）の寸法で、厚さは1/4インチ（6.3mm）であった。当初と同じ厚さのガラスへの交換はサイズが大きすぎる現行法規に適合しない。それで1/2インチ（12.6mm）厚の標準的なフロートガラスが代わりに取りつけられた[＊120]。鉄分を低く抑えた特注ガラスを使用することで、分厚いフロートガラスに典型的な緑がかった色にならないようにした。重量が2倍になったため、ガラス留めを1/8インチ（3mm）ほど長くしなければならなかった。オリジナルの姿を維持するために、新しい窓額縁の頂部はわずかに外側に傾斜させており、固定用のねじが表面から飛び出さないように部分的に皿頭形状に工夫されている（上部パネルに干渉するため）。こうして、この変更部分が地面から簡単に見えないように工夫されている（低くて小さい箇所では強化ガラスを用いることによりこの方法は避けられている）。サンドブラスト磨きはスタジオにいる学生のプライバシーを守る方法として採用されており、強化ガラスの表面の内側をわずかに波打った形状に加工されている。学生がドローイングを掲示するため、ガラスにテープを貼ることがあるが、そのテープのはがし残しを防ぐために、エポキシ系のコーティングが追加されている。

法的要件、ガラス窓工事、詳細変更をめぐる問題と議論と解決法は、ガラスや金属のカーテンウォールを設置したどのようなプロジェクトでも起こりうるし、求められる要件に対して妥協しているものもある。クラウン・ホールでは、上部ガラスの額縁のわずかな寸法増とその妥当性や視覚的な問題

をめぐって熱心な議論が交わされた。主要な問題は、ミースならどうしただろうかという点に絞って議論された。すなわち、彼はプロポーションを維持したかったのだろうか、特注製品のガラス窓額縁を受け入れただろうか、傾斜を付けずに現実主義的に標準部品の使用を主張しただろうか、あるいは、建築物の設計意図に可能な限り近づけることをより重視しただろうか、ということである。最終的に傾斜をつけた窓額縁が設置されたが、修復プロジェクトにアイコニックなモダニズムの建物が含まれる場合、あるいは、オリジナルの建築家はどうしただろうかという議論をもとに作品の解釈を進めている（そしてその議論によって正当化される）場合、同様の議論が結果として起こる[*121]。よく似た議論がミースやル・コルビュジエの別の建物の修復や復元でも起こっている。

　外装鋼製材で起こる問題は、大体塗装に関係がある。ミースの建物は特にそうである。当初使用されていた塗料は時間の経過とともに鈍い灰色に退色する鉛系の黒塗料であった。鉛系塗装は今では利用できないため、使用可能な代用品を探さねばならない。それらは望ましい視覚的特徴を備えていなければならないが、長期耐久性も保持していなければならない。これはある程度光沢の量に関係する（光沢の減少は塗料の耐久性を低下させるし、品質保証に影響を及ぼす可能性がある）。例えば、ミースのフェデラル・センターのカーテンウォールの修復では、カーテンウォールの炭素鋼材も再塗装する必要があった[*122]。最初に調査を行い、複数の実物大モデルをつくった後、商業用の塗装システムが選択された。このシステムは優れた耐久性と品質保証を保持しており、皆がよく知っている色褪せた灰色よりも若干光沢があるけれども視覚的に受け入れられた。この色褪せた灰色の見た目はオリジナルとは違うし、おそらく建築家もまったく意図していなかっただろう。しかし皮肉なことだが、皆がその建物をどのように記憶しているかによって受け止め方は異なる。風化とメンテナンスは建築（特に近代建築）の外見や評価において重要なのだが、いまだ解決されていない問題のひとつである[*123]。

　近代建築のガラス窓のリノベーションでは、代用ガラスの見え方以外の側面が問題となる。リノベーションの判断過程においてエネルギー効率、日射遮蔽、安全性が重要になる。太陽光をコントロールしようという試みは、歴史的にブリーズソレイユやそのほかのスクリーン、格子、天幕、カーテンを用いて、直接ガラスに太陽が当たるのを防ぐのに限られていた。ル・コルビュジエ、ブロイヤー、エドワード・ダレル・ストーンは、太陽光の透過を調整する外部装置を使用した[*124]。1970年代に反射コーティングが導入される前の、そのような建物やガラス壁が建設されたときは、ほかにあまり選択肢がなかった。そのようなガラスのひとつに低放射率ガラス（Low-Eガラス）がある。（別の太陽光反射コーティングがあるかもしれないが）使用されている低放射率ガラスは外観、透明性、建物の特徴を大きく変えなくて済む[*125]。

　断熱ガラスと表面コーティングは金属とガラス壁の熱損失を部分的に対処することができるが、スパンドレルと固形部材そして金属部分も考慮されなければならない。歴史的に、スパンドレルパネルのデザインは2通りの方法で行われてきた。最初期の方法では、例えばバウハウス[図4-25]やハリディー・ビル[図4-24]の立面の余白部のようにスパンドレルは透過ガラスであった。床断面や各階間の空洞を隠すために、スパンドレルに固体や不透明なものが用いられるようになるとすぐに、パネル自体やパネルの真後ろに置かれた組積構造物に断熱性が付加された[*126]。例えば、ニューヨー

クのコーニング・ガラスビルやレヴァー・ハウスでは、消防法上の断熱要件を満たすため、スパンドレルの背後にコンクリート造のブロック壁が置かれた。最も一般的な解決方法は陽極酸化アルミニウム、ステンレス鋼、ブロンズ、ほうろう、石造のパネルを構造から独立させ内部と絶縁することである。

スパンドレルパネルを内側と絶縁しようとする試みは、金属とガラスのどちらにしても、有機素材または自然繊維素材によって行われる[＊127]。第二次大戦後に別の形式の無機断熱材が開発され、グラスファイバーやミネラルウールのような製品が使用できるようになった[＊128]。サンドイッチパネルと呼ばれるこれらの材料は、必ずしも成功したとはいえない[＊129]。70年代までに、カーテンウォールのデザインは、よりエネルギー効率を意識したものになっていた。断熱性能の要件を満たすには、スパンドレルの断熱、断熱ガラスの使用や日射調節手法を採用する必要があった。金属部品形状における重大な変化は断熱層の導入、内面と外面の熱分離であった。初期の薄い部材の鉄製窓だったら、そのような分離は不可能だっただろう。しかしこれは無機断熱材を使用した複合壁（コンポジットパネル）によって実現可能になった。60年代のカーテンウォールはそうした断熱システムを採用していなかったため、内側に熱がこもる結果となった。イェール大学アートギャラリーのような壁の交換を除くと、この点についてはほとんど何も対策が取られていない[＊130]。

安全性に対する要件とそれに類する問題は、特に金属やガラスの壁がある建物のリノベーションや修復に影響を与えはじめた。法令で義務づけられた規定は、使用できるガラスの種類と厚さの変更を強いることもある。大衆がアクセスする建物の法的責任の問題が類似の変更を強いるかもしれない。21世紀の最初の10年で、特に公共建築物の場合、衝撃・摩耗に対する抵抗力や建造物の強化が求められ、ファサード全体の補強だけでなく、ラミネートガラス、ウィンドウフィルム、ポリエステルシートの装着を要求するようになった。これらは衝撃でガラス片が飛び散るのを防ぐために開発された接着剤を応用している。一方で、建造物の強化は既存のガラスの交換を必要としなくて済むという利点がある[＊131]。だが、これらを複数適用したり設置したりすると建物の外観に影響を与えるし、オリジナルの窓ガラスや別タイプの窓ガラスの隣に置くと、ひと際目立ってしまうだろう。保存の問題は安全性の問題とのバランスを注意深く取らなければならない。

ウィンドウシステムとカーテンウォールのデザインの美的・技術的な改良は進んでいる。改良はたいていの場合、実寸大のモックアップを使って、空気や水の浸透の個別検査をすることで可能になる。製品検査は45年頃に慣例となり、現在も組立部品や個別部品の基準の制定を進めている。米国材料試験協会（ASTM）や米国建築製造者協会（AAMA）のようなさまざまな組織がこの分野で活動を続けている。古いカーテンウォールの評価の際に、現状の査定や検査はこうした基準に従って行われるが、現在の要求に十分に対応していないように思われる。建物の意義を評価するとき、オリジナルのデザインと材料のオーセンティシティは、適切な保存手法を決定するよりも前に考慮されなければならない。

石造外装材

石材を用いた建物は古代からあるが、新しい取り組みが行われたのは20世紀になってからである。

石は耐荷重部材として使用されてきたが、建設技術や採石場からの切り出し、そして切断技術の進歩により外装材としても使用できるようになった。前世紀における石の利用は最小4インチ(101.6mm)厚の外装材に始まる。通常、薄い石材は手で仕上げられ、薄い化粧板は構造体に取りつけられて耐力壁と一体化させる。

20世初頭の高層ビルの発達期には、組積造被覆が鉄骨架構の間に差し込まれていたが、デザインは耐荷重の技術と新しい鉄骨式構造の組み合わせによっていた。平均4インチ厚の組積造部材は標準的な取りつけ金物で固定された。これらは見た目には伝統的なブロック積みとよく似ており、鉄骨造によって支持される。1930年代までに、4インチの石は推奨されなくなり、1.5インチの石に変わった。それらは省資源化や軽量化のためにバックアップ材に取りつけられる。第二次世界大戦前の20年間で建てられた建物の多くは、そうした技術を使用している[*132]。石のスライス加工技術と切断技術は50年代から60年代にかけて発展し、カーテンウォールの組立部品はより軽くなり、石の化粧材はより薄くなっている[*133]。

戦前までは、石は伝統的な石造ブロックに似せようとされていたのに対し、50年代初期までに表面寸法は3ないし4フィート×4フィートへと大きくなり、標準厚さは7/8、1.5、2インチになり、1.5インチ厚が化粧材に推奨された。化粧材の背後に防湿コーティングや防湿シートを付した空洞を用意するのがよい方法だと考えられており、バックアップ材が吸収するというのではなく、空洞全体の湿気が流れ落ちるように工夫されている。戦前までは（不必要であるか、実行不可能であった）石造被覆の建設では利用されなかったエクスパンションジョイントが今では推奨されている。ジョイントは大型ユニットの熱による伸縮の動きを受け止めるために、少なくとも各階ごとに垂直方向に、そして30フィートごとに水平方向に配置され、重たい壁に一度蓄えた熱を逃している。

戦後10年で、固定技術と締め付け技術そして大型ユニットを支持するための留め具類はさらに発展した。円盤型、合わせ釘型、ストラップ型の留め具は、異なる条件でも適応するように（業界標準の）ステンレス鋼、真鍮、ガルバニウム鋼板と一緒に用いられた。

最も一般的な固定システムのひとつはスプリットテイルアンカーである。これは金具の端部の半分が上に折り曲げられ、もう半分は下に折り曲げられたもので、パネルだけでなくパネル上部の重力荷重も支持する。いくつかの事例では、化粧材はリリーフアングルの上に溶接した鋼製タブにより固定される。化粧材の背後に大きなスラブと空洞があり、モルタル材を適切なシール材に交換して、適度な熱の移動を可能にしている。

一般に薄石板と呼ばれる、石材を表面に張り付けたプレキャストコンクリートパネルは50年代末から60年代初め頃に使われるようになった。当時、石の化粧材はプリセット・ヘアピン・アンカーを背面に取りつけた型枠に設置された。これらのアンカーはパネル成形時にコンクリートに埋め込まれる。リンカーン・センターのジュリアード学院[図11-10]のトラバーチンパネルはそうした技術を用いた例のひとつである。石やコンクリートのさまざまな物理的特性に適応させるため、素材はボンドブレーカーや防水紙を用いて分離される[*134]。これらの薄石板は石を傷つけずにより簡単に扱える大型パネルとして利用されるようになった。

固い耐荷重性のブロック材から薄い石板または石材パネルへの変化は、問題がないわけでもなかっ

図 4-32：ホイットニー美術館、アメリカ・ニューヨーク、マルセル・ブロイヤー (1966)。外観。美術館建物の鉄筋コンクリート構造の上部は花崗岩パネルで覆われている。パネルは最近、一度取り外されて、新しいステンレス鋼アンカーを取りつけて元の位置に再び戻された。建物の下半分では、鉄筋コンクリートが率直に表現されていて典型的な杉板仕上げとなっている

た。初期の建設技術である分厚い石は、素材特性や整合性に関する安全のマージンを確保し、山積みすることが可能だった。厚みを減らしたことで、安全マージンも減り、初期の建造物が有していた余剰性が失われた[*135]。そのうえ、石によってはほかのシステムよりも旧システムのほうが適していた。選択の幅が広がれば広がるほど、パネル製造、システム設計、取りつけ、品質管理が向上し、その結果、一度設置されたシステム（そして必要とされるシステム）の性能への理解が深められる。風化や表面の欠損は視覚的にも物理的にも目立つようになり、大型部品の熱による膨張と収縮はシステム設計時に慎重に考慮されなければならなくなった[*136]。設計の意図は古い石造建築物と同じく永続性の感覚を伝えることにあったかもしれないが、事実はまったく異なる。この材

料の施工法や薄さゆえに、不具合が生じやすく、期待されているほど長持ちしない [＊137]。

　石造被覆に関する不具合の多くは、基礎となるアンカーシステムの不十分さや故障（不適切な取りつけによる作用や石そのものの性能）にある。アンカーが破損や剥離を引き起こし腐食することがあり、固定箇所に直接かかわりがある場合は状態が不安定になる。改修作業は、おもに問題となる箇所の面積や深刻度によって異なるし、システム上の問題であるか、偶発的な問題であるかどうかによって異なる。建物の建築的、歴史的、文化的な意義が、修理方針を決定するうえで重要な役割を果たす。

　マルセル・ブロイヤーが設計し、1966年に竣工したニューヨークのホイットニー美術館は、市のランドマークになっている。外装は灰色がかった花崗岩の大型パネルで覆われている。パネルや固定具や支持材に関する部材を交換するため、オリジナルのパネルすべてが建物から取り外された。それらに札をつけて慎重に清掃して保管し、同じ箇所に改良された固定具や支持材を再設置した。新しいアンカーの取りつけには、オリジナルのパネルの片側に追加の穴を開ける必要があったし、数枚のパネルの交換が必要とされた [図4-32][＊138]。

　近代の石材被覆に共通する最も深刻な問題のひとつは、白くて薄い大理石の湾曲である。きめが細かく滑らかな大理石はヒステリシスと呼ばれる現象、すなわち塑性変形の影響を受けやすい。これは熱膨張の結果起こる永続的な容積変化の一過程で、最終的に石を湾曲させてしまう [＊139]。初期の組積造では、この現象はそれほど問題にならなかった。というのも、壁表面の熱負荷を分散させるのに十分な素材の厚さや大きさがあったからである [＊140]。しかしこの歪みは大西洋の両側にある建物で起こっており、ここしばらくの間、深刻な問題だと考えられてきた。エドワード・ダレル・ストーン設計のシカゴの元アモコ・ビル、アルヴァー・アールト設計のヘルシンキのフィンランディアホール（1967-71）とエンゾ・グートツァイト本社は、大理石が湾曲した建物の一部にすぎない [＊141]。大理石のそりやへこみなどが見た目に影響を与えているが、最も深刻な影響はアンカーシステムや支持システムの故障である。今のところ、追加の留め具が適切な位置にしっかりと固定され設置されているが、歪みが進行しそうなので長期的な解決法とはいえない。取りつけ具が非常に危うくなっているところでは、フィンランディアホールのようにオリジナルの大理石が新しいものに取り換えられたり、元アモコ・ビルのように花崗岩のような別の石に取り換えられたりしている [＊142]。

　白大理石のほかに、独特の縞模様や溝のあるトラバーチン（トラバーチン大理石やライムストーンと呼ばれる）や淡色の石灰石は、建物の使用中に生じる問題を扱った文献で近年注目を集めている。このような石材は、壁や床から家具やテーブル天板にいたるまで、1960年代および70年代にインテリアとエクステリアの両方で幅広く使用された。トラバーチンはローマ時代より使用されてきたが、近代建築への適用は常にうまくいったわけではなかった。石に刻まれている溝は、凍結融解やそのほかの環境要因の影響を受けやすい [＊143]（適切に選択し細部に注意して設置すれば、ほかの石のように性能を発揮するはずなのだが）。

　トラバーチンはアメリカ全土の建物で広く使用されてきた。リンカーン・センターにある建物群は複数の建築家たちによる設計で、明快な作法でディテールがつくられているが、どれもトラバーチンで覆われている [＊144]。ホイットニー美術館の外観はオリジナルの石で全体が覆われており、リンカーン・センターの建築と部分的に共通している。したがって、リンカーン・センターも修理

や交換を選択することが最適であるように思える。オリジナルの石をいったん取り外して再設置することが必要な解決法だと考えられたホイットニー美術館とは違って、リンカーン・センターでは、さらに段階的なアプローチが取られている。ほとんどの石は良好な状態にあるので、今のところ、トラバーチン被覆のすべての交換や再設置の必要はないが、継続的な検査やメンテナンスを行った結果、数多くのパネルや薄板部材は交換されることになった。劣化要因のほとんどは材質にではなく、アンカーや支持材の腐食に関係していた。劣化は日常的に起きる剥離や変位に要因があったのである。アンカーと支持材は再設置され、必要に応じてトラバーチンのパネルが取り換えられた。

　薄い石材の問題は大理石に限らず、その材の特異性にあり[*145]、どの国でも起こりうることである[*146]。製造過程で検討された建材の配列、脈配列、敷きパネルの不整合が深刻で厄介な問題を招いている。石材の状態、支持材の腐食、不十分な寸法のジョイント、差動運動は、評価の際に考慮されるべき要素となる（たいていの組積造がそうであるように、問題の大半は支持システムやアンカーシステムに関係がある）。

プレキャストコンクリート外装材

　外装材の第二次大戦後の発展で最も重要なもののひとつが、大型プレキャストパネルの導入である。人造石としてのプレキャストコンクリートは当時技術的に十分に確立されていたが、その利用は小規模のユニットに限られ、ほとんどの場合、耐力壁と一体化していた。プレキャスト製品はこの章の最初で述べたように、構造用部材として第二次世界大戦前後に使用された。しかしプレキャスト外装パネルの使用は戦後にゆっくりと開始され、1960年代および70年代になるまで最大限に生かされていなかった。

　外装材として使用されたところは非耐荷重となっており、構造躯体に張り付けられたり構造躯体で支持されたりしていた。建築の形状と被覆パネルは除々に複雑になっていった。デザイン性のほかに、ユニットの寸法や重量を考慮しつつ、組み立て、運搬、扱いやすさ、設置条件を考えておくことが、多様なシステムを設計するうえで重要であった[*147]。プレキャスト外装パネルは、窓枠部材を取りつけたスパンドレルとして、床面と床面の間に入れる全面壁パネルとして、あるいは複数階にまたがる窓なしパネルとして使われた。この建設システムは、窓枠付き（または窓枠なし）のパネルと不透明なパネルを組み合わせた、1階から2階の高さを持つ多目的パネルで補完されている。

　プレキャストコンクリートパネルを取りつけた被覆の立面は、透過ガラスが少なく不透明な部分が多くなるが、パネルの深さや形状を工夫することにより、三次元的な分節ができるようになっている。このパネルは、断熱・防音あるいは機械システムやその他システムを考慮して、外壁に求められる要件すべてを盛り込んで組み立てられる。そして総合的な建設システムをつくるため、パネルはプレキャストユニットに統合される。これらすべてがプレキャスト被覆システムの効率を高めており、このことが高い評判を受け続けている理由となっている[*148]。戦後期の熱心な建築家たちはさまざまな形式や形状のプレキャストコンクリート被覆を使用しており、多くの優れた事例が残されている。多くの場合、プレキャストコンクリートパネルは、石や現場打ちコンクリートなど異なる素材と併用して

使用される。I・M・ペイのデンバー・ヒルトンやワシントンD.C.にあるマルセル・ブロイヤー設計の住宅都市開発部門[図4-4、図4-10]などがその例である。

　概して材料は十分に性能を発揮し、構造的・物理的な故障もあまりみられない。問題となっているのはおもに、ジョイントや接続部品を伝って水が浸潤したり、埋め込まれた鉄筋やアンカーシステムが腐食したりすることである。水の浸潤の問題は、洗浄、修理、既存接合部品のシーリング補修によって改善できる。プレキャストパネルのファサードに生じるもうひとつの問題は、外側の仕上げや外観全体に関することである。前にも述べたが、骨材洗い出し仕上げが使用されてきたし、今も使用されている。大きな骨材がむき出しになっている隅部周辺で、骨材が多少落下することがある。建築的な分節やパネルの形状によって、コンクリートのファサードにシミや雨だれの跡がつきやすくなるが、組積造壁とウォールシステムで見られるものとは似ていなくもない。これがコンクリート建築の際立った特徴となるのだが、その特徴がいつも評価されるとは限らない。

接合材：コーキング、シーラント、ガスケット

　小さなブロックやレンガでできた伝統的建造物は、カーテンウォールやパネルシステムに取って代わったことで、異なる材料間のジョイントや接合部材をシール材で密封したり防水したりすることが、これまで以上に重要な意味を持つようになった。伝統的な組積造のジョイントは、おもに荷重を伝え、最低限のシーリング機能を発揮することを目的とした。一方カーテンウォールの接合組立部材に求められる物理的な要件はさらに広範囲に及ぶ。例えば、静水圧と風圧（圧力は建物が高くなるほど強くなる）に耐え、さまざまな素材や表面に接着できなければならず、風雨に耐えて多様な動きに対応し機能しなければならない。このような要件は、19世紀および20世紀初頭のコーキング、シーラント、素材の性能をはるかに超えていた。

　1950年代になるまでは油性や樹脂系のコーキングが最も一般的であった。これらは接合部の柔軟性が必要最低限でよいところや、窓と壁の間の空隙を埋める必要があるところであれば、十分に役立つ。しかしこれらの初期の素材のほとんどは、動きに対する性能が十分ではなかった。当時の建設方式は、部材間にそれほど動きはないと予測していた。また、20世紀末までの初期の高層組積造の被覆は、揺れや動きに備えていたとしても十分とはいえなかった。

　コーキング剤はおもに亜麻仁油や炭酸カルシウムを加えた別の石油製造でつくられた。性能を高めようとして鉛やアスベスト、そして場合によっては別の充填剤が時折ガラス化合物に加えられたが、パテの使用量を増やす傾向にあった[＊149]。このような初期のコーキング、タール、アスファルトは、カーテンウォールや複雑な窓枠形状には不十分で不適切であった。これらはどこに使用しても雨漏りが発生してしまう。つまり接着力に欠けていて、実際の動きに対応できないのである[＊150]。50年代半ばまでに、まったく新しい世代のシーラントが登場した。これは原油でできた精巧なもので、戦時中に開発されて広まった。加えて、新しい人工ゴムが使用可能になり、最終的に車に適用され、その後、建造物のガスケットに利用された。人工ゴムはどの種類のシーラントとも異なり、セッティングの必要もなく気温の影響を受けることもなかった。

弾性シーラント

　異なる材質の壁の間をふさぐ工事は、外部に露出していて比較的費用がかからない場合に限って用いられるとはいえ、きわめて重要である。防水外装に関して最も重要なもののひとつが弾性シーラントの発達であり、その多くは1950年代初めに導入された。石油を原料とする初期のコーキングとは異なり、弾性シーラントはその名が示すとおり、伸縮性があり元の形に戻る能力を持っている。現在利用可能なもののうち、最初に導入されたのは、ポリサルファイド系合成ポリマーやポリサルファイド系合成ゴムをもとにした、多硫化物であった。チオコール・ケミカル社は、これらのシーラントを最初に導入した企業のひとつであるが、30年代初頭に開発し、戦時中には飛行機の燃料タンクの気密ジョイントに利用した。建設産業で発展したこの新製品は、チオコールという企業名で市場取り引きされた。成分は2種類で構成され、現場で使用する前に直接混ぜ合わされた。60年代初頭にポリサルファイドが使用できるようになり、混ぜ合わせる作業で失敗する可能性が減って手順も簡単になった。まもなくしてチオコールに続いて別の製造会社が、弾性シーラントや別の種類のシーラントを製造しはじめた。これらの新しいシーラントが導入されたことの意義は、最近の出版物を見ればよくわかる。ある報告書には、レヴァー・ハウスや国連事務局ビルの漏水壁についての苦情が載せられており、シーリング補修する必要性が指摘されている[＊151]。

　ポリサルファイドは戦後の10年もたたないうちに、シリコーン、ウレタン、ラテックス、ブチル系やアクリル系のものなど、別の弾性シーラントに急速に変わっていった。多くのものは建築以外のものへの適用を意図してつくられた製品に起源があり、その多くは軍事産業に関係している。アクリルは50年代後半に登場し、ラテックスも同じ頃に登場した。シリコーンは20世紀初頭に発明された。シーラントとしてのシリコーンの研究は30年代に始まり、36年から39年にかけて建設されたフランク・ロイド・ライトのジョンソン・ワックス・ビルで比較的早く使用されている。50年代は二液形の製品であったが、60年代初めに一液形になり、望ましい性能と色を出すために、シリコーンポリマーに別の原料が加えられた。シリコーン製シーラントはこれまで、動きの影響を受けやすい接合部や構造用窓枠の接合部に使用されてきた。そして、発達したのはシーラント材だけではない。ジョイント設計に対する理解が深められている。接合部のバックアップ材やボンドブレイカー（絶縁テープ）など、今では慣例となっている材料と技術の多くはそのよい例である。初期のジョイントには、このような強みがなかった。

　これらを最初に適用する段階で、初期のシーラントに欠点や制限がなかったわけではない[＊152]。前述のとおり、チオコールや初期のシリコーンシーラントのようなふたつの成分からなるシーラントは、現場でヘラを使って混ぜ合わせなければならなかった。この材料は混合開始後6時間しかもたないため、準備と設置時の品質コントロールが非常に難しかった。トレムコ社製の「モノ」と呼ばれる一液型の弾性シーラントは接着力に優れており、ゆっくりと時間をかけて硬化するが、この材料は除去するのが難しく、二次応力によって窓枠を破損することがある。

　保存の観点から見ると、適切にしっかりと維持されている建物であれば、これらの初期のシーラントは残すことができそうである。それらがまだ適切な位置にあるとすれば、許容耐用年数を十分に超

えてしまっているし、硬化により除去が困難になっているであろう。必要性の定義や妥当な解決方法の考案、正しい材料や技術の特定（交換も含む）には、複雑な技術的試行が求められるかもしれない。さらに重要なのは、望ましい性能や耐用性を実現するために、施工時に細心の注意を払うことである。シーラントの経年変化や劣化後の不適切な表面処理や施工が、おそらく復旧作業の失敗の原因のひとつになっている。

どの新しいプロジェクトについてもそうだが、保存プロジェクトにおけるシーラントの選択は、必要とされる性能によって決定されなければならない。オリジナルのシーラントを保存する取り組みは不必要であるし、望ましくないことさえある。このことは、伝統的組積造建造物のジョイントに使用されるモルタルに対するアプローチと大して違わない。ここで重要となるのは、性能と視覚的な特性である。シーラントの物理的な特徴と耐用性以外のもうひとつの特徴はその外観であるだろう。透明度の整合性、オリジナルの色、素材の適性が基準となりそうである。一方で、部材の基質に与える影響も考慮されるべきである。特に多孔質の建材はシーラントの養生で使用される溶剤や油を吸収するため、染みになることがある[*153]。

ガスケット

建物を密閉するためにガスケットを使用するという考え方は、建築家たちが車や飛行機を称賛しはじめたころに見られるようになった。粘性形状を応用したシーラントと異なり、固体のネオプレンのガスケットは設置時に気候の影響を受けない。ロック・ストリップ・ガスケットは、1930年代に自動車産業で使用されるようになり、第二次世界大戦直後にペンシルヴァニア・ターンパイクの料金所で初めて使用された。ゼネラル・モーターズの「内陸部生産部門」は、エーロ・サーリネンらと協働してネオプレンゴムのシール材を改良した。このシール材は特許取得済みのふたつの部品からなる自動車用の防風ガスケットで、当時「インロック」という登録商標で製造されていた。それらはゼネラル・モーターズ技術研究所のカーテンウォールやウィンドウシステムで使用されており、そのほかの建物にも使用された[*154]。ゼネラル・モーターズ技術研究所は、ガスケット（特にロック・ストリップ・ガスケット）の性能を高め、その後の何十年間も建築業界の標準となった[*155]。自動車の窓のように、ガスケットは金属やコンクリートなどの枠を支持するために、ガラス板や金属板に取りつけて使用される。ガスケットは、ガスケットそのものとロックストリップのふたつの部品からなり、しっかりとした密閉状態をつくり出すには圧力が必要であった。一度ロックストリップがガスケット内に差し込まれると、それがガスケット全体を押し出し、ガラス面を密閉することができる。ロックストリップの差し込み動作はジッパーを使用と似ているので、"ジッパーガスケット"と記述されることもある。

時を経て、さまざまな種類のロックガスケットが開発され、何を取りつける必要があるのか、どのようにして取りつけるのかなど、それぞれの対象に合わせて特化されている[*156]。寸法、許容範囲、適合性、コーナー接合部は、組立や設置、そしてその結果としての最終的なシステムの性能にとってきわめて重要であった。ガスケットに最もよく用いられるのはネオプレンである。ネオプレンには耐久性、抵抗力、耐油性、耐薬品性、耐候性があり、高温低温でも優れた性能を発揮する

と考えられている［＊157］。ネオプレンガスケットはメンテナンスの必要がほとんどなく、コーキング、塗装、特殊洗浄の必要がまったくない。破損したパネルは、ガスケットを取り外し新しいパネルを挿入して交換するだけでよいと思われていた。ところが、この見方はあまりに楽観的であるとわかってきた。つまりネオプレンの経年変化の影響が無視されていた。この素材は硬化すると除去が難しくなる。ゼネラル・モーターズ技術研究所の科学者たちは研究所の建設後に10年以上かけて素材開発を続けた［＊158］。一部の初期の複合断熱パネルは剝離を起こすことがあった。別の材料の上に置いたガラスがくもることは珍しくなく、起伏のあるガラスや破損したガラスにより、完全密閉とは言いにくい状態になることがあるし、長年使用したガスケットの下側に水がたまることもあった。初期のガスケットは下に排水する機能を持っていなかったが、その後の設計では標準となった［＊159］。

　ガスケットシステムは80年代初め頃までに、好意的に受け止められなくなっていく。コストが高いことや時間がたつと密封力が弱まって漏洩する可能性があることが、しばしばその理由に挙げられる。外壁にガスケットが利用されなくなったわけではないが、従来のシーラントが代替品としてよく用いられた［＊160］。79年の工業用パンフレットでは次のように記載されている。「1950年代初頭以降、さまざまな大きさと形状をした100万以上の窓ガラスは、ロックストリップ・ガスケットで固定されてきた。そして建築家たちの創意工夫によって別の用途も発見されたのである」［＊161］

建築資材としてのプラスチック：化粧板と複合材料

　新素材が過去100年のうちに数多く導入されてきたが、プラスチックほど近代を象徴する素材はない。それが早い段階から建築業界で適用されてきたことは大きな意味がある。それゆえ、その長期耐久性は深刻な物理的かつ哲学的な問題を提起している。経済的にも物理的にも耐用年数の短い、手頃な代替品と考えられている素材はなんとしてでも保存されるべきだろうか。あるいは、デザインの保存を目指して、新品のよく似た現代的な材料に取り換えることができるだろうか。さらにいえば、その保全の実用性さえも、必ずしも明確になっているわけではない。これらの問題はその時代のほかの材料に生じる問題と大して違わないが、保存の分野で確立された原理の再考と保存方針の構築を余儀なくさせた［＊162］。

　プラスチック、化粧板、複合材料の利用は、プラスチック製の日用品が広く受け入れられた20世紀に、特に第二次世界大戦後の数十年で、急速に進んだ。戦時中の物資不足は、金属の代替品としてのプラスチックや別の素材の開発につながり、戦略的資材と考えられた。例えば、プラスチックは膨張式タンク、軽量ボート、防水に使用された。この材料にはどのような形や色を与えることもできるし、構造的なインテグリティを保っている。それが無限の可能性と手頃な感覚を呼び起こし、やがて未来の美学と社会平等を示唆するものであると認識されるようになった。これらのイメージが多数の企業を後押しし、企業はプラスチックや化粧板そして複合材料でつくられた日用品、家具、リビングスペースを備えた未来的な住まいを展示することになる［＊163］。こうした取り組みがプラスチック系材料の

潜在性を明らかにし、プラスチックを使わない産業は考えられないほどになった。構造用プラスチック、プラスチック化粧板、金属とガラスの代用品など、その適用対象は幅広い[*164]。プラスチックはコスト効率のいい複製可能な材料なので、今日までさまざまな形のプラスチックが伝統的な修復プロジェクトで使用されている[*165]。

歴史と特性

　プラスチックは高分子化合物と充塡剤と顔料からつくられる。建築材料としてのプラスチックは従来の材料とまったく異なる。それらは概して剛性が低いため、主要な耐荷重構造材としての使用は避けられた。そのほかの重要な特性に可燃性、軽さ、透明性があり、熱膨張率係数が高く、熱伝導率が低い。温度変化による膨張と収縮は持続的な問題を引き起こすので、この問題は設計施工時に考えておかなければならない。しかもプラスチックは低温になると壊れやすくなる。しかしアクリルとポリカーボネートは寒冷気候に対して強いことがわかっている。プラスチックはほかの建築資材と比べれば、適用されたのが最近のことなので、プラスチック材料の風化作用の研究は現在も続けられている。劣化したプラスチック材料に一般によく見られる状態は、黒ずみや黄変、退色や色相変化、くもったように見えるエナメルのかすみや白化、腐食による光沢の喪失である。

　建築に適用されたプラスチックには、一般に積層プラスチック化粧板とガラス繊維で補強した製品の2種類がある。化粧板は、合成樹脂、熱、圧力を使って、複数のレイヤーを重ね合わせて製作される。このプラスチック材は1920年代頃に、カウンター天板、テーブル、内部パネルシステム、ドア、看板など、さまざまな建築的・装飾的用途に使用されてきた。第二次世界大戦後に、より品質の高い、低圧ポリエステルの化粧板が商業的に広く使用されるようになり、その柔軟性ゆえにさまざまな製品に使用されるようになった。これらの化粧板は多様な基材の上にのせられる。厚さは1/16インチ（1.58mm）から5/16インチ（7.94mm）まであり、自立式のパネルやパーティションに使用される。さらに分厚いパネルは屋外でも使用できる。繊維強化プラスチックには、アクリル系、ビニル系、ポリオレフィン系、フェノール系、ポリエステル系の材料（アスベスト、カーボンファイバー、グラスファイバーも同様）がある。グラスファイバー強化プラスチック（GRP）は建築産業で最も広く使用されてきた。プラスチック樹脂にガラス繊維を加えて、外装材にも使用可能な、強度のある複合材料がつくられる。GRPは第二次世界大戦中の飛行機の構成部材として40年代に登場しはじめた。

　プラスチックの歴史は長く複雑である。さまざまな業種にかかわりがあり、非常に多くの分野に影響を与えてきた[*166]。新しい発見にはよくあることだが、プラスチックの発展は特殊な材料や製品の代わりとなるものを探すなかで始まった。合成高分子の歴史は、1907年にレオ・ベークランドがフェノールホルムアルデヒド樹脂（ベークライトとして知られる）の特許を取ったことに始まるというのが大方の見方である。フェノールとホルムアルデヒドの反応を調節することで、さまざまな物質を成形することができた。プラスチック化粧板の出発点を築いたのは、この樹脂の発見と繊維シートや布地に染み込ませるという考え方にあり、最初は電気の絶縁体として使用された。ベー

クライトの最初期の問題のいくつかは、ほかの樹脂を導入して製造工程を改善することによって徐々に解決されていった[*167]。

次に起こったプラスチック製造の発展はウィリアム・チャルマーズによってもたらされた。彼は1927年に高分子化合物を混ぜることによってガラスの代用品となる硬くて透明な素材を開発した。その後、第二次世界大戦時に飛行機の窓の材料として使用された。33年に偶然に発見されたポリエチレンは39年までに商業利用できるようになり、戦中にレーダー能力を高めるカギとなった。プラスチックは40年にさらに後押しを受けた。ニューヨーク近代美術館は、価格が10ドル以下のプラスチック製家庭用品の展覧会を開催し、雑誌「フォーチュン」がプラスチック産業を紹介する一連の記事を掲載した。戦後、プラスチック産業は急速に拡大しはじめ、電気ケーブルや防湿コーティングに使用する絶縁体など、材料の利点を生かした新製品を次々と発表した。

建物で使用されるプラスチックの飛躍的進歩のひとつは、化粧板として知られるようになったプラスチックの積層板であった。ゼネラル・ベークライト社が、電気を絶縁する目的で樹脂を染み込ませた重い布地を販売したが、このラミネートの工程を次の段階まで押し上げたのは、シンシナティのフォーマイカ・インシュレーション社であった。フォーマイカ社はウェスティンハウス電機製造会社出身のエンジニアであったダニエル・オコナーとハーバート・フェイバーによって13年に設立され、会社名が示すように電気用絶縁体の製造を開始した。一方で、彼らはシート状の薄板を製造する工程も開発している。彼らは布地を樹脂でコーティングし、同時にそれをチューブ状のスピンドルに巻き取っていった。そしてそのチューブを縦に切断し展開したのち、平らにプレスして養生した。フォーマイカ社が創業した当時は熾烈な競争のなかにあって、ゼネラル・ベークライト社やほかの企業に独占されていた。この会社を成長させたのは、自動車産業で求められていた歯車と絶縁体であった。ベークライトの特許が期限切れとなりかけたとき、フォーマイカ社やモンサント社などがラミネートビジネスに参入した[*168]。

1927年にフォーマイカ社は、不透明の保護シートを使って、濃色の積層シート上に淡い木目や大理石調の装飾を施す可能性を探りはじめ、実用特許を取得した。印刷工程の変更と輪転印刷機の導入によってシートに連続模様の印刷ができるようになり、フラットベッド印刷を時代遅れのものとした。フォーマイカ社は技術革新を続け、紙ベースの化粧板、薄い本物の木板を張りつけた積層板、新しい樹脂を開発し、導入した。さらに同社は、新しい色と模様を探求し、まもなくして化粧板はモダニズムやアール・デコのインテリアに用いられることとなった。第二次世界大戦以降の、戦後の住宅と学校の不足、そしてそれに続く建設ブームによって、化粧板の需要が著しく高まった。フォーマイカという言葉は、プラスチック化粧板とほとんど同意語であった。これを認識していたフォーマイカは、48年に「インシュレーション」の語を企業名から取り去り、世界市場に進出した。かつて実用的な製品であったものが、平等主義的な高級品になったのである。

1950年代および60年代にプラスチック化粧板が至る所で使用され、ほとんどのキッチンやバスルームで使用されている。レイモンド・ローウィ（1893-1986）のようなデザイナーたちは、これらの材料を使って新しい模様や適用方法を考案した[*169]。フォーマイカ社はさまざまな適用方法を見せることを目的に、壁、床、キャビネット、天板、そしてシャワーカーテンにも化粧板を使用した住

図4-33：万国博覧会のフォーマイカ・ハウス、アメリカ・ニューヨーク、エミール・シュミットレン、エリス・リー、ベティ・クラフトによるデザイン（1964）。自社製品を陳列するため、フォーマイカ社は、壁、床、カウンター天板、キャビネット、シャワーカーテンにプラスチック化粧材を使った、典型的な郊外住宅を建設した。万国博覧会の住宅は取り壊されたが、住宅は実際に全国で数多く建設された

宅を開発し、64年のニューヨーク万国博覧会で展示した[図4-33][*170]。繊維強化プラスチックでつくられた、未来的な外観の万博初期の住宅とは異なり、フォーマイカ社の住宅は皮肉なことに伝統的な外観をしていた。しかしフォーマイカ社の住宅を建設する際に用いられた材料は、ほかの展示物とは違って試作品のままで終わらず、製品は広く受け入れられるようになった[*171]。

　フォーマイカ社は第二次大戦後の住宅建設ブームで利益を上げようとした唯一のプラスチック化粧板の会社というわけではない。すでに16社がそのビジネスで競合していたにもかかわらず、ラルフ・ウィルソンは55年にテキサス州テンプルにてプラスチック化粧板の会社を立ち上げた。ラルフ・ウィルソン・プラスチック社（その後ウィルソナートと改名）は当初アメリカン・デスク社への販売に力を注いでいたが、その後急成長し、全国にますます広がる市場に化粧板製品を供給していった。フォーマイカ社は化粧板の可能性とデザインの多様性を明示するために64年のニューヨーク万国博覧会で住宅を建設したのに対し、ウィルソン社は化粧板の潜在能力を証明するために自邸を建設した。59年に完成したこの住宅は、配置だけでなく造形的にもカリフォルニアのケーススタディハウスに刺激を受けている[*172]。この住宅は近代様式的なテキサス・ランチハウスの典型となっている。革新的な手法を用いて多様な色彩を施したプラスチック化粧板は、壁、天板、キャビネットなど、あらゆるところに使用された[図4-34、p.229カラー図10]。この住宅は最近になって保存されていた化粧板を用いて、59年当初の姿に復元された。このことはこの素材の耐久性を物語っている[*173]。

　第二次大世界戦前に、フォーマイカ社とウィルソナート社は本業とは別の建築資材によって発展し、材料の面から住宅建設に力を入れていった。パネル化システムはプレファブリケーションにお

ける最大の関心事であったし、プラスチックを含むさまざまな材料がテストされた。最初期の事例のひとつが、33年のシカゴで開催された国際展覧会のビニライト・ハウスであった。塩化ビニルと酢酸ビニルの共重合体であるビニライトは、その建物の部材すべてに使用された。建物自体は、リビング、キッチン、浴室という基本的な3つの居室を有し、ビニライト断熱材で構成された壁パネルで囲まれた。壁パネルは、ビニライトで被覆したアルミニウム板により一方の面が保護されている。ドアはよく似た方法でつくられたが、床はスレート粉末を混ぜたビニライトでつくられた。約3年後に、このシステムはプレファブリケーションの可能性を開いたものとして紹介されたが、大成功を収めるようにはまったく思われなかった[*174]。

　1941年頃、プラスチック建材研究所はビニライト・ハウスの例にならって、標準プラスチックパネルをもとにして、簡単で自在に組み立てられる一連の住宅を提案した[*175]。この提案には、正確な接合技術や仕上げが含まれていた。第二次大戦後しばらくの間、プレファブリケーションの考えやプラスチックパネルの技術の多くは積極的には受け入れられなかったが、パネル化システムへの興味が完全に消えてしまったわけではなかったし、戦後のプレファブリケーションシステムの多くは、ど

図4-34：ラルフ・ウィルソン・シニア邸、アメリカ・テキサス州テンプル、ラルフ・ウィルソン・シニア&ボニー・マッキンニッチ（1959）。キッチンを見る。プラスチック化粧板を製造するウィルソナート社を立ち上げたウィルソンは、カリフォルニアのケーススタディハウスの事例にならって自邸を建て、その時代の典型的な色彩や模様のプラスチック化粧板を住宅全体に適用してみせた

のような形であるにせよ、パネルを使用することで発展した。50年代にロバート・ケラーは、自立式の半透明の断熱複合サンドイッチパネルである「カルウォール（Kalwall）」システムを発表した[*176]。ガラス繊維で補強した半透明の板は、アルミニウム製の構造グリッドに取りつけられ、その中心部には半透明の断熱材が充塡された。このシステムは、光が透過する大型の壁や屋根をつくるときに使用された（しばしば魅力的な効果を狙って使用された）。もうひとつの、よく似た事例はフロリダ州ケープカナヴェラルにあるヴィークル・アッセンブリー・ビルディング（VAB）である。このシステムを利用した最もドラマティックな例のひとつは、58年のブリュッセル万国博覧会のアメリカ館であった。円形屋根は300フィート（約91.4m）のスパンがあり、ベルギー国王アルバート1世が植樹した13本の巨大な柳の木に光を落とすため、すべてカルウォールパネルで覆われた[*177]。

1950年代初頭のプラスチックの利用は、おもに表面上に貼る形式やシート形式、または断熱材、床被覆材、天板、天窓、パティオや車庫の屋根など、二次利用に限られていた。しかし、三次元形状やシェル構造に用いられる繊維強化プラスチック材の発達は、完全なルームユニットの創造を可能にし、繊維の付加により与えられた剛性と材料本来の可塑性の両方の利点を得たことで、外部被覆にも使用できるようになった[*178]。シェルター、展示パヴィリオン、モデルハウスが設計・建設されたことによって、繊維強化材が人目に触れるようになり、人々がそれを受け入れるようになった。プラスチック製品は外装や内装の仕上げや目に触れやすいインテリアの装飾要素にも使用された。これらの試みは大量生産や空間の可変性、仮設性、非永続性に関する住宅の議論に終止符を打つことを期待してのことだった。ラッセル強化プラスチック社はガラス繊維壁パネルを用いてランチ様式のビーチハウスをフロリダに建設し、ゼネラル・エレクトリック社はガラス繊維強化プラスチック（GRP）製のテントや傘でつくったパヴィリオン型の居住空間モデルを考案した。

成形プラスチックとGRPを用いた住宅の発展は米国だけではない[*179]。イギリスではアリソン＆ピーター・スミッソンが、55年にロンドンの「デイリーメイル理想住宅展覧会」のために「未来の家」を設計している。建物の構造は「プラスチックを染み込ませた繊維系プラスター」で構成したと記されている。外観全体の形状は正方形をしており、インテリア空間全体と造り付け家具は、丸みを帯びた形状や角張った自由形状のプラスチックでつくられ、ひとつとして同じ部屋はなかった。当然ながら、それは洞窟と比較された。その造形はシャワーや浴槽のような、今ではよく知られている工場生産成型品のビルトインユニットを思い起こさせる[*180]。その住宅は、1980年の未来のすまいや生活の原形にテクノロジーがどのような影響を与えるのかについての声明となるようにもくろまれた[*181]（これよりも30年ほど早いル・コルビュジエのエスプリ・ヌーヴォー館とは異なる）。

スミッソンの「未来の住宅」が設計され建設される前にも、モンサント社は革新的な住宅のデザインをマサチューセッツ工科大学の研究プロジェクトで始めていた。アルバート・G・H・ディーツは建築家のマーヴィン・グーディやリチャード・W・ハミルトンと協働でデザイン事務所を運営していた人物だが、繊維強化プラスチックのシェル構造を採用した「ユニボディ」デザインによって「モンサント未来住宅」の構造を開発した[*182]（外部被覆と一体化した構造をつくるというコンセプトはプラスチックだけではなかった。1930年代に飛行機や車にも適用されており、それ以降さまざまな適用方法が発見されている[*183]）。建物は地上6フィート（約1.83m）の高さにあって、シェル

は四角いコンクリート「ウェットコア」(キッチンとふたつの浴室を含む) から四方にのびた片持ち梁の構造、つまり十字の配置になっている。4つのウィングはそれぞれ、側面に開放的な窓が採られたワンルームとなっていて、上部と下部がGRPで覆われた半シェル構造となっており、全体としては未来的な外観をしている。浴室ユニットは組立ユニットでつくられ、2等分されたものが現場でつなぎ合わされた。すべての家具と仕上げはプラスチックでつくられていた。57年に完成したその住宅はディズニーランドで10年以上展示され、約2000万人が訪れた[*184]。

　外観の成功とその人気にもかかわらず、「モンサント未来住宅」の建設システムは認められず、会社が期待していたほどにはプラスチックは世界に受け入れられなかった。それでも、ディーツはプラスチックの構造的な実験を継続した。彼はモスクワで行われた59年の米国全国博覧会で、繊維強化プラスチックで製作された90個の「傘」を使ってビジターセンターを設計した。住宅建設にプラスチックを使った実験もあった。例えば、旧ソビエト連邦のレニングラード(現・サンクトペテルブルグ)では、ポリエステルとガラス繊維でつくられた、20フィート (6m) 四方のリブ付きプラスチックハウスが建てられた。一方、60年代末のフィンランドでは、期間限定の「未来住宅」(Futuro House) が製作された。68年に紹介されたこの住宅は、当時人気を博していたジオデシックドームに代わるものとして提案され、ガラス繊維製のお皿の形をしていた。革新的な特徴を備え未来的な外観をしていたにもかかわらず、これらの試作品のほとんどは、生産までたどりつけなかった。未来をのぞくのはおもしろいが、明らかに住みにくそうだった。しかし未来のすまいを想像させる家事用品は主流になった。

　また、60年代と70年代に、プラスチックを使った外装パネルが見られるようになり、成形部材はシェル形状本来の強度をうまく生かした大型ユニットに組み込まれた[*185]。プラスチック製外壁パネルは、特にイギリスで人気があったようである。プラスチックの歴史の議論で、よく登場するのは以下の作品である。旧英国国営鉄道の継電気室、フバード・フォード&パートナーズ設計のロンドンの「全世界住宅」(1978)、ジェームズ・スターリング設計のオリベッティ訓練学校 (1969-72)、ファレル&グリムショウ設計のハーマンミラー工場 (1976) である[*186]。成形パネルは通常パネル面積が小さく、内部強度を高めるために角や隅やフランジを丸めるので、特徴的な外装を生むことになった。しかし建築のスタイルは変化し、これらの特徴的な形状のパネルはもう流行していない[*187]。

保存の論点：プラスチック

　プラスチックやプラスチック系の設備が古くなるにつれて、保存家たちが関心を持つ領域が明確になり、劣化に関する研究が開始された。詳細は設備ごとに異なるが、いくつかの基本問題が知られている。当初材との整合性、表面劣化、繊維の問題、固定や支持システムの不具合である。この問題に関連するのは、残存する当初からの材を保存する技術的な能力や、同種のものまたは類似のものに交換することの妥当性に対する疑問である。プラスチック産業の急速な拡大や進化と多様な製品の導入が始まって以来、材料のマッチングは困難な課題となっている。初期のプラスチックの多くは、よりよい別の材料に取り換えられてから長時間が経過しているし、品質管理が十分に改善されている。適

切な保存技術を取り入れたり、材料を取り換えたりする前に、製品を特定するためのさまざまな分析テストが必要である[＊188]。

　プラスチックやその製品の劣化は、素材自体やその組み立て方、そして構造用アンカー、または、パネル方式を適用するための支持システムに関係がある。材料劣化のさまざまな様態は紫外線照射や熱分解に関連している。プラスチックは火の影響を受けやすく、燃えると有毒物質を排出する。製造上の問題は、おもに繊維補強した材料やユニットに関係があり、繊維材が飛び出ていたり、ほかの製品が故障していたりすると、劣化が進行しやすい。建築でよく使用されている繊維強化材はもともと構造強度を有していないので、必要な剛性は取りつけ金具と支持システムによって確保されなければならない。あるところでは材料の熱膨張や収縮によって生じる差動運動や、プラスチックと支持システムと隣接する材料の間に生じる差動運動を許容できなければならない。また、ガラス繊維強化プラスチックで表面修理できるものの数は非常に限られている[＊189]。

　プラスチック化粧板は高分子化合物による製品のひとつで、機械的強度が大きく、いろいろな色やテクスチャーにすることができるし、ひっかき傷や高温にも強い。しかし気温、日光、湿気、応力の大きな変化、そして特定の薬品の影響を受けやすい。これらの要因に長時間さらされると、プラスチック化粧板は永久的に変形する。気温の上昇は、素材の収縮、ふくれ、剥離、クラッキングをひき起こし、別の面のプラスチック材に影響を与える。一方、極端に低い気温の場合は、プラスチック材に層間剥離が生じる。光の照射、特に紫外線は色の変化を伴いながら、表面を徐々に劣化させる。ほとんどのものは温水とせっけんで洗うことができる。家事用の洗浄剤はほとんどのものに悪影響を与えることなく、使用することができるし、わずかな傷跡やシミはワックスやバフ研磨で修繕することができる。しかし材料が退色や変色したり、基質がたわんだりしたところでは、あまり使用できないし、完全な取り換えが検討されるかもしれない。

　プラスチックの交換は、保存における最も困難なジレンマのひとつである。模様、スタイル、製品が20世紀の間に非常に急速に変化したので、多くの製品がすでに生産されていない。マッチングには多大な時間を要するし、それが不可能なこともある。幸いなことに、歴史的模様のいくつかはメーカーによって再生産されている。しかしガラス繊維強化プラスチックやプラスチック化粧板の保存は、技術的にも哲学的にもまだ歴史が浅く、現在も適切な技術と基準の開発が進められている。

プレファブリケーションと建設システム

歴史と発展

　プレファブリケーションとプレファブ化という言葉は、幅広い概念と活動内容を含んでいる。過去2世紀にわたって、設計と建設プロセスは各部材の規格化と標準化を目指して発展してきた。建築部材、モジュール、構造やシステム全体の標準化、そして寸法の統一は、工場生産化をさらに推

し進めた。建設業者と職人が現場でさまざまな判断を下し、熟練工の作業内容をまとめるのが注文建築の本質だった時代にあって、こうした方法は初期の建設実務からの抜本的な脱却を意味した。現場での判断は、次第に設計と製造のプロセスへとシフトし、計画段階でのコーディネートに力が入れられるようになった。施工プロセスが以前より複雑になったため、このような施工前の調整が必要になったのである。このことが計画や設計のプロセスに影響を与え、平面図や立面図に標準寸法グリッドが必要となった。三次元グリッドが建設システム計画の基本となり、今も使用されている[*190]。

プレファブリケーションの概念とシステム構築は分かちがたく結びついており、プレファブリケーションに関する議論のほとんどは互換性に及ぶ。そのほかに発展に伴って、別の専門用語が使用されるようになる。「合理化」「モデュール」「組立システム」「工業化建築」「プレファブ住宅」などは、第二次世界大戦中および大戦後に登場した言葉である[*191]。実際に現在の建築物の多くは、標準化された工場組立部品の集合体である。特注というよりもカスタマイズというべき製造方法ですべての最終製品が生産される。この事実は哲学的かつ技術的に興味深い課題を建築修復家たちに突きつけており、時の経過とともに問題は増していくと思われる。

システム化とプレファブ化に向かう動きは、設計や寸法の標準化が施工のスピードアップや製造組立コストの低減につながるという認識の表れである[*192]。より簡単に素早く組み立てられるようになればなるほど、経験の浅い（人件費のかかる）労働者たちが現場で働きやすくなり、場合によっては熟練工の雇用時間が短縮される。モデュール式や組立式の建造物が、ゴールドラッシュ時のカリフォルニア、植民地時代初期のオーストラリア、自然災害地域などの世界中に広まったことは驚くにはあたらない[*193]。コストや時間の大幅な削減もプレファブ化とシステム化の魅力となっている。需要が高く、量の確保と低コストが必須となるときの永住用住宅の建設にとっては特に魅力的である。

プレファブリケーションの原理は第二次世界大戦前の欧米で探求が始まり、これまで十分に適用されてきた。しかし部品、パネル、ボックス、ほかの構成材を効率的に製造する能力、現場への部品配送能力、そして特別な技能や材料がなくても直ちに建設できる能力は、特に戦時中のアメリカで発達した。戦前期のヨーロッパでは、プレファブリケーションや建設に関するさまざまなシステムにより、新しい安価な住宅ユニットの建設が可能になっただけでなく、戦時中の世界大恐慌期に雇用の機会を生み出した。1945年までの数十年で数多くの教訓を得たおかげで、戦後の商業用住宅や郊外住宅への適用が可能になった[*194]。

米国では、戦争や大恐慌に起因する住宅不足、戦中戦後の資材や労働力の不足、そして工業化とプレファブリケーションへの注目を背景にして実験が開始された。プレファブリケーションは急速に大量生産住宅に応用されていった。戦時下経済から戦後期経済へと移行するなか、大規模製造業は自社製品の新市場を求めて平時の住宅市場に参入した[*195]。需要が非常に高かったので、量とスピードがカギとなった。プレファブリケーションの「単調さ」の問題は認識されていたし、調節可能な最低限のオプションが用意されていたが、デザインと品質についてはあまりに気にとめられていなかった[*196]。

建設プロセスの工業化と高効率化の追求は、大量生産の究極の例である自動車産業と比較された[図4-36]。組み立てラインの導入と改良により形成された産業の先進性が理想とされた。類似点は多いが、

建設産業は依然として伝統的手法と深く結びついていた。どのような場合でも土地を用意する必要があったし、多様な要望に応えることはできなかった。結果的に、住宅生産システムは自動車生産とは似ても似つかなかった（ただし、最終的には成功しなかったものの、ラストロン・ハウスは例外である）。しかし自動車に感じる魅力はその製造法にとどまらない。ときには市場戦略の比較にまで及び、潜在的な購買層がまるでオプション機能を搭載した車を探すかのように住宅を買うように仕向けた。自動車の組み立てラインの概念は建設業ではまったくうまくいかなかったが、効率性などの追求は第二次世界大戦中および戦後期に浸透していった。

同一のプランで類似の目的をもって建設された複合ユニットのおかげで、さまざまな形態のプレファブリケーション住宅が、過去にも現代にも見られる。多層階集合住宅と一戸建て住宅は、プレファブ住宅の製造と建設から見れば、別々のカテゴリーに属する。第二次大戦前、戦後期の米国における住宅ストックの大部分は、依然として独立住宅か一棟２戸の１階建てまたは２階建て住宅だった（多層階共同住宅が19世紀中頃から建設されたが、それらは建設された住宅のごく一部にすぎず、概して従来どおりの工法で建てられた）。

プレファブリケーションに必要な部品技術と組み立て方は、プレカット、パネル化、ユニット化・ボックス化、移動住宅・トレーラーハウスなど、小さなものから大きなものまで、いくつかのアプローチに分類できる。そのほか、複数の部品を組み合わせたさまざまなハイブリッドシステムがあった[*197]。上記４つのうちのプレカットは最も古く、今も一般的である。プレカットとは、すべてのパーツが製造工場で適切な大きさに加工し評価付けされ、その後、簡単な組立説明書を付けてまとめて敷地に配達される、というシンプルなシステムをいう。プレカット部品は現場で、伝統的な技法（おもに大工仕事）により組み立てられる。これらの運搬物は、従来通りに建設された基礎と構造壁の上に置く木構造を含む。プレカット工法は個別の住宅オーナーを対象としており、ばらばらの敷地に建設される。アラジン社やシアーズ・ローバック社はプレカット技術を早い段階で用いた企業として有名である。

しばらくしてパネルシステムは一般的になった。パネルシステムは洗練度にばらつきがあるものの、構造や囲いとしての役目や、独立構造物や架構に取りつける被覆材としての役目を果たし、部品はすべて造り付けられていた。窓とドアはしばしばパネルに直接組み込まれ、電気配管などは内部に埋め込むこともできた。構成にもよるが、内装仕上げを含むこともある。アスベストセメント、プライウッド、シート材が第二次世界大戦前後のパネルシステムの製造にいく度となく使用された。低層建築以外に高層建築にも使用されている。セメスト・ハウスは、アスベストセメント板を内部と外部の構成パネルに採用した一例である。

ユニットシステムあるいはモデュラーシステムは、仕上げユニットの敷地への運搬を含む。これらのユニットは、道路で運送できる程度の大きさになっており、現地で素早く簡単に組み立てられるように設計されていて、それほど調整する必要もなかった。造り付けの備品や設備はすべてすでに組み込まれているため、互いを組み合わせて敷地の公共設備に接続するだけでよかった。ほかのシステムと同様、整地や基礎工事は従来の組積技術やコンクリート技術に依存している。ユニット式プレファブ住宅の例は、イギリスの通称アイロ・ハウス（AIROH house）や、アイロをベースにして1930

図 4-35：アイロ・ハウス、スコットランド・エディンバラ、モアダン、第二次世界大戦後。2 棟の外観。プレファブ住宅は、戦後復興期に軍事にかかわっていた産業によって製造された。イギリスの航空機産業の製品であるアイロ・ハウスはその例のひとつである。現場で組み上げられた仕上げ済みの部材で製造された、プレファブリケーションシステムは米国のテネシー峡谷開発公社（TVA）が開発した初期の事例に基づいている。現存する住宅のほとんどは外観や寸法が変えられている

年代から 40 年代にかけてテネシー峡谷開発公社（TVA）により開発された住宅がある[*198]。現在の工場生産住宅の多くは同じ一般原理に基づいている[図4-35]。

　住宅産業で大量生産を適用することに最も成功したもののひとつは、トレーラーハウスまたは移動式住宅である。家全体が完全にプレファブ化されており、工場で組み立てられ、完成した状態で敷地に運搬される。道路輸送が必要であるため、特に奥行きに関する寸法はわずか 8 フィート（2.44m）に限定された。これらの制限は近年になって、2 倍にまで広げられている。ふたつのユニットが現場で連結されて 16 フィート幅の住宅をつくることができるようになったからである[*199]。移動式住宅はプレファブ化された低価格住宅の成功例であり、広く受け入れられ利用されている。

　初期のプレファブ住宅の多くは製造法に関係なく、単純な平面図が用意されているだけでアメニティはほとんどなかった。住宅の片側にはキッチンとリビングルームがあり、反対側にはふたつの寝室が配置される。中央部には玄関、浴室、ユーティリティ、収納が集中している。片側または翼部に部屋を追加することにより平面を拡張することができた。コストとスキルに問題があったので、初期の事例では装飾はかなり少なく、おおむね近代的な外観をしていた。

　戦時中に建設されたプレファブ住宅は失敗作で、どの家も同じように見えると酷評された。戦後になって、プレファブ製造業者は（伝統的な）デザインを施したり、一定の型の範囲内でバリエーショ

ンを増やしたり、素材や職人技の質を上げるなどして、脆弱さと単調さのイメージを払拭するために懸命に努力した。システムの起源についてはあまり言及されなかった。プレファブ住宅の保存に成功したのは、えり抜きの所有者集団がいて、タイポロジーとして認められる住宅がほとんどアイコニックなまでの質を獲得していたからである。そうした例に、米国のラストロン・ハウスやイギリスのアイロ・ハウスがある。

プレカットハウスは、カタログハウスやキット・ハウスという呼び名で知られており、1910年代後半までにさまざまな業態の企業によって提供された[*200]。アラジン・レディカット・ハウスは1906年の創業で、ランバー、釘、シングル葺き材、窓、ドア、金物類、住宅塗料、説明書などのキットを提供した最初の企業である[*201]。しかし通信販売カタログや販売所を通して最も多くの住宅を売り上げたのは、シアーズ・ローバック社であった。その名は事実上、コンセプトと同義語となり、この産業のパイオニアとしてその後数十年にわたって成長し続けた。マーケティング計画は確実に功を奏し、カタログ住宅は低価格、快適性、安全性を提供するとして、多くのアメリカ人を納得させた。1908年から40年の間に、シアーズは10万棟近くを売り上げた（組み立てやすいと宣伝されたが、説明書が不十分であることが多く、建材流通関係の専門家の助けがたびたび必要となった。敷地の整地や基礎工事だけでなく、組み立てについても同様であった）[*202]。

プレカットハウスの最も一般的な材料は木材だったが、使用されたのは木材だけではない。第一次世界大戦前にトーマス・エジソンは現場打ちコンクリートで住宅をつくる実験をしていた[*203]。彼は住宅にではなく、コンクリートをつくる型枠に焦点を当てて実験に取り組んだ。その型枠は組み立てと解体が可能で、型枠はコンクリートが流し込まれた後に取り外され、隣の部位に再利用できた。ひとつの型枠を用いて複数階の住宅をつくることができたのである。安全で衛生的で快適で低価格と書かれたその住宅は、25×30フィートの平面で、2階建ての箱型構造をしており、寄棟屋根の広いポーチが用意されていた。一体成型は外部のモールディング、細部装飾、仕上げに限られた。エジソンがつくった11棟のうち10棟はニュージャージー州ユニオンに残っているが、後年の増築工事で重大な取り換えが行われ、アルミ外装材のような外観に変わってしまった[*204]。エジソン自身は特許を取得したそのシステムの開発を続けなかったが、特許技術はヨーロッパに伝わった[*205]（彼の興味はおもにセメントとコンクリートの利用であった。米国でコンクリートの実験をしたのはエジソンだけでない）。建築家グロスヴェノア・アタベリーは中空コアのプレキャストパネルシステムを発明したが、その発明は第二次大戦後に発展したプレキャストコンクリート住宅システムのなかでも、いろんな意味で先駆けであった[*206]。

ヨーロッパ諸国の実験はだいたい組積造とコンクリート造と鉄骨造に焦点が当てられている[*207]。米国における開発の多くは商業的興味に駆り立てられていたが、ヨーロッパでは著名な建築家、政府機関、住宅共済組合がかかわっていた。ル・コルビュジエは、建築家が設計したプレファブ住宅のパイオニアのひとりである。彼の鉄筋コンクリートのスケルトンとコンクリートブロックのインフィルは、伝統的な耐力壁をつくる必要性をなくし、床平面にフレキシビリティをもたらした。例えば、1921年のシトロアン住宅は、フランスの自動車シトロエンの参照を暗示しているように、大量生産の住宅システムとなるように考えられた[*208]。ほかの建築家も住宅の工業化を提唱し探求

図 4-36：自動車と合理化された住宅組立手法の比較。Albert Bemis and John E. Burchard, The Evolving House, vol. III: Rational Design, 1936 より。20 世紀の間、組立ラインによる自動車製造と住宅産業のプレファブリケーションの概念の間の類似性が指摘されてきた。たとえいくつかのビルディングシステムがその製造過程を実現できたとしても、あるいは比較できるほどの生産量が達成されたとしてもごくわずかである

した。ヴァルター・グロピウスはコンラッド・ワックスマンとともに、最初はドイツで、のちにアメリカで、パッケージハウジングシステムの開発にかかわった。これはドイツでの経験を生かしたシステムであった [＊209]。

　大恐慌の最中、建設業（住宅建設を含む）は景気を刺激すると考えられた。プレファブリケーションへの関心は政府機関や私立財団や企業の援助のおかげで 30 年代に増大した [＊210]。ベミス財団、ジョン・B・ピアース財団、パデュー研究財団などの財団組織、米国商務省、農業安定局（FSA）、森林製品研究所、テネシー峡谷開発公社（TVA）のような政府機関が、さまざまな理由からではあるが、住宅プログラム、特にプレファブ化の進歩において重要な役割を果たしはじめた。

　ベミス財団は住宅工法の研究や実験を実施するためにマサチューセッツ工科大学内に設置され、20 年代初め頃にプレファブリケーションの詳しい調査を始めた。財団は工場生産の木材パネルや鋼製パネル、そして石こう材の壁を検査したほか、構造、断熱、美的な外見を提供できるモジュラーハウジングシステムのための材料研究を指揮した。最も重要なのは、ベミス財団が 3 巻にわたる住宅史の研究書を出版したことである。そのなかにはプレファブリケーションシステムの理論的分析や、利用可能なシステムや調査済みのシステムの概要も含まれる。その時期の住宅建設システムやプレファブリケーションの状態については、その出版物が最もよく参照される [＊211][図4-36]。

　ジョン・B・ピアース財団は、アメリカ・ラジエター社の創設者のひとりであるジョン・B・ピアースの遺志に基づいて 24 年に設立され、31 年に住宅研究部門が組織された。財団は 30 年代と 40 年代に、居住環境を改善し、使用する建材の量を節約し、入手しやすい住宅をつくるための包括的な

研究に着手した。この研究では、実際にさまざまな試作品も建設された。財団創設者の最初の関心、すなわち暖房と換気の研究を踏まえて、初期に開発された工夫のひとつがウェットウォールである。この壁はあらゆる配管設備が内蔵されていて、それが暖房と換気システムとしても機能した。ピアース財団は、新しく組織されたばかりのSOM建築事務所の設計アシスタントとともに、セメスト・ハウスの発展にも寄与した。

ほかの財団もピアース財団の後に続いた。インディアナ州立パデュー大学は1935年に低価格プレファブ住宅を検証するために「住宅研究プロジェクト」を立ち上げた。また、別の政府組織も住宅やプレファブ産業において重要な役割を果たした。例えば、商務省の規格基準局は、材料の検査や建材の世界標準の策定に力を入れた。米国農務省の一部である森林製品研究所は、住宅の構造やデザインそしてプレファブ住宅に関する、木材製品の品質に関心を示した。

テネシー峡谷開発公社（TVA）と農業安定局（FSA）はプレファブ住宅の建設実験を行った。農村地域の建設労働者用の住宅が必要とされていたので、TVAは所有者が後で改良したり増築したりすることが可能で、低価格の初期費用で始められるような、基本的な住居タイプを開発しようと努めた。TVA主導で最も成功したのは、仕上げ済みの部材を使って短時間の作業で組み立てられる住宅の開発である。このユニットシステムは先に言及した英国のアイロ・ハウスのモデルとなったが、第二次世界大戦時に米国の別の場所でも利用された。同じ頃、37年に設立されたFSAは、全国各地で大量生産住宅の実物を展示しただけでなく、38年にミズーリ州の小作農のためにプレファブ化した壁や屋根を用いた住宅を1000戸建設した。39年には、1棟あたり1650ドルの鉄骨住宅を50戸建設した。

さまざまな私設財団や政府機関の努力よって業界全体が刺激されたにもかかわらず、プレファブ住宅は35年から40年にかけてわずか1万戸建設されたにすぎなかった。当時の総建設戸数の1％以下であった。しかし、低価格の工場生産住宅に対する関心は依然として高く、新しい連邦政府プログラムと機関が設置された。その一方で、ついに民間企業がプレファブ業界を組織化した。USスチール社、グレートレイク・スチール社、アメリカン・カー＆ファンドリー社、ユナイテッド・ステーツ石こう社、アメリカンラジエター＆スタンダード・サニタリー社、ゼネラル・エレクトリック社などの米国の大企業は、この時代の波にのるよい機会だと考えた。工場組立部品を提供する企業もあれば、住宅システムを自社開発した企業もあった。また、社内に研究部門を設置する企業もあった。しかしこれらの企業は財源を十分に持っていなかったのでその影響は限定的であった。

さまざまな独立起業家や企業が市場参入し、低価格で量産可能な住宅の製造に専念した。ハワード・T・フィッシャーと1932年創業のゼネラル・ハウス社は、ゼネラル・エレクトリック、ピッツバーグ板ガラス、プルマン・カー＆マニュファクチュアリングなどの企業に特別につくらせた部品で住宅を組み立てた。部材は必要に応じてさまざまな販売会社によって建設地に配達されるので、工場や倉庫はまったく必要なかった。3000ドルから4500ドルまでの価格帯の住宅は、装飾がほとんどなく、陸屋根と滑らかなガラス面で構成されており、近代的な外観をしていた。ゼネラル・ハウス社は、最初の頃は当時人気のあった住宅用の圧延鋼材でつくられていたが、30年代末頃に、鉄鋼不足、技術的な問題、資金調達やマーケティングの難しさのために木材に変更された。また、売り上げを

向上させるため、より伝統的なデザインが消費者向けに提案された[*212]。

1932年にフォスター・ガニソン・シニアにより始められたファーム・ハウス社はゼネラル・ハウスとよく似た経営方式を採用した。他社と協働して複数の住宅タイプを開発し、住宅に関する研究を報告し、住宅業者の経営と資金調達を支援した。この会社は、ナショナル・ハウス社の取り組みを支援して鉄骨パネルシステムを提供し、アメリカン・ハウス社には鉄骨構造材のほかにモトホームを提供していた。35年にワナメイカーズ百貨店ニューヨーク店で初めて展示されたモトホームにはユニークな特徴が多くあった。例えば、キッチンユニットはピアース財団によって開発されたアイデアを採用していた。そして4つの居室を有するシンプルな住宅から、6つの豪華な寝室と4つの浴室そして2台分のガレージのある牧師館まで、さまざまなモデルが用意されていた。陸屋根と幾何学的な造形をしたこの住宅は雰囲気としてはモダニズム建築のようであった。モトホームは革新的であったが、150棟しか売れなかった。これも先ほどと同様に材料不足を理由に（そして伝統的なデザインのほうが市場の受けがよかったため）、アメリカン・ハウスは、勾配屋根、下地板、下見板、合板の内装を特徴とする従来のプレファブ住宅のモデルに変更した。鉄骨造はより伝統的なプラットフォーム工法に変更された。旧来の販売やマーケティングは個人消費者やディーラーに直接働きかける形式であったが、アメリカン・ハウスはその戦略を変え、初期のキット・ハウスのモデルのように請負業者を介した商品流通を開始した。アメリカン・ハウスは40年代初め頃にはプレファブ住宅の最大手の製造業者のひとつになっていた[*213]。

実際のシステムの設計は産業により突き動かされていたが、プレファブリケーションの概念や建設システム（構法）は米国の建築家やデザイナーの注目を集めた。しかし建築の品質や住宅そのものの改良を目指したデザインの多くは、試作品の域を超えるものではなかった。例えば、バックミンスター・フラー（1895-1983）は27年に実験を開始し、29年にダイマキシオン・ハウスを生み出した。非伝統的な六角形の住宅は中央の支柱からつるすように設計された。実際の試作品は20年後まで建設されなかった[*214]。20年代のカリフォルニアでは、リチャード・ノイトラが「ワン・プラス・ツー」ダイアトム・ハウスとVDLリサーチ・ハウスを設計していたし[*215]、ルドルフ・シンドラーはシェルターの研究を進めていた。シェルターは互換部品を使ったモデュラープランニングシステムに不可欠であった[*216]。フランク・ロイド・ライトは30年代半ばにユーソニアン・ハウスの実験を行っていた。これらはプレファブリケーションでは決してなかったが、それでも当時の建築家がどのようなものを求めていたのかを示している。すなわち、施工の簡略化、グリッドの確立、木造住宅のためのモデュール、標準をつくり出すこと、その結果として建設時の煩雑さを減らすこと、そしてコストの削減である[*217]。

ヨーロッパのプレファブ住宅の発達と米国の市場の間の直接的な結びつきは、少ないながらも存在した。アルバート・フライは、パートナーであるローレンス・コッカーとともに、ル・コルビュジエの住宅に刺激を受けた一戸建て住宅であるアルミネア・ハウスを設計した。フライは米国に移住する前にパリのル・コルビュジエの事務所で働いていた。31年のニューヨーク建築連盟の第45回建築と諸芸術年次展覧会（the Architectural League of New York's 45th Annual Exhibition of Architectural and Allied Arts）で展示されたアルミネア・ハウスは、米国のアルミニウム社、マックリンティック・マー

シャル社、ウェスティンハウス電気機器製造会社などの主要企業から提供を受けた材料で建設された。展覧会後、建築家ウォレス・ハリソンは、展示試作品を購入してロングアイランドの私有地に再建し、再び移築している[p.232カラー図16][＊218]。アルミネア・ハウスは量産住宅としては成功したとは言えなかった。フライとコッカーはプレファブ住宅の別のアイデアを開発し続けたが、どれも実現していない。

　1920年代および30年代に主要な建築家たちは、プレファブ部品から構成される大量生産住宅というアイデアに興味があったが、彼らのデザインが産業界に与えたインパクトは少なかった。そこで、現実的に安価で一般受けするものにしようとして、伝統的なスタイルが採用されることになったのである。アメリカ人は大量生産住宅の可能性に興味を持っていたが、スケールメリットが得られなかったことから、懐疑的な見方をしていた。40年までに、工場生産住宅を製造していたのはわずか13社であった。

　第二次世界大戦の勃発は産業に対する見方を大きく変えた。41年までに公共建築局は、製品の効率のよさと費用対効果に優れていることを示すために住宅製造工場を整備した。その結果、同年に11社が650件の受注契約を結ぶこととなった。初めの頃は、プレファブリケーションは大規模なものに適用された。41年だけで過去10年の建設戸数を上回る1万8000戸が建設された。

　プレファブリケーションの利点である組み立ての早さ（必要であれば解体も）と現場の熟練労働者が少ない場合でも建設可能なことは、戦時下経済のニーズと完全に合致していた。いみじくもプレファブリケーションは恒久的な住宅を必要とする防衛関連拠点や、建築資材や労働者の少ない場所に設置されることの多かった軍事施設で使用された[＊219]。戦時中のプレファブリケーションの発展は、パネル工法やユニット工法といった新たな方法論をもたらした。製造工程の合理化と多様な素材や形態の利用を進めるなかで別の構造形式（クオンセット・ハットを含む）にも適用された[＊220]。42年に組織化されたプレファブリケーション住宅製造協会は、ほかの業界団体と同様に、業界標準の確立、技術的問題の研究、大衆への周知活動、原価分析の指導を行い、また技術や市場の課題に関する情報交換の場を提供した。加えて、より望ましい業界やその製品のあり方を示すため、業界紙「プレファブリケーション・ホームズ」が43年に発刊された。プレファブリケーションの広がりは、特定の製品やユニットを提供していた企業数や建設戸数からも明らかであった。米国連邦政府は第二次世界大戦中に160万戸の住宅を建設したが、そのうちの12％がプレファブリケーションであった。

　戦時中の取り組みはおおむね業界にいい影響を与え、実験的概念として見られていたプレファブリケーションは生産上の現実ととらえられるようになった。各企業はデザインや製造技術を改良し市場シェアを確保した。戦時中の目標は、簡便で経済的な建物を迅速に提供することであったが、デザインと品質は後回しにされたままで、技術的な印象も一般大衆にとって満足のいくものではなかった。この賛否入り混じる評判は、膨大な量の高品質住宅が必要とされた終戦直後に深刻な問題を引き起こすことになる。ハリー・トゥルーマン大統領は46年にウィルソン・ワイアットを住宅促進係に任命し、帰還兵のための住宅建設を促進した。その結果としての「退役軍人緊急住宅プログラム」は46年に100万戸、47年に60万戸建設することを要求し、（当時のほかの連邦政府プログラムが

実施されたときと同様に）プレファブ住宅が活用された。このような連邦政府の支援があって、プレファブ業界は45年に100社だったのだが、46年には280社を数えるまでに成長した。戦時中に装置や機器を供給していた航空機製造業などの業界は、戦後に放置されていた工場が平時の住宅製造に活用できると考えてプレファブ住宅産業への参入を試みた。ラストロン社やヴァルティ社は、いずれもそうした取り組みを行った企業のひとつである[＊221]。

　退役軍人援護局は、のちに退役軍人援護法（GI Bill）として知られるようになったものの一部として、44年に政府支援財政プログラムを準備した。このプログラムが刺激となって、46年の建設戸数は93万7000戸だったが、50年になると169万2000戸にまで急上昇した。ところが残念なことに、プレファブ住宅の製造工場や建設会社は刺激策の恩恵を確実に受けていたとしても伝統的な建築産業と同じように成功したわけではなかった。しかし多くの企業は急速に拡大する住宅産業に挑戦し続けた。

　戦時中の施工時間を短縮しようとするなかで得られた経験は、さまざまなかたちでも建築業に影響を与えた。住宅開発業者のウィリアム・レヴィットは、工場で部品や構成材を組み立て、同時に複数のユニットを建設し、職人が住宅から住宅へと次々に移って作業する方法を取った。この方法の採用が彼の成功の秘訣だった。要するに、レヴィットは独立住宅の建設に力を入れたというよりも、建設現場に工場生産手法を持ち込むことによってコミュニティ全体を開発したのである。労働者は現場から現場へと移動し、コンクリートを注ぎ込み、骨組みを組み立て、配管を設置した。プレファブリケーションの実践は、スケールメリットを生かして、これまで以上に組織化・合理化したプロセスを採用するというかたちで、より伝統的な建設手法となって現れた。

　1960年代に住宅供給量は安定し、市場もそれほど厳しくなくなった。この状況を受けて、住宅購入者はよりよい品質、選択の多様さ、とりわけ個性的なものを求めはじめた。多くの住宅購入希望者は、プレファブリケーションの悪いイメージ、特に貧しい戦後建築の品質に飽き飽きし、機械生産の住宅は工場のように、またはモダンに見えなくてもよいと思いはじめた。そうして伝統的なデザインがスタンダードとなったのである。60年代および70年代の技術進歩がハウジングシステムの発展に寄与しており、今もそれは変わらない。多くの企業は、プラン、素材、スタイル、そしてエネルギー効率の改善や環境への配慮など、対応できる範囲を拡張していったが、依然としてプレファブ住宅は建設費の高くつく建設手法のままである。

　ヨーロッパ諸国のプレファブリケーションは戦後にやや異なる方向に向かった。この違いは二重の意味を持つ。米国のプレファブリケーションは単世帯家族用の1、2階建ての住宅に焦点を合わせ、おもに木造か木製品で建設された。それに対しヨーロッパの建設業者は、おもにコンクリートやプレキャストコンクリートパネルを使って、戦前に見られたような多層階アパートを建設することを選択した。このプレキャストコンクリート工法は50年代から70年代にかけて、おもに低価格住宅に用いられた。同種のシステムをプレファブリケーションに応用しようとする試みが米国で始まったのだが、東西ヨーロッパで起きたように広く普及することはなかった[＊222]。これらのプレキャストシステムは技術的には非常に単純で、2方向に開いたボックスにプレキャスト板を差し込むか、類似形状のプレキャストの箱を上部に積み重ねる、というたぐいのものであった。東欧諸国の共同住宅に見

られる大型ブロックが最もよく知られているが、例はこれだけではない[＊223]。これらのプロジェクトの多くは安普請で管理状態が非常に悪かった。これらは建設後の政治的・社会的変化のなかで、魅力がないと見られるようになった結果、劣化が進み、解体されるにいたった。

保存の論点：プレファブ工法

　プレファブリケーションとシステムズビルディングは、いろいろな面で近代建築の保存が直面する課題を典型的に示しており、特に住宅建設に関係するところで問題になる。これらは、極度の技術革新が産業革命により可能になったことを象徴するものであるし、技術革新に関連する工学や標準化の発展をはっきりと示している。そしてこのような住宅の発展は、戦時下の建設技術や戦後政策という文化的に重要な現象でもある。しかしこのような建物はどこにでも見られるし、（コスト削減の努力の結果であるが）クラフツマンシップや興味深い建築ディテールに欠ける。したがって、そこには保存を実行するうえで論理的根拠となる特異性、希少性、職人の技が見られない。

　おもに第二次世界大戦中および直後に建てられた住宅に現れる、保存をめぐる問題ではっきりしているのは、建物の規模やアメニティに対する現代の期待と要求にもはや合致していないということである。この現象はプレファブリケーションとシステムズハウジングに顕著である。多層階建造物は特に望ましくないと考えられている。言い換えれば機能が時代遅れになっているのである。米国の戦後住宅はおもに低層で、かなり窮屈でコンパクトな平面であった。戦後の郊外住宅地では、オリジナルの建築物に大幅な変更が加えられており、現代のニーズに合わせている。これらのなかには、ガレージをコンバージョンしたものや、勾配屋根や棟の側面か背後の上に大きなドーマーを取りつけたものがある。また当初の区画内に建っているオリジナルの住宅を増築する試みも見られる[＊224]。これらの変更はどれも、この住宅地の「単調さ」を意識的に解消しようとしているが、その場所を特徴づけていたプレファブリケーションという固有性も完全に失われてしまっている。この過程で、それらはほかの慎ましい郊外住宅地とほとんど区別がつかなくなっている。

　プレファブであるかどうかにかかわらず、大量の第二次世界大戦期の住宅に対処する必要があって現れた基本的な3つのアプローチがある（これは米国に特有の話ではない）。最もよくある対応は建造物の撤去または解体である[＊225]。この対応は多層階建築物に限らず、オハイオ州グリーンヒルズのように小規模な戸数のコミュニティでも見られる[＊226]。次によく見られるアプローチは、既存建物の改修と増築である。この解決法が取られるのは単世帯家族住宅が多く、築年数やタイプには関係がない。シアーズのキット・ハウスのような初期のプレファブ住宅は概して1930年代および40年代当時と変わらず、当初の外観を保っている。おそらくその理由は、一見してプレファブだとわからないうえに、そのジャンルの最新作と比べてもあまり否定的なイメージを抱かせないからであろう。だが、この認識ゆえに戦前や戦後直後の住宅に手が加えられているのかもしれない。一方で工場生産されたという事実への言及が不動産の広告や記事に現れはじめている[＊227]。少数例に関心が集まり、住宅がコレクターズアイテムとなっている。そうした住宅は当初の外観ができるだけ維持されている。

オリジナルの(審美的な)デザインの質や意図は、近代建築保存の論拠のひとつとなる。この審美性に関する議論は形成するのが難しい。なぜなら多くの場合、この種の住宅や郊外住宅は数が少ないので、残す必要があるという議論をつくり出すことにより、ようやく人々に訴えかけることができるからである。したがってデザインの質はこれまでより広い意味で解釈されなければならないし、その個性的な美しさだけでなく、プランニングや生産技術の創意にも関係している。しかし、プレファブリケーションの文化的・歴史的意義は明白で広く認知されているが、保存するには何をしたらよいのか、どうしたらよいのか、費用はいくらかかるのかといった実務上の回答は依然としてわかりにくい。具体的な保存の論点も、従来どおりに建てられた居住用建造物と同じ基準を適用している。例えば、戸建て住宅と近隣地域との関係、住宅ユニットの規模と増築、様式と技術、物理的な状態、そして性能や外見を改善するための変更などである。

　プレファブ住宅が散在している場所の一戸建て住宅であれば、何よりもまず、住宅のコンテクストや地域的な特異性を検討し、その重要性を評価することになるだろう。プレカットや初期のキット・ハウスの場合、従来型の技術や施工法が多く使用されているので、これらの住宅の保存は近隣地域の小規模な住宅の保存とそれほど違わない。プレファブリケーションという物語が特別な価値と興味深さを付与しているだけである。その認知度の高さと築年数ゆえに、プレカット工法の事例は保存に値すると受け止められている。だが、その工法や建築的な外観は完全に伝統的である。この種の住宅は、ラストロン・ハウスのような比較的最近のプレファブリケーションと比べると、かなりの数が残っている。ひとつの敷地に1棟か2棟建っている場合は非常に大きな注目を集めるだろう。時がたつにつれて、各地の個々の事例が注目を集め、保存の可能を高めていくと思われる。

　たった1棟だけが建てられている場合、または建物の事例数が非常に限られている場合は、希少性や特異性が重要な判断基準になる。バックミンスター・フラーのウィチタ・ハウス[*228]やジャン・プルーヴェのトロピカル・ハウス[*229]のような事例は、プレファブ住宅として考案されたが、実際には量産されていなかった。それらは特定の敷地を持っていなかったが、美術館での収蔵やコレクター品としての保存が適切であると認識されるにいたっている。

　最も難しい保存の問題は、プレファブ住宅が集積しているところに現れる。集団としての文化的または歴史的意義、またそういうものとしての視覚的なインテグリティは、一般に解きにくい問題である。現代的なニーズに適応させようとして行う変更は、前述のようにオリジナルの姿を認識できなくしてしまう。視覚的なインテグリティについての判断は、屋根の輪郭と形状、街路との関係性、公道から見たときの全体の外観、場合によってはオリジナルとの関係を含むこともある。裏側と隣地側面の変更は目立たないかもしれない。十分な住宅戸数があって、公道から見て視覚的なインテグリティを維持しているところでは、ナショナル・レジスターのヒストリック・ディストリクト(歴史的地区)の指定が可能になる。しかし指定を受けると、資産の売却制限を受けるため、地区レベル・地域レベルでそれに対する反対が起きることも考えられる。

　米国では比較的最近のプレファブ住宅の重要性に対する認知度が増し、たびたび保存の対象となっているが、保存するとなると次第に広いテーマや指定項目に組み込まれる。例えば、集落を形成しているセメスト・ハウスは、ヒストリック・ディストリクトに一緒に含めてしまうか、ナショナル・レ

図 4-37、4-38：セメスト・ハウス、アメリカ・テネシー州オークリッジ、コルテックス社と共同したジョン・B・ピアース財団とスキッドモア・オーウィングス＆メリルによる（1943-44）。セメスト・ハウスはアスベストセメント板の標準化システムを用いて建てられている。そのアスベストセメント板がこの住宅を特異な外観にしている。さまざまなニーズに適合させるために開発された平面のバリエーションのうちのC型はオークリッジで建てられた最も一般的なタイプである。これらは改修されてしまったが、多くがまだ残っている。最も一般的な改造は、被覆材料やサイディングで外側を覆うことである

ジスターの資格があると宣言することができる。この住宅は、テネシー州オークリッジの開発に欠かせない役割を担っていた。オークリッジは第二次世界大戦時のマンハッタン・プロジェクトの一部としてつくられた都市である。メリーランド州ミドルリヴァーにある元グレン・マーティン爆撃機工場に隣接した地域も興味深い。オークリッジとミドルリヴァーにある十分な数の住宅は、今もなお個別の住宅としても、コミュニティとしても認識できるし当初の特徴を十分に維持している。しかしそのような認識に基づく評価は、必ずしも保存を確かなものにするわけではない[図4-37、4-38]。エディンバラのモアダン地区内のプレファブリケーション住宅は比較的小さな変更で残り続けていて、指定や登録が検討されたが、猛烈な反対にあった。

　スピーディな建設を推進し、コストを低く抑えて住宅を手頃な価格にするため、特に戦時中は建設業者がさまざまな建設技法を試した。これらの建物はすべて施工時間を最短にする建築物理学の基準に合わせて建てられていた。当初住宅は一時的なものとして受け止められていたために、長期耐久性が難しい問題になるし、それが問題となって、外装材の改良を理由とする改変につながることもある。防水性や耐候性をよくしたいという願望や当初材の劣化により、屋根材、サイディング、強化ピクチャーウィンドウは、修理という名目で、新しくする必要に迫られる。例えば、ラストロン・ハウスの鉄骨造やゼネラル・ハウス社によって建てられたものは、損傷していて簡単に修理できないとなると腐食が進行しがちであった。ラストロン・ハウスのほうろう製のパネルや屋根材、またはセメスト・ハウスのアスベスト製セメントパネルのような被覆材は、所有者によってメンテナンスの簡単なアルミニウム製サイディングに取り換えられることがよくあり、この種の材料に特有の問題が明らかになってきている。アイロ・ハウスの場合、スタッコが日常的に改修されてきたようである。インテリアの変更は同じように深刻である。部屋の規模はきわめて小さく、室内のアメニティや仕上げは限られている。当時は近代的と謳われていたが、暖房システム、キッチン、浴室は（現在から見れば低水準）粗末なものであったし、だいたい大きな改修を受けている。

　第二次大戦後のヨーロッパで建設された大規模なプレキャストシステムの建物については、問題はまったく異なるが、難しい問題も少なくない。現代のニーズに適応させることを考えるとしても、郊外の低層建造物のまち並みのなかで、側面や上部に付加するという手法は選択できない。物理的な制約は概して克服することができないし、機能の陳腐化はユニットの組み合わせによってなんとかするしかない。しかし、構造的な欠陥とアメニティの貧しさは、建物の規模の大きさや高層ビル開発を連想する心理、広い意味での社会問題と結びついている。このため、文化的・哲学的に擁護しつつ保存を実行するのが非常に難しい[*230]。これらの建造物の多くは解体または撤去されているが、プレキャストの一部は新しい低層住宅で使用するために取り外され保管されている[*231]。しかし、これらの建物の保存について精査することは当然のことであり、いずれ保存や継続的な利用法のもっと創造的なアプローチが見つかるだろう。

　プレファブリケーションに向けられた現代の関心は、その歴史を対象とした、過去10年間に登場したさまざまな出版物を見ればよくわかる。たいていの場合、建物にまつわる物語が未来に応用できる過去の教訓として示されるが、こうした研究がプレファブリケーションの歴史的意義やこの類型の位置づけを浮かび上がらせる基礎資料ともなっている。これは広く認知してもらうための最初

のステップであり、将来の保存戦略を形づくる基礎となる。保存戦略のほとんどは住宅に適用されているように思われるが、プレファブリケーションへの関心はAフレームやクオンセット・ハットなど別のタイプの建物や工法も視野に入っている[*232]。保存されているプレファブ建築への関心は、人々の郊外住宅地やコミュニティへの注目が集まるにつれて大きくなっていった。しかし、ほんのわずかな実例に関心が集まった結果、個人の献身的努力や数名の支援運動を超えて、効果的な保存方針が生まれているにいたっている。

　建築家やデザイナーが考案するプレファブリケーションシステムはこれまでにあまり成功していないように思われる。プレファブ産業が提供する機会を利用して、一般受けするデザインをつくり出すことは、現在のデザイン関係者も関心を持っているが、いまだにとらえどころがない。これは概してプレファブリケーションにまつわる否定的な意味合いや個性に欠けるという受け止め方、製造プロセスの制限や機会に対する基本的な誤解に関係がある[*233]。プレファブリケーションの黎明期は自動車産業に刺激を受けて見習おうとしたが、その比較はもはや適切ではないし、実際にそうはならなかった。

結論

　多種多様な技術、発明、実践、時代の潮流は、近代建築とその構造、そしてさまざまな建築産業の発展に影響を与えた。本章では、この論点のほんの一部に触れたが、それは保存の実務や哲学に直接的・間接的に影響を与えている過去100年の基本的な変化（おもに第二次大戦後）のいくつかを紹介したにすぎない。ここに挙げた事例と議論は十分だとはいえないし、目の前の問題を提示しただけである。具体的な技術や哲学は、第二部のさまざまなケーススタディのなかで再度取り上げることになるだろう。プレファブリケーションの概念とその形態は、保存修復技術者にとって興味深い歴史的対象となっているだけではない。建築家やデザイナーの挑戦は今も続いている[*234]。

【注】

＊1　Kenneth Frampton, *Studies in Tectonic Culture: The Poetics of Construction in Nineteenth and Twentieth Century Architecture* (Cambridge, MA: MIT Press, 1995), ケネス・フランプトン著、松畑強、山本想太郎訳『テクトニック・カルチャー：19-20世紀建築の構法の詩学』（TOTO出版、2002）; Iñaki Ábalos and Juan Herreros, *Tower and Office: From Modernist Theory to Contemporary Practice* (Cambridge, MA: MIT Press, 2003); and Edward R. Ford, *The Details of Modern Architecture*, 2 vols. (Cambridge, MA: MIT Press, 1990-96), エドワード・R・フォード著、八木幸二監訳『巨匠たちのディテール』全2巻（丸善、1999）いずれの著者も物理的な建造物や建設方法に関心があるのであって、単なる形式的な美に関心があるのではない。

＊2　Michael A. Tomlan, "Building Modern America: An Era of Standardization and Experimentation," in *Twentieth-Century Building Materials: History and Conservation*, ed. Thomas C. Jester (New York: McGraw-Hill, 1995), 34-45.

＊3　19世紀および20世紀の構造技術の発展についての包括的な議論は以下を参照。Carl W. Condit remain the most comprehensive: *American Building Art: The Nineteenth Century* (New York: Oxford University Press, 1960); its companion volume, *American Building Art: The Twentieth Century* (New York: Oxford University Press, 1961); and finally, *American Building: Materials and Techniques from the First Colonial Settlements to the Present* (Chicago: University of Chicago Press, 1968).

＊4　そのほかにも例は多くある。例えば、鉄の存在はよく知られていたが、商業的に実現可能で十分な品質を持つ製品は、ヘンリー・ベッセマー（Henry Bessemer）の1855年10月17日付の最初の英国特許（溶鉄に空気を流し込んで鉄を製造する方法）が登場するまで、実用化できるようになるとは思われていなかった。彼が考案した、角度の調整可能な転炉は1856年2月12日付で英国特許を取得し、さらに改良型の転炉が1860年3月1日に英国特許を取得した（アメリカ人のウィリアム・ケリーは1856年末頃に、ベッセマーが発明する前の独自の製鉄過程の特許権を主張した）。D. Elliott, *Technics and Architecture: The Development of Materials and Systems for Buildings* (Cambridge, MA: MIT Press, 1992), 92-96. アルミニウムは第二次世界大戦前に使用されていたが、戦時中に開発され使用された製造工程は、それまでよりも複雑でなくなった。戦後、この素材は着実に使用できるようになり、国内の商業用製品にも適用されるようになった。カーテンウォールなどの製品にアルミニウムが使用されるにいたる過程については以下を参照。Sarah Nichols, *Aluminum by Design* (Pittsburgh: Carnegie Museum of Art, 2000).

＊5　20世紀以降、アメリカン・ブリッジ社は主要な鉄鋼建設請負業者のひとつとして稼働している。この会社は国内最大級の鉄鋼建設業者24社以上を合併して1900年4月に創業し、企業化された1901年から87年までUSスチール社の子会社であった。

＊6　Elliott, *Technics and Architecture*, 385-405. ここで著者はエンジニアリングと基礎構造学の原理の発展について述べている。材料検査の歴史については以下を参照。Stephen P. Timoshenko, *History of Strength of Materials: With a Brief Account of the History of Theory of Elasticity and Theory of Structures* (New York: Dover, 1983).

＊7　21世紀も例外ではない。ハリケーン・カトリーナ（2005年8月）の影響でプレファブリケーションとモジュール方式の建物は、被害を受けたルイジアナ州やミシシッピ州の周辺地域だけでなく、大量の住宅を必要とする都市部でも、再び注目されるようになった。Hilary Potkewitz, "Brooklyn Tries Pre-Made Housing," *Crain's New York Business*, December 11, 2006; Leslie Eaton, "Katrina Victims Find a Solution: Modular Housing," *New York Times*, January 6, 2007.

＊8　1930年代の「流線形」と呼ばれる様式は、まさにこれらの製造技術により可能になった。

＊9　集成木材の定義については以下を参照。Andreas Jordahl Rhude, "Structural Glued Laminated Timber: History of Its Origins and Early Development," *Forest Products Journal* 46, no. 1 (1996): 15.

＊10　Leonard Michaels, *Contemporary Structure in Architecture* (New York: Reinhold, 1950) は戦後に構造表現の一部としてエンジニアリングに興味を示したひとつの例である。Eduardo Torroja, *The Structures of Eduardo Torroja: An Autobiography of Engineering Accomplishment* (New York: F. W. Dodge, 1958) は構造形態や建築の可能性を示した最初期の出版物のひとつである。Pier Luigi Nervi, *Aesthetics and Technology in Building*, trans. Robert Einaudi (Cambridge, MA: Harvard University Press, 1965) おそらく彼の業績が最も有名である。構造形態と美学の間の関係の概要については David P. Billington, *The Tower and the Bridge: The New Art of Structural Engineering* (Princeton, NJ: Princeton University Press, 1983). を参照。

＊11　19世紀と20世紀の鉄骨造の発展を総括したものに、Condit, *American Building Art: The Twentieth Century*, 9-51. がある。鉄骨造と外装材の発展についてはさまざまな側面から特徴づけられる。例えば、Donald Friedman, *Historical Building Construction: Design, Materials, and Construction* (New York: W. W. Norton, 1995), 114-30 では、いろいろな構法やそれに関連するカーテンウォールの進化について述べている。

＊12　クリスタル・パレスは、規模が大きくガラスや鋳鉄を使用しているため、注目に値する。また、工場で製造し、現場で取りつけるという先例のない取り組みが行われた。さらに、さまざまな構成材が取りつけ前にそれぞれ試験されている。これらの技術はすべて、その後の建造物で用いられたものの先駆けであった。クリスタル・パレスでは、主要な桁の試験や荷重の有無のシミュレーションが行われた。Elliott, *Technics and Architecture*, 396.

＊13　Friedman, *Historical Building Construction*, 68-76.

＊14　複雑なリベット接合の例については George A. Hool and Nathan C. Johnson, eds., *Handbook of Building Construction: Data for Architects, Desiging and Construction Engineers, and Contractors* (New York: McGraw-Hill, 1929), 1:412-15. を参照。

＊15　Friedman, *Historical Building Construction*, 132-40.

＊16　コア＆シェルの概念の発展は、さまざまな新しい素材や技術の導入そして実現可能性に直接的な関係があるが、もう一方では、別の原理としてのインテリアデザインの事情に関係がある。戦後期と比較すると、建造物の構造が設計され建設されると、テ

ナントが自らデザイナーを雇って特殊な空間に変えてしまうことが多くなっている。

*　17　プレキャストの仕上げ、色、テクスチャーの概要は、Prestressed Concrete Institute, *Architectural Precast Concrete* (Chicago: Prestressed Concrete Institute, 1973), 58-66. を参照。

*　18　Peter Collins, *Concrete: The Vision of a New Architecture; A Study of Auguste Perret and His Precursors* (New York: Horizon, 1959), 19-96. オーギュスト・ペレがこの本の主題である。最初の章では19世紀末フランスのコンクリートの発展が取り上げられている。

*　19　ランサムは1880年代から数多くの特許を取得している。彼の柱梁構法は、建物のなかで組み立てられる「部品一式 kit of parts」であった。最も有名な事例のひとつがマサチューセッツ州ベヴァリーのユナイテッド靴工場（1903-05）である。Condit, *American Building Art: The Twentieth Century*, 154.

*　20　Federico Bucci, *Albert Kahn: Architect of Ford*, trans. Carmen DiCinque (New York: Princeton Architectural Press, 2002), 29-31 は、ジュリアス・カーン（1874-1942）の作品と特許を取得したカーン・システムについて論じている。Condit, *American Building Art: The Twentieth Century*, 167-68 では、クロード・A・P・ターナー（1869-1955）の作品とスラブ技術の発展を概観している。

*　21　第14章の工場のケーススタディを参照。

*　22　Reyner Banham, *The New Brutalism: Ethic or Aesthetic?* (London: Architectural Press, 1966); Anne Matthews, "Embracing the Brute: A Much-Reviled Architectural Style Has Its Admirers," *Preservation*, May-June 2006, 40-41, 71.

*　23　Kiran Joshi, ed., *Corbusier's Concrete: Challenges of Conserving Modern Heritage* (Chandigarh, India: Chandigarh Perspectives, 2005).

*　24　ネルヴィの米国におけるプロジェクトには、ニューヨーク州ジョージ・ワシントン・ブリッジの入り口上部のポートオーソリティ・バス・ステーション（1962）、ニューハンプシャー州ハノーヴァーのダートマス大学のナサニエル・レヴロン・フィールド・ハウス（1962）、サンフランシスコの聖メアリー大聖堂（1971）がある。

*　25　ピーター・チェンバリン（Peter Chamberlin, 1909-78）、チャールズ・パウエル（Charles Powell, 1920-99）、クリストフ・ボン（Christof Bon, 1921-99）で組織される、チェンバリン・パウエル＆ボン設計事務所は、バービカン不動産に隣接したゴールデン・レーン不動産のコンペで勝利した後、1952年に設立されたようである。

*　26　Harley McKee, *Early American Masonry Materials in Walls, Floors and Ceilings: Notes on Prototypes, Sources, Preparation and Manner of Use* (Syracuse, NY: 1971). Harley McKee, *Introduction to Early American Masonry: Stone, Brick, Mortar, and Plaster* (Washington, DC: National Trust for Historic Preservation, 1973) は、1830年代のスタテン島での初期のコンクリートブロック製造に言及している。人造石の発展の概要については Theodore H. M. Prudon, "Simulating Stone, 1860-1940: Artificial Marble, Artificial Stone, and Cast Stone," *APT Bulletin* 21, nos. 3-4 (1989): 79-91. を参照。

*　27　ル・ランシーのノートル・ダム教会堂は現場でプレキャスト構造の一部をつくった最初の例となっている。詳細については以下を参照。Sidney Freedman, "Architectural Precast," in Jester, *Twentieth-Century Building Materials*, 108-35. A. E. J. Morris, *Precast Concrete in Architecture* (New York: Watson-Guptil, 1978), 7. ここでは1870年代頃の耐火床構造とプレキャストコンクリート住宅をつくる取り組みに言及している。しかしこれらの事例は、概して功利主義的で、建築的な大志が見られない。

*　28　Collins, *Concrete*, 216-20.

*　29　Robert F. Armbruster, "Restoring Brilliant Ornamentation: The Baháí House of Worship (Louis Bourgeois, 1920-1953)," in "The Fair Face of Concrete: Conservation and Repair of Exposed Concrete," special issue, *DOCOMOMO Preservation Technology Dossier* no. 2 (1997): 85-91. 同書では、ジョン・J・アーリーによるコンクリート製パネルがどのように構造躯体への取りつけられていたのか、そしてオリジナルのプレキャストパネルがどのように修理されたかについて記述している。

*　30　旧パンナム・ビルの詳細は以下を参照。Meredith L. Clausen, *The Pan Am Building and the Shattering of the Modernist Dream* (Cambridge, MA: MIT Press, 2005) の図3.6 と図3.7 はモーサイ（Mo-Sai）パネルの取りつけを示す。ひとつのパネルを使用するというよりも、小さな組み立て部品で外部がつくられている。パンナム・ビルの外装については以下を参照。Konrad Gatz, *Curtain Wall Construction* (New York: Praeger, 1967), 42-47.

*　31　Prestressed Concrete Institute, *Architectural Precast Concrete*, 3-16. では米国のプレキャストの歴史を概観している。T. W. Hunt, "Precast Concrete Wall Panels: Historical Review," and Geoffrey A. Collens, "Precast Concrete Walls: Architectural Commentary," in American Concrete Institute, *Symposium on Precast Concrete Wall Panels*, Publication SP-11 (Chicago: American Concrete Institute, 1965). Paper1 と7 で戦後10年間のプレキャスト業界について概説している。

*　32　アメリカ建築家協会特別名誉会員（FAIA）であるジャック・パイバーン氏に謝意を表する。この節に関する情報を提供していただいただけでなく、寛大にも彼が進めているショックベトン（Schokbeton）の研究成果を利用させていただいた。この節の内容の多くは、彼の研究と洞察のおかげである。

*　33　工業化された建設システムの詳細についてはこの章の後半部分を参照。最もはなはだしい不具合のひとつは、イースト・ロンドンのニューアムにある高層建築、ロナン・ポイント（Ronan Point）（1968）の進行性崩壊である。この建物は再建されたが、結局1986年に解体された。この崩壊は詳しく調査されて報告書にまとめられた。その後、建物の条例と実務は大きく変わることになった。Matthys Levy and Mario Salvadori, *Why Buildings Fall Down: How Structures Fail* (New York: W. W. Norton, 1987), 76-83.

*　34　工場生産コンクリート住宅については August E. Komendant, *Contemporary Concrete Structures* (New York: McGraw-Hill, 1972), 524-43. を参照。モントリオールのハビタ・コンプレックス（Habitat Complex）関連の問題に注目が集まっている。こ

の施設の設計施工については以下を参照。*Habitat 67* (Ottawa: Government Printing Office, 1967). この実験的プロジェクトは非常にコストがかかっており、博覧会であるからこそ可能になった。August E. Komendant, "Post-Mortem on Habitat," *Progressive Architecture* 49 (1968): 138-47.

＊35　ラファエル・ガスタヴィノ・シニアはフィラデルフィア 100 周年展覧会後、バルセロナから米国に赴いてシェル工法を紹介した。彼はこの方法を凝集構造（cohesive construction）と記している。George R. Collins, "The Transfer of Thin Masonry Vaulting from Spain to America," *Journal of the American Society of Architectural Historians* 277, no. 3 (1968): 176-201. この論文は、米国のガスタヴィノ耐火建設会社（Guastavino Fireproof Construction Company）によるこの技術の起源と使用について述べている。コリンズは会社の文書記録をコロンビア大学に寄贈した。Janet Parks, *The Old World Builds the New: The Guastavino Company and the Technology of the Catalan Vault, 1885-1962* (New York: Avery Architectural and Fine Arts Library and the Miriam and Ira D. Wallach Art Gallery, Columbia University, 1996). この本は保管資料を明示している。コリンズは「薄型組積ヴォールト」と記しているが、実際には伝統的なヴォールトとは異なる。すなわち、この構造はシェルのように応力を分散させる性能を持っている。ある程度性能を発揮させるところまで持っていくことができたが、伝統と経験に大きく依存していたため、ガスタヴィノたちは経験的にシェル内に応力を十分に集中させることができなかった。また、この技術は弧を描くほぼ自立した階段を建設するのに用いられた。ラファエル・ガスタヴィノ・シニアは、第一次世界大戦後に鉄筋コンクリート床が登場する前に、耐火床構造のニーズを取り込もうとして、会社名をつけたが、業績は 1920 年代と 30 年代に急速に落ち込んだ。彼の死後、仕事は彼の息子ラファエル・ガスタヴィノ・ジュニア（1972-50）が引き継いだが、1961 年に会社は正式に閉鎖された。ガスタヴィノ・シニアは、1905 年に彼が設計した、ノースカロライナ州ナッシュビルの聖ローレンス聖堂のバシリカの地下室に埋葬されている。彼が発展させたこの技術は、米国中で 1200 棟に使用された。ボストン公共図書館、ニューヨークのグランドセントラル駅、ワシントン D.C. の美術館と政府関連の建物が含まれる。

＊36　John A. Loomis, *Revolution of Forms: Cuba's Forgotten Art Schools* (New York: Princeton Architectural Press, 1999). この本は、世界文化遺産基金の「最も危機に瀕している遺跡リスト」の 2000 年版と 2002 年版で取り上げられたのち、新たな関心を呼び起こした。その保存は、オリジナルの設計者が建物の完成に従事あるいは監督した場合に起こる、典型的なジレンマに直面した。ポッロは、いわゆるカタロニアヴォールトを用いることは「不合理」であり、今にも落下しそうだ、と話すように大臣から求められたと回想している。ガスタヴィノは 19 世紀のアメリカで同じような反応を受けたに違いない（Loomis, 112）。芸術学校に関する出版物もキューバの初期モダニズムに対する新たな関心を呼び起こした。最近のニューヨークの展覧会は芸術学校だけでなく、キューバの建築家の作品も展示された。展示物には、マリオ・ジローナ（Mario Girona）と彼の有名なコンクリート建造物（Coppelia Ice Cream Parlor）が含まれていた。Michael Sorkin, "Let a Thousand Flowers Bloom: Cuban Modernism's Short Moment in the Revolution's Sun," *Architectural Record* 192, no. 12 (2004): 67-69. María Elena Martín Zequeira, "The National Art Schools of Havana: Restoration of an Architectural Landmark," *DOCOMOMO Journal*, no. 33 (2005): 20-26. この論考では、最近起こっている建造物の歴史と修復について検討されている。

＊37　Condit, *American Building Art: The Twentieth Century*, 179. コンクリートシェル構造の重要性については Eric M. Hines and David P. Billington, "Anton Tedesko and the Introduction of Thin Shell Concrete Roofs in the United States," *Journal of Structural Engineering*, 130, no. 11 (2004): 1639-50. を参照。

＊38　Jürgen Joedicke, *Shell Architecture* (New York: Reinhold, 1963) は、さまざまなシェルの型と建設例を概説している。

＊39　テデスコの作品については David P. Billington, "Anton Tedesko: Thin Shells and Aesthetics," *Journal of the Structural Division* (ASCE) 108 (1982): 2539–54 を参照。

＊40　Thomas E. Boothby and Barry T. Rosson, "Preservation of Historic Thin-Shell Concrete Structures," *Journal of Architectural Engineering* 4, no. 1 (1998): 4-11. この種の構造の保存に焦点を当てた最初の出版物である。

＊41　TWA ターミナルの保存の議論については第 13 章のケーススタディを参照。サーリネンはミシガン州ウォレンのゼネラル・モーターズ技術研究所で別のシェル構造もデザインしている。

＊42　Thomas Boothby, M. Kevin Parfitt, and Charlene K. Roise, "Case Studies in Diagnosis and Repair of Historic Thin-Shell Concrete Structures," *APT Bulletin* 36, nos. 2-3 (2005): 3-11. クレスギ・オーディトリアムやアントン・テデスコ設計のマリン州ライムストーン近郊にあるローリング空軍基地（Loring Air Force Base）などさまざまな修理について詳述している。

＊43　Boothby and Rosson, "Preservation of Historic Thin-Shell Concrete Structures," 4-11, 7. 1936 年から 75 年までに建設された 8 つのシェル構造の建造物の図表が掲載されている。8 つのうちふたつは解体されてしまったが、3 つは屋根が修理された。記事の書かれた当時現存していた 5 つのうちのひとつはその後解体された。

＊44　Prestressed Concrete Institute, *Architectural Precast Concrete*, 67-68.

＊45　風化やパティナの詳細については第 2 章を参照。

＊46　コンクリート修理に関する多くの文献は、構造エンジニアや道路建設技術者、米国コンクリート研究所（American Concrete Institute）などの組織により編纂されたものが多く、橋や高速道路を扱っている。それゆえ、それは視覚的な意味に関心を示していない。歴史的コンクリートの保存の好例は Susan Macdonald, ed., *Concrete: Building Pathology* (Oxford, UK: Blackwell, 2003) で紹介されている。この論考はおもに英国の建造物の状況について扱っている。別の文献では英国のプロジェクトに焦点を合わせている。Jimi Fadayomi, "The Deterioration of Reinforced Concrete: An Introduction," in *Preserving Post-War Heritage: The Care and Conservation of Mid-Twentieth-Century Architecture*, ed. Susan Macdonald (Shaftesbury: Donhead, 2001), 104-15. 修理に関する考察は Paul Lambert, "Repairing Reinforced Concrete: An Overview," 116-27. に掲載されている。さまざまな選択肢とその利点と欠点の概要は、Kevin Davies, "Conserving Concrete: Defining an Appropriate Approach for Listed Buildings," 128-39. に見るこ

とができる。ヨーロッパの実務の議論のなかで、彼は電気化学的な再アルカリ化と陰極防食などの技術に言及している。米国の実務の概要は Amy E. Slaton et al., "Reinforced Concrete," in Jester, *Twentieth-Century Building Materials*, 94-101. を参照。一般的な調査と修理の方法論については William B. Coney, *Preservation of Historic Concrete: Problems and General Approaches*, Preservation Briefs, no. 15 (Washington, DC: US Department of the Interior, National Park Service, Technical Preservation Services, 1991): 1-12; and Theodore H. M. Prudon, "Technica: Concrete Restoration: Confronting Concrete Realities," *Progressive Architecture* 62, no. 11 (1981): 132-37. を参照。

＊47　そのプロセスの事例は Paul E. Gaudette and Harry J. Hunderman, "Repair of Mies van der Rohe's Promontory: A Multiphased Approach to Facade Restoration," *APT Bulletin* 28, no. 4 (1997): 45-50. を参照。このプロジェクトは以下の論文でケーススタディとしても議論されている。Macdonald, *Concrete: Building Pathology*, 269-81.

＊48　Koos van der Zanden, "A Brilliant Match? Pumping Station Parksluizen, Rotterdam (1968)," in "The Fair Face of Concrete: Conservation and Repair of Exposed Concrete," special issue, *DOCOMOMO Preservation Technology Dossier*, no. 2 (1997): 95-98.

＊49　プロジェクトの詳細な議論については第 8 章のケーススタディを参照。

＊50　コーティング、接着剤、コンクリート修理に使えるほかの材料についての文献は多数ある。

＊51　この技術は一般に電気化学的コンクリート修理に関するヨーロッパの文献で参照されている。システムのコンセプトについては Guri E. Nustad, "Preserving More…by Doing Less! Principles of Electro-Chemical Concrete Repair," in "The Fair Face of Concrete: Conservation and Repair of Exposed Concrete," special issue, *DOCOMOMO Preservation Technology Dossier*, no. 2 (1997): 61-63. を参照 (同論文は *DOCOMOMO Journal*, no. 17 [1997]: 44-46. にも掲載されている)。René G. J. Ackerstaff, "Durability of Electrochemical Repair in the Netherlands: Housing Frederikstraat, The Hague," in "The Fair Face of Concrete: Conservation and Repair of Exposed Concrete," special issue, *DOCOMOMO Preservation Technology Dossier*, no. 2 (1997): 64-73.

＊52　Vbjislav Ristic, "Spiritual Architecture in Concrete: Antonius Church (Moser, 1927); and Goetheanum (Steiner, 1928)," in "The Fair Face of Concrete: Conservation and Repair of Exposed Concrete," special issue, *DOCOMOMO Preservation Technology Dossier*, no. 2 (1997): 112-19.

＊53　Rudolf Pörtner, "Patch Repair Leaves Architectural Integrity: The Beethoven Hall of the Stuttgart Liederhalle," in "The Fair Face of Concrete: Conservation and Repair of Exposed Concrete," special issue, *DOCOMOMO Preservation Technology Dossier*, no. 2 (1997): 120-26.

＊54　その特徴の概要については Russell P. Wibbens, "Structural and Round Timbers," in *Wood as a Structural Material: A Compilation of Educational Modules Especially Prepared for Engineers and Architects at the Second Clark C. Heritage Memorial Workshop on Wood, Madison, Wisconsin, August 1980*, eds. A. G. H. Dietz, E. L. Schaffer, and D. S. Gromala (University Park, PA: Penn State University Press, 1982), 2:187-89. を参照。さらに詳細な技術概要については、Russell P. Wibbens, "Structural Glued Laminated Timber," in *Composite Engineering Laminates*, ed. Albert G. H. Dietz (Cambridge, MA: MIT Press, 1969), 73-90. を参照。

＊55　ドイツとオーストリアの大スパンの木材の使用については以下を参照。Berthold Burkhardt and Tatjana Gieschenhagen, "Wide-Spanned Wood Structures in the Modern Movement in Germany and Austria," in "Wood and Modern Movement," special issue, *DOCOMOMO Preservation Technology Dossier*, no. 4 (2000): 76-83. 同書の Ola Wedebrunn, "Zollinger Wooden Constructions in Denmark and Southern Sweden," 84. も参照のこと。

＊56　この種の構造や材料と強度の調査についての初期の発展過程は、Christian Müller, *Holzleimbau=Laminated Timber Construction* (Boston: Birkhäuser, 2000), 9-19. を参照のこと。ヨーロッパとアメリカの事例は 2 か国語のテキストで図解されている。

＊57　大きな製材所と寄木細工製造工場を所有していたヘッツァーは、1900 年より自社工場で集成材の梁とトラスの試験を開始した。これは建築学校を卒業し、1901 年に入社した彼の息子の指示のもとで行われたのであろう。息子はどうやらオットー（Otto）と呼ばれていたようである。文献上では、彼は Karl Friedrich Otto (Müller, 21)、または Otto Karl Friedrich (Rhude, "Structural Glued Laminated Timber," 15-23) と記されている。そのほかの集成材に関する最近のドイツの出版物は、クリスチャン・ミューラー（Christian Müller）の著作がほとんどである。例えば、Christian Müller, "Otto Hetzer, Begründer des Holzleimbaus," *Deutsche Bauzeitung*, no. 8 (2000): 105-9. がある。

＊58　Müller, *Holzleimbau*, 21-31 and note 39 on page 205, では、当時のさまざまな特許やライセンスをまとめている。205 ページの note 41 には、当時の集成材製造会社のリストが掲載されている。ウィスコンシン州ペシュティーゴのユニット・ストラクチュア社（Unit Structures）を含む。

＊59　Rhude, "Structural Glued Laminated Timber," 231-32 は、スカンジナビア諸国で広がったシステムについても記している。

＊60　Hans Kolb, "Geschichte des Holzleimbaus in Deutschland," *Bauen mit Holz*, no. 2 (2002): 17-20.

＊61　Andrew McNall and David C. Fischetti, "Glued Laminated Timber," in Jester, *Twentieth-Century Building Materials*, 136-41. を参照。米国のプライウッドの発展や集成材の影響については Thomas C. Jester, "Beyond the Balloon Frame: Engineered Wood Comes of Age in USA," in "Wood and Modern Movement," special issue, *DOCOMOMO Preservation Technology Dossier*, no. 4 (2000): 13-22. を参照。

＊62　ウィスコンシン州イーグルリバーのホッケーリンクは、プラシド湖をモデルとするウインタースポーツ振興の一環として、地元のビジネスマンチャールズ・E・テイラーがハニッシュに設計を依頼したものである。建造物は 1933 年に竣工した。94 年にナショナル・レジスターに登録された。

＊63　T. R. C. Wilson, *The Glued Laminated Wooden Arch*, Technical Bulletin no. 691 (Washington, DC: US Department of

Agriculture, 1939). この研究はさらに進められて、54 年に第二の報告書が出版された。A. D. Freas and M. L. Selbo, *Fabrication and Design of Glued Laminated Wood Structural Members*, Technical Bulletin no. 1069 (Washington, DC: US Department of Agriculture, 1954).

*64 集成材トラスは 1958 年の吹雪で崩壊し、鉄製の類似形状で再建された。Jayne Merkel, *Eero Saarinen* (New York: Phaidon, 2005), 67.

*65 1951 年に米国木質構造研究所（American Institute of Timber Construction: AITC）という名の業界団体が設立された。研究所の最初の課題のひとつは、この種の重量木質工法が耐火性能を有するということを業界で納得してもらうことであった。研究所は産業や製品に関する技術やデザインのデータを発行し続けた。

*66 Müller, *Holzleimbau*, 151-52.

*67 AITC, *Designing Structural Glued Laminated Timber for Permanence*, AITC Technical Note 12 (Centennial, CO: AITC, 2002); AITC, *Typical Construction Details*, AITC Design Standards 104-2003 (Englewood, CO: AITC, 2003). を参照。

*68 検査すべき地域と状況の推奨リストは、AITC, *In-Service Inspection, Maintenance and Repair of Glued Laminated Timbers Subject to Decay Conditions*, AITC Technical Note 13 (Centennial, CO: AITC, 2005) を参照。

*69 保存手法の要点については McNall and Fischetti, "Glued Laminated Timber," in Jester, *Twentieth-Century Building Materials*, 139-41. を参照。

*70 「ふたつの先進的な構造物を収める壁の一部で、近代的な施工に見られるふたつの控え壁や支持材の間の薄い壁、ほかの構造部分を主として支持しない仕切り」というカーテンウォールの定義については Russell Sturgis et al., *Sturgis' Illustrated Dictionary of Architecture and Building: An Unabridged Reprint of the 1901-02 Edition*, vol. 1:A-E (New York: Dover, 1989), 731. を参照。1920 年代の標準詳細は、組積被覆（masonry claddings）という用語を使用している。Philip G. Knobloch, *Good Practice in Construction* (New York: Pencil Points Press, 1927), vol. 2, plate 9.

*71 高層ビルの歴史と発展は広く研究されている。おそらく保険や金融サービスの管理要件の増大がこの発展に深い関係がある。例えば、Carl W. Condit (1914-97) の著作は技術的な進化を扱っている。Carol Willis, *Form Follows Finance: Skyscrapers and Skylines in New York and Chicago* (New York: Princeton Architectural Press, 1995) では、プログラム上の問題と建築的問題を検討している。耐火性能や耐火建造物の発展は、Sarah E. Wermiel, "Triumph: The Fireproof Skyscraper," Chapter 5 in *The Fireproof Building: Technology and Public Safety in the Nineteenth-Century American City* (Baltimore: Johns Hopkins University Press, 2000), 138-85. を参照。

*72 J. Stanley Rabun, *Structural Analysis of Historic Buildings: Restoration, Preservation, and Adaptive Reuse Applications for Architects and Engineers* (New York: John Wiley & Sons, 2000), fig. 3-22 を参照。Donald Friedman, *Historical Building Construction*, では、異なる高さや建築法規の要求に合わせた、さまざまな厚さの組積壁の例を示している。

*73 シカゴにあるミース・ファンデル・ローエのカーテンウォールのいくつかは、鋼製部材と窓で構成されていて、初期の工場の壁を想起させる。Ábalos and Herreros, *Tower and Office*, 106-10.

*74 カーテンウォールの発展は窓の技術の発展に非常に関係がある。David Yeomans, "The Origins of the Modern Curtain Wall," *APT Bulletin* 32, no. 1 (2001): 13-18. おもにイギリスの事例を扱っている。

*75 そのほかの例はスタレット・リーハイ・ビルディング（1930-31）である。この建物はニューヨーク近代美術館の 1932 年の展覧会「近代建築：国際建築展」で取り上げられた。展覧会とそのカタログとは別の Henry-Russell Hitchcock Jr. and Philip Johnson, *The International Style: Architecture Since 1922* (New York: W. W. Norton, 1932; reprinted 1966 and 1996). 武沢秀一訳『インターナショナルスタイル』（鹿島出版会、1978）にも登場している。

*76 Rolf Schaal, *Curtain Walls: Design Manual*, trans. Thomas E. Burton (New York: Reinhold, 1962), 35. では、組積造のバックアップウォールの使用を含む、耐火性の問題を検討している。William Dudley Hunt, *The Contemporary Curtain Wall: Its Design, Fabrication, and Erection* (New York: F. W. Dodge, 1958), 93-94 は異なるバックアップウォールを扱っている。この工法の例はレヴァー・ハウスに見られる。第 15 章のケーススタディを参照。

*77 素材のオーセンティシティの問題は第 2 章で検討している。レヴァー・ハウスのリノベーションに関する詳細なまとめは第 15 章のケーススタディを参照。

*78 "The Rain Screen Principle and Pressure Equalized Wall Design," in American Architectural Manufacturers Association (AAMA), *Aluminum Curtain Wall Design Guide Manual* (Des Plaines, IL: American Architectural Manufacturers Association, 1979), 23-31.

*79 防水システムは 1970 年代まで登場しないが、初期のカーテンウォールはほかの原理を採用していた。例えば、ピッツバーグのアルコア社本社ビルのカーテンウォールの概念は、防水スクリーンのそれとよく似ている。米国で設計された最初の事例のひとつである。この建物には、大型アルミニウムパネルと中空層パネルの間に空隙とバッフル板があり、外部に雨水を排出し換気する。Carson, Lundin & Shaw が 1957 年に設計したニューヨーク五番街 666 番のティッシュマン・ビルはこれと同じ設計を採用している。Daniel J. Lemieux and Martina T. Driscoll, "The History of Curtain Wall Testing and the Evolution of the Twentieth Century Metal and Glass Curtain Wall: Draft Timeline" (初出は 2004 年 9 月 26 日から 10 月 2 日にコロンビア大学で開催された第 8 回ドコモモ国際会議)。システムの詳細は Schaal, *Curtain Walls: Design Manual*, 214-19. を参照。

*80 詳細については Dale D. Kerr, "The Rain Screen Wall," *Progressive Architecture* 71, no. 8 (1990): 47-52. を参照。

*81 ガラスやガラス製法の発展については過去 20 年間に多数出版されている。Joseph S. Amstock, *Handbook of Glass in Construction* (New York: McGraw-Hill, 1997); Patrick Loughran, *Falling Glass: Problems and Solutions in Contemporary Architecture*

(Boston: Birkhäuser, 2003); Christian Schittich et al., *Glass Construction Manual* (Basel: Birkhäuser, 1999); and Michael Wigginton, *Glass in Architecture* (London: Phaidon, 1996).

＊82　建築におけるガラスの使用を発展させて工場生産の原理を適用したのは、1851年にロンドンの博覧会で建設されたクリスタル・パレスであった。ガラスのシステムはそれまでに温室やグリーンハウスで広く採用されていたが、ジョセフ・パクストン（1801-65）がクリスタル・パレスでまったく新しいレベルへと引き上げた。基本モジュールとなる板ガラスの成立によって、すべての部材がそれに合わせて製造され、工場で組み立てられ、現場で取りつけられた。鉄やガラスの経済的な利用と工場生産の適用、工期の短さ（9か月）は、鉄やガラスのプレファブ建築の可能性を開いた。

＊83　米国における初期の窓ガラス製造については、Jane Shadel Spillman, *Glassmaking: America's First Industry* (Corning, NY: Corning Museum of Glass, 1976), 22-23. を参照。米国の窓ガラス製造の概要については、T. Gunny Harboe, "Window Glass Technology in the 20th Century: Glass Manufacturing in the United States," in "Refraining the Moderns: Substitute Windows and Glass," special issue, *DOCOMOMO Preservation Technology Dossier*, no. 3 (2000): 32-38. を参照。

＊84　さまざまな特許と生産技術の詳細な議論は Elliott, *Technics and Architecture*, 111-47. を参照。そのほかの製造法については、Amstock, *Handbook of Glass in Construction*, 39-52. と Corning Glass Museum, *Innovations in Glass* (Corning, NY: Corning Museum of Glass, 1999). を参照のこと。

＊85　Elliott, *Technics and Architecture*, 143-44.

＊86　Harboe, "Window Glass Technology in the Twentieth Century," 34-36. を参照。板ガラスの詳細については、Kimberley A. Konrad, Kenneth M. Wilson, William J. Nugent, and Flora A. Calabrese, "Plate Glass," in Jester, *Twentieth-Century Building Materials*, 182-87. を参照。

＊87　Carol J. Dyson, "Structural Glass," in Jester, *Twentieth-Century Building Materials*, 201-5. を参照。*The Preservation of Historic Pigmented Structural Glass (Vitrolite and Carrara Glass)*, Preservation Briefs, no.12 (Washington, DC: US Department of the Interior, National Park Service, Technical Preservation Services, 1984); and Douglas A. Yorke, "Materials Conservation for the Twentieth Century: The Case for Structural Glass," *APT Bulletin*, no. 13 (1981): 19-29.

＊88　Robert McKinley, "Spandrel Glass," in Jester, *Twentieth-Century Building Materials*, 206-11.

＊89　Thomas D. Stetson was granted a patent for the "Improvement of Window-Glass" that envisioned two separate panes of glass sealed hermetically. See Amstock, *Handbook of Glass in Construction*, 271-72. ル・コルビュジエは1920年代にその概念を研究していた。Ábalos and Herreros, *Tower and Office*, 103-4. Konrad et al., "Plate Glass," in Jester, *Twentieth-Century Building Materials*, 307-25. によれば、リビー・オーウェンズ・フォードによって製造された断熱窓ガラスは1944年に4月26日に正式に導入され、1930年頃に発明されて登場した。ピッツバーグ板ガラスは1945年に「ツウィンドウ」という名称で販売された。

＊90　Stephen J. Kelley, "Aluminum," in Jester, *Twentieth-Century Building Materials*, 47-51.

＊91　レイノルズ金属会社は2巻からなるアルミニウムを使った建築事例集を出版している。John Peter, *Aluminum in Modern Architecture*, 2 vols. (Louisville, KY: Reynolds Metals Company, 1956). 第1巻は施工済建物の事例を扱っているが、第2巻はカーテンウォールを含むアルミニウムの製造や標準的な技術詳細を扱っている。

＊92　Philip G. Bonzon, "Metals in Cladding: Past, Present, Future," in *Exterior Cladding on High Rise Buildings: Past Experience, Present Directions, Future Trends*, Task Force Report no. 12, by Chicago Committee on High Rise Buildings (Chicago: Chicago Committee on High Rise Buildings, 1990), 191-95.

＊93　Schaal, *Curtain Walls: Design Manual*, and Hunt, *The Contemporary Curtain Wall: Its Design, Fabrication, and Erection* はさまざまな種類のカーテンウォールの設計や建築事例を示す出版物のひとつである。

＊94　ピエトロ・ベルスキー（1899-1994）設計のオレゴン州ポーランドのエクィタブルビルは、アルミニウムのファサードを全面に使用した初期例のひとつである。Meredith L. Clausen, *Pietro Belluschi: Modern American Architect* (Cambridge, MA: MIT Press, 1994), 162-97.

＊95　初期の仕上げの詳細については Peter, *Aluminum in Modern Architecture*, 2:69-77, AAMA, *Aluminum Curtain Wall Design Guide Manual*, 129-39. The American Architectural Manufacturers Association は設計マニュアルをオンラインで定期的に更新している。

＊96　アルミニウムの歴史とその修理の概要については、Margot Gayle, David W. Look, and John G. Waite, *Metals in America's Historic Buildings: Uses and Preservation Treatments* (Washington, DC: US Department of the Interior, National Park Service, 1992), 84-88 and 149-53. を参照。

＊97　Robert Score and Irene J. Cohen, "Stainless Steel," in Jester, *Twentieth-Century Building Materials*, 64-71 は異なる種類のステンレス鋼、適用、劣化について述べている。クライスラービルの「ナイロスタ」を含むさまざまなステンレス鋼の製品名を詳述している。

＊98　Jester, *Twentieth-Century Building Materials*, 65 はリパブリック・スチール社の初期の広告を掲載している。

＊99　Types 302 と 304 が最も一般的である。International Nickel Company, *Architect's Stainless Steel Library Design Manual* (New York: International Nickel Company, n.d.). を参照。

＊100　ブロンズ、銅、スズ合金は何世紀もの間、建造物で使用されてきた。現在商業利用されているブロンズは、建築用ブロンズ、ミュンツ・メタル、銅、亜鉛であろう。

＊101　Gayle, Look, and Waite, *Metals in America's Historic Buildings*, 31. この本の図34のキャプションはシーグラムビルの外壁

材について記している。

*102　John C. Scott and Carolyn L. Searls, "Weathering Steel," in Jester, *Twentieth-Century Building Materials*, 72-77. コールテン（Cor-Ten）はUSスチールの商標であったが、Mayari-Rという名の類似品がベスレヘム・スチールにより市場に出された。「コールテン」の名は風化鉄と同義語になっている。

*103　設計プロセスの詳細については Merkel, *Eero Saarinen*, 95-101. を参照。

*104　注目すべきは、ヨーロッパの戦前期カーテンウォールとウィンドーウォールである。1920年代および30年代の近代建造物の多くはリノベーションの対象になっている。Wessel de Jonge, "Curtain Walls in the Netherlands: Refurbishing an Architectural Phenomenon," in "Curtain Wall Refurbishment: A Challenge to Manage," special issue, *DOCOMOMO Preservation Technology Dossier*, no. 1 (1996): 22-29. を参照。この記事は第二次世界大戦前の事例に限られるが、1950年代と60年代の建物、そしてドイツの建造物を含む。Berthold Burkhardt and Dieter Rentschler-Weissman, "Modern Buildings and Their Windows: Some Restoration Experiences in Germany," in "Reframing the Moderns: Substitute Windows and Glass," special issue, *DOCOMOMO Preservation Technology Dossier*, no. 3 (2000): 66-75. ワイマールとデッサウのバウハウスの建物やファグス靴工場も含まれる。

*105　第14章のケーススタディを参照。

*106　James Strike, "Boots Factory (Williams, 1932): Careful Medication for a Curtain Wall," in "Curtain Wall Refurbishment: A Challenge to Manage," special issue, *DOCOMOMO Preservation Technology Dossier*, no. 1 (1996): 83-86.

*107　Wessel de Jonge, "'Zonnestraal': Restoration of a Transitory Architecture," in "Technology of Sensations: The Alvar Aalto Vyborg Library," special issue, *DOCOMOMO Preservation Technology Dossier*, no. 7 (2004): 12-33. プロジェクト全体の概要については、第16章のケーススタディを参照。

*108　断熱ガラスの利用が考えられていたが、オリジナルの外形は増した厚みに適応できるほど深くなかったので、実現しなかったようである。Wolfgang Paul, "Renovation 1976," in Margret Kentgens-Craig, ed., *The Dessau Bauhaus Building, 1926-1999*, trans. Michael Robinson (Boston, MA: Birkhäuser, 1998), 160-69, は、当時は復元（reconstruction）と呼ばれていたリノベーション建築について詳細に述べている。同書の論考、Marieke Kuipers, "The Bauhaus and the World Heritage List," 174-85; そして Berthold Burkhardt, "The Conservation of Modern Monuments: Renovating the Bauhaus Building," ではリノベーションの重要性を論じている。興味深いことに、ブルクハルトは1976年のリノベーションは当時の東ドイツが技術的に、また哲学的に可能だったことを暗示していると論じた。彼は、「再建 reconstruction」を見越していた建築家コンラッド・プーシェルのおかげで本来の姿に戻すことができたと指摘している。James Lewis, "Window Fixings at die Bauhaus," *DOCOMOMO Journal*, no. 28 (2003): 83-93 は、オリジナルの鋼製窓の取りつけ方、これらの再利用の仕方を詳細に述べている。

*109　Jürgen Götz, "Maintaining Fagus," in Annemarie Jaeggi, ed., *Fagus: Industrial Culture from Werkbund to Bauhaus*, trans. Elizabeth M. Schwaiger (New York: Princeton Architectural Press, 2000), 133-41, は、窓を含む修復のプロセスを論じている。オリジナルの窓は大幅に修理され、部分的に時間をかけて取り換えられた。1980年代になると、窓を含む複合施設全体のリノベーションが必要になりそうだということが明らかになってきた。複合建築は事務所や工場などの元の用途を維持していたために、オリジナルの窓枠をできるだけ多く残そうとする思いと占有者の快適性のバランスをとる必要があった。占有者エリアでは断熱ガラスを使いつつも、元の形態に適合するように設計されたが、オリジナルの単板ガラスは、建物の角部分や階段などの未占有エリアに再度設置された。

*110　カーテンウォールの詳細は、Joris Molenaar, "Curtain Wall Construction," in Anne Mieke Backer, D'Laine Camp, Matthijs Dicke, eds., *Van Nelle: Monument in Progress* (Rotterdam: De Hef, 2005), 111-12. を参照。コンクリート構造むき出しの床スラブの角は、鋼製パネルで隠された。この建設現場では二重の窓枠を取りつけようと考えられていたようであるが、そのアイデアは棄却され、代わりにグリーンハウス用の2倍厚単層ガラスが取りつけられた。スパンドレルパネルは3インチ厚のトリフォリウム製の鉄パネル2枚からなる。防水材は、撥水剤を添加した圧縮ピート（泥炭）でサンドイッチしたシートでできている。銀色に塗装されたオーニングシステムは夏季の日よけニーズを満たしている。修復中にトリフォリウムは除去された。わずかな水が何年もかけて浸潤したことにより、撥水剤が湿った状態になっていた。これが腐食の原因となり、鋼板スパンドレルに影響を与えていた。

*111　Wessel de Jonge, "Functionalism Versus Rationalism," and "Climate Concept," in Backer, Camp; and Dicke, *Van Nelle: Monument in Progress*, 259-66 and 267-74. 第14章を参照。

*112　修復の記録は Kirk Huffaker, "A Modern Landmark in Our Backyard," *Utah Preservation*, no. 9 (2005): 45-50. に見ることができる。これは、バンク・ビルディング＆イクイップメント社の建築家ウェンセスラス・サルミエントの設計で1950年代初めに建てられた。鉄骨造のファーストセキュリティ・ユタ銀行はソルトレークシティで最初の高層ビルのひとつであった。そのカーテンウォールは、単純な現場施工ファサードである。すべての窓のスパンドレルとそのほかの立面部位は、波形または模様の入ったほうろうパネルを用いて建設された。一方、アルミニウム製窓は可視パネルを収めている。

*113　詳細は第15章のケーススタディを参照。

*114　Eberhard Zerres, "The Thyssen Haus (HPP Architects, 1957): A Curtain Wall Replaced from Head to Toe," in "Curtain Wall Refurbishment: A Challenge to Manage," special issue, *DOCOMOMO Preservation Technology Dossier*, no. 1 (1996): 76-79.

*115　Schaal, *Curtain Walls: Design Manual*, 180-81. オリジナルの立面は、垂直型マリオンや断熱窓枠そして複合絶縁パネルで補強したスパンドレルガラスを用いるために、複雑な十字形アルミ押し出し成形の技術を採用していた。

*116　そのほかに、エナメル加工ガラスを用いたスパンドレルガラスが交換されている。波形ステンレス鋼の下見板は修理され、オリジナルの下見板は狭くて窓にかからない場所で再利用された。レヴァー・ハウスにおいては、カーテンウォールの全面的な修

復再生と更新が不可欠であったが、それによりオリジナルとは異なる外観になった。しかしながら全体の壁が取り換えられたので、修理再生前と後の比較はできない。

* **117** Amanda Kolson Hurley, "As Kahn Intended," *Architect*, April 2007, 66-69. オリジナルの鉄製ウィンドウシステムが熱膨張したことによって、隣接するコンクリートにひびが入りウィンドウシステムは圧縮力を受けた。こうして鉄の劣化が引き起こされた。新システムは熱膨張を吸収できるように再設計されている。

* **118** 外部のフレームにより屋根がつるされた建物は、全面開放した大型ガラスボックスといえる。立面は主要構造部材や中間のマリオンにより垂直方向に分節されており、水平方向にふたつに分割されている。下半分はサンドブラストガラスで、上半分は透明ガラスとなっている。内側の可変ブラインドは上半分の窓用に用意されている。クラウン・ホールの設計・施工の記述については、Phyllis Lambert, ed., *Mies in America* (New York: Harry N. Abrams, 2001), 436-53. を参照。

* **119** 外部は1970年代にスキッドモア・オーウィングス&メリル（SOM）により完全に改修された。オリジナルのガラスは交換されている。上部パネルは3/8インチガラスで下半分はラミネートガラスとなっていて、マイラー社のフィルムが中間層に挿入されている。新しいガラスは、オリジナルのガラスのようにサンドブラスト加工の表面に近づけている。ラミネートガラスの外部表面は滑らかなので、ミースのオリジナルのガラスよりも反射率が高い。新しい材料を用いてオリジナルの外観に合わせることが難しいことを示す一例である。

* **120** もうひとつの案は強化ガラスの採用だろうが、強化ガラスの製造過程でわずかに波打った表面が形成される。オリジナルの滑らかな表面とは大きく異なるし、しかも強化できる寸法も限られている。ミースの建物の修復時に使用した強化ガラスについては、Loughran, *Falling Glass*, 112-13. を参照。

* **121** ガラス留めのデザインに関連する問題については、Blair Kamin, "At IIT's Crown Hall, No Detail Too Small," *Chicago Tribune*, May 22, 2005. を参照。一般論については、Sara Hart, "The Perils of Restoring 'Less is Wore.'" *Architectural Record* 194, no. 1 (2006): 149-56. を参照。この論文は外壁のディテールやガラス留めの当初のデザインと新しいデザインについて述べている。さらに一般的な議論については、Blair Kamin, "Crown Hall Dazzles in Mies Simplicity," *Chicago Tribune*, August 21, 2005. を参照。このプロジェクトは竣工後約50年にして完了した。

* **122** シカゴのフェデラル・センターはエヴェレット・マッキンリー・ダークセン・ビル、ジョン・C・クルチェンスキー・ビルとループ郵便局から構成される。この複合ビルはミース・ファン・デル・ローエの設計で、1959年から74年にかけて建設された。カーテンウォールの設計は、施工段階でいくつか変更されている。Lambert, *Mies in America*, 405-16.

* **123** 第2章で風化とパティナについて述べている。修理やメンテナンスを進めた結果として繰り返される変更とその時々の判断は、当初の所有者や設計者を巻き込んでいる場合、興味深い問題となり、近代建築の保存と解釈において新しい問題を提起する。ヴァルター・グロピウスやフィリップ・ジョンソンが住宅に対して行った変更は、設計意図の範囲内に収まる行為である。ファンズワース邸に行われた変更のように、オリジナルの建築家がかかわったのちに、所有者によって行われた変更は解釈に値するが、設計意図と対立するかもしれない。グロピウス邸とファンズワース邸については第8章を参照。

* **124** Ábalos and Herreros, *Tower and Office*, 103-4 はル・コルビュジエの作品について論じている。ル・コルビュジエは戦後に国連ビルでブリーズソレイユを提案していた。また、ル・コルビュジエ設計のスイス・パヴィリオンでは、太陽光を取り入れるため、南面ファサードが鉄とガラスになっている。彼は1950年代初めに、リオデジャネイロの教育・公衆衛生省とよく似た、外側にシェードを取りつける提案をしているが、実現しなかった。Ivan Zaknic, *Le Corbusier: Pavilion Suisse; The Biography of a Building* (Basel: Birkhäuser, 2004), 306-8. Hunt, *The Contemporary Curtain Wall*, 75-81 は水平型のブリーズソレイユや縦型シェードとしてのブリーズソレイユを紹介しているが、ベネチアンブラインド、シェードについては除外されている。ブリーズソレイユの例はマルセル・ブロイヤーやバーナード・ゼルフュスによるパリのユネスコ・ビルに見られる。

* **125** Low-Eガラスは断熱性・高透過性と日射調整を同時に実現する。Low-Eコーティングは第二次世界大戦中にピッツバーグ板ガラス社により紹介され、当時はレーダー表示画面のガラス板の静電気を逃がすために用いられた。Low-Eコーティングは、放射線放出を減らす薄いフィルムに酸化酵素と鉄を適用してつくられる。

* **126** Schaal, *Curtain Walls: Design Manual*, 18-26.

* **127** 断熱材のような二次材料に関する文献は少ない。ヨーロッパの初期（ほとんどは第二次大戦前）の断熱材については、Torben Dahl and Ola Wedebrunn, "Thermal Strategies: Towards a Modern Insulation," in "Climate and Building Physics in the Modern Movement," special issue, *DOCOMOMO Preservation Technology Dossier*, no. 9, ed. Jos Tomlow and Ola Wedebrunn (2006): 69-75. を参照。例えば、ファン・ネレ工場の鉄製カーテンウォールでは、撥水処理した圧縮泥炭であるトリフォリウムと呼ばれる製品が金属スパンドレルの内側に入れられた。ヴァルター・グロピウスは自邸の建設中に、防水紙でラッピングしたセキショウモを用いた。詳細は第8章と第14章を参照。

* **128** Bruce S. Kaskel, "The Metal and Glass Curtain Wall," in *Preserving the Recent Past*, ed. Deborah Slaton and Rebecca A. Shiffer (Washington, DC: Historic Preservation Education Foundation, 1995), 20-21.

* **129** 初期の複合パネルについては Hunt, *The Contemporary Curtain Wall*, 309-35. を参照。サンドウィッチまたは積層パネルは、断熱材と鉄の接着力不足ゆえに不具合を起こすものもあった。

* **130** AAMA, *Aluminum Curtain Wall Design Guide Manual*, 152-181 の "Design for Energy Conservation in Aluminum Curtain Walls." 1979年版からの引用；1990年に再版されている。

* **131** 窓枠やセキュリティの注意点については、Joseph A. Demkin, ed., *Security Planning ana Design: A Guide for Architects and Building Design Professionals* (Hoboken, NJ: John Wiley & Sons, 2004), 95-106. を参照。

* 132　エンパイア・ステート・ビルの平石のサイズには 4 インチ、6 インチ、8 インチがある。Joseph Navarro, "Preserving the Empire State Building: Mass Production of Assembly Appears Irreversible," *DOCOMOMO Journal*, no. 12 (1994): 56-59.
* 133　Michael J. Scheffler, "Thin-Stone Veneer Building Facades: Evolution and Preservation," *APT Bulletin* 32, no. 1 (2001): 27-34 は、石造外装材の開発と保存問題の概要を示している。Michael J. Scheffler and Edward A. Gerns, "Thin Stone Veneer," in Jester, *Twentieth-Century Building Materials*, 168-73.
* 134　現代の実務については Sidney Freedman, "Stone Veneer-Faced Precast Concrete Panels," *PCI Journal* 45, no. 4 (2000): 72-99. を参照。
* 135　Harry J. Hunderman et al., "Curtain Wall Development: The Loss of Redundancy," in Slaton and Shiffer, *Preserving the Recent Past*, Section 5, 3-7.
* 136　化粧板周辺の問題については Ian R. Chin et al., "A Thin-Stone Veneer Primer," *Architectural Record* 178, no. 7(1990): 108-13. を参照。
* 137　Christopher Borgal, "Thin-Stone Systems: Conflicts between Reality and Expectations," *APT Bulletin* 32, no. 1 (2001): 19-25.
* 138　Philip Nobel, "Revamping the Whitney," *Metropolis* 17, no. 6 (1998): 50.
* 139　白大理石の墓石のそりは早くから知られている現象のひとつであり、文献にも記されている。プラスチックの変形や湿度の影響については例えば、E. M. Winkler, *Stone: Properties, Durability in Man's Environment* (New York: Springer-Verlag, 1973): 57-58. を参照。
* 140　Chin et al., "A Thin-Stone Veneer Primer," 109. Kyle C. Normandin and Michael J. Scheffler, "Dimension Stone Durability: Evaluation of Climatic Data for Several European and North American Cities," in Richard Prikryl, ed., *Dimension Stone 2004: New Perspectives for a Traditional Building Material; International Conference on Dimension Stone 2004, Prague, Czech Republic, June 14-17, 2004* (London: Taylor & Francis, 2004), 203-10.
* 141　薄い大理石化粧板の再被覆作業は現在も続いている。Sara Hart, "Born Again: A New Skin Offers a Fresh Start," *Architectural Record* 193, no. 5 (2005): 262-68 では、リッチモンドのヴァージニア市庁舎の再被覆作業について記している。
* 142　第 15 章を参照。
* 143　Kimball J. Beasley, "Use and Misuse of Exterior Travertine Cladding," *Journal of Performance of Constructed Facilities* 1, no. 4 (1987): 242-53.
* 144　リンカーン・センターの詳細については第 11 章を参照。
* 145　Kyle C. Normandin and Michael A. Petermann, "Stone Cladding Technology: Monitoring and Intervention Techniques for Stabilization," in *Historical Constructions: Possibilities of Numerical and Experimental Techniques*, ed. P. B. Lourenco and P. Roca (Guimaraes, Portugal: University of Minho, 2001): 319-27. 著者は調査プロセスの概要を示し、さまざまな事例を検証している。一般的な議論は Michael J. Scheffler and Deborah Slaton, "Stone Claddings," in *Building Renovation*, March-April 1993, 53-56. を参照。
* 146　John Redding, "The Myth of Permanence: Ageing Stone Claddings in the United Kingdom," *DOCOMOMO Journal*, no. 15 (1996): 43-46.
* 147　戦後のコンクリートの使用に関する書籍は大量に出版されている。Michael Bussell, "The Use of Concrete in the Post-War Era," in Macdonald, *Preserving Post-War Heritage*, 83-103.
* 148　1970 年代の技術の概要については、Sidney Freeman, "Precast Concrete Cladding Systems," in Chicago Committee on High Rise Buildings, *Exterior Cladding on High-Rise Buildings*, 247-81. がある。英国の実務については Alan Brookes, *Cladding of Buildings* (London: Construction Press, 1983), 1-34.
* 149　コーキングやシーラントについては、Julian R. Panek and John Philip Cook, *Construction Sealants and Adhesives* (New York: John Wiley & Sons, 1984); and Michael J. Scheffler and James D. Connolly, "Building Sealants," in Jester, *Twentieth-Century Building Materials*, 272-76. を参照。
* 150　いい事例はフランク・ロイド・ライトのジョンソン・ワックス・ビル（1936-39）である。研究棟は 1944 年まで完成しなかった。この建物にはガラスチューブでつくられた複合窓と天窓がある。最初のスケッチでは、サイズの異なるチューブの間の接合部分はマスチック樹脂（ワニス）で密閉されている。設置時にはシリコーンの一種が使用された。平らな形状のトップライトは収縮し雨もりが続き、最終的に 57 年に伝統的な傾め形状の天窓で覆われた。最初の頃のスケッチや議論については、Jonathan Lipman, *Frank Lloyd Wright and the Johnson Wax Buildings* (New York: Rizzoli, 1986), 65-69. を参照。窓枠の詳細は、Ford, *The Details of Modern Architecture*, 1:344-49. を参照のこと。両書ともオリジナルの工事写真や設置時の写真を掲載している。
* 151　Panek and Cook, *Construction Sealants and Adhesives*, 107 では、1954 年のレヴァー・ハウスはポリサルファイドを使用して再度コーキングした最初の建物だと指摘している。Hunt, *The Contemporary Curtain Wall*, 86-88 では、コーキングとシーラントについて論じ、レヴァー・ハウスは伝統的なグレージング・コンパウンドを新しい材料に変えた、最初の「大規模実験」だったと記している。
* 152　Kaskel, "The Metal and Glass Curtain Wall," in Slaton and Shiffer, Preserving the Recent Past, sec. 5, 19-24.
* 153　保存にかかわるシーラントの選択については、Thomas F. O'Connor, "Guide to the Use of New ASTM Standards for Sealants," *APT Bulletin* 32, no. 1 (2001): 51-57. を参照。
* 154　Merkel, *Eero Saarinen*, 73-74, は「私たちが最も誇りに思っていることのひとつは、ゼネラル・モーターズと協働したことであり、私たちは「初めて」のものを数多く開発した。これは建築家の責務の一部であると思う」というエーロ・サーリネンの言

葉を引用している。この発言はおそらく、ネオプレンガスケット耐候性シールやほうろう製サンドイッチパネル、そしてプラスチック製の明るい天井を指して述べたものだろう。

＊155　ゼネラル・モーターズ国内製造部門（GM）は「インロック」という登録商標でガスケットを数多く製造した。1955年にスタンダード・プロダクツ社はGMのツーピース型の特許を侵害しなかったワンピース型のデザインを開発した。しかし61年にスタンダード・プロダクツ社はGMからグレージングガスケットの技術・ツール・経験を買い取った。その後89年にGriffith Rubber MillsはStandard ProductsのStanLock Divisionを買収した。

＊156　Panek and Cook, *Construction Sealants and Adhesives*, chap. 17, はこれらのガスケットの詳細な概要を掲載している。Figure 17.4 も参照のこと。この本はさまざまなタイプを紹介している。ガスケットシステムの詳細については、AAMA, *Aluminum Curtain Wall Design Guide Manual*, 49-59. を参照。

＊157　この合成ゴム材は1931年にデュポン社のふたりの科学者ウォーレス・ヒューム・カロザーズ（1896-1937）とアーノルド・コリンズにより発明された。当初は「デュプレン」と呼ばれていたが、1937年にネオプレンと再命名された。デュポン社が嫌な臭いの除去に成功した後、ネオプレンは手袋や靴などの製品で使用され人気を博した。アメリカ陸軍は第二次大戦中にネオプレンを徴用し、商業市場から消えた。戦後に需要が高まったので、デュポン社は新たに製造工場を購入しなければならなかった。現在もネオプレンの需要の高さは変わっていない。接着剤、シーラント、ホース、ガスケット、動力伝達ベルトの原料に欠かせない。Adrian Kinnane, *Dupont: From the Banks of the Brandywine to Miracles of Science* (Wilmington, DE: E. I. du Pont de Nemours, 2002), 118-21,129,132,155. そして Andrew Ciesielski, *An Introduction to Rubber Technology* (Shawbury, UK: Rapra Technology, 1999). を参照のこと。

＊158　ゼネラル・モーターズ技術研究所の建物の詳細についてはFord, *Details of Modern Architecture, vol. 2:1928-1988*, 265-81. を参照。

＊159　AAMA, *Aluminum Curtain Wall Design Guide Manual*, 58, fig. 14, は、典型的な後期ディテールを掲載している。ガスケット内に水が残留するため、水蒸気を発生させず、断熱ユニットのシールに影響しないように、排水する必要があった。技術研究所では問題を緩和するために、最初ガスケットシステムに3/16インチの水抜き穴をあけた。

＊160　Panek and Cook, *Construction Sealants and Adhesives*, 197-98.

＊161　AAMA, *Aluminum Curtain Wall Design Guide Manual*, 49.

＊162　Julie V. Iovine, "Museums Weep for Their Tupperware," *New York Times*, October 10, 1996, で、著者は多くのモダンデザインの物質の崩壊について論じている。ゴム、プラスチック、発泡材などのモダンデザインを形づくっている材料はいわゆる「つかのま」の材料である。

＊163　Anthony Walker, "Plastics: The First Universal Building Material," in Macdonald, *Preserving Post-War Heritage*, 53-82.

＊164　建材に関する多くの出版物は、プラスチックやその利用に関する部品を含む。初期の包括的な資料は、Albert G. H. Dietz, *Plastics for Architects and Builders* (Cambridge, MA: MIT Press, 1969). である。ディーツはマサチューセッツ工科大学工学部の教授であり、1959年にモスクワで行われたアメリカ合衆国展覧会のビジターシェルターの技術責任者であった。彼はまた、57年に建てられたモンサント未来住宅の設計にかかわっていた。この建物はカリフォルニアのアナハイムにあるディズニーランドのアトラクションとして10年間存在していた。

＊165　ガラス繊維強化プラスチックは通常、保存のプロジェクトでは構造に供しない用途に用いられる。一般的にはコーニス、パネル、そのほかの装飾要素など、重量にかかわるところに用いられる。

＊166　1856年にアレクサンダー・パークス（1813-90）は現在プラスチックと呼んでいるもののひとつを初めて開発した。彼はそれをパーケシンと名づけた。1862年のロンドン万国博覧会でその硬さと柔らかさが歓迎されたが、大成功したとは言えなかった。象牙の供給量が低下したため、アメリカンビリヤードボール製造社は、代替品を開発する人に賞を与えようと考えた。1869年にジョン・ウェズリー・ハイアット（1837-1920）は、溶剤としてショウノウを用いて、亜硝酸セルロースでつくったボールを紹介した。彼はそれをセルロイドと名づけた。プラスチック材の研究はヨーロッパで続けられたが、商業的な拡大は米国の製造により可能になった。セルロイドの商業的な成功は類似材料の研究の刺激となった。皮肉なことに、19世紀に発見された多くのプラスチック製品は、20世紀になって誰もが知っている名称になったにすぎない。例えば、塩化ビニルは1835年頃の発見であるし、ポリエステルは1847年、射出成型は1872年、ポリカーボネートは1898年の発明である。プラスチック小史については Jeffrey L. Meikle, *American Plastic: A Cultural History* (New Brunswick, NJ: Rutgers University Press, 1995) を参照のこと。

＊167　樹脂や積層プラスチック化粧材の発展については、Anthony J. T. Walker, Kimberley A. Konrad, and Nicole L. Stull, "Decorative Plastic Laminates," in Jester, *Twentieth-Century Building Materials*, 127-35. に見ることができる。

＊168　Steven Holt, "The Formica History: It Isn't What You Think," in *Formica & Design: From the Counter Top to High Art*, ed. Susan Grant Lewin (New York: Rizzoli, 1991), 17-38.

＊169　そのほかのローウィのデザインについてはLewin, *Formica & Design*, 91-92. を参照のこと。

＊170　Robert A. M. Stern, Thomas Mellins, and David Fishman, *New York 1960: Architecture and Urbanism between the Second World War and the Bicentennial* (New York: Monacelli, 1995), 1048, は住宅を「平凡な中間層への賛歌」、また「出資者の製品の押し売り」と論じている。ロバート・スターンらはそれをデザインした建築家エミール・シュミッドレンに言及している。彼はインテリア装飾家向けの「グッド・ハウス・キーピング」誌のベティー・クラフトと一緒に働いていた。しかし当初のフォーマイカ社のプレスリリースではエミール・A・シュミッドレンの名が挙げられている。彼はエリース・リーとともに、そのデザインの責任者であったとされる。シュミッドレン（1907-88）はニュージャージー州オレンジで訓練を受けたスイス人であった。*New York Times*, "Emil.

A. Schmidlin, 81, New Jersey Architect," March 8, 1988.

* 171　Meikle, *American Plastic: A Cultural History*, 214. フォーマイカの住宅はその国周辺で 150 棟建設されたようである。

* 172　ケーススタディハウスは、「アーツ＆アーキテクチュア」誌のジョン・エンテンザによって始められた、近代住宅のデザインを展示するためのプログラムである。プログラムは 1945 年から 62 年にかけて実施され、建てられ住宅はほとんどロサンゼルス周辺のカリフォルニアに位置する。リチャード・ノイトラ、チャールズ＆レイ・イームズ、ウィリアム・ワースター、クレイグ・エルウッド、ラルフ・ラプソンたちがかかわった。Esther McCoy, *Case study houses*, 1945-1962 (Los Angeles: Hennessey & Ingalls, 1977), 2nd ed., or Elizabeth A. T. Smith, *Case Study Houses*, ed. Peter Goessel (Köln: Taschen, 2006). を参照。

* 173　Wilson House, see Deborah K. Dietsch, *Classic Modern: Midcentury Modern at Home* (New York: Simon & Schuster, 2000), 128-31; または Grace Jeffers, "Preserving the Origin of the Everyday: The Wilson House (Ralph Wilson Sr. & Bonnie Mclninich, 1959)," *DOCOMOMO Journal*, no. 24 (2001): 50-53.

* 174　Albert Farwell Bemis, *The Evolving House* (Cambridge, MA: Technology Press, Massachusetts Institute of Technology, 1936), 3:572-73 では、ビニライトシステムはパネル型と定義される。ここではスポンサーはアノニマスとされる。ドローイングはシンプルで基本的な部位やディテールを示しているだけである。別の記述は Meikle, *American Plastic: A Cultural History*, 84-85 にあるが、アルミニウムシートは扱っていない。

* 175　Arthur Quarmby, *Plastics and Architecture* (Washington, DC: Praeger, 1974), 45.

* 176　名称は会社名の Keller の K とアルミニウムの AL を「サンドウィッチ」して付けられている。WALL は当初使われていた製品の使い方を示している。

* 177　Edward Durell Stone, *The Evolution of an Architect* (New York: Horizon, 1962), 188-91. パヴィリオンの建設については、"More Than Modern," *Time*, March 31, 1958, 56-63. に記されている。ストーンは「タイム」誌のこの特集の表紙カバーを飾っている。

* 178　Alec Leggatt, *GRP and Buildings: A Design Guide for Architects and Engineers* (London: Butter-worths, 1984), 1-7. 繊維強化プラスチックを定義するためにさまざまな用語が用いられる。総称して繊維強化ポリマー（FRP）と呼ばれる。そのほかにも繊維を利用したものには、ガラス繊維強化ポリマー（GFRP）、炭素繊維強化ポリマー（CFRP）などがある。一般的には繊維強化プラスチックやグラスファイバー、ファイバーグラスという用語が用いられる。

* 179　例えば 1955 年のパリ万博で、イオアン・シャインとイヴ・マニヤンと R・A・クーロンが試作したプラスチックを使って住宅をデザインした。この住宅には共用スペースを含むセンターコア、円形のリビングスペース、寝室、キッチンがあり、分離した複数の寝室ユニットが取りつけられた。住宅は別の場所で展示され、最終的には、69 年にフランスのドゥーエにある石炭会社（住宅を開発した会社）の敷地で再度組み立てられた。Quarnby, *Plastics and Architecture*, 45-46. 施工は困難を極め、ガラス繊維強化プラスチックを手で仕上げ、敷地に合わせるためにカットされたと記されている。

* 180　プランや写真については Alison and Peter Smithson, *The Charged Void: Architecture* (New York: Monacelli, 2001), 162-77. を参照。

* 181　Helena Webster, *Modernism without Rhetoric: Essays on the Work of Ahson and Peter Smithson* (London: Academy Editions, 1997), 39-41.

* 182　ディーツや建設業界におけるプラスチック発展過程での彼の役割については Meikle, *American Plastic*, 205, を参照。

* 183　Dietz, *Plastics for Architects and Builders*, 16-17. 彼は住宅の構造原理を解説するのに「モノコックウィング」という用語を用いている。明らかに飛行機の翼を参照している。平面プランについては Quarnby, *Plastics and Architecture*, 50. を参照。

* 184　Meikle, *American Plastic: A Cultural History*, 205-15.

* 185　放物線または曲線の形状やシェル状のプラスチックの使用は、1950 年代から 60 年代の建築やデザインの流行となった。コンクリートのように、プラスチックはさまざまなかたちにすることができる。コンクリートは空港や劇場などの大規模な公共空間に見られるが、プラスチック材は小さな場所や環境でも役に立ち、成形パネル、内蔵型の設備や家財にも使える。繊維や成形の技術を使用するためには、シンプルで明快な線で製品を設計する必要があり、繊維は適切にプラスチックに浸し、大量生産時に構成部品が容易に成形できるようにしておく必要がある。

* 186　Brookes, *Cladding of Buildings*, 35-68 は製造、施工、ディテール、ガラス繊維強化プラスチックの風化を論じ、例を挙げて図解している。

* 187　Mondial House, at 90-94 ロンドンのアッパー・テムズ・ストリートはその好例である。フバード・フォード＆パートナーズによる設計の遠隔通信センターの建物は 1978 年に完成した。セント・ポール大聖堂の眺望を保護する地区の、市の高さ制限に対応するため、オリジナルの高さは低く抑えられた。計画申請書では、現存する 1970 年代の建物の解体と既存の建物の 3 分の 1 を使って新しい 2 つの建物を建設する許可の申請をした。計画に対する評価の既存建物の認可については「目立つ建物だがあまり親しまれていない建築で、想定される大規模再開発等以外の別の目的にも供しておらず、役に立たない」と説明されている。Greater London Authority, *Mondial House, 90-94 Upper Thames Street*, Greater London Authority Planning Report PDU/1017/01, December 15, 2005. The application for demolition was granted in January of 2006.

* 188　これらの試験には、例えば、アクリル、セルロイド、ポリ塩化ビニルなどのプラスチック材に共通する透明性の分析が含まれる。これらの材料は経年変化で黄色くなるからである。透明性試験で判定できる別のプラスチックに、セルロースエステルやセルロースエーテル、ポリカーボネート、ポリエステル、ポリスチレンがある。透明性を低下させたり透明性を失くしたりする添加剤や混合材を用いると、この種の分析はさらに困難になる。

* 189　修理方法には、溶剤による接着、熱や暖気による接合がある。温水や非イオン性洗剤による洗浄が通常プラスチックには適

しているが、熱可塑性プラスチックに粗い接着剤を使用すると、材質に悪影響を与える。近年改良された製品は、黄変やすり傷を磨いて除去することができる。一般的な手法が、プラスチックの保全に広く適用されているが、手法の多くはある特定型の高分子の問題に対処しようとするなかで発明されたものである。その大部分は、車体修理や造船業界で始まったものである。

＊ 190　そのような設計グリッドの活用は、第二次世界大戦後におもに始まったが、プレファブリケーションの長所の分析はBemis, *The Evolving House*, vol. 3. にすでに見られる。

＊ 191　多層階の建設、おもにプレキャストの建設はしばしば「工業化ビルディングシステム」と呼ばれる。Albert G. H. Dietz, "Building Technology: Potentials and Problems," in *Industrialized Building Systems for Housing*, ed. Albert G. H. Dietz and Lawrence S. Cutler (Cambridge, MA: MIT Press, 1971), 10-32.

＊ 192　標準化の形式が適用された最初期の材料のひとつは、ファサードに用いる鋳鉄であった。しかしそれだけではなく、組み立てやすくする工場生産標準化部品も用いられている。Diane S. Waite, ed., *Architectural Elements: The Technological Revolution* (Princeton, NJ: Pyne, ca. 1972). 商取引情報の一覧書の「スイーツカタログ」は早くも1906年に発行を開始した。この書は標準部品開発の直接的な産物である。

＊ 193　Gilbert Herbert, *Pioneers of Prefabrication: The British Contribution in the Nineteenth Century* (Baltimore: Johns Hopkins University Press, 1978), 46-47; 57-58. プレファブリケーションの建物は、発展期や植民地化の時期に諸外国（特に19世紀にオーストラリア、カリフォルニア、南米、ハワイなど）に出荷された。出荷された木造枠組の建物は19世紀には非常に珍しいというわけでもなかった。Charles E. Peterson, "Pioneer Prefabs in Honolulu," *Hawaiian Journal of History* 5 (1971): 24-38. Miles Lewis, "Prefabrication in the Gold-Rush Era: California, Australia, and the Pacific," *APT Bulletin* 37, no. 1, (2006): 7-16 では、3つの地区やオーストラリアで起きた現存するプレファブリケーションの売買について論じている。現在、モデュラービルディングや可動住宅は一般的に、仮設の施設・住宅の提供を目的に災害エリアに送られる。

＊ 194　レヴィット＆サンズの仕事はその代表例である。第9章プレファブリケーションを参照のこと。

＊ 195　Timothy Mennel, "Miracle House Hoop-La: Corporate Rhetoric and the Construction of the Postwar American House," *Journal of the Society of Architectural Historians (JSAH)* 64, no. 3 (September 2005): 340-61.

＊ 196　当時、プレファブリケーションの長所はさまざまな面で称揚された。例えば、Raymond K. Graff, Rudolph A. Matern, and Henry Lionel Williams, *The Prefabricated House: A Practical Guide for the Prospective Buyer* (Garden City, NY: Doubleday, 1947) を参照。書名が示唆するように、ここではその長所に関する議論を幅広く紹介し、テネシー峡谷開発公社（TVA）によって開発されたセメストシステムや組み立て住宅など多様な型を例解している。

＊ 197　Albert G. H. Dietz, *Dwelling House Construction*, 4th ed. (Cambridge, MA: MIT Press, 1974), 401-14.「プレファブ住宅Manufactured Housing」と題する節で、ディーツは4つの基本型を概説し、おもに1、2階建て住宅を扱っている。この定義に類するものが、Manufactured Plousing Institute で現在使用されている。

＊ 198　この住宅は、Roland A. Wank（1898-1970）を代表とする、テネシー峡谷開発公社（TVA）の建築家事務所が責任を負っている。彼はニューヨークに戻ってフェル＆ワーグナー事務所（のちに Wank Adams Slavin Associates、WASA に改称）に参画する前に1933年から44年にかけてデトロイトのアルバート・カーン事務所に在籍した。Christine Macy, "The Architect's Office of the Tennessee Valley *Authority*," in *The Tennessee Valley Authority: Design and Persuasion* (New York: Princeton Architectural Press, 2007), ed. Tim Culvahouse, 26-51. を参照。アイロ・ハウス（AIROH）の議論については、Clifford E. Saunders, "Some Effects of Prefabrication on Post War Building," *The Structural Engineer*, August 1957, 277-96; and Colin Davies, The Prefabricated Home (London: Reaktion Books, 2005), 61-62. を参照。AIROH は Aircraft Industry's Research Organization on Housing の略である。これは英国の戦後の住宅危機に影響力を持つ航空機製造担当大臣によって組織された委員会であった。サウンダーズは鉄骨造やそれに関連するカーテンウォールの標準化の議論を拡張し、1947年に恒久的な所有をもくろむ改良型が開発された。Miles Glendinning, "Moredun Housing Area, Edinburgh: Prefabricated Metal Dwellings of the 1940's Housing Drive," *DOCOMOMO Journal*, no. 12 (November 1994): 53. また、同著者による未出版の報告書 "Moredun Housing Area, Edinburgh: Prefabricated Metal Dwellings and the 1940s Emergency Postwar Housing Drive," February 1993. を参照。この報告書はエリア登録の取り組みの一環としてつくられた。だが、この提案はうまく作用していない (Miles Glendinning, personal communication with author, October 10, 2006)。この報告を利用させてくれた Mr. Glendenning に感謝する。イギリスの航空産業を巻き込んだイニシアチブは、米国の取り組みと似ていたが、どちらもあまり成功しなかった。バックミンスター・フラーが1940年代後半に設計しリパブリック・エアクラフト社により製造されたウィチタ・ハウスと、ヴァルティー・エアクラフト社のためにエドワード・ララビー・バーンズ（1915-2004）がインダストリアルデザイナーのヘンリー・ドレイファス（1904-72）と協力して設計した住宅（1946-47）のふたつはその代表例である。

＊ 199　Davies, *The Prefabricated Home*, 69-88. 基本的に「ダブルワイド」はユニット式プレファブリケーションである。

＊ 200　James C. Massey and Shirley Maxwell, "Pre-Cut Houses: Catalog Homes," *Old-House Journal*, November- December 1990, 36-41. この特殊な出版物のプレカット住宅に関する記事の登場は、初期プレファブ住宅が一般に受け入れられ、その関心が高まっていたことを示しているように思われる。伝統的な材料や施工技術の利用や、より伝統的な様式をした外観は、おそらく好意的に受け取られたと思われる。プレカット住宅やキット組み立て住宅（キット・ハウス）に対する関心は、近代の作品にもいくつか見られる。例えば、Bethany Lyttle, "Modern Kit Houses: Thinking Inside the Box," New York Times, October 15, 2004. しかしこれらの事例は、プレカットやキット組み立て住宅ではなく、適切にもユニット住宅と名づけられている。

＊ 201　Dale Wolicki and Todd Dore, "Aladdin Homes: Comfortable, Convenient and Cozy," *American Bungalow*, no. 38 (Summer 2003): 110-16.

＊202　シアーズのプレファブ住宅の話は多数出版されている。Amanda Cooke and Avi Friedman, "Ahead of Their Time: The Sears Catalogue Prefabricated Houses," *Journal of Design History* 14, no. 1 (2001): 53-70; Shirley Maxwell and James C. Massey, "The Story on Sears: Houses by Rail and Mail," *Old-House Journal* 30, no. 4 (2002): 45-66; and by the same authors, "Inside the Sears House: Interior Features of a Modern Home," *Old-House Journal* 31, no. 3 (2003): 80-83.

＊203　エジソンの取り組みと彼のシステムについては、十分な文書記録がある。鋳鉄製の型枠は再利用できたが、その重さゆえに非常に扱いが難しく手が出せなかった。H. Ward Jandl, *Yesterday's Houses of Tomorrow: Innovative American Homes, 1850 to 1950* (Washington, DC: Preservation Press, 1991), 67-81; and Michael Peterson, "Thomas Edison's Concrete Houses," *Invention and Technology*, Winter 1996, 50-55. A description of the system is also found in Bemis, *The Evolving House*, 3: 410-12.

＊204　エジソンの特許を用いた住宅の多くはUSスチール社の子会社グレイ・ランド社によりインディアナ州グレイで建設された。現存する住宅41棟のうち数棟が放置されていたが、過去10年間のうちにリノベーションされた。Jeanette Almada, "New Life for Abandoned and Derelict Edison Homes," *New York Times*, January 14, 1996.

＊205　ヨーロッパの発展については、Marieke Kuipers, *Bouwen in Beton: Expenmenten in de volkshuisvesting voor 1940* (The Hague: Staatsuitgeverij, 1987), 84-87; と Theodore H. M. Prudon, "Betonnen huizen volgens het systeem Edison," *Cement*, no. 25 (1973), 354. を参照。

＊206　アタベリーは低層や多層の低所得者用住宅（ほかのビルディングタイプも同様）のシステムを精力的に推進しようとしたが、1910年から18年の間に建設されたニューヨークのフォレストヒルズガーデンズの伝統的な住宅を除けば、あまり成功しなかった。Jandl, *Yesterday's Houses of Tomorrow*, 25. Bemis, *The Evolving House*, Vol. 3, 349-53 はシステムの計画ドローイングのみを紹介している。さらに詳細な解説については、Atterbury, Corbett, & Holden, *Report on the Use of Prefabricated Fireproof Construction*, prepared for the New York Housing Authority, May 1943. に見ることができる。この報告書はフォレストヒルズガーデンズの2階半建て住宅のシステムについて詳述し、施工写真も掲載している。

＊207　Kuipers, *Bouwen in Beton*, 184-200 は、イギリスの方式を採用しオランダで発展したさまざまなコンクリート製造法を用いた住宅システムを紹介している。

＊208　Le Corbusier, *Towards a New Architecture* (London: John Rodker, 1931), 225-65. この章はシトロアン住宅を含む大量生産住宅に焦点が当てられている。シュツットガルトのヴァイセンホーフジードルンクで建てられた住宅はそのシステムに基づいている。Karin Kirsch, *The Weissenhofsiedlung: Experimental Housing Built for the Deutscher Werkbund, Stuttgart, 1927* (New York: Rizzoli, 1989), 100-119. を参照。これらの住宅は大々的に修復された。Hermann Nägele, *Die Restaurierung der Weissenhofsiedlung, 1981-87* (Stuttgart: Karl Krämer, 1992), 34-77. 単世帯住宅と二世帯住宅の建物には重大な改変が加えられ、湿気による深刻なダメージを受けて、コンクリートの鉄筋が腐食していた。オリジナルの窓は交換され、オリジナルの形状に似せて復元されたが、断熱ガラスが取りつけられている。

＊209　プレファブ住宅を設計する建築家の試行については Davies, *The Prefabricated Home*, 11-43. に概要がまとめられている。彼はル・コルビュジエの作品を総括しているだけでなく、パッケージ・ハウス・システムと呼ばれるシステムを用いたコンラッド・ワクスマンとヴァルター・グロピウスなど、ほかの建築家による試みにも大いに注目している。Siegfried Giedion, *Walter Gropius: Work and Teamwork* (New York: Reinhold, 1954), 193-200 はグロピウスのドイツにおける実験を図解している。ゼネラル・パネル社によって製造されたパッケージ・ハウス・システムを含む。このシステムは近年の論文で認知され、大きな関心を集め続けている。Gilbert Herbert, *The Dream of the Factory-Made House: Walter Gropius and Konrad Wachsmann* (Cambridge, MA: MIT Press, 1984). 一般的な議論については、Michael Tower, "The Packaged House System (1941-52): Konrad Wachsmann and Walter Gropius," *Perspecta*, no. 34 (2003): 20-27. を参照。

＊210　ニューディール政策の一環としての住宅供給とそれにかかわった連邦政府の役割については、Robert D. Leighninger Jr., *Long-Range Public Investment: The Forgotten Legacy of the New Deal*, (Columbia SC: University of South Carolina Press, 2007): 80-169 を参照のこと。本書はテネシー峡谷開発公社（住宅局や再定住局も）を主題としている。

＊211　Bemis, *The Evolving House*, 3 vols. (Cambridge, MA: Technology Press, Massachusetts Institute of Technology, 1932-36).

＊212　Jandl, 157-68, for a more detailed discussion of General Houses Inc.

＊213　プレファブリケーションの発展の歴史については、Davies, *The Prefabricated Home*, 54-55; and Jandl, *Yesterday's Houses of Tomorrow*, 145-52 and 156-68. にまとめられている。Foster Gunnison abandoned Houses Inc. は、インディアナ州アルバニーで1935年にガニソン・マジック・ホームズを始業した。その後ガニソン・ホームズに改称し、第二次世界大戦開戦までに5000棟を売り上げた。

＊214　Bemis, *The Evolving House*, vol. 3, 401 はダイマキシオン・ハウスを紹介し1928年に始まる。Davies, *The Prefabricated Home*, 25-29, はダイマキシオン・ハウスからウィチタ・ハウスまでの進化を論じている。

＊215　ダイアトム・ハウスとVDLリサーチ・ハウスについては Bemis, *The Evolving House*, vol. 3, 482-84 and 566-68, で紹介されている。

＊216　Jin-Ho Park, "An Integral Approach to Design Strategies and Construction Systems: R. M. Schindler's 'Schindler's Shelters,'" *Journal of Architectural Education* 58, no. 2 (November 2004): 28-38.

＊217　概要については、John A. Burns, "Usonian Houses: Frank Lloyd Wright's Vision of Affordable Housing," in Jandl, *Yesterday's Houses of Tomorrow*, 177-126. を参照。1937年のジェイコブズ邸が最初の例である。うまくいくことが立証されてほかの人々も追随した。部分的にではあるが、低価格住宅に成功したので、ライトは20年ほどで数多くの建物を設計した。Edgar Kaufmann Jr., "Frank

Lloyd Wright," in *Macmillan Encyclopedia of Architecture*, ed. Adolf K. Placzek (New York: Free Press, 1982), 4:443-44. ポープ＝ライリー邸などのユーソニアン・ハウスは保存されている。第 1 章を参照。Helen Duprey Bullock and Terry B. Morton, eds., "The Pope-Leighey House," special issue, *Historic Preservation* 21, nos. 2-3 (April-September 1969). この記事は、この住宅の設計、施工、移築を特集している。Roland Reisley with John Timpane, *Usonia, New York: Building a Community with Frank Lloyd Wright* (New York: Princeton Architectural Press, 2001).

＊218 　アルミネア・ハウスについては第 7 章を参照。

＊219 　第二次世界大戦中に建設の概要については、Donald Albrecht, ed., *World War II and the American Dream: How Wartime Building Changed a Nation* (Washington, DC: MIT Press, 1994).

＊220 　開戦時期に、クオンセット・ハットは低価格で持ち運びできる多目的シェルターとして開発された。このシェルターは世界中に配送され、現地の軍隊により組み立てられた。波形金属シェルや木造枠組からなる、そのアーチ形状は強くて軽かった。17万戸以上のクオンセット・ハットが工場建築、教会、学生住宅、緊急避難住宅として戦時中に製造された。現在も多くが残っていて、倉庫、店、住宅に再利用されている。Julie Decker and Chris Chiei, eds., *Quonset Hut: Metal Living for a Modern Age* (New York: Princeton Architectural Press, 2005).

＊221 　住宅市場に参入した製造会社のひとつが前述のヴァルティー・エアクラフト社であった。1946 年から 47 年の間に、ヘンリー・ドレイファス とエドワード・ララビー・バーンズは保証市場プログラムのために設計した。その住宅は、航空製造工場で組み立てられた紙製ハニカムコアを内蔵する、フルハイトの軽量アルミニウム壁パネルからつくられるが、わずかにしか建てられていない。*Edward Larrabee Barnes, Architect* (New York: Rizzoli, 1994), 16-17. 新たな機会をうまく生かした新会社の好例はラストロン社である。この会社は、カーティス・ライト戦闘機をつくるのに使用された工場で、プレファブリケーションされた鉄とほうろうを使って住宅を製造しはじめた。ラストロン社の創設者カール・ストランドランドは大衆市場への投入を計画し、第二次大戦直後の年に政府の財政援助を取りつけた。約 2500 棟が販売され建設されたが、会社は流線形やモダンデザインが広まる前の 1950 年に、まったく利益を上げることができなかった。部品の製造は完全に機械化され時間と費用を節約する。しかし特別に設計されたトラックに手で積まなければならなかった。住宅全部を積み込めず、設置することができなかった。シール材を取りつけたほうろうパネルをつるして組み合わせるのにはきわめて効率が悪く、プレファブリケーションにより節約した費用が相殺されていた。Burnham Kelly & Associates, *Design and the Production of Houses* (New York: McGraw-Hill, 1959), 32n32. ラストロン・ハウスの詳細な議論については、第 9 章を参照。

＊222 　これらのシステムの基本的な内容については Albert G. H. Dietz, "Building Technology: Potentials and Problems," in Dietz and Cutler, *Industrialized Building Systems for Housing*, 10-32. に詳しい。彼が取り上げた事例は、おもに東欧のものである。Komendant, *Contemporary Concrete Structures*, 524-43, はモジュラーシステムを含むコンクリート住宅の構造面を論じている。ヨーロッパの作品のさらに詳しい内容については、Vladimír Câervenka, "Industrialized Building: The European Experience," in Dietz and Cutler, *Industrialized Building Systems for Housing*, 90-99. を参照。Davies, *The Prefabricated Home*, 66, は英国の経験について書いているが、1968 年のロナン・ポイントの崩壊後、プレキャストシステムの信用が失墜したことが示されている。

＊223 　Cor Wagenaar and Mieke Dings, eds., *Ideals in Concrete: Exploring Central and Eastern Europe* (Rotterdam: NAi, 2004), は東欧諸国が戦後にコンクリートシステムの住宅に取り組んだ内容、例えば、当時の理想、現在の状況、未来への戦略に関する一連の論文を掲載している。

＊224 　Barbara Kelly, *Expanding the American Dream: Building and Rebuilding Levittown* (Albany: State University of New York Press, 1993), 119-46, は、さまざまな住宅が通常はどのようにして増築されるかを示している。

＊225 　最もよく知られている例がセントルイスのプルーイット・アイゴーである。この団地はミノル・ヤマサキの設計で 1951 年から 56 年にかけて 33 棟建設され、72 年に解体された。プルーイット・アイゴーの約 3000 戸のアパートは、高層公共住宅の典型的な失敗と考えられている。しかし第二次大戦後の高層住宅地区の解体は米国だけではない。イギリス・グラスゴーにあるハッチェソンタウン・ゴーバルズはバシル・スペンス（1907-76）による設計で 1960 年から 66 年に建設されたが、93 年に解体された。

＊226 　シンシナティ近くのオハイオ州グリーンヒルは、第二次世界大戦前に建設された 3 つのグリーンベルトタウンのうちのひとつである（ほかのふたつはワシントン D.C. 近くのメリーランドとミルウォーキー近くのウィスコンシンにある）。戦後、住宅は連邦政府により売却された。メリーランドのグリーンベルトでは協同組合が組織されていた。しかしグリーンヒルの住戸は個人所有者に販売された。グリーンヒルのグリーンベルトはオリジナルの特徴を多く残しているが、経済基盤の落ち込みによる地主不在の状態にあるため、ゆっくりと劣化が進んだ。その結果として、この集合住宅は建築違反を引き合いに出して非難され、裕福な所有者をひきつけようとして、新しいよりよい独立住宅に変えていった。費用は債権の発行によって調達された。新しい住宅は、当初のコミュニティとまったく関係のないヴィクトリア朝風の外観の一戸建て住宅である。既存の建物の法律を一貫して適用することで時間をかけてコミュニティを保護していたが、そうした重要な建築的および社会的功績を消し去る結果となった。Diane De Fazio, "Revitalization Plans Endanger New Deal Planned Community," *DOCOMOMO-US Newsletter*, Summer 2006, 2. メリーランドのグリーンベルトについては第 8 章を参照のこと。

＊227 　Patricia Lowry, "Pre-fabulous: Gunnison houses were sturdy, affordable and went up in a wink," *Pittsburgh Post-Gazette*, March 10, 2007, ピッツバーグ地区で 3 棟売られたことが論じられている。

＊228 　ウィチタ・ハウスはわずかふたつの試作品が建設されただけである。1991 年にミシガンにあるヘンリーフォード博物館とグリーンフィールド・ヴィレッジが残存している唯一の作品を取得した。約 3000 個の部品が慎重に修復され、99 年から 2001 年にかけて再び組み立てられた。そのときに建物は公開された。

＊ 229　トロピカル・ハウスについては、Robert Rubin, "Preserving and Presenting Prefab," *Future Anterior* 2, no. 1 (Summer 2005): 30-39. を参照。ジャン・プルーヴェはもともと鉄工員で、第二次世界大戦前に数多くのプレファブ建築をデザインし製造した。トロピカル・ハウスはおもにアルミニウムからつくられていて、軽くて耐久性がある。また、プルーヴェのほかの建物のディテールのほかに、熱帯のバナキュラー建築に由来する環境を意識したデザインも取り入れられている。室内温度は、現在われわれが快適に感じるよりも高くなるが、建物は日よけや換気のおかげで一日を通してそれほど変化がない。

＊ 230　Mikel van Gelderen, "Unabashed Shameless-ness: Plattenbau, Relic of the Past?" in Wagenaar and Dings, *Ideals in Concrete*, 125-46. 彼はフランスのコワニエ・システムなどほかのシステムも参照している。

＊ 231　Jan Otakar Fischer, "Cut and Paste: Cold War Housing for the Masses Is Dismantled and Reformed," *Architecture*, no. 6 (2006): 74-80. *Plattenbau* は慎重に分解され、プレキャストコンクリート板は新しい郊外住宅建設に用いられる。回収されたコンクリートが利用できる構造システムであるため、30％から40％ほどの節約ができる。住宅の大量生産が大きなポテンシャルを持つと考えられていた1960年代の肯定的な見方で、この取り組みを比較するのも興味深い。Robert E. Platts, "System Housing: The Shelter Industry Shapes Up," in Dietz and Cutler, *Industrialized Building Systems for Housing*, 109-35.

＊ 232　Decker and Chiei, *Quonset Hut* はその興味深い例である。Chad Randl, *A-Frame* (New York: Princeton Architectural Press, 2004) はプレファブ建築だけでなく、注目すべきビルディングシステムも取り上げている。

＊ 233　トレーラーホームや移動式住宅に関連する産業が、プレファブの成功例として研究されている。

＊ 234　現代の建築家たちはプレファブリケーションによるデザインの可能性を探求しているが、組み立てプロセスの検討から個々の部品設計まで幅広い。Stephen Kieran and James Timberlake, *Refabricating Architecture: How Manufacturing Methodologies Are Poised to Transform Building Construction* (New York: McGraw-Hill, 2004), はその一例である。著者は、自動車製造の初期の組み立てライン工程との比較を避けて、建物のプレファブリケーションプロセスの初期の20世紀の神話に挑んでおり、より適切なアナロジーとしてコンピュータの組み立てに着目している。

第5章 | 近代建築を保存する ——
なぜ、何を、どこを、どういう方法で
保存するのか

　これまでの章では、近代建築の保存がどのようにして発展してきたかを見てきた。また、その発展に関連する哲学的な問題、既存の基準の適用可能性、現在利用可能な技術と伝統的建造物を保存する際に使用された技術との違いについても見てきた。しかし、登録や指定の資格がある、または将来その資格を得ると思われる価値の高い建物や敷地について論じてきたので、保存すべきものをどうやって識別し判断するのかという問いには、まだ十分に答えられていない。

　近代の建造物の保存を決定する一般的なプロセスは、伝統的建造物に用いられるものとよく似ているが、適切な基準を適用するのはそれほど容易ではなく、さらに複雑な手順を必要とするかもしれない。また、基本的かつ重大な違いは、保存対象の選定が意外に早く行われるということである。できる限り最善を尽くすことで、ようやく重要な建造物が保護されるのであって、保存すべきものの選択は残存するもののなかから行うしかないというような考え方で、経年や改変によって選択肢が狭められるのを待つべきではない。

　文化資源の総数は、まだ歴史的と認識されていない比較的新しい建物を含めると膨大な数に上り、今後われわれに未曾有の機会と難題を突きつけることになるだろう。この章では、識別、評価、現地調査、記録の方法、そして最終的に建造物を指定するために保存修復家たちが用いている既存のメカニズムの検証を試みる。

現在の保存プロセス：重要性と完全性の評価

　歴史的な構築環境を扱う際の一般的なプロセスはいくつか異なるステップで構成されており、理想的に連続して進められるようになっている。すなわち、保存に値するものを明確にする基準を確立す

ること、位置を特定して現地調査を実施し、保護すべき資源を記録すること、これまでに確立した基準には適合しなくとも現地調査で発見された資源を評価すること、最も代表的なものを選び、それらに数種類の正式な位置づけや承認を与えること、そして最後に保護の進行状況を見届けることである[*1]。このプロセスは、国内だけでなく国際的な保存の枠組みとして一般的なものであり、地方の歴史的建造物の登録プロセスと同じように詳細なものである。国内または国際的な枠組みは、重要な出来事や人物を連想させる建物や敷地、あるいは高い芸術的、技術的、文化的価値を体現しているものの評価を取り入れはじめている。この選定プロセスはそのときの指定候補物件をもとにしており、その物件はすでに確立している一般的な基準に照らして承認され評価される。歴史的地区の場合、評価基準がその地理的位置の歴史に依存しているところ、あるいは比較分析を遂行するための、個々の建物の現地調査が可能なところであれば、このプロセスも具体的なものになりうる。これは理想的なシナリオを示しているのであって、実際の指定や保存のプロセスはしばしばインターベンションを行う直前に必要に迫られて進められる。そういう場所での保存の正当性は限られた情報のなかで一般的な基準によってつくるしかない。

　正式な承認の付与は、地方、地域、国内、国外のどこでも、たいてい、重要性（significance）と完全性（integrity）というふたつの基準に基づいている（そのような承認は保護の活動形式を決めることであるかもしれない）。重要性の評価、すなわちほかのものよりも価値あるものにしている要素や保護に値する建物や敷地の要素の特定は、建築的、歴史的、社会的、文化的コンテクストのなかに対象物を位置づける、歴史的な物語に依拠している。要するに、実例はその建物と敷地が保存に値すると一般に認められる基準に基づいていなければならない。歴史的に、建物や敷地の重要性はその特異性によって確立される。つまり、それが希少で、特別で、その種の最後のものや最良のものであることを評価するのである[*2]。この価値体系は、重要性の大きな指標となる「唯一無二」性によって規定されており（いってみれば壊されずに残ってきた結果にすぎないのだが）、ほとんど最初の段階からその独特な位置づけを選択基準にできるようにしている。特異性に基づく価値体系は象徴的な近代建築の建造物に適用できる。しかしながら保存の領域は、歴史的な出来事や人物に関するものを対象とするため、象徴性、経年数、希少性を超えた、重要性についての基準を用意して拡張されている。具体的には、特徴的な形式、時期、工法を体現しているもの、また、個性的な特徴には欠けるが、全体の一部として重要性が認められるものを含むようになっている。

　こうした幅広い基準は、近隣住区のように地理的な隣接性や主題との関連性に関係なく、さまざまなビルディングタイプ、建造物群、敷地、文化的景観を対象に含めることができる。社会的、文化的、建築的、技術的な重要性ゆえに、集団をなしている個々の建造物の間に、主題との相関が認められるかもしれないし、それぞれの構造物は象徴的な意義を持たないかもしれないが、集団の一要素として注目に値するかもしれない。集合しているところに重要性がある場合は、標準的な保存プロセスにしたがってグループ全体を指定することができる。ひとつひとつの建造物が重要であるところでは、必要であれば、そのテーマのなかで最も重要なものを選定するというプロセスを取ることもできる。

　建造物のインテグリティ、すなわち実質的な方法で建物の重要性を伝える力は、その保存を決断するために評価される必要がある。おもに歴史的分析や資料分析に基づく重要性の判断とは異なり、イ

ンテグリティの評価は物理的に残っているものやその相対的な状態を扱う [*3]。一般的に、インテグリティを保持している構造物や敷地であれば、その構造物の重要性にかかわるオリジナルの構造の大部分が、完全な状態で当初の場所に存在しているに違いない。ただし、構造物の重要性は場所と文化への依存度によって異なる。通常、インテグリティを確立するには徹底的な調査研究や記録が必要であり、既存の建物と初期の形態を比較するためのスケッチ、写真、記述、改修の歴史も調べる必要がある。インテグリティの評価は、歴史的に見ると、残存するオリジナルの部材や構造の量、またはその時期（時代）の重要性を重視してきた。このことは、インテグリティはおもにヴェニス憲章で理解されている材料のオーセンティシティに関係があることを示している。しかし、現代に近い建造物の評価においては、その基準がオーセンティシティの幅広い定義を含んでいなければならないし、設計意図の概念も含んでいる必要がある。一般的にいえば、重要だと思われる当初材がどれくらい残っているのかだけでなく、当初のデザインがどれくらい認められるのか、そしてどの程度視覚的なまとまりを持っているのかが問われる [*4]。

　何を保存する必要があるのかを判断する一般的なプロセスを近代建築に適用すると、大きな違いがいくつか浮かび上がってくる。伝統的な建造物や敷地・史跡と比べると、下記の3つの因子は、近代建築の重要性やインテグリティの判断をより豊かで複雑なものにし、おそらく論議を呼ぶことだろう。

1. 近年につくられた建造物や構築物や敷地・史跡は歴史上かつてないほどに多く、それゆえ、建造物や構築物の重要性を判断するための包括的な比較分析がこれまで以上に必要とされる。われわれは選定するにあたって時間や性質に依拠すべきでない。
2. 最近の建造物や敷地・史跡については、主要なデザインや構造に関する記録文書が大量に存在しそれを利用することができるため、特殊な構造や関連性のある施工プロセスを網羅し、時間のかかる複雑な分析を行うことができる [*5]。
3. 建造物の設計と施工の記憶がまだ新しいうちに、そのプロセスに参加または観察した人（おもに設計・施工の関係者、同僚、家族、友人）と接触できるかもしれない。彼らはほかの記録資料と食い違う意見や情報を提供するかもしれないし、オーラルヒストリーに欠かせない重要な情報を提供するかもしれないが、同時に、文書記録や評価のプロセスをより難しくする可能性がある。

重要性の決定

　近代の建造物の重要性を主張することは、今も以下の3つの意味で挑戦である。考慮しなければならない建物や敷地が大量にある（そしてそれはかつてない速さで増えている）こと、学術的記録や調査・研究が途上にあること、そしてこの種類の遺産に対する一般大衆の認識や受け入れ体制がまだ発展過程にあることである。この挑戦が困難であることは、米国の状況と現存する建物を考えれば理解できるだろう。米国では現存する建物の75％以上が第二次世界大戦以降に建設されたものである。一方、英国では戦争が深刻な被害を与え、熱心な再建作業が続けられたが、建物ストック全体の

80％以上が20世紀以降のもので、1950年代以降建てられたものはその半分以上にのぼる[*6]。

　1990年代半ば以降、象徴的とはいえない近代建築の保存を支持する団体や一般人が徐々に増える一方で、このような文化遺産がどれほど重要であるかについては、まだ疑問の余地が残る。このアンビバレンスさは、ひとつには問題となる時期がどれほど最近のことであるかによるが、類似の建物が至る所に存在していることにも関係がある。このことは重要性に欠けていると認識されたり、保存の緊急性に対する感覚を後退させたりする一因となる[*7]。記憶に新しいこと、築年数が浅いこと、そして重要性と特異性を同一視する保存の基準が、近代の建築物の保護を難しくしており、標準的な保存プロセスの最初の段階でつまずくことも少なくない[*8]。米国では、建造物等を建築遺産として見るときの年数制限は各地域で異なる。シカゴはまったく制限がなく、ニューヨークは30年で、ナショナル・レジスター（National Register of Historic Places）に登録する際に要求される築年数は50年である。年数制限が定められているところであっても、特別な重要性があると考えられる建物や敷地は適用除外となり、指定物件に含められることもあるが、このようなことは滅多にない。最近の建造物を検討するときには特に、建造物の重要性は建設時期以上に関連が深いという認識に基づき、「重要性」の用語が「歴史的」よりも頻繁に用いられる[*9]。

　建造物等をナショナル・レジスターに登録するのに必要な歴史的財産の評価基準は、それらが場所、意匠、立地・環境、素材、技法、感覚、連想（歴史的に重要な出来事や重要な人物の生活を想起させるものを含む）のインテグリティを有していて、歴史、建築、人類学、工学、文化の意義の特質を代表するものであるべきだと記されており、ここには国内・国外のガイドラインの有資格要件が反映されている[*10]。近代の建造物はこれらの基準のうちひとつ以上は適合するように思えるだろうが、こうした重要性に関する伝統的な定義は、ドコモモ（DOCOMOMO）などの組織によって拡張されてきた。これは美学的、社会的、技術的な用語におけるイノベーションとされ、近代建築の価値を示すよい方法と考えられている。重要性の評価や適性は、その時代の建築家たちが受け入れた技術革新と社会革新の広がりを考慮に入れている[*11]。

　建造物の数の多さもまた実務上の深刻なジレンマを生み出している。どのくらいの数を対象とし、どのくらい詳細に研究・分析を行うべきなのだろうか。また、保存すべきもの、保存する理由、保存の方法をどのようにして決定すべきなのだろうか。調査・研究や学術的な成果が増えているとはいえ、十分な学術成果が上がっているとはいえない。標準的な保存プロセスの第一段階を適用するには、閲覧しやすい資料や関連文献を用いて歴史的なコンテクストと重要性を確立する必要がある。この目的のために最近頻繁に利用される手段のひとつは主題研究（重要性や判断基準の序列を設定するために使用するデータ比較分析）である。

　比較分析研究は、膨大な量のデータを分析し分類することによって利点を評価する科学的手法として知られる。保存の研究では、主題、対象、タイポロジー、傾向、時期、地理など、具体的な共通性を持つグループが検証される。この作業は、歴史物語や重要性についての総体的な見解を発展させるために行われるもので、建物を歴史的文脈のなかに位置づけるだけでなく、特定の時期または特別な展開など、建築的、社会的、文化的な枠組みのなかに位置づける。それは詳細だが限定的な歴史物語とよく似ていて、個々の構造物にとって重要なステートメントの一部となる。主題研究はひとまと

まりの建物群の理解を深めることができる。また、歴史的地区の重要性の声明と比べても遜色なく、一般性があり、対象範囲が広く、さまざまな地理的なエリアにも適用しうる。

識別と文書記録：トピックスやテーマによる主題調査

　歴史的な物語が建物の重要性を確立するのと同じように、主題研究は建造物や敷地を識別するための枠組みとなる。その枠組み内で評価基準を確立することにより、この主題の保存プロセスを開始することができる。あるいは、それにより、以前に選定した物件が、定義した時期やタイポロジーを最もよく表していることが証明され、選定を正当化するのに用いられるかもしれない。米国の1935年の史跡法（Historic Site Act）により制定された国家歴史的建造物プログラム（National Historic Landmark Program）は、アメリカの歴史を例示し記念するもので「例外的な価値」を持つ資産であることの確認を求めているが、基本的には両方で運用されている。同プログラムは、歴史的に重要な側面を主題的に検証し、その後、国立公園局（National Park Service：NPS）がトピックに関連する資産の特定と記録のために現地調査が行えるように、研究エリアを明確にした。特定され評価された敷地・史跡から国の歴史的建造物が指定される。主題研究には、「アメリカ南北戦争」「奴隷亡命組織」（Underground Railroad）、「1784年から1880年のニューイングランド建築」などがあり、国家歴史的建造物プログラムでつけられた名称が使用されている。同じようにして、近代史と建築に関する研究のいくつかがこれまでに完了している。例えば、宇宙探査と第二次世界大戦のさまざまな側面（日系アメリカ人の経験、国内戦線など）がある。このような主題研究は、テーマに関連する一連の建造物を保存のプロセスに持ち込むための意識的な取り組みの一部であり、有資格建造物の保存に必要とされる評価や選定のための特定の枠組みが、テーマごとに確立されている[*12]。

　主題研究の形式は特に近代建築の保存に適している。それにより大量の建造物を組織化し検証することが可能である。特に、学術的に詳述したものや学問的な正当性がまだ存在していないか、保存との関連で十分に解釈されていない、あるいは歴史的パースペクティブがまだ有効でない建物を組織的にとらえて検証することが可能である。近現代の建物の評価ガイドラインを構築する際によく認められるのが、包括的な歴史的物語の欠如であり、それが保存の取り組みの障壁となりうることがわかっている[*13]。例えば、英国では、戦前・戦後期の近代建造物の傷みが次第に目立つようになり、その重要性の理解が進みはじめたばかりの80年代後半に、英国の保存の公的機関であるイングリッシュ・ヘリテージは、70件の象徴的なものと非象徴的なものの両方の近代建造物を登録するように推薦したのだが、実際に受け入れられ登録されたのは70件のうちのわずか18件であり、そのほかの「説得力のある作品は登録されなかった」[*14]。主題研究が提供しなければならないのは、リストに含めることの正当性を裏づける情報である。

　必然的な結果であるが、イングリッシュ・ヘリテージは当時価値が正当に評価されていなかった建物や偏在する戦後建築を登録するため、特別に91年から3年間、体系的な研究を開始した。組織内の歴史家が研究テーマやカテゴリーを選定し、歴史研究を実施した。そして近代の建築家との議論をオープンにし、戦後期を再評価した新しい出版物を用意した。戦後建築の評価に欠かせない学理が構

築され、比較分析やさらに調査を実施するための枠組みが形成された。その後、イングリッシュ・ヘリテージは建造物ストックに関する目録をつくるために、高等教育、独立住宅、集合住宅（公共住宅を含む）、計画されたコミュニティ（ニュータウンを含む）、娯楽など、研究トピックを反映した建造物調査を実施した。この建造物調査により重要な事例が特定され、その事例はリストに登録するように戦後の諮問機関に推薦された（この諮問機関は現地調査にも不可欠な組織として設立された）。この諮問機関の推薦に基づいて、300件以上の近代建造物が2000年までに登録されたが、ここには10年前にリストへの登録を拒絶された70件のうちの45件が含まれていた[*15]。この学術調査研究は建築的・文化的コンテクスト全体の発展に役立ち、その時期の理解は決定的なものになった。

　このような調査と研究はすでにさまざまなかたちで進められており、保存の分野と直接関係ないものもある。調査・研究は、学術研究や主題別の歴史的物語や国際・国内・地域の（特に近代建築の保存に焦点を当てた）会議で発表物となって現れる[*16]。そのような学術研究は、すでに確立している学術調査の慣習を基盤とすることができるし、そうすべきであるが、オーラルヒストリー、展覧会、カタログ、視覚資料など、特殊な情報源を近現代の歴史に組み込んで拡張していく必要がある。そして、このような情報や研究のすべてがアクセスしやすく、主題研究の発展に利用できなければならないし、相対的な重要性を明らかにするため、類似の建造物や構造物のグループを評価し、比較分析することで、基準を発展させなければならない[*17]。

　米国では、国家歴史的建造物プログラムから独立した国立公園局がいろいろな主題別研究を実施してきた。なかでも興味深いのは、「歴史的郊外住宅地：ナショナル・レジスターに向けた評価と記録のためのガイドライン」と名づけられている研究である。ナショナル・レジスターの紀要と同様、この紀要はナショナル・レジスターに値する資産として推薦するプロセスを、より直接的に支援することを目的としている。その紀要は、1830年から1960年にかけての郊外住宅地や郊外住宅の重要な国内コンテクストの概要を解説し、歴史的郊外住宅地をナショナル・レジスターに推薦するためのガイドラインとプロセスを綿密に段階的に記述している。この紀要は、郊外住宅地全体を構成する都市計画、ランドスケープ、建造物の重要性を認めており、建造物のインテグリティとそのオーセンティシティは重要な要素としてそのまま残されているが、建物の素材や特徴に論点を置くのでもなければ、郊外住宅地全体のインテグリティを踏まえて建物を論じているのでもない[*18]。そのほかに、国立公園局は、航空機、郵便局、ランドスケープ、伝統的文化財をトピックスとする主題研究に取り組んだが、それ以外にもさまざまな主題が考えられる。例えば、企業や学校のキャンパス、公共住宅、都市再生プロジェクト、計画コミュニティ、プレファブ建築など、近過去に共通して見られるほかの建物の形式も、主題項目として取り上げるべきである。

　主題研究の基本的な目的は、適切に文脈情報を発展させることや、今後保存の対象となる代表的な建造物や構造物の特定や選定につながるような基準とその展開を理解することである[*19]。主題研究と主題調査の間には明確な違いがあるけれども、そのふたつはしばしば組み合わされたり、その目的が一緒になったりする。原則的には、歴史的コンテクストや主題的コンテクストを研究したのち、調査（現存する建物で、その時期やタイポロジーを象徴しているものの実地調査）が実施される[*20]。近代の建造物に関する以下のふたつの調査は、歴史的文脈や主題研究に関連しており、何が

重要であるかの判断はふたつの米国連邦政府機関によって行われ、最近になってようやく完了した。ひとつは、一般調達局（General Service Administration：GSA）が実施した「成長・効率・モダニズム：1950年代から70年代の米国一般調達局の建造物」であり、もうひとつは、国立公園局が実施した「ミッション66・ビジターセンター：ビルディングタイプの歴史」である[*21]。

　一般調達局は、財務省監督建築家事務所（Office of the Supervisory Architect of the Treasury）の後を引き継ぎ、戦後成長期の49年に、連邦政府の所有する不動産の運営管理業務に就いた。1960年から76年の間に一般調達局は600件以上の国内のプロジェクトに取り組んだ。思慮深い市民は2000年に、バイロン・G・ロジャーズ連邦政府ビル（1965）やデンバーの米国裁判所の公共空間のリノベーション案に抗議した。一般調達局は多くの戦後建造物を振り返るという主題研究を実施し、将来的にナショナル・レジスターに適合すると思われる候補を決定した[*22]。主題研究や現地調査は2001年から2003年にかけて行われ、修復再生や保存の必要な「最も質が高く代表的な」建物を特定した。

　連邦政府建造物プログラムに関係するモダニズムの概要をまとめた一般調達局の「成長・効率・モダニズム」は、そのプログラムの歴史を示し、主要なビルディングタイプを特定し、非常に重要な建造物の様式的な特徴も記述している。さらに重要なことに、それらの建物の重要性を評価するためのガイドラインが詳述されている。この研究は建造物の質を評価するだけでなく、これらの政府建造物がどのように受け止められたのか、その建物に関連する公共空間の成功例、そして建物のどの部分が保存されるべきなのか、という基本的な問いに答えることが求められた。これらの建物は特別に重要だと判断されて、ナショナル・レジスターの特別考慮基準「G」という推薦資格を得ており、築後50年になると登録資格を取得することから、この研究では、歴史的資料に関する情報が提供されるとともに、適切な修復再生や改修の形式についての情報も提供されている[*23]。

　以下の近代の建造物は、現地調査時に重要であるとみなされている。マルセル・ブロイヤーが設計したワシントンD.C.の米国住宅都市開発省（1963-68）、ヴィクター・ランディ設計のボストンの連邦租税裁判所（1969-76）、ヴァルター・グロピウスと共同設計事務所TAC（The Architects' Collaborative）が設計したジョン・F・ケネディ連邦ビル（1964-66）、ミース・ファン・デル・ローエ設計のシカゴのフェデラル・センター（1964-74）[*24]。歴史的な分析が調査済み建造物すべてのデータベースを構築するために用いられており、そのなかから精選された物件の個別評価書は、現況評価査定を付して、各州の歴史的環境保存事務所に送られた。これらの建物の個別評価書には、包括的な分析がかなり多く盛り込まれている。この情報を生かして近代建造物と向き合い続ければ、一般調達局が保存の戦略や繊細な修復再生を賢く選択できるようになるのは確実だろう[*25]。

　同様の包括的で代表的な主題研究は、国立公園局が実施した、1956年から66年にかけて建てられたビジターセンターの分析である。この分析はこの時期に特徴的な建築類型の調査と並行して進められたもので「ミッション66・ビジターセンター：ビルディングタイプの歴史」と名づけられている[*26]。国立公園局は、既存の老朽化した施設を移築、または増築するために異例の建築プログラムを採択し、鉄、ガラス、コンクリートブロックなどを使用して近代的な外観をしたビジターセンターを約10年で100件建設した[p.227カラー図5][*27]。「ミッション66」運動の研究では、新し

いビルディングタイプとしてのビジターセンターの発展過程が分析されている。ビジターセンターは特別なプログラムに合わせてつくられたが、建築家やプランナーたちが追随したことにより、この建築類型が全国に普及した。5つの特定公園内に建設されたビジターセンターは、ミッション66という主題研究との関連で、非常に綿密に調査され議論された。この研究報告書の付録には、ほかのビジターセンターの調査の一助となるように、建築的特徴を個別に定義した評定表が載せられている[*28]。

　歴史的建造物の指定を目的とする近代建築の主題調査は、特徴的な建築家の作品や、国内のまたは国際的な重要性を主題としてまとめられることが多い。既存の評価や学術研究はすでに広範囲に及んでいるので、現在の物理的な状態や各地に散在する、多数からなるプロジェクトの指定に焦点を合わせて調査が行われている。国際的に活躍した、フランク・ロイド・ライト、ミース、ル・コルビュジエのような著名建築家による一連の作品が、ユネスコの世界遺産の選考でたびたび話題に上っている[*29]。世界遺産への登録を主題として一建築家の作品を取り上げるという考え方は、新しいものではない。「アントニ・ガウディの作品群」（1984年登録、2005年追補）と「建築家ヴィクトール・オルタの主要邸宅群」（2000年登録）はすでに登録されている。しかしこれらの指定はいずれも、1か国のみの推薦があればよかったので、比較的スムーズに進められた。ル・コルビュジエ作品の登録に向けた努力は現在も続いているが、それぞれの建物が遺産マネジメントの基盤が異なる国々にあるため、はるかに野心的な試みといえる。数々の困難に直面しているが、成功すれば、複数からなるほかの作品群にも刺激を与えそうである[*30]。

　地域レベルや地方レベルの主題的調査も珍しくなくなっている。地方にある特定の物件は歴史的物語を数多く内包しているし、大量の建造物ストックがあるとしても、保存する価値のあるものを決定するために主題研究モデルが活用できる。カナダの大西洋岸の州で実施された主題研究はその好例である。大西洋岸の州全域を対象として、これまでに実施された膨大な数の地方の現地調査結果を収集し、そこから商業、教育、産業、組織、住居、宗教の6つのタイポロジーが導き出された。各州は遺産の選考のために各カテゴリーからひとつずつ建物を選び出し、選定されたすべての建物はしっかりと記録された。記録の結果は公開され、そのうちの多くが承認を得るために推薦された。近代的な主題を持つ建築類型のいくつかを調査し比較した結果、重要な建物は6つに絞り込まれている[*31]。

　米国の各州、各地方の調査は、多かれ少なかれ同じ厳格さでもって主題モデルを活用しており、比較的最近の建築が地方や地域の保存の枠組みのなかに取り込まれている。例えば、コネチカット州ニューカナンはフィリップ・ジョンソンのグラス・ハウスや第二次世界大戦以降の近代的な一戸建て住宅が多く存在する場所であるが、数年前に地元の歴史協会と共同で、精選された近代住宅の調査が行われた。この調査は近代住宅の多くが解体の脅威にさらされていることを受けて実施されたものである。最初に包括的な調査が行われたが、さらに詳しく主題に基づいた現地調査が行われ、その成果が研究や出版を通して紹介されはじめている[*32]。

　主題研究と主題に基づく現地調査は、文書記録や近代建築の保存にのみ使用されるわけではない。しかしながら、十分な学術成果やそのほかの出版物が利用できるよりも前に、比較的短期間のうちに大量の建物を調査し評価することは、近過去の重要で意義深い事例の保存を確かなものにするのに必

要であり、そのための包括的かつ普遍的な手法は、主題研究や主題に基づく調査を併用することでつくることができる。主題研究や調査の利用は、建造物ストックや文化的景観が注目を集めるにしたがって、ますます増えそうである。数多くの建物や敷地があっても、すべてが守られるわけではないということを認識しつつ、最も重要なものを早期に正しく特定することが重要である。

現代的なリソース

　歴史的物語の発展と調査範囲の拡大が、基礎のしっかりした方法論の確立につながるのだが、利用できる情報の量と種類によって、近代建造物を評価し記録する作業はさらに増える。これらの建造物は建設されたのがごく最近であるため、主要な記録やデータ（設計施工の図面一式から建築産業の変化に関する膨大な文書記録にいたるまで）が豊富にあり、研究に利用しやすい。さらに、これらの歴史的物語は、まだおもにアーカイブ資料に頼っているが、（ほんの一部の例にすぎないが）オーラルヒストリーのように非伝統的だが重要な情報源により補完することができる[*33]。多くの建造物が最近のものであるため、プロジェクトにかかわった多数の人々がまだ生きている可能性もある。当時のクライアント、建築家、施工業者、雇用者、家族、信奉者もいるかもしれない。研究対象となる建造物の設計や施工をした人々、住んだり、勤務したり、そこで遊んだりした人々から直接体験を聞く機会はかつてなかったことだが、近代建造物の評価や保存においては珍しくない。そしてオーラルヒストリーの情報自体が歴史的物語に用いられるかもしれないし、建物が失われていたとしても、建築施工の歴史、歴史的場所の解釈、修復プロジェクト、あるいは歴史的記録をアーカイブするのに使えるかもしれない。

　さまざまな収蔵所や調査研究機関で、近代建築の建造物や敷地の創造にかかわるものの記憶を体系的に記録し文書化する取り組みが行われている。最も包括的なもののひとつがシカゴ美術館の「シカゴ建築家オーラルヒストリープロジェクト」である。このオーラルヒストリーのコレクションは総合的な人生回顧録のほかにも、1900年代初頭から現在にいたるまでのシカゴの建築と都市計画の発展にかかわった建築家たちへの短いインタビューが含まれる[*34]。83年頃に開始した「近代建築のオーラルヒストリー」は6人の著名な建築家へのインタビューコレクションである。大部分がシカゴ出身の建築家だが、そうでない建築家も含まれる。カナダでは、トロントのドミニオン・デザインセンターの「オーラルヒストリープロジェクト」は、建築家がどのように考え、議論し、設計し、近過去の建物や敷地を創造したのかを記録するため、20世紀に活躍したすべての建築家にインタビューしようと試みている[*35]。

　オーラルヒストリーのリソースは、建築家、施工者、家族、愛好家に限定すべきではない。利用者の記憶は、場所の意味や重要性を理解する手がかりを与えてくれる。例えば、スポーツ関連の建物や場所の意義について、インタビューを通して記録を取るというフィールド研究が英国のマンチェスターで実施されたところ、特殊な会場が非常に高い評価を得ていて、人々に好まれていることが

明らかになった[＊36]。

　オーラルヒストリーの形式や個人的な記憶は、より一般的で広い文脈でも利用できるかもしれないし、その時期の建築家や建物を知る手がかりとなるかもしれない[＊37]。ル・コルビュジエ、ミース、グロピウス、ブロイヤー、ライトなど著名建築家たちの出版物、講義、学生、共同経営者、家族は、別の情報源のなかにあるかもしれない。インタビューはしばしば特殊な修復や保存のプロジェクトを背景にして実施されるので、オリジナルのプロジェクトに関する有益で詳細な情報を提供してくれる[＊38]。近過去の建築に関する展覧会は、建築家、都市計画家、学者たちへのインタビューフィルム映像が使用されるし、インタビュー映像はアーカイブの図面、写真、模型を補完し、展示物にいきいきとした印象を与える[＊39]。

　しかし同時に、オーラルヒストリーを解釈や修復に利用する場合、注意すべき点がある。記憶はいつでも主観的であるため、オーラルヒストリーを利用する際は、しっかりとした体験談を構築するために、学術的な研究により補完されなければならない。オーラルヒストリーで事実として示されているものは、解釈や保存の取り組みを形づくる情報として利用する前に、アーカイブ記録と照らし合わせて検証されるべきであるし、その話の正確さを確かめるために建物を調査するべきであろう。人間的側面があるにしても、オーラルヒストリーはその対象物の事実関係を明確にすることもある（語る人がそのことを意識しているかどうかは関係ない）。これが歴史上の対立を明確するかもしれないし、当初のデザインとの連続性を確認したいという願望、または、現存するものを改良しようとする意志であるかもしれない[＊40]。まだまだ、その記憶が誤った情報によるものであったり、矛盾していたり、間違って解釈されていたりすることもあって、さまざまな危険性があるのだが、インタビューはまさに実施された瞬間の産物で、物語をつくるものである。未来の保存修復家たちは、近代建造物の再評価の必要性が生じたとき、さらに多くの検証のためのリソースを持つことになるだろう。

インテグリティを定義する

　重要性の判断基準は、保存領域の拡大を反映して拡張されており、同じように、近代建築の保存に関連するインテグリティとオーセンティシティの評価を再考する必要がある。そのために、ふたつの基本的概念を取り入れる必要がある。ひとつは、設計意図の重要性とデザインのインテグリティであり、もうひとつは、近代的材料の一時的性質とクラフツマンシップの相対的な欠如という観点から見た、材料のオーセンティシティの重要性（またはその欠如）である。この本の別の章で述べたように、目につきやすい手工芸品や装飾的要素が見られなくなった今、近代の建造物の（オリジナルの設計意図とその結果としての物理的形態に現れるコンセプトとしての）アイデアは、現存する材料と同じように重要だと、たびたび主張されている。もしコンセプトの物理的な声明がすぐに理解されないのだとしたら、デザインのインテグリティは、構成材の相対的な年数に関係なく、確実に失われる[＊41]。

　このジレンマは、単世帯用に開発された郊外住宅地であるロサンゼルスのマー・ヴィスタとニュー

ヨークのレヴィット・タウンを比較するとよくわかる[*42]。歴史的郊外住宅地の記録用ガイドラインやナショナル・レジスターの基準への適用の方法が規定されている、国立公園局の報告書では、それらは米国で最も特徴的な形式を持つランドスケープのひとつとされている。そのため、特徴の評価は米国の建築遺産や文化遺産の特徴である郊外住宅地の現象を解説するものでなければならない。にもかかわらず、郊外住宅地開発の重要性の分析は、その重要性を浮かび上がらせるような、目に見える重要な特徴を残しているという内容を含んでいなければならない。マー・ヴィスタの近代的住区の全体の外観や公道からの景色は（まれに住宅の裏側を増築したものもあるが）ほぼ完全な状態で残っている。全体として見れば、当初の住宅区画は今も認められるし、それが重要であると認識できる要素が残っている。ロングアイランドのレヴィット・タウンは歴史的に重要な出来事であることは間違いなく、郊外住宅地開発の代名詞になっているのだが、建物の物理的な形態は大きく変えられていて、オリジナルの建物がほとんど認識できず、多くの当初材が取り換えられたり除去されたりして長い時間がたっている。そうしたインテグリティの喪失がレヴィット・タウンをヒストリック・ディストクト（歴史的地区）に指定するのを難しくしているのだが、文化的景観として認めることができるかもしれない。

　第二次大戦後の建築物を個別に検証し、当初の設計意図が残っていることが判明したとしても、当初の建造物やその材料の非永続的性質を考えなければならない。当初の外装材が広範囲にわたって不完全な状態にあるとすれば、状態に応じて取り換えられることもあるだろう。外部断熱システムの耐久時間には限りがある。ポストモダニズムやそのほかの20世紀末の建造物が今後数十年内に保存に適合するようになると、この問題は増えそうである。ファサードやカーテンウォール全体の交換（レヴァー・ハウスやティッセン・ハウス）はコロニアル住宅の下見板の交換とよく比較されるが、まったく異なるものである。インテグリティを主張する根拠は設計意図だけで十分なのだろうか、受け入れてもらうためにはどのくらい正確な設計意図の複製が必要なのだろうか、という疑問が湧いてくる[*43]。構造物のインテグリティが、それに与えられた原初の重要性を伝える力として定義されるとするならば、完全な交換は本質的にそのインテグリティを変えるはずはない。例えば、グラス・ハウスのすべてのガラスが取り換えられると、建物はグラス・ハウスであることをやめてしまうのではない（あるいは重要でなくなるわけではない）。大切なのは、透明性や反射性に関係のある外観とその重要性を伝え続ける力に交換という行為がどのくらい影響を与えるのかという問いであろう[*44]。

結論

　保存活動のプロセスと順序は今も昔もほとんど変わっていないのだが、識別、評価、類型、建物数、全体の重要性という項目のすべてが選定、指定、保護のプロセスで重視されるようになった。包括的な調査、文書記録、比較評価の必要性は、決して重視されているとはいえない（幸いなことに多

くの地方や地域がイニシアチブをとって、この作業に取り組みはじめている）[＊45]。しかしながら、現地調査は保存のプロセスとして重要なだけでなく、総合的な開発にかかわる保存やゾーニングや都市計画の場で、どのように情報を編集し活用するかを考えるうえでも重要である[＊46]。

保存の重要性や正当性は、既存の基準やその解釈に基づいて議論される。したがって、近代建築に関するインテグリティ、設計意図、オーセンティシティの間の関係性はいまだ未開拓であるし、かなり主観的な見方のままである。明らかなのは、これらの３つの基本的要素の間のバランスについて、これから幅広く注意深く考えていく必要があるということである。

【注】

＊1　Robert E. Stipe, "Some Preservation Fundamentals," in *A Richer Heritage: Historic Preservation in the Twenty-First Century*, ed. Robert E. Stipe (Chapel Hill: University of North Carolina Press, 2003), 29.

＊2　Deborah Edge Abele and Grady Gammage Jr., "The Shifting Signposts of Significance," in *Preserving the Recent Past 2*, eds. Deborah Slaton and William G. Foulks (Washington, DC: Historic Preservation Education Foundation, National Park Service, 2000), 2-7-2-11.

＊3　このインテグリティの定義は、Rebecca H. Shrimpton, ed., *How to Apply the National Register Criteria for Evaluation*, National Register Bulletin, no. 15, rev. ed. (Washington, DC: US Department of the Interior, National Park Service, 1997): 44. による。この基準は特に米国やそのナショナル・レジスターに適用されているが、よく似た基準やスタンダードやガイドラインは、ユネスコの世界遺産プログラムからもっとローカルな地域の歴史的建造物の指定プログラムにいたるまで、そのほかの法的管轄区域にも見いだすことができる。

＊4　近代建築保存におけるオーセンティシティと設計意図の役割に関する議論や、それがどのようにして別の憲章やガイドラインのなかで進展してきたのかについては第３章を参照。哲学的な意味合いについては第２章を参照のこと。

＊5　特殊な建物の設計・施工に利用できる記録や文書記録については第６章を参照。

＊6　米国の戦後の建造物ストックについては以下を参照。William C. Miller, "I'm Not Ugly...I Have International Flair," *Forum: The Journal of the National Trust for Historic Preservation* 15, no. 1 (2000): 42, 英国については以下を参照。Alan Baxter, "Twentieth-Century Buildings," *Journal of Architectural Conservation* 7, no. 2 (2001): 27

＊7　認知に関する議論やそれがどのように近代建築の保存に影響を与えたかについては、第２章を参照。

＊8　近代建築保存に適用可能な既存の定義や基準についてのさらに包括的な議論については第３章を参照。

＊9　Miller, "I'm Not Ugly...I Have International Flair," 42.

＊10　ナショナル・レジスターには以下の項目がある。「A：われわれの歴史の主要な様式に大きく貢献した出来事に関連するもの、B：われわれの過去において重要な人物の人生に関するもの、C：タイプ、時期、建設方法の典型的な特徴を体現しているもの、巨匠の作品を代表するもの、高い芸術的価値を有するもの、あるいは固有の特徴には欠けるかもしれないが、重要で区別しやすい全体を表現しているもの、D：先史時代または歴史において重要な情報を生み出す見込みのあるもの」。 National Park Service, *How to Apply the National Register Criteria for Evaluation* (Washington, DC: National Park Service, Interagency Resources Division, 1997).を参照のこと。さらに詳細な情報は以下の文献を参照。Marcella Sherfy and W. Ray Luce, *Guidelines for Evaluating and Nominating Properties that Have Achieved Significance within the Past Fifty Years*, National Register Bulletin, no. 22, rev. ed. (Washington, DC: US Department of the Interior, National Park Service, 1998). The original edition was published in 1979.

＊11　Andrew Saint, "Philosophical Principles of Modern Conservation," in *Modern Matters: Principles and Practice in Conserving Recent Architecture*, ed. Susan Macdonald (Shaftesbury, UK: Donhead, 1996), 17. これは Sherban Cantacuzino, *New Uses for Old Buildings* (London: Architectural Press, 1975), 52. にも引用されている。

＊12　The National Historic Landmark Program (NHLP) は国にとって重要な建造物、敷地・史跡、ランドスケープに関心がある。NHLPのもとで行われた主題研究は米国議会の命令で実施され、時期、ビルディングタイプ、設計者、出来事に焦点を当てている。1966年にナショナル・レジスターが整備され、あらゆる国家歴史的建造物が対象に含められたが、登録の範囲はもっとローカルで地域的な意義も含めることができるように拡張された。主題研究はどちらのプログラムにとっても重要で不可欠である。NHLPから独立した国立公園局（NPS）は、調査前にナショナル・レジスターの要件に適合する資産を決定する方法として主題研究を使用している。

＊13　Sherfy and Luce, *Guidelines for Evaluating and Nominating Properties*, 4 は、学術的関心や多様な文献の必要性を認めているが、評価の基礎となる学術研究と「大衆の社会的主張」との間には明確な違いがある。このテキストは初版の1979年版からずっと変わっていない。

＊14　Pete Smith, "The English Heritage Experience," in Deborah Slaton and William G. Foulks, eds., *Preserving the Recent Past 2*

(Washington, DC: Historic Preservation Education Foundation and the National Park Service, 2000) and Pete Smith, "Post-War Listed Buildings," *Context: Institute of Historic Building Conservation* 65 (March 2000), これらは以下のサイトから入手できる。http://www.ihbc.org.uk/context_arcliive/65/postwar/postwar.html. また、イングリッシュ・ヘリテージによる戦後建築のリスト化の歴史については以下を参照。Gavin Stamp, "Saving the Recent Past: *England: A Guide to Postwar Listed Buildings?*" *The Spectator*, August 19, 2000, Ellipsis, L15.

* 15　主題的な現地調査に基づくリスト化は、大変な数の公式コメントや論争を生み出した。当然ながら、その関心の多くは、リスト化は「凍結」を意味するという誤った認識や、リスト化に伴う経済的意味や不動産価値に突き動かされていた。これらの関心を受けて、イングリッシュ・ヘリテージは *The Investment Performance of Listed Buildings* (London: Royal Institution of Chartered Surveyors, 1993) と題する研究を行った。Martin Cherry, "Listing Twentieth-Century Buildings: The Present Situation," in Macdonald, *Modern Matters*, 5-14. を参照のこと。

* 16　そのような会議は次第に一般化していく。例えば、ドコモモ国際会議は 1991 年から 2006 年まで 15 年間で 9 回行われた。そこでは、地域的モダニズム、モダニズムの受容、戦後期モダニズムの輸入と輸出、地域的モダニズムやほかのモダニズムというトピックスに取り組んでいる。ちょうど 2003 年のオリンピック開催前のアテネで小さな国際会議が "Sports, Body, and Modern Architecture" というテーマで行われた。スポーツという主題はイングリッシュ・ヘリテージでも 2002 年に "A Sporting Chance: Extra Time for England's Historic Sports Venues" という会議で探求された。戦間期の航空建築を研究するヨーロッパの取り組みとして 1999 年に始まったプログラムは 2005 年の「航空建築国際会議」に結びついた。Ron van Oers, "Introduction to the Programme on Modern Heritage," in *Identification and Documentation of Modern Heritage*, World Heritage Series, no. 5, ed. Ron van Oers (Paris: UNESCO World Heritage Centre, 2003), 11, は、ユネスコ世界遺産プログラムに関連する会議の重要性を指摘している。そして近代の建造物や工学の技術は次第にそれ自体がテーマとなった。具体的な技術を対象として取り組んだ 9 つのドコモモ国際会議は、特殊な材料やシステム、石造壁、カーテンウォールをテーマとし、またアルヴァー・アールトのヴィープリ図書館など具体的な建物に合わせて構成された。"Technology of Sensations: The Alvar Aalto Vyborg Library," special issue, *DOCOMOMO Preservation Technology Dossier*, no. 7, ed. Ola Wedebrunn, Maija Kairamo, and Tapani Mustonen (Copenhagen: Royal Danish Academy of Fine Arts, 2004). を参照。米国の保存技術協会（Association for Preservation Technology、APT）のような組織が、その会議の出版物で近代建築に関連するものとしての技術研究を対象としはじめている。

* 17　興味深い試みのひとつは 2002 年のイングリッシュ・ヘリテージの会議 "A Sporting Chance: Extra Time for England's Historic Sports Venues" で行われた。国のスポーツ収益の規模と分量を背景として、試験的な研究がイギリス・マンチェスターで実施された。会議は試験的な研究を含み、このことがより大きな国の調査につながった。この研究は、関連施設の調査だけでなくマンチェスター市内のスポーツの歴史、そして構築環境への影響も対象とした。コミュニティとの議論により、市のスポーツ遺産への公的姿勢を明確にする調査が完了した。また、より詳細な議論は「スポーツ・イングランド」などの主要なステークホルダーとともに追求された。この研究によりさまざまなビルディングタイプの評価の枠組みが開発され、会議で提示された。これに関連するオーラルヒストリーのプロジェクトについては注 38 を参照。

* 18　David L. Ames and Linda Flint McClelland, *Historic Residential Suburbs: Guidelines for Evaluation and Documentation for the National Register of Historic Places* (Washington, DC: US Department of the Interior, National Park Service, 2002).

* 19　Jason Wood, Malcolm Cooper, and Martin Cherry, "A Sporting Chance: Extra Time for England's Historic Sports Venues," *English Heritage Conservation Bulletin*, no. 43 (October 2002): 4-5. ここではスポーツ関連施設の主題研究について記述されている。

* 20　ナショナル・レジスターや国家歴史的建造物プログラムの例にあるように、多様な資産書類を利用するのが慣例となっている。Multiple Property Documentation Form 上では、特定の州で独自にリスト化できるように、タイポロジーやテーマがまとめられている。例えばラストロン・ハウスに関しては、別々の資産書類がアラバマ、カンザス、そのほかの州に存在する。

* 21　US General Services Administration (GSA), Center for Historic Buildings, *Growth, Efficiency and Modernism: GSA Buildings of the 1950s, 60s, and 70s* (Washington, DC: US GSA, Center for Historic Buildings, 2003); and Sarah Allaback, *Mission 66 Visitor Centers: The History of a Building Type* (Washington, DC: US Department of the Interior, National Park Service, 2000).

* 22　ケネディ政権が 1962 年に *Guiding Principles for Federal Architecture* を発行した。その後、「尊厳、積極性、活力、安定性」を踏まえた革新的な現代建築をつくることが重要な目標となった。同原理は、1994 年に GSA によって開始されたデザイン・エクセレンス・プログラムの基礎を形成している。1965 年のバイロン・G・ロジャーズ連邦ビルやデンバーの米国連邦裁判所のリノベーション案は、地域コミュニティから反対意見が出された。これはデンバーの様式建築のなかで最も優れた事例のひとつとして称賛されていたが、リノベーション案では当初のデザインのインテグリティについて妥協すると記されていた。

* 23　Sherfy and Luce, *Guidelines for Evaluating and Nominating Properties*, Criteria Consideration G. An example is the Wallace F. Bennett Federal Building (Deseret Architects & Engineers, and Snedaker, Budd, Monroe & Associates)、GSA の最初の調査にしたがって 1963 年の構造は歴史的に重要であると判断されなかった。構造の耐震補強は、外装材のやり直しを含み、エネルギー効率のよいカーテンウォールや、外観を変えてしまう耐衝撃性を持つ窓を取りつけた。2001 年の竣工以降、優れたリノベーションや修復再生が数多くのデザイン賞を受賞した。US GSA, *Growth, Efficiency, and Modernism*, 93. を参照。

* 24　US GSA, *Growth, Efficiency and Modernism*, 106.

* 25　評価や調査は特に戦後期に焦点が当てられたが、そのプログラムは第二次世界大戦前に建設された建造物の保存を扱う一般調達局（GSA）のプログラムに不可欠な部分であり、20 世紀半ばに財務省監督建築家事務所（Office of the Supervising Architect of the Treasury）の開始に再び着手する契機となった。

＊26　主題研究は継続的に出版されている。Allaback, *Mission 66 Visitor Centers*. を参照。

＊27　ビジターセンターというタイポロジーは、第二次世界大戦後に国立公園局が公園内のインフラを改善しようとしたとき、そして訪問者が1931年の350万人から48年の3000万人へと10倍に増加し、それに対応しようとしたときに登場した。プログラムは完了日を66年とし、ミッション66と名づけられた。公園管理システムに若くて著名な建築家を選んで近代建築を導入したことが重要であった。初期の研究成果にしたがってほかの調査が行われた。こうした近代的なビジターセンターがランドスケープデザインや環境運動などほかの開発に関連していると論じるものもいる。Ethan Carr, *Mission 66: Modernism and the National Park Dilemma* (Amherst: University of Massachusetts Press, 2007).

＊28　5つの事例研究が取り上げられ、その重要性が概説され、ミッション66からナショナル・レジスターまでの建物を推薦する方法は歴史的文脈により確認されているが、これらの建物の遺産価値の判断が必然的に指定と保存を確かなものにするわけではない。例えば、リチャード・ノイトラとロバート・アレキサンダーによって設計された、ペンシルヴァニアのゲティスバーグ国立公園にあるサイクロラマー・ビル（p.227 カラー図5）は重要であると確認されたが、解体話が持ち上がった。このことはビジターセンターの調査ツールとしての研究の重要性を損なうものではない。

＊29　世界遺産登録へのノミネートは国ごとに行われる。1か国以上を巻き込む全作品となると、各国の協力と世界遺産プログラムの特殊用語や条件への同意を必要とする。2004年秋に指定の手続きを進める骨格づくりのため、国際的なグループが自国の建物の現存状態を記録し評価するために結成された。フランス政府とル・コルビュジエ財団は、アルゼンチン、ベルギー、ドイツ、スイスと協力してその建築家によって設計された代表作品の約130件をまとめて提案しようとしている。この提案は近代の建築家に力を注いだ類を見ないものである。Fondation Le Corbusier, "Proposition d'Inscription sur la Liste du Patrimoine Mondial," *Fondation Le Corbusier Informations*, no. 26 (October 2004): 2-3. 最初のリストは9か国に位置する建物のビルディングタイプに分けられている。2006年秋にヴァイゼンホフの集合住宅地のあるシュツットガルトで専門委員会による連続会議で、2007年2月にユネスコ世界遺産センターに書類を提出する意見が出された。当初からの5つの国はインドを迎え入れた。Fondation Le Corbusier, "Candidature de l'Oeuvre Architecturale et Urbaine de Le Corbusierà l'Inscription sur la Liste du Patrimoine Mondial," *Fondation Le Corbusier Informations*, no. 30 (October 2006): 9. また John Lichfield, "The Legacy of Le Corbusier," *The Independent* (London), December 19, 2006 も参照のこと。

＊30　国や各州でひとつの主題に基づいて造られたラストロン・ハウスのように、これらの取り組みはいろいろな意味で資産書類の提出に似ている。

＊31　Steven Mannell, ed., *Atlantic Modern: The Architecture of the Atlantic Provinces, 1950-2000* (Halifax: Tuns, 2004).

＊32　例えば以下の文献を参照。Gwen North Reiss, "In the Shadow of the Glass House: New Canaan's Other Modem Houses," *DOCOMOMO Journal*, no. 25 (July 2001): 48-51; or John Morris Dixon, "New Canaan: Modern Outpost Under Siege," *Architectural Record* 190, no. 4 (April 2002): 69. 住宅にとっての脅威は今も消えていない。Fred A. Bernstein, "Private Lives," *Metropolis*, July 2005,138-44. 最初の調査はドコモモとニューカナーン歴史協会の共同で行われたが、引き続いて、ナショナル・トラストとニューカナン歴史協会とドコモモ US が出資者となり、より包括的な調査が行われ、グラス・ハウスの公開へと展開した。

＊33　ドキュメンテーションのさらに詳細な内容については第6章を参照。例えば、オーラルヒストリーの重要性については第6章と第2部のケーススタディ（特にグロピウス邸）を参照。

＊34　Art Institute of Chicago, Department of Architecture, Chicago Architects Oral History Project, http://www.artic.edu/aic/libraries/caohp/ (the transcriptions may also be viewed at the Ryerson & Burnham Library of the Art Institute of Chicago).

＊35　The Oral History Project at Dominion Modern, an archive of twentieth-century Canadian architecture and design, これはドミニオン・デザインセンターで2005年3月5日から29日まで行われたミーンシティ展覧会の一部として始まったが、できる限りその時期の建築家にインタビューする努力が続けられた。

＊36　主題研究は Malcolm Cooper, *A Sporting Chance: Extra Time for England's Historic Sports Venues* (London: English Heritage, 2002). を参照。概略については Wood, Cooper, and Cherry, "A Sporting Chance," 4-5. For a summary with regard to Manchester, see Simon Inglis, "A Sporting Chance: Manchester's Sporting Heritage," *English Heritage Conservation Bulletin*, no. 43 (October 2002): 6-8. を参照のこと。主題的研究の関連で行われたこのプロジェクトの議論については、注19も参照。

＊37　オーラルヒストリーに関連していて最も興味深い事例のひとつは、ルイス・カーンの息子ナサニエル・カーン監督のドキュメンタリー映画『マイ・アーキテクト』（2003）である。この映画はルイス・カーンの私生活にかかわった人物へのインタビューだけでなく、さまざまな建物の設計や建設にかかわった人物へもインタビューしている。そのほかに、John Wesley Cook, *Conversations with Architects* (New York: Praeger, 1973); John Peter, *The Oral History of Modern Architecture: Interviews with the Greatest Architects of the Twentieth Century* (New York: Harry N. Abrams, 1994) ジョン・ピーター著、小川次郎・繁昌朗・小川光訳、『近代建築の証言』（TOTO出版、2001）; or Paul Heyer, *Architects on Architecture: New Directions in America*, rev. ed. (New York: Walker, 1978)。特定の建築家を対象としたものに以下のものがある。Robert F. Gatje, *Marcel Breuer: A Memoir* (New York: Monacelli, 2000).

＊38　近代建造物の保存修復の解釈のなかで行うインタビューの重要性については、ケーススタディと第2部（特に第8章のサヴォア邸とグロピウス邸）を参照のこと。

＊39　最近の事例に2004年9月14日から12月11日までニューヨークの Storefront for Art and Architecture で行われた「Architecture and Revolution in Cuba, 1959-1969」展や2004年10月20日から2005年9月11日までモントリオールのカナダ建築センターで行われた「The 60s: Montreal Thinks Big」展がある。

* 40　オリジナルの建築家や施工業者へのインタビューや相談は、そのプロジェクトの保存に継続的に参加してもらうための論拠として用いられてきた。キューバの国立芸術学校の修復におけるリカルド・ポッロやブラジリアの多数のプロジェクトにおけるニーマイヤー、サヴォア邸の保存に当初かかわっていたル・コルビュジエのように建築家との相談は大切であるが、彼らはオリジナルのプロジェクトの再設計や「改良」へともっていくべきでない。この行為は保存の目指すところと正反対のものである。保存とは、その時期のコンテクストのなかで文化的・芸術的に重要である創造性を保護しようとする行為である。この観点から見た代表的な事例はニューヨークを拠点とする事務所、ペイ・コブ・フリード＆パートナーズの最近のコンサルティングの仕事である。彼らは、I・M・ペイ設計が新しいガラスのカーテンウォールを設置したことで知られる、モントリオールのファイブ・プレイス・ヴィル・マリーでオリジナルのコンクリートパネルの交換を提案した。事務所の意見によれば、この交換は建物を軽く見えるようにするためであった。しかし同時に、それは当初の建物の物理的なインテグリティとデザインのインテグリティを無効にしている。カナダの遺産専門家は、建物のインテグリティを維持する好ましい方法としてシカゴのアモコ・タワーやヘルシンキのフィンランディアホールのコンクリート製リブの交換を成功例として挙げている。Canada News Wire (CNW) Group, "Integrity of Montreal's Place Ville-Marie Threatened," February 24, 2005. を参照。シドニーオペラハウスでは、当時の建築家ヨーン・ウッツォンがリノベーションや保全にかかわっているが、保全計画とは適度な距離をとっている。この建物で提案された作業内容についてはケーススタディの第11章を参照。オリジナルの建築家を巻き込んだ修復プロセスの問題に関する一般的な議論については第2章の設計意図を参照。

* 41　設計意図とオーセンティシティの議論は第2章を参照。

* 42　マー・ヴィスタとレヴィット・タウンの議論は第8章のケーススタディを参照。

* 43　レヴァー・ハウスの詳細な議論については第15章を参照。ティッセン・ハウスとほかの事例は第4章を参照。

* 44　2007年秋現在、すべての窓枠が実際に交換されている。オリジナルの窓は延べ板ガラスであったが、交換したガラスはすべてフロートガラスとなる予定である。強化ガラスは若干起伏があるので使用されない予定であり、フィリップ・ジョンソンは明らかにそれを嫌っていた。ガラスについては、設計意図を踏まえた議論とするため、ジョンソン自身が1950年に明確に書き残した言葉が考慮されている。彼は、この建物のデザインにインスピレーションを与えたのは「火災で焼け落ちて基礎とレンガの煙突以外に何も残っていなかった木造の集落」であったと記している。その光景を思い出して「私は煙突の上から鉄製のかごをかぶせてガラスを取りつけたのだった」。Stephen Treffinger, "Through a Glass Less Darkly," *The Architect's Newspaper*, June 20, 2007. による引用。

* 45　例えば、メリーランドにおけるモダンムーブメントの調査は2004年頃に開始された。Isabelle Gournay and Mary Corbin Sies, "The Modern Movement in Maryland: Research Contexts, Issues, and Methodologies" (paper presented at DOCOMOMO Eighth International Conference, New York City, October 1, 2004). を参照。2005年にイリノイ州の歴史的建造物保存協議会はさまざまな組織間で協力して近過去建築会議イリノイ支部を発足し、2007年にロサンゼルスは主題別の市全域調査を開始した。

* 46　Grady Gammage Jr., *Phoenix in Perspective: Reflections on Developing the Desert* (Tempe: Arizona State University, Hershberger Center for Design Research, 1999). この本はフェニックスの物理的な発展の歴史に関心がある。近年の第二次世界大戦後の集合住宅調査に関しては隣接するスコッツデールよりも一歩先んじていた。理解を深めるため、そして必要があれば個々のサイトや近隣の固有性を保護する目的で、データ収集・編集のツールとなる地理情報システム（GIS）が用いられている。概要については以下を参照。Jeanne Lambin, *Preserving Resources from the Recent Past* (Washington, DC: National Trust for Historic Preservation, 2007), 11-12.

第6章 近代の建造物および構造物の調査と評価

　近代の建造物の保存は新たな文化的・専門的な挑戦であり、新しいアプローチや洗練された調査や評価の技術を必要とする。関心事となるのは、材料や大規模建造物だけでなく、オリジナルの構造物や複合施設が建てられた目的や設計・施工された方法である。ここで概説する現地調査・検証の方法や慣習の多くは、一見すると、どこかの修復に関する文献、建築外装調査マニュアル、住まいの検査・改良ガイドラインなどで議論されているものによく似ているように思われるかもしれないが、それらは近代建築のコンテクストのなかで厳密な精査や具体的な再検討を保証するものではなく、十分とはいえない[*1]。

プロジェクトの進め方

　各プロジェクトの調査や評価には、以下に概説するように、いくつか特有のステップがある。まず、そのプロジェクトは何であるのか、何を達成しようとしているのか、それが完了したときに何が期待されるのかを示して、プロジェクトを明確に定義する。これにより、実施しなければならない評価や調査の内容が決定される。例えば、外部修理ならば、現地調査で限られた範囲の状態を確認するだけでよいだろう。それまでと異なる用途に変更しようとする場合は、調査と評価はもっと広範囲にわたるものでなければならない。そのプロジェクトへのアプローチ方法や保存を考慮した計画指針もプロジェクトの説明文に含められるべきである。

　評価の範囲はプロジェクトの形式によってふたつに分けられる。ひとつは、建物や空間の現在の用途と想定される機能に関連するプログラム評価、そしてもうひとつは、現在の用途または今後の用途に関連するさまざまな構成材の状態を調査する物理的評価である。プログラムや用途の評価と現状の

調査と評価は、どのプロジェクトでも相互に関連し合っているが、別々に存在することもある。どちらの評価においても、背景になる情報を充実させ、物理的調査を実施する必要があるだろう。最終的には、プロジェクトの内容がどのくらいの範囲にまで及ぶかにより、その背景の広さや深さ、そして必要となる準備資料が決まる。

　研究、現地調査、評価、実現可能性の検討、そして現存する建造物のプログラムを構築するうえで必要になる方法論の多くは、さまざまな学問分野で十分に確立されているし、出版物などで入手できる。しかし学問的知見の多くは、特定のビルディングタイプ、工法、材料に偏っているし、そのほとんどは近過去の建造物を扱っていない。現地調査や空間プログラムの必要性について述べた出版物は、特に用途や利用法を主題としていて、既存の構造やその特異性や可能性についてはほとんど触れていない。近代の歴史的建造物の詳細について扱った文献はあまりなく、特殊なビルディングタイプの空間ニーズに対する現在の見方が、健全な建物であるにもかかわらず、時代遅れであることを主張するためにたびたび利用されてきた。近代建造物のプログラミング、調査、評価においては、多様なパラメータ、基準、法規を用いた複雑な分析と評価が適用されなければならない。

　建物の物理的調査と評価については多種多様な出版物が利用できるし、それぞれに特有のプロセスを定義しようとしている。最近の文献のほとんどは、構造の調査に焦点があてられるか、基本的な住宅検査マニュアルで構成されており、建造物と構造物（特に近過去のもの）の全体的な評価を詳細に扱っている出版物はそれほど多くはない[*2]。最近の建造物に関する研究は、だいたい物理的な不具合を発端とする[*3]。以下で概説するプロセスは、現存する建造物のプログラムに関する調査・評価、そして物理的な調査・評価という既存の方法論を活用しようと努めているが、同時に、重要な近代建築の特異性とその保存も考慮に入れている。

調査と事前準備

　どのような規模のプロジェクトを開始するにしても、事前に建造物の歴史的状況やその現況に関する情報をできる限り多く収集することが肝要である。必要な調査内容は、おもにプロジェクトの最終的な目的に合わせて決定される。ル・コルビュジエのサヴォア邸（1929-31）やヴァルター・グロピウスの自邸（1938）のように、その目的が完全なもので、特定の時期に精確に復元しようとしているところでは、細部まで行き届いた物理的調査のほか、アーカイブや現地の徹底的な調査が、完璧な成果を生み出すには必要不可欠である。しかしフィアット・リンゴット工場（1914-25）やファン・ネレ工場（1925-31）のように、その目的がリノベーションである場合、その基準は異なる。ある程度、デザインや材料のオーセンティシティにかかわってくるが、作業内容は、既存構造物の適応性や新たな用途の実行可能性に大いに関係があり、歴史的正確さのみに関係するのではない。

　伝統的な保存プロジェクトの調査とは異なり、そうした調査業務には別にふたつの目的がある。第一に、近代建造物の建築的・歴史的な重要性が疑問視され、近代建造物の修理や活用は難しいと考え

られて何度も改変が加えられてきたため、重要性、歴史性、性能に関する総合的な記録は、問題点や勘違いを払拭するのに役に立つ[*4]。第二に、最終評価の段階で、初期状態が把握できていれば現況と比較し、将来的に予期される内容を導き出すことができる。

　歴史的な重要性だけでなく、特定の建造物の当初のデザインと施工に関する情報は、新しいプロジェクトを進めるうえで重要である。これらの記録は4つの一般的なカテゴリーに分類できる。

1. 図像文書（グラフィックドキュメンテーション）：設計過程で建築家が作成した設計図、施工図、写真、スケッチ、あるいは施工中につくられた図面、写真、スケッチ。施工会社による現場施工図を含む。
2. 設計施工に直接かかわる文書記録：仕様書、手紙、会議録、保守点検記録。現在の私たちの知っている建設プロセスは19世紀末までに定着したものなので、現代のプロジェクトで見られる文書記録と大きな違いはない。
3. オーラルヒストリーやインタビュー：比較的最近の建造物を対象とする場合、これらは非常に役立つ。
4. 二次資料：当時の文献、新聞記事、商用カタログ、マニュアルなどの資料。

　概して、ごく最近の構造に関する情報は、初期のプロジェクトで利用されたものよりもはるかに優れている。だが、どの情報を用いる場合もそうだが、いかなる矛盾や不一致や不正確さに対しても慎重を期して注意深く見なければならず、また、描かれたものと実際に建てられたものとの差異にも注意しなければならない。

指定文書：建築的意義と歴史的意義

　建物の意義にかかわる文書記録を収集し編集する作業はきわめて重要である。その建造物は重要ではないのだから提案は受け入れられないという議論で、保存プロジェクトはたびたび挑戦を受ける。このように近代建築の保存の重要性に対する理解不足があるため、保存の議論において有効なのは、その建物の意義を形成している全要素の包括的な概説であるということがわかってきた。特に、建造物を幅広いコンテクスト（地方、地域、国内、国外）のなかに位置づける、文書記録、登録、歴史的建造物の指定、受賞歴は、所有者や利用者や一般大衆に、その建物の深い理解や審美眼を与えるのに役立つ。

　すでに現地調査や指定の際に建造物が重要であると認められているところでは、重要な特徴の保存のための全体的枠組みを確立するために、評価のもとになっている基準や論拠を理解することが重要である。そのうえで、どのような調査・研究が必要になるかを理解することが重要である[*5]。調査はさらに詳細に行われなければならないかもしれないし、直ちに利用できるものでは十分でないかもしれない。修復やリノベーションのプロセスにおける重要性についての判断と変更や交換された部分の維持についての判断は、当初の設計意図にかかわりのありそうなディテールや材料にも

下されなければならない。つまり、建物の重要性に貢献している全体の意義や要素を理解することが基本となる。

どの建物でも包括的な研究を行うのであれば、おそらく大量の情報をまとめる作業が必要になる。しかし建物に対する深い理解は、建設プロセス、現状、歴史研究に関する情報を編集することによって生み出される。新しい材料が提示され建物の物語に組み込まれたときには、重要性に関する説明文は、歴史的、文化的、建築的重要性の十分な理解を示すものに改められるべきである。

建物関連のグラフィックドキュメンテーション

歴史的建造物の文書記録には、必ず図像文書が含まれる。建築家、技術者、工事に参加した人々により準備されたどの形式のオリジナルドローイングも、それが提供する見識ゆえに、建物の時期に関係なく価値がある。初期の建造物であれば、ひとつかふたつの特別な公的な収蔵所（コレクション）がそれに関連する文書を保管していそうだが、現代に近い建物の場合、原資料は分散している。アメリカ南北戦争以後、建設プロセスはいっそう複雑化し、さまざまな分野のコンサルタント、建設業者、下請会社、代理店、個人などがかかわっている。20世紀はデータの標準化を進めた時代であった。建設時に準備された高度な文書や、今も多くの事例で利用できる文書量はかつてないほどに多い。これらの資料はどれも当初の設計意図、具体的な竣工時の状況、設計施工のプロセス、過去に下された決断を理解するうえで手がかりとなる[*6]。そうした情報をもとにして、工事中の変更、または部分的な改築や維持・管理の過程で生じたと思われる変更が判定・評価されることだろう。

建築ドローイング

オリジナルの建築ドローイングはどのような修復プロジェクトでも常に重要である。これらは当初の設計や建物配置の理解を助け、新しいプロジェクト図面の土台として役立つ。近代建築の保存では、設計意図をめぐる問題がたびたび取りざたされるが、そのときに現存する意匠図面、施工図、意匠スケッチはその建物の建設方法や当初の設計者の意図を理解するうえで重要な役割を果たす。今後の作業内容に関する議論のなかで、当初の建築家が断念したオリジナルのアイデアを実行する可能性が探求されているのであれば、あるいは後で取り外された建物の部位を復元するのであれば、図面は特に重要である[*7]。施工や入札の過程で基礎になった建築ドローイングは、調査プロセスに最もかかわりがある。しかし、これらのドローイングは決して竣工時の状況を示しているのではないということ、またそれらの大部分は概念的なデザインであることに注意する必要がある[*8]。現在では当たり前になっているが、変更の多くは現場で行われる傾向にあった。調査の対象はオリジナルのドローイングに限定すべきではない。建物やインテリアの変更は入居中に行われるため、利用できるグラフィックドキュメンテーションのすべてを見直すべきである。このような小さな変更の記録は探し当てるのが難しいかもしれないが、現状を理解する助けとなる可能性がある。建築家、所有者、入居者次第で、オリジナル、または主要なプロジェクトのドローイングは、アーカイブ、公的機関、研究機関などの

コレクションや保管所のなかに残されているかもしれない[*9]。

そのほかの意匠ドローイング

ル・コルビュジエやフランク・ロイド・ライト、アルヴァー・アールト、アルネ・ヤコブセン（1902-71）、マルセル・ブロイヤー、エーロ・サーリネンなど、多くの建築家は、インテリア、造り付け家具、プロジェクト専用の特注家具をデザインし続けたが、20世紀中頃までに、それ以外の分野が、建築家との協働や個人委託のかたちで、設計プロセスにかかわるようになった。20世紀の歴史的建造物の多くには、ランドスケープデザイナーや芸術家の仕事が含まれる。これらの取り組みは重要性の評価に加えるだけでなく、将来的には保存も検討するべきである[*10]。

エンジニアリングドローイング

南北戦争以前は、どの種類の工学も要求されることはあまりなく、たとえドローイングや文書がその時期から存在していたとしても少量しかなかった。構造工学は鉄道の延伸やそれに使用された鉄骨構造とともに発展し、その専門知識は建物に応用された[*11]。まもなくほかの工学分野が進歩し、建築産業に応用された。残っている可能性のある文書のなかでも構造工学の図面は非常に興味深く、19世紀末までに利用されるようになった。構造図面では被覆材や被覆システムの構造支持体も表現されはじめている。これらの構造図面は1920年代から30年代までにかなり正確で完全なものになった（利用可能な場合は欠かせない資料となる）。

鉄筋コンクリートシステムを表現する図面は少ない。その理由は、第一次世界大戦頃までコンクリート構造に大きな進歩が見られなかったことと、その進歩がおもに産業構造に関係があったことにある。そのうえ、最初期は特許システムやコンクリート混合比と正確な混ぜ方に関心があった。この頃に設計と検査の方法も考案されている。また、カーンシステムなどの特許にならって鉄筋の形状や配筋を示す図面が用意されるようになった。今ではこの方法がしばしば利用される[*12]。

そのほか、システム工学の分野におけるオリジナル文書の重要性は変化し、20世紀大半の文書の重要性は限定的でしかない。配管図は残存状態の理解を助けるかもしれないが、電気配線図は残っていたとしても時代遅れになっていて歴史的な興味の対象にしかならないだろう。第二次世界大戦以前の機械システムはおもに暖房に関するものである。利用可能な文書記録はどれも簡単なものであり、シングルラインで描かれた図面では、建物全体を理解する助けにはほとんどならない。なかでも興味深いのは、システムの再設計で利用できそうな溝や隠れた空間の位置である。追加した通気口が存在するかもしれないが、おそらく機械設備とは関係ないだろう。

機械式冷房システムの導入はおもに第二次世界大戦後に始まり、一般的に必要とされる（隠れた）空間の容量とシステム工学に変化をもたらした。それまでは、細い縦型の露出配管を通して分配されていたが、縦方向と横方向に分配するためにさらに大きなダクトスペースが必要になり、さまざまな天井裏空間や図面一式が追加された[*13]。こうした文書記録は歴史的観点から見れば興味深い

かもしれないが、その用途は限定的で、必要とされる解体範囲やアスベスト断熱材の問題があると考えられる範囲の把握に限られる。現法規やエネルギー高効率化の要件、快適さに対する期待、最近のオフィス機器による熱負荷増など、さまざまな変化が起きているため、実際のシステムやダクトを再利用する可能性は低い。

　構造や配管の文書記録以外で、残存しているエンジニアリング図面の重要性は、歴史的研究を除けば、限定的なものになりそうである。現実的なリノベーションでは、システムのほとんどが性能のよいものや法規に適合したものに取り換えられるだろう。また、当初の文書は解体および撤去の範囲や場所を確定するのに使用されるだけだろう。しかしながら、重大な修復が予期されていて、内部仕上げや表面が維持される予定があるところでは、既存システムの知識は、改良製品をデザインする助けとなるし、プロービング（厳密な調査）や解体の範囲を限定する助けとなるだろう。しかし実際には、システム図面が残っているケースはあまり多くない。

製作図と検査用提出書類

　南北戦争以降の建設プロセスはさらに複雑になった。構成材はますます現場から遠く離れたところで組み立てられるようになり、より総合的なプロジェクト調整が必要になった。この複雑な工程をうまく処理するために19世紀末に発展した主要ツールのひとつが、具体的寸法、配置、取りつけ方法を詳細に示した図面である。このような、いわゆる製作図（または施工図）はさまざまな取引施工業者によって書き起こされる[*14]。おそらく石材加工業者に始まり、構造用鋼材の出現とともにさらに発展した。製作図を通して複合部品の加工・取りつけ作業を調整するという概念は、ほかの業者のスタンダードにもなった。業者が製図、寸法記入、マーキング、各部品の位置決めを行うのが慣例となっていたので、製作図を最初に適用した分野のひとつが石材加工業者であったというのは不思議ではない[*15]。製作や設置の担当者は、（現在と違って）設置する部品や装置の検査書類の提出業務にもかかわるようになった。これは標準部品の組み立てに不随する業務でもあった。標準部品は現場到着前に別システムで組み合わせ、調整されるのが通例である。

　製作図の有用性と重要性は、建物の日付、特定の関連業者、そして所有者・建築家・組立業者の記録管理のレベルによって大きく変わる。関連図面が大量に存在するうえに、その性質が非常に特殊であるため、図面一式が残されることはそれほど多くない。せいぜい珍しいものとして、あるいは職人芸の質の高さゆえにサンプルが保管されているくらいであろう。しかし製作図は標準詳細や標準部品にかかわるので、その（一般的な）情報は業界誌や当時の出版物から入手することができるかもしれない。

写真

　現代に近い建物であれば、施工時のものと建築美の記録を目的とするものの2種類の写真が利用できる。建設の進捗状況を記録する写真の撮影は、当初は中間支払いを受けるために行われたようだが、

20世紀初頭までに慣例化した。施工写真の撮影目的は、定期的に年代順に進行状況を記録することにあったので、このタイプの写真はきわめて有益である。複数の焼き増し写真が建設途中で事業参加者に一般配布されたためだと思われるが、これらの写真は意外にも数多く残されている。

　建物の意義やその場所の知名度にもよるが、「建築写真」が存在することもあるだろう。工事の進行状況を示す施工写真とは違って、建築写真は竣工状態を表すことから、当初建てられていたものの明示に利用できる（オリジナルの設計意図がおそらく最もよく表現されている）。例えば、1983年のバルセロナ・パヴィリオンの復元においては、29年に撮影された写真が主要な情報源であった。数多くの写真が出版物や写真家のコレクションや事務所にも残っている。これらの写真のいくつかは大変な名声を得ていて、それ以上の数の写真が存在する。エズラ・ストーラーやジュリアス・シュルマンのような写真家の作品やヘドリック・ブレッシング社のような写真事務所のコレクションは建築写真において伝説になっており、またいろいろな意味でこの特殊な時期の建築やデザインの認識形成に貢献している[*16]。

書面によるプロジェクト記録文書

　どの素材を使うかについて記した仕様書は19世紀中頃に本格的に発展しはじめるのだが、通常それは非常に短く限定的なもので一般的な情報でしかなかった。そのほかの形式のプロジェクト記録文書のように、この傾向は20世紀に入ってもしばらく変わらなかった。仕様書が爆発的に普及するのは、おそらく第二次世界大戦後頃である。往復書簡や会議録などのプロジェクト関連文書は、下された判断や実施された変更を浮き彫りにするかもしれないし、そのような変更が設計意図の大きなビジョンを獲得しようとして提案され、実行されたかどうかを浮かび上がらせるかもしれない。

　おもな保守管理記録は大変興味深い資料となりうる。どれくらい幅広くそれらが維持されたのかにもよるが、そうした記録はある期間にわたって実際に建物に起きたことを知るうえでの大きな手がかりとなる。その価値は対象時期にかかわらず、多様である。しかしながら、現状の再考察や調査によって明らかになるのは、建物の性能のほんの一部にすぎない。保守管理記録は視野を広げるのに役立ち、繰り返し生じる問題を特定する助けとなる。それらはさらなる調査の基礎になりうるため、特に重要である[*17]。

　最終的に規制当局や管轄団体に提出される文書記録は、いくぶん興味深い内容を有している。地方自治体の建築部門はオリジナルの建設許可申請書を保管しているかもしれないし、変更申請書を保管しているかもしれない。オリジナルの図面が申請書とともに残っているとよいのだが、申請書自体はかなり限定的で包括的な内容になる傾向にある。どのような出来事であっても、許可書とそれに関連する文書は建物の歴史とその後の変更を浮き彫りにするのに役に立つ。加えて、アメリカの大都市では、継続的な安全性を確保するため、建物の外側に対してさまざまな定期検査要件が定められている。これらの報告書が長期にわたる建物の性能や外観について知る手がかりとなるかもしれない[*18]。

関連資料

意思決定の経緯を知る手がかりとなる建物や設計プロセスに関する情報は、二次的な資料に大量に掲載されている。近代の建造物にとって重要で注目すべき情報源が4つある。

1. 商用カタログ、雑誌、出版物
2. 標準設計の詳細や仕様書の掲載された出版物
3. 一般専門家向けの建設実務ハンドブック
4. 建物や建築作品に関する一般図書

カタログ、雑誌、標準詳細のような商業用文献は19世紀末に登場し、同じ頃に標準の部材や構成材が実務で利用されはじめた。当時の建築家や施工担当者が参照したと思われるこれらの資料は、その時代に使うことのできた材料や標準実務を知る手がかりとなる。年刊誌「スイーツ・カタログ」の出版は1906年に始まり、大量の商用関連の情報が利用できるようになった。当初発行部数は少なかったが、20世紀後半には主要な資料になり、現在も利用することができる[*19]。そのほかにも、材料供給業者や製造業者を代表するさまざまな商業団体や産業団体が、カタログや技術文献を流布させはじめた。アメリカ建築家協会の初期の出版物のような一般業務ハンドブックや論文、建設ハンドブック、一般の建築史資料は、その時期の標準的な業務内容や特定の建築家の作業方法を知るうえで参考になるだろう。

検査とフィールド調査

利用可能な歴史文献や図説文書とは別に、構造そのものが最も重要なドキュメントとしてとらえることができる。文書記録は当初の状態やその後の状態の手がかりとはなるだろうが、保存、維持・管理、継続利用、アダプティブユースの総合的な計画を進めるときは、直ちにまたは近い将来に戦略とアプローチを形成するために、現存する建物の調査と評価を行う必要があるだろう。どの形式や時期の建物の調査分析も、一般的なステップとルールに従う。これまでに発展した方法論と評価技法は、次第に4つの異なるグループに分離した。

1. プログラムの評価
2. 現存するものの物理的状態の調査
3. 現場試験とプロービング（厳密な調査）
4. 実験室での検査と分析

最初の３つについては、調査の作業内容が似ているが、その目指すところは現存する建物の物理的状態を検査し、記録し、評価することである。調査の目的に応じて、対象と範囲は変化する。例えば、完全な復原にはおそらく最大限の努力が求められるだろう。以下に詳述するプログラム評価における現地調査とニーズ評価は大きく異なるため、いつも必要とは限らない[*20]。

プログラム評価

　先述のとおり、機能の不十分さが最近建てられた建物の深刻なインターベンションや解体を正当化する理由に最もよく使われる。当初のプログラムが特殊であればあるほど、変更が必要になるのは間違いない。しかし機能的に陳腐化した建物の保存提案が完全に棄却される理由は、研究不足と構造そのものの潜在能力の不足によるところが大きい。保存研究の対象となる近代建造物の多くが建設された時期以降に、プログラムの構築原理と施設のマネジメントは大きく進歩した。方法論的で骨の折れるこれらの作業は以前から建築設計やリノベーションプロセスの一部となっているが、その特有の方法論、書式、基準（そして収集データ）は、ビルディングタイプごとに異なり、設計者・業者によって決定される。

　プログラミングの作業は、ふたつの部分からなる。ひとつは、予期されるニーズを計算し表にすること、もうひとつはその表を実際の建物に試験的に当てはめてブロック図で証明することである[*21]。最近の実務では、面積数値表はクライアントのニーズを定量化するために用いられる。そしてこの表があることで、建築家は情報を特別なソリューションに翻案することができる。プログラム上の詳細な要件は、企業やそのビジネスモデル、必要不可欠な補助設備、将来的なスタッフの配置や利用者の増加を踏まえてまとめられる。こうした情報の編集によって、実際の計画・設計の作業は進められる。これらのデータは、通常の増築（または新築）許可に必要な建物の長期適合性を判定するために何度も参照される。分析後、この情報は、空間に対するプログラム上の要件を試行するため、仮レイアウト、ブロック図や積層ダイアグラム、コンセプトデザインの開発に使用される。現存する構造物に適用すれば、間違いなく、新しい要件によって既存構造物の不十分な点が明らかになるだろう。そうして健全な判断と創造的思考が建物の機能の陳腐化という結末を回避することができる。

　建物の機能を改善させて現在のニーズを満たすために行われる、どのような重大な変更案も、注意深く分析し議論されるべきである。注意深く収集し表にして開発されたプログラミング情報は、急速に変化するニーズや一時点の情報に基づく特殊なビジネスやプログラムのビジョンを反映している場合は、いくぶん推論になりがちになる。レイアウトを考える前に、建物が設計されたときのプログラムには仮定があったことを理解するのが大切である。たいていの場合、不適切な改修や変更を正当化するために、建物や空間は不十分だと判断される。既存構造の機能の評価方法や要求されるプログラムの開発手法は、既存の往文献で十分にカバーされているが、機能の特異性や固有の特徴、そしてオリジナルの建物の設計状況に対して具体的な注意が払われていない[*22]。建物のプログラムはどのようなタイポロジーであっても常に変化している。現在の要求が永遠だという先入

観をそのプロセスに持ち込まないことが重要である。われわれのニーズは移ろいやすく一過性のものであり、次の変化はこれまで以上に早く起きるかもしれない。昨日まで確かだったことが、明日には形骸化することもある[*23]。

　変更されたもののなかには法規にかかわるものもあるだろう。絶え間なく進化する建築法規や規制基準は、前の法規に適合させるために設計された建物の保存において、いつも設計上の難しい課題となる。現代の法規の多くは以前より厳しくなっており、現存する構造物に多大な要求を突きつける。それらは安全性の問題に限らず、アクセシビリティの改善や包括的なセキュリティ対策も要求する。エネルギーの効率化やサスティナビリティを求める動きは、建物やその保存に大きな影響を与える可能性がある。例えば、アクセシビリティの改善要件では、劇場施設の福祉用シートやバリアフリー対応エレベーターの採用が求められる。このアクセシビリティの問題は重大な建築的な改変を要求しがちである。同じように、数多くの近代の構造物で広範囲に使用されているガラスは、セキュリティ上の問題となっており、この問題は将来のプログラムや建築用途を考える際に必ず検討されなければならない。

　建物で使用するさまざまなシステムの寸法や効率化は、必ず検討されなければならない。これらのシステムのうちのいくつかは、第二次世界大戦前に建てられた初期の近代建造物には存在しなかったし、戦後の建物が設計・施工された頃にはまだ初期段階にあった。これらのシステムは当時のプログラムに合わせて選択されたものであり、そのときに利用できた技術や、快適性と安全性の基準を反映している。暖房、冷房、電気システムは以前よりも小規模になっている。照明器具、スプリンクラー、火災報知器などの法的要件は、竣工時以来厳しくなってきている。情報通信システムは、戦後直後は電話サービスに限られていたが、20年たって大きく発展した。これらのシステムの更新は、空間レイアウトや重要な室内の特徴の保存にできるだけ影響しないように計画される。

　提案する用途や予期される将来的なニーズに合わせてプログラムを開発するために収集されたデータは、新たな提案と既存の建物の適合性を判断するために、現存する建物の分析と合わせて評価されなければならない。論理的なプログラムとビジネスの現実、そして建物自体の限界というさまざまなニーズの間で常に妥協が繰り返されるが、利用者やプログラムがそうした根本的な変更を要求するために、オリジナルの建物の特徴を完全に妥協して解決することもあるもしれない。そのような場合、リノベーションのコストが非常に大きくなりがちなので、保存に力を入れたプロジェクト案は拒絶されそうであるし、特定の目的に合わないというだけで、その建物は機能的に陳腐化しているという判断につながることもある。開発計画案の有する価値に反して、当初の建物の価値に重点を置くとき、実際の陳腐化と新しいプログラムを導入する必要性の間に見られる明らかな違いは、十分考慮されなければならない。

　プログラムと用途の分析にあたっては、継続利用と再生利用という問題も考えに入れておくべきであろう。同じ目的で建物を使用し続けることは、論理的にも概念的にも道理に適っているので、どの場合も望ましい保存のかたちといえる。しかし産業やビジネスの世界は、まったく同じように建物を利用することができないほどに、機能上の劇的な変化を経験することもある。したがって、機能を分離させたり別の用途を探したりすることがよりよい解決法となりうる。例えば、工場、空港、事務所

はどれも、特定の用途に特化した建物であるが、当初のビジネスモデルが変化することによって別のプログラムを要請する可能性がある[＊24]。

　まだ十分に探求されていない問題がふたつある。近代建築の保存との関連から見た省エネルギー化とサスティナビリティの重要性である。多くの近代の建物はエネルギーの豊富な時代に建設された。それゆえ、その構造は効率的であるとは限らず、完全に快適であるとは言い難い。とはいえ、窓やほかのシステムの非効率性はともかく、建築部材の節約は基本的にサスティナブルな行為である。

現存するものの物理的状態の調査：現地調査、文書記録、評価

　どのプロジェクトも現存する建物の物理的状態の調査、図や写真による記録、評価が今後必要となる。そのような評価と文書記録がどの程度行われるかは、利用できる情報、文書記録と評価の目的、検討される工事範囲による。現地調査と図像文書はふたつの目的に利用できる。ひとつは現在や将来の活動に備えるため、もうひとつは今後の活動と比較する基準値を確立するためである。情報が必要とされるのは、単に歴史的記録の一部として既存の状態を記録するためというよりも、リノベーションの契約書類を準備するためである。

　近代的な調査技術が登場し、（最近の建物につきものの）大量の施工記録文書が利用できるようになるまでは、建物の調査や実測は手作業で行われた。これらの調査は適切に行われれば、ある程度正確に測ることができるだろう。この文書記録は、足場の建設や人件費に多額の費用がかかるため、一般的には、それほど複雑でない小さな構造物に限って行われる。米国歴史的建造物調査（HABS）が行ったコレクションのために用意された記録図面は、この手法を用いたことでよく知られている。それ以降、建物の規模、利用可能なオリジナルの文書や図面の量、現地調査技術が変化したために、記録自体を目的とする文書記録やプロジェクト推進のための文書記録のどちらのプロセスも根本的に変わった[＊25]。

　手間のかかる手書きの記録を補強するため、そして全体の正確さを高めるために数十年（特に過去10年間）の間に、より洗練した調査技術が開発された。大きくて複雑で近寄りにくい立面の記録に写真測量法が数十年間利用されてきた。これらの立体写真は幾何学情報を引き出すために用いられ、その後コンピューターで三次元モデルに変換される。この3Dモデルは必要な二次元の正射影図を作成するのに使用される[＊26]。写真測量法は機器の設置条件を整えて撮影しなければならないなど面倒な作業が必要となるため、まだ大きな制約がある。大半は最新のスキャニングシステムに取って代わった。

　革命的なのは高解像度三次元スキャニングである。この手法は現地調査記録の可能性を今後も拡張していくだろう。もともとこの技術は竣工時の状態がきわめて複雑で、ほとんど記録するのが不可能に思えるような大規模工場用地で使用するために開発されたものだが、保存を含むほかの分野にも応用された。このスキャナーは表面の無数のポイントにレーザーを照射し位置を測定して記録する。そしてその情報をもとにコンピューターソフトで正確で高精細な三次元モデルを製作する。ここでつくられた3Dモデルは断面図や立面図を任意の場所で作成するのに使用される[＊27]。現地

調査やスキャニングの過程で集められた情報からグラフィックを作成し記録する能力は、保存修復家にとって不可欠なものになるだろうし、コンピューター支援設計（CAD）の洗練化とともに、すべての文書記録のプロセスで欠かせない存在になっている。実際に、既存の測量図面はラスター画像として簡易スキャンされ、それを参考にして、近代建造物のレトロフィットや復元に必要となる新たなCAD図面が作成される[*28]。

現状を文書記録に残すプロセスには、配置や立面の現地調査や建築図面の更新に関係する事柄だけでなく、構造部材の劣化や不具合を詳細に記録することも含まれる。この情報は建物やその構成材の長期性能の分析や評価に必要である。その情報があれば、劣化状態が確認された場合、修正するためにどのように行動すべきかを決定することができる。建築配置の調査と文書記録の例と同様、文書記録の目的は変化するかもしれないし、文書記録の目的により調査内容の深さと精度レベルが決められる。その目的が状態の監視である場合や修理・修正をしないことが想定される場合には、全体的な状態の調査で事足りる。広範囲にわたる修理作業が必要な場合は、文書記録の量を増やし調査範囲を広げなければならないだろう[*29]。

さまざまな調査プロセスが、大規模な構造の外部劣化状況を検査するのに用いられる。検査の完成度と精確さは、おもにどの程度直接アクセスできるかによって決まるだろうし、将来の行動指針を決定するために検査結果を評価するときには、慎重に検討されなければならないだろう。直接目視で確認する調査は最も一般的で、見通しのいい場所で行われる。間近で手で触れて観察することが最も効果的で、最も信頼できる成果を得ることができる。しかし場合によっては、双眼鏡や望遠レンズなどを利用することができる。建物の表面全体の調査は費用と時間がかかりすぎるかもしれない。その代わりに行われる、部分的な接近調査は、離れた場所から見た状態を把握できるし、近づいて見た状態と照合することができる。この分析方法の結果とスキャニング情報の結果と組み合わせれば、状態の理解がより深まるだろう。情報を一体化する実際のプロセスも、現地情報を正確に記録しCAD上で直接写真とデータを保存することのできる携帯情報端末の活用によって強化されつつある。記録、調査、文書記録の装置はやがてすべてデジタル化され、素早くデータを記録できるようになるだろう[*30]。しかしながら、取り外した物質の調査や研究所で分析するような形式の調査は、現存する建物に十分に接近することを要求するかもしれない[*31]。

現地検査とプロービング

現地で行う構成材の物理的状態の調査と文書記録は、追加の検査や小さな試験片を直接採取するプロービングを必要とするかもしれない。このような追加で行われる現地検査は、破壊検査と非破壊検査というふたつのカテゴリーに分類できる。どちらも指定されたエリアの全体の視覚的検査を補完するものとして見るべきである。現地で行われる追加試験の多くは、システムやその構成材の形状や性能の立証を目的とする。

最も一般的な現地検査のひとつは、表面の下に隠れている部分の状態や形状を明らかにするために行う部位の取り外しやプロービングのプロセスと変わらない。重要なのは、建物が耐荷重組積造であ

るのか、コンクリート造であるか、あるいは石、レンガ、ガラスで覆われた鉄骨造であるかどうかである。開口をあける位置は、損傷が最小になるようにしつつも最大の情報が引き出せるように注意深く選択されなければならない。洗練された非破壊検査技術が利用できるにもかかわらず、プロービングは依然として、表面下の状態の寸法と形状の検証、建物や被覆材の性能の理解を深めるための、基本的な調査法である。この手法で、構成部材、厚さ、留め具に関する情報も得られる。思慮深く選択されたプロービングの位置や取り外し箇所は、予期せぬ状態を明らかにすることもある。建物に穴をあけることはどのような場合にも制限されるべきで、既存の基質の空隙を利用するのが望ましい。視覚的な情報が必要になるときは内視鏡が使用される。この装置を使えば、小さな穴から内部の状態を観察することができるが、観察エリアが狭く、この視覚情報の解釈には慎重さが求められる。内視鏡技術は古くからあるが、最近になって改良されて壁やほかのアクセスしにくい空隙の検査を容易にしている。

具体的な現地検査の方法は、そのときの状態や調査の目的によって異なる（試験は一度だけ行う場合もあれば、長期間の観察を行う場合もあって幅広い）。表面の空隙や層間剥離部分をプラスチック杭で打ちつけるサウンディングのような単純な検査のほかにも、より総合的な非破壊検査（超音波映像、赤外線画像、磁気共鳴画像、X線画像を含む）が利用できる。画像診断と使用する装置は複雑で難しく、有資格専門家の援助を必要とする。この検査は、大きな部分を取り外すことなく、おもに表面下の状態をできる限り明らかにすることを目的とする。この検査手順は、組立部品や外部被覆システム（例えばカーテンウォール）の設計施工の発展に密接にかかわっている。この検査は熱損失を測る赤外線画像診断から、空気や水分が建物の外壁を通して侵入するかどうか（特に窓やガラス施工のシステム）を調べる浸透検査にいたるまで幅広い。多くの情報が利用できるようになり、より理解が深められるにしたがって、近代的な壁の性能を評価する基準も進展した[*32]。

どの材料がさらに詳細な分析や検査を必要とするのかについての判断は、現地調査の本質的な部分に求められるべきである。全体の状態をよく観察したうえで、さまざまな構成材の見本サンプルを調査中の建物から採取する必要がある。これらのサンプルは観察した状態を示すということ、そしていろいろな検査に耐えられるだけの十分なサイズであることがきわめて重要である。また準備された比較データを検証するのに十分であることが重要である。実験室で必要なのは比較的小さなサンプルであるため、そのような小さな試験片の取り外しは破壊とはいいがたい。

実験室での検査と分析

現場から採取された見本サンプルを評価するためには、現場で実施される検査に加えて、並行して進められる実験室での検査が必要である。具体的な材料特性を判定し評価するこれらの検査には、いくつか関連する目的がある。材料特性に関する技術データによっては、現地で行う検査を必要とするかもしれないが、実験室で行う検査の主目的は、建物の内側と外側を構成する材料の長期耐久性と性能を評価し算定することにある。そして、必要があれば、修理や交換に必要な材料と方法論を定義し評価できるようにすることである。検査は、熱膨張率や熱収縮率、組成の判定、圧縮強度

と引張強度、弾力性、透過性、吸収性、そして加速風化試験による材料の安定性など直接的な材料特性の判定を含む。後者については、特殊な組立部品、製品、交換した材料の長期性能や耐久性を、当初取りつけられていた多様な材料と比較するために行われる。

実験室の検査は、建築保全の論点にかかわるところでは、当初の材の組成や見た目を合わせたり複製したりするなど、まったく別の目的を持つこともある。たいていの場合、それらは塗料やペンキなどの仕上げ材や、床仕上げ材や壁紙のような表面材に関係がある。こうした検査は近代建築に特有というわけではなく、標準的な保存実務の一部として確立されている。

有害物質

長期間使用されてきた一部の施工法や施工材料は、当初はもてはやされて広く普及したが、その後有害、または望ましくない影響を与えることがわかってきた。建物のボリュームが大幅に増加し続けると、構築環境の健康面や安全面に対して、より注目が集まるようになるだろう。したがって引き続きそのような材料が発見される可能性がある。特に近代の建築物の修復やリノベーションにおいて、オリジナルの素材が有害であるために（たとえ実際に使えたとしても）完全に使用できないとなると、この問題は修理や交換に関する難しい判断を迫るだろう。調査や検査の過程で、そのような材料が存在する可能性は考慮しておかなければならない。材料の種類やそれらの存在する範囲は早めに特定し、適切に除去していくべきである。

そうした材料のなかで最もよく知られているのはおそらくアスベストであろう。この材料の性質はかつて称賛されていたが、今では19世紀末から20世紀前半までに建てられた建物のリノベーションにおける厄介な問題のひとつになっている。アスベストは、不燃材、フェルト、断熱材、セメント、プラスター、窓枠用パテ、壁材、外部被覆材など、さまざまな物質に適用し使用された [*33]。アスベストは1874年に鉛系塗料に配合されたこともある。その除去は近代建造物のリノベーションや修復のコストアップの要因となっている [*34]。

最近になって、鉛を含む塗料もまた重大な問題となっている。鉛塗料は1950年頃から順次削減され、78年までに住居への使用が禁止された。しかし後で塗られた塗料の下に大量の鉛塗料が残っている施設も多い。アスベストと同様、傷をつけずに十分に密閉されているか除去されていれば、有害な影響は最小限に抑えられると考えられている。しかし一方で、集合住宅における鉛塗料の除去は裁判命令になっており、その対象は教育施設にも広げられている。例えば、ニューヨーク市では2005年以降、保育園や幼稚園のすべての壁面の鉛塗料は十分に除去しなければならなくなっており、今では密閉するだけでは許されない [*35]。

鉛塗料の使用は居住施設に限らない。構造用鉄骨のさび止めとして幅広く使用されている。近代の建物では、構造用鉄骨だけでなくカーテンウォールなど外観上の特徴になっているものにも塗られている。それはたいてい灰色がかった黒に退色していて、修復プロジェクトにも関係がある。

結論

　重要な特徴を保存しつつ継続して使用したり新しい用途を導入したりするために行う、歴史的建造物の現地調査、文書記録、評価は、さまざまな分野の専門家の参画を必要とする。20世紀の建築はスケールの大きさゆえに、保存や修復や再生利用の責任を負う設計の専門家は、その理解をさらに深めなければならない。この知識はプログラムや用途の解決策を考えようとするときに大きな糧となる。産業革命前に始まった建物の修復は、おもに伝統的建造物と修復技術に関係しているが、より最近の遺産の保存もまた、数多くの技術や専門分野を必要とするし、建設プロセス自体もいっそう複雑になっている。近代建築保存の調査では、手書き文書形式やグラフィック形式のもの、オーラルヒストリー、その建物で働いたことのある人々の文書記録など、これまで以上に大量のオリジナルデータにアクセスできる。現地で行う調査と現場または実験室で行う検査を組み合わせたデータの収集は、ひとつの目的にささげられる。その目的とは、建物や構造物の物理的な歴史や性能を理解し、構成部材すべてを総合的に理解することである。このような完全な理解によって、注意深い評価と調査が可能となり、情報に基づいた判断が可能になる。その過程で、安全性、耐候性や水密性、必要な変更や修理の機能的かつ経済的な実行可能性といった問題のバランスを取らなければならない。そしてどのような分析も、検討中の建物の建築的・文化的意義の関連から評価されなければならない。

【注】

＊1　この章で議論する内容の多くは、米国における現代的な実務と歴史的な実務の両方にかかわる。たとえ利用できる資料、コレクション、保管所が別々の場所にあるとしても、基本となる方法論はどこでも適用できるだろう。

＊2　調査の包括的アプローチの例に、Samuel Y. Harris, *Building Pathology: Deterioration, Diagnostics, and Intervention* (New York: John Wiley & Sons, 2001); and Donald Friedman, *The Investigation of Buildings: A Guide for Architects, Engineers, and Owners* (New York: W. W. Norton, 2000) がある。そこで伝統的な調査手法について述べている。

＊3　Matthys Levy and Mario Salvadori, *Why Buildings Fall Down: How Structures Fail* (New York: W. W. Norton, 1992); and Jacob Feld, *Construction Failure* (New York: John Wiley & Sons, 1968). どちらも建物の不具合に関する総合的な研究である。

＊4　歴史的建物の未来の開発計画を目的とする歴史的研究において大切なのは、しっかりと記録することである。しかし近代建築の保存における、この作業はプロジェクト研究の範囲を超えているし、建物の重要性を証明するための文書記録が含まれなければならない。また、記録された文書自体も保存しなければならない。モダニズム建築のそのような研究の重要性についての議論は Hélène Lipstadt, "Revising Giedion: Redefining the International Style and Preserving 'Invisible' Modernism in Massachusetts," *Society of Architectural Historians Newsletter* 45, no. 3 (2001): 8-10. を参照のこと。

＊5　ナショナル・レジスターであろうと、地方の歴史的建造物の指定報告書であろうと、リストに掲載されている大方の指定建造物は、そのコンテクストのなかで建物の意義が確認され、建材のどの部分が特に重要であるかについて検討される。どのような変更が適切であるかを行政が評価する際の基礎を形づくっているのはこのような指定である。しかし、こうした判断はしばしば修復プロジェクトの提案より何年も前になされたもので、修正見解や最近の評価を示していないかもしれない。したがって、それらは注意深く見直されるべきである。同様に、ある建物や敷地・史跡が、重要である、または資格があると判断されなかったからといって、それを最新のリストに載せたり、歴史的建造物に指定したりすべきではないということを意味するわけではない。

＊6　入札中や建設中に行われた変更のために、そうしたドローイングが実際につくられた作品とは異なる重要性を示すこともあり、この現象は今も続いている。

＊7　場合によっては、当初の建築家が特殊な形式の材料を設置したがっていたが、ある制約のためにそれができなかったのだと議論される。ある事例では、オリジナルのものがもう使えなくなっているために、そうした代替品を使うことが許されることもあるが、これは興味深い哲学的な問題も提起する。例えば、バルセロナ・パヴィリオンの復元において、後方壁のひとつに大理石が張られた。それはミースが望んでいたものであるが、時間とコストの制約により実現できなかったものである（第7章を参照）。

1977年にボローニャで復元されたエスプリ・ヌーヴォー館では、当初用いられていたソロミット・パネル（わらをプレスしてつくった材料）がレンガに交換された。これはル・コルビュジエが当初意図していたものであった（彼はまたヴァイゼンホフの集合住宅やジュネーヴのクラルテ集合住宅で初期の断熱材を使用した。Giuliano Gresleri, "Le Pavilion de l'Esprit Nouveau (reconstruction versus restauration)," in *La conservation de l'oeuvre construite de Le Corbusier : Rencontres du 14 juin 1990* [Paris: Fondation Le Corbusier, 1990], 106-7.）マサチューセッツ工科大学にあるアルヴァー・アールト設計のベイカー・ハウスの修復では、アールトの設計意図（何が取り外されて何が残されたのか、その理由など）を深く理解するために、オリジナルのデザインやスケッチが調査された。David N. Frxler, "The Renovation of Baker House at MIT: Modernism, Materiality, and the Factor of Intent in Preservation," *APT Bulletin* 32, nos. 2-3 (2001): 3-11. どの事例もオリジナルの文書記録が豊富に存在していたために、これらの判断が可能になった。

＊8　現在私たちの知っている施工図は、いくつかの理由により、20世紀に入ってしばらくたつまで非常に限定的なものだった。第一に、要求される調整量が今よりもずっと限られていた。通常、施工や細部装飾は、材料や全体的な寸法や工事方法を簡単に示せばよいと考えられ、具体的な詳細は施工業者による製作図で示されていた。ふたつ目に、施工図を作成するのがまだ難しかったことが挙げられる。また、複製枚数は限られていて費用がかかった。三つ目に、まだ当時は施工業者や現場解決能力に大きな信頼を置いていた。そのプロセスが工業化されたときに、現場調整のフレキシビリティが低くなって、図像文書（グラフィックドキュメンテーション）が誕生したのである。

＊9　20世紀の重要な建築家たちのアーカイブも多数存在する。事務所のコレクションが公開されていたり、別の機関により設置されたところもある。建物が国有である場合、文書記録は関連する専門の公的機関、または公設アーカイブに存在する可能性がある。私有や社有の場合、それらにアクセスするのは少々難しいかもしれない。企業所有者の変更や企業合併に伴って、多くの記録が失われ散逸しているだろう。しかし建物自体が（歴史的意義からではなく、管理しやすくするために）かなりの量の文書コレクションを保管していることもある。

米国都心部の建物の法規や規制法案は19世紀末に可決した（それよりも早く消防法が発展した）。1860年までに、ニューヨーク市は最初の包括的な法規を成立させ、そのなかで防火だけでなく避難にも言及している。初めの頃は、建物監査員が消防局に配置され、1892年までに別の建造物部門が設置された。ほかの都市もまもなく追随した。Sara E. Wermiel, *The Fireproof Building: Technology and Public Safety in the Nineteenth-Century American City* (Baltimore: Johns Hopkins University Press, 2000), 190-91. 大半は消防安全について書いている。もうひとつの関心は構造の安全性である。初期の建物の法規や構造上の要件については、J. Stanley Rabun, *Structural Analysis of Historic Buildings: Restoration, Preservation, and Adaptive Reuse Applications for Architects and Engineers* (New York: John Wiley & Sons, 2000), 14-51. を参照のこと。National Board of Fire Underwriters は別として、法規の発行組織が早い時期に設置されたが、主要な国内法規はずっと後になるまで現れなかった。

＊10　建物、インテリア、造り付けの備品、家具、建具、グラフィック、ランドスケープ、彫刻、そのほか建物を特徴づけているもの、これらすべてに関するデザインの非常に綿密かつ詳細な報告書の準備において重要なのは、このような総合的な関係である。レヴァー・ハウスやTWAターミナルの3つのレストランのインテリアにあるレイモンド・ローウィの作品については、Angela Schönberger, ed., *Raymond Loewy: Pioneer of American Industrial Design* (Munich: Prestel Verlag, 1990), 108-9. を参照のこと。ローウィはインテリアの依頼を受ける前に、親会社のパッケージとグラフィックをデザインしていた。TWAのデザインについては、Todd Lappin, "Designed To Travel: Curating Relics of TWA as It Prepares for Departure," *New York Times*, June 7, 2001. を参照。

＊11　Carl W. Condit, *American Building Art: The Twentieth Century* (New York: Oxford University Press, 1961), 5, この書は、鉄道建設やそれに関連する工学が大規模建築に大きな影響を与えた1925年までを扱っている。工学技術が移転されたことのしるしは、初期の摩天楼建設にかかわった企業名に見ることができる。1870年にシカゴで設立されたアメリカン・ブリッジ社によって、建造された最初の摩天楼は、フラー・ビルディング社の施工だった。フラー社は、ニューヨークで有名なフラットアイアン・ビル（ダニエル・H・バーナム設計、1903年竣工）を施工したことでよく知られている。その後に担当した建物に、ボストンのジョンハンコックタワー（I・M・ペイ設計1972-76）やニューオリンズのスーパードーム（1975）がある。フェニックス製鉄社とその子会社フェニックス・ブリッジ社は、リベット接合梁として有名なフェニックスコラムを建物と橋の両方に採用した。

＊12　ジュリアス・カーンは兄のアルバート・カーン（1874-1942）とともに鉄筋コンクリートを開発し特許を取得した。この技術は20世紀初め頃に広く利用された。

＊13　空調の100年の歴史を簡単にまとめたものに、David Arnold, "The Evolution of Modern Office Buildings and Air Conditioning," *ASHRAE Journal* 41, no. 6 (1999): 40-54. がある。そのほかにも、Reyner Banham, *The Architecture of the Well-Tempered Environment* (London: Architectural Press, 1969). レイナー・バンハム著、堀江悟郎訳『環境としての建築—建築デザインと環境技術』（鹿島出版会、1981）。Cecil D. Elliott, *Technics and Architecture: The Development of Materials and Systems for Buildings* (Cambridge, MA: MIT Press, 1992), 201-432, があり、ここではさまざまなビルディングシステムを包括的に論じている。

＊14　石工が必要な立面図を用意し、採石場が石のひとつひとつに印をつけてその位置を示した。商品荷札の利用はおそらく米国で初めて採石場が操業した19世紀初め頃に発達した。立面図は個々の石を設置するため、施工業者により利用されたかもしれないが、商品荷札は内輪だけの利用にとどまっていた。彼らは、個々の石を店内のカッターで寸法に合わせて切断加工していた。こうした作業の多くは、おそらくヨーロッパの慣例にならったものであろう。

＊15　各部品はプレファブ化や工場で製造するために作図される必要があった（図面は取りつけ位置を示す必要もあった）ので、大量の図面が用意された。高層ビルであれば、数百枚は軽く超えたであろう。

＊16　これらの写真が保管されている場所や利用可能のものはさまざまで幅広い。ジュリアス・シュルマンが撮影した写真の一部は出版されている。Pierluigi Serraino and Julius Shulman, *Modernism Rediscovered* (Cologne: Taschen, 2000) では、著名なカリフォ

ルニアの建築家によって設計された住宅や商業ビルを数多く扱っている。彼を有名にしたのは、ピエール・コーニッグが設計したケーススタディハウス No.22（スタール邸、1959 年竣工）とリチャード・ノイトラが設計したカウフマン・デザート・ハウスの写真である。このコレクションは、カリフォルニアの J・ポール・ゲティ美術館に収蔵されている。ヘンドリック・ブレッシングの事務所はまだ存続している。その初期の写真コレクションはシカゴ歴史協会にある。ケン・ヘンドリックは 1937 年の落水荘の写真で有名になった。事務所の後期作品のほとんどは、中西部にある建物で、SOM やミース・ファン・デル・ローエの作品の写真もある。エズラ・ストーラーの写真も同じように有名で、彼の事務所は運営を続けている。

＊17　メンテナンス記録もまた哲学的な問題を理解するうえで重要である。当初の所有者による変更は、継続的なメンテナンス時に下された判断を解釈する手がかりになるかもしれない。例えば、グロピウス邸の解釈においては、対象とした解釈の時期はグロピウスが時間をかけて手を加えてきた内容を含んでいた。第 8 章のケーススタディも参照のこと。

＊18　Andrew M. Shanken, "From the Gospel of Efficiency to Modernism: A History of Sweet's Catalog, 1906-1947," *Design Issues* 21, no. 2 (Spring 2005): 28-47.

＊19　全 2 巻からなる Philip G. Knobloch, *Good Practice in Construction* (New York: Pencil Points Press, 1927) は当時の標準ディテールや実務を示した好例である。

＊20　現在、最近の建物に影響を及ぼす問題を包括的に扱った文献はなく、文献はおもに伝統的建造物の保存を目的としている。通常、新しい建物が劣化したときの修理については建物の不具合に関する文献で取り上げられており、具体的に保存に適用されることはない。近過去の建物がもっと頻繁に保存の対象になっていくと、保存関連の文献と建物不良に関する出版物の融合が必要となる。

＊21　通常、プログラムは必要とされる空間の数的集計から構成される。ブロック図は提案したプログラムと空間を適合させる最初の試みであり、具体的な要求と順番を確認する。

＊22　Edith Cherry, *Programming for Design: From Theory to Practice* (New York: John Wiley & Sons, 1999), 156, は、1 ページ目で既存の建物をサイトとしてとらえ、プログラム開発中にデザイナーを先取りしないように注意している。William M. Peña and Steven A. Parshall, *Problem Seeking: An Architectural Programming Primer*, 4th ed. (New York: John Wiley & Sons, 2001), 128-29, は機能の適性や建物のリノベーションについて論じている。

＊23　第 2 部のケーススタディを見れば、機能の基準がどれほど流動的なものであるか、そしてそれが比較的短い間に変化することがわかるだろう。最も明白な例は航空産業界や金融業界に見ることができる。これらの業界では、一部ビジネスを電子化して進められるようになったため、そして外面的な変化や規制が変化したために、ビジネスの特性が過去 10 年で著しく変化した。例えば、発券システムの多くは電子化し、広いカウンターや関連するサービスエリアの必要性はなくなった。支店銀行に自動預け払い機（ATM）が導入されたことで、それまでのような大きな物理的空間は必要なくなってきているようである。また、銀行法の改正により、銀行取引業務だけでなく、証券会社や投資会社でも関連のサービスが受けられるようになった。

＊24　第 2 部のケーススタディにはさまざまな選択肢が示されている。同じ用途でも、解決策は建物ごとに異なるかもしれない。ジョン・F・ケネディ空港ターミナルやダレス国際空港はその好例である。逆に、それまでに行われた不適切な変更が再評価される必要があるかもしれない。例えば、ツー・コロンバスサークルはもともと美術館として特殊なコレクションを収蔵するためエドワード・ダレル・ストーンにより設計されたが、ほとんどはオフィス空間として利用された。レイアウトや外部窓が固定しているので、そうした使い方はまったくうまくいかなかった。

＊25　伝統的な調査プロジェクトの技術や方法または HABS (Historic American Buildings Survey) についての最も包括的な資料は、以下の文献である。John A. Burns, ed., *Recording Historic Structures*, 2nd ed. (Hoboken, NJ: John Wiley & Sons, 2003).

＊26　Burns, 83-87 は、写真測定法について述べている。

＊27　CAD 利用や歴史的建造物の記録用スキャニングについては Jesse Brink, "Record Keepers," *LA Architect*, July-August 2004: 40-45; and Deborah Snoonian, "Key US Structures Scanned, Documented," *Architectural Record* 191, no. 3 (March 2003): 40 and Jerry Laiserin, "New Technologies for Old Buildings," *Architectural Record* 188, no. 7 (July 2000), 189-190, を参照のこと。スキャニング技術を用いて記録した国定史跡に、自由の女神、ワシントン D.C. の国会議事堂、ラシュモア山のガットスン・ボーグラムの彫刻などがある。後者のふたつは破壊されたときに、確実に復元できるようにするため、セキュリティを意識して実施された。自由の女神のマッピングは早くに実施され、銅板の一枚一枚が記録されている。スキャニングは歴史的構造物の記録に限らない。フランク・ロイド・ライトが設計したロサンゼルスのエニス邸は、1990 年代後半の地震で損傷を受けて以来、構成材や周辺の丘陵斜面と比べて構造物がどれほど動いたのかを記録するため、標準基礎のスキャンを行っている。スキャニング技術は正確さをもたらしただけでなく、時間短縮にも貢献している。サンディエゴのヒストリック・ディストリクト全 13 地区とそのなかの全建物がスキャンされたとき、わずか 4 日しかかからなかった。スキャンデータの誤差は 4 分の 1 インチ以内であった。

＊28　レーザースキャンによる文書記録はすでに広く応用されていて、考古遺跡、建築保全、歴史的建造物の記録に利用されている。Karen E. Hughes and Elizabeth I. Loudon, "Bridging the Gap: Using 3-D Laser Scanning in Historic Building Documentation," *APT Bulletin* 36, nos. 2-3 (2005): 37-46; David M. Barber, Ross W. A. Dallas, and Jon P. Mills, "Laser Scanning for Architectural Conservation," *Journal of Architectural Conservation* 12, no. 1 (2006): 37-46; and John Ristevski, "Laser Scanning for Cultural Heritage Applications," *Professional Surveyor Magazine* 26, no. 3 (March 2006): 8-12.

＊29　現地調査や物理的状態や劣化状況に関する一般的な議論は複数の出版物に見ることができる。どの文献も、調査の範囲が限られていて、特殊な建物やその構造、実作品に合うように調整されている。Friedman, *The Investigation of Buildings*, 117-40; and Swanke Hayden Connell Architects, *Historic Preservation: Project Planning & Estimating* (Kingston, MA: R. S. Means, 2000), 40-46. な

かでも興味深いのは Ian Chandler, *Repair & Renovation of Modern Buildings* (New York: McGraw-Hill, 1991), 36-60, であり、高層建築と小規模建築（初期のプレファブも含む）の両方を題材にして調査に取り組んでいる。この本は当初英国で出版されたため、事例もそれを反映している。

＊30　James V. Banta, Kent Diebolt, and Michael Gilbert, "The Development and Use of a Tablet PC Annotation System for Conditions Surveys," *APT Bulletin* 37, nos. 2-3 (2006): 39-45, は、そうした記録システムのひとつを記している。この分野と技術が急速に発展したために、歴史的建造物や遺産地区の記録に関する情報の多くは、オンラインマガジンで見ることができるが、出版物になっていない。多かれ少なかれ三次元レーザースキャニングの発展に並行して、BIM（ビルディングインフォメーションモデル）が歴史的建造物の記録やドキュメンテーション化に新たな一面を加え、保存においてまだ探求されていない重要な機会を提供することだろう。

＊31　大規模建造物の物理的状態に対する関心（多数の死亡事故が建築部品の落下によって起きたという事実）は、過去30年のうちに検査法や米国諸都市の法規の可決につながった。これらの法律は検査の仕方や使用可能な技法の詳述している。そうした規則がある都市は、シカゴとニューヨークである。それぞれ1976年と80年に初めて施行され、その後より厳しい要件を定めた法律に改正された。

＊32　カーテンウォール検査の勧告文（継続的に改訂され更新されている）の概要については、American Architectural Manufacturers Association (AAMA), *Aluminum Curtain Wall Design Guide Manual* (Des Plaines, IL: AAMA, 1979): 5-14. を参照。このマニュアルはまったく変化しておらず1990年に再版された。カーテンウォールやそれに関連する検査の発展史については、Daniel J. Lemieux and Martina T. Driscoll, "The History of Curtain Wall Testing and the Evolution of the Twentieth-Century Metal and Glass Curtain Wall: Draft Timeline" (paper presented at DOCOMOMO Eighth International Conference, New York City, October 2004). を参照のこと。

＊33　ヴィルヘルム・ローリッツェン設計のコペンハーゲン空港の移築と修復において、「エターニット」という当初のアスベスト含有被覆材がすべて除去された。空港のケーススタディ第13章を参照のこと。

＊34　John W. Snyder, "Asbestos," in Swanke Hayden Connell Architects, *Historic Preservation: Project Planning & Estimating*, 52-57.

＊35　Norman Becker, *The Complete Book of Home Inspection*, 3rd ed. (New York: McGraw-Hill, 2002), 266-68. 歴史保存に関連する情報については Sharon C. Park and Douglas C. Hicks, *Appropriate Methods for Reducing Lead-Paint Hazards in Historic Housing*, Preservation Brief no. 37 (Washington, DC: US Department of the Interior, National Park Service, 1995); or Carol Andrews, Charles Barsch and Deborah Cooney, *Coping with Contamination: A Primer for Preservationists*, Information Series Booklet no. 70 (Washington, DC: National Trust for Historic Preservation, 1993). を参照のこと。

1 サヴォア邸、フランス・ポワシー、ル・コルビュジエ（ピエール・ジャンヌレとの協働）（1928-31年）、1963-67年、85-92年、96-97年に修復。外観。広く知られているように、ル・コルビュジエ自身の尽力により、この住宅は近代建築のイコンとなっている。60年代に起こった取り壊しの危機を乗り越え、一連の修復と復元が実施された。建築のミュージアムともいえるこの住宅は、現在ではオリジナルに限りなく近い外観となっている

2 ゾンネストラール・サナトリウム、オランダ・ヒルフェルスム、ヤン・ダウカーとベルナルド・バイフット（1920-28）、2003年修復。外観夕景。結核患者用のサナトリウムとして建てられたこの建物は、修復と増築を経て健康センターとなった。大きなガラスと極薄の鉄筋コンクリート構造によって、当初治療学的に重要視された光と明るさがミニマリスト的な構造体として物理的に表現された。この開放性はとりわけ夜間に明らかとなる

3

3 落水荘、アメリカ・ペンシルヴァニア州ミルラン、フランク・ロイド・ライト（1934-37）、現在修復中。外観。世界で最も有名な建築のひとつであり、この住宅のイメージは近代建築へのより深い理解をもたらした。落水荘に顕著なように、過去数十年間を通してライトの作品は近代建築の保存に関する包括的で慎重な運動の対象となっている

4 グラス・ハウス、アメリカ・コネチカット州ニューカナン、フィリップ・ジョンソン（1949）。外観。人里離れた森の中にあるこのイコン的な住宅は、近代建築にかかわる保存推進者が抱えるジレンマを示す好例である。高い透明性により建築の内外が統合され、インテリアは外装の一部となっている。同様にランドスケープもインテリアの空間体験の一部となっている。現在もそのまま使用されているものや公共性の高い場所にあるものと比較すると、この建築をミュージアムとして維持することは、近代建築を保存するという点において比較的容易な方法である

5 サイクロラマ、アメリカ・ペンシルヴァニア州ゲティスバーグ、リチャード・ノイトラとロバート・E・アレクサンダー、（1958-61）。外観。1863年のゲティスバーグの戦いにおけるピケットの突撃をポール・フィリポトーが1884年に描いた円環状の絵画を収めるため依頼されたこの建物は、その事件からおよそ100年後に竣工し、公開された。建物は長らく保存されてきた戦跡の中心に位置する。これが現存するノイトラの作品のひとつであり、数々の賞賛を得てきたものであるにもかかわらず、この建築の取り壊しの計画が持ち上がっている。その背景には、この建築が戦跡のビジターセンターとして適切ではなく、むしろ邪魔をする存在とみなす見解がある。この代わりとして、戦跡から離れた場所に準伝統的でより大規模な施設が建設されようとしている

4

5

6　イェール大学アートギャラリー、アメリカ・コネチカット州、ルイス・I・カーン（1951-53）、ポルシェック・パートナー・アーキテクツにより2007年に改修。外観。カーンの代表作のひとつであるこの建築の改修が最近行われた。カーテンウォールに使用された組部材は、過去半世紀における技術の進展を反映した現代的なものへと交換され、当初の見え方や設計意図を維持しながら、ガラス、断熱材、緩衝材が一体化された。オリジナルの設備が視覚的な変更なく技術的に改良されたものへ完全に交換された事例のひとつである

6

227

7

8

7　フェデラル・センター、アメリカ・イリノイ州シカゴ、ルードヴィッヒ・ミース・ファン・デル・ローエ（1959-73）。外観（部分）。最近行われたカーテンウォールの改修において、単板ガラスのはめ込まれたアルミニウムの窓枠と鉄枠はほぼ完全に残されたが、鉄の構造体は修復する必要があった。当初使用された黒色の鉛系防腐塗料は、歴史的にはおもに橋梁に使用されてきたものであったが、腐食が進んで独特のくすんだ灰色となり、剥落も進んでいた。新しく採用された無鉛塗料は、馴染みあるオリジナルの艶消しの仕上がりとの光沢のバランスや耐久性を現場で比較しながら調整された

8　国立芸術学校バレエ学校、キューバ・ハバナ、ヴィットリオ・ガラッティ（1961-65、未完）。外観。このパッサージュは、地中海周辺で古くから使われている伝統的な建設工法である薄い石造シェルで覆われている。これらを修復し、建物全体を完成させる努力が続けられている

9　ディアカンパニー本社ビル、アメリカ・イリノイ州モリーン、エーロ・サーリネン（ケヴィン・ローチによって完成、1956-64）。外壁のディテール。本社ビルの外装には、コールテンという商標で知られる錆びた鉄材が使用されている。酸化鉄の保護膜を表面にまとったこの素材は、本来、構造材のメンテナンスの労を減らす目的で開発されたものである。素材の持つ色が大地を連想させるため、サーリネンはこれを選択した。過去数十年間を通して、この錆びた鉄材は建築のデザインにおいて一般的なものとなったが、本来の用途においては技術的な事情により使用されなくなった

10　ウィルソン邸、アメリカ・テキサス州テンプル、ラルフ・ウィルソン・シニア＆ボニー・マキニニッチ（1959）。初期の積層プラスチック（化粧板）のディテール。プラスチック製品のためにデザインされたこの住宅は、キッチンを含めて建物全体にプラスチックが使用されている。キッチンカウンターとキャビネットからは、第二次世界大戦後になって技術的に製品化が可能となった鮮やかな色彩とパターンの多様性がうかがえる。これらの素材は、全米で幅広く使用された

9

10

11・12　フランシス・グリーンウッド・ピーボディ・テラス、アメリカ・マサチューセッツ州ケンブリッジ、ホセ・ルイ・セルト（1964）、ブルーナ・コット・アーキテクツにより1993-95年にリノベーション。コンクリートのディテール。つぎはぎのような外壁の修復を避けるため、全体的な試験と修復の事業が立ち上げられた。オリジナルの表面の色と素材感にできるだけ近づけるために、外壁の一部で異なる混合比率のコンクリートが試された。その部分はのちに正しい形状に修復された。適切な混合が決まり修復を終えると、試験の痕はほとんど目立たない状態となった

13

14

13　バルセロナ・パヴィリオン、スペイン・バルセロナ、ルードヴィヒ・ミース・ファン・デル・ローエ（1929）、1983-86年復元。内観。オリジナルの部材が残されておらず、モノクローム写真しか残っていなかったため、大理石の選択をはじめ、この建築の復元には大きな困難を伴った。写真で確認できるような大理石の線対称の模様を再現するためにできるだけ似た材料が探された。ほかの建物における仕上げ材の色彩と同様、色と模様についてはいくらか推測の部分が残る

14　クローアイランド小学校、アメリカ・イリノイ州ウィネトカ、エリエル＆エーロ・サーリネン（パーキンス・ホイーラー＆ウィルと協働、1938-40）、1955年および75年に増築。外観ディテール。シンプルでありながら素材感のある表面を持つこのレンガ造の学校は、象徴的な陶器と共に現存している。リリー・スワンによるこの陶器は、この建築に趣きと色彩をもたらしている

15 フランシス・グリーンウッド・ピーボディ・テラス、アメリカ・マサチューセッツ州ケンブリッジ、ホセ・ルイ・セルト（1964）、ブルーナ・コット・アーキテクツにより1993-95年にリノベーション。南側外観。高層棟に強調されるように中庭を囲う低層の住宅棟からなる複合施設である。近隣の小さなスケール感を施設内に引き込むために道路からセットバックしている

16 アルミネア・ハウス、アメリカ・ニューヨーク州ロングアイランド、セントラル・アイスリップ、A・ローレンス・コッカー＆アルバート・フライ（1930-31）、ニューヨーク工科大学により1986-87年に部分的に再復元。外観。アルバート・フライがル・コルビュジエの事務所で勤務していた時期に、サヴォア邸からの影響を受けてアルミネア・ハウスの原型は考案された。この住宅は建設後、数回移築された。現在建っているものには、オリジナルの構造材が再使用され、新しいアルミの波形パネルが追加された。しかし、内装は未完成で、その完成は新しい場所へ再び移築されるのを待たねばならない

17 ラストロン・ハウス、アメリカ・インディアナ州チェスタートン、モリス・H・ベックマン、ロイ・バートン・ブラス（スキッドモア・オーウィングス＆メリル）、カール・ストランドランド（シカゴほうろう会社）（1946-51）。外観。プレファブ住宅であるラストロン・ハウスの内外に用いられた磁器ほうろうのパネルには、独特のカラーバリエーションがあった。その色は住宅の購入時に、まるで新車の色を選ぶように選択することができた

18　ロイヤル・フェスティバル・ホール、イギリス・ロンドン、レスリー・マーティン、ピーター・モロー、ロバート・マシュー（1949-51）、1964年と2007年に改修。透視図。竣工後に行われた増築をそのまま維持する部分もあるが、川とプロムナードに面しているファサードはオリジナルの開放的で活発な状態に戻された。その結果、当初のように都市環境に活気を与える立面となった

19　シドニー・オペラハウス、オーストラリア・シドニー、ヨーン・ウッツォン、ピーター・ホール、1956年委託、ウッツォンによる建設は66年に終了、ホールにより73年竣工。98年から復原中（訳注：2009年に完了）。港から見た外観。シドニー港の岬に建設されたこのオペラハウスは、街の誇るべきシンボルとなった。角度を変えて連なる、交互に向きを変える大きさの異なるシェルが、オペラハウスの背後に並ぶ市中の建物とは違う変化のある外観をつくり出している

20　ダレス国際空港、アメリカ・ヴァージニア州シャンティリー、エーロ・サーリネン＆アソシエイツ（1956-62）、1996-97年にスキッドモア・オーウィングス＆メリルにより増築。外観夜景。オリジナルのターミナルが拡張され規模が2倍となったが、拡張部分にも当初のデザインが採用された。内部の要素は低く抑えられ、側面の透明性や吊り屋根も保たれた。長くなったターミナルの建物は、昼夜を通してドラマティックな存在感を見せる

18

19

20

21

21　ラディソンSASロイヤルホテル、デンマーク・コペンハーゲン、アルネ・ヤコブセン（1955-60）、2002-04年修復再生。宿泊室内部。ホテル内の全室が修復されていたが、アルネ・ヤコブセンによるオリジナルのインテリアデザインのひとつが復原された。オリジナルの板張り、備え付けの棚、照明器具、家具、備品、室内仕上げなどが保存あるいは復原された

22・23　レヴァー・ハウス、アメリカ・ニューヨーク州ニューヨーク、ゴードン・バンシャフト（スキッドモア・オーウィングス＆メリル）（1951-52）、1998年改装。改装前（写真23）と改装後（写真22）のファサードのディテール。年月を経て劣化していたスパンドレルとガラスの部分的な取り換えが行われていたが、しばしば異なる色の素材が使用されたため、建築家の意図とは異なるつぎはぎの外観となってしまっていた。改装によって、カーテンウォールはオリジナルデザインの意図に合わせて取り換えられた。ガラスの製造技術が発展し、より透明なガラスが製造できるようになったため、新しいビルの輝きはもはやかつての不完全なものではなくなった

22

23

24

25

24・25　ファースト・プレスビテリアン教会堂、アメリカ・コネチカット州スタンフォード、ウォレス・ハリソン（1952-58）、現在修復再生中（訳注：2010年には完了）。教会の内部。プレキャストコンクリートの構造体にはめ込まれた「白い光」のガラスが、教会の内部に聡明なステンドグラスと中世的な教会に光をもたらしている

第2部　建築保存の類型学

第7章　パヴィリオン

　現存するパヴィリオンの保存に取り組む際の問題点は、同時代の（そしておそらく後代の）建物における問題点と同様である。初期の仮設的もしくは実験的な建物は、しばしば維持が困難で修理や変更が必要になり、より恒久的な材料を用いて同じ敷地に同じデザインで再建される例もある。保存についてのより困難な問題が生じるのは、取り壊されてから長期間たっているパヴィリオンを復元したい場合である。

　パヴィリオンの復元は、ますます一般的になってきており、そうした試みの究極の目的やその価値、もしくは保存との関係についての多くの問題を提起する。そのジレンマに含まれるのは、当初の敷地を利用することとパヴィリオンのデザインとの関係、半永久的な建物を永久的な建物へと用途変更すること、そして材料の入手の実現可能性である。これらの問題を設計意図の文脈で提起しても解決は難しい。おもな問題のひとつは、復元の取り組みの全体に及ぶ正確さである。そしてドローイングや文書によって表現された原案と、建設過程で生じる不可避の変更を経て建てられる最終的な建物との違いである。これらは多くの種類の復元において典型的な問題であり、バルセロナ・パヴィリオンの復元についての続く議論で明らかになる。

　こうした問題はエスプリ・ヌーヴォー館の復元においても顕著だった。このパヴィリオンは、元はル・コルビュジエ（1887-1965）によって、1925年パリ現代装飾美術・産業美術国際博覧会（通称アール・デコ博）のために設計され、後年に取り壊されたが、77年にイタリアのボローニャに再建された。復元はル・コルビュジエのドローイングに沿って行われ、建設の過程で彼の設計につけ加えられた変更点については考慮されなかった。その結果、建物は実際に建ったパヴィリオンにまして原案を表現したものになった。パヴィリオンの復元の大部分は、復元物として建てられる時点の表現であり、時とともにそれ自体の重要性が増すかもしれない。パヴィリオンや以前に取り壊された建物を復元することは、保存行為としては依然疑問が残るものの、復元されたものが何十年もの期間、適切な状態に保たれてきたならば、復元された建物自体に保存の価値が生まれるかもしれない。

　バルセロナ・パヴィリオンとアルミネア・ハウスの復元は、当初の材料の全部、もしくは大部分が失われた建物を復元する場合の問題、そして異なる敷地に移された建物を復元する場合に直面する問題を示している。バルセロナ・パヴィリオンはごく限られた資料によってのみ知られていたにすぎなかったが、元の敷地に再現された。アルミネア・ハウスは、当初はニューヨーク市に建てられ、ニューヨークのロングアイランドの2か所（最近のほうはシオセット）に2度復元されたもので、残存していた当初

の部材をいくらか使用して別の場所に復元した例である。その意味で、アルミネア・ハウスのたどった歴史は特殊である。アルミネア・ハウスの保存の取り組みは、復元のみに頼っているわけではない。使用可能な部材はすべて回復されており、おもに従来の保存手法に基づいている。アルミネア・ハウスは、インテグリティ（完全性）が十分ではなかったとはいえ現存する建物であったのに対し、バルセロナ・パヴィリオンは紙の上だけの建築になっていた。保存のための復元というものの妥当性に関する根本的な疑問は、なお両者に残されている。

バルセロナ・パヴィリオン
(スペイン・バルセロナ)

　一般にバルセロナ・パヴィリオンとして知られるドイツ館は、ルートヴィヒ・ミース・ファン・デル・ローエ（1886-1969）によって設計され、1929年バルセロナ万国博覧会においてドイツ政府のために建設された。翌30年に取り壊され短命に終わったにもかかわらず、この建物は間違いなく世界で最も有名なモダニズム建築のひとつである。このパヴィリオンはヨーロッパにおけるミース作品の重要な事例であり、彼が最初にヨーロッパで、そしてのちにアメリカ合衆国で継続して取り組んでいくデザインとディテールの実験の基礎となった。有名なバルセロナ・チェアもここから生まれた。

　このパヴィリオンは初期モダニズムの実例として名高く、その建設以来ずっと建築史の書物のなかで建築家たちにより研究対象とされてきた。この建物が20世紀の建築の傑作として重要であるとの認識により、その復元について検討が開始された。83年初頭、ミースのパヴィリオンの再建は慎重に同じ敷地で開始された。建物は29年当時と同様に配置され、それまではモノクローム写真でしか知ることができなかった建物を実体験できるよう再現されている[図7-1]。バルセロナ・パヴィリオンの復元は、残存する資料が不十分で当初の材料が事実上ほとんど残っていない場合に、当初の設計意図を実現することがいかに困難かを証明している。復元は設計意図を実現する究極の方法であり、近代建築の保存に関して示唆に富む指針ではある。とはいえ、そのオーセンティシティについての、また保存の一形式として復元を将来的に応用することについての正当な疑問がそれでもなお生じるのは必至である。復元され

図7-1：バルセロナ・パヴィリオン、スペイン・バルセロナ、ルートヴィヒ・ミース・ファン・デル・ローエ（1929）、1983-86年復元。外観（2002年）。東側から望むと、都市的文脈が変化したとはいえ、パヴィリオンとその周辺環境は29年当時とほとんど変わらない。当時の材料はまったく残っていなかったため、建物は全体が新築である。復元は、大半が当時から残っていたモノクローム写真と、敷地から発見された基礎の断片に基づいている

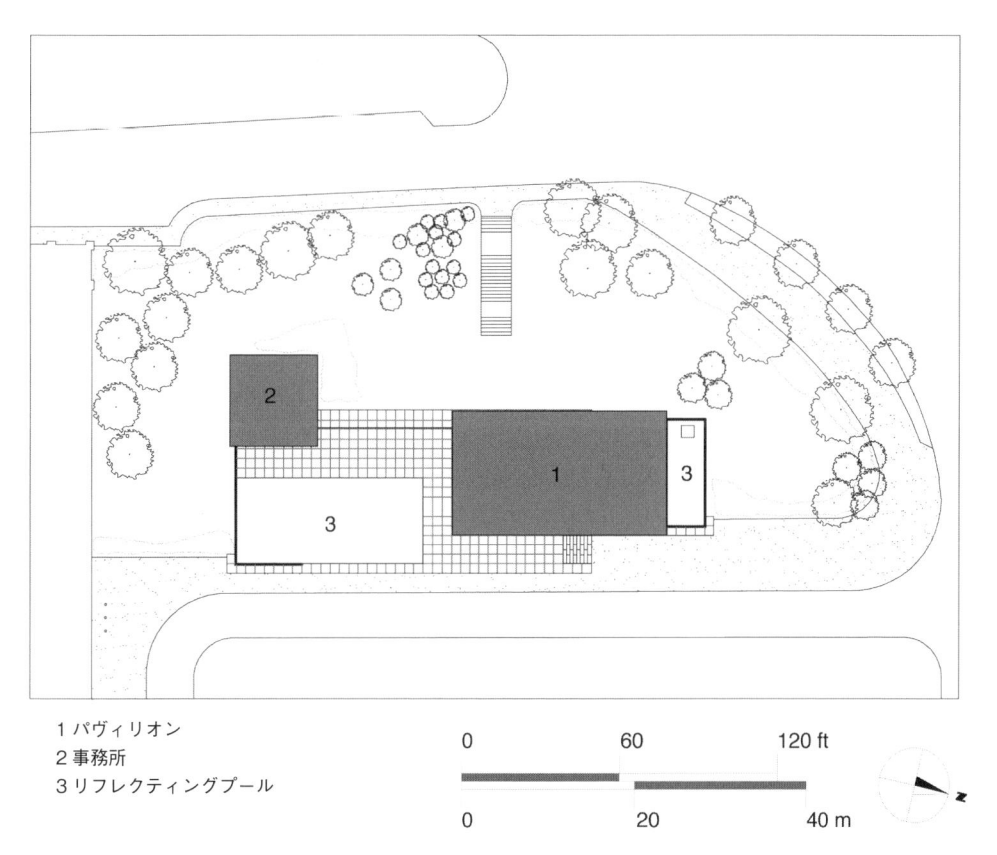

1 パヴィリオン
2 事務所
3 リフレクティングプール

図7-2：バルセロナ・パヴィリオンの配置図。パヴィリオンは丘の傾斜に沿っており、29年当時と同様に東向きに配置され、博覧会跡地のほうを向いている。建物へは道路からの階段によって背面からもアクセスできる。道路面は最高地点だが、現在は植栽によって隠れている

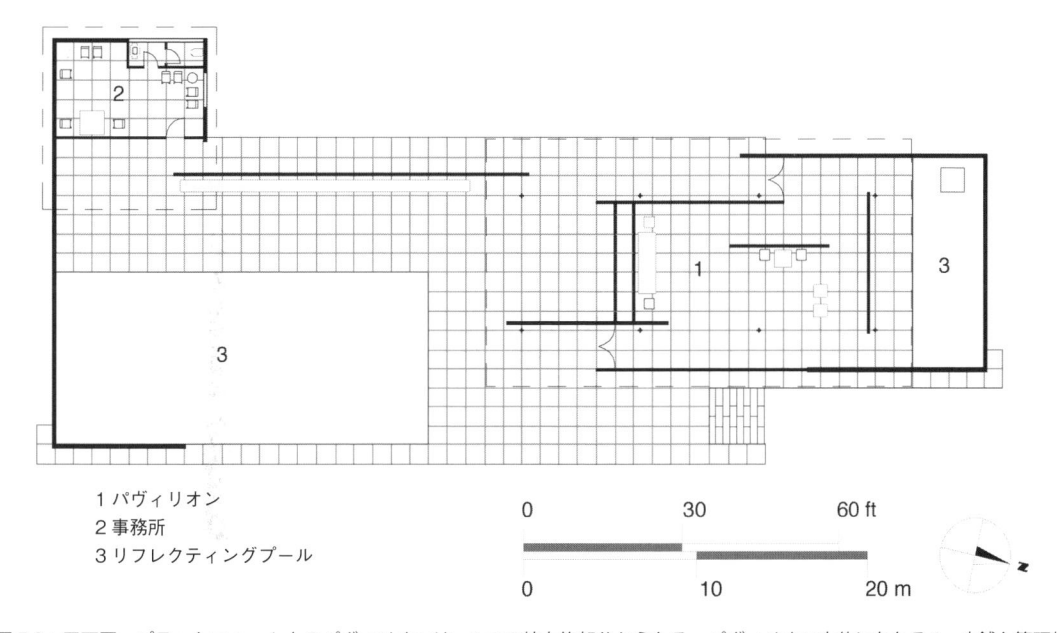

1 パヴィリオン
2 事務所
3 リフレクティングプール

図7-3：平面図。プラットフォーム上のパヴィリオンは、4つの基本的部分からなる。パヴィリオン本体にあたる1、店舗と管理機能に対応するため改変されたサービス部分2、リフレクティングプール3、舗装エリア（番号なし）

たバルセロナ・パヴィリオンの利点と目的について考えるとき、近代建築の出発点を説明するための教訓的な装置としてのその重要性は見落とされるべきではない。また現在のパヴィリオンは、やがて時を経れば間違いなくそれ自体の保存について考慮されることになるだろう。

復元

1950年代という早い時期に、元のパヴィリオンの復元についての議論が起こりはじめた。59年、Grup Rの幹事として活動していたオリオル・ボイーガス（1925-）がミースと連絡を取った（Grup Rとは51年にオリオル・ボイーガスとジョーゼプ・マルトーレルがバルセロナで設立した、モダニズムを奉ずる若い建築家の集団である）。ミースは計画への全面的な支援の意向を表明したが、その費用は非常に高額になるだろうと警告した。ミースは援助を申し出、第二次大戦中に図面はおそらく消滅したので存在しないが、そのことは問題にならないとボイーガスに保証した。すなわちミースはパヴィリオンの正確な復元のために必要な青図を、記憶に基づいて再び作成することができたのである[*1]。

ミースの積極的な反応やほかの人々の熱意にもかかわらず、事は進まなかった。60年代から70年代を通してなされたさまざまな取り組みが具体的な行動につながっていくのは、81年にボイーガスがバルセロナの都市計画局長に指名されてからのことである。市長とバルセロナ万国博覧会の本部との合意を通じて、クリスティアン・シリシ、フェルナンド・ラモス、そして、イグナシ・デ・ソラ・モラレスからなる建築チームが計画実施のために結成された。計画は83年に市議会によって認可され、その後財団が組織され、その年の終わりに着工された。当初の図面が不ぞろいだったにもかかわらず、パヴィリオンの復元は85年にオニックスの壁を除いて（この壁にふさわしい材料は翌年の1月まで見つからなかった）ほぼ完成した。開館はミース生誕100周年記念の86年春まで遅れることになる。

復元プロジェクトは、重要な数多くの哲学的、また技術的な保存の問題への挑戦だった[*2]。もとになる記録が相矛盾していて不完全であるという難問が当初から存在していたため、プロジェクトは29年当時のパヴィリオンをよく検討したうえでなされた解釈の実践と位置づけられた。仮設的な建物の建設とは違い、建物を復元するにあたっての耐久性や適切な技術的対策の問題は、復元の過程全般において最優先課題であった。建築チームは、そもそも元の建物は決して一過性の建物ではなく、鉄や大理石、コンクリートを仮設の材料とみなすことはできないと主張していた。

しかし、バルセロナ・パヴィリオンの復元プロジェクトのなかで最も解決が図られたのは、当初の設計意図の問題であった。実際に建てられたものではなく、設計されたものとしてのミースによるオリジナルの芸術的表現を視覚化するという目標のもとに、現存する記録の解釈や当初の敷地の使用、さらに仮設的な建物から永久的な建物への用途変更のすべてが追求された。最終的な実施案の図面が存在しないことは、あらゆる局面で障害となることが明らかであった。ニューヨーク近代美術館（MoMA）のミース・アーカイブが所蔵するものを含み出版されたパヴィリオンの図面では、つじつまが合わないことがすぐに判明した。しかし、それらは集約されることにより、詳細な分析と、原案の段階的変化の特徴を議論することが可能になった。また以前の写真も、ほかのどんな記録にもましてミースの設計意図を表現するものだったので、復元過程において決定的に重要であった。ミースの持っていた方向性に沿って、重要な視点を文献で裏づけつつ、パヴィリオンに込められたミースのビジョンを把握していった[*3]。そのおかげで復元チームは、設計者が当初思い描いていた建物の明確なイメージを提示することができた。復元は、ミースの設計意図を完成させるための指針として写真に大いに頼っていたのだが、予算やスケジュール、土地の状態のために生じた変更は、復元計画から注意深く排除された。こうした変更点は設計意図への理解を妨げるかもしれないからである。そのほかに土壇場での材料の置き換えやほかの調整に関する情報を入手することは不可能だが、かつて存在していた建物の厳密な複製がこの復元の目的ではないため、そうした情報は重要ではない。

当初のパヴィリオンが注意深く配置され、独特の地形や都市の方向性が設計に反映されていたため、

図 7-4：外観（2002 年）。大きく張り出した屋根は復元時に強化され、仮設物のときには考慮されなかった排水を改善するため設計が修正された。その縁は、屋根のラインをより薄く見せるため、後方にわずかな勾配がつけられている

パヴィリオンを 29 年当時の敷地に復元することはきわめて重要であると考えられた。オリジナルの建設時、プラットフォームの寸法は場所や地形に合わせるため実際には変更されている。事実、パヴィリオンの正確なプロポーションや寸法を知るうえで大いに手がかりとなったのは敷地の遺構であった。この遺構により主棟の 8 本の構造的な柱の位置が特定でき、パヴィリオン全体の寸法が決定された。プラットフォームは、幅が最長部分でおよそ 61 フィート 7 インチ（18.8 メートル）あり、長手方向は最長およそ 188 フィート 9 インチ（114.8 メートル）あった。ミースのさまざまな計画で見られる設計モデュールが基本として使用されたと思われ、およそ 1.1 平方メートルのモデュールが決定される[*4]。

新しい建物は永久的なものになることになっていたため、復元にはおもに水と地元の気候条件に対応するためのさまざまな変更がまず必要だった。コンクリートスラブ上に防水シートを敷き、表面仕上げからタイルのオープンジョイントを通して下層部へと水が流れるようにするようにより、プラットフォームはより効果的に排水されるようになっていた。屋根のデザインと位置は変更されず、当初のわずかな勾配や、壁内排水管を持つ周辺の排水システムも残された。屋根は、より耐久性のある材料が選択された。すなわち地元の気候に対応するため、クロム仕上げの金属板とステンレスに代える必要があった。

当初のデザインには扉が含まれていなかったため、永久的な建物として復元するにあたり、新たに加わったのは防犯の問題であった。MoMA が所蔵する図面からは、当時の写真には見られない可動式扉が敷地の防犯のために設計されていたことがわかった。復元を手がけた建築家は、新しいパヴィリオンの設計にこれらの扉を加えた[図7-5][*5]。復元されたパヴィリオンの追加的な防犯対策として、ランドスケープによって隠された周囲の柵と、建物の内部に映像システムが設けられた。

復元時の色調を当初のものと一致させるための材料の選択は、さらに難しい問題であることが明らかになった。復元では、最初から大理石の石積みを当

初の図面上に現れるすべての場所で使用することにしていた。当時の材料はすべて失われていたので、参照できるのはモノクロームの写真とミースのほかの作品だけだった。大理石の模様の度合いを調整し、パネルの模様が対称になるよう合わせるために写真が参考にされた。しかしながら、どれほど注意深く選定しても、正確に一致させることは不可能だっただろう。例えば、最終的に復元で選択された床のトラバーチンの模様は、当初のものよりも細かいものだった。ミースのほかの建物でもたびたび使用されている、アルペン・グリーン・マーブルは、イタリア北西部にあたるヴァレダオスタ地方から、またティノスの大理石はギリシャのラリッサ地方からそれぞれ採石されたものであった。アルペン・マーブルのオリジナルの模様は合わせることができた。しかし、ティノス大理石の石目を模造するのはほとんど不可能だった。そのため、ミースがそうした石でデザインしていたと思われる模様をつくり出すために、新しいパネルが置かれた[図7-5、p.231カラー図13]。パヴィリオンの中央のオニキス・ドレの壁は最も美しい脈模様を持っていたが、一致させるのが最も困難な素材であった。その石は結局アルジェリアで採石され、切断のためにスペインに運ばれた[*6]。

ガラスの色は同様に重要であり、当初の設計意図を反映させ、それに可能な限り近づける必要があった。元のサンドブラスト板ガラスの代わりに現代の不透明なフロートガラスが使用された。さまざまなガラスのモックアップの写真が撮られ、29年当時の写真と比較された。そして、建物が可能な限り当初の設計意図に確実に一致するよう、ガラスの選択のあらゆる可能性が確かめられた[*7]。しかしながら、上記2種類のガラスの実際の見本を隣同士で並べた場合、違いは明白だろう。

石造部の構造とガラス壁は、ミースが当初意図したように複製された。石造の壁のため代用ディテールが考案されたが、内部の金属の骨組みや被覆の仕

図7-5：内部（2002年）。当時の材料が残っていなかったため、同じ採石場から新しい石材が選び出された。当時のモノクローム写真が参考のために使用された。全体の外見は29年当時の写真に見える姿を維持しているが、接合部とディテールは、永久的な設置に耐え、現代建築としての使用に適合するよう調整された

様は永久的な設置に十分であると最終的に判断された。しかしながら既述のように、ステンレスのスチールはガラス部分の金属枠として設置された。

まとめ

バルセロナ・パヴィリオンの復元は、細心の注意のもとに扱われ、利用可能なすべての過去の記録や学術書が広く参考にされた。一般にパヴィリオンや博覧会建造物が当初の文脈から離れて復元される傾向にあることを考慮すると、バルセロナ・パヴィリオンが当初の敷地に建ったことは稀有な例である[＊8]。敷地はミースの本来の意図に不可欠であり、平面の規模を決定するものであった。設計意図を重視するというコンセプトは間違いなく興味深い議論を呼び、復元では徹底してその意図が表現された。しかしながら、当初の設計意図を調査した結果、ジレンマも少なからず生じた。すなわち、建設の実態、敷地の地形、そして意図を表現するドローイングや写真といった情報の間に存在した矛盾などである。当初の完成した建物に影響を及ぼした予算の制約やスケジュール、代用材料の使用などに起因する変更点は取り除かれた。その結果、過去に構想された理想型が新しくつくられたのである。

したがって復元の過程では、実際に建てられたものよりも、設計意図の意義を慎重に考慮しなければならないのである。建設時に実行に移されなかったアイデアを実現させる場合や、建設時には使用できなかった新しい材料を使用する場合、どんな復元計画においても困難が伴う。かつて存在していなかったものを建てることの正当性には議論もある。しかし、設計意図を実現化することは、従来の保存方法において考慮される歴史的正確さを決して否定するわけではない。ミースはもし当時において利用可能であればある特定の材料を使ったに違いないという議論は起こりうるけれども、これらの代用材料の使用とデザインの変更は、強く望まれる歴史的正確さを弱めるかもしれない。

この復元にあたった建築家たちが強調しているように、バルセロナ・パヴィリオンは原案のひとつの解釈にすぎない。それは、再生するときにはすでに紙面の上での建築となっていた。復元の際に学術的知見が用いられたとはいえ、今日建つパヴィリオンはある程度はあくまで推測の姿であるといえるだろう。復元時には、その過程は評価されたものの、問題となったのはそもそもの復元の必要性に関してであった[＊9]。

保存の実践として見たときの復元に関連しては多くの曖昧さがあり、その結果は一般に満足のいくものではない。復元をどの範囲まで行うかによって、しばしば保存計画のインテグリティとオーセンティシティが左右される。当初の敷地や使用する材料、および建築のディテールはすべて、効果的な復元の取り組みについて議論するうえで非常に重要である。バルセロナ・パヴィリオンのケースでは、当初の意図を理解するために図面と写真を組み合わせながら復元が進められた。しかしながら、こうした努力は新しいものを創作することを正当化する根拠にはならず、現存する建物の完成度を高め、修復するためのより適切な道具であるにすぎないといえよう。

それでもなお、バルセロナ・パヴィリオンは、近代建築の記念碑のひとつを直接経験する機会を提供してくれる。いつの日かその建物自体が重要になるだろう。それは50年後の人々の目を通して見た設計意図の解釈を表現したもの、またその計画を立ち上げた人々の努力と気迫の証である。重要なランドマークとなっているナッシュビルのパルテノンと同様、バルセロナ・パヴィリオンは保存され維持されていくだろう。しかしながら、当然オリジナルと混同されるべきではない。

【注】

＊1 Rosa MaríaSubirana i Torrent, *Mies van der Rohe's German Pavilion in Barcelona, 1929-1986* (Barcelona: Ajuntament de Barcelona, 1987), 58. 上記で説明されている。
＊2 Ignasi de Solà-Morales, Cristian Cirici, and Fernando Ramos, *Mies van der Rohe: Barcelona Pavilion*, trans. Graham Thomson (Barcelona: Editorial Gustavo Gigli, 1993). Subirana i Torrent, Mies van der Rohe's German Pavilion in Barcelona. 上記で詳細に議論されている。ソラ・モラレスとラモスは以下でも要約を行っている。"The Reconstruction of the Barcelona Pavilion," in *Konservierung der Moderne?, Conservation of Modern Architecture?* (ICOMOS Journals of the German National Committee 24. Munich: German National Committee of ICOMOS, 1998), 45-49.
＊3 Jonathan Hill, "An Original Copy," *Scroope: Cambridge Architectural Journal*, no. 11 (1999-2000): 113. 上記ではこの点

を確認している。確かに今日撮影される建築やインテリアの写真は、すべて同じ点が意識されている。

＊4　Solà-Morales, Cirici, and Ramos, "The Reconstruction of the Barcelona Pavilion," 47. 上記では寸法について議論されており、原設計案と実施案との相違点が指摘されている。壁と床の関係の調整は、当初の建物の建設時には十分には解決されなかったか、あるいは現地の条件を反映した寸法への変更によって解決されたようである。彼らの説明では、図面上に現れる設計上の寸法もしくは理想的な寸法に対して、現場での実際の寸法や必要な誤差をおそらく指して forced dimensions（強制的寸法）という言葉が用いられている。この点は、復元が実際に建てられた建物ではなく、「完璧な」設計意図の実現を追求する場合に生じる多くのジレンマの一例にすぎないであろう。

＊5　Warren A. James, "Barcelona: Reconstruction of the Barcelona Pavilion," *Progressive Architecture* 67, no. 8 (1986): 62. 上記では「問題の」扉に言及しているが、復元において選択された解決手段は、扉や常時警備を伴わない警報機であったという見方を示している。この点は、ここで述べる復元を手がけた建築家による説明とは一致しない。

＊6　採石当時は廃棄物とみなされたかもしれないブロックを閉鎖された採石場から入手することは、特に目下の作業に必要とされるのが少量にとどまる場合、修復計画において珍しいことではない。

＊7　James, "Barcelona," 62.

＊8　Caroline Constant, "The Barcelona Pavilion as Landscape Garden: Modernity and the Picturesque," *AA Files*, no. 20 (Autumn 1990): 47-54. 上記ではパヴィリオンについて、その配置に関連した点以外にも興味深い議論が見いだせる。

＊9　復元に対する反応や論評のいくつかについては以下を参照。James, "Barcelona," 62; "Barcelona Reconstructs an Icon of Architectural Modernism," *Architectural Record* 174, no. 9 (1986): 60-61; Odile Hénault, "Barcelona Pavilion Meticulously Recreated to Honor Mies' Centennial," *Architecture: The AIA Journal* 75, no. 9 (1986): 12-13, 117; Hill, "An Original Copy," 112-18.

アルミネア・ハウス
(アメリカ・ニューヨーク州セントラル・アイスリップ)

1930年から31年にかけてA・ローレンス・コッカーとアルバート・フライ(1903-98)によって設計されたアルミネア・ハウスは、31年4月に開催されたニューヨーク建築連盟の第45回建築と諸芸術年次展覧会(the Architectural League of New York's 45th Annual Exhibition of Architectural and Allied Arts)のための室内展示パヴィリオンとして構想された。建物は3階建てで、ル・コルビュジエ風ビラが小規模に表現されたものであり、近代ヨーロッパのデザイン理念がアメリカ合衆国に紹介された事例の初期のものである[図7-6]。この住宅は、全体が混合アルミニウム壁と軽量鉄骨で建てられた。そして将来の低価格住宅建設の手がかりとして、標準化された交換可能な部材と最新の工業デザイン技術の普及を促進した。

アルミネア・ハウスは住宅のプロトタイプとしては影響力を持たず、建築的な点で直接の継承者はいなかったものの、その評価は高かった。そこには、のちのプレハブ住宅に再登場する材料とディテールが先取りされていた。8日間に10万人がこのパヴィリオンを訪れたと見積られている。パヴィリオンは、展覧会終了の2、3か月後に購入され、同年にロン

図7-6:アルミネア・ハウス、アメリカ・ニューヨーク州セントラル・アイスリップ(ロングアイランド)、A・ローレンス・コッカーとアルバート・フライに30年に設計が依頼され、31年竣工。同年に移築・改変され、86年から87年にかけてニューヨーク工科大学によって新たな敷地に部分的に再復元される。2層にわたる縦長窓の壁面を持つ建物の外観は、ル・コルビュジエ(フライはその下で短期間働いていた)の作品を想起させる

アルミニウム波板外装
アルミニウムネジ
アルミニウムワッシャー
防水紙
1/2インチ断熱ボード
空隙
1/2インチ断熱ボード
「ファブリコイド」内装

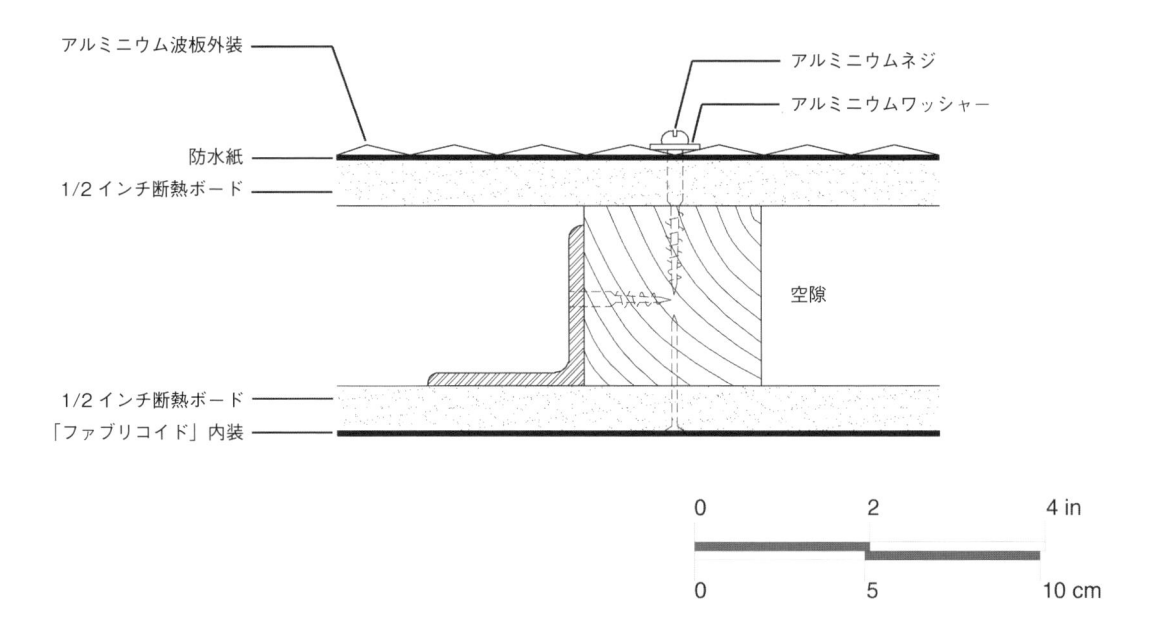

図 7-7、7-8：上はアルミネア・ハウスの詳細図、下は復元された外装材の表面。当初の壁面はおおむね木材によって構造体に取りつけられている。初期の断熱ボードは、外側はアルミニウムの波板で、また内側は防水紙で保護されていた

グアイランドのハンティントン（ニューヨーク州南東部のサフォーク郡サフォークの郊外）の新しい敷地で復元され、住宅としての使用が開始された。

この建物は広く発表され、ヘンリー・ラッセル・ヒッチコック（1903-87）とフィリップ・ジョンソン（1906-2005）によって監修されたニューヨーク近代美術館の近代建築国際展に含められた、数少ないアメリカ合衆国における代表例のひとつである。アルミネア・ハウスは、美術館がのちに出版した『インターナショナル・スタイル：1922年以降の建築』[*1]におけるふたつの住宅作品のひとつとして、27年から29年にかけて建てられたリチャード・ノイトラ（1892-1970）のロヴェル邸とともに登場している。アルミネア・ハウスは、アメリカ合衆国におけるモダニズムの歴史への重要な貢献というだけでなく、その様式の初期の擁護者であり、ともにこの分野に重要な貢献を続けたコッカーとフライの努力の成果である。

アルミネア・ハウスの一風変わった歴史が始まるのは、展覧会の終了後のことである。20世紀の終わりまでに、建物は少なくとも4か所の異なる敷地に建っており、かつ2度完全に復元されていた。展覧会終了後、元のパヴィリオンは解体され、31年8月にロングアイランドのハンティントンにある建築家ウォレス・ハリソン（1895-1981）の所有地に住宅として復元された。そして10年以上にわたり、当初のデザインと材料の完全性は大部分が維持された。

しかしながら40年代初期、この家は同じロングアイランドの敷地の別の場所に移動されたが、そのときに重大な改変が施された。そして何年も放置された後、80年代の終わりには最終的にニューヨーク工科大学によって荒廃した状態のまま購入され、取り壊しを回避するためにハリソンの所有地から完全に取り払われた。そしてニューヨーク工科大学が建物を取得すると同時に、記録と保全の長い道のりが始まったのである[*2]。

アルミネア・ハウスは、重要な哲学的な、また保全の点での解決を要する問題を提起する。そのどちらも、この建物がたどったその独特の歴史に由来する。同時にこれらの問題は、パヴィリオンや仮設建造物、そしてある程度は近代建築の保存にも当てはまる普遍性をもつ。近代建築の保存では、当初の設計意図の再現を追求する際に、元の材料を新しい材料によって置き換え代用させることが問題となる。この計画は大々的な復元を要し、また特定の場所に依存しないという建物の基本的な性質が考慮される必要があった。そして、モノと住居の両面でのこの住宅の意義が考慮されなければならなかった。

保存の論点

仮設物として建設されたアルミネア・ハウスは、建てられた50年後に、ニューヨーク工科大学のセントラル・アイスリップ・キャンパスに再度移築された。同大学の建築学科は、この建物のための最適な保存計画を決定するにあたり、伝統的な保存方法論を用いた。重要な部分は、さまざまな移転や改築を経て失われていたため、新しい材料を用いた復元

図7-9:内部の構造は、取り外しが容易なアルミニウムとスチール製の柱と梁のフレームで構成される。ニューヨーク工科大学での内部の復元は、建物があるキャンパスが現在閉鎖されており、さらなる移設が保留中のため未完成である

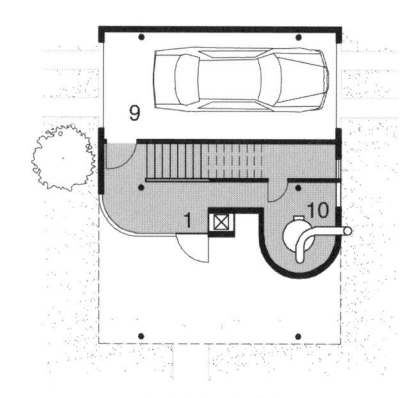

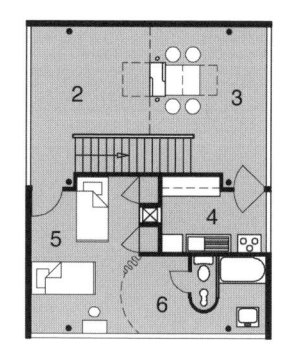

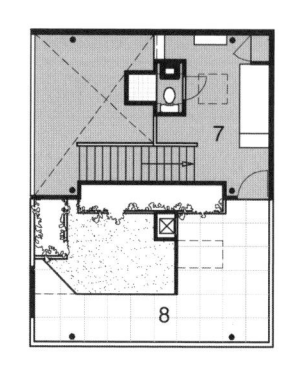

1 メインエントランス
2 リビングルーム
3 ダイニングルーム
4 キッチン
5 ベッドルーム
6 バスルーム
7 書斎
8 テラス
9 通り抜け式ガレージ
10 機械室

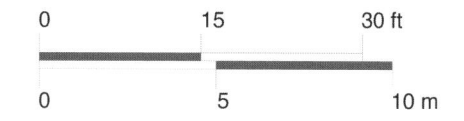

図 7-10：アルミネア・ハウスの平面図。3 階建ての建物全体の配置や詳細には、ル・コルビュジエの影響がうかがえる。フランス・ポワシーのサヴォア邸と同様、1 階にはエントランス、ガレージとサービススペースが設けられている。2 階は 2 層吹き抜けのリビングにあてられ、3 階は屋上テラスである

が求められた。保存の実施工程は、勤勉な記録作業と歴史調査に依拠している。そうしたものは、ハリソンの所有地で建物を解体する際と、復元する際の両方に役立てるために編集された。ニューヨーク工科大学が意図していたのは、建物を保全すると同時に建築を学ぶ学生のために教材を提供することであった。

学生たちは、87 年の秋学期すべてを建物の記録作業に費やした。記録作業は 88 年に解体が始まっても続き、移動した建物の資材の各層ごとの綿密な記録と分析が行われた。回収できる資材はすべて適切に分類され、保管された。記録作業の一環として、建物の変遷についてより理解を深めるためにアルバート・フライへのインタビューが実施された。フライとコッカーのアルミの家の復元において当初から努めて強調されたのは、彼らの当初の設計意図の実現、そして特に材料が新しく見えることの重要性である。この点は、時を経てゆがみ、風化していた元の材料と置き換えられた新しい外装材から特に明らかである。アルミネア・ハウスの復元が、バルセロナ・パヴィリオンやエスプリ・ヌーヴォー館のよ

うな同様の計画と異なっているのは、当初の材料が残っていた点だけでなく、ハリソンの敷地に最初に建てられた建物で復元されたこと、すなわち当初の設計意図が重視されつつも、一度復元されたものが、時間をおいて再度復元された点である。推測は最小限に抑えられ、ハリソンの敷地への移築再建時に施された改造に含まれないものは、ニューヨーク工科大学が策定した計画には含められなかった。

復元に際して、建物は当初展示物として建てられた際の配置だけでなく、最初にハリソンの敷地に移設された当時の向きや土地の状況も反映するように注意深く配置された。1 階の失われた柱に置き換えるために新しい柱が必要とされ、当初のスチール製窓枠とサッシは再び利用された［図7-11］。しかしながら、外装はすべてもともとの建築家によって意図された「新しさ」を反映する、同じか似た材料で再現された。アルミパネルは同じ仕様で製造され、ガラスの部材は、（まったく同一ではないにしても）当初の仕上がりに可能な限り近づけたガラスに置き換えられた。内部の骨組みや床の失われた部分も新しい材料で仕上げられた。しかしながら、ニューヨー

図7-11：アルミネア・ハウスのブラケットのディテール。柱と梁の接合に典型的なブラケットのディテールにより、構造的には強固だが容易に分解が可能な構造がもたらされる

ク工科大学がこのキャンパスを閉鎖したので、この計画は未完成のまま90年代の終わり頃に中断した。2007年の時点で、学部は建物を再度移築する努力を続けていた（訳注：2010年にはアルミネア・ハウス財団が設立され、ニューヨーク工科大学はアルミネア・ハウスの所有権を同財団に譲渡することに同意した。建物は移設され、博物館となる計画である）。

ニューヨーク州公園・レクリエーション・歴史保存事務所（The New York State Office of Parks, Recreation and Historic Preservation、NYSOPRHP）は、保存の取り組みの意義を認め、建物がキャンパスに移築されたときに、当初の計画段階からの継続事業として国の保存基準を満たすことを認定し、ニューヨーク工科大学に補助金を交付した。学生たちが元のスチールとアルミの骨組みの再建に携わっていたが、ナショナル・レジスターの基準に準拠した歴史的建造物の報告と建物の状態のさらなる分析の準備のため[*3]、93年の春にNYSOPRHPの要請によって作業は停止された。そして、材料やデザイン要素に明確な根拠がない場合は、復元には含められるべきではないということが決定された。このアプローチは、現存する材料と歴史的記録の綿密な分析を要求した。アルミネア・ハウスの沿革に関する豊富な情報やハリソンの所有地に残っていた当初の資材により、十分な情報に基づく客観的な決定が可能になった。それでもなお、当初展示館とのちにハリソンの所有地に存在していたときの内部の仕上げに関する多くの問題については依然未解決であった。その結果、建物は当初の図面に基づいては復元されず、ハリソンの所有地にあったものに基づいて建てられた。このアプローチは現行の内務長官基準と一致しており、建物をナショナル・レジスターに推薦するという最終的な目的とも一致すると考えられた（ハリソンの所有地は85年にナショナル・レジスターに登録された）。

アルミネア・ハウスの最終的な結末は、いまだ見えない。建物は構造の骨組みとスチールの窓を除いてすべて新しい材料で復元され、ハンティントンのハリソンの敷地に最初に移築されたときの姿に可能な限り近づけられている。いずれにせよ、このパヴィリオンの歴史は独特である。すなわち、それは解体を見越して設計されたが、設計は最初の建設以後数度にわたって繰り返され、今一度繰り返されようとしている。しかし、アルミネア・ハウスで選択されたアプローチは、ほかの保存計画と比べて変則的というわけではない。当初の立地条件の重要性、本来の設計意図と建設時点での条件の関係、そして最新の模造材料の使用といった同様の問題の多くは、一般的に近代建築を保存する場合に起こるものである。

まとめ

アルミネア・ハウスは、近代建築の代表例であり、パヴィリオンとして実験的な性質を有する。この建物は、ル・コルビュジエのデザイン理念が最初にアメリカ合衆国に出現した一例であり、当時代表的だった住宅の大量生産の手法を探求するそうしたデザイン理念が融合したものである。モダニズムがアメリカ合衆国で知られるようになる以前の、傑出したモダニズムの擁護者であるふたりの仕事は、彼らが獲得しようと努めた楽観的なスタイルの表現でもあった。いく度かの移築を経て、元の建物が建てられてから50年後に起こった取り壊しの危機に際して、建築や保存の関係者によってその重要性が擁護されるにいたる。パヴィリオンを解体しニューヨーク工科大学のキャンパスに復元する取り組みは注目に値する。この計画は復元と保存の組み合わせの実例であり、したがって保全の取り組みとしての復元の利用に特有の多くの論点を提起する。

【注】

＊1　Henry-Russell Hitchcock Jr. and Philip Johnson, *The International Style: Architecture Since 1922* (New York: W. W. Norton, ca. 1932).

＊2　ニューヨーク工科大学の教授陣、特にマイケル・シュウォーティングは、アルミネア・ハウスの初期と現在進行中の保存の取り組みにおいて重要人物である。

＊3　当初の敷地から移動した建物は、通常ナショナル・レジスターに登録されるものとはみなされない。その評価基準の要旨については次を参照。Rebecca H. Shrimpton, ed., *How to Apply the National Register Criteria for Evaluation*, National Register Bulletin, no. 15, rev. ed. (Washington, DC: US Department of the Interior, National Park Service, 1997).

結論

　パヴィリオンが本来有する実験的な性質は、結果として膨大な数の革新的な建物をもたらしてきた。現在それらの建物のほとんどは、資料館、雑誌、図書館を通してのみ経験できる紙面上の建築として残っている。いくつかの著名なパヴィリオンの再建や、現存する荒廃した建物の修復や復元に対する要望の高まりにより、現行の保存理論やその実践に関しては非常に多くの問題が提起されている。保存の設計意図をめぐってしばしば議論されるが、それらパヴィリオンを性急に保存することの価値は依然として明確ではない。

　バルセロナ・パヴィリオンとアルミネア・ハウスの復元は、それぞれ異なるアプローチがとられているために、保存・修復家は同様の困難に陥る。どちらの事例も明らかに保存が必要であり、あらゆる復元に活用できる、綿密で詳細な学術的知見とでもいえる点で注目に値する。ミースの設計意図の実現化は、純粋にドローイングと写真の解釈に基づいており、当初の基礎の遺構から集められた情報によって補われている。アルミネア・ハウスにおいては歴史的記録やドローイングにも考慮が払われたが、この計画は建物と当初の材料が多く残っていたという事実から恩恵を受けている。

　しかしながら、ふたつの復元の意図には相違がある。バルセロナ・パヴィリオンの復元では、ミースのアイデアと理想の実現が追求され、建物の意義や歴史にかかわる当初の建設中に生じた多くのものが取り除かれた。アルミネア・ハウスの復元は、その正当性を従来の保存方法論のなかに見いだそうとした。そのことはパヴィリオンとしてではなく、むしろ住宅への用途変更を受け入れることによって可能になった。ふたつの計画は、材料と建設技術の妥当な変化を実現する試みの好例である。と同時に結局、全部もしくは大部分が新しい材料で構成されている新しい建物となった。

　復元はあくまで原形の複製であることを認識することは重要である。そこに保存理論を適用することの有効性は依然疑問ではあるとはいえ、復元の過程から学べることは多く、復元それ自体が保存の正当な根拠となるのかもしれない。

第8章　住宅建築

住宅建築の保存の論点

　住宅の規模やアメニティに対する消費者の要望は根本的に変化し、その変化があらゆる形態の住宅建築の保存を難しくしている。家族のプライバシーや空間に対する期待が大きくなり、相対的な富が増し、住宅を取り巻く社会的環境は変化してきた[＊1]。一戸建て住宅、集合住宅、郊外住宅のいずれであろうと、第二次世界大戦前後の基準は不十分で、もはや受け入れられなくなっており、社会変化が、上記の3つの住宅形式に与えた影響はそれぞれ異なる。

　米国では、特定のクライアントのために建築家がデザインした一戸建て住宅が、近年高まっている不動産的な圧力によって次々と取り壊されてきた。近代の小規模住宅はかなり広い一等地に立地しており、その区画の現行のゾーニング法にしたがって、以前よりも大きな住宅を建てることができる。結果的に、より大きな規模の住宅を異なる様式で新築するために、現存する住宅はかなりの高額で売却されている[＊2]。1990年代後半から10年間のうちに、オリジナルの近代住宅に対する関心が高まり（ほとんどの場合、コレクターズアイテムのようにではあるが）、その保存がさらに強く叫ばれるようになった（ヨーロッパの場合は、戦後の発展過程で、独立居住の形態が積極的に選択されなかった地域や、建物や都市に関する法令が通常よりも厳格だった地域においては、この現象はあまり見られなかった）。

　戦後の郊外住宅地の初期のものに関しては、話は少々違ってくる。それらの住宅はよく似た形式や形態をしていて、型にはまった外観をしていたため、最初の頃は肯定的に評価されていなかった。ところが、時間が経過し住宅に対する要望が変化したことによって、外観の類似性を打ち消そうとする住宅の増築やカスタマイズ、そして解体などが行われ、思わぬ変容を招いた。その一方で、多くの場合、かつて存在した一体感も打ち消されてしまった。さらには植物が成長し、ランドスケープが変化したことによって、住宅の形態の類似性が強調された、以前の荒涼とした様子が見られなくなっている。これらの変化が郊外住宅地の景観を変化させ、保存問題を複雑にしている。何を保存すべきなのだろうか。また、それはどのように保存されるべきなのだろうか[＊3]。

　集合住宅・高層住宅の結末は、米国でもヨーロッパでもよく似ている。個人所有の住宅、または個人が居住している住宅の多くは、今も使用されていて比較的よい状態にあるが、一部の事例に見られる住戸規模やアメニティは、現在の同種の新築住宅に求められるレベルには達しておらず、あまり魅力的とはいえない状態にあるか、所有者による改変を助長している。公共住宅または公的支援を受けた住宅やそのほかの一般的な低所得者用住宅は非常に難しい問題に直面している。建物はほとんど変更されてお

らず、その多くは細々と維持されている。公的な助成金や支援、そして社会サービスの大幅な削減が、さらに生活状況を悪化させている。結果的に多くのプロジェクトが社会政策の失敗の象徴であるとして（少々誤った認識なのだが）、近代建築の失敗であるとして圧力がかけられるようになり、解体も検討されている。

　一戸建て住宅は別として、住宅建築の設計意図はのちの増築により曖昧にされ、社会変化ゆえに陳腐化している。大半の保存においてカギとなる素材のオーセンティシティは、多くの住戸にとって解決が難しく、特に経済性や革新性が当初の重要な特徴となっているものについては問題となる。建築時に手頃な価格で仕上げることが旨とされた場合は、その時代に使われた素材やシステムが十分な耐候性を発揮できなかったり、流行遅れになっている。窓やドアの交換を含む大がかりなリノベーション、新しい外装コーティングやサイディング、そしてさまざまな建て増しを行うと、当初のボリュームやディテールをほとんど、あるいは、まったく認めることができなくなる。保存を考えなければならない20世紀半ば以降の住宅ストックが大量に存在しているという事実、そして何を保存し、それをどうやって進めるのかという別のジレンマは、ここしばらくの間、保存家たちが挑むべき課題となるだろう。

【注】

＊1　1945年から2002年の間のアメリカ住宅の変化は目をみはるものがある。45年のアメリカ連邦住宅局（FHA）の基準は一般的には1000平方フィート以下であったが、一戸建て住宅の平均規模は70年までに1500平方フィートに増加し、2002年には2300平方フィートにまで達している。Thomas Mellins, "The Gap between the Promise and the Prototype," *Architectural Record* 191, no.7 (July 2003): 78.
＊2　この現象を説明するのにさまざまな用語が使用されている。最も一般的なのは、小さなものに取って代わった大規模構造物を暗示する「McMansion」である。
＊3　Herbert J. Gans, *The Levittowners: Ways of Life and Politics in a New Suburban Community* (New York: Pantheon, 1967). 上記は郊外生活の初期の認識を確立するうえで重要な役割を果たした、郊外生活に関する最初期の研究である。

一戸建て住宅

一戸建て住宅の保存の論点

博物館としての住宅

　一戸建て住宅の保存は、明らかに住宅以外の建築とは異なる方向に進む可能性がある。デザインまたは建築家の名声、あるいはその両方を理由に、象徴的な地位にまで達した住宅には、博物館化を典型とする凍結保存の手法が用いられる。そうした事例にル・コルビュジエのサヴォア邸やミースのファンズワース邸、またフィリップ・ジョンソンのグラス・ハウスやフランク・ロイド・ライト（1867-1959）の落水荘が挙げられる[*1]。建築家や居住者自らが努力した結果、保存された例もある。アメリカ・ニューヨーク州ギャリソンにあるインダストリアルデザイナーのラッセル・ライト（1905-76）の住居兼スタジオであるマニトガ[*2]、ミシガン州ブルームフィールドヒルズのクランブルックアカデミーのキャンパスにあるエリエル・サーリネン自邸、アリゾナ州スコッツデールとウィスコンシン州スプリンググリーンにあるライトのタリアセン、マサチューセッツ州リンカーンにあるヴァルター・グロピウス（1883-1969）の自邸、カリフォルニア州パシフィックパリセーズにあるチャールズ＆レイ・イームズのスタジオ兼住居、また、テキサス州テンプルにあるウィルソン邸がその例である[*3]。これらの住宅は従来の博物館学や保存の慣例に従って、保存と保全の哲学を保持したまま博物館として機能している。こうした用途変更により、多くの重要な住宅の解体を招いた不動産開発の圧力が取り除かれ、オリジナルの構造、形態、素材の保全と同様、解釈を重視する保存への、より慎重なアプローチをとることが約束されている。

　それにもかかわらず、近代の住宅は、さまざまな点で近代建築の保存を取り巻く課題を典型的に示す。植民地時代の構造物の場合、建物自体が最も包括的かつ利用可能なドキュメンテーションである。つまり図面や文書はほとんど、もしくは、まったく存在しておらず、その家を見たり住んだりした人はもうこの世にはいない。しかし、近代住宅の場合はほぼ正反対である。大量の文書記録やあらゆる種類の記録が有効であること以外にも、当初のドローイングや施工記録、さまざまな種類の文書、当初のクライアント、建築家またはその親族、オリジナルの建物に関与した人々が、その建物の解釈に（したがって修復においても）役立つかもしれない。生存している家族や友人はその建築家の評判をどのように受け止めていたかについても無視することはできない。例えば、タリアセン（イーストとウエストの両方）とグロピウス邸の解釈は、資産を管理し住み続けた、遺族の記憶や考えに多大な恩恵を受けている。

　場合によっては、クライアントと建築家の関心はある程度一致する。数十年前にエドガー・カウフマン・ジュニアが指揮を執った落水荘の保存は、カウフマン家、特にカウフマン・ジュニア[*4]にかかわるものであると同時に、ライトにかかわるものであり、グロピウス邸の場合は建築家とクライアントが同一人物である[*5]。サヴォア邸とファンズワース邸においては、設計過程におけるクライアントの役割は長い間忘れ去られ、その住宅と保存に関する情報の多くは、建築家とその建築家の手がけた作品に関するものであった[*6]。しかし個人的な記憶が関与していたり、オリジナルの建築においてすでに認識されている欠点や改善の余地があるとき、それらは解釈や修復過程の障害になりうる。そうした記憶と文書記録がより正確に把握できる場合には、数十年後に別の解釈や修復内容の再検証が余儀なくされるかもしれない。

重要な時期を決定し、それ以降の時期へと拡大していくためには、大量の情報、観点、可能性を検討する必要があり、困難が伴うかもしれない。加えて検討すべきはメンテナンスである。維持・管理は構想段階を終えると、その後ずっと続いていくものであるし、素材と建築の特徴の両方を変える可能性がある。維持・管理による変更の多くは、当初のデザイナーまたは所有者により承認されていることもあるが、そうでない場合もある。変更箇所がその住宅の歴史にとって欠かせない部分でもあるが、当初の建築声明の純粋性は損なわれたままであるかもしれない。また、博物館としての近代住宅は、交通制限や駐車禁止区域の設定、身体障害者のためのアクセシビリティ以外にも、オリジナルのものを交換するために同種の材料を探すことができないことなど、そのほかの公共建築と同様の技術問題に取り組まなければならない。建物の特異な歴史が当初の設計意図の再構築の道を切り開くのに必要であるか、あるいは、設計意図は素材の問題にどれくらい妥協できるのかについては、今後下されなければならない決断のひとつである。

コレクターズアイテムとしての住宅

名作といわれる住宅は一個人により購入、保存され、コレクターズアイテムのように扱われることがある。それは住居として一時的に使用され、所有者が望む現代的な快適性やアメニティに合わせて、いくらか変更が加えられる。しかし、特異なデザイン、特徴、外観、オリジナルのディテールや仕上げを犠牲にすることはない。それとは反対に、多くの場合、建築をオリジナルの外観に戻すために多大な努力が払われる。ファンズワース邸の保存は、部分的にそうした取り組みによって実現した。そのほかにも、ニューヨーク州カトナにあるエドワード・ダレル・ストーン設計のマンデル邸（1933-35）[＊7]、カリフォルニア州パームスプリングにある46年のリチャード・ノイトラ設計のカウフマン邸が例に挙げられる[＊8]。思慮深い保存とこれらの住宅の存続は、結局のところ、所有者の努力による。そうした住宅を所有することに対する関心は増してきているように思われる[＊9]。

近代住宅の収集は、保存を意識した個人所有者に限った話ではなく、数多くの団体組織もかかわっている。グロピウス邸は、ヒストリック・ニューイングランドが所有し彼らによって修復されてきたし、米国のナショナル・トラストは何年も時間をかけて近代の不動産を取得してきた。60年代に初期のライトの住宅、2003年にミースのファンズワース邸を取得し、05年にジョンソンのグラス・ハウスの遺贈を受けている。加えて、ナショナル・トラストは、イリノイ州ハイランドパークにあるライトのロビー邸の修復と解釈に関与している。通常これらの住宅の取得は、住宅博物館をつくることを目的とする。保存と美術史的な目的と継続用途を調和させる可能性が、ほかの組織団体で探求されつつある[＊10]。

すまいとしての住宅

あまり有名ではない例や特に戦後期のそれほど評価されていない建築家の作品にとって、住宅に人々が期待する内容の変化、認識の相違、不動産価値の上昇によって生じる取り壊しの脅威は依然として大きい[＊11]。人口増加、富の増大、より大きな住居を欲する気持ちが近代住宅に厳しい開発的圧力をかけており、この傾向は今後も続きそうである[＊12]。そのような住宅はたいていの場合、主要都市の中心部近くに位置し、一等地や特異な場所、あるいは大規模な住宅用地に建てられている。この状況は、より現代的な住宅やアメニティの豊富な住宅を求めようとする願望と相まって、古い建物の取り壊しにつながりやすい。

このような住宅を守るための取り組みは今も進められている。場合によっては、住宅やその資産は、最も重要な特徴を保護し、地役権を付して売却されるが、さらに開発を進めることも可能である。ニューヨーク州オールドウエストベリーにある、エドワード・ダレル・ストーンによって設計され、1938年に竣工したA・コンガー・グッドイヤー邸は世界文化遺産基金が購入したものであり、そうした戦略の一例である[＊13]。初期の近代遺産の保護に対する関心が高まることで、コミュニティ内の開発計画が監視されるようになった。近代住宅が非常に多く存在するところは特にそうである。よく知られている

のはコネチカット州のニューカナンであるが、フロリダ州のサラソタ、コネチカット州のリッチフィールド、カリフォルニア州のパームスプリングスも、重要な近代建築が多く存在する場所のひとつである。しかしながら効果的な保護には、まだ長い時間がかかりそうである。

保存すべきものの決定

近代住宅が残ってきた理由は、多くの場合、それほどドラマティックなものではなく、入れ替わる所有者に対して、当初の建物が時間をかけて適応してきた結果にすぎない。ここでは、保存の問題がさらに複雑になる。どのようなかたちであっても建物は残っているのだけれども、しっかりと構造が残っているか、それとも以前の姿がわからないほどに取り換えられているかどうかは保存すべきものの決定に影響を与える。増築が慎重に行われたのであれば、当初の住宅の歴史的なインテグリティはまだ保たれているかもしれないし、新たなアメニティを加えることによって、その住宅は主要機能を果たし続けるかもしれない[＊14]。

この問いは一戸建て住宅に関係があるが、それだけではない。第二次世界大戦後に建設された重要な郊外住宅地の独立住宅にも同じことがいえる。第二次世界大戦前後に建設された大量の近代住宅は、全国的にも地域的にも、近代建築の重要事例である。80年代後半から2000年代後半の間で多くのものが取り壊されたり、それと認識できないほどに改変されたりしたが、それでもまだ多くの住宅が残っている。サヴォア邸やグロピウス邸、ファンズワース邸のようなアイコンへの関心の高まりが、ほかの住宅や同時期の建物の評価を高めている。これらは、多くの現代建築家が模範とした作品である。現在それらの住宅は、そうした建物の保存を支援する戦略や手法、哲学的なアプローチを形成する礎となっている。

【注】

＊1　一般公開されている近代住宅への関心が高まり、それらは住宅雑誌で旅行記事の主題になっている。例えば、次の文献を参照のこと。Raul Barreneche, "Open House: A Brief Guide to Some of the World's Most Famous Accessible Residences," *Metropolitan Home* 32, no. 4 (2000): 54, 56, and 58. 近年のナショナル・トラストによるファンズワース邸の売買はその一例である。

＊2　Jane Roy Brown, "Manitoga Modern," *Preservation* 58, no. 6 (November-December 2006): 24-31.

＊3　ウィルソン邸は建築家の住宅ではないが、初期のプラスチックでつくられた住宅のひとつで、その住宅は製品の展示場になっている。Grace Jeffers, "Preserving the Origin of Everyday: The Wilson House (Ralph Wilson Sr. & Bonnie McIninich, 1959)," *DOCOMOMO Journal*, no. 24 (2001): 50-53; または同著者による以下の文献を参照。"The House that Plastic Built," *Metropolitan Home* 31, no. 2 (March-April 1999): 104,106, and 108.

＊4　落水荘の保存を確かなものにするためのエドガー・カウフマン・ジュニアの取り組みはよく知られており、長きにわたり議論され、それに関する文献も出版されている。Franklin Toker, *Fallingwater Rising: Frank Lloyd Wright, E. J. Kaufmann, and America's Most Extraordinary House* (New York: Alfred A. Knopf, 2003). やや批判的な文章となっているが、この住宅のデザイン、建設、保存の総合的な歴史が示されている。

＊5　ナショナル・トラストの管理するグラス・ハウスが一般公開されて以来、この住宅は数多くの広告の対象になった。例えば、以下の文献を参照。Alexandra Lange, "Extending the Legacy," *Metropolis* 26, no. 4 (November 2006): 82-101 and 123; and Michael Allan Torre, "Gift of a Master," *The Modern Estate*, Spring 2007, 48-61.

＊6　ファンズワース邸に関する最近の記事はその一例である。クライアントと建築家の間の訴訟に触れるなかで、数行クライアントについて言及しているだけである。"Splendor in the Glass: Modernist Masterpiece Becomes National Historic Landmark," *Common Ground*, Winter- Spring 2007, 12-15.

＊7　この住宅はエドワード・ダレル・ストーンのモダニズム初期の作品例である。例えば、以下の文献を参照。Mary Anne Hunting, "Living with Antiques: The Richard H. Mandel House in Bedford Hills, New York," *The Magazine Antiques*, July 2001, 72-83; Raul Barreneche, "10,000 Square Feet of History," *Interior Design* October 2002, 162-69; and Eric Brill, "Caretakers, Owners, and Admirers: The Richard Mandel House," *DOCOMOMO Journal*, no. 22 (May 2000): 46-49.

＊8　カリフォルニアのパームスプリングにあるカウフマン邸の入念な修復は広く公表された。例えば、以下の文献を参照。David Hay, "A Modernist Masterpiece in the Desert Is Reborn," *Architectural Record*, September 1999, 92-98; Michael Webb, "Palm Springs Eternal: Marmol and Radziner Reclaim Richard Neutra's Kaufmann House from Decay and Encroaching Civilization," *Interiors* 158, no. 10 (October 1999): 70-75; and Marmol & Radziner, Achitects with Brent and Beth Harris, "A Ship on the Desert: The Kaufmann House Restoration; Marmol and Radziner, Brent Harris, Beth Harris," *DOCOMOMO Journal*, no. 22 (May 2000): 54-55. 2007年冬現在、カウフマン邸は2008年春のオークションにかけられることになっている（訳注：2008年10月に1295万ドルで落札）。

＊9　Michael Webb, "A Modern Renaissance: Streamlined

Classics Appeal to a New Generation of Owners," *Architectural Digest* 58, no. 4 (2001): 140, 142, 144, 146, and 150.

＊10　ロサンジェルスのカウンティ美術館は、コレクションの一部としてモダニズムの住宅をそのまま取得することに関心を示し、住宅を一般見学に供している間は美術館職員が住むことができるようにしようと考えていた。議論が始まった段階であるが、その可能性は興味を引く。Edward Wyatt, "A Museum Takes Steps to Collect Houses," *New York Times*, March 15, 2007.

＊11　最近の大規模な取り壊しのひとつはコネチカット州ウエストポートのミシールズ邸であり、全国紙で広く報道された。概要については、以下の文献を参照。Maggie Hartnick, "After a Downhill Court Battle, Micheels House by Paul Rudolph Is Demolished," *DOCOMOMO-US New York/Tri-State Newsletter*, Winter 2007, 2.

＊12　Dean E. Murphy, "California Looks Ahead, and Doesn't Like What It Sees," *New York Times*, May 29, 2005. 上記では今後10年で予期される爆発的な成長を論じ、第二次世界大戦後の人口増加と比較している。掲載されている写真は小さな郊外住宅地に建つ一戸建て住宅である。

＊13　Philip Boroff, "Hidden Architectural Gem is Rescued: Preservationists Save Home Designed by Edward Durrell Stone in 1938," *Washington Post*, September 10, 2005 を参照。

＊14　増築の好例はハーバート・ベッカード（1926-2003）の仕事に見ることができる。かつてマルセル・ブロイヤー（1902-81）の事務所の共同責任者であった彼は、最初期のクライアントとともにその住宅を刷新し続けた。David Masello, *Architecture Without Rules: The Houses of Marcel Breuer and Herbert Beckhard* (New York: W. W. Norton, 1993). を参照。

図8-1：サヴォア邸、フランス・ポワシー、ル・コルビュジエ＆ピエール・ジャンヌレ（1928-31）、1963-67年、77年、85-92年、96-97年に部分的に修復再生された。屋外スロープを見る。2階と屋上の間のスロープは屋外に続いており、スロープからリビングルームやテラス、3階屋上レベルのソラリウム（日光浴場）を望むことができる

サヴォア邸
（フランス・ポワシー）

　サヴォア邸はル・コルビュジエが手がけた、最も有名で最も称賛された住宅のひとつである。彼のデザイン理論と美学、特に新しい建築の5原則であるピロティ、屋上庭園、自由な平面、連続窓、自由なファサードを具現化している。また、彼自身その建物の保存への取り組みに積極的に関与している[*1]。住宅自体は保存され、フランスの歴史的建造物として登録されているが、その立地・環境、現在も続く解釈と再解釈、設計意図やデザインのオーセンティシティ、継続的なメンテナンスに関する問題と、建築家や建築を学ぶ学生、そして崇拝者の巡礼地としての機能は、興味深いジレンマを引き起こしており、近代建築の保存を取り巻く難しい問題を例示している。

保存の論点

　サヴォア邸はモダンムーブメントの最も重要な建築として位置づけられ、世界的に認知されている[*2]。それゆえ、象徴的性質を持つ建物として注意深く保存することは当然のこととされている。ところが、早くから認知されていたにもかかわらず、その保存は哲学的にも技術的にも相当な挑戦なくしてはありえなかった。

　構造の物理的な保存にあたっては、批判的な言動をとる人もいた[*3]。湿気や当初から別の問題があり、その後の理解のない使用者のために、当初材の多くは修理時期を通り越して劣化していた。このことは、外部と内部の両方のモノクローム写真に十分に記録されており、当時の様子をうかがうことができる。現在まで残っているものや長い時間をかけて集められたさまざまな文書記録のおかげで、建物は視覚的かつ三次元的に30年代の外観に非常に近いものになっている、と考えられている[*4]。

　復元に向けては考古学的アプローチがとられた。初めにアダプティブユースの概念が提示され探求されたが、最終的な結果（博物館にすることを目的として住宅を保存すること）は、建物の意義と歴史を踏まえた、最も適切な選択だった。家具が数点だけ置かれている内部の写真は、その概念を示している。ここで強調されるのは、空間と住宅としての建築であったことは明白である。

　解釈が最も難しかったもののひとつは、立地・環境であった。地方の週末住宅として建設されたが、敷地内に建てられた学校をはじめとして、周辺環境は完全に変わってしまった。この現象は近代建築の立地・環境にとって珍しいことではなく、当初の建造物の視覚的影響を正しく認識することを難しくする[*5]。

　修復の仕事は一般的に評価されているのだが、サヴォア邸の色彩の問題とその修復は、疑問視され続けている。この議論は、近代建築の色彩の重要性の理解を深めたという意味において重要であった。近代の建物はモノクロであるとは限らず、色彩はデザインや設計意図において不可欠な部分であることが多い。ル・コルビュジエの自著とは別に、色彩と仕上げに関する情報源は3つある。それは、おもにル・コルビュジエ財団のアーカイブに保存されている詳細な建物記録、建物自体の物理的証拠、カラースキームで有名な「ゲートハウス」である[*6]。

　最初の修復の記録には、色彩と仕上げの議論が掲載されている[*7]。その後の77年の部分修復では、仕上げ部が再び部分的にリノベーションされている。そのときには、ル・コルビュジエ独自の方法が指針として採用されたようである[*8]。90年代後半の修復では、記録から可能な限りのデータを組み合わせて、徹底的かつ包括的な現地調査と分析が行われた。色彩や仕上げはできるだけ正確に、建設された当時の状態に近づけて復元されている[*9]。

図 8-2：1 階室内を見る。1 階から始まるスロープは家全体に延び、3 階のソラリウムまで続いている。1 階には階段室、ガレージ、使用人室があり、2 階は居住空間となっている

図 8-3：螺旋階段。1 階には連続スロープのほかに、建物最上階に通じる螺旋階段がある

図 8-4：リビングルーム。2 階のリビングダイニングのエリアは、囲われたテラスに面している。リビングの横長窓はテラス壁の外部開口と視覚的に連続している。リビングルーム自体はまばらに家具を配置しているだけで、全体の建築的表現を絶対に損なわないようにし、目的と規模がわかるようにしている

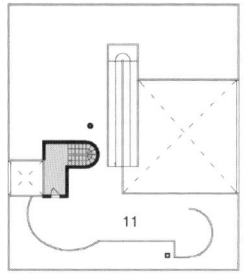

3階／テラス

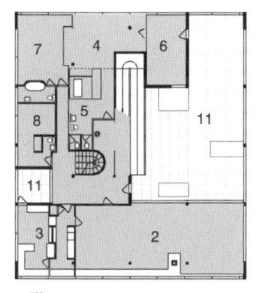

2階

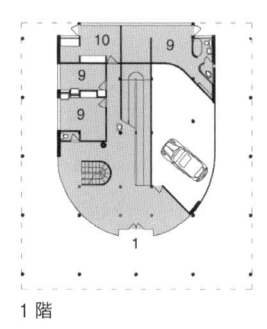

1階

1 入口
2 リビングルーム
3 キッチン／パントリー
4 主寝室
5 浴室
6 衣装室
7 子供部屋
8 客室
9 使用人室
10 洗濯室
11 テラス

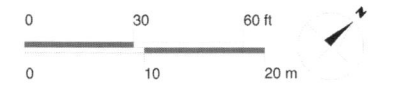

0 30 60 ft
0 10 20 m

図 8-5：平面図。3階建ての2階部分はすべてファミリールームとなっていて、1階はサービス関連の空間のみで構成される。スロープはすべての階につながっており、各空間に動線と風景を与えている。ガラスの入っていない開口部の付属するテラスは、建物の外形に沿って壁で囲われていて、外を眺めることができる

まとめ

サヴォア邸の保存は重要である。建物自体が重要であるという理由からだけでなく、近代建築の保存という概念がどのように進展したのか、また進展し続けているのかをよく示しているため、重要である。ル・コルビュジエは自分の建物のひとつを保護し、自分の想い描くアダプティブユースのかたちをつくりあげようとして始めたが、その住宅が歴史的建造物に指定された時点で、フランス政府の管理下で作業が進められることになり、因習的な保全プロジェクトになってしまった。素材のオーセンティシティについての議論はほとんどなされなかったようだが、ル・コルビュジエの設計意図と考えを表現することが非常に重要視された。まったく同じ考え方が、カラースキームとさまざまな複雑なものの復元に適用されたようである［＊10］。最終的に、サヴォア邸の修復と解釈によって示されるのは、現実的な週末住宅というよりも、おもにオブジェとしての住宅である。

【注】

＊1 ル・コルビュジエの5原則に関しては、以下を参照。Kenneth Frampton, *Modern Architecture: A Critical History*, 3rd ed. (London: Thames & Hudson, 1992), 157. ケネス・フランプトン著、中村敏夫訳『現代建築史』青土社、2003年。

＊2 Kevin D. Murphy, "The Villa Savoye and the Modernist Historic Monument," *Journal of the Society of Architectural Historians* 61, no. 1 (March 2002), 83-86, の "The Villa Savoye in the History of Modern Architecture," と題された節では、その重要性がいかに展開していったか、そしてル・コルビュジエがその過程で重要な役割を果たしていなかったことを論じている。

＊3 Murphy, "Villa Savoye," 82.

＊4 時間をかけて修理するという一般的な説明とは別に、デザインの技術的な側面に潜在的に備わっている不十分さについて、あるいは、それらがどのように修正されたのか、またはされなかったのかについて詳細に論じた文献は少ない。

＊5 このことは、ニューヨークのような都市で特にはっきりしている。例えば、レヴァー・ハウスの当初の視覚的なインパクトは、周辺の建物が古典的な組積造から鉄とガラスでできた類似建物に変化しているので、現在の姿から当時の状況を想像するのは難しい。グラス・ハウスや落水荘のような象徴的な建物の保存では、立地・環境の保護や視界に入る環境要素をコントロールすることに細心の注意と努力が向けられているということもその理由のひとつである。

＊6 色彩修復の議論と批判的な見方については、以下を参照のこと。Arthur Rüegg, "On Color Restoration of the Villa Savoye," in "Visions of the Real: Modern Houses of the Twentieth Century I," special issue, *A+U: Architecture and Urbanism*, no. 3 (2000): 198-201. 基本色（ダークグレー、薄緑、深緑）を示すゲートハウスのスケッチは再製造されている。Benton, "Villa Savoye and the Architect's Practice," 18, fig. 16. を参照。

＊7 Chauffert-Yvart, "Die Sanierung der Villa Savoye," in *Bauwelt* 88, no.42 (1997), 2382. Murphy, "The Villa Savoye and the Modernist Historic Monument," 78, は、『レスプリ・ヌーヴォー』の表紙や写真をもとに、インテリア用のフレスコ画または壁画をつくってカラースキームを規定し、屋上テラスやソラリウムの修復を監修した」として、ル・コルビュジエの建物修復に関する責任が正式に特定されたことを指摘している。

＊8　ル・コルビュジエの色彩システムを論じたものに、以下の文献がある。Arthur Rüegg, "Colour Concepts and Colour Scales in Modernism," *Daidalos*, no. 51 (1994): 66-77; または同著者の "Colour Concepts and Colour Scales in Modern Architecture," in "Modern Colour Technology: Ideals and Conservation," special issue, *DOCOMOMO Preservation Technology Dossier*, no. 5 (2002): 12-17. がある。

＊9　Chauffert-Yvart, "Die Sanierung der Villa Savoye," 2382. 当時の原価資料のほかに、建設中にエミリー・サヴォアが保管していた日誌が参照されている。当時ピエール・シュナルが制作したル・コルビュジエに関するモノクロームフィルムが参照され、この映像がその住宅全体の装飾を知る手がかりとなった。

＊10　Rüegg, "On Color Restoration of the Villa Savoye," 98. ここで彼は色彩復元プロジェクトの視覚的解釈の側面を詳細に論じている。彼は、壁面とピロティの間の色調と質感の両方の視覚的特徴を示す、60年代以前の復元写真を参照している。だが、彼は、この特徴が風化によるものだったという可能性を挙げてその見解を適切としている。彼は塗装手法そのものにも言及し、現代的なローラー塗装と油性塗料のはけ塗りを比較している。塗装手法が違えば、まったく異なる外観になったであろう。このような、薄い皮膜と追従性をもつ近代的な塗装と初期油性塗装の特性の比較は新しいものではない。塗装と色彩の再現に関する文献が多く見られる。

グロピウス邸
(アメリカ・マサチューセッツ州リンカーン)

　ヴァルター・グロピウスが設計し、米国で妻と娘とともに暮らしたこの住宅は質素だとされている。面積はわずか2300平方フィート（214㎡）しかないが、その規模はこの建築の持つ重要性とインパクトに反している。グロピウス邸は、ボストンから北西に25マイル離れた、マサチューセッツ州リンカーンの小高い丘に位置し、周辺の植物や木々が生い茂る前までは、ワチューセット山のよい景色を望むことができたが、ファンズワース邸や落水荘のようなドラマティックな敷地条件ではなかった。また、サヴォア邸のような建築的なマニフェストも持っていなかった。グロピウス邸は家族のすまいとしてデザインされ、比較的安価な素材（当時の標準的な材料）の使用が、質素な住宅という認識を強めている。しかしこのことが、この住宅が近代建築家の全世代から良質で手頃で快適なデザインと評される理由である[図8-6]。

　ヴァルター・グロピウスと妻のイセは1938年秋に完成してから69年にグロピウスが亡くなるまでこの家に住んだ。イセ・グロピウスは74年にニューイングランド古物保存協会(現ヒストリック・ニューイングランド)に所有権を譲渡したが、83年に亡くなるまでこの家に住み続けた。グロピウス邸は84年に住宅博物館として一般公開された。開館して約10年後の90年代後半に、包括的な修復と解釈を行うプログラムが実施された。

図8-6：グロピウス邸、アメリカ・マサチューセッツ州リンカーン、ヴァルター・グロピウス（1938）、1997-2001年修復。正面外観。この住宅は道路から見ると、連続横長窓のある平らな白い箱で、2階とテラスに通じる自立した螺旋階段がアクセントになっている。玄関のそばには斜めに走るガラスブロック壁があり、視線や風を遮っている

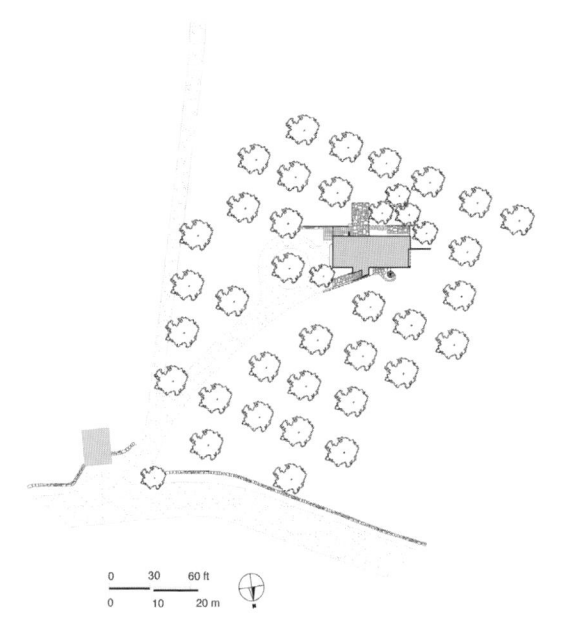

図 8-7：グロピウス邸の配置図。小さな丘に配置された住宅は、近年再移植されたリンゴの木々で囲われている。住宅の背面には住宅建設以前に敷地にあった成木のほかに、大きなスクリーンポーチと小さな植栽エリアがある。ガレージは道路から少し離れた場所にあり、現在ビジターセンターとして利用されている

保存の論点

　この修復は、最近の建物を保存または修復するときに直面する二重のジレンマを示す興味深い事例である。近代の素材とデザインを取り巻く基礎的な技術問題は、豊富な個人情報、体験から直接得た知識、さまざまな記憶を引用する可能性を無効化することがある。最初からその建物は、特定の人物と時代を象徴する住宅博物館となる予定であった。さまざまな時代の住宅博物館を発展させた方法論に基づく管理法と解釈法が採用された。イセ・グロピウスとその娘が提供した情報と当時の光景は、その解釈においてきわめて重要であった。それは、初期の建造物の保存においては入手しがたい情報源でもあった。それはまた、おそらく後世の人々によって解決されるであろうが、個人的な意図、記憶、物理的・歴史的な役割と正確さに関する問いを導入することでもあり、そうした問いを総合的解釈の一部としてインプットするという意味合いもある。現在、われわれは物理的な状態と工作物、そして彼の妻と娘の何十年もの思い出によって形づくられたヴァルター・グロピウス作品を目にしているのである。

　重要な技術のディテールもまた解決されなければならなかった。伝統的なコロニアルの建物の目録を有するヒストリック・ニューイングランドは過去の例にならい、オーセンティシティを非常に重視し、損失をできるだけ抑えて現存するものを安定化させた。しかしながら、近代建築を保存する際に、視覚的様相と当初のデザイナーの意図はその解釈において考慮されなければならない。オリジナルのデザイナーが 69 年に亡くなるまで三十数年間住み、彼の妻が 83 年までその家に居住したという事実を考えると、オリジナルのデザインコンセプトから（しばしば非常に微妙な）視覚的に変化したすべてのものが、さらに難しい問題になる。グロピウス邸では、60 年代末を歴史的に重要な時期として選ぶことにより、その住宅の変更の跡と建築家の歴史が保存に組み入れられた。建築家が主張する視覚的なインテグリティと建物に正当性を与える素材のオーセンティシティの間のバランスが取られた。

　近代の建造物の問題の多くは初期の構造のリダンダンシー（冗長性、ゆとり）の欠如やミニマリズムで過度に楽観主義的なディテールにあるとしばしば指摘される。例えば、開口部のある平らな壁、または陰影を必要としない平滑な壁面をつくるために、水平の出っ張り、コーニス、雨押さえ、あるいは別の水切り装置などの突き出た要素を除去したことで、壁は表面密封のシステムに変わった。したがって、壁は雨水の浸入を防ぐため、さまざまな部材と部品の間のシール剤に完全に依存している。雨水の浸潤の影響を受けやすい構造は特にそうである[*1]。結果として、グロピウス邸の外観は、広範囲に連続して生じる塗装の剥離と雨水の浸潤というふたつの根本的な問題とそれに多少関連する問題をあらわにしている。分析の結果、塗装の剥離は、新しい塗装の接着力を弱くする白カビと青カビの群生に対する初期の対処法に問題があったと判断された。この剥離を改善する唯一の方法は、赤杉の実刻縦サイディングの素地表面の塗装をすべて化学的に除去することである。保存主義者であれば、当初の塗装のすべての形跡を取り去ることを避けるのが一般的である。一度取り外すと、将来の参考や研究に必要な

図 8-8：南東から建物の背面を見る。ダイニングルームやキッチン、2 階の主寝室からも大きなスクリーンポーチが見える。リビングルームやダイニングが外に面しているところの屋根は大きく切り欠いている

図 8-9：階段。中央ホールには、独特な形状をした、浮遊感のあるねじれた金属パイプの手すりが取りつけられた階段がある。床面のグリルは、当初は暖房用に考案されたものだが、現在は夏期の湿度調整にも用いられている

オリジナル塗装の物的記録がまったく残らないからである[*2]。しかしながら、全面的に塗装を除去しなければ、建物の塗装は継続的に剥がれ落ち、パリパリした状態が伝えるべきモダニズムの外観を阻害してしまう。

水による被害の大部分は屋根の端部や窓の周辺、特に木製窓台と鉄製窓枠の間のスペースに見受けられた。これは木製窓台の下部に水切りが存在しないためであり、それにより水が侵入したのである。水の浸潤は、木製窓枠、鉄製窓、壁の真下の間柱の腐食と劣化を引き起こす。このような簡素な納まりの修理には、近代建築の保存がしばしば直面する、本質的な技術的ジレンマが見られる[図8-14]。水切りの省略は、建築家の当初の意図を表す、コスト削減の手段であったかもしれない。間柱を同種のものへと交換することは、保存の正統なやり方といえる。一方、窓台の下にわずかな影をつくる水切りの追加は、少々視覚的な影響を与えるが、建物のディテールを技術的に改善するものである。長期耐久性を求める声や建物外部と内装仕上げ（さまざまなエリアに湿気としみが見られた）を保存するという方針が、

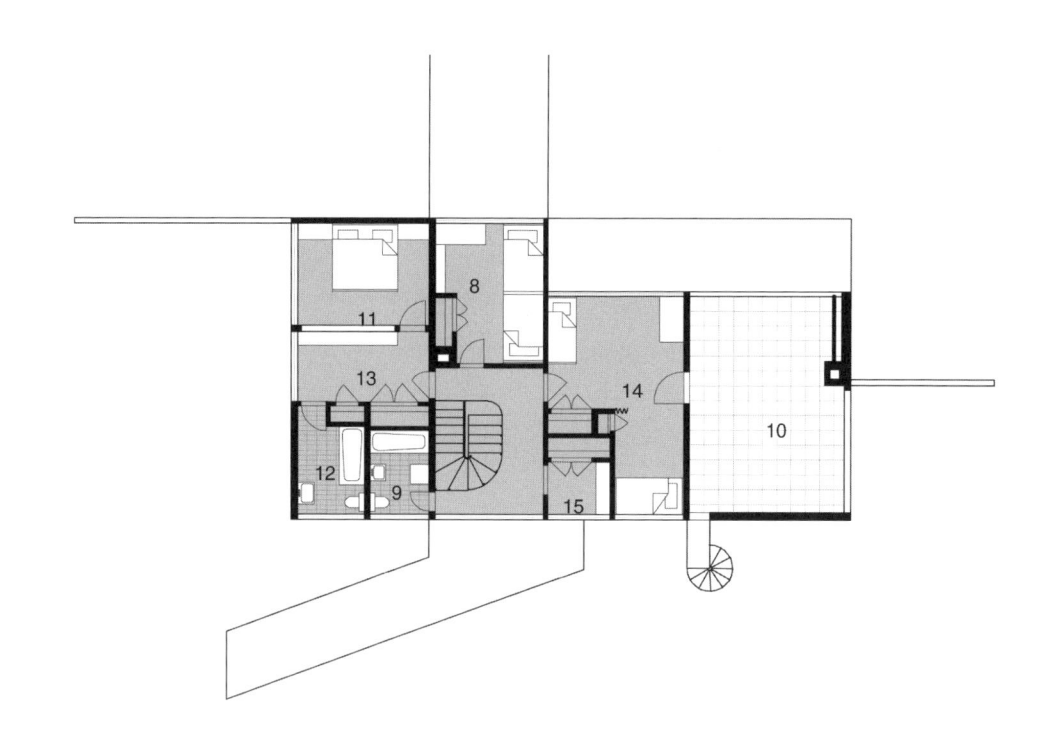

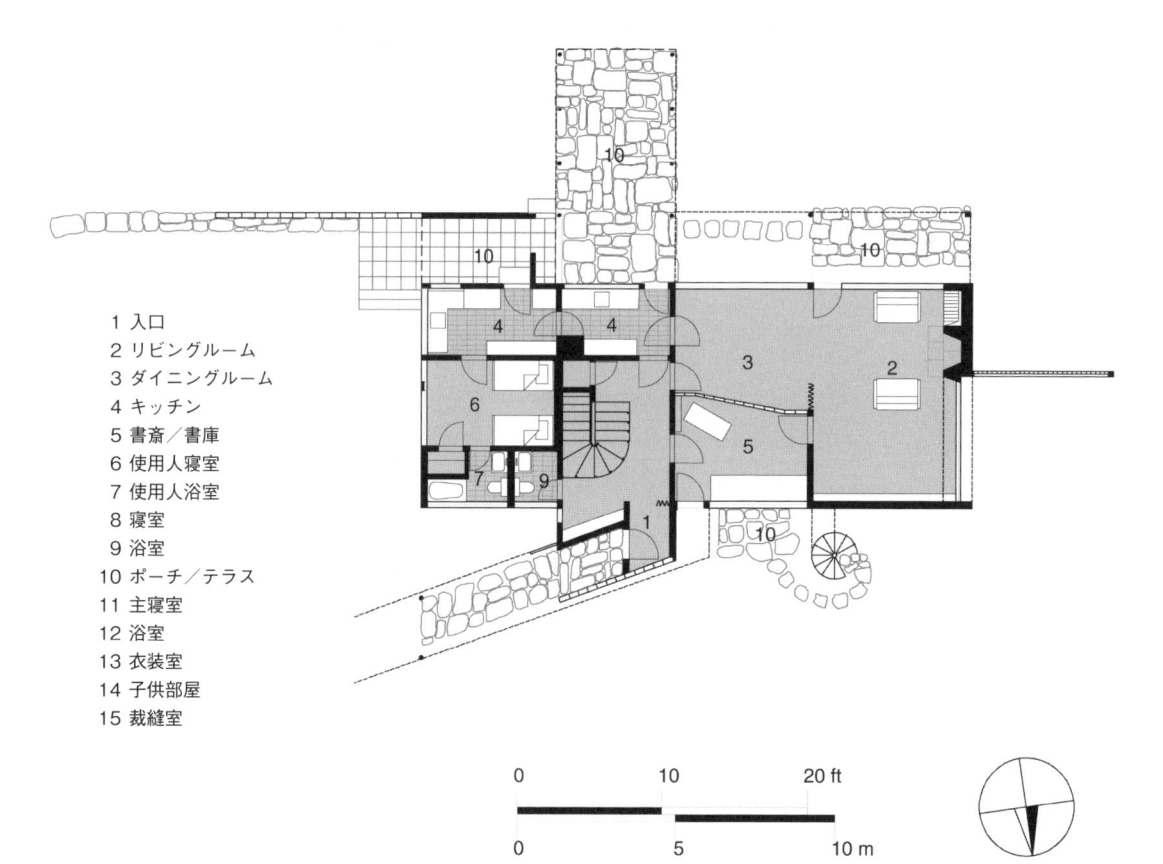

1 入口
2 リビングルーム
3 ダイニングルーム
4 キッチン
5 書斎／書庫
6 使用人寝室
7 使用人浴室
8 寝室
9 浴室
10 ポーチ／テラス
11 主寝室
12 浴室
13 衣装室
14 子供部屋
15 裁縫室

図8-10：平面図。センターホールと階段は、1階を居間、食堂、書斎の側と、キッチン、食品庫、使用人室の側に二分している。2階はよく似たコンパクトな構成になっており、主寝室、客室、子供部屋とテラスがある

図 8-11：リビングルーム。西面に大型窓があり、北側の壁には書棚が造り付けられている。暖炉は写っていないが、西側の壁の左手に設置されている。オリジナルの家具やアート作品の多くは住宅に残されているか、戻されている

まさにそうした変更を決定する根拠となった[＊3]。皮肉なことに、よりよいシステムやより耐久性のある素材が利用できるときに、どの程度まで改善するのかという問いの答えを、ヴァルター・グロピウス自身からは聞いたことがない。こうした議論がジレンマの生じている多くのプロジェクトではよくなされる[＊4]。

インテリアの修復では一般に認められている慣例に従い、残された記録の詳細な研究や物理的構造の分析、特に表面や仕上げの分析が行われた[＊5]。重ね塗りした白い塗装のほとんどは剥がされることなく、40年間住み続けた結果による別の変更箇所が確認された。そのほか、オリジナルの備え付け家具や工芸品の多くはその家に残っていたが、ない場合は買い戻された。書斎の造り付けの机や娘の部屋の机など数点は、グロピウス夫妻がバウハウスから持ってきたものである。そのほかのアート作品は年月をかけてグロピウス家に引き渡された。その結果、博物館の状態と解釈は、ヴァルター・グロピウスの美学や彼の家族の個人的な生活も反映したものになっている。

この住宅は室温調節システムを設置しておらず、快適さについては、冬には暖房装置に、夏には網戸を通しての換気に全面的に頼っていた[＊6]。物理的保存と施設管理の観点から言えば、室温調節システムの設置は、芸術作品や家具や仕上げの重要性や価値を保つのに必要不可欠であった。これはある意味で解釈時期として設定した60年代後半の状態と異なる、実質的なインターベンションを意味するが、夏の数か月間部屋を冷却し湿度を下げることができるように既存の配管を使って、躯体への影響は最小限に抑えられた（加湿機能がないので、湿度を改善するために冬の室内温度は低く保たれている）。このように物理的構造へのインターベンションを制限することに加え、住宅へのダメージや摩耗を最小限にする方策も取られている。例えば、一度に入館できるのは少数のグループに限られ、訪問者は保護目的の靴カバーを装着するように求められている。

この敷地は当初はリンゴの果樹園であり、グロピウスによりほぼ無傷で残されていた。しかし小さな

丘の頂上は住宅建設のために整地され、眺めと方位を最大限生かして注意深く配置されている。

住宅の平面計画とともに、グロピウスは住宅に隣接する屋外空間の計画を進めた。既存の果樹園のほかにも十分に成長した木々が、工事完了前に敷地内に移された。維持された小さな壁は住宅周辺の耕作用地を規定し、成木は木陰をつくった。バラで覆われたパーゴラは道路からの視線を遮っている。グロピウスが50年代に日本へ旅行した後、スクリーンポーチの外側にあった、小さな多年生植物の庭の中身はニューイングランドの代表的植物から日本庭園によく見られる植物に替えられた。当初の木々の大半は残っている（現在の駐車場エリアにあった木々は除去された）が、当初の敷地に欠かせない部分になっていたリンゴの木は移されてしまっている。近年の修復で、それらは新しい小さなものに植え替えられた。夜間に庭を照らす屋外照明システムは取りつけ具のみが残っているようである。

まとめ

ヴァルター・グロピウスが家族のためにデザインした住宅は慎重に考慮されて保存・修復されている。それは住宅博物館として、この国のモダニズムのはじまりを見る機会、また、そうしたプロジェクトに取りかかるときに保存主義者が直面する技術と哲学の課題を正しく理解する機会を提供している。素材のオーセンティシティは可能な限り維持された。しかし同時に、デザインされたものとして建物を見せることと、建築家の意図を反映することのバランスをうまく取っている。この住宅はグロピウス家の歴史やアメリカ近代建築の発展の歴史を伝えている[*7]。近代建築は住みやすく手頃な価格であることを証明し、また、標準部品は近代的でカスタマイズされた住宅を組み立てるために利用できることを実証している。戦後期において非常に重要だとされるのは、まさにこのような特徴である。ファンズワース邸、サヴォア邸、落水荘のように、建築家とその理想（施主には必要のないもの）に関連する建築的なマニフェストとしてデザインされた週末住宅とは異なり、グロピウスの自邸は常時住まうためにデザインされたのである。

図 8-12：断熱材。住宅の壁と床は、当初は木製の根太や間柱の間に建築防水紙で草の束を包装したものを差し込むことによって断熱されていた。この種の有機材が断熱のために利用されたが、これは第二次世界大戦前のヨーロッパでは一般的な方法であった。最近の修復では、外壁に用いられたオリジナルの断熱材すべてが、現代の製品に取り換えられた。当初の断熱材の一部が室内に残っているが、おもに解釈を目的とする

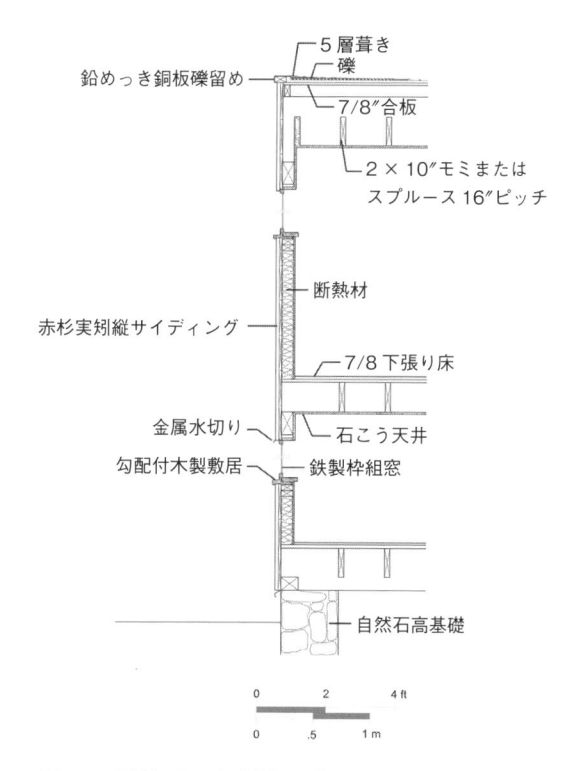

図 8-13：壁断面図。木造枠組の建物は自然石を基礎に敷き、縦型木製サイディングと鉄製の観音開き窓、そして内側は石こう仕上げとなっている

図 8-14：窓台。木製窓台の下の金属製水切りが欠けているために雨水が壁の下に浸潤していた。オリジナルの断熱材は現代的素材に取り換えられ、新しい木製の窓台と間柱が真下に取りつけられた。わずかに小さな影を落とす金属製水切りは、木材の下を保護するために加えられた

【注】

＊1　これは現代の EIFS（外断熱仕上げシステム）でたびたび遭遇する問題と同じである。Brent A. Gabby, "Taking Care of Bauhaus: Investigating and Repairing Leakage Problems at a Modernist Landmark," *The Old-House Journal* 31, no. 3 (2003), 73.
＊2　Susan L. Buck, "A Material Evaluation of the Gropius House: Planning to Preserve a Modern Masterpiece," *APT Bulletin* 28, no.4 (1997), 34.
＊3　Gabby, "Taking Care of Bauhaus," 74-75.
＊4　グロピウスに尋ねたとしたら、彼は抗カビ塗料を選ぶときに、最新の素材と技術を選択するに違いない。Patricia Harris and David Lyon, "This Not-So-Old House, Walter Gropius's House, Lincoln, MA," *Modernism Magazine: 20th Century Art and Design* 4, no.4 (2001), 54-55.
＊5　Buck, "A Material Evaluation of the Gropius House," 29-35.
＊6　イセ・グロピウスは "Trip to Epoch-Making" でスクリーンポーチを称賛し、外部リビングが夏にどのように使用されたか、また冬に運動のために空間がどのように用いられたかを述べている。
＊7　Raul Barreneche, "Open House: A Brief Guide to Some of the World's Most Famous Accessible Residences," *Metropolitan Home* 32, no. 4 (2000), 54, では「アメリカにあるバウハウスデザインの希少な例」と論じている。

ファンズワース邸
（アメリカ・イリノイ州プレイノ）

　ファンズワース邸は、ルートヴィヒ・ミース・ファン・デル・ローエの作品として、米国、および世界中の一戸建て住宅の建築の発展を示すものとして、非常に意義がある。この住宅は現在も続いている第二次世界大戦後の建築デザインに大きな影響を与えた。そのコンセプトの明瞭さ、平面の単純さ、厳密なディテールは、多くの建築家を刺激し、模範とされている。この建物は、ニューヨークのシーグラム・ビルを除いて、ミースのほかのどの作品よりも彼の建築的信条を体現しており、多くの称賛と象徴的な地位を獲得している。ファンズワース邸は、ミースが米国において手がけた、希少な住宅建築のひとつでもある。この住宅の保存を確かなものにするために多大な労力が費やされたが、デザインの真価についてはまったく疑問の余地はなかった。現在この住宅は博物館になっている。ル・コルビュジエのサヴォア邸と同様、ミースの聖地となっており、世界中から建築家や建築の学生がここを訪れる。

　1946 年から 51 年の間にデザインされたこの住宅は、ガラスを用いることで、ミースが採用した構造の明快さを表現している。おもな目的は、連続した視覚空間を提供することであり、視界を遮るのは、浴室やキッチンやサービス機能を内包するミニマルな室内コアだけである。また、この計画は敷地の特

図 8-15：ファンズワース邸、アメリカ・イリノイ州プレイノ、ルートヴィヒ・ミース・ファン・デル・ローエ（1946-51）、72 年、96 年にダーク・ローハンにより修復された。南面外観。84 年の写真。南側から見ると、西側のテラスと前方の一段低いプラットフォームが見える。リビングスペースと寝室を分節する、造り付けのワードローブのような室内コアが部分的に見える

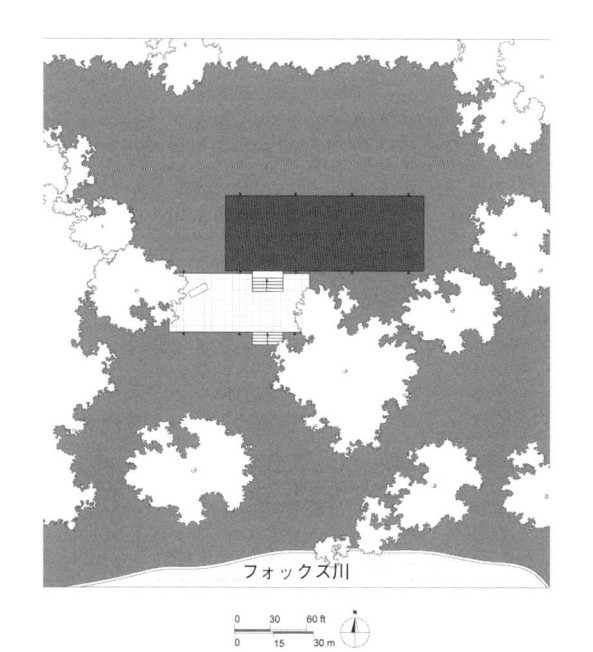

図 8-16：配置図。建物とテラスは東西方向に並べられ、南立面はフォックス川に面している。70 年代後半に植えられた住宅周辺の大木は、最近の修復でも維持されている

図 8-17：平面図と南立面図。東西に走る中央のコアが異なる活動領域に分節している。リビングは川に近い南側に面し、屋外ポーチは西側に位置し、寝室は朝日の入る東側に位置する。建物はフォックス川の氾濫域にあるため、鉄製のコラムにより建物が地面から持ち上げられている

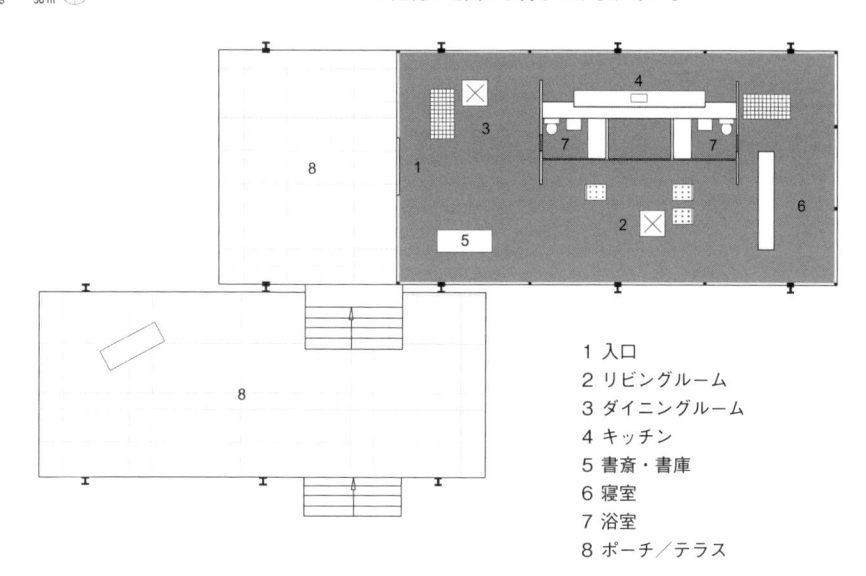

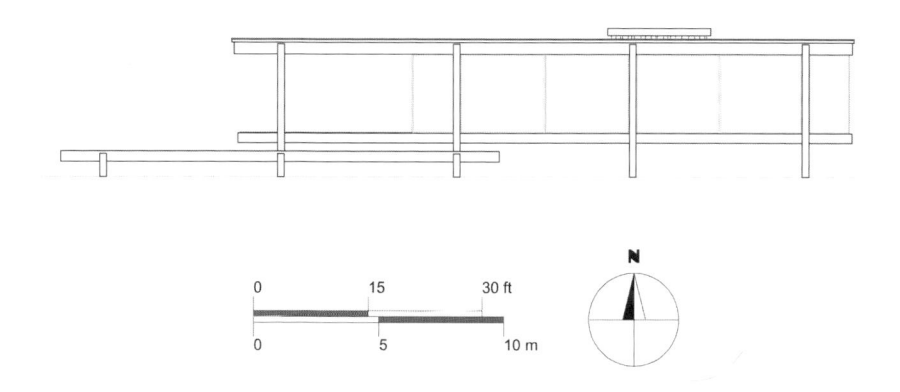

1 入口
2 リビングルーム
3 ダイニングルーム
4 キッチン
5 書斎・書庫
6 寝室
7 浴室
8 ポーチ／テラス

図 8-18：リビングルームの内部。2004年の写真。書斎から南側を見ると、木々に囲まれたテラスと川が望める

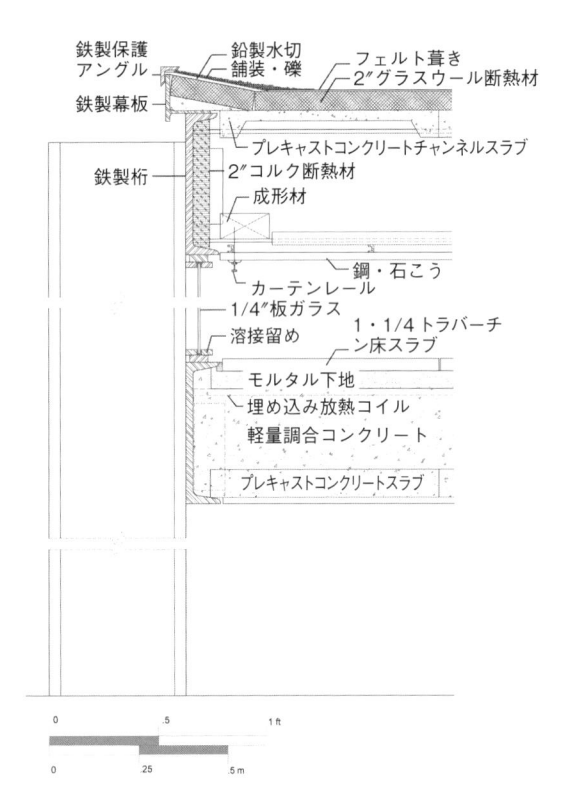

図 8-19：壁断面図。地面から延びた鉄製コラムが立面を分節し、床を支える荷重チャンネルが屋根と床のデッキを持ち上げている。主要なチャンネル断面に溶接されたガラス留めにより大型のガラス窓が固定され、安全性が確保されている

性を特殊な建築アイデアに結びつけられた。イリノイ州の森林エリアに位置しているので、プライバシーのニーズは優先されなかった。これにより、外と内、公と私の境界線をあいまいにした、ほとんどガラスでできた住宅を建築家は建設することができた。自然環境を強調するため、室内を分け隔てる壁はなく、車道も庭園空間もない。本質的には、草原のなかに建つガラスのワンルームである[図8-15]。

保存の論点

ファンズワース邸はミースのマニフェストとしてアイコニックな地位を獲得しており、その後10年で彼が手がけた作品を予示している。その住宅の保存の考え方は、個人が所有していた最後の時点、2003年12月の姿を出発点としている。これにより、特定の状況や目的だけではなく、その敷地のすべての歴史を解釈することが可能になった。そしてファンズワース邸を初期の状態に戻す修復は、スカンジナビアの近代家具やその時代の芸術作品の再導入を要した[*1]。

住宅の継続的な維持・管理と保存はやりがいのあ

図8-20：リビングエリアの内部。すべてのサポート機能は、暖炉の裏側にあるキッチンを含む中央の内部コアに収納されている。東端にあるワードローブにより寝室はリビングスペースから切り離されている。当初のカーテンレールとドレープは再度取りつけられたが、インテリアと家具（04年現在）は72年以降の部屋の状態を反映している

る仕事であり続けるだろうが、フォックス川についてはそうはいかない。この住宅は洪水を避けるために高床式になっているとはいえ、大洪水がこの住宅にとって脅威であることに変わりはない。たびたび発生しそうな問題に対処するため、いくつもの方策が考案され提案された。

　住宅を高台に移動させれば、特別にデザインされた場所のコンテクストからその建物を切り離してしまうことになるであろうし、住宅をさらに持ち上げると、ミースがデザインした構成そのものを永久に変えてしまうことになるだろう。敷地周辺に防護壁をつくるとすれば、川の土手沿いの視覚的存在感を破壊するような規模と高さの塁壁が必要になるだろう。洪水が起きたときに一時的に住宅を持ち上げる機能を持たせる提案は、論理的で視覚的な破壊を最小限に抑え、技術的に実現可能であるが、おそらく最も費用がかかり、実行するのも容易ではない。

　ファンズワース邸の保存の背後で行われた相当な努力は、近代建築の保存の必要性に対する認識がどのくらい変化したのかを示している。幸運にも建物の変更は最小限に抑えられていて、03年当時の姿に住宅を維持するという決定は、初期の状態に復元する必要はなく、すでに知られているさまざまな所有者の影響を認めている。建物自体の保存が第一であるが、その周辺環境や景色に対してもしっかりと気を配っている。その結果、地役権の取得準備が進められ、現在はナショナル・トラストとイリノイ歴史的建造物保存協会が権利を保持している[＊2]。

【注】

＊1　William Dupont, "Visionaries vs. Pragmatists: The Debate over How to Interpret Twentieth-Century Icons," *Forum Journal* 20, no. 3 (Spring 2006): 28-34. デュポンは20世紀建築の保存が、ほかのどの時期の建築の保存とも異なるという考え方に反論し、設計意図の概念を特別な例外としている。彼はその文脈にあるナショナル・トラストが所有するファンズワース邸とグラス・ハウスの保存理念を提示している。この記事を書いたとき、彼はナショナル・トラストの主任建築家であった。

＊2　"Splendor in the Glass: Modernist Masterpiece Becomes National Historic Landmark," *Common Ground*, Winter-Spring 2007, 12-15. 地役権の確立は、保護のための追加レイヤーとして示される。

結論

　近代建築のアイコンは、建築的声明として重要であるという理由だけで保存されているのではない。それはまた、解釈や素材の保護に関する見識も一般に提供している。グロピウス邸は常に住まわれていたので、時間経過に伴うダメージは少なかった。それとは対照的に、サヴォア邸やファンズワース邸はともに、かなりの部分の復元を必要とした。グロピウス邸は建築家とその家族により設計され住まわれていたので、その解釈が二分することはなかった。サヴォア邸とファンズワース邸はいずれも建築家に重点が置かれた。設計過程におけるクライアントの影響やその後の住宅に関する費用や問題による不満は、解釈や復元において十分に評価されなかった。

　これらの3つの住宅すべてにおいて、解釈のために特定の時代が選ばれている。サヴォア邸においては、ル・コルビュジエの本来の設計意図が最も明確である最初期の時代が選ばれた（サヴォア家が10年足らずの間、居住したという事実がそれを可能にした）。グロピウス邸とファンズワース邸の解釈は、居住者とその影響を反映している。一方、ファンズワース邸の場合、最後の居住者はできる限りミースの当初の意図を再現しようとした。

　これらの3つの住宅は、現在も保存されているだけでなく公開されており、フランク・ロイド・ライトの落水荘とともに、戦後の住宅デザインに影響を及ぼした非常に重要な建物である。それらの保存にあたっては、アメリカの近代住宅遺産の保護について回る問題にも注意が払われてきたのである。

郊外住宅地

郊外住宅地の保存の論点

　郊外につくられた住宅地の場合、いったん歴史的、文化的、建築的な意義が確立されると、何を保存すべきか、それをどのように進めるべきかという問題はさらに難しくなる。これらの歴史的な分譲地がよいスプロールであるか悪いスプロールであるかどうかの論争はともかく、当初材の喪失につながる再三の変更や広範囲にわたる変更は、根本的なジレンマを伴う。建造物の意義を確定してその特徴を特定することと、保存の適切な方針をまとめ、実行することは、まったくの別物である。

　オリジナル住宅の所有者たちの見解が保存の基本になるのだが、その一方で、大規模なコミュニティとその計画理念の重要性に対する理解は、コミュニティ内の住宅所有者の遺物を通して考察され、承認されなければならない。最終的には、郊外分譲地の保存の成功は、ほかの保存の取り組み以上に、所有者や周辺コミュニティが参加するかどうかにかかっている。このことは従来の歴史的地区（ヒストリック・ディストリクト）とあまり違わないが、歴史的地区を説明するほうが容易である。郊外住宅地の所有者であることの誇りは、地域社会の理想（そのコミュニティを定義すると思われる美学）と独立住宅のインテグリティという、ふたつのレベルに存在しなければならない。たいていの場合、「開拓者」精神の喪失に対する郷愁の念を示すのは、当初から住み続けている居住者たちであり、その思いが住宅地の保存を求める人々の心を満たしている[＊1]。また、当初の住宅が増築されると、コミュニティはまったく同じような社会集団や所得層のための住宅でなくなることが多い[＊2]。当初から住んでいる所有者が新しい居住者に熱心に歴史やコミュニティの感覚を高めようと努力したとしても、多様な人々がいるうえに関心も異なるため、保存問題のコンセンサスを得るのは難しいかもしれない。一部の地域では、逆に、当初の居住者よりも後から入居した所有者のほうが（自分の不動産価値を保存するために）建築的・歴史的に重要なコミュニティや個別事例の保存に関心を持つようになっている。カリフォルニアに建設されたマー・ヴィスタやアイクラー・ホームズなどは再び人々の心をつかみ、その建築が高く評価されているし、その評価が付加価値となって現れている[＊3]。その価値は、モダニズム期の住宅建築やデザインに対する関心が高まるにつれて、大きくなるばかりである[＊4]。

　この文脈における基本的な保存の論点は「そこで保存すべきものは何か」という問いである。敷地の特徴や造園など、計画にかかわる問題は、歴史的地区のそれとは異なり、ガイドラインに沿って対処することができるが、実際の建物とさまざまな（後で取りつけられた）付加品の問題は解決が難しい。大概は、住居の当初の形や外観が大きく変えられているか、住宅の増築や材料の変更により事実上視界から隠れてしまっている。当初の住宅がやや小さかったために、翼部や階数が当初のデザインよりもボリューム感のあるものに変わっているかもしれない。そのほかにも、窓の交換や新しいサイディングへの変更によって、建物の視覚的な特徴が変わっているかもしれない。重要な特徴が残っていて、なおかつ、コミュニティやさまざまな構成物の全体的なデザインのインテグリティが評価されているところでは、適切な修理や改変のためのガイドラインの開発が必要であるかもしれないが、すでに起きている広範囲な改変への対応は難しい。そのようなガイドラインの実行は、大勢の私有財産所有者が関与しているときには、問題が起きないとも限らない。要するに、こうした郊外コミュニティは、保存の専門家たちが指定する歴史的地区とは異なる。コミュニティ全般の設計意図や計画を重視して、素材のオーセン

ティシティを広く解釈し、住宅の改変やカスタマイズをこれまで以上に幅広く受け入れることが必要である。

このような困難があるにもかかわらず、個々の住宅のインテグリティは、郊外開発の意味のある指定や保護を確立するためには絶対に必要である。保存は今でもその核心部分で、過去の視覚的な痕跡を必要としているからである。20世紀半ばの郊外開発が、時代性、高い評価、さらなる研究を通して重要性を獲得するにつれて、保存専門家たちがこれらのジレンマにどのようにアプローチするのかを見るのは興味深い。

【注】

＊1　メリーランドのグリーンベルトがよい例である。Mary Lou Williamson, ed., *Greenbelt: History of a New Town, 1937-1987*, expanded ed.（Norfolk, VA: Donning, 1997）. この本はグリーンベルトの50周年を記念して87年に出版されたが、"The Sixth Decade: 1987-97" という新たな章を加えて再版された。1960年代に建設されたスプリング・ヒル・レイク集合住宅に関する情報も掲載されている。この施設は、当初の計画の一部ではなかったが、現在新しい複合施設に道を譲るため解体される予定である。C.J.Hughes,"Merging the Old with the New in a Washington Suburb,"*New York Times*, January 28, 2007. ここでは、歴史的なまちを運営している生活協同組合の会長がオリジナルの価値について論じている。グリーンベルトのケーススタディも参照のこと。

＊2　レヴィット・タウンの議論については Barbara M.Kelly, *Expanding the American Dream: Building and Rebuilding Levittown*（Albany: State University of New York Press, 1993）を参照。レヴィット・タウンでは、増改築された住宅は前所有者よりも高収入の層によって購入されることが多く、その結果生じた資産価値の上昇が近隣地域を変えた。

＊3　本章のマー・ヴィスタのケーススタディを参照。

＊4　1950年代の住宅建築の関心は過去10年ほどで着実に高まっており、郊外住宅地にある50年代の住宅の保存に影響を与えはじめている。そのほかの近代住宅の保存例については Michael Webb, *Modernism Reborn : Mid-Century American Houses*（New York: Universe, 2001）, or Deborah K.Dietsh, *Classic Modern: Midcentury Modern at Home*（New York: Simon & Schuster, 2000）などを参照のこと。ラストロン・ハウスの議論については、プレファブリケーションのケーススタディを参照。ジョセフ・アイクラー（1900-74）と彼の自邸（この住宅は、アイクラーが1974年に亡くなるまでに約1万2000戸が建設された）の物語は、近年の出版物の主題になっている。Paul Adamson and Marty Arbunich, *Eichler: Modernism Rebuilds the American Dream*（Layton, UT: Gibbs Smith, 2002）は彼の仕事の概要を示している。アイクラーの仕事を含む、ミッドセンチュリーの住宅に対する好意的な評価は、特に原子力時代に出版された大量の雑誌を見れば明らかである。グリーンベルト、レヴィット・タウン、マー・ヴィスタについては、本章を参照。

グリーンベルト
（アメリカ・メリーランド州グリーンベルト）

メリーランド州のグリーンベルトは、ワシントンD.C.から北東に15マイルほど離れたところに位置し、1935年から38年にかけてアメリカ連邦政府により計画され建てられたコミュニティである。典型的な郊外コミュニティのように、特別にデザインされ建設されたものではないが、建築的・文化的意義と現在も果たし続けているその役割ゆえに、同様のコンテクストからとらえることができる。グリーンベルトは米国において明快な社会住宅政策を適用した希少な例である。また、新しいコミュニティの包括的な計画のモデルであり、アメリカでモダニストの住宅様式を活用した初期の例といえる。

公開空地のグリーンベルトに囲まれた、低中所得者用の集住コミュニティという根底にあるコンセプトは当時反響を呼んだし、現在もある程度それが残っているが、不動産の圧力から逃れることができたのは、そのまちの共同体が持続しているからである。メリーランド州のグリーンベルトの重要性は、グリーンベルト歴史地区が正式にナショナル・レジスターに登録された80年に評価され、国指定建造

図8-21：グリーンベルト、アメリカ・メリーランド州、ヘイル・ウォーカー（プランナー）、レジナルド・J・ワズワース＆ダグラス・D・エリントン（建築家）、ハロルド・バースレイ（エンジニア）（1934-38）、41-42年に拡張。39年時点の空撮。まちが大幅に拡張される前のグリーンベルトでは、整然とした連続2階建て住宅が並んでいた。3、4階建ての集合住宅の街区は、主要道路に面しており、端まで延びている。コミュニティセンター、学校、ショッピングエリアは、中心に設置されている

図8-22：当初の竣工予想図。2戸以上の連続住宅は、原則的に伝統的に見えるようにした勾配屋根または陸屋根を除き、同じ立面処理を施している。オリジナルのプラン形態やディテールの多くは現在も当初の居住地区に残っており、それらは共同住宅として機能し続けている

物に指定された97年に追認されている[＊1]。歴史的な性格に対応したデザインガイドラインの履行と協力によって、当初の歴史センターはほとんど無傷の状態で残されており、十分に維持されている。しかしながら、まち周辺の持続的な開発は、当初のグリーンベルトに大きな影響を与え、新しい居住ユニットが多く建設される結果となった[＊2]。

保存の論点

メリーランド州のグリーンベルトで進行中の保存は、4つの明確な要素によって可能となり、またそれによって支援されている。それは、早い段階でのナショナル・レジスターと国指定建造物への登録、グリーンベルト博物館の活動とコレクション、グリーンベルトの歴史的地区条例とガイドライン、そしてまちの非日常性やまちの根底にある計画概念に対する現在の居住者の認知と評価である。

グリーンベルトの意義は早くに認められた。このまちは、早くも80年に歴史的地区のナショナル・レジスターに登録されたが、通常、登録が検討される築50年の要件をまだ満たしていなかった。50周年とその次の60周年記念の祝典に備えて、一連の保存事業が進められた。97年の60周年記念祝賀会の際に、このまちは正式に国の歴史的建造物に申請された[＊3]。これらの指定は、保護規制を提供するものではないが（規制はほかの法的措置の後追いにすぎない）、グリーンベルトの歴史や重要性の意識を持続させ高める効果がある。

グリーンベルト博物館は、開発時の典型的な2階建て住棟のひとつがあるクレセント通り10-Bに位置し、まちの保存において重要な役割を果たした。グリーンベルト50周年記念の前年の86年に、まちは債権の発行により資金を調達し、5万3400ドルで住宅を取得した[図8-25][＊4]。住宅は修復され、キッチンは年代物のシンク、キャビネット、電化製品に取り換えられた。当時のタウンハウスに典型的な、博物館の居間やキッチンは1階にあり、ふたつの寝室と浴室は2階に配置されている。全部で900平方フィート（83.6㎡）足らずである。展示されている年代物の家具や装飾品はすべて、最初の居住者の経済活動の範囲内に収まっている。実際にコミュニティのメンバーは、博物館にオリジナルの家具を含むアンティークを提供した。この家具の数々は政府が発注したものであり、最初の住人は最低価格で240ドル、月額5ドルの支払いで利用することができた。

博物館は87年10月に開館した。博物館となっている住居の共益費は、まちが協同組合に支払っているが、博物館はその展覧会の運営とキュレーションの責任がある。博物館はそうした展覧会に直接的なかかわりがあり、展示資料で埋めつくされている近隣地区に立地しているので、住民を巻き込んでまちの重要性や歴史を伝えることのできる優れたツールとなる。グリーンベルトプログラムは、当時にしては信じられないほどに社会的に先進的であった。また、提供された住宅やそのアメニティはとりわけ注目に値する。グリーンベルト博物館は、時代の記憶があいまいになった後に、その意義を強調するのに効果的な手段といえる。加えて、博物館のアンティークの救出、収集、保管施設は、所有者が建物のオリジナル部品、ドア、ハードウエア、キャビネット、シンクなどを寄贈することができる。これらは、特殊な状態に住宅を戻そうとする人々に販売するために保管されている。

1 階平面図　　　　　　　　　　　　　　　　2 階平面図

1 玄関
2 リビングルーム
3 キッチン
4 収納
5 勝手口
6 主寝室
7 寝室
8 浴室
9 ポーチ
10 隣の住戸

図 8-23：典型的なタウンハウスの平面図。通常、正面や裏庭側に小さなポーチが取りつけられていて、それぞれにサービス用通路が用意されている。1 階にリビングルームやキッチン、2 階に寝室ふたつと浴室がある。住宅の中央にある内部階段は上下階をつないでいる。隣接する住戸は 1 ベッドルームタイプから 3 ベッドルームタイプまでのタウンハウス住戸で構成されており、適宜組み合わせて配列される

グリーンベルトの属するプリンスジョージズ郡は、改変・付加・修理する方法のプロセスやデザインガイドラインを含む郡法のもと、歴史的地区を制定することによって保存を後押しした。協同組合もまた、メンテナンスの認許可プロセスや具体的なガイドラインを定めた（下見板やそのほかの交換部品を含め、既存の状態は新法令の適用外とされた）。追加的な許認可プロセスは、ほかの歴史的地区とは異なり、通常の建物の認可手順のうえに重ね合わされる。飾り枠、石積み、下見板の外部塗装の使用に許可されている色は、一部の基本色に限られている。このようなメンテナンスに関する厳格なアプローチは、付加物や外観の変更に関心があるという特殊な点を除けば、多くの共同住宅で取られる手法と変わらない。

まとめ

グリーンベルトは、アメリカ連邦政府がヨーロッパの事例に刺激を受けて、ニューディール政策下のプロジェクトを通して手頃な価格の住宅を提供しようとした、初期の試みとして重要な事例である。当初は店舗を含む共同体として受け止められていたが、その統治構造は、さまざまな所有権の移転を通して継続している[*5]。この体制とその継続性こそが、コミュニティの物理的な構造物の維持・保存を可能にしたのであり、この点がほかのグリーンベルト・プログラムのコミュニティとは異なる。しか

図 8-24：グリーンベルトの商業ビル、店舗兼映画館の外観。残っている小さな商業センターは、水平連続窓やストライプ状にレンガ処理をしているが、様式的にいえば「モデルネ」のように見える

しながら、今も相当な緊張状態が続いている。この住宅は、住宅水準が非常に低かった時代に、手頃な価格の住宅としてデザインされたのだが、現在の住民は低所得層よりも中所得層に近くなってきている。オリジナルの住戸の規模と部屋数は現代から見れば小さいといわざるをえない。このことが絶え間ない拡張や内部空間の変更、またはそのほかの「改良」の圧力を生む要因となっている。56年にメリーランド国立首都圏公園都市計画委員会は次のように記している。

グリーンベルトは現在の住宅デザインの基準に達していないし、ロウハウスは現在最も必要とされる住居タイプではないかもしれないが、20年たってもなお多くの点で、自動車社会が到来した時代にデザインされた郊外コミュニティの最良の事例といえる[＊6]。

住戸に影響を与えた経済的、機能的変化は、商業センターやコミュニティ施設にも影響を与えた。以前は商業センターと呼ばれていたルーズベルト・センターは増築されたり、変更されたりしたが、今も残っている。既存の学校を取り壊して同じ場所に大きな施設を立てるという当初の計画が却下され、新しい大きな学校は歴史地区の外側に建てられた。その代わりにしばらくの間、これらのコミュニティ施設はさまざまな圧力に耐えて、コミュニティとそのサービスに不可欠な部分が残されてきたようである。

グリーンベルトは物理的環境だけでなく、はっきりした特徴を持つコミュニティを残しているという点が重要である。大きなオープンスペースのエリアがあるため、常に開発の圧力を受けるであろうし、改良を名目とする改変が議論されることだろう。このまちは経済的に恵まれなかった困難な時代を象徴しているだけでなく、積極的にコミュニティのビ

図 8-25：グリーンベルトの住宅の外観。どちらの住戸も全体的に当初の形状を維持している。左側のタウンハウスにはオリジナルの窓と横縞模様のレンガがあり、1930 年代のファサードが残されている。この建造物はグリーンベルト博物館として利用されている。右側の住宅は、新しいサイディング、窓、ドアで「近代化」が図られている

ジョンを注ぎ込もうとした時代も象徴している。グリーンベルトは、個人の自由と私有権が人々の生活改善の手段として提唱された、その後の郊外住宅地開発とは対照的な位置にある。ところが、計画事例としてのメリーランドのグリーンベルトの影響は、ジェームス・ラウズがヴァージニア州レストンやメリーランド州コロンビアのニュータウンを設置した 1960 年代および 70 年代まで続いた。それはある意味で、現在の「ニューアーバニズム」においてよみがえった理想である。

【注】

＊1　Deborah Sheiman Shprentz: "Greenbelt, Maryland: Preservation of a Historic Planned Community," *CRM Bulletin* 22, no. 9 (1999): 53-56.

＊2　「ニューヨーク・タイムズ」の最近の不動産記事では、新しい開発計画がグリーンベルトの間近に接することになる以前に、グリーンベルトの旧計画の長所を研究した地方計画当局者の意見を引用している。1960 年代の初期開発は、新しく計画された開発地に置き換えられつつある。C.J.Hughes, "Merging the Old with the New in a Washington Suburb," New York Times, January 28. 2007.

＊3　Shprentz, "Greenbelt, Maryland," 53-56.

＊4　Shprentz, "Greenbelt, Maryland," 54.

＊5　大恐慌時はテナントを探すのが難しかったので、代わりに、ボストンのフィリーンズ百貨店のエドワード・フィリーン（1860-1937）の援助を受けて、グリーンベルト消費者サービス会社という協同組合を形成し、この組合がこの地区の店舗すべてを運営していた。Coffin and Winthuysen Coffin, "Greenbelt: A Maryland 'New Town' Turns 50," 51. を参照。

＊6　Knepper, *Greenbelt, Maryland*, 122. により引用されたものである。

レヴィット・タウン
(アメリカ・ニューヨーク州ロングアイランド)

　レヴィット・タウンは、戦後アメリカの郊外開発地のよい面と悪い面の両方を示す言葉になっている。ロングアイランドのジャガイモ畑だったところに1947年から51年にかけて建設された当初のレヴィット・タウンは、住宅が不足し、多くの人々が土地付きの単世帯住宅に手の届かなかった時代に、第二次世界大戦から帰還した退役軍人や若い家族のための住宅を約1万7000戸、非常に慎ましいものであったが、手頃な価格で提供した。この郊外住宅地は、最初で唯一というわけでもなく、最も革新的な住宅地というわけでもなかったが、レヴィット・タウンの全体規模と即時の成功は、アメリカンドリームを再定義した郊外化の傾向を示す縮図として全国的に注目された[*1]。

　同時にレヴィット・タウンとその延長上にある郊外の宅地開発は、当時も今もデザイン的には貧しく、美的にも文化的にも物足りない安普請であると批判されている。組立ライン方式の建設方法など、レヴィット・タウンの開発業者であるレヴィット＆サンズ社の特徴の多くは、米国中のほかの多くの戦後開発業者が模倣した。数個の標準モデルを使って何百もの〝同じような形の〟住宅を建設したために、賞賛され、見下されもしたが、実際に、複合利用の多世帯アパートの暮らしから単世帯の住居コミュニティへというマスハウジングを再編した。これらの分譲地は、均一性や陳腐さを助長していること、隣人や近親者から家族が孤立していること、女性を家事仕事に縛りつけていること、そして自動車依存社会を生み出したことなど、公平な意見であるかはともかく、さまざまな問題で非難されてきた。

　現在、保存家たちは特に50年以上経過した国全体の動向に影響を与えたレヴィット・タウンのような初期の郊外開発の重要性を検証しているが、建築的な観点から見て、実際に評価や保存に値するものについては、なかなか定義しにくい。レヴィット・タウンで提供されたふたつの基本的な住宅モデルのデザインは退屈であるし、それぞれ選択できるもののなかからわずかに化粧用オプションが取りつけられ、その後居住者は時間をかけて、当初顕著だったコミュニティの均一性が識別できないほどに住宅を改修している。計画的なコミュニティとは違って、レヴィット・タウンは一貫性を欠いている。新しい広大な土地が利用できるようになるにつれて増築されたが、そこには平面計画、造園、意匠というものはほとんど見られない。したがって、レヴィット・タウンが20世紀のアメリカ史の重要な部分であることは間違いないのだが、それは多少保存されていても、構築環境にとって重要だった要素を認識するのが難しいという問題が浮かび上がってくる。

保存の論点

　当初のレヴィット・タウンに対する反応と批判は常に変化してきたし、時間の経過とともにまち自体も変化してきた。周辺のまちの居住者は、低コスト賃貸住宅が大量に建設されることを心配し、スラム化するのではないかと恐れていたが、それとは反対のことが起こった。外部の批判は、住宅建設やコミュニティ開発に対するレヴィットの奇妙な手法に集中していたが、その手法はほかの開発業者が戦後に手頃な単世帯住宅を需要に合わせて展開した類似ビジネスを先鋭化させたにすぎない。初期の保存家たちの多くは、60年代と70年代のアメリカ諸都市の衰退を意識して、レヴィット式のコミュニティの建設を厳しく批判し、郊外化に関するあらゆる社会問題に対する責任があると非難した。しかも何百万のアメリカ人がその運動を積極的に受け入れた。しかしそれらは見分けのつかないような住宅地区のままではなかった。レヴィット・タウンの居住者は、直ちにすまいの個性化を図りはじめた。ランチハウス

図 8-26：レヴィット・タウン、アメリカ・ニューヨーク州ロングアイランド、レヴィット＆サンズ（開発業者）（1947-51）。建設時外観。通り沿いにまったく同じように配列された住宅は、いわゆるケープコッド型である。立面は 1 階の窓数や小窓など多少変化がつけられていたが、平面プランはほぼ同じである

図 8-27：現在の通りからの眺め。上の写真から約 50 年を経た、上と同じような通りの景色。当初のケープコッド型がまだいくつか認められるが、大半はカスタマイズされているか、大きく変更されている。成長し成熟した木々が個々の住宅をより見分けやすくしており、当初の単調さが少なくなっている

型は改修に柔軟に対応できることが判明し、背面にある大型のピクチャーウィンドウは裏庭の増築部と連結するために取り外すことができた。ケープコッド型は部屋を増やすために構造に手を入れる必要があったので、この型の多くは当初の外形の面影が残っているが、それらでさえも改修されている。奇妙な運命のいたずらか、レヴィット＆サンズ社が調整や増築のしにくいふたつの型だけを採用したためにかえって、膨大な種類の標準拡張オプションが生まれた。レヴィットの住宅を装飾、拡張、改修した特集号を発行した『サウザンド・レーン』誌は、居住者が半画一的な改修案を参考にして、製品を入手する媒体となり、これにより形成された第 2 層の類似性が、外観と規模が大きく変わった住宅と相まって、当初の同一性が取り除かれた視覚的に複雑なまちなみを生む結果になった。各戸の裏庭に植え

1 玄関
2 リビングルーム
3 キッチン・ダイニング
4 暖炉
5 主寝室
6 寝室
7 浴室
8 ポーチ

ケープコッド型　　　　　ランチハウス型

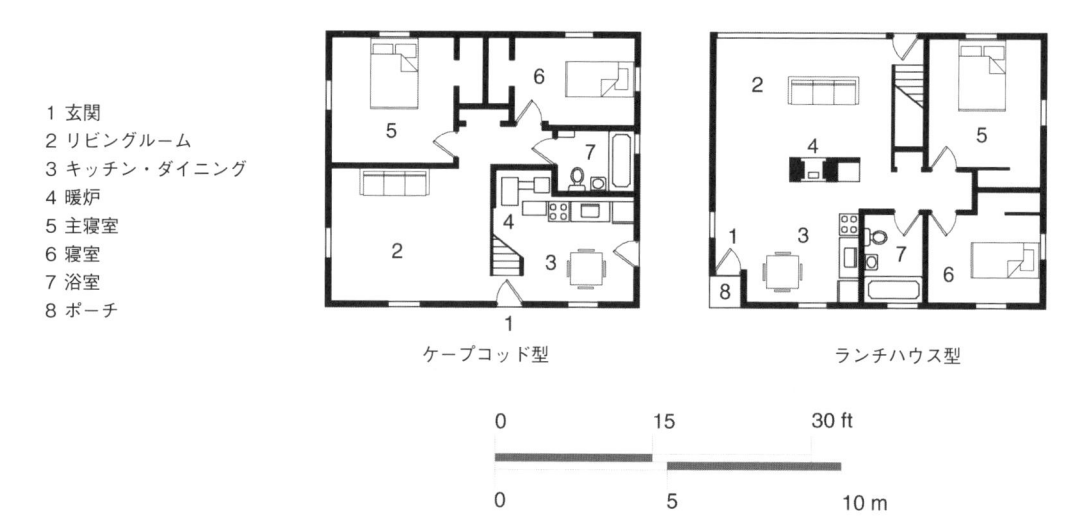

図8-28：レヴィット・タウンの代表的な住宅の平面図。当初のケープコッド型は正面にリビングルームやキッチンがあり、反対側に寝室があった。住宅内部から裏庭には直接行くことはできなかった。後年のランチハウス型は、やや面積が大きく、部屋は配置し直され、庭は寝室やリビングから直接出ることができた。所有者はしばしば住宅の側面や裏側を増築したり、2階をさらに使いやすくするために屋根の形状を変更したりした

図8-29：建設時の外観。ランチハウスはケープコッドよりも若干広い平面プランであった。リビングルームは中央部からではなくコーナー部分から入るようになっていた。変更箇所は立面や屋根形状にも見られた。一部では付属カーポートが取りつけられている。レヴィット＆サンズ社は建設過程の近代化を自慢の種にしていたにもかかわらず、細部装飾や建設プロセスはまったく従来どおりで伝統的な材料や道具を用いていた

図8-30：レヴィット・タウンの 1950 年頃の空撮。レヴィット・タウンは土地が利用できるようになった直後に計画された。この写真を見ると、計画性のない拡張の跡がはっきりとうかがえる。住宅は端から端に延びた曲線的な街路に沿って規則的に連続して配置され、ほんのわずかなアメニティ施設が中央部に配置された

られた数本の木々によって始まったランドスケープは成熟し、それが住宅地の視覚的な変化に大きく寄与している[図8-26、8-27、8-31、8-32]。

　レヴィット・タウンの 47 年当初の居住者は現在も何人か残っているが、まちは変化し、もはや当時の理念を反映していない。改修が住宅の不動産価値を高め、売価と固定資産税額が高騰する結果となり、かつて想定されていた人々には手の届かない住宅になった。ほかの郊外住宅地のように、一部の住宅は高齢者や子育てを終えた親たち、ひとり親世帯、単身者のニーズに合わせた賃貸住居に改修され、現代社会を反映してさまざまなタイプの住居が提供されているが、将来的な地主不在の危険性やそれに伴う問題もある[*2]。最終的に、住宅の新規購入者は、ロングアイランドのさらに遠い場所にある、新築住宅の規模やアメニティに匹敵する中古住宅を改修（または家を解体して建て替え）することで、ニューヨーク市により近い場所に住めると考えてレヴィット・タウンを検討するかもしれない。

まとめ

　レヴィット・タウンは、保存家たちのふたつのジレンマを示す。それは、その住宅が背負っている当初の否定的な意味合いと、何を保存するべきなのかという問いである。郊外化の否定的側面を典型的に示す郊外地は、まったく文化的建造物にならなかった。早い段階から保存運動が呼びかけられたほかの近代の建造物や敷地のように、レヴィット・タウンはその年代的価値と重要性のレベルを考えれば、本格的な研究と評価に値する。しかしレヴィット・タウンにおいて保護すべきものは何かという問いは厄

図8-31：レヴィット・タウンの住宅の外観。このケープコッド型の外観はほとんど損傷を受けずに残っており、区画内にガレージが取りつけられただけである。当初の住宅の姿がはっきりと見て取れる

図8-32：外観。当初ケープコッドだったものが、ドーマーやガレージを取りつけ、正面の壁を前に押し出すことによって拡張されている。ベイウィンドウも2か所挿入されている。当初の住宅の形状をとどめているのは、コーナー部分の主玄関のみである。この地区の文化的意義は疑いようもないのだが、ほとんどの建物がこのように全体のインテグリティを喪失しており、このことが従来の意味において住宅の保存を議論するのを難しくしている

介である。視覚的に残っているものは、保存したというよりも変更したことを示す記念碑であり、素材のオーセンティシティを装うものさえもなくなっている。また、基本的に計画概念が存在しないので、残っているものは設計意図を表現するものとして挙げることがほとんどできない。一方で、ケープコッドとランチハウスがそもそもの建築的特徴として挙げられる。

レヴィット・タウンを歴史的に重要にしているものを記述する具体的な方法がなく、それゆえに保存の価値を記述する具体的な方法も見当たらない。当初の立地環境に建つ住宅を地元の歴史協会などの努力により博物館施設として1棟や2棟保護し続けることが、この郊外地を解釈し続ける最善の方法かつ唯一の方法であるかもしれない[＊3]。

【注】

＊1　Barbara M. Kelly, *Expanding the American Dream: Building and Rebuilding Levittown*（Albany: State University of New York Press, 1993）, 17. 上記文献を参照のこと。彼女は、レヴィット・タウンが必要最低限のものだけを装備した標準的な住宅を、労働者と低中所得層に最初提供する一方で、大勢の人々の戸建て信仰とアメリカンドリームの考えを推し進めたと論じ、そのときに所有権を得る機会をつかんだ人々は、何年もかけてニーズに合わせて住宅を形づくったのだと指摘している。

＊2　Bruce Lambert, "Rethinking the Nation's First Suburb," *New York Times*, December 25, 2005.

＊3　レヴィット・タウン歴史協会は88年に設立され、コミュニティ成立50周年記念の97年に教育センターを設置した。こうしたセンターの設置は少なくない。メリーランド州のグリーンベルトなどほかのコミュニティでも行われている。

マー・ヴィスタ
(アメリカ・カリフォルニア州ロサンジェルス)

　マー・ヴィスタ住区は、建築家グレゴリー・エイン(1908-88)によりデザインされた。彼はしばしばカリフォルニアのモダニストの第2世代として論じられる。これは、近代の建築的要素を用いてうまくデザインされた、手頃なトラクトハウジング(似たような家が並ぶ郊外住宅地)の一例であるが、当時のほかの郊外住宅地によく見られる住宅とは対照的である。レヴィット・タウンと同年の1947年に計画され、48年に完成したエインのマー・ヴィスタ住区は、非常に規模が小さかったので、既存の都市グリッドにぴったりと納まっており、住宅地に統一感を与えている。しかしマー・ヴィスタはほかのトラクトハウジングと異なっていた。エインは街路に面する敷地と単一の基本プランを変化させることで、また、その当時のきわめて優秀なランドスケープアーキテクトのガレット・エクボ(1910-2000)による公共ランドスケープデザインを組み合わせることによって、多様性があってまとまりのあるまち並みをなんとかしてつくり出した。モダニズムのデザインの特徴と工場生産された材料を用いて、また、ビルトイン間仕切りと可動パーティションを広範囲に用いて、エインはフレキシブルな空間を持つ手頃な価格の住宅に、新しい近代のテクノロジーと趣向を持ち込んだ。そのおかげで、住宅を各世帯の具体的なニーズに合わせることができた[*1]。マー・ヴィスタの住宅で、開発業者からの支援を受けたエインは、戦後の郊外住宅によく見られる要素を使って、近代建築が手頃な価格であることを示し、社会的な責務を果たすと同時に郊外住宅地の優れたデザインを提供することができた。

　マー・ヴィスタ住区の独立住宅の所有者は徐々に、住宅の色やランドスケープデザインを自分の好みに合わせて変えていった。または、より広い空間を求めてガレージを寝室や浴室に変えたり、建物の裏側を増築したりした。しかしながら、エインのデザインやエクボのランドスケープの印象は、今なおマー・ヴィスタ住区内に、そして周辺地域の典型的な住宅との関係で顕著に見て取ることができる。実際に、エインのマー・ヴィスタ住区が2003年にロサンジェルス市の歴史保存地区(HPOZ)に指定された時点で、全52棟のうち49棟が当初の設計意図の要素を十分に維持しており、歴史的地区に大いに貢献していると考えられた。この住区は、当初のデザインの感性だけでなく、戦後郊外住宅地でありながら変化に適応し、現在も保存されている例として評価されている。

保存の論点

　マー・ヴィスタ住区の現況は、エインのデザインの柔軟性や有用性を立証している。何人かの住宅所有者は、住宅を拡張したり増築したりしているし、前面や背面のオーバーハングした箇所を囲い込んだり、ガレージを寝室や浴室に改造したりしているが、そのほとんどが、2階建てへの増築を禁止する当初の協定を遵守している。なかには、住宅の高さを高くしているものもいくつか見られる[図8-38][*2]。スタッコをガラスブロックに変更するなど、造園や外装色および素材の変更は、その特徴を一部失う結果につながる。しかしながら、マー・ヴィスタ住区の見た目の統一感は今も認められるし、単世帯、2世帯、3世帯住宅が混在する周辺の住宅地区と対照をなしている。エクボのパブリックな造園空間が統一感を生み出すおもな要因であるが、平屋建て住宅の水平性もまたこのまとまり感に寄与している。

　ロサンジェルス市が歴史保存地区(HPOZ)として指定した03年に、マー・ヴィスタの開発の意義は認知された。第二次世界大戦後の近代歴史地区として指定された市内で最初の例である。歴史保存地区に指定されると、各地区の特徴に合わせた意匠審

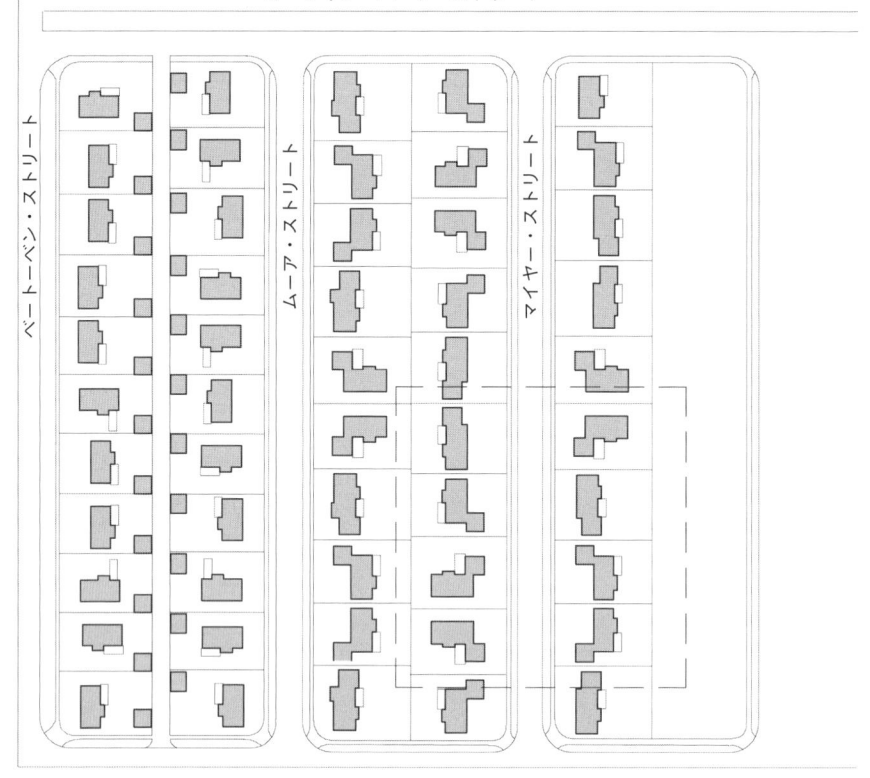

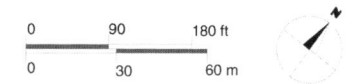

図8-33：マー・ヴィスタ、アメリカ・カリフォルニア州ロサンジェルス、グレゴリー・エイン設計、共同設計者ジョセフ・ジョンソン＆アルフレッド・デイ（1947-48）。配置図。開発全体は3つの街路に沿って約15棟のみで構成される。住宅の向きを変えて、異なる方法で同じ平面要素を配列することによって、エインは棟配置と外観の多様性を実現している

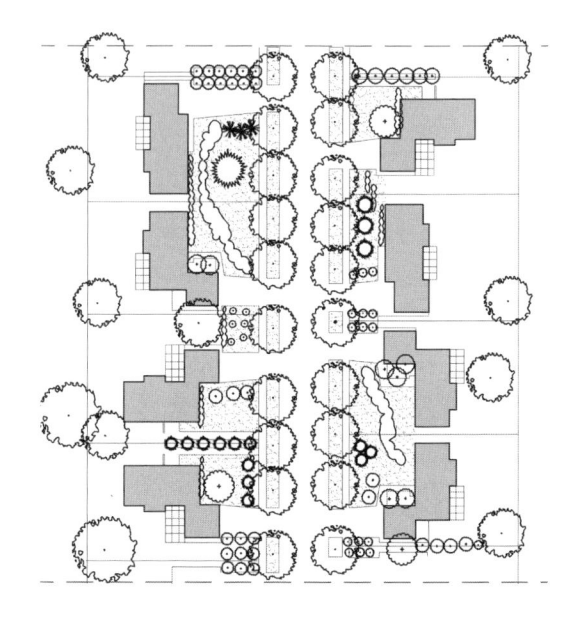

図8-34：敷地図。この地区を成功させたのは、ガレット・エクボのランドスケープデザインによるところが大きく、彼のデザインはこの住区にとって不可欠な部分になっている。街路樹と独立庭園の組み合わせにより、まるで公園のようなユニークさと多様さが提供されている

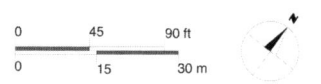

図 8-35：マー・ヴィスタに建つ住宅の外観。すべてではないが、正面は当初の細部が維持されている。当初の平屋建ての外形は今でもはっきりと認められる

図 8-36：外観。住宅に付属するガレージのいくつかはリビングルームに変更されたり、住宅の裏側に部屋が増築されることもあるが、これらの変更は街路から見た住宅全体の外観を損なうものではない。ここでは、当時の樹木が当初デザインされたように屋根の開口部を通って成長し続けている

査により、解体や不適切な変更に対する保護規制の基準が提供される[*3]。指定推薦文では、デザインの重要性やデザイナーや施工業者の貢献が評価され、マー・ヴィスタの住宅がレヴィット・タウンや同時期の住宅地に見られるケープコッド型の「箱」とどこが違うのかが認識されている。「マー・ヴィスタ歴史保存地区」のための保存計画とデザインガイドラインはまだ作成の途上にあるが、HPOZの推薦文はそうした文書の基礎として役立つであろうし、地区内の私有資産の意義やマー・ヴィスタの居住者の継続的なニーズと同様、その発展の意義を認めるだろう。幸いなことに、HPOZの保護を受ける前に解体されたり大きな改変されたりしたマー・ヴィスタの住宅はごくわずかである。HPOZにあまり貢献していない建物が3つあるが、明らかに異なっているのはひとつだけで、その建物の大半が植栽の後ろに隠れている。マー・ヴィスタは海の近くに位置し、有名建築家の設計というステータスがあるほか、ロサンジェルスの不動産価格が天文学的数値に跳ね上がったために、HPOZは本当に必要とされる保護レイヤーを提供している。保留されているマー・ヴィスタの保存計画はどのようにして変化に対応するのか、そして絶えずメンバーの入れ替わるHPOZ委員会はどのようにしてその計画を解釈し推進するのかについての具体策は今後明らかになっていくだろう[*4]。

概要

レヴィット・タウンやほかの郊外住宅地の小規模住宅のプランは、確実に許認可が得られるように、そしてコストを最小限にするために、アメリカ連邦住宅局（FHA）のガイドラインをできる限り遵守したのに対して、マー・ヴィスタでは非常に小さな住居の品質や住みやすさが革新的で思慮深いデザインにより改善されることを実証している。まさにその品質が、多くの住宅とオリジナルの素材を長続きさせており、郊外住宅地開発に伴って生じる通常の保存の懸念、すなわちデザインのインテグリティの欠如や素材のオーセンティシティの喪失の心配は本質的に存在しない。これまでに生じた変化は、通りから見て個人住宅の外観すべてに深刻な影響を与えて

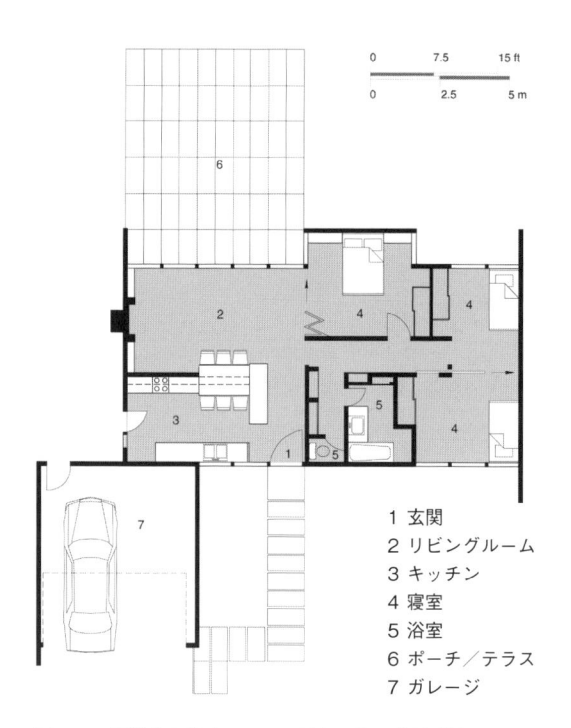

図8-37：標準的な住宅平面図。引き戸と可動壁が付属し、必要に応じて部屋の使い方を変えることができるようになっていたおかげで、実際よりも大きな住宅のような印象を与えた。外に開く大型の窓とドアが、さらに開放感を強めている

1 玄関
2 リビングルーム
3 キッチン
4 寝室
5 浴室
6 ポーチ／テラス
7 ガレージ

いない。

デザインの重要性は、個人住宅という建築に現れているだけでなく、全体計画や配置にもはっきりと見て取ることができる。それらはランドスケープとともに、革新的な建築計画の重要な基準となっている。

【注】

*1 "One Convertible Plan," *Architectural Forum*, April 1949, 126-28; George Rand, "Evolution: Three California Pioneers: Postwar Projects that Remain Landmarks," *Architecture* 74, no.7 (1985): 88-91 and Esther McCoy, *The Second Generation* (Layton, UT: Gibbs Smith, 1984), 129-131.

*2 Michael Webb, "Visible City: Hidden Vista," *Metropolis* 18, no.4 (December 1998): 42. 歴史保存地区の指定以前にされた増築の事例については、以下の文献を参照。Neil Jackson, "Remodelling Mar Vista," Architectural Review, November 1997, 72-75. 平屋建てのリビングルームの増築は、実際にオリジナルの住宅の高さよりも高く、部屋の配置や規模も大きく変更されている。住宅と街路との関係は保たれているが、結果的に外部の一部が保存されているにすぎない。これらの解決法は、実際に保存されているものに疑問を抱かせる。

*3 歴史保存地区（Historic Preservation Overlay Zone: HPOZ）

図 8-38：増築された住宅の外観。正面全体は今も失われた部分はない。背後にある新しい平屋建て増築部分は、オリジナルの建物の上部を拡張しているが、正面に影響を与えるほどではない

の指定は地方レベルの歴史的地区（historic district）の規制によく似ている。それは計画建設局と関係がある。提案される作業レベルによるが、外部に手を加える作業は最初に HPOZ 委員会の認可を得なければならない。建築家や不動産や建設にかかわる人と同じように地元の住宅所有者から構成される HPOZ 委員会は、市長や地元評議会や文化遺産委員会のメンバーからさまざまに任命を受けている。委員会の判断は、各 HPOZ で明らかにされた歴史的特徴に沿って作成された保存計画に基づく。保存計画がない場合は、内務長官基準（the Secretary of the Interior's Standards for Rehabilitation）に従う。通常 HPOZ は、重要な特徴が維持され尊重されることを確実にするために規制する力を持っている。Los Angeles Municipal Code, Section 12.20.3 "HP" Historic Preservation Overlay Zone, K. Certificate of Appropriateness for Contributing Elements, 2. Requirements, (a) Prohibition. を参照のこと（この条例は 2004 年 3 月 19 日にロサンジェルス市議会で可決された）。

＊4　Morris Newman, "Forever Modern: Historic Status for Gregory Ain Homes in L.A.'s Mar Vista Area May Curb Owner Changes but Preserve Style and Values," *Los Angeles Times*, March 30,2003. この記事はグレゴリー・エイン設計のマー・ヴィスタの住宅が 02 年に 50 万ドル以上の価格で売却されたことについて触れて、著名建築家が設計した住宅は、15％から 20％の付加価値を付けて評価することができるという不動産仲介業者の言葉を引用している。

結論

20 世紀半ばに開発された郊外住宅地には、類似した独立住宅と近隣開発が大量に存在するため、保存を目的として対象物の希少性について十分に議論できなくなった。保存の正当性は全体の複合的なクオリティやインテグリティに求められなければならない。全体の複合的性質やインテグリティに対して独立住宅は寄与しているし、それらの住宅は欠くことのできない部分になっている。同時に、当初のコンパクトな住宅プランは、実質的な改変、拡張、増築を経験し、当初のデザインや材料を不明瞭にしたり痕跡を消したりすることさえある。メリーランド州のグリーンベルトでは、協同組合としてのコミュニティ組織が、付属ユニットの物理形状も含めて、改変することを制限し、当初の立面と配置を化粧仕上げの背後に残すことができた。それとは対照的に、ニューヨークのレヴィット・タウンの独立住宅は、現代のニーズに合わせて拡張され、その過程で多くのオリジナルの特徴は消えてしまった。ここでは、

素材のオーセンティシティが失われているだけでなく、さらに重要なオリジナルデザインのインテグリティも失われている。ロサンジェルスのマー・ヴィスタの開発は、全体と個々の構成要素の両方の視覚的なインテグリティが残されている好例である。これらの住宅は特定のニーズに適応させようとする居住者の能力にかかわらず残っているため、どうすれば郊外住宅地が保存されるのか、あるいはどのようにしてその価値が保存により高められるのかという例として参考になるだろう。

　ケーススタディで取り上げた３つの事例のうちでマー・ヴィスタは建築的に見てモダンであり、もうひとつのグリーンベルトはモダンに近い。一方レヴィット・タウンの建築は伝統的に見えるようにデザインされている。当時された議論は、伝統的な住宅形式のほうが販売しやすいだろうというものであった。そのような郊外住宅地は、現在では保存するのが難しくなっている。それとは対照的に、よりモダンな住区は損傷を受けずに残っているようであるし、そのユニークさゆえに愛好者が増えている。保存の議論をしやすくしてきたのは、まさに、その非伝統的で独特な外観と相対的な希少性にある。皮肉なことだが、大衆受けして建てられたものは、保存家たちに難しい問いを突き付けることになるだろう。

集合住宅・高層住宅

集合住宅・高層住宅の保存の論点

　都市計画と都市再生は第二次世界大戦後の主要な関心事であり、ヨーロッパと米国の新興住宅地の建設と密接に結びついていた。特にヨーロッパは戦争被害を受けていたために、都市の再建はどうしても必要な要素であった。米国では、郊外化の現象が保存における重要な課題になった。しかし、大規模な都市住宅をめぐる難しい課題は、戦後期に欠かせない課題でもあったが、保存の争点としてはほとんど取り上げられてこなかった。郊外に設けられた大規模な住宅地の社会的・文化的意義はよく知られていたが、保存主義者たちはその規模だけでなく、大規模住宅の持つ特徴ゆえに、大きな困難に直面している。そうした住居が発展する過程で遭遇した社会問題は、80年代の米国で見られた問題を思い起こさせるし、それこそが保存の取り組みを面倒なものにしているのだが、ヨーロッパ諸国では、集合住宅地の文化的意義はよく認識されていて、いくつかの保護基準が整備されている。

　加えて、この種の住宅の多くは独立した建物として建設されていない。集合住宅は重要な市街地に関連があり、建物ごとの保存ではなく、都市計画のひとつを保存することと歴史地区に認定される可能性のひとつを保存することでもある。戦後に建設されたニュータウンや新興住宅地は、欠点が多く無用だとして、当初のデザインや特性または都市デザインの基盤があまり考慮されずに改築される危険性がある。幸いにもいくつかの地区では、その意義が認められてランドマークに指定する作業に入っている[＊1]。ブラジリアは1987年に世界文化遺産に登録されたが、多くの都市はまだ、保存されたり認知されるにいたっていない[＊2]。

　概して、大規模なインフラや都市計画の構想から小さな広場にいたるまでの、戦後都市景観において重要な部分の保存に対する包括的な戦略は十分ではない。これらは同じ20世紀半ばの都市計画を構想した時期に建てられたものだが、小規模な集合住宅に見られる類似の構想からは離れている。集合住宅そのものに対する文化的な拒絶とは別に、個々の建築の保存は大きな制限に直面している。20世紀初期から中期にかけての多層階建築の住戸規模は小さく、構造の融通が利かず、サービス機能は固定されていて、アメニティは限定的であることが多い。新しいニーズに対応するために拡張することのできた郊外住宅と比べて、これらの建物の住戸は、組み合わせたり形状を変更したりする以外に、適応させるのは容易ではない。結果的に、継続利用（そして保存）とは、既存の形状を受け入れたり、技術的・物理的な更新を受け入れたりすることを意味する。ほんのわずかではあるが、オリジナルの配置を変更することもできる。

　ここで選んだ3つの事例はすべて米国のものである。というのも、近代の集合住宅の保存は、国によって大きく異なる、社会政策や財政政策に結びついており、きわめてこみ入った話になるからである。しかし一般的には、もともと米国やそのほかの国々の公共住宅や公的支援を受けた住宅は私有化されつつあり、公的住宅を減らすという政治的意思として、居住者や投資家に引き渡している。極端な事例では、十分に満足を得られなかった多層階集合住宅は大幅に改変されているか、取り壊されている[＊3]。

　1960年代の米国の高層住宅で行われた空間計画や建築表現の実験の一端は、チャタム・タワーズ、ピーボディ・テラス、ヒリアード・センターに見ることができる。3つの事例はどれも補助金交付事業であった。うちふたつは民間団体により建設され、そのうちのひとつは公的補助金を受けている。もうひとつは住宅公団によって建設されている。3例とも住宅のみに焦点を当てた比較的自己完結型のプロ

ジェクトであり、目的を持って用意された区画に建てられ、すべてコンクリートを自由に使用している。そのことにより、その建築家が趣味空間、形態、ディテールを創作することができ、強制的な財政上の制限を忠実に遵守した、当時にありがちな高層住宅の様相から離れることができた。これらの3つの建物は、さまざまな保存の取り組みを提示している。それは、物理的な保全、最近の要望に適合させるために必要な改変、近代建築（特に近代住宅）に対する否定的な受け止め方、そしてそれらの建物は、まったく保存する必要はないという考え方に対する取り組みである。

【注】

＊1　例えば次を参照。Rob Doctor, "Postwar Town Planning in Its Mid-Life Crisis: Developments in Conservancy Policy in the Netherlands," *DOCOMOMO Journal*, no. 16 (March 1997): 39-43. 彼はアムステルダムの歴史的中心部の外側に位置するベイルメルメール（Bijlmermeer）や、方針により必要なものが変化していることを論じている。また、Edwin S. Brierley, "Park Hill, Sheffield (Lynn & Smith, 1953-60): The Social Impact of a Deck Housing Prototype," *DOCOMOMO Journal*, no. 16 (March 1997): 44-47. も参照のこと。

＊2　興味深い代表的な例は、イギリス・グラスゴー郊外のニュータウンが設置されたカンバーノールド（Cumbernauld）である。このプロジェクトは1950年代に始まったが、そのほとんどが60年代および70年代に建設された。当初は重要な開発例として称賛されていたが、2001年にそれ自体がスコットランドのビジネス誌の「カーバンクル賞」を受賞し、味気なく醜いものだと評された。さまざまな要因が経済低下の引き金となった。国際記念物遺跡会議（ICOMOS）は、複数の建物の解体が予定されていた2002年に「危機遺産」報告書に、ほかのいくつかのニュータウンとともにカンバーノールドを掲載した。ニュータウンの開発の概要については、次を参照。Frank Schaffer, *The New Town Story* (London: MacGibbon & Kee, 1970). 一般的なニュータウンの意義とそれが建築計画に与えた影響については、Miles Glendinning, "The New Town 'Tradition': Past, Presen—and Future?" in *Back from Utopia: The Challenge of the Modern Movement*, ed. Hubert-Jan Henket and Hilde Heynen (Rotterdam: 010 Publishers, 2002), 206-15. を参照のこと。

＊3　Mark Landler, "Public Housing in Private Hands," *New York Times*, May 5, 2006 は、外部の投資家によるドイツ・ドレスデンの集合住宅の購入について論じており、また、ベルリンなどの都市の同様の購入事例にも言及している。米国とヨーロッパの間の比較論については、Jan van Weesep and Hugo Priemus, "The Dismantling of Public Housing in the USA," *Netherlands Journal of Housing and the Built Environment* 14, no. 1 (1999): 3-12. を参照のこと。

チャタム・タワーズ
(アメリカ・ニューヨーク州ニューヨーク)

マンハッタンのチャイナタウンとシビックセンターの境に、2棟のブルータリズムのコンクリート造タワーが通りに面してそびえている。それらはニューヨーク市のなかでもユニークな存在である。この戦後建造物は、特殊な建築・都市計画の理念の産物であり、同時期または同様式のほかの建造物とは異なり、チャタム・タワーズは評価の不在に悩まされることはなかった。この建物はすぐに認知され、その特徴的なデザインや外観、そして採用している革新的な建設技術や集合住宅の品質は定評を得ていた。チャタム・タワーズは1960年に計画され、シティホール地区にある3つの主要な集合住宅のうちのふたつとして65年に竣工し、スラムクリアランスと都市再生に資金を提供する49年制定の住宅法(Housing Act)の「タイトルI」のもとにつくられたものである。この建物は非営利組織である中所得者用住宅協会により開発され、ニューヨーク州信用組合連盟の出資を受けた。同連盟はその東に位置する大規模集合住宅のチャタム・グリーンにも出資している。チャタム・グリーンは420戸のへびのような形状の集合住宅で、中所得層を対象としていたが、チャタム・タワーズは上流・中産階級のために建設され、各住戸は規模、仕上げ、アメニティに余裕があった(低所得者用に予定されていた第三の集合住宅は、建設されなかった)。

最初の設計ではガラスと鉄の建物が想定されていたが、最終的にコンクリートに変更された。現場打ち放しコンクリートの25階建てのタワーは、ケリー&グルーゼン事務所の若手建築家グループにより設計され、力強い建築表現が見られる[図8-39]。モダニストのランドスケープアーキテクトのM・ポール・フリードバーグ(1931-)がデザインした、広場のランドスケープと隣接する遊び場は、タワーから通りへの往来を可能にした。チャタム・タワーズは、公的支援住宅関連のデザインや計画の技術を示しているのではなく、むしろ特異なメッセージを発しており、建物と周辺の街並みが響き合っている。築50年に近づくにつれて、広場と建物ファサードの大幅なリノベーションが必要になったが、敷地全体のインテグリティは当時の状態を保っている。地元の保存コミュニティはチャタム・タワーズの意義を認めたが、建物はランドマークに指定されなかった[*1]。

保存の論点

チャタム・タワーズは現在も満室で円滑に運営されている。その建物と広場は、適切に維持・管理されてきた。しかしながら、当時の鉄筋コンクリート造によく見られるように、コンクリートかぶりが少なく素材が自然風化したために、継続的な外壁の維持・管理が求められた。ニューヨーク市の地域法10条と、続く地域法11条による建物の定期検査が80年代初期以降に行われた。必要な修復にあたっては、デザインのインテグリティを保ちつつ素材を傷めないように維持されてきた[*2]。コンクリートの劣化はよくあることで、パネルの出隅部や下層部の粗骨材が露出したり、スパンドレルパネルやタワーの出隅部の鉄筋が露出し、表面が劣化したりしていた。出窓や屋根の水の浸潤は現在も難題であるし、建物の拡張は膨大な量のコンクリート修理や屋根工事を伴う。特に花壇の壁によく見られる湿気の侵入による劣化は、広場や遊び場でも起きており、コンクリート表面のクラックや破砕を引き起こす。広場から地下駐車場に水が入り込んだためにコンクリートに不具合が生じたため、その後、すべての造園エリアは新しい防水膜で表面保護された。

2004年に完了した広場の改修のおもな目的は、構造上の安定性を確保し、水の浸潤を回避することだったが、ランドスケープデザインの改修も必要と

図8-39：チャタム・タワーズ、アメリカ・ニューヨーク、ケリー&グルーゼン（1960-65）、2004-06年リノベーション。外観。ふたつの居住棟が全体の輪郭を形づくり、外部バルコニーの省略した部分、あるいは開放した部分と閉鎖した部分が交互に並ぶ。各フロアの平面は基本的に同じである

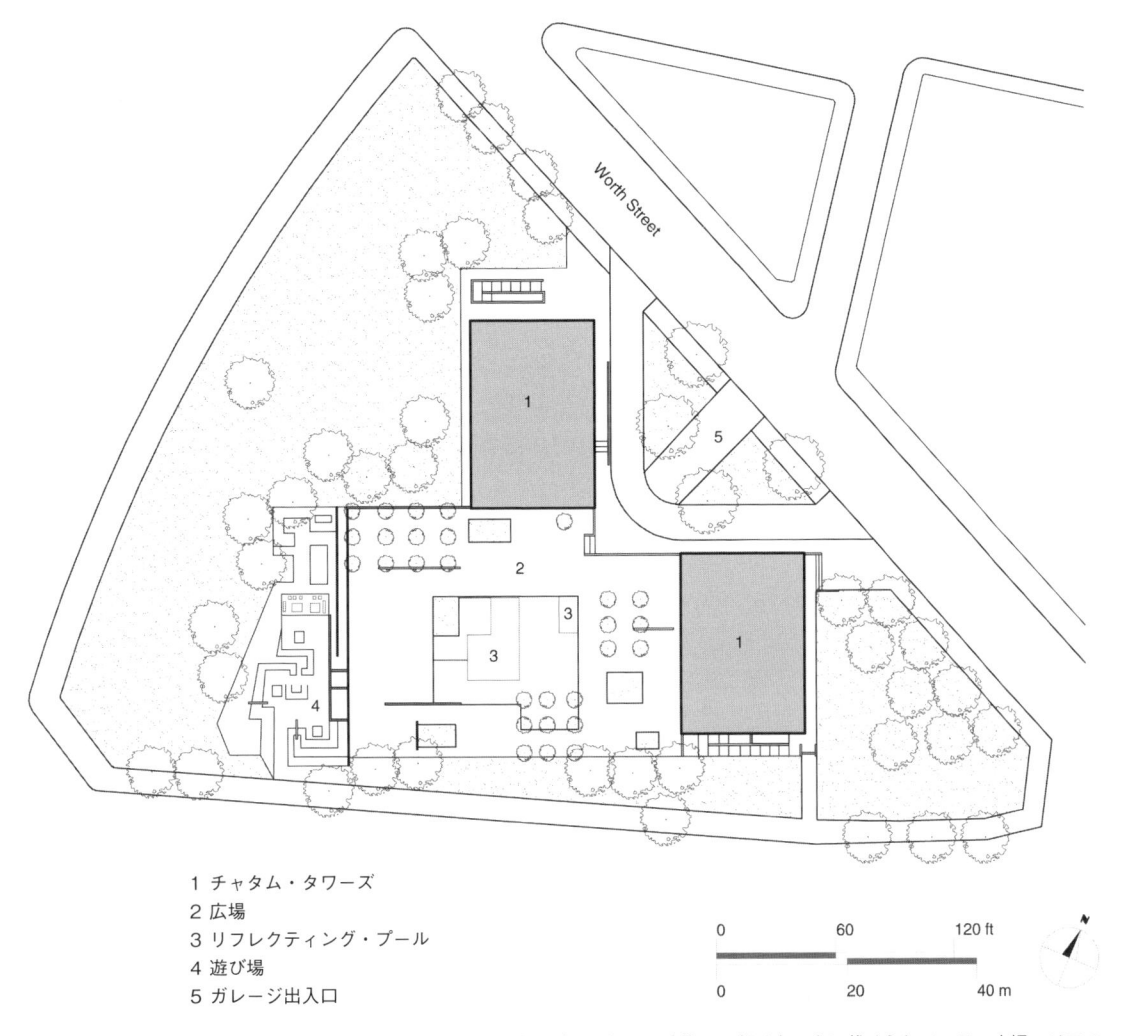

1 チャタム・タワーズ
2 広場
3 リフレクティング・プール
4 遊び場
5 ガレージ出入口

図 8-40：配置図。敷地の正面と背後とでは地盤面の高さに違いがあるため、建物の一部は台の上に載せられている。広場エリアのランドスケープは M・ポール・フリードバーグによるもので、リフレクティング・プールも彼のデザインである。当初、子供の遊び場も設計する予定であった

された。その修復再生の作業は、当初のデザインの精神を維持して、オリジナルの素材とフリードバーグのコンセプトにある空間構成を慎重に取り扱い、造り付けベンチを含む、さまざまな種類の椅子が設置されていた当初の場所の近くにプランターをつくった。綿密な復元分析によって、オリジナルのコンクリートの色、構成、質感に近づけ、骨材のサイズや当初の本実型枠打ち放し仕上げに合わせることが可能になり、新旧の違いを和らげるのに役立った。しかし、水の浸透を避けるために、エポキシコーティングが新しいコンクリートすべてに適用された。この処理方法が外観全体の統一感を出すのに役立った

が、その印象はやや変化している。残念なことに、子供たちが遊べるようにデザインされた広場の構成要素やオリジナルの彫刻が設置されていた遊び場は、同じように処理されず、そのほとんどが解体された。

タワー部分は今も、ほぼ 65 年当時の外観を保っているように見える。オリジナルの窓はすべて損傷を受けずに残っている。長年にわたる建物の維持・管理のためにコンクリート継ぎ当ての跡が少なからず残っているが、コンクリートは当初の外観のインテグリティを維持している。素材の構造安定性を確保するための大がかりなリノベーションが長い時間

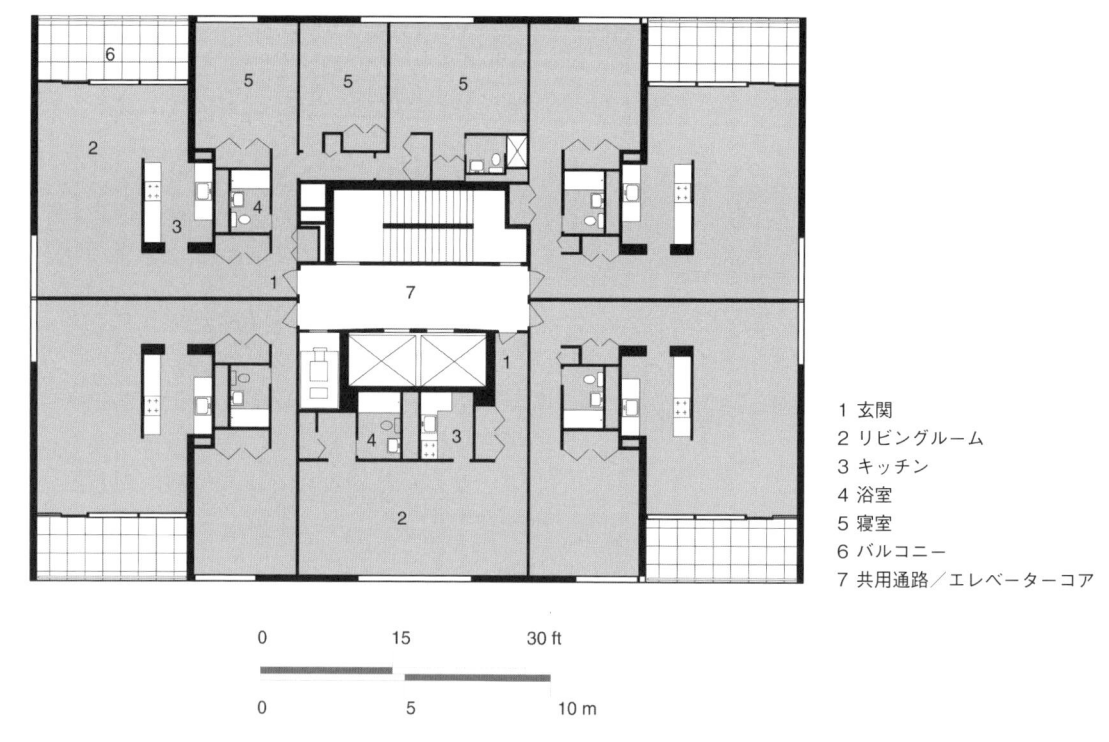

図 8-41：チャタム・タワーズの基準階平面図。各階ともに角部屋が用意され、片側にワンルーム形式の住戸が配列される。各階にさまざまな規模の計 5 つの住戸がある

1 玄関
2 リビングルーム
3 キッチン
4 浴室
5 寝室
6 バルコニー
7 共用通路／エレベーターコア

図 8-42：竣工当初の内部。集合住宅は非常に広々としていて、仕上げは簡素であった。外側の壁と床は、鉄筋コンクリート製で、内部間仕切りはニューヨーク市で初めて用いられた石こうボード（シートロック）でできている

をかけて行われたにもかかわらず、良好な状態を保っている。細部に見られるブルータリズムの表現は重要であり、それが05年に開始されるタワーのリノベーションの中心課題となった。ここでは、オリジナルの仕上げに似たコンクリートの外観となるようにつくることが目指されている。修理はコンクリート全体の色や、日中の違う時間帯に見られる微妙な差異も合わせることが求められた。コンクリートの質感を、当初の材の組成や打ち放しコンクリートの型枠板の跡の表現に合わせるため、当初材を分析し、コンクリートと骨材の両方の色見本や、材料を設置するために用いられた型枠模様の総合マップが用意された［図8-44］［＊3］。剥離したコンクリートは除去され、鉄筋はきれいに磨かれ、継ぎ当てをし、コーティング処理されたが、当初の表面の質感や色についてはよみがえらせることができた［図8-45］。こうして、さらに湿気が侵入することのないように保護された。

まとめ

チャタム・タワーズは批評家からも賞賛を受け続けているが、住人たちは地元の指定を受けると規制が強まるのではないかと心配しているため、歴史遺産として市や国の指定をまったく受けていない［＊4］。建物外部のリノベーション工事はこれまでのところ建築的意義を尊重してきたが、このことは居住者やコミュニティのニーズが変化し、フリードバーグの遊び場が失われたことが示すように、将来的に保証されるものではない。それにもかかわらず、チャタム・タワーズはほかの集合住宅地よりも、要望や認識が変化する恐れは少ないように思える。大きめの住戸規模は今もニューヨークのアパートの住戸に適している。デザイン上の彫刻的特徴は、ほかの同市内の60年代の（低所得者層などの）集合住宅とは異なるユニークな外観を提供している。

チャタム・タワーズの存続に影響を及ぼした最大の要素は、団体組織や政府機関が所有や管理をしていないということにあるのかもしれない。居住者は建物に直接出資していたので、維持・管理は絶え間なく続き、入居者の入れ替わりはほとんどない。実際に65年当初からの所有者やその相続人の多くは、

図8-43：外観詳細。角に配置されたバルコニーは、両タワーのシルエットを個性的なものにしている。外壁コンクリートに見られる型枠の跡が独特な模様と質感を生み出している

まだチャタム・タワーズに住んでいる。居住者はニーズや好みが変わっても引っ越しを選択せずに、インテリアを変更した。石こうボードの間仕切り壁はこれらの改修を容易にした［＊5］。ニューヨークの集合住宅の需要は非常に高いので、チャタム・タワーズはその価値を維持するだろう。その協同組合の所有権構造の根底にある規制はおそらく将来の外部変更も抑えることだろう。

【注】

＊1　Fred A. Bernstein, "40-Year Watch: Chatham Towers by Kelly & Gruzen," *Oculus* 66, no. 2 (Summer 2004): 49.
＊2　ニューヨーク市地域法の第10条とそれに続く第11条は、6階建て以上のどの建物に対しても、そのファサードが安全な状態にあることを確かめるために定期検査を行うことを要求している。検査は5年ごとに行われ、修理の必要とされる状態もしくは安全でない状態にあれば、次の検査までに作業を完了しておかなければならない。
＊3　コンクリートの劣化した部分や周囲とマッチしない継ぎ当て部分については、既存の色、質感、強度に合わせてコンプロコ社（Conproco Corporation）が製造した特許製品のコンクリートにより修理された。その当時は、スタッコや組積造の表面を覆うためにヨーロッパで開発されたケイ酸カリウムのコーティング剤がコンクリート表面に用いられた。コーティングは通気性があって透明度もさまざまであり、タワー表面に認められるべき自然な影やオリジナルのコンクリートの色調を可能にした。

図 8-44：外部コンクリートの詳細。外部コンクリートの本実型枠仕上げはほとんど無傷で残っているが、これがこの時期の建物の典型である

図 8-45：外部リノベーション。鉄筋の腐食が剥離を引き起こした箇所の外部コンクリートは補修され、透明の耐水コーティング剤が表面に塗られた

＊4　チャタム・タワーズはもともと限定的な公平性のある協同組合で運営されていたが、中所得層住宅の非営利組織向けの減税が終わった90年代に民間の生活協同組合に変わった。現在は、民間団体としての協同組合が建物を自己所有し、居住者は賃貸借契約のもとで住戸を占有している。事実上所有権として機能している。ニューヨーク市のランドマーク法は、指定のために所有者の同意を特に要しないが、過去10年間の手続きはそうした同意なしの指定は避けられていた。

＊5　Tracie Rozhon, "Chatham Towers: Heir to 60's Apartment Reworks It," *New York Times*, September 25, 1994.

ピーボディ・テラス
（アメリカ・マサチューセッツ州ケンブリッジ）

　フランシス・グリーンウッド・ピーボディ・テラスは、当時ハーヴァード大学大学院のデザイン学部長であった建築家ホセ・ルイ・セルト（1902-83）により設計された。大学の居住用施設であったピーボディ・テラスは学生寮としてではなく、ハーヴァードの既婚者用集合住宅として設計された。セルトが米国で最初に手がけた大規模な集合住宅の計画には、ヨーロッパの影響、特にル・コルビュジエの影響が見られるが、セルトがル・コルビュジエとともにCIAM（近代建築国際会議）に積極的にかかわり、特に1947年から56年までその代表を務めていたことからすれば、驚くにはあたらない。この計画は影響力のある重要な建築家による意義深い建築作品・都市表現であり、居住用施設として利用され続けている。この集合住宅地はどの角度から見ても、慎重に保存を進める価値がある。

　ピーボディ・テラスは竣工後、幅広く高く評価され数々のデザイン賞を受賞し、建築家やデザイナーから大きな賞賛を受け続けている。多くの集合住宅地開発のように、都市計画や立地環境はデザインの重要な特徴になっている。当初の都市の前提すべてが意図した通りに導入されていないにしても、その複合施設は今もなおモダニズムの都市計画の最も優れた事例のひとつであるし、新しい都市部近隣地域を形成することによって、意味のあるかたちで周辺環境との接続を試みた好例である。元住人の評価は

図8-46：フランシス・グリーンウッド・ピーボディ・テラス、アメリカ・マサチューセッツ州ケンブリッジ、ホセ・ルイ・セルト（1962-64）、93-95年リノベーション。外観。チャールズ川越しに見たピーボディ・テラスは、非対称に配された3つのタワーから構成されているように見える。タワー部分は川沿いに立ち並ぶ従来の高層建築とは異なる特徴的なシルエットを見せる

賛否両論で、周辺の近隣に対する否定的な感情の多くは、今もなかなか消えないが、このプロジェクトが成し遂げた優位性を損なうものではなく、大学コミュニティの融合の仕方を否定するものではない [*1]。

保存の論点

竣工から30数年後に一時、入居率が低下し、ピーボディ・テラス全体のリノベーションが必要となった [*2]。93年に作業が始まったが、新年度の始業に合わせるために、すべての工事は夏期に3年連続で行わなければならず、高層建物1棟とその低層部および中層部を一度に施工しなければならなかった。損傷が予測される箇所と設備の更新が必要な箇所の修理に取り組んだが、そのほかにも建物の持つイメージを改善するために、リノベーションが行われた [*3]。作業は敷地、外まわり、内部に重点を置いて進められた。それらの改修は当然必要な作業だと考えられた。つまり修復や保存を重視した改修計画ではなかったのである。

敷地の計画やそれに関連するランドスケープは、セルトのデザインの主要な特徴のひとつとして称讃されている。というのも、そのデザインは隣接する地域に接して関連づけられるものであると同時に、新しい独特な都市環境を形成する試みだったからである [*4]。しかしながら、計画は思っていたようにはうまく機能せず、隣接する地域との融合はまったく実現しなかった [p.232カラー図15]。徐々に都市環境が変化し、私有地を取り囲むようにしてフェンスが立てられたことにより、開放感は深められず、敷地と周辺との行き来がいっそう妨げられることになった [*5]。リノベーションを進めるにあたっては、当初の精神に立ち返り、ピーボディ・テラスをコミュニティにつなげることが求められた。舗装されたエリアである中央広場は再設計され、植物や椅子が増設された。パットナム通りと川をつなぐ、敷地を通る主軸線の存在感が増した。しかし当初のアメニティ施設のうち残っているのはデイケアセンターだけである。

外部のリノベーションは、第二次世界大戦後の鉄筋コンクリート造の建物に必要となる作業の典型で

図8-47：高層住宅棟のふたつの側面はまったく異なって見える。片側は建築的に豊かな表情を持ち、異なる幅と高さのバルコニーが目立っているが、背面は基本的に平らである。3階おきに止まるスキップストップ方式のエレベーターのため、停止階のギャラリー風の廊下はファサードに建築的リズムをつくり出している。ほかの階の住戸は共有廊下でつながっておらず、エレベーター停止階から内部階段を使って上るか下りるかしなければならない

あり、ニューヨークのチャタム・タワーズやシカゴのヒリアード集合住宅も例外ではない。現場打ちコンクリートの剥離の進行は、おもに鉄筋の腐食やかぶり厚の不足に起因する（鉄筋が表面近くに配筋されているなど）。ピーボディ・テラスの初期のコンクリートの継ぎ当て手法とは異なり、93年のリノベーションでは、実際のコンクリート形状にできるだけ合わせようとして既存のコンクリートが入念に分析された [p.230カラー図11、12]。継ぎ当て部分の形状をよりきれいにつくることで、初期の修理に見られた場当たり的な外観にならないようにした。だ

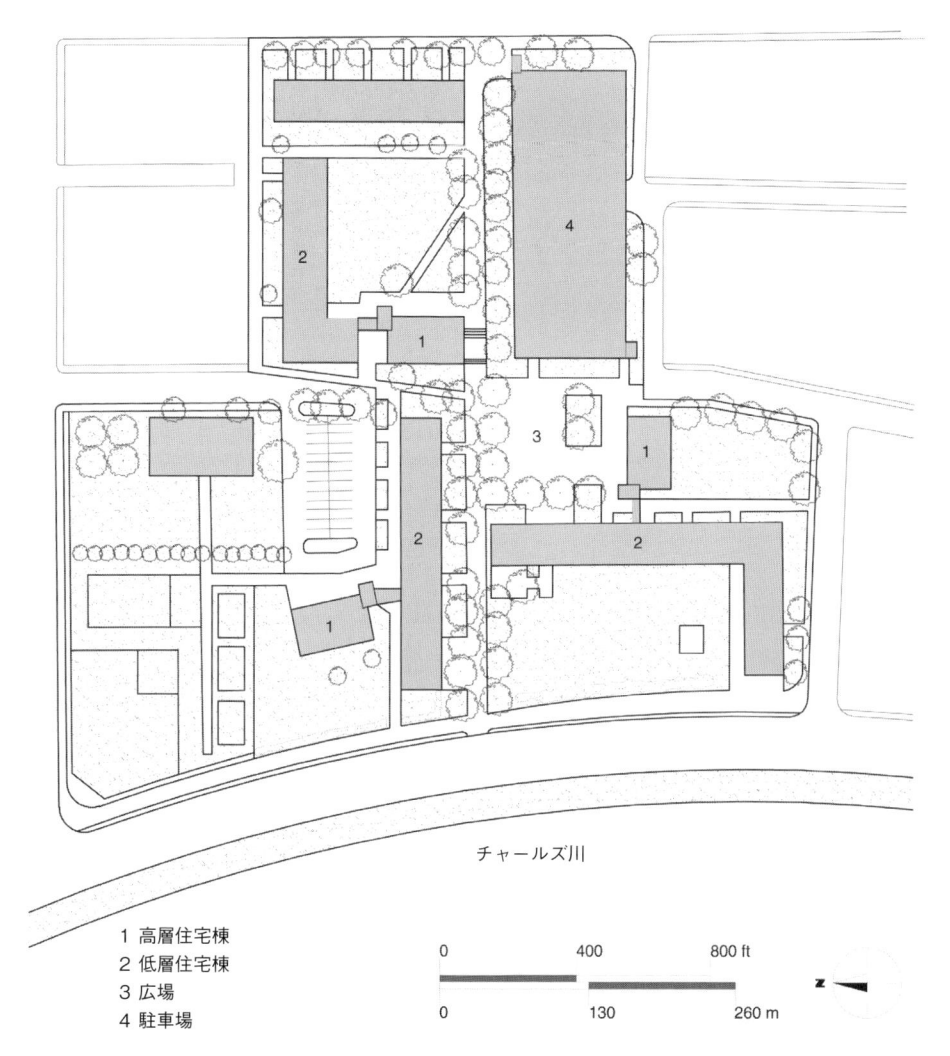

1 高層住宅棟
2 低層住宅棟
3 広場
4 駐車場

図 8-48：配置図。プランとボリュームはセルトの都市計画に対する関心とアイデアを示している。プランは新興住宅地の周辺環境と結び付けようとしているが、同時に離散的な内部都市空間が創出されている。新しいものと古いものを統合しようとする願望はプロジェクトの全体のボリュームにも現れている。周縁部に低層建築が配置され、隣接する地区の規模を考慮に入れてデザインされている

が、剥離はオリジナルのデザインや施工によるものであったため、建物が古くなるにつれて、表面はある程度劣化し続けることだろう。一方、当初のプレキャストパネルは高度に品質管理された工場で生産された製品なので、よい状態を保っている。

そのほかにも同じように、ひどく腐食が進んでいて交換が必要になっていた鉄製窓枠が修理された。断熱ガラスの利用できる新しいアルミニウム製窓が交換時に選択された。当初の窓枠のプロポーションや当初の鉄製窓の薄い外形を維持するために、アルミニウム押出し型材が小さな鉄部の内側に取りつけ

られ、補強された。窓の隣にある縦型の換気パネルも、性能改良や内部結露を最小限に抑えるために断熱パネルに取り換えられた。調整可能な日よけ装置である外部の縦型ルーバーはほとんど操作できなくなっていたが、90年以前のリノベーションで修理された。

内部のリノベーションの範囲は限定的で、当初のプランの効率性や経済性を考慮し、ある程度建物の状態に合わせて決定された[*6]。現場打ちコンクリートの構造システムが採用されていることと、中央階段を囲む6つの住戸の配置が窮屈だったことも

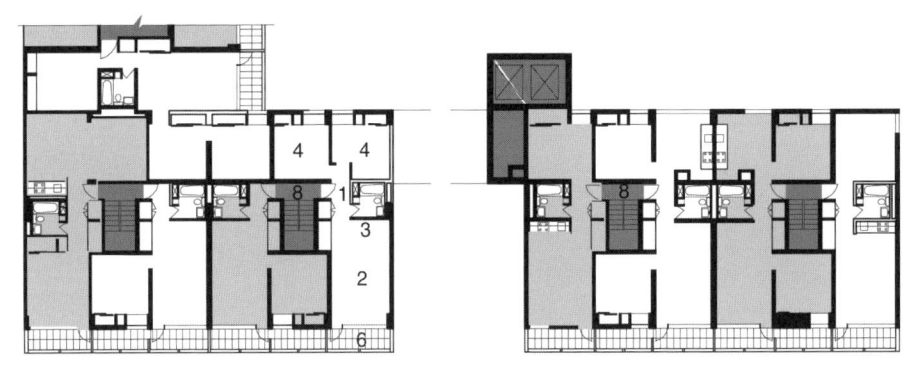

エレベーターが停止しない階（2・3・5・7階）の平面図
（高層住宅棟の10・11・13・14・16・17・19・20階も同様）

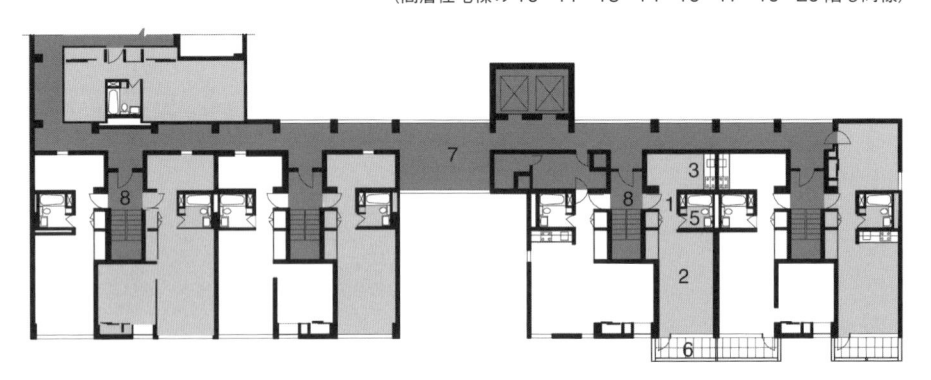

エレベーターが停止する階（4・6階）の平面図
（高層住宅棟の9・12・15・18階も同様）

1 玄関
2 リビングルーム
3 キッチン
4 寝室
5 浴室
6 バルコニー
7 スキップストップ方式のエレベーターに通じる通路
8 中央階段

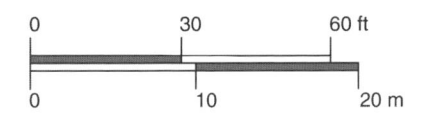

図 8-49：基準階平面図。建築の外部は各階のプランによって決まる。建物はスキップストップ方式のエレベーターシステムで設計されているので、いくつかの階にギャラリーがあるが、ほかの階にはない。建物は寝室数が1室から3室まである住戸タイプの混合である

あって、住戸の配列を変えたり、上下階を貫通させたり、サービス機能を追加することができなかった。インテリアのリノベーションは大きなカウンター、キャビネット、電気器具を備えたキッチンへの変更、浴室の改修、そして障害者のアクセスをしやすくする以外に選択肢がなかった。公共空間やコミュニティのための会議室も、修復または改修が施され、アクセシビリティが高められた。内部空間はすべて、セルトが選んだ当初の色で塗装された[*7]。

インフラシステムはほぼ変更されずに残っている。単管暖房システムは維持されているが、フィンチューブ式熱交換器のいくつかは、新設された収納空間に合わせて改良し交換された。そのほかは変更されていないものの、住戸内の個別制御機をそのままにしておくことはできないし、いずれ大量に再配管する必要性が生じるだろう。スプリンクラーは消防安全条例に準拠するため、早い段階で追加された。隠れた空間、縦溝、下がり天井が存在しなかったので、スプリンクラーや火災報知機システムの更新、非常灯の電気導管、情報通信ケーブルの配線は外部・内部に関係なく、露出配置せざるをえなかった。第二の脱出手段として共用外部バルコニーを用いると

図 8-50：建物は 3 層のモジュールで構成されている。中央に階段が配置されており、エレベーターは 3 層ごとに止まり、その階には通路が用意される。モジュールを積み上げることで堅実性を高め、構造デザインを簡略化し、縦溝や水平つなぎの必要性を最小限化している

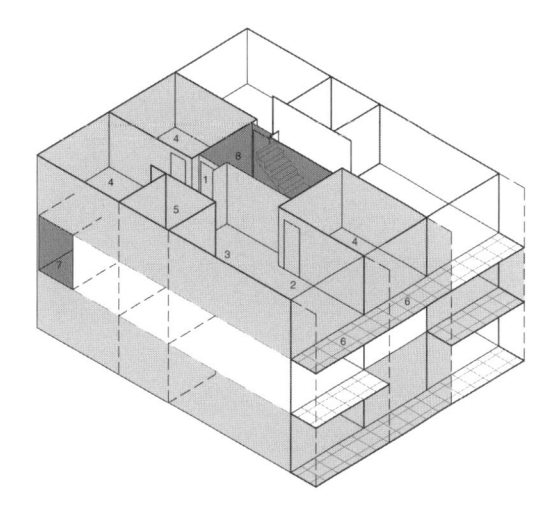

1　玄関
2　リビングルーム
3　キッチン
4　寝室
5　浴室
6　バルコニー
7　スキップストップ方式のエレベーターに通じる通路
8　中央階段

図 8-51：外部詳細。建物の片側に外部ギャラリーを採用し、別の面にはバルコニーを配置し、ダイナミックなファサードデザインを実現している。ギャラリーのほかに、外部バルコニーもまた相互連結されている。これにより別の階段にアクセスできるようになっている

いう特殊な解決法が考えられ、セキュリティやプライバシーのニーズを満たすために、集合住宅内のドアやパネルに、火災報知機のアラームが鳴るとロックが解除される電磁ロックが設置された。

まとめ

ピーボディ・テラスは重要な建物の複合施設であり、最も成功した都市計画、そして代表的な建築家による高層集合住宅プロジェクトのひとつである。それはさまざまな点で、かつてCIAMにより始められた理想の典型といえる。都市空間の扱いや周辺との接続を求めようとする方法は、優れたモダニストの伝統に則しており、のちにハーヴァード大学によって複合施設に変更されたにもかかわらず、おそらくセルトのその後の住宅地開発よりも成功している。規模や周辺地域とのつながり、そして複合施設内に計画された都市空間は、見事な状態で残っている。建物自体のデザインや住戸モジュールは、ヨーロッパの戦後集合住宅の伝統と比べても最高の水準にある。

ピーボディ・テラスは建設当時に建築関連の記事で広く称賛されたが、それは急速に批判の対象になり、その批判は今も続いている（現在、ピーボディ・テラスは保存に値するようになっているというのは皮肉である）。22階建ての高層棟の建設を伴う6エーカー規模の事業は、建物の残存していた4つの街区を更地にし、ふたつの通りを閉鎖することによってつくられた。この事業は威圧的で、おもに小さな2、3階建て住宅で構成されるコミュニティを破壊していると考えられた。このプロジェクトは、コミュニティ内に複合施設を融け込ませること（その逆も同様）を意図して試みたアーバンデザインであったが、自己完結的でよそよそしいと見られていた。コミュニティはその規模に異を唱え、古くからある近隣地区の分裂を危惧した。ピーボディ・テラスに以前居住していた人は、主要な建物がコンクリート造であること、アメニティが欠如していること、そして孤立感を感じるという、建築の持つ過酷さに不満を持っていた。スキップストップ方式を採用した結果、約3分の2の階がエレベーターに直接アクセスできなかった。おそらく、このことが不満を招いた最大の要因であった。

かつては、慎ましい手頃な価格の集合住宅を提供するという展望を持って、多くの建築家や建築組織が取り組んだが、今ではそのような建物に対する批判、都市住宅の認識の変化やそれに付随する社会問題があり、建築と一般大衆の双方の認識も複雑になった[*8]。ピーボディ・テラスは、「冷たい」「とげとげしい」と評され、今でもあら探しが続けられているが、それらの言葉は近代建築や近代住宅に対するコメントの典型といえなくもない。これはある意味で真実であるかもしれないが、コンクリートの継ぎ当て工事が必要で、スキップストップ方式によるエレベーターの不便さがあるものの、ピーボディ・テラスは、よく考えられたデザインプロジェクトであった。このプロジェクトは採用された建築的解決法だけでなく、応えようとしたニーズ、つまり既婚学生用の住居という需要を満たそうとしたという点で時代を先取りしていた。

この複合施設は今も一般的に建築家やデザイナーに好まれ高く評価されているが、多くの人はそれをあまり魅力的だと思っていなかった。その目立つ量塊性や都市デザインは、近代的な純粋な建築言語を使って周辺地域との関係を築こうとしており、多くの最近のプロジェクトに見られるような、模倣的または準文脈的な建築言語を用いていない。周辺エリアに求められる都市との結びつきが十分に実現しているとは決していえないが、40年以上がたった現在、プロジェクトの規模は大きいとは思えないし、実際に近隣コミュニティとの関係は非常に親密である[*9]。複合施設のなかと周辺の植物は成熟し、近隣地区も変化しているようである。ピーボディ・テラスは、川越しにみてケンブリッジのスカイラインを形成する高層ビルというだけではない[*10]。絶えず入れ替わる学生のために、リノベーションによって、ますます高まる住宅水準に合致した住戸を提供することができている。

ピーボディ・テラスに対する批判は今も同じ問題に集中している[*11]。セルトは周辺の都市組織（アーバン・ティシュー）内に複合施設を一体化させようと試みたにもかかわらず、アクセスの問題は認識の問題と現実の問題としてまだ続いている。対立の多くは、拡張せざるをえない教育機関の現状と

周辺コミュニティへの展開に対する抵抗の間に見られる難しい関係に要因があるようである。ピーボディ・テラスはそのうちのひとつの表現にすぎない。

興味深いことに、この複合施設で成長した居住者と子供たちの証言は、かなり肯定的である[＊12]。アルヴァー・アールト（1898-1976）が設計したことで知られ、最近労を惜しまずにリノベーションされた、チャールズ川沿いに建つ、もうひとつの居住施設のベイカー・ハウスとピーボディ・テラスへの認識を比較してみたくなる。だが、この比較は間違いであり、不完全である[＊13]。視覚的にもより伝統的建物であるベイカー・ハウスは、ピーボディ・テラスと同様、内部インフラの問題に苦しんでいたが、既婚学生のために設計されたのではなかったし、マサチューセッツ工科大学の敷地は建物が建設されたときは空き地の状態で、影響を与えそうな近隣地域も存在しなかった。

既婚学生の性質、役割、要望は変化したかもしれないが、その建物は存在し、ニーズに応え続けている。この建物は確かに保存する価値がある[p.232カラー図15]。

【注】

＊1　*Architecture Boston* 6, no. 4 (July-August 2003) はピーボディ・テラスを特集している。さまざまな建築家がインタビューを受け、建物に対する見解を求められた。この複合施設で育った人々や以前のテナントも同様である。また、居住者は十分な空間があると考えていたようだが、Jonathan Hale, "Ten Years Past at Peabody Terrace," *Progressive Architecture* 55 (October 1974): 72-77 は、暖房システムやエレベーターを持つ共同住宅の機能的問題のいくつかに言及している。

＊2　筆者はFAIA（アメリカ建築家協会員）のリーランド・コッタの恩恵を受けている。彼はこの部分に含まれている詳細な情報の多くを提供してくれた。マサチューセッツ州ケンブリッジにあるブルーナー・コッタ＆アソシエーツはピーボディ・テラスのリノベーションを担当した建築家事務所である。

＊3　John Morris Dixon, "Yesterday's Paradigm, Today's Problem," *Progressive Architecture* 75 (June 1994): 100-108 を参照。彼はリノベーションは物理的な状態だけでなく、学生居住者たちの否定的な声のために、必要であったと述べている。

＊4　Sarah Williams Goldhagen, "1961 Peabody Terrace," in Rovira, *Sert: Haifa Century of Architecture*, 282-95. また Sarah Williams Goldhagen, "The Production of Locality in Jose Luis Sert's Peabody Terrace," *Harvard Design Magazine*, 23 (Fall 2005-Winter 2006): 1-7. この記事は Rovira book として出版された同著者により記された記事の、若干短い別のバージョンである。

＊5　オープンスペースや広場のあるピーボディ・テラスは、その周辺の低層住区と類似の密度を持つが、おそらく資源の節約とサービス空間の充実というふたつの面で優れている。低層対高層または縦対横のスプロールに関する議論は現在も続いている。ブルックリンの現アトランティック・ヤードに関する議論は、ピーボディ・テラスに関する60年代の批判と大して違わない。Nicholas Confessore, "Cities Grow Up, and Some See Sprawl," *New York Times*, August 6, 2006.

＊6　ピーボディ・テラスの建物とブラジリアの居住用建物のリノベーションの比較は興味深い。どちらも現場打ちコンクリートを使用し、最低限のインフラを整備した。ブラジリアの居住用建物の多くは、ピーボディ・テラスとは異なり、「質実剛健」な外観に対抗するために「ポストモダン化」し、民間所有の居住用建物に必要だと考えられているものに合わせようとしている。公共空間は大きく変えられ、異なる色彩や素材がブラジリアの外部につけ加えられ、建築の当初の個性は損なわれている。

＊7　セルトの共同経営者であったジャクソンは、セルトが選んだ色で塗られた「ショートボード」を保護した。これらの新しい色彩は、セルトであれば実行したと思われる方法が適用されたが、建物に残っている塗装サンプルの科学的分析に基づいていなかった。Leland Cott, FAIA, in an interview with the author, August 2, 2006.

＊8　"Imposing Architecture: The Problem of Design Politics," *Architecture Boston* 6, no.4（July-August 2003）: 37-41, マサチューセッツ工科大学都市研究・計画学部の学科長ローレンス・J・ヴェイル教授と同校都市研究学部長のヒューバート・マーレー教授との、公共住宅と高層住宅の議論については上記文献を参照。

＊9　Cott, "Why Architects Love Peabody Terrace," *Architecture Boston* 6, no.4 (July-August 2003): 20-25.

＊10　Hale, "Ten Years Past at Peabody Terrace," 72-77. ピーボディ・テラスの不満は、まちの成長と複合施設内のコミュニティの欠如に関する問題に集中している。後者は居住者が一時的に滞在する大学院生であることを考えれば、それほど驚くにはあたらない。

＊11　*Architecture Boston* 6, no.4（July-August 2003）この号はピーボディ・テラスを特集している。さまざまな建築家がインタビューされ、以前のテナントと複合施設で育った人々にも意見を聞いている。

＊12　Erin Graves, "Family Affairs: The Children of Peabody Terrace," *Architecture Boston* 6, no.4（July-August 2003）: 34; or Edward Young, "Other Voices," *Architecture Boston* 6, no.4（July-August 2003）: 48.

＊13　David N. Fixler, "The Renovation of Baker House at MIT: Modernism, Materiality, and the Factor of Intent in Preservation," *APT Bulletin* 32, nos.2-3（2001）: 3-12. ベイカーハウスは大きなリノベーションを経験した建築的に重要な学部生専用寮というだけではない。バッサー大学にあるマルセル・ブロイヤーによる1951年のフェリー・コーポレーション・ハウスとエーロ・サーリネン（1910-61）によるノイス・ホールも2000年に改修・修復されている。ブライン・マウル大学にあるルイス・カーン（1901-74）が設計したエレノア・ドネリー・エードマン・ホール（1960-65）は2004年に改修され、フィラデルフィア保存連盟（Preservation Alliance for Greater Philadelphia）の保存業績賞を受賞している。

レイモンド・M・ヒリアード・センター
(アメリカ・イリノイ州シカゴ)

　等間隔のスラブで構成される高層建築という公共住宅の画一的なイメージから大きく離れているのが、バートランド・ゴールドバーグ (1913-97) が設計したレイモンド・M・ヒリアード・センターという名の弧を描く円形タワー建築である。1962年から66年に建てられた、ヒリアード・センターはシカゴを走る地下鉄路線「ループ」から南に3マイル離れた12.5エーカーの敷地にあり、4棟の家族用・高齢者用の高層住居棟と1棟のコミュニティ用の低層建物から構成される[図8-52]。住居棟は特徴的な円形になっており、シカゴの水辺にあるゴールドバーグ設計の有名なトウモロコシの穂軸形のマリーナ・シティ・タワーズやノースウェスタン大学のプレンティス・ウィメンズ病院を思い起こさせる。だが、彼は芸術的声明それ自体を表現することを目的としたのではなく、思慮深く人間的で美的効果を狙ったデザインでありながら、効率的で経済的に建設できる建物をつくることを目的としていた。

図8-52：レイモンド・M・ヒリアード・センター、アメリカ・イリノイ州シカゴ、バートランド・ゴールドバーグ (1962-66)、2004-06年修復・再生。外観。幾何学的な形態をした現場打ちコンクリートの建物が3棟ある。ヒリアード・センターは周辺の集合住宅開発との違いを明確にしているだけでなく、その用途を表現している。丸い建物が高齢者用、弧を描く建物は家族用であり、四角い建物は地域サービスを提供する

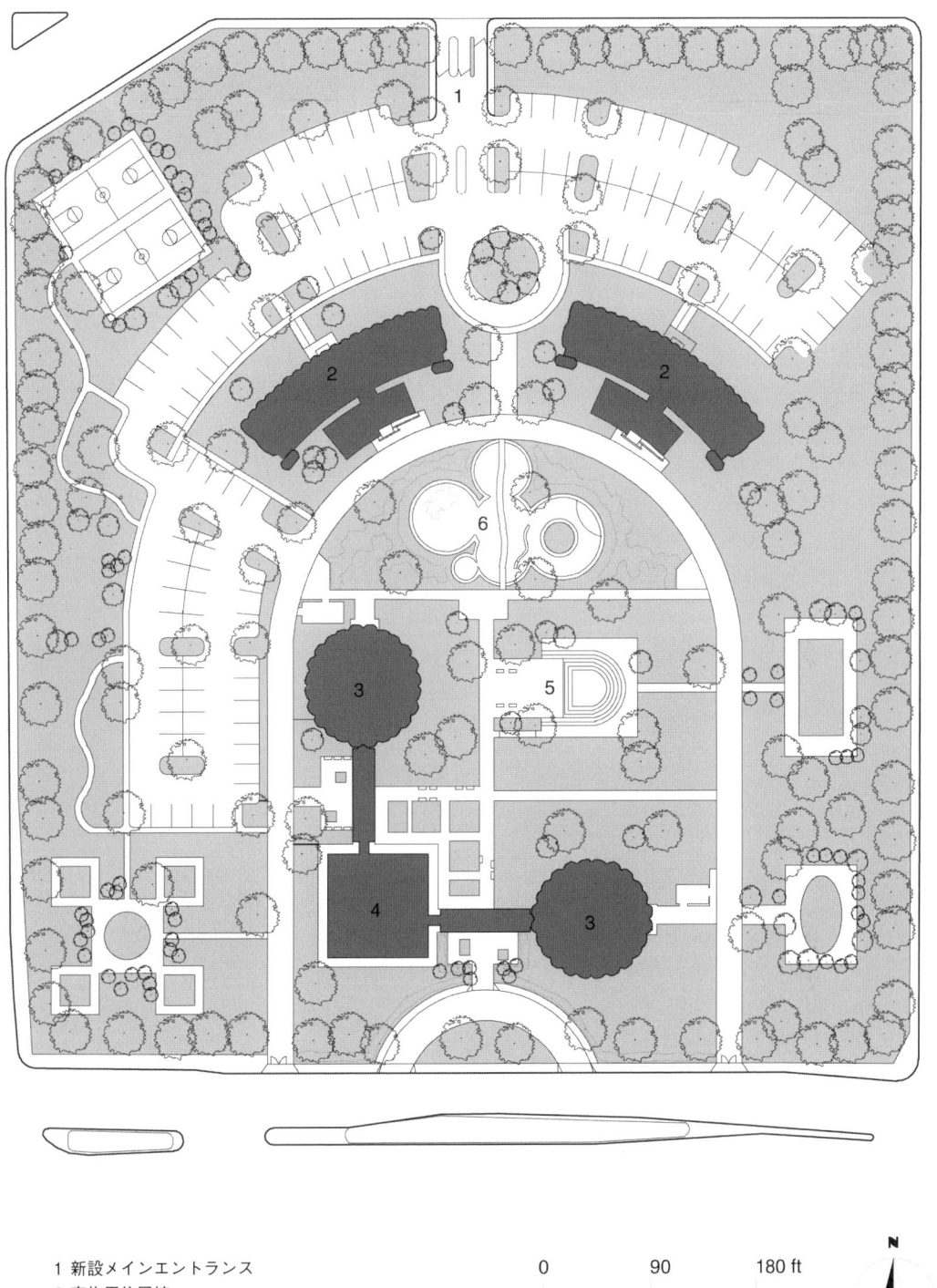

1 新設メインエントランス
2 家族用住居棟
3 高齢用住居棟
4 コミュニティセンター
5 野外劇場
6 遊技場

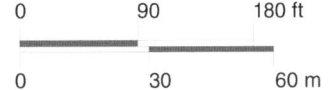

図 8-53：配置計画案。敷地は当初のプランが修正されたが、主要な特徴はほぼすべて維持されている。居住用建物とコミュニティ用建物のほかに、センターの野外劇場が残っており、娯楽施設もほとんどが維持されている

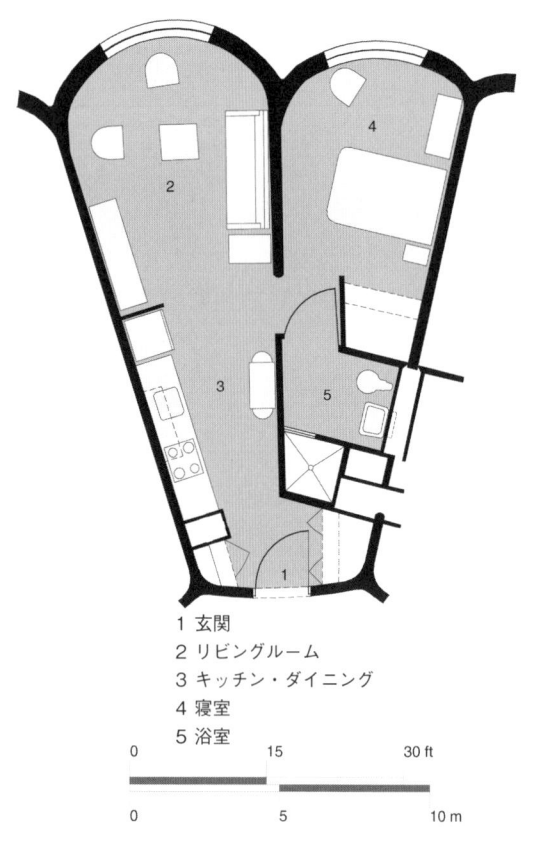

1 玄関
2 リビングルーム
3 キッチン・ダイニング
4 寝室
5 浴室

図 8-54：高齢者用住宅の代表的な住戸プラン。円形タワー内のコンパクトな 1 ベッドルームの住戸はすべて中央にあるサービスコアの周囲に集めて配されている。外部に面した張り出し窓は用途（リビングや寝室）に合わせて、わずかにサイズが変えられている。リノベーションの過程で、これらの住戸はキッチンや浴室を含めて、新しい仕上げや固定具が取りつけられたが、プランは大きく変えられていない

図 8-55：廊下。住戸正面の弓形が、わずかに湾曲した外廊下にいきいきとした表情を与えている。現場打ちコンクリートの構造に下がり天井がなかったので、新たな電気配線管は表面に直に取りつけられなければならなかった。この階のすべての窓は取り換えられている

ヒリアード・センターはゴールドバーグの建築や構造の創意工夫に関する声明であるだけでなく、社会における建築の重要な役割に対する彼の見解を表明している。60 年代以降の公共住宅の多くは非難を浴びているが、ヒリアード・センターの建築デザインには、慎重に考え抜かれた空間があり、視覚的に目立っていた。その特質は、建物を取り壊しから守っただけでなく、公私連携のリノベーションへと導いた。

保存の論点

ホルステン不動産がヒリアード・センターの購入話をシカゴ住宅局に持ちかけた 99 年の時点の建物はシカゴのほかの公共住宅のように、ぼろぼろの状態で老朽化していた。家族棟のひとつは入居率が低くなったためにすでに使用されていなかった。ほかの 3 棟の上層階も同様である。ヒリアード・センターは公共住宅プロジェクトのなかでも評判が悪いというわけでは決してなかったが、経営がお粗末で、メンテナンスが先送りされ、ほかのシカゴ住宅局の所有物件のように悪いイメージに悩まされていた［図8-57］。66 年のオープン以来、多くの住人がその複合施設で暮らしていたが、長年、メンテナンスの約束が守られなかったために、修復再生案に対して楽観視する人はいなかった。修復再生後の選択

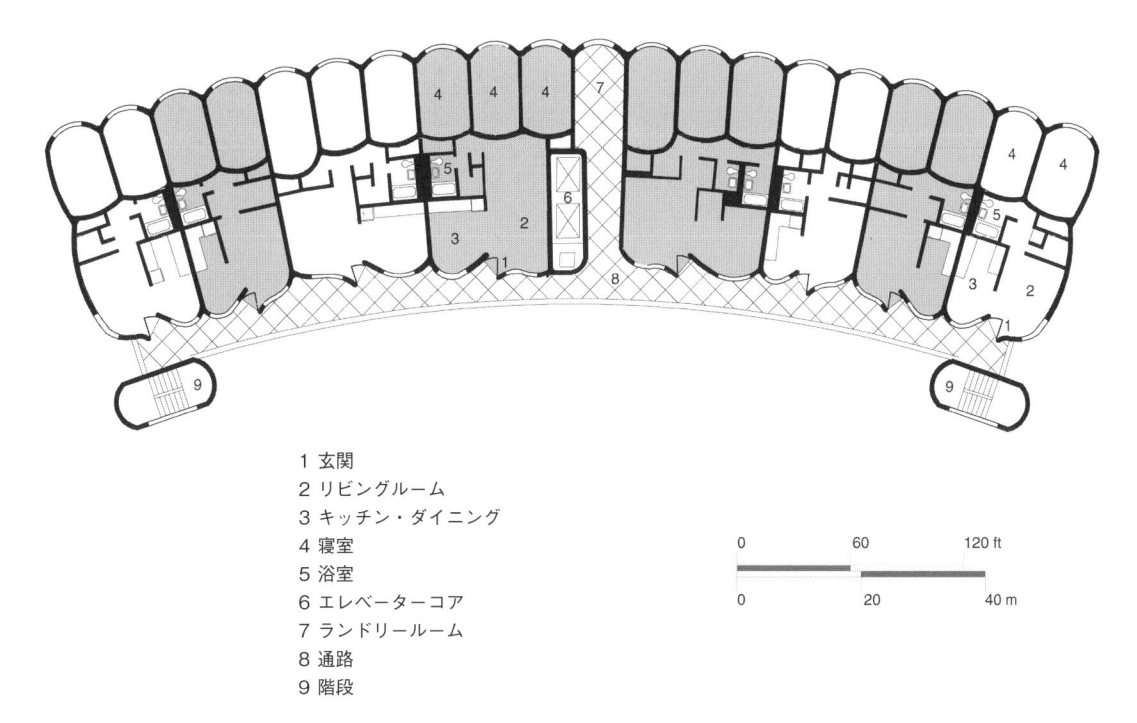

1 玄関
2 リビングルーム
3 キッチン・ダイニング
4 寝室
5 浴室
6 エレベーターコア
7 ランドリールーム
8 通路
9 階段

図8-56：ヒリアード・センターの標準的な家族棟の平面図。家族用の居室は、1ベッドルームから4ベッドルームまでさまざまな大きさの住戸がある。住戸は幅広い廊下に沿って弧を描くように配列され、居室の両端にはベイウィンドウが取りつけられている。アパートはリノベーションされ、追加で設置されたエレベーターは各階の寝室空間を改修して、センターコアのなかに組み込まれた

肢が示されたときに、再び入居することに合意したのはほんの少数だった[*1]。以前と同数の高齢者や家族が住み続けることになったのだが、その建物が初期公共住宅のイメージとは異なることを示そうとして、この複合施設は「ヒリアード・タワー・アパートメント」と改名された。現在654戸のうちの約350戸（約55％）が低所得住宅に分類され、約305戸（約45％）が公共住宅に分類される[*2]。

ヒリアード・センターの修復・再生は財政的な理由や物流上の理由から2段階に分けられた。第1段階は2004年に完了し、敷地の西側に位置する高齢者棟、家族棟やコミュニティ施設棟の外部修理や内部リノベーションが行われた。第2段階は、残りの建物が修復・再生され、ランドスケープや野外劇場にも取り組んだ。すべてのプロジェクトは06年末までに完了した。リノベーションのおもな目的は、これらの建物を標準的な規模よりも小さい住宅として使い続けられるように回復させることであった。国立公園局（NPS）とイリノイ州歴史保存局は再調査し、修復・再生事業案を、アメリカ連邦政府

図8-57：コンクリート詳細。現場打ちコンクリートの外部は特徴的な縦型の本実型枠仕上げである。その時期の典型であったが、コンクリートかぶりは所定の場所に最小限の量しか確保されておらず、表面に非常に近い場所に配筋されていた。これが鉄筋の腐食と剥離の原因となり、リノベーションの前に目障りな継ぎ当て作業をすることになった

図 8-58：コンクリートによる修理部分。窓上部のコンクリートの腐食鉄筋は、それを修理するために剥離したコンクリートを取り除く必要があった。継ぎ当ての視覚的効果を小さくするため、当初の本実型枠仕上げが外面に現れるように、コンクリート壁全体が表面処理された

の歴史的修復再生控除プログラムの一部にのせることにした。このプログラムはリノベーションの歴史的妥当性を保証し、建物のインテグリティを維持するためのものであった。

　高齢者用住居棟の住戸の形状は変更されずに維持されているが、家族用住居棟の寝室は現代的な要望に応えるため、2つか3つの寝室を組み合わせて広い主寝室をつくっている。より大きな部屋や開口を確保するために、コンクリート製の間仕切りが切除され、構造エンジニアの指導のもとで、全体の構造のインテグリティを維持するために補強された。それぞれの家族棟に3つ目のエレベーターを設置するため、56戸の住空間の一部が提供された。配管工事、電気、暖房、換気、空調システムはすべて更新され、水まわり部分は7インチ（17.8cm）厚の床スラブに穴をあけて必要となる温冷水の配管に対応させ、それまで何年も見捨てられていた当初の床の放射熱暖房システムは新しい独立型ファンコイルシステムに取り換えられた。非常灯とスプリンクラー設備も設置された。住戸内のキッチンや浴室では、新しい電化製品、木工製品、仕上げが採用された[*3]。当初、壁にはオフホワイトが用いられ、天井には落ち着いた金色や薄いオレンジ色のようなすっきりとしていて陽気な色が用いられていたが、オリジナルの色彩は復元されなかった。代わりにすべての住戸は白に塗装され、高齢者棟の中央廊下にはほかの階と区別するために鮮やかな色が塗られている[*4]。セキュリティ対策も考慮して新しい玄関ロビーがそれぞれの家族棟につくられ、同様のセキュリティ対策が既存の高齢者棟の通路にも追加された。

　外部については、コンクリートが剥離し、広範に

わたる継ぎ当て工事を必要としていた［図8-58］。オリジナルは無塗装であったが、多くの継ぎ当て部分を隠すために、オリジナルのコンクリートの色に合わせて色を塗ることが許可された。当初のアルミニウム製単板ガラス窓の多くは、各建物の3、4階までの低層階で使用するために取り外され、エネルギー効率を改善するために内側に防風用の二重窓が追加された。しかし、上層階には新しいアルミニウム製の断熱窓が設置された［*5］。シカゴの著名なランドスケープアーキテクトであるアルフレッド・コールドウェルが設計した、当初のランドスケープは維持された。彼はしばしばゴールドバーグと協働し、マリーナ・シティのランドスケープもデザインしている。当初の樹木の多くは残されたが、追加で新しい植物も植えられた［*6］。娯楽施設や庭園も新たに設置された。

まとめ

ヒリアード・センターの修復再生においては、注意深く、実用性と歴史保存の両立が図られた。これらの建物の簡素さは、60年代の公共住宅の考え方やガイドライン、そして建築家による構造やデザインの実験の結果である。この簡素さがその建物の重要性を形成し、比較的直接的な保存を可能にしているが、現代の住宅に期待される快適性を実現するのは難しい。当初の施工にならって、最小の予算が標準より小さいこの集合住宅のリノベーションや補修に割り当てられてきた。寝室とリビングルームの間の現場打ちコンクリート壁のように、当初の構造の剛性は十分でなく、広々とした部屋をつくり出すために間仕切りを撤去させるのには費用がかかった。下がり天井がなく、打ち放しコンクリートの床と天井になっていることから、新設する配管や導管を隠すことができなかった。見た目には最適な解決方法ではないが、リノベーション時に表面に取りつけられた部品は改修費用を抑えることに役立ち、すべての配線にアクセスしやすくなっている。将来的にそれが望ましくないと考えられても非常に簡単に取り外すことができる。外部コンクリートの継ぎ当てを隠すためのコーティングと長期耐久性の付与は、コンクリートの質感と色が保たれている限り問題にはならない。

ゴールドバーグの主要な設計意図は、手頃な価格でよいデザインを提供することであった。当初の建築部材の多くをできる限り保持することに加えて、複合施設の設計意図を保護することが第一の目的であったとしたら、そのプロジェクトは成功したに違いない。そうした意味でヒリアード・センターは、建築的・歴史的意義を維持しつつも価格や品質を妥協せずに公共住宅をリノベーションできることを実証してみせたという点で重要であるといえよう。

【注】

*1　Peter Holsten, president of Holsten Real Estate Development Corporation, in a conversation with Flora Chou on January 19, 2006.
*2　アフォーダブルな住戸（全住戸の約55%）とシカゴ住宅局（CHA）の公共住宅住戸（全住戸の約45%）は両方とも、居住者の収入を平均年収の60%未満に制限している。シカゴの4人世帯の平均年収は約7万5000ドルである。CHAの住戸は居住者の年収が平均年収よりも30%以上である場合には借りることができない。一方、アフォーダブルな住戸はほかの資金源の要件に基づいた賃料が設定される。住戸自体は、公共住宅、アフォーダブル、低所得者用住宅を区別していない。代わりに、家族棟や高齢者棟の両方を利用できるように、各カテゴリーの住戸の比率が維持される。
*3　Craig Barner, "Hilliard Towers Apartments," *Midwest Construction* 8, no. 1 (January 2005): 19.
*4　オリジナルの色については以下を参照。John Morris Dixon, "Goldberg's Variation on Chicago Public Housing," *Architectural Forum* 124, no. 11 (November 1966): 30.
*5　Peter Holsten, interviewed by Flora Chou, January 19, 2006.
*6　Betty J. Blum, "Bertrand Goldberg," Chicago Architects Oral History Project, transcript at Architecture Department, Art Institute of Chicago, 176. コールドウェルは世界大恐慌時にシカゴ公園地区のために働き、シカゴ市の有名なランドスケープの多くの責任を負う立場にあった。リンカーン公園動物園にある1937ルーカリーや湖畔にあるバーナム公園のプロモントリーポイントを含む。彼はフランク・ロイド・ライトやジェン・ジェンセンの中西部の仕事に影響を受けている。コールドウェルはミース・ファン・デル・ローエがイリノイ工科大学でディレクターを務めていた1944年から59年までイリノイ工科大学で教鞭を執り、ミースのマスタープランの一部としてキャンパスのランドスケープの大半をデザインした。Blair Kamin, "Alfred Caldwell, 95, Architect, IIT Teacher," *Chicago Tribune*, July 8, 1998.

結論

　第二次世界大戦後の社会における建築の目標のひとつは、すべての人のために快適で手頃な価格の住宅を提供することだった（なかには新しい都市や近隣であるかのように見せかけるものも多かったが）。その状況のなかで、数多くの高層建築が米国だけでなく世界中の各地域で建設された。さまざまな理由により社会的・経済的な荒廃が、それぞれの国々で60年代から70年代に起こった。これを理由に、これらの建物は望ましくない状態で放置されたり、取り壊されたりすることが多かったが、適性で手頃な価格の住宅に対する需要は依然として根強く、さらに望まれてもいた。保存に関しては当初の建物を保護するだけでなく、当初の設計意図を持続させることで手頃な価格の住宅を提供するのに役立つという、もうひとつの重要な側面を持つこととなった。そうした建物の保存は、その目的と同じくらいに、建築そのものにおいても大きな意味があった。

　3例ともすべてアメリカの例であり、ほぼ同時期に建設された。ヒリアード・センターを除けば、どれも公共住宅ではなかったが、居住者のために手頃な価格になるよう考慮されている。3つのいずれの建築家たちも低予算にもかかわらず、現場打ちコンクリートで建設し最小限の基準とアメニティを満足させながらも、優れたデザインにしようとした。どの事例も、同じデザインの美学で、オリジナルの建物を維持し運営し続けることの可能性を実証している。しかし3つのうちヒリアード・センターだけがナショナル・レジスターに登録されて、正式な認知と保護を受けている。ほか2例もデザインのインテグリティが維持され、保存されることが望まれる。

　戦後期の集合住宅や都市計画の遺産は大量に存在し、米国および諸外国において、これまでにない規模と複雑さで私たちに難題を突きつけている。この遺産は、当初に意図した建築表現として重要なだけでなく、これらの建物のいくつかは、建設当初の精神を思い起こさせるという意味においても重要である。

第9章 プレファブリケーション

　構法としてのプレファブリケーションの使用には長く重要な歴史がある。現代のデザイナーたちはプレファブリケーションの概念に新たな関心を持っており、その歴史に焦点を合わせてきた。一方で、多くの重要な初期のプレファブ建築がそろそろ保存を考える時期にきている。プレファブリケーションは建設技術や建材など広範囲に用いられる用語であるが、プレファブ建築の適切な定義に、以下のような、1947年にアメリカ商務省によって定義づけられたものがある。

　プレファブ住宅は、さまざまなサイズの部材やパネルからなる壁、間仕切り、床、天井、屋根で構成され、建築基礎上に組み立てられる前に、工場で製造される。これらは従来の住宅とは異なり、現場でひとつひとつ組み立てられる[*1]。

　この定義は、プレファブケーションが採用しうる、さまざまな形式を対象としていることがわかるだろう。プレファブリケーションと施工の方法（これらに関するほとんどの歴史的記述はどのように発展したのかを論じている）とは別に、建物（その多くは住宅）が各地に単独で建てられたのか、あるいは大規模な開発の一環として建てられたのかを考えることも重要である。このことは重要性を決定する基準と一般的知名度に影響を及ぼすだろう。

　コスト効率のいいプレファブ構法の探求は、ほとんどすべて、安価で適正な住宅をつくる（時には緊急の）必要性に駆られて行われてきた。結果として、プレファブ建設の活発な時期は状況によって異なり、国によって異なる。例えば、ヨーロッパでは、手頃な価格の住宅の建設は、プレファブリケーションの多様な形式が探求されるなか、1920年代初頭から30年代中頃に始まった可能性が最も高い。一方でアメリカでは、住宅不足は世界大恐慌（1929年）の影響を受けるまで深刻化しなかった。大恐慌後でさえも、効率的なプレファブ構法による建設が行われるまでに数年を要した。アメリカのプレファブリケーションは、アメリカが第二次世界大戦に参戦（1939年）する直前の時期に急速に展開し、戦後も10年ほど続いた。ほとんどの住宅団地が戦時中につくられた。この時期は戦争を支援する産業や工場の拡大に伴い、大量の住宅を早急に用意する必要があったため、国防関連の住宅の建設が活発であった。こうして、戦後何十年も続くプレファブ産業に注目と関心が集まることになったのである。
　ヨーロッパとアメリカの住宅地を比較すると、いくつか違いがあることに気づく。
　アメリカの建設業者は、一戸建て住宅に焦点を当てており、枠組壁工法を用いている。一方、ヨーロッパでは、プレファブの技術を用いて建てられた安価な住宅の大多数が、組積造の長屋住宅として建

設されている。その理由は、アメリカでは木材が歴史的に入手しやすかったことが挙げられる。その結果、組積造よりもバルーンフレーム工法とプラットフォーム工法が優勢になった[*2]。19世紀のプレファブの起源に見られるこの差異は、両大陸における20世紀中の発展の仕方に影響を与えているように思われるので重要である。また、この差異はなぜアメリカで用いられた手法が戦前のヨーロッパで用いられた手法にあまり見られないのかを説明してくれるかもしれない。

さらに、ヨーロッパとアメリカの慣習の違いもあり、住宅の所有権と事業の発注元が異なる。ヨーロッパ大陸において初期のプレファブ要素を取り入れた住宅団地の多くは、政府機関や相互利益のため働く著名な建築家やデザイナーによるものであり、社会的責任を果たすとともに建築的な興味を実現できる製品をつくろうとしていた。一方、アメリカでは、プレファブリケーションの材料とシステムが、儲かるビジネスになるということが明らかになると、業界全体が30年代後半に多くの住宅団地を建設しはじめた。第二次世界大戦前と戦時中にアメリカに移り住んだヨーロッパ出身の初期のモダニズムの建築家たちは、安価な住宅が速やかに提供される手段としてプレファブリケーションの構想を練っていたが、このうち、実際に建てられたのは少数で、成功したのはごくわずかだった。

少しずつではあるが、重要かつ決定的な変化がアメリカで生じた。その変化は素材と労働にかかわるものである。20世紀初頭は、新しい素材の種類が増え、寸法もそれまでよりも大きくなり、技術が進歩した時期であった。この進歩により、伝統的建造物の材料と工法は新しい材料と工法に変化し、設置時間を短縮することができた。伝統的な漆喰の技術は、石こうボードに代わった。プライウッド（合板）は木板の代わりに内側と外側に用いる野地板に応用された。断熱板は別の仕上げの下地になり、サンドイッチパネルは、壁全体を組み立てなくてもよい材料として用いられはじめている[*3]。さらなるコスト削減を図り、熟練技能労働者の必要性を減らすという目的を持つ、これらの材料は20年代と30年代までに、目につきやすい外部と内部に適用する材料として欠かせなくなった。

第二次世界大戦の勃発により、戦争に必要とされる材料は建設業界では使えなくなり、熟練労働者が不足する事態に陥った。工場生産された材料によって施工作業を単純化する試みは、当然とられるべき手段であり、広く受け入れられる建設手法になった。例えば、4×8フィートで生産されている合板や石こうボードのような板材は、レンガ積み、スタッコ、漆喰仕上げのいずれのタイプよりも設置しやすく工期も短かった。労働力の変化に伴い、大型プロジェクトには別の方法（技術の向上と施工期間の短縮）がとられるようになった。最終的にはプレファブとの関係性はなくなるのだが、作業員が建物から建物へ次々と移動し同じ作業を行うという戦後に続いた慣習は、建設プロセスのスタンダードになった[*4]。

第二次世界大戦の開戦は、プレファブリケーションのパラメーターも変えることになった。手頃な価格にするために建設費の削減に力を入れるよりも、施工期間の短縮が最優先された。戦前にプレファブリケーションが進歩したことにより、必要とされていた住宅建設の工期短縮という理想的手法が戦争の準備の一環として確立された。たとえ、デザインや施工の質が建設スピードを上げるために犠牲になったとしても、プレファブリケーションのシステムが採用され、場合によっては新たに開発された。

結果として、プレファブリケーションは否定的な見方をされるようになり、戦後期になってもこの見方を打ち消すのは容易ではなかった。戦後の10年間は、何千もの兵士が戦争から帰還したことによって生じた住宅不足を緩和するため、建設スピードが依然として最優先されていた。しかし、最終的に住宅の品質が問題となり、建築やコミュニティのデザインよりも、まずアメニティを高めることに取り組んだ。それでもなお、システムとしてのプレファブリケーションのイメージを改善する必要があった。まさにそういう意図でつくられたのが鋼材とほうろう製品を用いたラストロン・ハウスである。

皮肉なことに、初期のプレファブ住宅の展開は住宅の最小限の基準の発展と密接に結びついている。それは人間らしい生活状況を確保するとともに、手抜き工事を阻止する試みでもあった。早くも23年には、アメリカ商務省の規格基準局が、『小住宅建設に推奨される必要最低条件』と題する新しい

公文書を発布した[＊5]。この文書は住宅に対する関心を高める契機となり、32年に23年の「必要最低条件」の改定版が発表されることとなった[＊6]。34年の国民住宅法の成立と35年の連邦住宅局（FHA）の設立は、結果的にデザインと構造の両方の最低基準の継続的な公布と度重なる改定につながった[＊7]。そこには最小限財産基準も含まれ、推奨されるデザインやレイアウトの基準が提案されている。それらは当然のことながら、セメスト・ハウスの試作品や初期プレファブ住宅の実例のプランとよく似ている。

　本書ではアメリカとヨーロッパで第二次世界大戦前後の数十年のうちにつくられた多くの住宅団地から、ふたつの事例を選んだ[＊8]。第二次世界大戦初期より建設されていたセメスト・ハウスと、終戦後10年のうちに建てられはじめたラストロン・ハウスである。この2例は、異なる材料と前提に基づいた非常に特異なシステムからできており、両方とも保存の取り組みの対象になっている。両事例に共通する基本的な課題は、どのようなプレファブリケーションシステムや郊外の住宅団地（トラクトハウジング）であっても、すべての大量生産型の住宅はインテグリティの問題に取り組まなければならないということである。保存の議論に欠かせない構成要素のひとつであるインテグリティは、建物の重要性を伝える資産の能力として、ナショナル・レジスターへの登録を目的に、明確に定義されている。それは多くの場合、資産の重要性を表す不可欠な物理的特徴、すなわち当初の立地環境、デザイン、材料を通して評価される。しかしながら、大量生産型住宅であるがゆえに、オリジナルのデザインや材料が時間の経過とともに変更され、失われていることも多く、保存すべきものに関するジレンマを生み出している。

　ここ数年、アメリカでは公的領域か私的領域かを問わず、初期の安価な住宅のストック（そして建設されたプレファブリケーションシステム）の保存にますます注目が集まっている。ヨーロッパの場合、建設方法と最初の所有権のあり方が異なり、現在の主要政策がこの種の住宅の保存に与える影響も大きく異なっている。したがって、ヨーロッパの事例はアメリカではあまり関係がないと思われる。それゆえ、ここではヨーロッパの事例は扱っていない。

【注】

＊1　この定義はアメリカの商務省の刊行物からの引用である。*Prefabricated Homes, Commercial Standard CS125-47*, 2nd ed. (Washington, DC: Prefabricated Home Manufactures' Institute and US Department of Commerce, 1947), H.Ward Jandl, *Yesterday's Houses of Tomorrow: Innovative American Homes, 1850 to 1950* (Washington, DC: Preservation Press, 1991), 160

＊2　Colin Davies, *The Prefabricated Home* (London: Reaktion Books, 2005), 44-46, 66-68, and 162-64. バルーンフレームの起源について説明し、70年代半ばまでイギリスでは木骨造が多く使用されなかったことについて言及している。石工と熟練を要する職人の不足を背景として進められた、製造と設置の費用の低減は、バルーンフレーム工法やプラットフォーム工法を起源とする構造システムへと、ますます業界を後押しした。

＊3　Alfred Bruce and Harold Sandbank, *A History of Prefabrication* (New Yourk: Arno, 1972), 71-76. これらのタイプのパネルの利用について論じている。この出版物は、ジョン・B・ピアース財団によって、『ハウジング・リサーチ』として44年に刊行された初期の調査の再版であり、42年より「アーキテクチュラル・フォーラム」に連載された一連の論文が含まれている。この情報は、戦争初期のプレファブリケーションの情勢を反映している。巻末にその当時に利用できたシステムの図説が施工技術、材料、形態を交えて掲載されている。10年前に出版された文献の興味深い比較については以下の文献を参考。Albert Farwell Bemis, *The Evolving House*, 3 vols (Cambridge, MA: Technology, 1932-1936). 乾式壁、ベニア板、ホマソートなどのさまざまな素材を論じたものに以下の文献がある。Carol S. Gould, Kimberly A. Konrad, Kathleen Catalano Milley, and Rebecca Gallagher, "Fiberboard"; Thomas C. Jester, " Plywood"; Anne E. Weber, "Acoustical Materials"; Kimberly A. Konrad and Michael A. Tomlan, "Gypsum Board," in Thomas C. Jester, ed. *Twentieth-Century Building Materials: History and Conservation* (New York: McGraw-Hill, 1995), 120-25; 132-35, 262-67; 268-71.

＊4　プレカット木材などプレファブ部材を使用したことで最もよく知られている例は、ニューヨークのレヴィット・タウンである。レヴィット・タウンの成功は、戦後の郊外住宅地と同様に、従来の建設プロセスとよく似た組み立てライン方式を採用したことにある。第8章の郊外住宅地の節を参照。

＊5　Ira H. Woolson, *Recommended Minimum Requirements for Small Dwelling Construction*. Report of the Building Code Committee, July 20, 1922, US Department of Commerce Building Code Committee; US National Bureau of Standards (Washington, DC: Government Printing Office, 1923)

＊6　William K. Hatt, *Recommended Minimum Requirements for Small Dwelling Construction: Report of the Department of Commerce, Building Code Committee*. US National Bureau of Standards (Washington, DC: Government Printing Office, 1932)

＊7　これらの資産や施工基準の発展の概要は、次の文献を参

照のこと。National Institute of Building Sciences, *A Study of the HUD Minimum Property Standards for One- and Two-Family Dwellings and Technical Suitability of Products Programs* (Washington, DC: National Institute of Building Sciences, 2003), 2-7.

＊8 プレファブリケーションとそのほかの実例の発展の一般的な議論は、第4章のプレファブリケーションの節を参照。

セメスト・ハウス

セメスト・ハウスは、断熱材メーカーのセロテックス社とスキッドモア・オーウィングス＆メリル建築事務所（SOM）との協働で、ジョン・B・ピアース財団によって1930年代末頃に開発された。セメスト・ハウスは、セロテックス社のセメントアスベストパネルにちなんで名づけられた。セメスト・ハウスは広く用いられた構法の初期実例のひとつであり、工場生産されたセメントアスベストパネル、ボード、シージング、屋根材を使用していた。この住宅タイプは少なくともふたつの地区で建設された。ひとつは41年と42年にボルチモアから遠くないメリーランド州ミドルリヴァーで建設されたものであり、もうひとつは、43年から44年の間にノックスビルの近くのテネシー州オークリッジに建設されたものである[*1]。これらの立地にはおもに第二次世界大戦関連の生産施設が建てられた。そこで働く労働者の大規模な流入に備えるために、非常に短期間のうちに大量に住宅を建設することが要求された。どちらの地区でも、当初の地区計画の大半と当初の住宅の多くは、完全に変わってしまったものもあるが、プランニング、プレファブリケーション、そして戦争関連の証拠として残されている。

保存の論点

第二次世界大戦前・戦時中に建設された数多くの住宅団地が直面している保存の論点は、プレファブ住宅の保存の論点とかなり似ている。この論点は、複数のカテゴリーに分類できる。所有権、規模、認識、状態、そして根本的な問いともいえる、「何を保存するか」である。後者は最も興味深い問題である。

当初、テネシー州オークリッジとメリーランド州ミドルリヴァーの両地域の住宅は、政府機関またはその下請け業者によって提供されるメンテナンス、修繕、そのほか不可欠なサービスが保証される賃貸アパートとして運営された。政府は、戦後数十年間のうちに、人数の増えた家族のニーズに合わせて小住宅に手を加えはじめていた賃貸アパートの居住者に権利を譲渡した。しかしその頃にはコミュニティの経済基盤も変化していた。周辺に住宅が建てられた工場は、平時の経済状況に順応するために規模を縮小したが、住宅所有者にとって居心地のよい経済環境を生み出すことに成功しているわけではなかった。次第に所有者の居住率が低下し、多くの住戸が賃貸市場に戻ることとなり、空室率が高くなったり、地主不在の傾向が強まった。あるところでは、このことが維持・管理の不足と住宅戸数の減少の一因となった。

このような状況に対する非難のほとんどは、社会的経済状況に起因するのだが、古い住宅（特にセメスト・ハウスはわずか25年のライフスパンを想定して建設された）ストックそのものや生活の質の問題に起因していると誤解される。また、広範囲に衰退が認められるところでは、都市再開発の案が表面化した。オークリッジのある区画の都市再開発計画案では、オリジナルの住戸の半分以上を取り壊すことになっていた。その多くはセメスト・ハウスであるが、仮兵舎やそのほかの第二次世界大戦中の避難所も含まれた。その理論的根拠は、オリジナルの住宅は決して長持ちさせることを目的としていなかったこと、安普請で標準以下かつ法令に適さない状態にあること、さらに、新しい住宅ストックが新たに入居する人々を魅了し、地域の税収基盤をしっかりしたものにするだろうというものであった[*2]。

しばらくの間は私的所有権が認められていたために、ニーズに合わせて住宅を改造することができた。セメスト・ハウスの場合、ミドルリヴァーの当初の住宅はわずか672平方フィート（62.4㎡）であったのに対し、オークリッジでよく見られる住戸にはタイプAとタイプBがあり、それぞれ768平方フィー

図 9-1：セメスト・ハウス、アメリカ・テネシー州オークリッジ。セロテックス社とスキッドモア・オーウィングス＆メリル建築事務所との協働で、ジョン・B・ピアース財団によって 1943 年から 44 年にかけて建てられた。改修前の全景。第二次世界大戦前および大戦中に住宅建設に採用された大判の薄板材の使用は、プレファブリケーションによる労働力節約の試みのひとつである。セメントアスベスト断熱パネル（4 フィートから最大 12 フィートまでの長さ）の使用は、勾配屋根にもかかわらず、きわめて現代的な外観を住宅に与えている

図 9-2：改築後の全景。縦型の羽目板、窓の取り換え、玄関口の上に天蓋をつけ、アスベスト板を隠すことによって、建物の外観は著しく変わったが、元のレイアウトとマッスは、はっきりと目に見える状態で残っている

1 玄関
2 リビングルーム
3 ダイニングルーム
4 キッチン
5 多目的室
6 寝室
7 浴室
8 玄関ポーチ

図9-3：セメスト・ハウスの原形平面図。テネシー州オークリッジ。第二次世界大戦以前に開発されたセメスト・ハウスはB-26爆撃機を製造していたグレン・L・マーティン工場に隣接したメリーランド州ミドルリヴァーにおいて、初めて大規模に適用された。これらの住宅の多くは、今日も存在している。コンパクトなプランは4×8フィートパネルの大きな薄板を使用したことに起因しており、4フィートモジュールに基づいている

ト（71.3㎡）と960平方フィート（89.2㎡）であった。やがて、これらの住戸の多くが、背面、側面、前面のいずれかの増築により拡張され、同様に地下室（土間コンクリートが打たれていない住宅だから可能であった）が増築されることもあった。外観もまた改造された。新しい羽目板（多くはアルミニウム素材）と塗装が住宅を特徴づけているだけでなく、さらにオリジナルの外観[図9-2]も変えてしまっていた。これらの物理的変化、近隣の変化、コミュニティの変化は、インテグリティの問題を提起する。そこでは何が保存されているのだろうか。残されているものや重要だと考えられているものをどのようにして保護することができるのだろうか。

　このような状況は、多くのコミュニティにとって保存の障害となりうるものであり、特に建築的特徴をもたない大量生産型の郊外住宅の保存の障害になっている。しかし、セメスト・ハウスは、第二次世界大戦の遺産を連想させると同時に、プレファブリケーションにおける技術の進歩として認識されてきた。オークリッジもまた、マンハッタンプロジェクトに関連するものとして認識されてきた。アメリカにおける原子力技術の発展の歴史的・文化的重要性は、91年のナショナル・レジスターにオークリッジ歴史的地区を登録することに寄与した。ナショナル・レジスターの歴史的な重要性に関する記述では、（コミュニティ内に残存している建物の一部としての）セメスト・ハウスはその地区に貢献しているものとして認識されているが、その重要性は個々の建物にあるのではなく、コミュニティ全体にある。その重要性は、それらが建設された理由、空間配置にかかわるプランニング、建設のプロセスとスピード、そして住宅自体が示す革新性にあるとされている。

　ミドルリヴァーの住宅団地は、ナショナル・レジスターに登録されるにふさわしいとして考えられてきたが、いまだ受理されていない。適格であると判断されれば、自国の歴史の文化的重要性が認められなくとも、ピアースのセメスト・ハウス（ミドルリヴァーの開発のために主題別指定報告書が要求されている）の保護の手段を提供することになるのだが、その重要性は簡単に説明できず、住宅のインテグリティの問題が保存を進める際の障害になっていた。おそらく、ミドルリヴァーの住宅はオークリッ

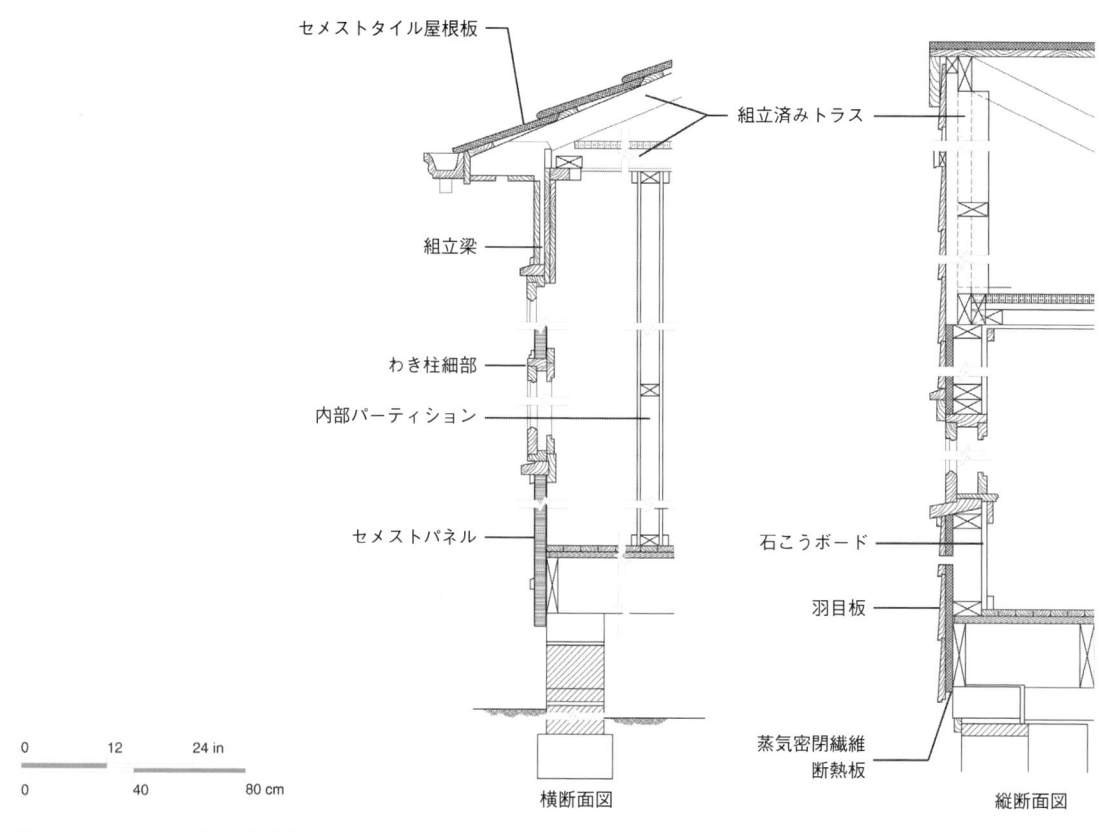

図9-4：セメスト・ハウスの標準的な断面図。テネシー州オークリッジ。屋根板を含む4×8フィートのセメントアスベスト断熱パネルは、窓を設置する水平の窓台とともに、シンプルな木製骨組みに固定されていた。内部パーティションも同じ方法で建設されている

ジの住宅よりも多くの変更が加えられている。そこでは、既定の小さめの規模、街路との関係を考慮した配置の統一性、そしてそのモデルが唯一無二であるという事実に変更が加えられているのである。こうした変更は、ほかの同質の住宅から自分の住宅を区別したいという願望からくるものであり、人間的な感情の現れである（この状況はニューヨーク州のレヴィット・タウンの状況とよく似ている。ミドルリヴァーでは、わずかふたつの住戸タイプが建てられただけであるが、ほとんどの住宅が元のものと認識できないほどに、かなりの変更が加えられている）。オークリッジとミドルリヴァーのもうひとつの相違点は、その地区の連帯意識と歴史である。オークリッジは今も原子力産業との結びつきが強く、「秘密の都市」であったことに対する誇りがある[*3]。ミドルリヴァーでは、マーティン社が工場を閉鎖し、経済基盤が多様化した後は、単身雇用者と町との関係性

が損なわれた。周辺環境とインフィルの開発が進み、元のマーティン社と農業保障局（FSA）の近隣は住宅地区に溶け込んでいる。だが、街路との関連から見ると、今もセメスト・ハウスの形と位置を認識することができる。それが歴史の一部であるにもかかわらず、インテグリティを犠牲にして改修された大量生産住宅が多く見られる。そうした住宅の歴史的、文化的、建築的な重要性の折り合いをつけることは難しく、いまだに解決できていない問題である。

現在のところ、簡単な解決策は存在しない。解決案に対する判断は、重要性と受け入れ可能なレベルのインテグリティのバランスをとろうと試みるプロセスのなかで下される。しかしながら、保存されるものは何かという問いに答えた後でさえ、どのように保存するのかという問題が残る。ほとんどの場合、すでに特定されている住宅団地とそのなかの個々の建物の重要性は、建築計画と都市デザインの総体に

図9-5：セメスト・ハウスの空撮。テネシー州オークリッジ。オークリッジのためにスキッドモア・オーウィングス＆メリル建築事務所によって準備された配置計画。セメスト・ハウスが建てられた2番目の場所では、プロトタイプの形状にいくつか変化がつけられている。このような多様性は、隣地との関係を考慮し、個々の住宅の敷地にも反映されている。このまち並みは、戦後の郊外住宅地を予兆している

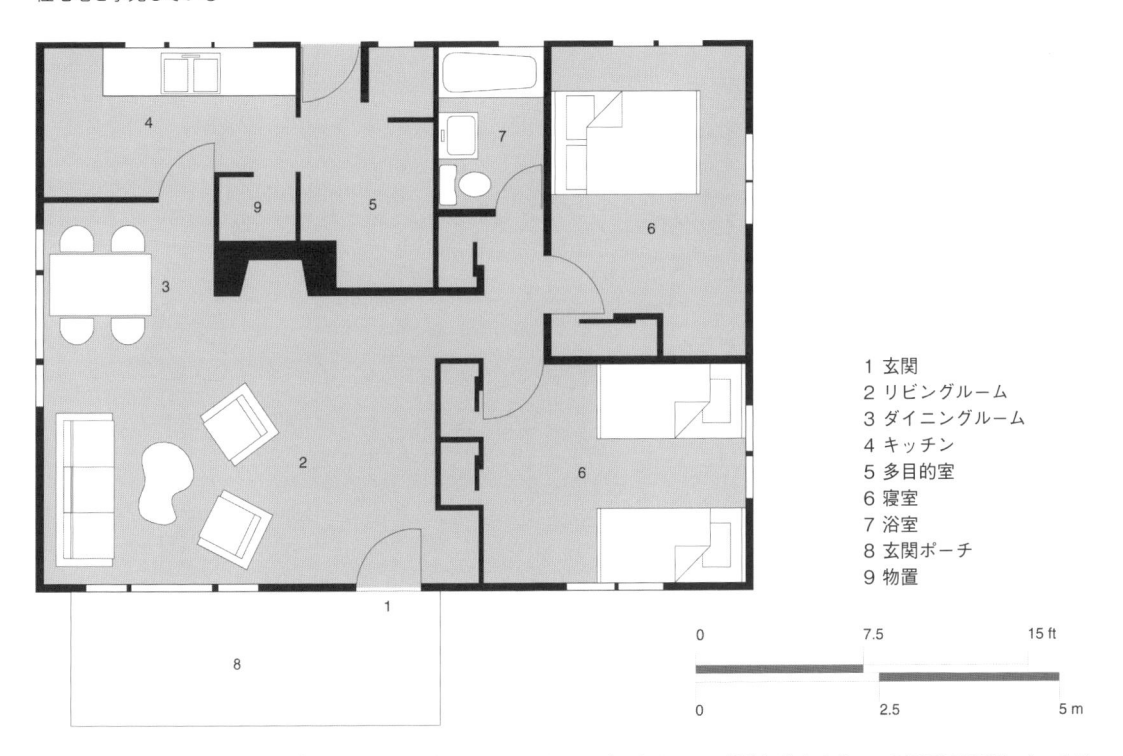

1 玄関
2 リビングルーム
3 ダイニングルーム
4 キッチン
5 多目的室
6 寝室
7 浴室
8 玄関ポーチ
9 物置

図9-6：セメスト・ハウスのタイプAの平面図。テネシー州オークリッジ。メリーランド州ミドルリヴァーの原形平面図は、オークリッジで使用するため、より広い空間を提供する異なるプランに変更された。タイプAは、最も一般的なタイプのひとつである。全体に及ぶプレファブケーションの原理は、それぞれのバリエーションとともに維持されている

あり、個々の建物の規模や大きさやマス、敷地と建物および街路と建物の関係、そして敷地と街路の関係を含んでいる。適切なガイドラインがあり、コミュニティが保存に対して積極的であるとき、上記の要因に留意している歴史的地区や保護地区では、コミュニティの重要な側面である全体の外観を犠牲にすることなく、より現代的なニーズ（そして妥当な範囲内のさらなる変更）に順応するために、個々の所有物になされる変更を受け入れることができる。確かに、この方法は都市再開発や歯止めのきかない取り壊しよりも好ましい選択肢であり、革新的なアプローチである。また、それはアメリカの歴史にとって間違いなく重要な時期であることが要求されるアプローチでもある[*4]。そのような文脈で、オークリッジ市は現存する住宅ストックを保存するため、そして何よりもまず、その品質を改善するため、いくつか対策を講じている。建物変更の過程で使えるツールとして、セメスト・ハウスのさまざまなタイプに合わせた標準的な拡張・改修プランを用意し、許認可手続きの簡素化やそのほかの優遇措置もとられた。この取り組みにより、最終的に建物やコミュニティ全体の特徴を保存することに成功するかどうかは、まだわからない。

まとめ

セメスト・ハウスはプレファブ構法の重要な進歩、そしていっせいに利用されたビルディングシステムのひとつと認識されている。セメスト・ハウスは研究と実験を重ねた創意工夫の証であり、住宅業者は安価な住宅の必要性が叫ばれるなかで、生活状態を改善すること、戦時動員のための緊急の要求に応えることに精力を傾けていた。それにもかかわらず、米国の戦中・戦後に開発されたコミュニティ内にある小住宅は、利便性の高い立地にあり、広々とした区画の上に建てられている。人々の生活上の要求の変化による改変だけでなく、資産価値の上昇と、以前よりも大きな住宅の建設が可能な新しいゾーニング法の登場は、この種の住宅の脆弱性を高めている。これに加え、プレファブ住宅が耐久性に乏しく、魅力的でないという見方が続いている。これらの障害をよそに、セメスト・ハウスは存続してきた。テネシー州オークリッジとメリーランド州ミドルリヴァーで行われている保存の取り組みのおかげで、それらの重要性に対する認識が高まり、小住宅（特にプレファブリケーション）の保存の事例になることが期待される。

【注】

*1　私はエミリー・ガンズバーガー・メイカス（Emily Gunzburger Makas）に恩義がある。彼女の 1997 年の修士論文は私の関心をセメスト・ハウスに向けさせ、また、彼女は追加調査による素材や図版を寛大にも提供してくれた。メリーランド州ミドルリヴァーにおける多くの情報については、ロヨラ大学のジョン・R・ブレイハンに感謝する。彼は航空学の歴史について広く論じ、特にミドルリヴァーのマーティン社周辺の住宅団地について書いている。

*2　Oak Ridge City Government, *The Highland View Redevelopment and Urban Renewal Plan*, City of Oak Ridge, TN, May 2004. この書では、住宅戸数のうち 18％が空き家だと指摘している。資産が「傷んでいる」（再開発計画で用いられる用語）場合には支援の手が差し伸べられ、その資産に所有者が住んでいて、土地収用権による土地の取得が想定されないときは改修される。傷んでいて所有者のいない資産の取得と解体が暗示される。このプロセスは、ほかの近隣と全国のコミュニティで利用された。

*3　過去 10 年の地方新聞を読み直してみると、オークリッジのセメスト・ハウス周辺の問題と問答を知る手がかりを得ることができる。Stan Mirchell, "Housing Program Gets Use by Nonprofit: 'It's (the Remodeling) Going to Help Us Stay Here (in This Home) Longer,'" *Oak Ridger*, November 19 2003. さまざまなセメスト・ハウスを含む住宅見学会は、住宅の歴史的重要性を普及・促進するために用いられる手段のひとつである。Tatia M. Harris, "Home and Garden Tour Showcases History and Future of Housing in Oak Ridge," *Oak Ridger*, June 10, 2005.

*4　オークリッジ市の "*The Highland View Redevelopment and Urban Renewal Plan*" では、所有者が居住している物件は特別に取り壊しを免れたが、これはほかの地域では見られないケースである。いったん複数の建物が取り壊されると、その危険はさらに続くことになるだろう（居住者が続いて出ていくことが危惧される）。オハイオ州グリーンヒルでは、シンシナティに隣接するニューディール・グリーンベルト計画が今まさに起こっている。街に避難した後、住宅は取り壊され、敷地は新しい（より高価な）住宅の建設を目的とする開発業者に売り払われる。最終的には、新しい居住者を呼び込み、より多くの税収を生み出すことが期待されている。しかしながら、しばらくの間、多くの土地が空き家のまま残っていたため、すでに建っている新しい住宅の販売がすべて完了したときにのみ、新しい住宅は建てられる。空き地、空き家、接収や取り壊しの公費をひとまとめにして考えるならば、実際には税収を減らす結果になったかどうかが問題となる。Diane De Fazio, "Revitalization Plans Endanger New Deal Planned Community," *DOCOMOMO-US Newsletter*, Summer 2006, 2.

ラストロン・ハウス

　ラストロン・ハウスは第二次世界大戦前の安価な住宅の不足に対処しようとする試みであり、(ほとんど)すべてに鉄を用いた、独特で意欲的なプレファブリケーションであった。全部品が工場で製造され、現場ですべて組み立てられる。アメリカが先鞭をつけた自動車産業において発達した、工業的なノウハウ、組み立てラインの効率性、そして大衆市場向けのセールスマンシップによって、住宅のプレファブリケーションは誕生した。しかしながら、ラストロン・ハウスはトレーラハウス、またはトレーラーのように設計される一方で、工場外での組み立て作業が複雑だったために、工場内で組み立てることの利点を打ち消していた。

　1946年から51年までの6年間に、およそ2500戸のラストロンのユニットが生産され、全国に供給された。ラストロン・ハウスは当時より広く認知されており、それ以来、難しい課題に直面していたにもかかわらず、所有者のなかから忠実な支持者を獲得し、保存主義者の支援を得ることができた[*1]。

　材料の使用と建設の歴史においては珍しいことだが、またたく間に各地に普及し、何百もの数に達したラストロン・ハウスは、都市、州、国において固有なものでもなければ、特異なものでもない。プレファブリケーションにおける鋼鉄の使用は、珍しい

図9-7：ラストロン・ハウス、アメリカ・イリノイ州ロンバード、スキッドモア・オーウィングス＆メリル建築事務所のモリス・H・ベックマンとロイ・バートン・ブラスが、シカゴほうろう会社と協働し1946から51年にかけて建設。外観。戦後のプレファブリケーションの最も顕著な例のひとつがラストロン・ハウスであり、すべて鋼鉄でつくられていた。その独特の外観をした戸建住宅は、特にアメリカ中西部地域で最もよく売れた。これらの住宅は同じものであるが、色の組み合わせが異なる

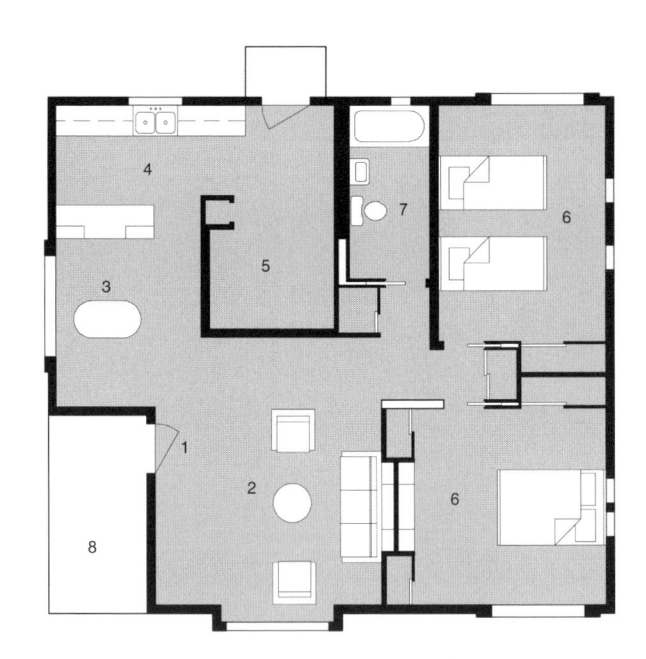

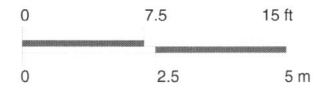

図 9-8：ラストロン・ハウス、ウエストチェスターの寝室 2 室モデルの平面図。典型的な多くの初期のプレファブ住宅では、ユーティリティコアは真んなかに置かれていた。住宅の半分がリビングルームとキッチンで占められており、残りの半分が浴室と 2 つの非常に小さな寝室によって構成されている

1 玄関
2 リビングルーム
3 ダイニングルーム
4 キッチン
5 多目的室
6 寝室
7 浴室
8 玄関ポーチ

というわけでもなく、建築的デザインや現場での組み立てが革新的だったり、特徴的であるというわけではなかった。しかし、全体のプロセスとデザインのレベルは、ラストロン・ハウスの供給のコンセプトと同様に、比類のないものであった。加えて、ラストロン・ハウスは最小限の寸法で構成されているために、大規模な住宅団地に大量に建設された住宅を悩ましている問題と同種の保存上のジレンマに直面している。

保存の論点

当時製造された 2500 戸ほどのラストロン・ハウスは 2002 年現在も使用されている（訳注：2012 年 1 月現在 2022 戸）[*2]。ラストロン・ハウスのほとんどはアメリカ中西部に存在するが、東海岸以外にも、南はフロリダ（海洋環境の湿度の高さにおけるラストロン・ハウスの耐久性をテストするために建てられた）、そして北は、極寒に耐えうる基地としてアメリカ陸軍が購入したことで、その後一般に建てられるようになったアラスカにいたるまで各地に存在している。構成部品は、別の輸送方法を考えずに長時間トラックに固定することとし、特別に設計されたトラックに保管し配送されたため、多くはないがロッキー山脈の西部にもラストロン・ハウスは存在する。ラストロン・ハウスが最も集積している唯一の場所というわけではないが、最大のもののひとつはヴァージニア州クワンティコにある。49 年にアメリカ海兵隊は、既婚将校と下士官兵のために約 60 戸の住宅を購入した。しかし、それらは個別の敷地、または小さな区画のなかに配置されており、ひとつの地区に配置されていない [*3]。そのほかのラストロン・ハウスは、州全体の調査とさまざまな保存団体により確認されている [*4]。

腐食に強く、維持・管理は不要というカール・ストランドランドの約束は完全には果たされなかったとはいえ、ラストロン・ハウスは構造的、物理的によい状態が保たれている。鋼製ほうろうパネルは現在も当初の色を維持しているし、当初宣伝されたとおり洗浄しやすい。だが、パネルがへこんでいたり、傷ついていたりすると、鉄は壁であろうと屋根であろうと錆びるだろう。取りつけられた付属品は多くの問題を引き起こしているようである。天井の放射加熱システムは、特に極寒の気候では、十分な暖か

図9-9：ラストロン・ハウスの内部。アメリカ・インディアナ州ビバリー。壁、床、天井がプレファブリケーションの一部として売られているだけでなく、建物全体、キッチンの一部もパッケージとして売られている。窓越しに見えるスクリーンポーチは、後から増築されたものである

さを供給することができなかった。断熱材は、パネルの裏に接着したミネラルウールだけのようである。布地と食洗機の組み合わせは、どちらの用途にもまったく適していなかった。しかも、開閉可能な引き戸やキャビネットのような日常品は、交換部品がまったく利用できなかった（今も入手できない）ので修理が容易ではなかった。手回しハンドルと単層ガラスでできた元のアルミニウムの窓はたびたび隙間風が入って使用できなかったため、窓部品全体が取り換えられた。ガスケットによる支持方法に関する明確な情報がないため、多くの事例では当初使われていたポリ塩化ビニルが劣化していると考えられる。ガスケットが不具合を起こしていることや断熱材が最小限しか入っていないかったことが、新しい羽目板やほかの外装を充当する理由にされている。実際には、住宅を更新させたいという願望やもっと伝統的な外観にしたいという願望がおそらくその要因であろう。ラストロン・ハウスのいくつかは非常にうまく改造されているが、必要以上に高度な工学技術と鋼鉄が使用されているために、ラストロン・ハウスの増築は、ほかの小さな住宅を増築することよりも難しい。

ラストロン社が40周年記念を迎えた80年代以降、その住宅に対する関心が再び高まった。ラストロン・ハウスの所有者は忠実な支持者（残存率の高さはわかりやすい指標である）であったが、一方で、保存コミュニティやミッドセンチュリー期の建築やデザインに興味がある人々の間で認知度が高まったことで、ラストロン・ハウスの存亡の危機を伝えるオンラインネットワークが発達することとなり、交換部品を探し出す助けとなった。多くの構造部品や造り付けの備品は、規格標準の工場製であり、取り換えが可能であったため、予備の部品は売りに出され、取り壊されたラストロン・ハウスから使える部品が取り出された。予備の部品が売買されたことにより、自動車の組み立てラインという本来のコンセ

プトを取り戻した。現在、ラストロン・ハウスは、ほとんどビンテージカーのように取り扱われている。

さまざまな材料の劣化や、過剰な工学技術、比較的小規模な住宅であること、そして独特の外観は、住宅に対する相当な圧力となり、取り壊し、増築、改修のいずれかの事態に突き進んでいた。改良を目的とした変更が、オリジナルのデザインの質に影響を与えたということは議論されうることであり、今ではなじみの問題として浮上する。すなわち、実際に保存されるべきものはなんなのかという問いである。このように、ラストロン・ハウスとその保存は、別の近代建築の類型と住居形式が直面している同じ種類の難問にも触れている。郊外の住宅団地などの場合、ラストロン・ハウスは特色がなく、実際にどれをとってもまったく同じように見える。しかし、多くのものが住宅所有者によって改変され、違いを出そうとしてきた。今もラストロン・ハウスであることは疑いようもないのだが、これらの改変は、保存におけるインテグリティの議論を難しくするかもしれないし、より厳しい基準を設けることにより指定することができるようになるかもしれない。

いくつかのラストロン・ハウスは、歴史的地区の一部として、また、ラストロン・ハウスとしては独特ではないにせよ、近隣地区にとっては構造的に独特であるとして、ナショナル・レジスターに指定されている[*5]。一方で、ラストロン・ハウスは、しばしば特定の州の主題別の指定として登録されている。例えば、カンザス州、サウスダコタ州、ジョージア州、ニュージャージー州、そしてアラバマ州は、主題別のさまざまな資産指定のナショナル・レジスターの解説のなかに、すべてではないが、ラストロン・ハウスのいくつかが登録されている。しかしながら、イリノイ州やオハイオ州のようなラストロン・ハウスが多く残存している州では、まだ、それらは登録されていない。主題別の指定は認知の機会を提供しているが、実際の保存は、ラストロン・ハウスが存在するコミュニティの責務として残ったままである。

まとめ

ラストロン・ハウスは、ほかのどんな大衆向けの住宅デザインよりも、プレファブリケーションを一般大衆に知らしめることに成功した。また、伝統的な外観をしているが、耐久性を高めるために工業技術を駆使した工業製品と革新的な特徴を組み合わせることによって、近代的なアメニティの親しみやすさを演出した。しかしながら、ラストロンの実験は、そのデザイン、生産、供給過程が過度に野心的かつ複雑であったがゆえに、住宅供給量の不足に対応することもできず、また、政府の補助金の代わりとなる十分な資金を集めることもできず、最終的に失敗に終わった。もっと時間と経験があれば、ラストロン・ハウスは、おそらく今よりも広範囲に広がっただろう。50年のカール・コッホのモデルは、より材料費や生産費、組み立てにかかる時間を減らしただろうし、ラストロンの第二世代は、より効率のいいプレファブ技術を用いて、より現代的なものになっていたであろう。利益の少ない特約販売店はおそらく閉店し、地方の建築条例にうまく対応し、地域開発を目的とする連邦住宅局の住宅ローン保証制度を取りつけることに成功した販売店にその業務は任されたであろう。だが、実際のところは、ラストロンは、アメリカがプレファブ住宅を快く受け入れ、より普遍的に工場生産の建材を利用できる未来に向かって、建設業を導いたことを証明するひとつの重要な実験であった。

ほうろうパネルと鉄骨は今も十分に機能しているものの、小規模なラストロン・ハウスは新たな土地開発や取り壊しの脅威にさらされると、簡単に拡張することができないこと、そして解体や新たな場所への移築が困難であることが問題となり、不利な状況に置かれている。ほかのコミュニティのなかには、実際の建築と同様に、プランニングとインテグリティの組み合わせにより建物の重要性が認められるところ（例えば、ロサンジェルスのグレゴリー・エインのマー・ヴィスタや、メリーランド州グリーンベルト）もあるが、ラストロン・ハウスは、ほぼ例外なく、特定の場所のためにつくられたものでもなければ、まとまりのある計画コミュニティを形成しているわけでもなかった。初期のプレカット工法の住宅のように、ラストロン・ハウスも特定のコミュニティにおける特異な例として、あるいは大きな歴史的地区に貢献した建物として保存されるにちがい

図9-10：ラストロン・ハウスのすべての部品を輸送するために特別なトラックが設計された。このトラックは、住宅部品の製造中は後ろ向きに待機しており、荷物を積みこむことができたが、組み立てている間は必要なときに部品をトラックから降ろすことができた

ない。多様な資産が指定されると、それらが地方における保存の先例となり理論的根拠となるだろう。しかしながら、ラストロン・ハウスを含む20世紀初頭の住宅にとって最も厄介な脅威は、戦後の住宅と近隣のすべてを悩ませる快適性と住宅の大きさに対する要求の変化である。もし現存するすべてのラストロン・ハウスが、将来、国家的な課題に関連するものとしてナショナル・レジスターに登録されるならば、必要となる正しい評価（そして必要とされる注意事項）が提供されるだろうが、必ずしも残すことを保証するものではない。しかしながら、時折、ラストロン・ハウスの所有者の熱烈な情熱と忠誠心は、そのままの状態でほかの場所に移転するか、または修復に用いる部品のソースとして残すことによって、新たに危機が迫っている住宅の保存を支援するであろう。このような意味では、ラストロンの物語は過去のものだが、今でもほかに例のない存在である。

【注】

＊1　ラストロン・ハウスへの関心は、最近になって多くの出版物が出されたことにより注目を集めているが、それだけではない。アラバマ州、ジョージア州、カンザス州を含む、いくつかの州が、ナショナル・レジスターの文化的資源のひとつとして、さまざまな場所に建っている個々の住宅を指定するために、主題別指定の枠組みをつくったことにより注目を集めている。私の目をこの指定に向けさせてくれた、ナショナル・トラストのウィスコンシン州支所のジェーン・ランビンに感謝する。

＊2　フェッターの計算によれば、生産された2500戸の住宅のうち2200戸が2002年現在まだ残っていた。Thomas T. Fetter, *The Lustron Home: The History of a Postwar Prefabrication Housing Experiment* (Jefferson, NC: McFarland, 2002), 122.

＊3　ラストロンはアメリカ海兵隊との契約のために入札額を提示した。ラストロンが落札したのは、総コストが最も低かったからではなく、利用可能な空間の1平方フィート当たりのコストが最も低かったからである。*Washington Post*, "Steel Prefab Homes Win Navy Contract," December 5, 1948. 2006年にクワンティコにある住宅は、取り壊して新しい住宅に置き換えられるという危機に陥った。2室から3室の寝室を含む、800から1200平方フィートに及ぶ、ウエストチェスターの住宅モデルのうち、58戸の建物は、もはや十分に大きいものと考えられず、1800平方フィートの新しい住宅に建て替えられた。ラストロン・ハウスが、ナショナル・レジスター

に登録されている基地の一部をなしているため、アメリカ海兵隊とその住宅開発業者の経営者は、基地から移転させることのできた者に無償で提供することで、ラストロン・ハウスを保存するという限定的な取り組みを進めた。しかし、オリジナルのものを建設したラストロン社の従業員によると、ラストロン・ハウスの分析は、特に初心者にとっては負担の大きい、本格的な仕事になるという。必要以上に高度な工学技術を用いた住宅は、正しい順序で分解され、3000以上のパーツに丁寧にラベルがつけられた。鉄骨骨組みとパネルを合わせて全12トンが、その建物のために用意されたほかの場所に移動された。それはオリジナルのラストロン・マニュアルに従って、正確な順序で、再建されなければならない。敷地に合わせることはほとんどできず、失敗が許されない。クアンティコのラストロン・ハウスの多くは、長年にわたり居住家族の入れ代わりが激しく、それゆえに傷みやすかったようである。以前の居住者がほうろうパネルの塗装を試みたが、好ましくない結果を招いた。2007年10月までに、3戸を除いてすべてのラストロン・ハウスが取り壊された。2戸が現在も残っており、ひとつはデラウェア州で再建のため保管されている。Jennie Phipps, "Houses of Steel: What It Takes to Save One of Quantico's Lustrons," *Preservation*, Juanuary-February 2006; Nick Miroff, "Lights Out for Lustrons of Quantico," *The Washington Post*, September 30, 2007. 参照。

*4　Gene A. Ford and Trina Brinkley, *Lustron Houses in Alabama NHRP Nomination*, Alabama SHPO (Montgomery, February 24, 2000); Lisa Raflo, *Lustron Houses in Georgia NHRP Nomination*, Georgia SHPO (Atlanta, June 21, 1995); Elizabeth Rosin, *Lustron Houses of Kansas NHRP Nomination*, Kansas SHPO (Topeka, March 2, 2001).

*5　例えば、インディアナ州チェスタートンにあるノリス＆ハリエット・コームスのラストロン・ハウスは、基準Cに適合する個別指定としてナショナル・レジスターに登録されている。というのも、それは「珍しい材料を用いた、重要な工場生産の住宅形式の原形を保った貴重な例」になっているからである。インディアナ州で確認されている150戸近くのラストロン・ハウスのうち、コームスの住宅ともうひとつの住宅のみが、ナショナル・レジスターに指定されている。Marcella Sherfy and W. Ray Luce, "Guidelines for Evaluating and Nominating Properties That Have Achieved Significance within the Past Fifty Years," *National Register Bulletin* no. 22, rev. ed. (Washington, DC: US Dept. of the Interior, National Park Service, 1998). を参照のこと。

結論

インテグリティの問題がセメスト・ハウスでもラストロン・ハウスでも解決していないが、いくつかのパラメーターでは、住宅のインテグリティは維持されるか失われるかどうかが決められ、インテグリティが残っているもののさらなる劣化を防ぐように整備されつつある。

端的にいえば、オリジナルの住宅の視覚的特徴は、明らかに見分けのつくものでなければならない。住宅の外観はオリジナルの材料をできるだけ広範囲にわたって維持するべきである。そしてどんな住宅の保存も、オリジナルの建築のまとまりと敷地の両方で認識されるものでなくてはならない。オリジナルの形態を覆い隠している、後から付加されたものが、公道から見える状態（例えば、傾斜の緩い屋根に取りつけられた屋根材のボリュームなど）になっている場合は、理想的とはいえない。そして、後で増築された部分が（背面やあるいは側面に）ある場合は、どんな方法であれ決してオリジナルの建物を破壊するべきではない。住宅の重要性の可視的側面は常に明白であるべきで、決して羽目板の下に覆い隠されるべきではない。ラストロン・ハウスの場合、ほうろうパネルの色によって建物の年代や期間を識別できる。また、セメスト・ハウスの長手方向に走る水平材は、同住宅で採用されていたプレファブリケーションの基本的要素である。

大量生産型住宅とプレファブリケーションシステムの保存に関するこのようなガイドラインの評価と応用の困難さは課題を残した。いくつかの重要な例は、指定と未来の保存を正当化しうるインテグリティのレベルを維持していないかもしれない。その場合には、広範囲にわたって記録を残すことが最も実現可能な保存手法であるかもしれない。しかしながら、そうしたガイドラインや一定のレベルのインテグリティが存在しない場合は、指定と保存は無意味になる。特に通常のマスハウジングの現象が見られる場合やセメスト・ハウスやラストロン・ハウスのように特殊なシステムやプランが多様である場合は意味をなさない。

第10章 学校

学校建築の保存の論点

　幼稚園から中学校にいたる20世紀の間に建設された多くの学校は、現在も使用されていて機能的な建物の成功例といえる。しかしながら、その建物は一般的に建築的に質素であり、それらの重要性はおもに教育における社会、文化、歴史の発展に基づいている。つまり、学校建築の重要性は普及している教育理論を受けて考案された建物の「プラン」にあるのであって、建物そのものよりも重要である[*1]。それでもなお、現代の教育理念と、日光と外気を最大限に建物に取り込むなどの一般的な近代の原理に影響を受けたデザイン要素は、近代的な学校の重要性を考えるうえで欠かせない。

　近代の学校建築をめぐる保存の論点は、概念的にはほかの近代建築のタイポロジーと同じである。ただし、これらの建物とその継続利用に対する関心が不足していたために、近代的な学校を対象とする保存の取り組みは最小限に抑えられてきた。学校のデザインは部屋と廊下によって特徴づけられ、教室、玄関、事務室、そして体育館、実習室、工作室、放送室を含む特別教室は時代とともに進化している。だが、基本的なタイポロジーは今も変わっておらず、それゆえ、当初の建物を変えようとする圧力は、プログラム要件が刻々と変化し10年前とはまったく異なるプログラムが求められる、空港のような建物の変容の脅威に比べれば、はるかに小さい。

　近代的な校舎は常により多くの空間を必要とし、そのシステムの機能劣化の脅威にさらされている。建物の空間的な能力を拡張するために使われる戦略としては、学校の運動場に仮設建物を設置すること、建物を増築し地上や地下へ拡張すること、そして内部をリノベーションすることなどがある。どの建物でもそうであるように、こうした変更は十分に検討されているかどうかに関係なく行われる。保存主義者が関心を持つのは集中的な変更、増築、リノベーションである。だが、機械システムやほかのサポートシステムの変更などの内部リノベーションの多くは、目障りにならず、建物の建築的なインテグリティに影響を与えることはめったにない。しかしながら、建物の印象を変える可能性がある交換は、徹底的に見直されなければならない。さまざまなステークホルダーとともに、提案された変更や新築のプロセスは、ほかのどの種類の公共建築や民間建物よりも、公立学校のほうが複雑である。こうした議論において、当初の建物やプランの保存に関心が示されることはほとんどないが、再調査のプロセスは、保存の懸念や論点を表明するのに活用することができるし、保存活動のための時間的な猶予を与えてくれる。

　そのほかに校舎の保存に影響を与える問題は、維持・管理と変動する児童数である。児童数の増加が

保存問題に影響するのであれば、地域社会人口の変化に伴い、その反対のことも起こりうる。既存の建物にとって脅威となりうる、維持・管理と修理における財源不足は、経済的に衰退しているコミュニティや学生数が減少しているところでは深刻な問題となる。都市部と郊外に建てられた近代的な小学校と中学校に注目している保存主義者が増えており、ほかの教育施設、特に高等教育機関も今後注目を集めそうである。いくつかの近代的な単科大学と総合大学のキャンパスは、すでに保存運動の中心になっている。認知されているミッドセンチュリーのキャンパスの代表例には、カラカスにあるカルロス・ラウル・ビリャヌエバ（1900-75）設計のベネズエラ中央大学とメキシコシティにあるメキシコ国立自治大学の大学都市キャンパスであり、いずれも世界遺産になっている。

これから紹介する3つのケーススタディは、郊外にある近代的な小学校の初期事例である。これらはすべて、伝統的な教育との決別と進歩主義的な教育方法の導入を象徴している。そのデザインはそうした革新性を反映し高めようと努めている。これらの建物はどれも、現在使用されており、注意深くて繊細な拡張とリノベーションを経験している。

【注】

＊1　Andrew Saint, *Towards a Social Architecture: The Role of School Building in Post-War England* (New Haven, CT: Yale University Press, 1987), viii～ix. 上記では、教育理論を踏まえた建築計画であることの重要性について触れているが、それは近代建築の概念的かつ哲学的な基盤に対する反発であるとも認識されている。

図 10-1：障害を持つ黒人児童のためのターナー学校、1935 年頃の教室の風景、アメリカ・ミズーリ州セントルイス。20 世紀初頭は子供の健康に対する関心、特にスラム街の結核に対する懸念が高まり、日光や新鮮な空気の必要性が叫ばれていた。中西部のオープン・エア・クルセイダースなどの組織は、野外学校を提唱し、授業は季節に関係なく、しばしば屋外または大型の窓を開け放した教室で行われた

オープンエアスクール
(オランダ・アムステルダム)

オープンエアスクール(別名 Openluchtschool)は、オランダ・アムステルダムのクリオ通り40番地にある。1927年から30年にかけて建設された、都市部における最初の近代的な学校であり、近代オランダ建築の発展を示すよい例とされている。この建物は学校として今も機能しており、ゾンネストラール・サナトリウムを手がけた建築家ヤン・ダウカー(1890-1935)とベルナルド・バイフゥト(1889-1979)が設計した重要かつ有名な作品である。その学校は「新即物主義建築」(Niuwe Bouwen)、または機能主義理論を、建物のレイアウトばかりでなく、コンクリートと鉄材の適用、そしてそのデザインにも取り入れている[*1]。その建築家の意図は、プログラムの一部として、特に光、空気、太陽、運動に配慮した新しい建築の象徴をつくることだった。それは衛生学、応用化学、教育、そして社会福祉に関する現代的な思想の統合を意味する[図10-2]。

保存の論点

オープンエアスクールの本館は93年から94年の間に再びリノベーションされたが、このときは、建物のオリジナルの外観に関心が集まった。しかし当時このプロジェクトは保存の取り組みとして認識されていなかった。資金不足のため、50年代の窓枠は残さなければならず、その窓枠はゾンネストラール・サナトリウムの修復時に発見された〝ダウカー・ブルー〟に塗られた。屋根の端にある風除けは改修され、オリジナルのデザインにできるだけ近づけようとしてサイズを小さくした。オーク・コンター(1904-82)によるリノベーションの後に、バルコニーと教室の端に沿って設けられた柵は、原形によく似ていると考えられていたが、安全性を考慮して金網の柵に取り換えられた。コンクリート修理では、錆びた鉄筋の交換とスタッコ仕上げの表面補修を行い、内部のリノベーションでは、教室の防音対策や全システムの入れ替えなど、現代の基準に合わせた空間に刷新するための変更が加えられた。かつて革新的だと考えられていた天井の暖房パネルは、外周に並べられる従来型の放熱器に取り換えられた[*2]。90年代の変更は、一般的に共感を持って受け止められ、建物を学校として使用することができた。しかし厳密にいえば、それらは建物の修復の一部をなしているとはいえない。

まとめ

オープンエアスクールは確かに重要な建物であり、建築的な重要性が早い段階で認められた。そのデザインは機能主義と社会問題に対する関心と考えを明確に表現している。日光と外気を最大限建築に取り込むというような、この建物の当初の革新的要素は、その後の(おもに低層の)学校デザインのスタンダードになった。ダウカーとバイフゥトの建物は学校として機能し続けており、建物の当初のデザインを十分理解することができる。この学校は指定建造物であり、住宅地の中心部に位置している。このふたつの条件があるので、不動産的な圧力が長期保存に影響を及ぼすことはないだろう。入り口の建物の増築と変更は、複合施設であることに配慮しており、本館の建築的な存在感と地位を損なうことはなかった。

建物の外側は、目立っていた意匠変更の箇所を取り除くことによってオリジナルの外観に復元されたが、窓や窓枠の大きさそして分割のしかたは、当初のデザインほどには印象的ではない。オリジナルの寸法に基づく精巧な復元は、建築デザインの意図を大きく高めるであろうし、将来のある時点で、当初の窓のデザインが再現される可能性がある。屋外教

図10-2、10-3：オープンエアスクール、オランダ・アムステルダム、ヤン・ダウカーとベルナルド・バイフゥト（Jan Duiker & Bernard Bijvoet）(1927-30)、86年にエントランス・パヴィリオンを改修、94年に本館を改修。1930年頃（上）と2005年の全景。建物は大型スチール窓を通して完全に見通せるようになった。第二次世界大戦後のリノベーションは、コンクリートとインフラ設備の修復だけでなく、すべての窓の交換も必要とした。新しい窓にはアルミニウム材の組み立てが必要だった。55年のリノベーション以降の窓は、オリジナルよりも分厚い仕切り枠があり、建物の透明性がいくぶん減っていた。その後のリノベーションでは、窓は変更されずにそのままにされたが、原色で塗られた

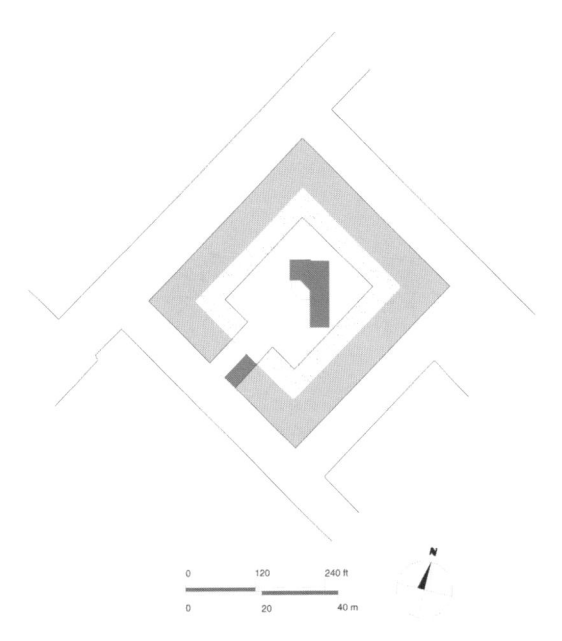

図10-4（上）：オープンエアスクールの配置図。建物は、30年代に建設された住宅地区の中央に位置する。教室、管理人室、自転車置き場のあるエントランス・パヴィリオンは、通りに面して建てられた

図10-5（右）：平面図および断面図。各階の中央に階段があり、ガラスで囲まれた教室と屋外教室として利用されるバルコニーがある。1階には教室がひとつあったが、大きな体育館に変更されている。屋上には遊戯場があり、建物の外周に設けられた風除けによって保護されている

育が当初のデザインに不可欠な部分であったが、屋外空間での授業は、近くにあるスキポール空港からの騒音公害のために少なくなっている。その結果、かつては優勢だった屋外空間は今では利用されておらず、空いたままの状態になっている。プログラムが変更されたことは別として、オープンエアスクールはダウカーとバイフットが当初意図していたように機能し続け、建物は建築的、歴史的な重要性の両方があると認められている。

【注】

＊1　文字どおり翻訳するなら、Nieuwe Bouwen は "to build new" を意味する。これは、様式の違いだけでなく建設方法の違いを強調する。

＊2　作業はリンクス・ファン・ポッペル（Rienks-Van Poppel）のエンジニアリング会社の指導のもと実施された。

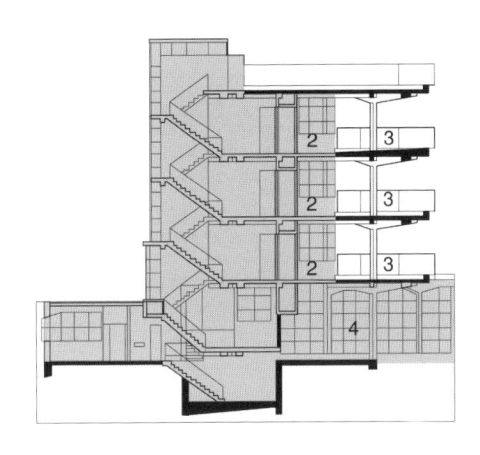

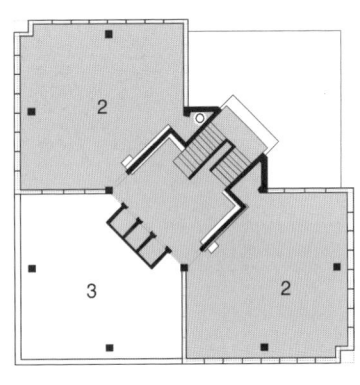

基準階

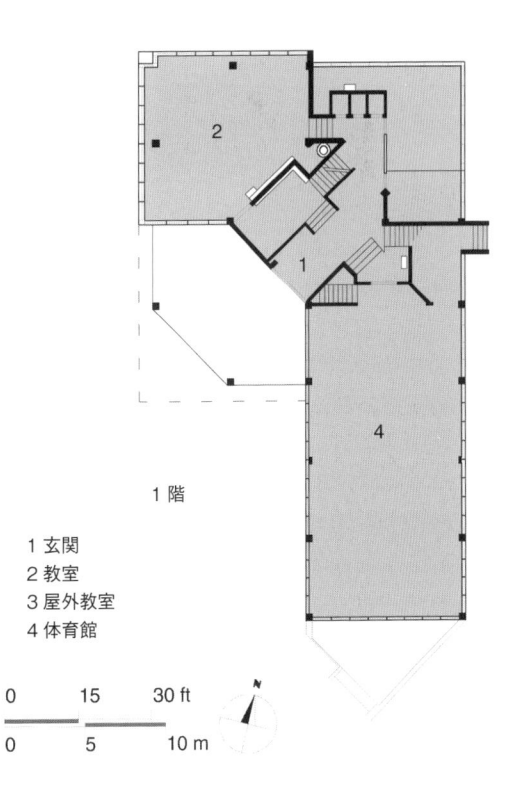

1 玄関
2 教室
3 屋外教室
4 体育館

1階

図10-6：教室の風景。教室の外周にある窓とバルコニーの大型のドアは完全に開放することができる。当初の学校デザインの透明性を最大限に高めるため、天井の放熱暖房パネルは取り外された

図10-7：エントランス・パヴィリオンの外観。エントランス・パヴィリオンの下を走る通路は、校庭への入り口である。パヴィリオンの上階には、教室と管理人室がある

クローアイランド小学校
(アメリカ・イリノイ州ウィネトカ)

　エリエル・サーリネン (1873-1950) とエーロ・サーリネン (1910-61) がパーキンス・ホイーラー&ウィルと協働して設計し、1940年に竣工したクローアイランド小学校は、米国の小学校デザインの優れた事例のひとつと考えられている。この建物は、組織よりも子供を重視した先進的な教育理念に基づいて空間配置されている。平屋建ての水平線を強調した建物は、19世紀や20世紀初頭の小学校のように記念碑的で堂々としたものではなく、子供にとっての親しみやすさや教育支援が考慮されていた [図10-8][*1]。光を取り入れ教室全体に行き渡らせる工夫も、このデザインにはなくてはならないものであった。ヨーロッパの初期の事例やほかの地域のオープンエアスクールとは異なり、クローアイランドでは、新鮮な空気や光は健康のためというよりも、屋外との関係を確立するために重要だと考えられた。それが米国の小学校の基準目標になった。

　56年までに、この学校のデザインは高い評価を受け、「アーキテクチュラル・レコード」誌によってまとめられた世論調査のトップにランキングされた。71年にクローアイランドは、小学校デザインに長く貢献した功績が認められて、その雑誌の「25

図10-8:クローアイランド小学校、アメリカ・イリノイ州ウィネトカ、エリエル&エーロ・サーリネン、パーキンス・ホイーラー&ウィルと協働 (1938-40)、55年、75年増築。正面外観。平屋建てのレンガ造建築の入り口は、時計台が目印である。その簡素さとレイアウトは特に第二次世界大戦後の数十年間、多くの郊外の学校のモデルになった

図10-9：教室の外観。オープンエアスクール（屋外学校）の特徴のいくつかを見ることができる。それぞれの教室には小さな側庭があり、教室の壁には大型の窓が取りつけられている

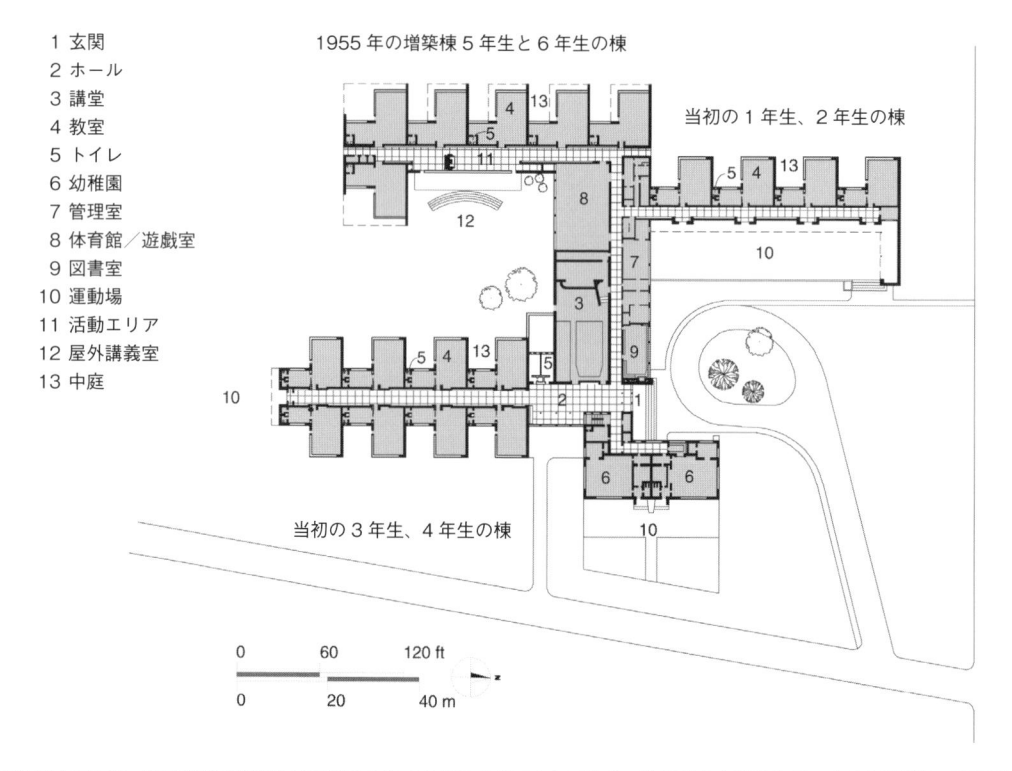

1 玄関
2 ホール
3 講堂
4 教室
5 トイレ
6 幼稚園
7 管理室
8 体育館／遊戯室
9 図書室
10 運動場
11 活動エリア
12 屋外講義室
13 中庭

図10-10：平面図。建設当初の学校は風車型のふたつの棟から構成されており、教室は中央部分から一方向に延ばして配列される。50年代に教室棟が増築され、その後70年代に地下がリノベーションされている。L字型の教室レイアウトはその後の多くの学校のスタンダードとなった

図10-11：当時の教室。教室には2面に大型の窓が取りつけられていた。この窓は一般的なオープンエアスクールによく見られるサイズだが、開閉することはできなかった。私的な勉強会や作業が行われることを想定して、自由に座席を配置できる点がこの教室の特徴になっている

周年賞」を受賞した。この小学校は55年に当初の建物の西側に新しい教室棟を増築し、75年に地下レベルを新しい資料センターに改修している。このような増築や変更にもかかわらず、建物全体はきわめて良好な状態を保っている。いずれの増築や変更もオリジナルの建物の重要性を十分に認識し尊重しながら進められ、当初の設計意図が最大限保たれている。クローアイランドは、オリジナルのデザインや品質を損なうことなく、学校をどのように使用することができるのか、そしてどのように拡張することができるのかを示す重要な例でもある。

保存の論点

クローアイランドはほとんどオリジナルの状態を保っており、長年にわたり最低限の変更を積み重ねてきた。建物も近代建築の重要事例として、また、教育理論とデザインを統合した成功例として高く評価されている。55年の南西棟の建設は、当初のデザインに同調している。大きくなった軒など、細部の変更は最小限に抑えられ、既存のプランや当初の建物のファサード構成にならっている。既存建物の重要性に対する認識と、当初のデザインを大きく変えることなく平面プランを付加することの困難さが、地下空間を改修するという最終的な決断に決定的な影響を与えた[*2]。70年代に地下空間に増築された新しい大規模な図書館と資料センターは、実際には、外側から見た建物の印象に、ほんの少し影響を与えていた。ほかの部分的な変更は時間をかけて行われた。南側からの日差しによる熱負荷を和らげるための空調設備がすべての教室に設置されている。しかし、カフェテリアや調理施設など、今日の学校に共通するアメニティ施設は、建物の建築的重要性に敬意を示していない。

図10-12：教室に設けられた小部屋。この学校の大きな革新のひとつは、L字型の教室を採用したことである。水道設備は各教室の角に設置されており、トイレ、流し台、美術や科学のための作業場として利用される。曲げ合板の家具はエーロ・サーリネンのデザインである

　変更は当初の建物とそのデザインの意義を尊重して行われた。この建物は89年にナショナル・レジスターに登録され、建築的、歴史的、社会的な意義が評価された。このように認知されていることを考えると、建物は適切に保存されそうであるし、建築のインテグリティを維持しつつも、近代の学校が持続的にどのように機能しコミュニティに役立てられているのかを示す好例になると思われる。

図10-13：増築棟外観。55年の増築棟は、オリジナルの教室とまったく同じレイアウトで、ある程度それと同じ建築的な処理が施されている。ただし、ひさしが大きく張り出しているなどの微妙な違いがはっきりと残っている。外側には、幅広の階段が増設され、半円形の屋外講義室として利用される

まとめ

米国における近代的な学校デザインの顕著な例として、重要なモダニストで学校建築を数多く手がけた建築家の作品として、クローアイランド小学校が保存されるのは、当然の結果といえる。そのデザインは戦後の多くの小学校に影響を与えたが、それゆえに、その革新的な面は今では認識するのが難しい。しかし、慎重な増築と持続的なコミュニティ支援、さらには建築的、歴史的な重要性についての地方と国の認知が、クローアイランドの保存をこれまで可能にしてきた。建物は現在も使用されており、多くの学校がそうであるように、継続的な維持・管理の必要性と拡張を望む声の高まりが大きな脅威になっている。うまくいけば、クローアイランドで成功した保存と拡張は、郊外に建てられたほかの戦後の小学校の手本になりうる。

【注】

＊1　Ben E. Graves, *School Ways: The Planning and Design of America's Schools* (New York: McGraw-Hill, 1993), 34-35.「それが守るべき子供のため、そして使うべき人のための場所でないならば、建物は美しすぎてはいけない。材料は傷みやすいものであってもいけないし、誤用してもよいものでなければならない。……とりわけ、学校は、大人が子供のことを考えるというのではなく、子供に寄り添うものでなければならない」という教師の言葉を引用している。グレーブスは自著の『ランドマークスクール作品集』で、最初の事例研究としてこの学校を取り上げている。

＊2　C. William Brubaker, *Planning and Designing Schools* (New York: McGraw-Hill, ca. 1998), 10-13. Bradford Perkins, "Preserving the Landmarks of the Modern Movement," *Architectural Record* 169, no. 9 (July 1981): 108-13. 近代の建造物で増えているジレンマについて論じている。著者は当初の建築家ローレンス・B・パーキンスの息子であり、パーキンス＆ウィルの東部事務所の責任者であったときにこの記事を書いている。それ以降、彼はニューヨーク市で、パーキンス・イーストマンという名称で事務所を開いている。

ムンケゴー小学校
(デンマーク・セーボー)

　コペンハーゲンの郊外のセーボーにあるムンケゴー小学校は、1948年から57年にデンマークの建築家アルネ・ヤコブセン（1902-71）によって設計された。パヴィリオンスクールと評される、その建物はスカンジナビアに限らず、世界中で採用された学校デザインの新傾向を代表するものである[図10-14]。ムンケゴー小学校は、近代デンマークの学校デザインの最初期の例のひとつである。この小学校は、林間学校を想起させるプライベートの屋外空間に直接アクセスできるだけでなく、旧来の建築計画を思わせる廊下と「開かれた教室」が組み合わされ、新しく創造的な方法で空間が配置されている。この小学校は約850名の児童数を想定して設計されたのだが、居心地のよいスケールが子供に適した環境をつくりだしている。ヤコブセンは椅子、机、照明器具、スピーカー、ドアノブ、そして基礎構造にいたるまで、備品や仕上げのすべてをデザインした。

　最近、ムンケゴー小学校は保存の議論の的になった。教育原理と教育学的原理の変化は、より広い空間を必要とし、根本的なリノベーションが提案されるにいたったからである。しかしさまざまな議論を経て、新しいデザインにおいては、建物とその内部のほとんどが維持されることになっている（訳注：2009年10月に竣工）。

保存の論点

　増える児童数と現代の教育理念に対応させようとして、学校のリノベーションが提案されるにいたった。既存の教室の大きさは50年代に典型的なものであり、今日の規格から見れば非常に小さい。教師たちがしばしば要望しているように、同じ室内で同時に複数の活動をするには十分な広さでない。この継続的な問題に対処するために、学校側は非常に多くの案を検討し中庭の空間に教室を拡張する案も検討した。しかし、中庭を教室にする案に対し大きな反対の声が上がった。この計画は中庭を囲い込むために新しい屋根を設置する必要があり、そうして

図10-14：ムンケゴー小学校、デンマーク・セーボー、アルネ・ヤコブセン（1948-57）、91年修復再生。教室の外観。学校の簡素な外観は、各教室の屋根に取りつけられた採光用高窓によるノコギリの歯のような外形を特徴とする。教室は小さな中庭のまわりに集められている

図 10-15：前庭。小学校へは前庭を通って入る。前庭はコモンスペースや補助施設に 3 面接し、残りの 1 面は教室に接している。最近提案されたリノベーションでは、前庭は光庭の付属する地下室の増築工事のために掘削される。光庭は、ヤコブセンがデザインした学内の小さな中庭を想起させる

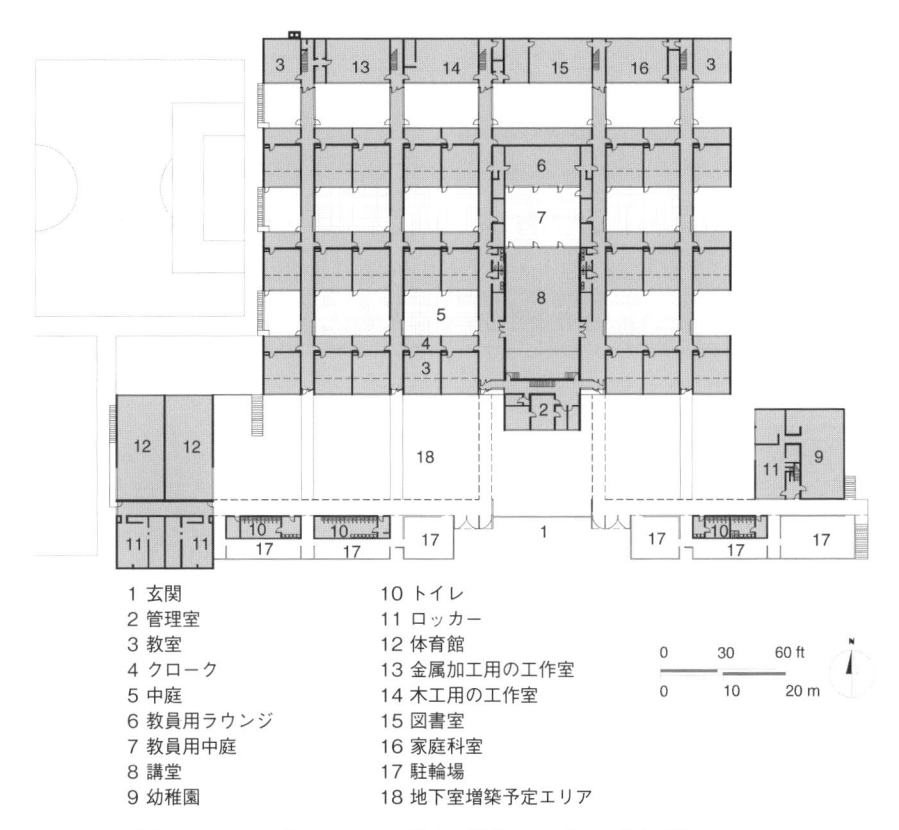

1 玄関
2 管理室
3 教室
4 クローク
5 中庭
6 教員用ラウンジ
7 教員用中庭
8 講堂
9 幼稚園
10 トイレ
11 ロッカー
12 体育館
13 金属加工用の工作室
14 木工用の工作室
15 図書室
16 家庭科室
17 駐輪場
18 地下室増築予定エリア

図 10-16：平面図。平面の基本ユニットは隣接するふたつの教室で構成され、共通の中庭を持つ。これらのユニットは南北と東西の軸線に沿って明快なパターンで配列される。中央部には教員用ラウンジ、中庭、講堂があり、南の端にある 2 階建ての建物には、特別教室と売店が入っている

図 10-17：メインの廊下。南北に走る廊下に沿って、教室ユニットが並んでいる。教室の外側にある小さな中庭により廊下に一定の間隔で光がもたらされる

図 10-18：校舎の廊下。教室の外側にある 2 次的な空間は東西方向に 1 列に並べられ、隣の教室の中庭に面して窓が取りつけられている。このように教室を配列することにより、隣接する空間は、同時に別々の活動に使用することができる

図 10-19：教室内部。各教室には目線の高さの水平窓に加えて連続する高窓があり、それらが教室に独特なボリュームと豊かな自然光をもたらしている。柔軟性のある座席は、使用される学校に合わせてヤコブセンによって特別にデザインされたものである

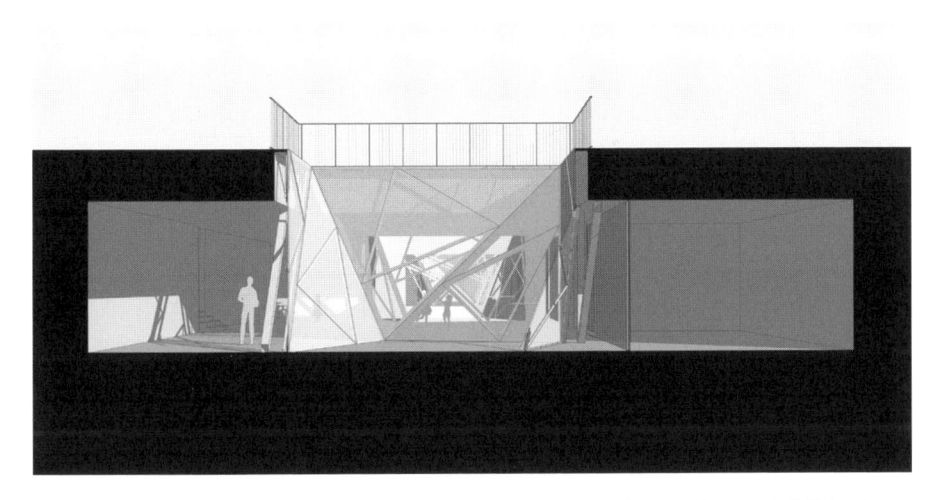

図 10-20：最近提案された地下増築案の断面図。新設される地下室は前庭の下に位置し、光庭が取られることになっている。日中は日光を地下室に届けることができる。地下室はオリジナルのデザインコンセプトを継承している。当初の建物のボリューム感とレイアウトを大きく変更することなく、各教室は外部空間に接し、自然光を取り入れることができる

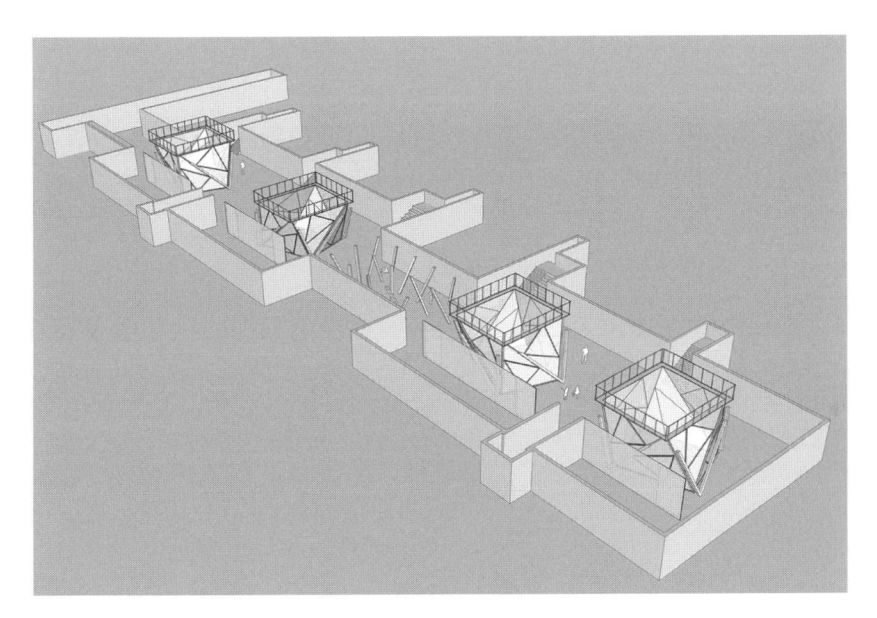

図 10-21：現在の増築案のアイソメトリック図。既存の前庭の下に設けられる地下室には、複数の光庭があり、南北方向のメインの廊下に直接通じる階段でオリジナルの建物の地上部分に行くことができる。新しく増築された建物は、当初の学校が採用していた構成グリッドの一部となっている

囲った部分は、学校のデザインや空間体験の理論的解釈の大幅な変更に当たるとみなされた。

当初の教室と中庭の関係は、設計意図と屋外の空間と光の役割がカギとなる。児童数が多かったにもかかわらず、内部空間は子供たちにとってくつろぎやすく、扱いやすい大きさだったので、そのデザインは当初高く評価された[*1]。この建物固有の特徴の変更は改修時に強く反対された。オリジナルの建物と平面プランのインテグリティを犠牲にすることなく、より多くの空間をつくり出すために、ふたつの解決策が提案された。すなわち、教室を連結することと中庭に低学年用の空間をつくることである。

目につきにくいインターベンションとしては、共有壁にガラス引き戸を設置して隣の教室と連結する

工事がある。ドアは、採光用窓や屋根勾配に影響を与えることなく、壁の既存の空洞に隠れるように設計されている。こうすれば、教室の仕上げ材として欠かせない黄色のレンガ壁の重要な部分は、両面とも維持されるだろう[*2]。もうひとつの、中庭空間の囲い込み案の代わりに提案されたのは、地下教室を中庭に設置することである。地下に光を届けるための自由な造形をした多面体の光庭は、東から西までの全長にわたって、空間を区切るように考えられている。光庭はおそらく日光を最大限に取り込むために全面ガラスで覆われるだろう[図10-20]。この地下レベルの南側にはさまざまなタイプの空間があり、その空間の正面は透明な材で構成される。5つの廊下の端に設置される新設の階段は、地下階へのアクセスを可能にし、それにより、このエリアと上階を多少有機的につないでいる[図10-21]。こうした内容が校庭、入り口、教室の建物の認識をどのように変えるかは、現時点では不明である。地中に埋め込まれた中庭と地表面のデザインの最終的な決定は、どちらの要素にとっても重要であるだろう。埋め込まれた中庭は多面体のプリズム形状よりもむしろ、矩形プランのほうが、オリジナルの建築的な意図と経験を反映する。しかし、そのことによりかえって新しい空間が新築であると認識しづらくなるだろう。

この最近の提案は、いろいろな意味で以前のものよりもはるかに満足できるものである。その案は、現代のニーズに適応しつつも、オリジナルの学校デザインの基本コンセプトに影響を与えないようにしている。教育のニーズが再び変わるとしても、教室の変更はされないだろう（レンガ積みのマッチングに問題がないわけではないが）。地下の増築は、建物自体に重大な変更を加えることなく、プログラム上の要件を満たすことができる。地中に埋め込まれた中庭に自由な造形を取り入れたことが、美学的あるいは計画学的な観点から見て、完全に満足いくものであるかどうかは、疑問の余地がある。だが、新しい部分と古い部分を区別していることは間違いない。

これらの変更はどれも、既存の建物の大規模な修理と矛盾しないように進める必要がある。その複雑な屋根形状と木材の細部（チーク材でさえも）のデザインは、多くの労力を必要とする。新たに増築することが確実に必要となるリノベーションでは、すべてではないにしても、設備、備品、細部装飾のほとんどが維持され修復されることが望まれる。それらは、現実の建物そのものであると同時に、デザインと精神の一部でもある。この学校は、築50年にして、見事に当初の状態を保っている。うまくいけば、さらに50年はもつだろう。

まとめ

ムンケゴー小学校のデザインの直接の影響は限定的であったかもしれないが、その建物は、世界的に有名な建築家による革新的な戦後の学校デザインの重要な事例であるとして、早い段階で保存の価値があると認められた。どのビルディングタイプでもそうであるように、学校とその施設の要求は変化したが、十分な空間が利用できるならば、教室は比較的順応性がある。

新たに提案されたリノベーションに関しては、それぞれの教室における空間の必要性が、隣接する部屋に開放する機能を付与することで、非常にうまく解決されているように思われる。教室と活動空間を追加する必要性については、校庭を掘って地下階を加えることによって、当初のデザインとその意図を大幅に変えることなく処理されている。全体的に、これらの計画に従って実行されるなら、アルネ・ヤコブセンが設計したものとしてムンケゴー小学校を評価し体験する可能性が残されるだろう。

【注】

＊1　Carsten Thau and Kjeld Vindum, *Arne Jacobsen* (Copenhagen: Danish Architectural Press, 2001), 371. 前記はアラン・バロック（Alan Bullock）の言葉を引用している。アランはヤコブセンが設計した学校の校長である。彼によれば、アルネ・ヤコブセンは、ムンケゴー小学校の仕事に取りかかるにあたって、オクスフォードのセント・キャサリンズ・カレッジのデザインを選んだという。「彼は子供たちのための建物であることに敏感だったので、建物に圧倒されないように、スケールを小さくしています」。中庭を覆ってしまえば、新しい教室は既存の教室の2倍以上の規模になる。それにより、すべてではないだろうが、直射日光の当たる部分はなくなってしまっただろう。

＊2　2005年現在、実際にはこの工事は行われていない。

図10-22：ドーテ・マンドロプ・アーキテクツ、2006-09年改修。地下室増築後の前庭（2011年撮影）。左手に地下に新たに設けられた光庭が見える

図10-23：前庭から光庭と地下教室を見る。地下には特別教室やキッチン、トイレ、倉庫が新設されている。改修された体育館にも地下階から直接アクセスすることができる

結論

　オープンエアスクール、クローアイランド小学校、そしてムンケゴー小学校は、近代の学校デザインの特徴的な面を示している。ダウカーが設計した学校は20世紀初期のオランダの公衆衛生思想と直接結びついている。クローアイランドは進歩的な学校運動の現れである。そしてヤコブセンの小学校は、開放的なプランと光を統合しようとしてきた、典型的な戦後の郊外の学校デザインを反映している。これら3つとも、それぞれの文脈のプロトタイプとなった。それらの建物はすべて、現代の教育理念を明示する試みといえる。それらは一般的に建築的に重要だとされ高度に機能的なデザインを体現し、当初の目的に合わせて機能し続けている。3例に見られる要素、特に自然光の重要視は、ヨーロッパと米国の両方の第二次世界大戦後の学校で当たり前になった。時間経過による増築と交換は、オープンエアスクールに顕著であるが、これがこの種の建物の大きな脅威になる。学校建築の保存は、継続利用できるかにかかっているし、機能性に対する要求の変化、特にシステムと生徒数の変動に合わせてうまく順応できるかにかかっている。クローアイランド小学校とムンケゴー小学校が文化遺産として認知されていることが、これらの建造物の保存を今後も促進するかもしれないし、潜在的にではあっても、そのほかの重要な学校の研究と認知を促すかもしれない。

第 11 章　舞台芸術センター

舞台芸術センターの保存の論点

　舞台芸術センターに求められる文化的な要望とそれらの建物が都市再生において果たした役割にもかかわらず、20世紀中頃の舞台芸術センターはしばしば批判の対象になった。引き続き、文化施設が集中していることが議論の的になり、初期の伝統に反すると考えられていた。建築的にいえば、複合施設は必ずしも当初の期待に応えているとはいえず、それらの建物は文化的な要望を象徴するとされていたものの、その趣旨が必ずしも反映されているわけではなかった。近代的なモニュメンタリティの探求は一般的には受け入れられておらず、たったひとつの象徴的な文化センターという特性や必要性について疑問を抱かせることになった。実際に、立地環境や規模、そして個人や都市との関係性（あるいはその欠如）から見ると、この文化施設は悪影響をもたらすと考えられた。これと同じ批判が、依然として再開発やリノベーションの議論のなかにも現れており、すぐに保存に対する拒絶へと結びつく傾向にある。

　重大な変更が主張される際の典型的な議論には、以下のふたつがある。ひとつは、舞台空間そのものが機能的、技術的に十分ではなく、物理的に劣化しているというものである。もうひとつは、利用者の利便性を改善するために複合施設全体を再考することは、複合施設の経済的利益の改善につながるというものである。また、複合施設の再開発は、竣工後から続いてきたそれらの認識をいくらかでも変える機会であると考えられている。さまざまな抗議が、種々のプロジェクトで出されているが、通常、再開発計画はこれらのセンターの意義に影響を及ぼす以下の3つの問題に集中している。

公共の場とその役割

　国民や市民のどちらのためであろうと、初期の近代建造物のオープンスペース、広場、基壇の役割は、儀式や行列にあり、その機能は明確である[*1]。例えば、リンカーン・センターのメインプラザを歩いて通り抜けること、または、シドニー・オペラハウスの堂々とした階段アプローチを上がることは、全体験の一部分をなしている。すなわち、広場は長時間滞在することよりも、むしろ通り抜けることが意図されている。しかし、この用途は仮設施設や永久的な増築により、収益を改善し、より快適で使いやすい空間をつくろうとする現代の要望と矛盾する。こうした要望が結果的に、複合施設の当初のデザインの一部である設計意図やランドスケープの実質的な改変を招く。オープンスペースが公共利用されているところでは、その空間は規模を縮小し、目的の用途に新たにデザインし直される傾向にある。

そうした事例にリンカーン・センターのノースプラザにある座面高さのプランター、またはケネディ・センターやロンドンのロイヤル・フェスティバル・ホールの素晴らしい眺望が望めるテラスなどがある。オリジナルのデザインの保存、セキュリティの問題、調和のとれた使用方法については、いまだ大きな課題として残されている。

機能的要求と技術的要求

リノベーションに関する議論の大半は、建物を最高水準に引き上げるために必要とされる機能や技術の改善に集中している。現在利用されている20世紀半ばのテクノロジーの多くは未発達で、舞台芸術施設に導入されたばかりであった。これまでより複雑な表現と操作を行いたいという現代的な要望が、個々の施設を刷新しリノベーションする必要性を生み出してきた。現在のアクセシビリティや建築法規の要件に適合していないことと、プログラムを拡張させようという願望が、外部のボリュームにも影響を与える内部空間の実質的変更をさらに促しているのかもしれない。

物理的な状態

使用を開始して半世紀もたつと物理的な状態が変化し、内部の設備や仕上げを含め、建物全体を更新し修理することは当然とみなされそうである。そのような大修理は、現在の技術的な要求に応えるためには欠かせないことが多い。当初のデザインが改修時にどのくらい尊重されるのかについては、事例によってそれぞれ異なる。一部の例では、再開発を進めるうえで不可欠な部分だけが保存される。センターの建築的・文化的意義を知ることや再開発計画においてその要素を取り入れることが、最終的に保存プロジェクトを成功に導くとは限らないが、そのプロセスを経ていれば、センターの重要な特徴と建築家の設計意図が取り返しのつかないほど失われることを防ぐことができる。そのほかのさまざまなアプローチによる影響については以下の事例研究で触れる。

【注】

＊1　広場に関する議論については、第2章を参照。

図11-1：ジョン・F・ケネディ舞台芸術センター、アメリカ・ワシントンD.C.、エドワード・ダレル・ストーン（1959-71）、95年から現在まで修復・再生。外観。ひとつ屋根のもとに、多数のさまざまな舞台芸術施設が収容されている。ケネディ・センターは第二次世界大戦後に建設された典型的な舞台芸術複合施設である

ロイヤル・フェスティバル・ホール
（イギリス・ロンドン）

　1951年に開催された英国フェスティバルの中心的建物として、同年に完成したロイヤル・フェスティバル・ホールは、第二次世界大戦中および戦後すぐの時期に英国の再興を祝うためだけでなく、世界で最初の近代的な舞台芸術施設のひとつとなることが意図されていた。このホールは市民のための施設という当初の考えに基づき、舞台芸術センターがミッドセンチュリー期において果たす役割、そしてこの種のセンターが扱うことになる将来的なプログラムにおいて果たす役割を考えて計画された事例のひとつである。劇場、コンサートホール、オフィス、娯楽施設を備えた文化センターの建設は、ロンドンのテムズ川沿いの衰退しつつあるサウスバンク地区を復興させる試みでもあった。しかし、英国フェスティバルの敷地計画と時間と予算の制約のため、コンサートホール（ロイヤル・フェスティバル・ホール）だけが1951年に完成した[図11-2]。

　その後、間もなくしてロイヤル・フェスティバル・ホール自体が拡張され、そのすぐ近くに文化施設が新たに建設された。こうして最終的に都市文化センターが完成した。しかし、結果的に形成された建物群は、後期モダニズムの都市計画理念とブルータリズムの建物に結びつけられ、批評家や一般利用者の評価はよいとはいえなかった。70年代の英国経済の景気低迷の影響もあり、その地区が協調的な新しい建物とリノベーションによって活性化したのは、20世紀末になってからであった。

　ロイヤル・フェスティバル・ホールの最近のリノ

図11-2：ロイヤル・フェスティバル・ホール、イギリス・ロンドン、レスリー・マーティン、ピーター・モロー、ロバート・マシュー（1949-51）、61-64年、2005-07年改修。51年撮影の外観。ロイヤル・フェスティバル・ホールは、英国フェスティバルが終了した時から、未開発のテムズ川のサウスバンクにあった重要な近代建造物のひとつである。建物の構成が外観にはっきりと表現されている。屋根の輪郭を形づくるメインホールは、外側に開いた補助施設により取り囲まれている。これが、都市とは逆方向からの眺め、川越しの眺めをよりよいものにしており、また、西側外観を層状の興味深いものにしている。この外観は既存施設の改良拡張のために、その後変更された

ベーションと広大なサウスバンク地区のために提案されたマスタープランは、ホールの文化的声明とその象徴的意義を回復しようと努めている。建築工事の範囲は51年のデザインの重要な特徴を復原するという包括的な保存指針にしたがって導き出され、重大な技術的改良も行われたが、60年代に増築された地下施設の大部分を維持した。広い区画を対象とするマスタープランでは、イメージを一新したサウスバンク・センターの中心としてのロイヤル・フェスティバル・ホールの重要性が認識されており、川沿いに建てられたさまざまな文化施設をつなぐためのプロムナードとアメニティ施設を複合体の一部として一体的に整備することが検討され、保全計画に盛り込まれている。

保存の論点

50年を経過した建物に通常見られる物理的な懸念以外に、アリーズ&モリソン・アーキテクツの調査で特定されたロイヤル・フェスティバル・ホールの大きな課題は、以下の3つである。

1. 世界に通用するコンサートホールをつくること
2. 現在と将来の建物や組織の物理的ニーズと計画学的ニーズを十分に検討すること
3. その場所やロンドンの街の大きな変化に適応すること

ロイヤル・フェスティバル・ホールは指定建造物なので、のちに建設された増築部分と同様に、当初のデザインの重要性が、プログラミング、デザイン、保全のプロセスに反映されなければならなかった。これを受けて、アリーズ&モリソンは、建造物の意義に関する報告書とリノベーション作業を誘導するために一連の保全指針を取りまとめた[*1]。その指針は、エントランス、60年代の再開発、自動車の流れ、都市環境、テラスなどの特定の要素の再構築に焦点をあてている。

2005年の夏に開始されたロイヤル・フェスティバル・ホールのリノベーションの目的は、64年の改修により見えなくなった51年時点の優れた特徴を明らかにすること、そしてホールを現代のニーズ

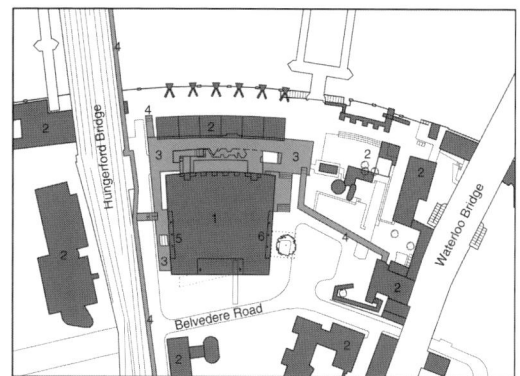

1951年、英国フェスティバル時の配置図

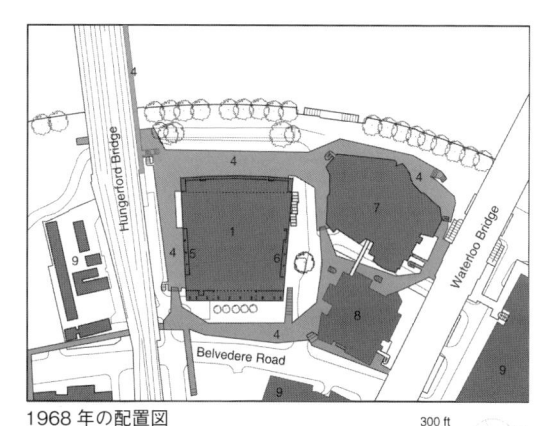

1968年の配置図

1 ロイヤル・フェスティバル・ホール
2 フェスティバル・パヴィリオン
3 ロイヤル・フェスティバル・ホールのテラス
4 歩道
5 テラスレベルの入り口
6 1階の入り口
7 クイーン・エリザベス・ホール
8 ヘイワード・ギャラリー
9 そのほかの建物

図11-3：配置図。当初の図面 (51年) と60年代の改修後の図面。最初は英国の、特にロンドンの戦争からの再興を祝う、英国フェスティバルの一部として、建物は建設された。施設を拡張するために、そして隣に新しく建設された芸術関連施設とうまくつなぐため、60年代に大幅に改築された

1951年の断面図

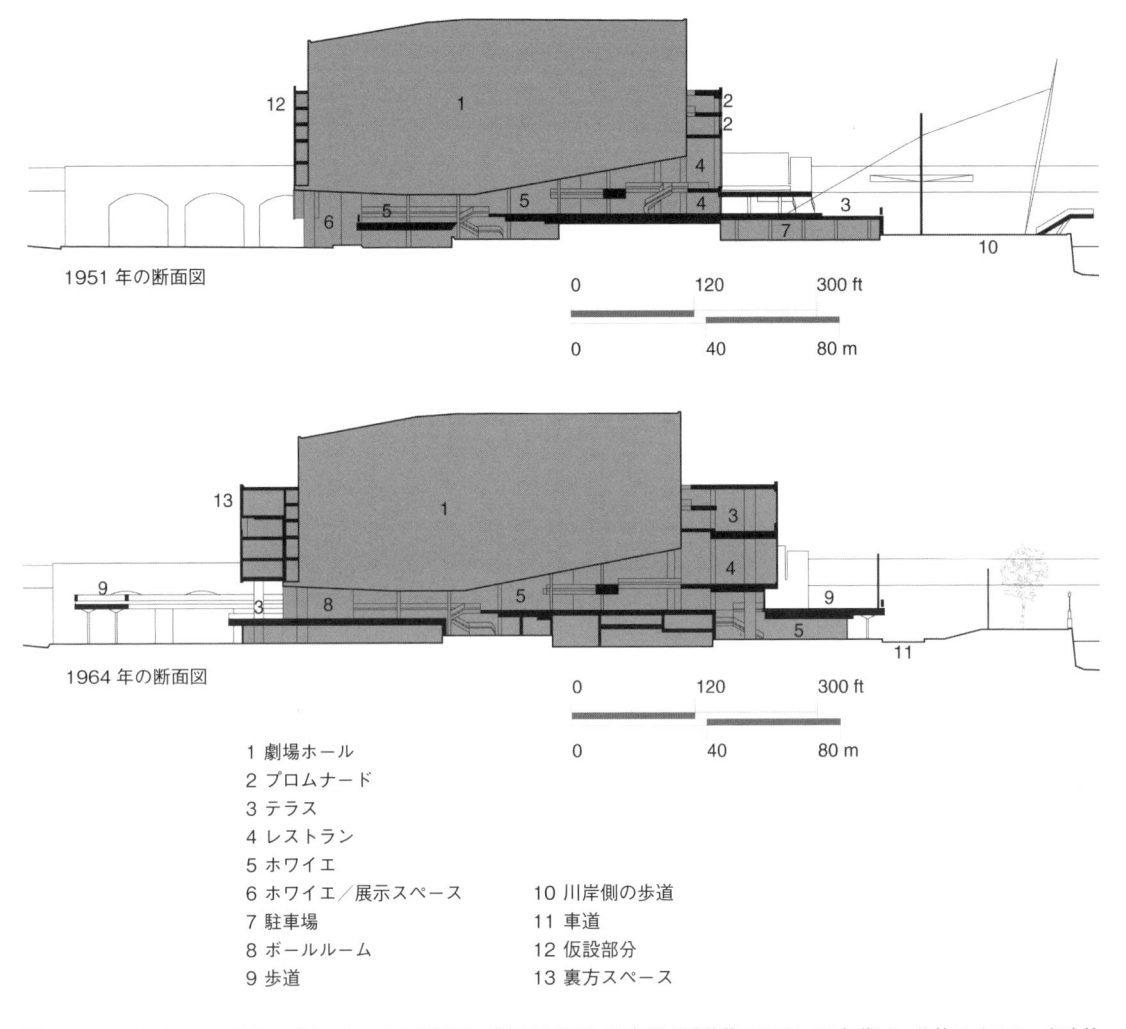

1964年の断面図

1 劇場ホール
2 プロムナード
3 テラス
4 レストラン
5 ホワイエ
6 ホワイエ／展示スペース
7 駐車場
8 ボールルーム
9 歩道
10 川岸側の歩道
11 車道
12 仮設部分
13 裏方スペース

図11-4：ロイヤル・フェスティバル・ホールの断面図。当初の図面と60年代の改修後の図面。60年代に、公共アメニティを改善するため空間の一部が拡張され、自動車や歩行者の動線が変更された。最近のリノベーションでは、増築部分の大半が維持されているが、テムズ川のサウスバンク沿いの最近開発されたプロムナードと建物をうまくつなぐために動線が変更された

に適応させることだった[*2]。60年代の東西方向に拡張された部分は維持されたが、テラスから見て最も目立つ入り口など、その時期のほかの変更箇所は取り除かれた。当初の建物を特徴づけていた動線と公共空間は、ほぼ元の状態に戻された。最も目につく変更は川岸側である。64年に増築された1階正面入り口とテラス下のホワイエが著しく縮小され、その代わりに小売店の街並みが形成された[図11-6, p.233カラー図18][*3]。これらの店舗は新しく整備された歩行者の広場に面している。そしてその店舗群はクイーンズ・ウォークとつなげられ、64年に車道と降車場に取って代わった。南北の入り口

はそれらの主要機能を回復させ、障害者がアクセスしやすいように変更された。

劇場ホールの大規模な改造は、クラシック音楽演奏のために音響効果を改善することを目的とした。そのうえ、ステージをひと続きのプラットフォームリフトにすることにより、障害者のアクセスをしやすくするだけでなく、設備も可動しやすくしている。ステージそのものは今ではより柔軟で、オーケストラや合唱の演奏用の階段式ステージから舞台公演に適した真っ平らな状態にまで変更することができ、さまざまな用途に適用できる。音響効果を改善するための方策は、ほぼ当初の設計意図を踏まえており、

図11-5：ヘイワード・ギャラリー、イギリス・ロンドン、ロンドン州協議会建築部門（1968）。外観。ロイヤル・フェスティバル・ホールの当初の計画ではアートギャラリーを設置する予定だったが、その計画は実行されなかった。別のギャラリーが60年代の敷地のリノベーション時に建設された

グレードⅠとして保護されている当初のインテリアデザインの特徴の多くは維持されている[＊4]。

座席の列の数が減らされたが、足を伸ばせる空間を確保し、アクセスしやすい座席にしたので、劇場ホールの内部の様子はあまり変わっていない。初期のデザインの詳細、色彩計画、木材の仕上げは維持された[図11-7][＊5]。ホール周辺の敷地も、今回の改修に含まれ、建物を取り囲む植栽、照明、看板、そして再舗装された広場やテラスも対象としている。ホールは2007年の夏に再び開館した。

また、リック・メイザーのマスタープランの第1段階も、ホール周辺で直ちに実施された。エクステンションビルディングと呼ばれる新しい細長いガラス面を持つ増築部分が、ハンガーフォード橋沿いに建設された。ハウジングオフィス、倉庫、サポートスペースを含むエクステンションビルディングによって、64年に管理や裏方の機能として配置されていたロイヤル・フェスティバル・ホールの公共空間の多くは、1階の南側にホワイエや新しい教育センターとして再オープンさせることができた。エクステンションビルディングはホールから完全に独立しているが、ハンガーフォード橋のたもと付近でテラスを共有している。入り口の向かい側の長く延びた小店舗スペースが歩道に沿って連なり、橋からホール、ベルヴェディア・ロード、その先のロンドン地下鉄のウォータールー駅まで続いている。ホールの川沿いに増設された造園やホールとベルヴェディア・ロードの間のフェスティバル広場は、99年にホール東側の高架式歩道の解体により利用しやすくなった。それらはマスタープランの初期段階のひとつでもあった。クイーン・エリザベス・ホールとヘイワード・ギャラリーの公共空間のリノベーションと同じように、これらふたつの建物とその敷地の関係を改善する計画の一部が実施されたが、それらの建物の包括的なリノベーションについては、そのめどすら立っていない[＊6]。

図 11-6：ロイヤル・フェスティバル・ホールの改修時の西側外観。仮設足場を覆っているシートの背後のエリアは、内部動線を改善し、テムズ川沿いのプロムナードとうまくつなげるよう改築される

図 11-7：改修されたロイヤル・フェスティバル・ホールの内部。リノベーションのおもな目的は、仕上げや座席を一新し、ホールの音響問題を修正し、収納エリアの柔軟性を高めることであった

まとめ

　ロイヤル・フェスティバル・ホールは、いろいろな意味で他の模範となっている。現在と近い将来のニーズを認識しそれに応える一方で、リノベーション作業を指示する保存計画を策定することにより、歴史的、建築的重要性の多くを複数のエリアで維持し、修復することができた。51年当初のLCC（ロンドン州議会）の建築家は、できるだけ明確に順序だった方法で、人々の賞賛を集めることを意図して設計した。一方、小売店やエクステンションビルディングなど、マスタープランの一部として加えられた新たな機能は、ロイヤル・フェスティバル・ホールの建物の用途や建築構造を妥協することなく、現在のニーズや予期される将来的なニーズを満足させる助けとなった。非常に思慮深い計画だったので、舞台芸術センターと施設の保存が可能となり、建築的意義と歴史的意義は、文化的、財政的、または上演にかかわる要求を妥協せずに適応することができた。それにもかかわらず、ロイヤル・フェスティバル・ホールの卓越性と、以前より受け入れられるようになったモダニズムの風貌は、サウスバンクの芸術地区を構成する近隣の芸術系の施設との違いを浮き彫りにしている。まだ完全には受け入れられないが、ロイヤル・フェスティバル・ホールを取り囲んでいるクイーン・エリザベス・ホール、ヘイワード・ギャラリー、ナショナル・シアター、そのほかのミッドセンチュリー期の文化施設は、ロイヤル・フェスティバル・ホールと同じように、慎重を要する保存と再開発計画を主題にすることが望まれる。

【注】

＊1　Allies & Morrison Architects, *Conservation Plan for the Royal Festival Hall* (London, December 1996) は、同著者の*Royal Festival Hall Urban Context: Appendix to the Conservation Plan*, report prepared for the South bank Centre (London, February 2000), app. iii-iv. を発展させたものである。両文書は、ともにロイヤル・フェスティバル・ホールのリノベーションに対する枠組みを規定している。

＊2　この事業のための資金提供は、芸術協議会英国宝くじ基金（The Arts Council England Lottery Fund）、遺産宝くじ基金（The Heritage Lottery Fund）、文化・メディア・スポーツ省（The Department for Culture, Media and Sport）と個人寄付からである。Andrew Clark, "Fitting Way to Bring Down the Curtain: Royal Festival Hall," *Financial Times*, London, May 28, 2005.

＊3　新しい小さな1階のウォーターフロントの入り口は2階につながっており、切符売り場はレストランは川の景色を楽しめるように再びテラス沿いに移設された。テラスレベルの入り口は、51年の位置に戻され、レストランの両端と建物東側のボールルームのロビーにつながる階段を一直線に並べた。それにより動線が再構築された。

＊4　リノベーションの音響コンサルタントであるキルカガード・アソシエイツ（Kirkegaard Associates）は、このプロジェクトに対し、推定残響時間を1.8秒にのばすのに必要なボリュームを確保するために、ステージ上部の天井をいくぶん高くすることを勧めた。ステージ上部の新しい布製の反射材は、最初の木製の反射材に交換され、新しい高い天井を隠した。当初指定されていた固形の2インチ厚の石こう天井は、重量があるため、除去された。しかし、固い表面をした多孔質石こうで仕上げられた別の特徴的な波天井は、予想以上に低周波を吸収した。それらは除去され、同じデザインの現場打ち石こうはシングルユニットを形成する4インチ厚の石こうブロックで覆った、ガラス繊維補強石こうに取り換えられなければならなかった。このシングルユニットの天井はそれまでのものよりも固く、空隙を最小限に抑え、音をあまり吸収せずに反射した。さらに、ロビン・デイ（Robin Day）がデザインした1951年当初の座席は、より快適で、より音響に適するようなパッドでつくり直された（06年12月19日の筆者による電話インタビュー：Simon Fraser, project director, Allies & Morrison）。

＊5　建築システムについては、暖房と換気のシステムは地熱エネルギーを利用するように改良された。建物に増設された空調システムは、深さ125メートルのふたつの掘削孔から冷水をくみ上げて供給され、このリノベーションでサスティナブルな特徴のひとつが加えられた。必要とされるところで修理が行われたが、外部の重大な変更はまったくされなかった。

＊6　Robert Maxwell, Tim Macfarlane, and Patrick Bellew, *Rick Mather Architects* (London: Black Dog, 2006), 98-102, 参照。サウスバンクのマスタープランの最初の段階では、1階にヘイワード・ギャラリー、クィーン・エリザベス・ホール、パーセルルームの開館とロビーの変更が含まれていた。3つの芸術鑑賞空間を持つこの建物は「グレードⅡ」に登録されていたが、取り壊しの話がでていた。Peter Aspden, "Venue Closes for £91m Overhaul," *Financial Times*, July 2, 2005. 参照。

リンカーン・センター
(アメリカ・ニューヨーク市)

　1959年から69年に建設されたニューヨーク市のリンカーン・センターは、アメリカ合衆国で発展した最初の舞台芸術センターのひとつであった。大規模な都市再開計画として開始されたが、これが何百もの小規模なヴィクトリア朝の建築物の撤去につながった。ヴィクトリア朝の建物は、皮肉なことに、今日の保存主義者が関与していたものであった。既存の建物を取り除くことによって、更地がつくられた。業務を調整する役割はニューヨーカーのウォレス・ハリソンとマックス・アブラモヴィッツ (1908-2004) が担当した。彼らはその数年前から国際連合の複合建造物の管理建築家に就いており、その後、引き続いてアルバニー・エンパイヤ・ステート・プラザの建築家として、複数の建造物で構成されるプロジェクトのすべてを任される予定であった（ただし、有名建築家たちのかかわっていたアルバニー・プロジェクトは除く）。

　当時、リンカーン・センターのデザインは、新古典主義を引用した二流建築のように見えると、その設計方法が厳しく批判された。アメリカの主要建築

図11-8：リンカーン・センター、アメリカ・ニューヨーク市、複数の建築家が担当（1958-69）。マックス・アブラモヴィッツによるエイブリー・フィッシャー・ホール（写真右）、1962年。フィリップ・ジョンソンによるニューヨーク・ステート・シアター、1964年（左）。ウォレス・K・ハリソンによるメトロポリタン歌劇場（中央）、1966年。これらがフィリップ・ジョンソン設計のジョシー・ロバートソン・プラザ（66年）を取り囲む。メインプラザを見る。中央の主要エントランスである広場は、メトロポリタン歌劇場に占有されている

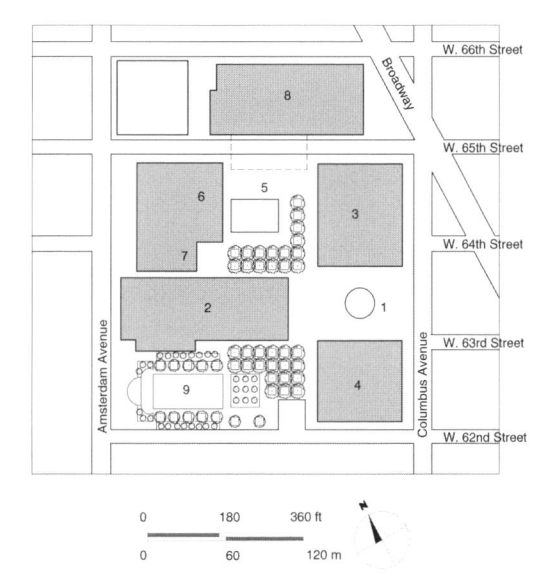

1 メインプラザ／入口
2 メトロポリタン歌劇場
3 エイブリー・フィッシャー・ホール
4 ニューヨーク・ステート・シアター
5 ノースプラザとリフレクティングプール
6 ビビアン・ボーモント劇場
7 舞台芸術専門の図書館／博物館
8 ジュリアード学院
9 ダムロッシュ公園＆グッゲンハイム・バンド

図11-9：2006年頃の配置図。リンカーン・センターは現在、大規模なリノベーションが進行中。リンカーン・センターは第二次世界大戦後に初めて建設された舞台芸術施設のひとつである。多くの建造物があるが、それぞれ異なる建築家の作品である。かつてノースプラザとジュリアード学院とをつないでいた橋は、最近のリノベーションで取り除かれている

家の数人が、構造設計とマスタープランに関与しており、このプロジェクトは、さまざまな建築家たちが特別な建築的アンサンブルを奏でるためにどのように協力することができるかを示すひとつの例として構想された。その代わりに、財政的な制約による束縛や（さまざまな芸術団体とかかわりのある）複数のクライアントの利益対立に悩まされ、建築家たちは特別なユニットをつくり出すために協働するというよりも、むしろ互いに競い合った。だが、エーロ・サーリネンのビビアン・ボーモント劇場とSOMのゴードン・バンシャフト（1909-90）による舞台芸術専門のニューヨーク公立図書館別館（1965）は、批判の対象から外れていた。なぜなら、彼らはより一体感のある形態にするため、互いに補完し高め合うように、協力して建物を設計したからである。

初期の批判とは関係なく、リンカーン・センターは、舞台芸術のパフォーマンスと同じくらいに、その建築が高く評価され、国際的に認められた文化センターになった。それでも、リンカーン・センターの公共空間と個々の建物は、いずれサービスと建物の性能を向上させるためにリノベーションされ、複合施設全体が現在の要求や考え方に基づいて実質的な変更に直面することだろう。そうした現代の要請によって、その文化的、歴史的な重要性が取り返しのつかないほどに改変される可能性がある。

保存の論点

近年、リンカーン・センターとそれにかかわる運営組織は、その建物をより魅力的なものにし、活用している芸術団体のさまざまな機能的な需要を満たすため、40年たった建造物のリノベーションと公共空間の再開発のために、さまざまな選択肢を検討し提案した。その後このプランはいく度も改善され修正され、早くも99年に16エーカーの複合建築のマスタープランが作成された。概してこのマスタープランでは、それぞれの独立した建物と運営組織を精査し、リノベーションの具体的な必要性をまとめ、実現可能な増築と改変のためのさまざまな選択肢を確認している[*1]。

リンカーン・センターの保存にジレンマをもたらす機能的な必要性、物理的な状態、公共空間は、20世紀半ばに始まるほかの大型舞台芸術複合施設のジレンマとよく似ている。複合施設を構成するそれぞれの建物には、既存の空間が必要とする機能的なニーズがある。つまりどの建物も、表側か裏側のどちらかに、さらに大きな空間を必要としている。それが時には当初のデザインの特徴に変化をもたらす。例えば、予算の制限のために部分的ではあるが、メトロポリタン歌劇場のエントランス空間は縮小されており、エントランスはモニュメンタルな内部階段の上り口に非常に近いところに配置されている。このために、チケットが回収されている間、いつも階段の上り口が混雑する[*2]。ニューヨーク・ステート・シアターは、ひとつの空間でふたつの非常に異なったタイプの舞台(オペラとバレエ)に対応

しようとしている。一方、エイブリー・フィッシャー・ホールは、ロイヤル・フェスティバル・ホールと同様、当初から音響に関する苦情が寄せられており、改修する必要がある[*3]。建物のインテリアも、現在の法規と快適さに対する要望に合わせて、仕上げと設備をやり直す必要がある。

　99年のマスタープランは、個々の関係団体の、現在または今後予定される機能的ニーズに焦点を合わせているので、当初は複合施設の総合的な展望をあまり重視していなかった。マスタープランは将来に向けた提案を含んでおり、さまざまな増築のほかにも構内のどこかにニューヨーク・シティ・オペラの新しい建物を建設する可能性も検討された[*4]。リンカーン・センターの再開発は、開発当初とよく似た戦略をとっている。各団体が建築家の選択、仕事の範囲を定め、リノベーションのための資金集めに対する責任を負っている。そうした計画は、今でも各団体の代表者から構成される再開発を監視する管理機関の承認を必要とする。したがって、そうしたグループとその構成組織は、複合施設全体に影響を及ぼす計画に関する情報を持つことになり、共有の公共空間に対して一緒に対応することになる。最初の報告書の発行に続いて、センターに大きな影響を与えると思われるさまざまに異なるデザインが提案され探求された。なかには、フランク・O・ゲーリー（1929-）が設計したメインプラザを覆う新しいドームやエイブリー・フィッシャー・ホールを建て替えて新しくする案も検討された[*5]。このようなラディカルな変更は、最終的に財政的理由やいくつかの団体からの異議により承認されなかった。

　個々の建物における内部機能の必要性に合わせたリノベーションは、今後10年ほどで姿を現すだろう。建物や複合施設全体で進行中の物理的な修理も同様である。古代ローマの石灰岩であるトラバーチンは、複合施設全体の主要な統一的特徴のひとつであるが、多数の不具合が見られた[図11-10]。不具合のパターンは建物ごとに異なる。石の選択に原因があったり、特殊なディテールになっているために不具合が生じたものもある。またあるところでは当初の取りつけ方に誤りがあったため不具合を起こしている。しかしトラバーチンは、今でも統一的要素となっている。近年に大規模な外部改修を行った建

図11-10：リンカーン・センターの2007年頃のトラバーチン被覆材の詳細。複合施設の統一的要素のひとつは、すべての建物に一貫して用いられているトラバーチンである。トラバーチンは劣化の程度に合わせて、修理、取り換え、ダッチマンによる継ぎ当てが施される

図11-11：リンカーン・センター、ジュリアード学院、ピエトロ・ベルスキ（Pietro Belluschi）とエドアルド・カタラーノ（Eduardo Catalano）（1969）、大規模なリノベーションが2009年に完了した。増築案。ブロードウェイにあるジュリアード学院のコーナー部分は、学校の内部空間を拡張するため、延長されている。鋭角な角は、突き出た部分の真下にある屋外座席エリアの上に浮いている

図 11-12：リンカーン・センター、ジュリアード学院。東側全景。当初のブロードウェイ側のジュリアード学院の外観。後方にビビアン・ボーモント劇場がある。西65丁目の上にかかる橋がリンカーン・センターのノースプラザと学院をつないでいる

図 11-13：工事中の東側外観。かつてノースプラザとジュリアード学院をつなげていた橋は取り外された。ブロードウェイ沿いの新しいオーバーハングした増築部分の建設は、オリジナルのトラバーチンの外装材をはずすことから始められた

物のいくつかは、精選されたパネルに取り換えられた。ほかの建物では、オリジナルのトラバーチンパネルは取り外され、表面下のアンカーの状態を修正したのちに再び取りつけられた。別の場所では、〝ダッチマン〟（劣化した箇所のオリジナルのパネルに挿入する小さな石）という継ぎ材が使われた。ほかの建物も同様の措置を講じることになりそうだが、ジュリアード学院の１階に沿って延びる半分ガラスの立面とブロードウェイ側のファサードのように、新しい材料が新たな増築部分に使用されたり、既存建物の認識を変えたりすることもありうる[図11-11、11-12][*6]。

今後10年から15年のうちに起きると予想される、そのほかの個別のリノベーション案についてはまだよくわかっていないため、リンカーン・センターの保存問題の議論の大半は、公共空間に集中した。公共空間は、複合施設の当初のデザインに欠かせない部分なので、建物の認識の仕方に直接的な影響を及ぼす。ニューヨーク・ステート・シアターとエイブリー・フィッシャー・ホールの横端にあるメトロポリタン歌劇場に面するメインプラザの眺めは、リンカーン・センター到着時の体験に寄与するだけでなく、その経験を象徴する眺めになっている。繁忙期以外、特に夏の間は、広場はあまりフォーマルではない音楽やダンスのイベントなどの新しいプログラムの会場になり、時には利用できる空間すべてを活用しようとして仮設物で覆い隠される。とはいえ、これらのプログラムがその空間に恒久的な影響を与えることはこれまでなかった。

02年にすべての運営組織を代表するリンカーン・センターの管理機関は、屋外空間を再設計するために招へいした５つの事務所のなかから、ディーラー・スコフィディオ＋レンフロとFXFowleアーキテクツの協働チームが選出された。今のところプロジェクトの範囲は不明だが、第１段階は西65丁目の通りに重点を置いておりノースプラザに影響を与えるだろう。工事は06年に始まり、現在も続いている（訳注：09年に竣工）が、ジュリアード学院とそのなかにあるアリスタリー・ホールのリノベーションと連動して行われている。ディーラー・スコフィディオのデザインは、居心地がよく使いやすい空間を創出しようとしており、レストランを増設して西65丁目の歩行者にとって親しみやすいエリアに変えようとしている。これには一連の重要な変更が必要とされた。ポール・ミルスタイン・プラザとして知られている西65丁目にかかる幅の広い歩道橋は、幅が204フィート（62m）、長さがおよそ85フィート（26m）だった。その橋はジュリアード学院とリンカーン・センターの一部をつないでいたが、06年に解体された。それまでのものよりも狭くて透明な橋が建設される予定であり、通りに対して圧迫感がなく歩行者重視の開発が可能になるだろう。複合施設に人々を引き込みやすくするため、ランドスケープ、デジタルサイネージ、LED照明パネルなどのハイテク要素が、西65丁目の既存の階段周辺からノースプラザにかけて追加される。さらに、ジュリアード学院１階のガラスのエントランスに面する通り沿いの、ビビアン・ボーモント劇場とウォルターリード劇場に、新しいエントランスが増設される[図11-13]。ノースプラザの新しいレストランは西65丁目の通りに隣接しているが、ノースプラザと同じレベルにあり、新しいサドル形状をした芝生屋根を取りつける。これが広場の北側の角を占める。十分な空間を提供するため、ヘンリー・ムーアの彫刻の置かれたリフレクティングプールの全体の寸法は調節され、細長いものになるだろう。固定式と可動式の座席を設けることのできる１枚の大きな表面をつくるために、残っている造園のプランターは除去され、植物栽培用のくぼみが広場に用意される予定である[図11-14、11-15][*7]。

公共空間プロジェクトの第２段階は、メインプラザのエリアを対象にすることだろう。エリアを囲むという当初の提案とは異なり、現在の計画は、新設の噴水、舗装、造園を含み、すべて現在の形態によく似たデザインが施される。広場のレベルまで続いているさまざまな階段も対象になるだろう。階段を変更したり、道路と広場の間の高低差を最大限活用することによって、地下の駐車場がつくられる。階段の両側のスロープは、通路から広場への障害者用のアクセスを提供する[*8]。ダムロッシュ公園の正式な計画は、まだ公表されていない[*9]。

図11-14、11-15：リンカーン・センター、ノースプラザの眺め。ノースプラザのリノベーションは、新しいレストランの建設を含む（下）。ヘンリー・ムーアの「横たわる像」の彫刻が置かれたリフレクティングプールは残るだろうが、プールの大きさは変えられ、カイリーの当初のランドスケープデザインの一部である地上のプランターは取り除かれ、広場のなかに埋め込まれる。ディーラー・スコフィディオのデザインは、芝生で覆われたレストランを特徴とする。1965年に完成したエーロ・サーリネンとスキッドモア・オーウィングス＆メリルによるビビアン・ボーモント劇場と舞台芸術のための図書館と博物館が左手に見える

まとめ

　50年を経過したどの施設もそうであるように、リンカーン・センターも大がかりなリノベーションと更新に現在直面している。これまでに、全体の計画は中断を挟みながら進められ、構成組織の競合する利益やさまざまな財政能力を理由に遅れた。ロイヤル・フェスティバル・ホール、シドニー・オペラハウス、ケネディ・センターとは異なり、複合施設や個別の施設を対象とする包括的な保存ではないことは明白である。複合施設の建築と歴史の発展を詳述した研究や建築学の成果が利用できるし、一般に公表されている。また、リノベーションの議論を強め、その判断を正当化するために出版物も刊行されている。しかし、包括的なマスタープランについては（保存計画はさらに少ない）公的記録として保管されていない。地方、または国のランドマークに指定されている敷地や建物もない[＊10]。実際にそうした歴史的建造物への指定は、リノベーション時に将来のニーズに適合させる能力、変化に順応する能力を阻害する恐れがあるとして、抵抗され、強く反対されてきた。ロイヤル・フェスティバル・ホールとシドニー・オペラハウスでの経験とは位相が異なっているように思われる。

　リンカーン・センターのさまざまなリノベーションの提案やデザインが様子見されている間の時期は、それぞれ賞賛や批判を受けてきた。その後、後退または中断された時期が非常に長いので、包括的なプランや構想を描くことが難しい。したがって大衆の関心は、ほとんど公共の空間や広場に集まり、現在と将来のプログラム上および機能上の必要性を満たすための、リノベーションの提案や個別の組織団体の試みもなく、なかには極端な変更が加えられたり、取り壊されたりする例も見られる。加えて、より魅力的で、都市との結びつきを強められるようにリンカーン・センターを開放するという意図は、芸術と文化を保護するキャンパスという当初の設計意図とは、いくつかの点で異なっている（当初の建築家たちは、自分がデザインした公共空間は、都市とつながっていると考えていたのだが）[＊11]。

　空間を最大限に活用すると同時に、より開放的ですべてを包み込むような空間にしようとする現在の傾向は、私たちの時代の特徴であり、ほかの舞台芸術施設のリノベーションでも見られる。それは、ある意味で当初の設計意図（形式性、落ち着き、静けさ）という欠くことのできない価値に反している。リンカーン・センターの内向的なミッドセンチュリーのデザインは時代遅れであると主張されることもありうる。現在提案されているデザインと変更のいくつかは、いくぶん現代風のものであると異を唱えられることも考えられる。これは、その建築の初期の批判を克服する試みであるが、十分に冒険的でモダンであるとはいえない（皮肉なことだが、それゆえに、複合施設がとても古くさく見える）。ただし、それらは一時的なものであり、将来、様式や趣向が再び変化すれば、改造の対象になりやすい。

　施設のリノベーションが理解され評価されるような、包括的な保存計画が整えば、現在、私たちが抱く多くの懸念を緩和してくれるだろう。重要なのは進行中、あるいは計画中のリノベーションの内容の良し悪しだけでなく、その内容が保存計画で打ち出された構想に適合しているかどうかである。保存計画がいったん確定すると、プログラム上のニーズに合わせた判断が下されるようになり、センターの建築的・歴史的に重要な部分の除去や妥協につながることはないだろう。

【注】

＊1　要望は、管理や上演サポートの空間から装置の刷新や新しいプログラムづくりまであり幅広いが、バイエル・ブラインダー・ベル（Beyer Blinder Belle）という建築会社によって立案された報告書は、特定の計画を提供するというよりもむしろ、さまざまな選択肢を提供し、個々の組織はそこから最もニーズに適合するものを選択することができた。Ralph Blumenthal, "Lincoln Center Gets $ 1.5 Billion Renovation Plan," *New York Times*, December 4, 1999.

＊2　予備研究で示された提案のひとつは、ハリソンが当初考えていたデザインのひとつを実施し、正面ファサードと同一面まで、さらに外側へ押し出すことであった。こうすると混雑を改善することができるが、同時にファサードの立体的な特徴を大きく変え、既存の光と影の相互作用も変える。

＊3　ホールの最初のデザインはロイヤル・フェスティバル・ホールと同じ矩形モデルを採用した。しかし規模が大きくなったため、機能しなかった。ホールの内部は取り壊され、76年にジョンソン・バージーの設計で完全にやり直された。ノーマン・フォスター（1935-）によって実施された改修事例を含め、最近の計画が参考にされている。Robin Pogrebin, "New York Philharmonic to Redesign Hall," *New York Times,* May 20, 2004.

参照。今のところ、計画はジュリアード学院の工事が完了した後の、2010年からリノベーションすることになっている。Anthony Tommasini, "The Philharmonic's Double Challenge," *New York Times*, June 11, 2006. 参照。

＊4　Ralph Blumenthal, "New York City Pledges ＄240 Million Toward the Overhaul of Lincoln Center," *New York Times*, January 19, 2001. さまざまな計画がいろいろな理由のために多くの反対にあった。Ralph Blumenthal and Robin Pogrebin, "Conflicts Split Lincoln Center, with Redevelopment Project at Core; Proposals for Dome and New Opera House Are Proving Especially Volatile," *New York Times*, October 11, 2001.

＊5　ノーマン・フォスター、ラファエル・モネオ、リチャード・マイヤーと磯崎新の共同チームの3つの建築チームが最終的に合計9人から選ばれた。Robin Pogrebin, "Three Named as Finalists for Redesign of Fisher Hall," *New York Times*, June 14, 2002. その当時、建物が改修されるか完全に建て替えるかどうかについては、正式に決定されなかった。たぶんに費用の比較検討により（そして、おそらくはフィッシャー家からの異議により）、建物を再設計するというアイデアは断念され、ノーマン・フォスターが改修計画を進めるために雇用された。

＊6　ベルスキ設計のジュリアード学院の1階は、拡張を可能にするため、そして再びアリス・タリー・ホールを可視化するため（ベルスキの当初のデザインとよく似ている）、ガラスで覆われる。そのための大規模改修は06年から始まった。ジュリアード学院のそのほかの部分のトラバーチン外装材は、同種のものに取り換えられる。Robin Pogrebin, "Glimpsing the Future on 65th Street," *New York Times*, August 17, 2006. ベルスキの仕事に関する議論は、以下を参照。Meredith L. Clausen, *Pietro Belluschi: Modern American Architect* (Cambridge, MA: MIT Press, 1994); 254-59.

＊7　造園と新しいレストランの床面積を十分確保するのに必要だったリフレクティングプールの配置変更は批判なしには済まされなかった。例えば、以下を参照。Ken Smith and Nina Rappaport, "Modern Landscape Architecture, a Forgotten Art: The Case of Lincoln Center," *Future Anterior* 2, no. 2 (Summer 2005): 50-57. デザイン案の再検討については、Herbert Muschamp, "A New Face for Lincoln Center," *New York Times*, April 13, 2004. を参照。

＊8　その特徴は非常にわかりやすく、リンカーン・センターとつながっているので、新しいリフレクティングプールと舗装は同じ場所に残されるが、既存のものと類似するとしても様式的な変更を伴うだろう。しかし、この第2段階の計画は変更される可能性がある。Robin Pogrebin, "For Lincoln Center's Plaza, a Gracious Entry Point," *New York Times*, June 12, 2006.

＊9　当初4本のプラタナスが植えられていたトラバーチンのプランターは、敷石のグリッドと一致し、建築的機能を強化するためにきれいに整えられた。当初の木々は1本のブラッドフォードの洋梨の木に交換され、かなり印象が変わった。加えて、ノースプラザの南北に走る小さな階段は、勾配変化に対応するのに必要とされ、北側の通りと西65丁目の通りから上る階段をまとめていたのだが、除去され、舗装された緩やかなスロープに変えられた。サウスプラザとダムロッシュ公園はカイリーのデザインではないが、彼にアドバイスを求めている。Dan Kiley and Jane Amidon, *Dan Kiley: The Complete Works of America's Master Landscape Architect* (London: Bulfinch, 1999), 56-57. 参照。

＊10　リンカーン・センターのナショナル・レジスターへの登録を依頼する推薦書が提出され、複合施設は登録にふさわしいとうたわれたが、入居している12の組織の代表で構成されるリンカーン・センター株式会社の異議申し立てのために、ナショナル・レジスターに登録されなかった。

＊11　John Harwood, "'More Lincoln Center than Lincoln Center': Max Abramovitz Versus the Fortress," *DOCOMOMO Journal*, no. 31 (September 2004): 96-100.

シドニー・オペラハウス
(オーストラリア・シドニー)

シドニー・オペラハウスは後期近代建築のなかでも魅力的な作品であり、その革新的なデザインとその工学技術の複雑さで注目すべき作品といえる[*1]。この建物は、デンマークの建築家ヨーン・ウッツォン(1918-2008)により1959年に構想されたもので、当時の近代建築によく見られた直線的なデザインから離れた彫刻的なスタイルをしている。この建物は特徴的な分割されたシェル状の屋根を持ち、すぐにシドニーの都市のシンボルとなり、多くの建築家に影響を与えた。また、建築家のウッツォンとエンジニアのオブ・アラップ(1895-1988)の熱心な専門家間の協力を示すよい例である。アラップはデンマーク人の両親のもと、英国のニューカッスルで生まれたが、おもにデンマークで教育を受けている。

ウッツォンは、自然の港湾周辺部とさまざまな大昔の伝統建築から多くのインスピレーションを受けている。それが、リンカーン・センターやロイヤル・フェスティバル・ホール以上に、本来の機能を超えた象徴的な価値と意味をもたらしている。オペラハウスは舞台会場以上の存在になっている。つまり、それは記念碑的な彫刻であり、エッフェル塔や自由の女神のように、それが置かれている都市や国と同義語ともいえる国家的アイコンとして地位を占めている。TWAターミナルのように、それは建築家に大きな称賛と名声をもたらした、20世紀を代表する建築であるが、必ずしも専門家としての成功を意味するわけではない。

シドニー・オペラハウスは別の点で際立った特徴を持つ。注意深く練られた保全計画は、建物の継続利用を促している。ここでは、機能面に配慮し、機

図11-16:シドニー・オペラハウス、オーストラリア・シドニー、ヨーン・ウッツォンとピーター・ホール、1956年委任、66年建設(ウッツォン)、73年完成(ホール)、1998年から現在まで修復・再生。西側全景。シドニー・オペラハウスの特徴となっている目立つシェルは、小さな上演空間だけでなく、サポート施設の大部分を収めている大きなデッキの上に載せられている

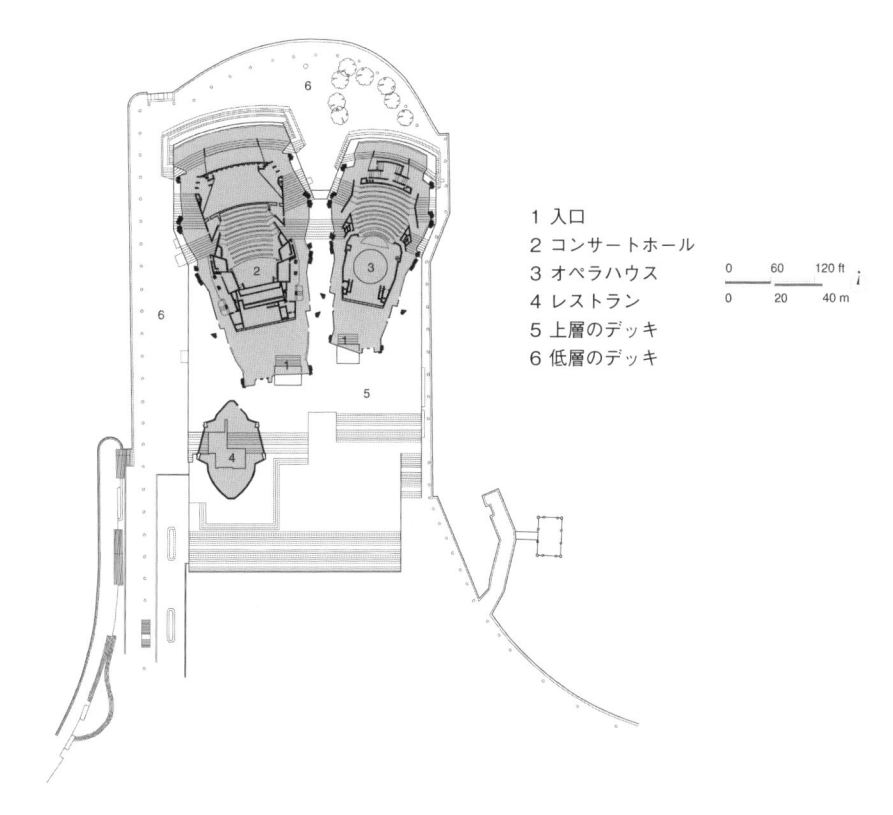

1 入口
2 コンサートホール
3 オペラハウス
4 レストラン
5 上層のデッキ
6 低層のデッキ

図 11-17：配置図。オペラハウス、コンサートホール、レストランの 3 つの構造物は、港湾に突き出た巨大なデッキの上に建てられた。デッキの上部に上がる階段とは別に、エントランスは大ホールに通じる中間レベルにつくられた。小ホールや底部にあるサポート施設も同様に中間レベルから入ることができる

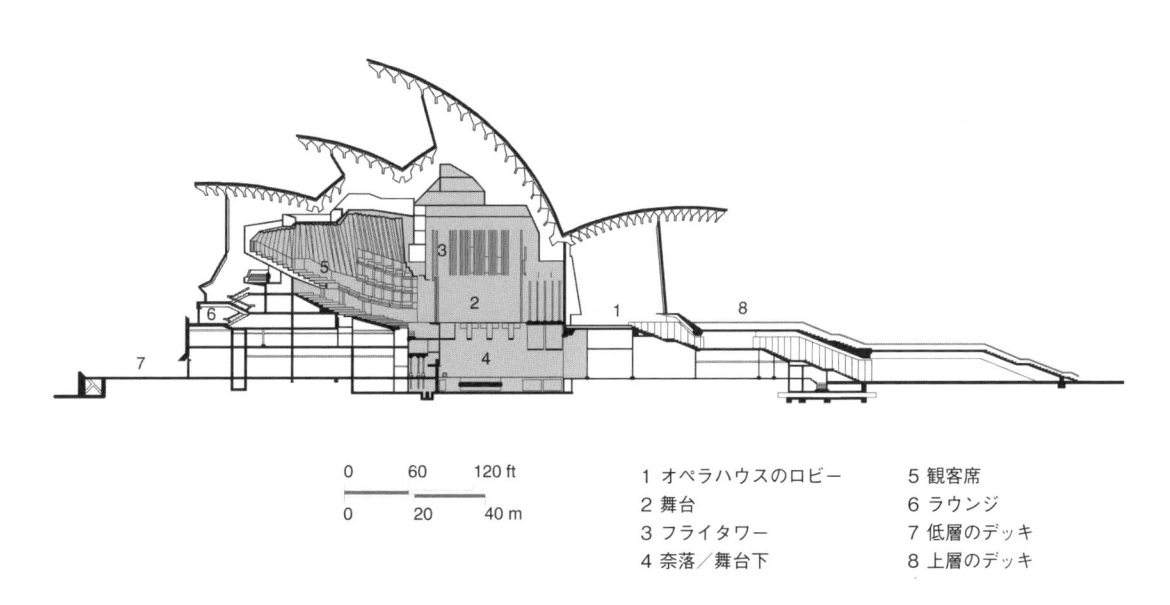

1 オペラハウスのロビー
2 舞台
3 フライタワー
4 奈落／舞台下
5 観客席
6 ラウンジ
7 低層のデッキ
8 上層のデッキ

図 11-18：断面図。オペラハウスのシェルのなかにはフライタワーと舞台下の空間がある。ラウンジは後方に位置し水辺に面しているが、その一部はオペラハウスの傾斜した床面の下に差し込まれている。デッキの最上階に面している大きなラウンジは、さまざまな階段を経由しないとたどり着くことができない

図 11-19：構造部の組み立て。シェルコンクリート構造を思わせるが、実際にはシェルはアーチ形状のプレキャストコンクリート部材の組み合わせでつくられ、そこにタイルで覆われた部材が取りつけられる。ここではデッキが建設されている。シェルを構成するさまざまな部品が現場に並べられている

図11-20：オペラハウスのギャラリーの内部。ウッツォンは、オペラハウスの現在のリノベーションにかかわることを約束した後に、彼が完成させた最初のプロジェクトのひとつは、水辺の景色をギャラリーに取り込むため、既存の後方空間を開け放つことであった

能に関する諸問題に取り組むとともに、将来的に重要な舞台施設として使用し続けられるようにすることが目指されており、この建物が遺産としての責務を果たせるようにバランスがとられている。

保存の論点

シドニー・オペラハウス・トラストは、61年のオペラハウス・トラスト法の制定により、適切な建設計画と完成までの運営を確かなものにすることができた。現在、トラストは施設と周辺環境の維持と充実の責務を負っている。オペラハウスは73年に開館して以降の10年間のうちに、空間と装置の欠点を修正するため、そして幅広い上演形式に対応するために改修された。88年に、ニューサウスウェールズの政府機関は建物の状態を評価するよう依頼した。この評価をきっかけとして、国立舞台芸術センターの技術と機能のニーズに速やかに対応するため、10年がかりの更新プログラムが施行されることとなった。その費用は10億オーストラリアドル（7億5千万米ドル）と見積もられた。この計画には、追加施設の空間を確保するためにデッキを掘削し、屋根タイル間のつなぎ目を補修し、オーディトリアムの座席やオペラハウスにたどり着く方法を一新する作業が含まれていた［図11-21］［＊2］。

シドニー・オペラハウスを管理するにあたって目

標としていた、演劇ホールの機能と文化的ランドマークとの間のバランスは、いつもうまくとれるとは限らなかった。竣工から20年ほどしかたっていなかったが、93年にオペラハウス・トラストは、オーストラリアの保存専門家であるジェームズ・センプル・カーに、すでに認められている文化的重要性と遺産としての重要性を考慮して、施設の今後の維持・改良をガイドする保存管理計画を策定するように依頼した。その文書は、そうした文脈におけるシドニー・オペラハウスの批評分析であり、機能改善だけでなく、最善と思われる保全の実施方針を取りまとめている[*3]。その保存管理計画は手順を概説するものであるが、実行可能で明確なアプローチが示されている。そして、外部の要素と内部の特徴の保持のためのルールも設定している。96年に、シドニー・オペラハウス・トラスト保存協議会が、敷地の保存と開発の諮問団体として結成された。ニューサウスウェールズの公共事業部門によって準備された、トラストの97年のマスタープランは、公共の場や一部の商業地に特有の緊張状態が見られることを明示し、ランドマークとしての地位を明確にしている[*4]。

その文書は、商業的機会を広げようとするものであり、その目的を支援するために必要な機能改善を進めようとした。そのうえ、98年から99年にかけて、シドニー・オペラハウスの内部空間が一部変更された。翌年には、シェルの隅部タイルや、プレキャスト舗装など、建材のかなりの部分が取り換えられた（すべて保護ガイドラインの範囲内であったが）[*5]。

カーの保護管理計画は、公共の場、文化的な記念碑、シドニー市という地方自治体のアイコンとしての、シドニー・オペラハウスの最終的な成功において、ウッツォンの構想とデザインがきわめて重要であると認めている。彼の役割とさらに総合的な保全計画を立てる必要性が認められ、ウッツォンは再び建物にかかわるように求められた。当時のウッツォンはすでに高齢であったが、建物の現状を凍結し大きな変更を阻止する、ユネスコの世界文化遺産リストに追加登録される可能性があったので、その依頼はかなり緊急を要した[*6]。ウッツォンの参加が議論されていた98年に、保存協議会は解散し、シ

ドニーの建築家リチャード・ジョンソンがコンサルタントとして雇われ、計画原理の確立と敷地開発の責任を負った。ジョンソンは、最も「保守的」かつ保全志向の行為が、ウッツォンの当初のアイデアを強化すると信じていた。彼はウッツォンに、その建物の仕事についての考えを記録するように依頼した。両者の関係がうまくいったことにより、再びウッツォンが設計プロセスにかかわるようになった。最終的に99年に、ウッツォンはシドニー・オペラハウス・トラストから正式に改善プログラムの建築家として働くように依頼され、彼の息子ジャンが代理人として現場をみるという条件でその仕事を引き受けている。

02年の共同作業の結果、ふたつの文書が公表された。ひとつは、シドニー・オペラハウスの短期間の維持に関するものであり、もうひとつは長期間の維持に関するものである。ウッツォンとジョンソンは協力して「ウッツォン・デザインの原理」（Utzon Design Principles）を作成した。その文書は、シドニー・オペラハウスの長期間の維持と将来の変化に対するウッツォンの知見と感想を反映している[*7]。これらのデザイン原理は、成功裏に改装プロジェクトを進めるうえで不可欠な4つの必要条件を規定しており、各項目は当初の設計意図を重視している。ひとつ目は、建物、インテリア、立地環境に対する当初の構想を理解することである。ふたつ目は、建物が時間経過による変化に適応できるという考え方を持つことである。3つ目は、ウッツォンに大きな影響を与えているものとしての自然、ヒューマニズム、象徴、アイコン、色、光、形、機能に着目し、その一般的なデザインと具体的なデザインを理解することである。4つ目の項目は、現在の建物や、現代のニーズに合わせるための変更に関する、ウッツォン自身の見解についてである。この文書は、デザインのインテグリティを維持する、適切なインターベンションの手法を生み出すための具体的なプランとして、または建物の設計意図を理解するための基礎としてというよりも未来の枠組みとして役立てられることが意図されている[*8]。

カーの保全計画に添付されている「ウッツォン・デザインの原理」は、方針と長期計画に関する文書である。ふたつ目の文書、リチャード・ジョンソン

図 11-21：プロムナードからの眺め。新しいプロムナードは水際に沿う低層デッキにつくられ、オペラハウスはウッツォンの最初の設計意図に従って、総合的なウォーターフロント開発のなかによいかたちで組み入れられている

の「場の改良計画」(Venue Improvement Plan) は、シドニー・オペラハウスの差し迫ったニーズに取り組むことが意図されていた[*9]。その計画の結果、現在、シドニー・オペラハウスは6900万オーストラリアドル（3900万米ドル）の費用を投じた6年がかりの改装を進めている。実施される計画の多くは、建物の当初のデザインに基づいているが、そのうちのいくつかは、予算削減やウッツォンが不在のためにまったく完成しなかった。そのほかに行うことになっているのは、小劇場の一般利用者を増やすこと、ロビーやコンサートホールの構造と音響効果を改善すること、前庭に新たに舞台空間をつくること、そして公共のコンコースとしてふたつの基礎構造物の間に中央通路を設定することである。

2004年の応接室（ウッツォン・ルームと改名）のリノベーションとロッジアと呼ばれる06年の西側柱廊の開通は議論を呼び、大きな期待を集めた。どちらのプロジェクトも当初の建築家の復帰の作品として評判となった。そして、月並みで平凡であると評されたホールの内部の扱いに関しては、「ウッツォン・ルームの内部だけが本物である」として賞賛される[*10]。ヴォリュームとしての応接室が計画に沿って建設されたが、それは当初のウッツォンの意図するようには仕上げられなかった。天井に向かって延びる壁に折り重なるコンクリート製の梁は木のパネルで覆い隠され、ウッツォンが構想した長い壁用のタペストリーはまったく製作されなかった。現在、梁を見せるために木製パネルは取りはずされ、梁はウッツォンが指定したように、ユーカリの寄せ木細工で再び仕上げられ、カーペットは赤に変更された[図11-20]。ウッツォンは、現在部屋に掛かっているタペストリーの材料と色を選び、デザインした。そして、トパーズ色のガラスは、透明のガラスに取り換えられた。最近開通した長さ約147.5フィート（45m）のロッジアはひとつの空間とロビーを結んでおり、柱間16.5フィート（5m）幅の窓は、9つの柱廊のある港側に開いている。これらの開口部は、ウッツォンの原案に反して、デッキにある薄暗い内部舞台空間に若干の光をもたらしている[*11]。

まとめ

現在のシドニー・オペラハウスを文化的ランドマークたらしめているのはウッツォンの構想である。オペラハウスは比較的最近の建築物であるため、保存の理論と実務の興味深い事例となっている。オペラハウスがウッツォンを再雇用するという展開は滅多にあることではないが、このことにより、オリジナルの建築家が自分の設計した建物の将来の保存に対する見解を印象づけることができた。手引書としてのカーの保護計画（現在の第3版）を用いた、最近のリノベーションは、当初の設計意図や構造物の建築的、歴史的な重要性を妥協することなく、変更を成し遂げることが可能であるということを実証している [*12]。

保全計画があろうとなかろうと、オーストラリアにおける保存は常にバラ憲章の原理によって導かれており、シドニー・オペラハウスでの取り組みも例外ではない。これらの原理は、意味のあるかたちで継続使用するための方針を示す一方、近代のアイコンの保存に対する柔軟かつ適切なアプローチを考案することを可能にしている。バラ憲章は概念的な文書であり、絶えず変化する場所の重要性と相対的重要性を認めているので、インテグリティとオーセンティシティは、文化遺産として価値あるものと考えられている、特定の建物や場所の文脈で解釈することができる。建物の当初のデザインが建築的、文化的ランドマークとしての価値を確立しているが、そうした念入りな計画を通して思慮深くよく考えられた保存は、近代建築保存の模範となることだろう。

図11-22：シェルのディテール。ウッツォンは、彼の求める表面反射を達成するため、シェルを形成するプレキャストコンクリート部材にセラミックタイルを取りつけている。リノベーションの一部として、タイルとシェルが修理された

【注】

*1 この施設はシドニー・オペラハウスと呼ばれているが、実際には、約5つの上演ホール（コンサートホール、オペラハウス、3つの小劇場）、5つのリハーサルホール、4つのレストラン、6つのバーで構成されている。オペラハウスとコンサートホールが最も大きい施設であり、デッキの上に設けられた建築的なボリュームではっきりと表現されている。しかし、小劇場、リサイタルホール、展示ホール、ウッツォン・ルームは複合施設建造物の一部であり、デッキの底の部分に位置する。

*2 「建国200周年祭」との関連で、サーキュラー・キー・ボードウォークと建物への通路が、ウッツォンのスケッチに基づいてつくられた。Philip Drew, *Sydney Opera House: Jørn Utzon* (London: Phaidon, 1995), 23.

*3 現在、第3版のこの文書は、シドニー・オペラハウスの保全とその保全に関する後の文書の基盤であり続けている。James Semple Kerr, *Sydney Opera House: An Interim Plan for the Conservation of the Sydney Opera House and Its Site* (Sydney: Sydney Opera House Trust, 1993). シドニー・オペラハウストラストのために、ニューサウスウェールズ州公共事業部門によって委託されたものである。

*4 原案は数回改定された。その最新版は03年にシドニー・オペラハウス・トラストによって発行された。James Sample Kerr, *Sydney Opera House: A Plan for the conservation of the Sydney Opera House and Its Site* (Sydney: Sydney Opera House Trust, 2003). 報告書には、プロジェクト全体の歴史のほかに、さまざまな建築的な要素と空間に対する重要性の評価が掲載されており、変化に対するガイドラインも掲載されている。

*5 保全の取り組みの概要については、Patricia Hale and Susan Macdonald, "The Sydney Opera House: An Evolving Icon," *Journal of Architectural Conservation* 11, no. 2 (July 2005): 7-22. を参照。

*6 Geraldine Brooks, "Unfinished Business: Jørn Utzon Returns to the Sydney Opera House," *New Yorker*, October 17, 2005. 105.

*7 Jørn Utzon, *Jørn Utzon Design Principles* (Sydney: Sydney Opera House Trust, 2002). デザインの原理については、Kerr, *Sydney Opera House*, 44 参照。

*8 Barbara Buchanan, "Protecting Late Twentieth-Century Heritage Sites: The Sydney Opera House and the High Court and National Gallery Precinct," *Landscape Australia* 24, no. 2 (May-July 2002): 33-35.

*9 Richard Johnson, *Sydney Opera House: Venue Improvement Plan* (Sydney: Sydney Opera House Trust, 2002). 改修計画は、ウッツォンとの協議のなかでジョンソンによっ

て展開されたもののようである。これらは、「ウッツォン・デザインの原理」のように、その後、カーによってまとめられた指針のなかに反映されている。Kerr, *Sydney Opera House*, 43. 参照。

*10　Elizabeth Farrelly, "If They Find the Money, It's Curtains for the Opera House," *Sydney Morning Herald*, March 14, 2006.

*11　報道の多くが、シドニー・オペラハウスと新築部分にウッツォンが再び関与することに関するものであった。しかし、すべての仕事が称賛されたわけではない。一部の批評家は、ウッツォンの新しいデザインは、サポート機能の想定されたエリアに上演空間を配置しているので、彼自身の当初の原理に反すると論じている。

*12　興味深いことに、ウッツォンの最近の提案のひとつは、多くのスペースとボリューム（後者は音響効果を改善するため）を確保するために、オペラハウスの階高を 12 フィート（または 3.7m）ほど下げるというものである。この作業は、デッキレベルのサポート空間を除去するだけでなく、岩の除去も必要とした。Matthew Benns, "Utzon Wants to Tear Up Floor of the Opera House," *Sydney Morning Herald*, April 7, 2007.

結論

20 世紀半ば以降の舞台芸術のための複合施設は、複数の建物から構成されているか、ひとつの建物のなかに複数の施設が入居しているかどうかに関係なく、歴史的建造物としての資格を有する年代、あるいは認められる年代に達している。特定の用途が変化するのと同時に、機能的な要求、特に技術的な要求がこれまで以上に複雑になっている[*1]。大部分の複合施設には、さまざまな舞台芸術を上演する複数の組織の利用者がいるので、初期のデザインまたはそれ以降のリノベーションに関する合意を得ることが引き続き課題となっている。物理的には、リノベーションは一般に知覚と現実の両方のアクセスの改善や技術や操作の改善に限られる。外部被覆の重大な変更は、それほど一般的ではない。同じように、音響上の問題が発生した場所を除き、内部の公共空間もそれほど影響を受けなかったが、裏方の空間は機能的な要求の拡大に対応するため、著しく変更される傾向にある。結局のところ、舞台芸術センターの大半は（舞台芸術だけでなく、建築デザインの）文化的表現になっており、保存する価値がある。

【注】

*1　これらの変更は、機器の増加だけでなく、基本的な前提の変更を招く。例えば、3 つの事例研究はすべて、メインとなるコンサートホールの音響効果に関する問題に言及しているし、そのデザインの基礎が箱型であることを指摘している。1870 年のウィーン楽友協会（Musikverein）は、その音響効果で有名なコンサートホールであるが、古典的な事例である。ロサンジェルスのウォルト・ディズニー・コンサートホールの設計において、フランク・ゲーリーは、彼の出発点としての箱形モデルではなく、むしろハンス・シャロウン（1893-1972）のベルリンフィル・ハーモニーホールをモデルとした。Nicolai Ouroussoff, "The Best Buildings You'll Ever Hear," *New York Times*, June 3, 2007. 参照。

第12章　ホテル

ホテル建築の保存の論点

　ホテルは基本的にサービスの提供を中心業務としているため、ほぼ間違いなく絶え間ないリノベーションを経験しており、そのことが建築を保存しようと働きかける人々に奇妙なジレンマを提起する。1950年代と60年代の間、多くのホテルは、投機目的のプロジェクトとして開発され、その時代のテクノロジーがそれらの建物に導入された。そこでは近代性を象徴するガラス、鉄、コンクリートといった材料が用いられた。これらの材料は、現在では費用対効果が高く、ユビキタスであるが、戦後期には高価であり、世界各地で供給量が不足し入手が困難であった。また必要な建設技術も常に十分なレベルに達しているとは限らなかった。これらのホテルの内部空間のデザインも配慮されなければならない。オリジナルのモダン様式の家具の多くはリノベーションの過程で廃棄され、装飾面に変化が生じた。これらの初期のインテリアは当時の写真からでしか知りえないこともあり、建物自体も付加や増築を通して改変されている。

　モーリス・ラピダス（1902-2001）が設計した、マイアミのエデンロックホテルとニューヨークのザ グランド サミット ホテルというふたつのリノベーションと修復は、モダンホテルを扱う際に保存主義者や保存建築家が直面する普遍的な問題を示している。ラピダスは近代の最も有名なホテル建築家のひとりであり、彼の手がけるホテルはユニークなものであったが、その当時は称賛されず、物議を醸していた。約50年がたち、当初の論争は下火となり、彼の仕事は認められ、一般に評価されている。

　マイアミにあるサンスーシホテルとフォンテーヌブロー マイアミビーチをデザインしたことによって、ラピダスは一流のホテルデザイナーとなった。彼は56年にエデンロックの依頼を受け、このデザインがエンターテインメント建築の初期の巨匠としての彼の地位を確固たるものにした。彼は経験を積み重ね、彼が手がけたホテルは創造性と親和性の輝きを放っていた。彼のほかの有名なホテルと同様に、エデンロックは海際に立地するリゾートホテルであり、明確で単純な形態の近代的外観はマイアミにおける初期のホテル建築を反映している。インテリアは一見ぜいたくで高価な材料で装飾され、それらが華麗な造り付けの備品と家具で豪華に装飾された空間と部屋を形づくっている。しかし初期モダンの華やかさを備えた古いリゾートホテルの多くは好まれなくなり、リノベーションで刷新されたために当初の輝きが失われてしまった。近年になってこの時期の建築に対する再評価が起こり、失われたディテールや仕上げの多くを復活させるリノベーションと修復は妥当だと考えられている。

　この10年でエデンロックは大規模なリノベーショ

ンを経験している。オリジナルの壮麗な状態に建物を修復することを意図したラピダスは、ホテルを現代的な水準にまで引き上げる一方で、修復に携わる際にホテル所有者が当初のコンテクストや必要不可欠なエレメントの再発見に対する正しい理解を持つよう求めた。新しいデザイン要素と娯楽施設や会議施設といったアメニティが導入される一方で、修復はそうしたエレメントと仕上げに焦点が当てられた。そのエレメントと仕上げが本来のパブリックスペースの印象と体験を決定づけ、その初期の評判に対する多くの責任を負っていた。ロビーに設置されていた幅の広いオリジナルの階段が再建され、無垢仕上げの当初の姿を見せるためにブラジルローズウッド風の円柱が取り払われ、各所で施されていたテラゾーの仕上げが修復された。また、修復工事の過程で発見された、例えばスイミングプールに敷かれたコバルトブルーと白いダイヤモンド形のオリジナルのタイルのようないくつかのエレメントも復元された [*1]。

エデンロックのリノベーションは、近代のホテルを保存する際に直面する基本的な問題点を示している。一般的に、ホテル建築は集中的に使用されるため、広範囲にわたって摩耗や傷みが生じ、必然的に仕上げや備え付け家具、そしてファブリックは定期的な交換を余儀なくされる。そうした事情により、インテリア装飾を「刷新」すること、一般的な風合いを反映することが容認されている。例えば、戦後期は明るい有彩色が施される傾向にあったが、仕上げと当時のモダンな色彩は色調を弱め、一般受けしやすくて長持ちする自然な色合いに変更された [*2]。

ラピダスがハーレ＆リーブマン事務所と共同でデザインしたサミット ホテルは、56年と61年の間に都市部のマンハッタンのミッドタウンに建てられた。これは多くのホテルで起こりがちな、次々と早急な変更が加えられた好例といえる。ラピダスは狭い敷地を有効活用した鉄筋コンクリートのホテルをニューヨークで初めて建設した。二重に荷重を受ける回廊を持つS字型平面は、基本的な戦後ホテルの類型のもうひとつの種類を示している。弧を描く北立面は、薄緑色の化粧レンガとイタリア製の深緑のモザイクタイルで覆われていた。そのほかにも、色とりどりのモザイクのドアノブと基壇部分の外側に

は球形照明が設置され、明るく照らされたホテルのサインは比類のない特徴であった。

このホテルは大きなリノベーションが2回行われている。1度目は60年代、2度目は80年代に行われた。99年から2000年にかけて熱心な修復活動が行われ、欠けたタイルの交換やすべてのオリジナルの看板の保全に力が注がれたにもかかわらず、ホテルの所有者が代わったことで、受け入れがたい手直しが大々的に行われた。04年にオリジナルの窓はすべて、大理石のパネルと基壇の緑色のタイルの上に薄緑色のガラスを取りつけた別のタイプの窓に取り換えられ、特徴的だった立面の外観は変化してしまった。このホテルはその後05年に歴史的建造物として登録されたため、建物の外観に対して新たに行われるあらゆる造作には、審査が必要となった [*3]。

ホテルはそのときの認識や要請に合わせて建設され、ホテル産業はその顧客のライフスタイルの変化に応え続ける必要がある（建物が建てられたその当時の建築とインテリアを正しく理解しはじめていた顧客もいたのだが）。ホテルの基本的な用途を維持しつつも、常に進化することが期待されると同時に、空間とデザインの効率性の基準を定期的に再評価することが求められる。このことは、必ずといってよいほど、建物の規模、大きさ、スタイル、設備の改造につながる。多くの近代的なホテルは、顧客の好みや基準に対する期待だけでなく、広さや大きさに合わせたリノベーションがここ10年のうちに行われてきた。客室数は増やされ、タイムシェアやコンドミニアムのようなほかの用途は複合施設に組み込まれた。外部はまったく同じ状態を維持し、通常のメンテナンスと塗装を受け入れる傾向にある一方、インテリアの色彩計画と家具は頻繁かつ徹底的な改変を受けやすい。

ヒルトン、ハイアット リージェンシー、ラマダ、ホリデーインなどの大企業のホテルチェーンはビジネス旅行市場の大半を占めており、いずれも海外進出を果たしたアメリカ系のホテルである。しかし20世紀末に登場したプライベートホテルやブティックホテルは、近代のホテルの保存に影響を及ぼすことになるであろう。ユニークな体験をウリとするこれらの新しいホテルの多くは、旅行者と長期

滞在者の両方に対応した多様なアメニティを提供している。このようにホテルのプログラムは変化し続けており、近代のホテルのどのリノベーションや修繕も、膨大な新基準や期待に対して応えなければならないであろう。

　以下に示す、プエルトリコ・サンファンのカリブヒルトンやコペンハーゲンのSASロイヤルホテル（現・ラディソン ブル ロイヤルホテル）の事例研究は、近代のホテルと航空旅行の進歩との関係、グローバリゼーションの初期段階との関係、時代の傾向をとらえようとする大企業の努力との関係を示している。

　またそれらは、自由競争による商業的市場のなかで、経済的な実現性を確保しなければならない建築類型の保存における重要な論点を示している。過去の近代性との連続性を確立すること、そして現在のアメニティや快適さを提供すること、このふたつのバランスをとることは難しく、今なお問題になっている。

【注】

＊1　この色彩構成は主要な改変のひとつであり、現代の流行を反映している。リッチプラム、オータムゴールド、ダークグレー、シルバーなどの色彩は、ホテルのインテリアに好まれ、リノベーションの際に至る所で使用された。枕のような調度品は、全体の色彩構成のなかに組み込まれ季節ごとに替えられた。スパやフィットネスセンターも現代的な標準に合わせて改造された。この修復計画によりエデンロックは新しい問題を扱う事例として認められ、建物の最も重要な歴史的で雰囲気を醸し出すエレメントを保存すると同時にゲストを歓迎する雰囲気をつくり上げた。

＊2　最近の趣向を反映しているエデンロックの色彩パターンはリッチプラム、オータムゴールド、ダークグレー、シルバーを含んでおり、建物全体を通して使用され、備え付け家具とファブリックに反映されている。Richard Torregrossa, "Roc On: For 95-Year-Old Morris Lapidus and His Miami Beach Hotel, What's Past Is Prologue," *Metropolis* 19, 2000. エデンロックとフォンテーヌブローは08年に再オープンされ、長い間改変されていたり激しく傷ついていた壮麗なインテリアの修復が求められている。

＊3　ラピダスのデザインにとって不可欠であり本質的なこの内部空間は、指定されなかった。というのも、これらのインテリアはいく度か大きく改変されていたからである。サミットホテルのインテリアはとても色彩豊かでありフロリダでの彼のデザインに見られる高級な材料と同じ趣向を持っている。"Summit Hotel," *Interior Design* 32 (October 1961): 142-53. ラピダスはインタビューのなかでサミット ホテルは個人的に彼の最も重要な建物のひとつとして述べている。Bonnie Schwartz, "Building Outside the (Gray) Box: A Legacy of Curves and Colors," *New York Times*, September 7, 2000. このときに担当したリノベーションに関する説明に関しては以下を参照。David W. Dunlap, "'Most Hated Hotel' Reclaims Its Floridian Flamboyance; Summit, Renamed Now, Going Back to Its Roots," *New York Times*, November 8, 2000.

カリブ ヒルトン ホテル
(プエルトリコ・サンファン)

カリブ ヒルトン ホテルは1946年から49年にかけて建設され、米国本土以外で建てられた最初のヒルトンのホテルである。そのデザインはプエルトリコ政府が島に海外の投資家を呼び込むことを目的に後援した、戦後復興プログラムコンペの一部である。地元の建築家トロ・フェラー・イ・トレグロサによってデザインされたカリブ ヒルトンは、発展の象徴となる新しい建築表現を島に導入し、国内外の将来のホテル建設の優れた基準をつくった[*1]。第8回パンナム・アメリカ建築家会議は、50年にカリブ ヒルトンに銀メダルを授与した。この賞は、トレグロサのデザインの成功を確固たるものにし、政府支援の経済的刺激に合わせてプエルトリコの新しいリゾートホテルを建設する厳しい試みを後押しした[*2]。

カリブ ヒルトンの保存はいくつもの興味深い問いを示しており、近代のホテルが経験する経済的圧力を反映している。サンファンの浜辺にあるホテル・ラ・コンチャ(1958)を含む、同じ語法を用いた同時代のホテルの多くは修理不可能に陥ったり、ドミニカ共和国のサント・ドミンゴのハラグア・ホテル(1946)の事例のように、修理や改修以前に解体されたりした(ホテル・ラ・コンチャは最近再オープンした)[*3]。

カリブ ヒルトンは20世紀中、使用され続け、大規模なフランチャイズによる管理のおかげでたびた

図12-1:カリブ ヒルトン ホテル、プエルトリコ・サンファン、トロ・フェラー・イ・トレグロサ(1946-49)、2000年修復再生。外観。このホテルはモダニストによるホテル建築の典型例である。パブリックスペースやサービス空間は、横に広がる地上階に収められ、その上階にあたる、海に対して細長く直立した棟には、客室や休憩所が収められている

```
0    30    60 ft
0    10    20 m
```

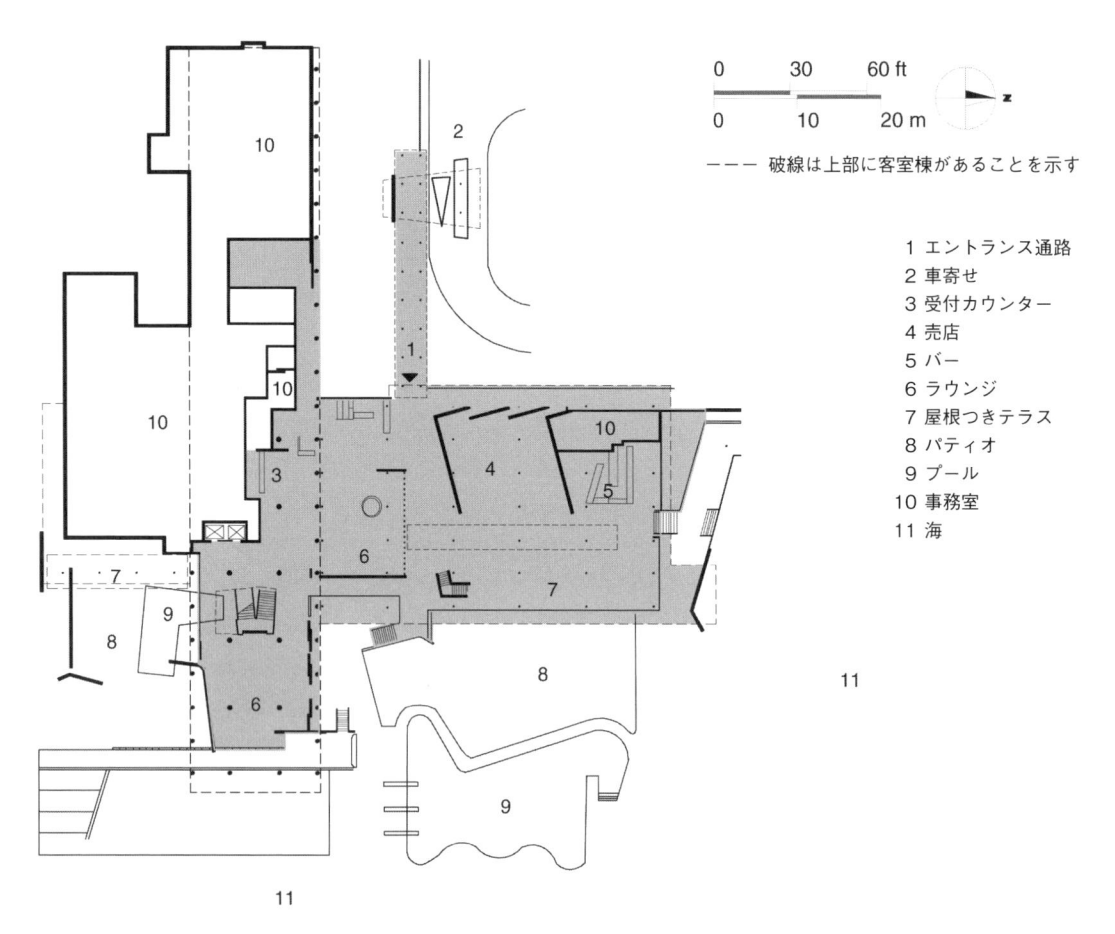

---- 破線は上部に客室棟があることを示す

1 エントランス通路
2 車寄せ
3 受付カウンター
4 売店
5 バー
6 ラウンジ
7 屋根つきテラス
8 パティオ
9 プール
10 事務室
11 海

図 12-2：竣工時の平面図。小さな半島に立地し、地上階は風通しをよくするために開口が広くとられていた。パブリックスペースは、海風と空調設備の導入を理由に、徐々に改変され閉め切られた。ホテルの客室は、タワー部分にあり、大半は保存されている

び改修されている。したがって、建物の外部はほぼ完全なままで、全体の配置も同様である。特に造り付け家具や仕上げなどのインテリアは認識や期待の変化に合わせようとし続けてきた。最近のリノベーションでは重要な建築要素が特定され、業界の傾向を反映して大型開発計画のなかに修復計画が組み込まれている。

保存の論点

カリブ ヒルトンの敷地と建物はホテルの収容規模を大きくするために拡張されたが、当初の建物の外部はほぼ完全な状態が保たれている。車寄せ玄関は維持されているが、実のところ、その後のヒルトン ホテルに見られる特徴はこのドラマティックな玄関をまねたものである。当初の建物は当時のインテリアのニーズに合わせて施工されたが、それ以来、インテリアの配置や塗装の配色、備品は、長年にわたり時代の傾向に合わせて変動してきた。

カリブ ヒルトンのリノベーションは、ワイキキからカイロにいたるモダニズム建築のホテルが経験してきた変更手法の典型である。その基本的な機能は変わっておらず、コンクリート構造の当初の建物の形状はまったく同じ状態を保ち、当初の部屋数に近い状態を保っている。趣向の変化に応じて、そして日々の摩耗を理由に、まずこれらのホテルの室内の造り付け家具や仕上げの改修が進められた。客室では、壁と床の仕上げ材、家具が一新され、浴室全体が改修され、拡張された。パブリックスペースでは、オリジナルの配列は変更され、オリジナルの家

具は新しいものに取り換えられた。素材も変更され、1階の会議室やバンケット施設などは拡張された。保管スペースに余裕があれば、カリブ ヒルトンで行われたように、ホテルは付属する土地にオリジナルの建物と連結して新しい棟を建設し客室を増設した。色彩、仕上げ、家具、風合いは再三にわたり変更されたが、モダンデザインに対する評価が高まったことで、世界中のこのようなホテルで、オリジナルのデザインに近い、相性のよい装飾品による変更が行われるようになった。

カリブ ヒルトン ホテルは空室率が増加したため、98年に一時的に閉館し、それをヒルトン・インターナショナル・ホテルがプエルトリコ政府から8000万ドルで完全買収した。その後ヒルトンは、豪華リゾートホテルとして2000年に再オープンする前の9か月間、6000万ドルをかけてリノベーションを行った。このリノベーションでは、海からの吹き抜ける風を軽減するため、屋根付き通路のあるロビーの海側はガラス壁で閉じられているが、当初の屋根付き通路の特徴の意義を踏まえて透明のガラス壁が選択されている[＊4]。変更はランドスケープの一部やプールのエリア全体に及んでいたが、オリジナルのホテルの感覚は維持されている。最近では、パセオ・カリブ開発プロジェクトは、ホテルの敷地周辺に新しい建物をつくり、地元の人々やゲストにサービスを提供している[図12-5]。パセオ・カリブは高級な「ライフスタイル・デスティネーション・センター」を含む2億ドルにのぼる事業である。センターは小売り店複合施設とシネマコンプレックスから構成されており、ふたつの高層タワーのカリブプラザとラグーナプラザというコンドミニアムと、全79戸の高級住戸と約1500台の駐車場を備えたコンダード・ラグーン・ビラと呼ばれるコンドミニアムとホテルの複合施設がある。歴史的な要塞施設が本改修プロジェクトで見過ごされることはないだろう。パセオ・カリブ史跡とフェルテ・サン・ヘロニモ・デル・ボケロンは、青々とした緑や地元の芸術家の作品、そしてプエルトリコを外敵から守る際に重要な役割を果たした史跡を訪ね歩く小道でつなげられる予定である。

これらの新しい開発はホテル産業の新しいトレンドを反映するものであり、実質的にはホテルそのものを物理的に改造するわけではない。ホテル自体の規模を拡張させることなく、大型施設のサービスとアメニティを提供しているのである。結果として、ホテルのアメニティ施設の稼働率が向上し、より効率性を高めることができる。パセオ・カリブはこのよい例である。ヒルトン開発公社ではなく、ヒルトンの従業員が上述のビラを管理することによりヒルトンは島で最も大きな収容可能数を誇ることになるであろう。264室を予定しているビラは、一般のタイムシェアとよく似た機能をもつ[＊5]。施設はカリブ ヒルトンの管理下にあるが、部屋を利用する権利を購入したオーナーは年に90日まで滞在することができる。それ以外の時間は、カリブ ヒルトンがコンダード・ラグーンの空間をホテル宿泊施設として提供することも可能である。

現在は、パセオ・カリブの存在とヒルトンがコンダード・ラグーン・ビラと提携したことが、その場所の長寿命化にとって重要な要素となっている。コンドミニアム兼ホテルの増築は、テナントを長期間保障するものであり、部屋をさらに増やした場合にホテルのよい宣伝となるばかりか、新しく開発される地元の集合住宅も活性化することとなる。昔からある建物の近くには新しい建物はないが、パセオ・カリブの開発チームとヒルトンが協働したことは、ランドマークホテルとしての用途寿命を延ばし、陳腐化と解体の危機を低減させるかもしれない。同時に、76年のタワーの増築と近年のパセオ・カリブでの開発が当初の不動産の重要性を高めているが、その一方で当初のカリブ ホテルの視覚的な存在感が薄れており、かつては半島に単独で建っていた、当初のデザインの独創性の評価が以前よりも難しくなっている。

まとめ

アメリカ国外で最初に建てられたヒルトンホテルであるカリブ ヒルトンは、戦後期に企業が開始した建設運動の重要なプロトタイプである。それは、全世界中で起こっていた文化的変化を示すものであり、その時代の旅行と余暇に対する考え方を反映している。それはまた、世界に存在感を示そうとするアメリカの企業とプエルトリコ政府の努力の象徴で

第12章　ホテル

図 12-3、12-4、12-5：カリブ ヒルトン ホテルの外観（左上から 54 年、98 年、06 年）。建設当初のホテルは半島に単独で建っていたため、モダニティの輝かしいシンボルとなっていた。数十年後、客室数は新しい棟の建設にしたがって増加した。部屋数の増加は近年のコンドミニアムの建設とタイムシェアによるものであり、ホテル産業における発展を反映している。オリジナル部分を取り囲む増築棟は、オリジナルの建物の重要性を認識することを非常に難しくしている

もある。トロ・フェラー・イ・トレグロサによるデザインは世界中のヒルトン ホテルに影響を与え、近代的な建築言語を確立した。多くの都市では、それらはモダニズムを象徴する最初の建物となった。カリブ ヒルトンのインテリアは今では、当初のモダニズムや地元とのかかわりを示すものではなくなったが、近代的な外観やホテルの配置は、サービス業を通して近代建築の国際化が進んだことを今に伝えている。また、ホテル周辺で現在行われている開発は、カリブ ヒルトンを訪れる価値のあるものにしてくれるだろう。

【注】

*1　Juan Marqués Mera, "Toro y Ferrer Architects: Ten Years of Reasonable Architecture in Puerto Rico," DOCOMOMO Journal, no. 33 (September 2005): 38.
*2　Mera, "Toro y Ferrer Architects," 40.
*3　Mera, "Toro y Ferrer Architects," 39. のちにトロ・イ・フェラー・イ・トレグロサ・アーキテクツによってデザインされたホテル・ラ・コンチャとは、完全に異なるものであった。スタイルはモダンではあるが、初期のカリブよりも厳格さに欠けているように見える。ラ・コンチャのオリジナルのインテリアに関しては以下を参照。"La Concha, San Juan," Contract Interiors 119 (November 1959): 82-89. ワーナー＝リーズから引き継いだニューヨークの建築事務所のワーナー、バーンズ、トアン＆ランドは、共同設計事務所として登録された。カリブと違って、ラ・コンチャは当初は解体される予定であったが長い間保存の論争のテーマとなった。Raul A. Barreneche, "Shell Game: A Proposed Hotel in Puerto Rico Threatens to Replace a Modern Icon with Pastiche," Architecture, the AIA Journal 87, no. 9 (September 1998): 77. 参照。ラ・コンチャは保存されることとなり、改修されて、エデン・ロック・ホテルと同じブランドであるマリオット ルネサンス ホテルとして再オープンした。その全体の形態とボリュームは保持され、ラ・コンチャは修復された。この近代化は現代的でミニマリストな様式的特徴を見せている。
*4　Evelyn Guadalupe-Fajardo, "The Caribe Hilton Hotel: A New Facet for Puerto Rico's Crown Jewel," Puerto Rico Herald, January 18, 2001. 工事による営業中止に、常連客はたいへん残念がっていたが、工事の途中でホテルの一部が再オープンした。
*5　この数字は最大可能部屋数を表している。それぞれの所有者は、264 室ある小さなワンルームをひと部屋もしくは 88 室ある、必要に応じて 2 室か 3 室に区分できるスイート・ルームを購入することになる。サミット・コミュニケーションのホームページ内に掲載されたアルトゥーロ・マデロ氏のインタビュー "Mr.Arturo Madero, President of LEMA Developers" を参照。http://www.summitreports.com/puertoico2003/amadero.htm

SAS ロイヤルホテル

(デンマーク・コペンハーゲン)

　コペンハーゲンにある SAS ロイヤルホテル(ラディソンロイヤル SAS ホテルを経て、現・ラディソン ブル ロイヤル)は、スカンジナヴィア航空のために 1958 年から 60 年にかけて建設され、豪華なホテルとこの航空会社のターミナルビルを組み合わせたものであった。ホテルは航空機旅行の機能と直結しており、この類型と配置はヒルトンやほかの会社のために建てられた当時のホテルを連想させる。

　このホテルはコペンハーゲンで最初の高層建築であり、この街のスカイラインの近代性の象徴であり続けている。この建物はデンマークの建築家でデザイナーであるアルネ・ヤコブセンの作品であり、彼のデザインは、造り付けの備品、家具、仕上げに重要な役割を果たし、長年このホテルの評判に大きく寄与した[*1]。最近行われたこのホテルのリノベーションは、この種の建物が直面する保存上の難しい問題を示している。ホテルは非常に大きな商業的な圧力にさらされているとはいえ、個人住宅を除けば、ほかのどの建築類型よりも、絶え間なく変化する趣向と好みの変化に左右されやすい。それゆえ、インテリア空間はホテルの保存において難しい問題となる。しかしながら、SAS ロイヤルホテルではオリジナルの客室の一例が再現されており、当初のホテルを体験してみたいと思う人々が、わずかながらも主要なエレメントを通して、具体的に体験することができる。これまでは、外観の保存は美的な挑戦だと考えられていなかったが、開閉可能な窓のある当初のカーテンウォールのリノベーションが検討されたようである。しかし、ヤコブセンの特色を伝えるパブリックスペースを保存するという行為は大きな問題をはらんでいた。

保存の論点

　ヤコブセンのデザインは高い評価を受け、デンマークのモダニズムの象徴とみなされているにもかかわらず、ホテルというものは増え続けるホスピタリティの世界基準に合わせなければならない。改変は早くも 63 年に行われた。ヤコブセンが 71 年に亡くなって以降、さまざまな重大な改変が行われている。それらは大きく 3 つに分類することができよう。機能と用途の変更、ホテル客室の模様替え、そして主要なパブリックスペースの改造である。88 年に SAS はラディソンホテルとマネジメント契約を交わし、建物自体は個人投資家グループに売却された。建物の下層階に位置する旅客ターミナルは何度もリノベーションが行われ、2002 年までは乗客のために開放されていたが、その後 SAS のオフィスと商業スペースに変更された。

　客室の多くは、主要なホテルと同じように、流行や趣向の変化に合わせて新しいファブリックと色調で何度もリノベーションされている。02 年から 04 年の間に行われた最近のリノベーションでは、当初の客室の家具や照明やテキスタイルの要素は取り払われ、この多くは家具販売業者に売却された。オリジナルのウェンゲ木材パネルでさえ、造り付けのテーブルとともに破棄された。アルミニウム、ガラス、カエデ材、大理石の新しい色調が客室に導入され、浴室の改造が行われた。大理石はモザイクタイルに換えられ、大型の壁面タイルがメンテナンスを簡単にするために取りつけられ、さらに新しいモザイクガラスと緑色の花崗岩の床板が設置された。壁パネルに組み込まれた可動式のレール照明は調節できない天井照明に換えられた。交換されたものは豪華なホテルでよく見られるものと似ているが、オリジナルのもののように空間デザインを補完してはいない[*2]。

　建物の下層階の 1 階や 2 階の主要なパブリックスペースでもさまざまな変更が生じている。オリジナルの螺旋階段、ロビー全体の形状、ロビーに置

図12-6：ラディソンSASロイヤルホテル、デンマーク・コペンハーゲン、アルネ・ヤコブセン（1955-60）、2002年から04年に修復再生。外観。建物のボリュームとカーテンウォールのデザインはニューヨークのレヴァー・ハウス（図2-7、2-8）の影響を受けている

かれたヤコブセンの家具は無傷のまま維持されており、その第一印象ではロビーは変更されずに残っているように感じる。しかし、大幅な変更は、全体的な特徴や慎重にデザインされ調整された照明や透明性に影響を及ぼしている。スナックバーの座席エリアの拡張のために行われた、80年のウインターガーデンの撤去により、ロビーの繊細な特徴のひとつが失われた。続いて、オリジナルのチェックインカウンターが取り除かれ、同じ場所に新たにより格式張らないテーブルが導入された。その結果、個別にチェックインができるようになったが、それ以上にインテリア空間のデザインのまとまりがなくなった。商業用スペースは、ロビーとほかの通路の回りを囲むかたちになっており、ロビー内部から見るこ

図12-7：下層部のディテール。建物の下層部は凹凸のない金属パネルと外壁に取りつけられた日よけによって覆われており、ホテルの上層部の垂直性が強調されたガラス部分とは対照的である

とができる。その空間にはホテル滞在者や通行人も利用できる店舗やサービス業のテナントが入居している。2階にあるオリジナルのレストランは大会議室に改装され、レストランは1階に移された。新設されたレストランが建物の上層階に導入された。2階の、閉鎖的な大会議室への変更は、オリジナルのデザインにおいて非常に重要であった透明性と空間の広々とした感覚をさらに失う結果になっている。

ホテルの外観はほとんど変更されていない。開閉可能な鉄製の水平連続窓はオリジナルのものであり、建物の基壇部分にあたる外壁の緑色金属パネルと外装材を構成するガラスパネルも同様である。若干の変更が行われたオリジナルの材料はその場に維持されているが、恐らく修理の必要がある[図12-11]。

幸運なことに、ヤコブセンがデザインした部屋と家具、設備、装飾品の独特な特徴は、その建物の文化的かつ建築的価値にとって重要であると認識されていた。シングルルームの606号室はヤコブセンのオリジナルのデザインコンセプトの一例として維持されており、オリジナルの配色、ファブリック、家具、照明はすべて完全な状態で残されている[p.234カラー図21][*3]。この部屋は宿泊客の要望に応えるため、客室として引き続き提供されている。また、部屋には、このホテルのためにヤコブセンがデザインしたガラス食器、銀食器、その他備品のセットの入っている壁面陳列棚がある。606号室はホテル経営の裁量によって残されているが、その部屋に滞在したいという顧客の要望が唯一、改修せずに保護しようという動機となっている。

しかし重要な芸術的なアイコンとしてのホテルの地位はこれまで以上に広く知られるようになり、その傾向は長期にわたって続きそうである。数点の家具や照明の特性は世界的に有名になり、コペンハーゲンのデンマーク工芸博物館に展示され、そのコピー商品が広く販売されている。ヤコブセンが意図した見え方に近づけるために、建物とインテリアを修復することが商業的に期待されると、その名声に対する認識が広がっているがために興味深いジレンマを生むことになるだろう。

まとめ

SASロイヤルホテルはアルネ・ヤコブセンの建築哲学と作品の絶頂期を例示するものであり、テー

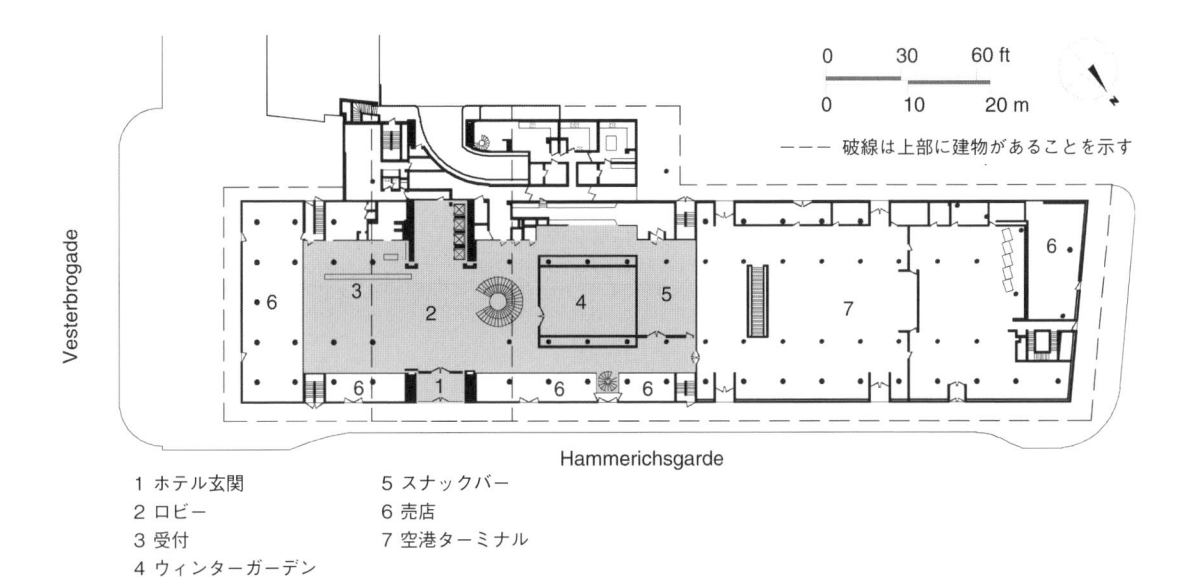

1 ホテル玄関
2 ロビー
3 受付
4 ウィンターガーデン
5 スナックバー
6 売店
7 空港ターミナル

図12-8：平面図。全体のレイアウトやロビーやその仕上げのいくつかは維持される一方で、1階と2階のパブリックスペースは過去数十年の間に何度か改造されている。下層部の北側の端はかつてエアポートターミナルであったが、リノベーションにより商業空間に変えられた。ロビー上部の客室棟の本質的な機能は同じ状態で維持されているが、オリジナルの部屋のレイアウトと造り付けの家具は606号室を除きすべて改装された

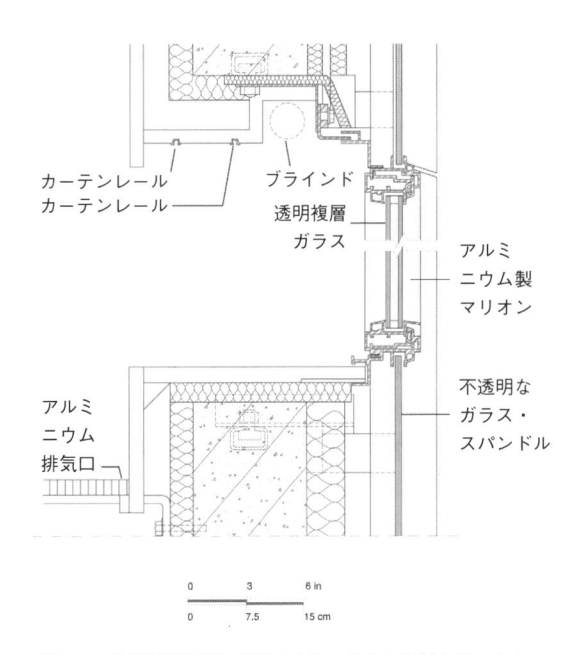

図12-9：窓詳細断面図。成形アルミニウムの部材を用いたカーテンウォールの大部分は改造されず残されている。ホテルの主要な棟では、開閉可能で単板ガラスの窓がはめられ、アメリカの例を参考にした当時の典型的なガラスの窓小間がつけられていた

ブルウエアから客室の建物全体にいたるまで、デザインされたすべてのものがスカンジナビア的趣味を反映している。航空業界が変化した結果による機能変更は、搭乗のためのチェックイン施設と空港へのシャトルバスサービスの簡略化につながり、ジェット機時代の到来の象徴として、ホテルの衰退を招いた。しかしながら、ホテルの本質的機能の大部分は改修されず維持されている。歴史的なモダンデザインやアルネ・ヤコブセンの評価に対する関心が高まっているので、今後建築史上の重要性を維持するなんらかの試みが行われることになるであろう。606号室は、建物のオリジナルの設計意図に敬意を表して1室を維持しつつも、ほかの部屋の改造を認めることによって保存を実現するという、興味深い解決法を示している。この数年間に大きく改造されたほかのホテルにおいて、このジレンマがどのように対処されたかを観察するのも興味深い。

【注】

*1 アルネ・ヤコブセンに関する一般的な議論に関して以下を参照。Søren Dyssegaard, ed., *Arne Jacobsen: A Danish Architect*（Copenhagen: Ministry of Foreign Affairs, n.d.,

図12-10：ロビー。2階のパブリックスペースにつながる螺旋階段は、オリジナルの仕上げの大部分が残された、当初のロビーの主要なインテリアのひとつである。かつて螺旋階段の裏にあったウィンターガーデンは取り除かれ、オリジナルの受付の机も移動させられ、ロビーにはアルネ・ヤコブセンのオリジナルの家具が備え付けられている

図12-11：ホテルの壁面詳細。高層棟とは対照的に、建物の基壇部分は、金属パネルと蜂の巣状の断熱材によって覆われている

ca. 1975). 最近のアルネ・ヤコブセンのモノグラフである Carsten Thau and Kjeld Vindum, *Arne Jacobsen*（Copenhagen: Danish Architectural Press, 2001) とホテルに関する153-157を参照。ホテルに関する一般的な議論に関して以下を参照。Herbert Weiskamp, *Hotels: An International Survey*（New Tork: Praeger, 1968) SASロイヤルホテルに関するより具体的な議論に関して以下を参照。Michael Sheridan, "The Lost Arne Jacobsen: At the SAS Royal Hotel in Copenhagen, A Single Room Preserves the Great Danish Architect's Legacy," *Interior Design*, January 2002, 138-40. もしくは、最近のモノグラフである以下を参照。Michael Sheridan, *Room 606: The SAS House and the Work of Arne Jacobsen*（New York: Phaidon, 2003). この章の歴史に関するドキュメンテーションの多くは、現在最も詳細であると思われるシェリンダンの著書の情報に依拠している。

＊2　リノベーションの概要は以下の文献を参照（コペンハーゲンのSASロイヤルホテルだけが議論されているわけではない）。Gordon McKinnon, "Radisson SAS Has Designs on the Future," *A+U: Architecture and Urbanism* 418, no.7(July 2005): 70-77. リノベーションされた客室のデザインはYasmine Mahmoudiehによるもので、彼女の前衛的なスタイルは有名である。Sheridan, *Room 606*, 261, はこれらのリノベーションのより詳細な情報を提供している。

＊3　Sheridan, *Room 606*, 6 and 261.

結論

カリブ ヒルトンとSASロイヤルホテルはともに、近代ホテルの保存の基本的な課題を反映している。ホテルに対する期待や認識を変えようという声が消えることは決してなく、施設の磨耗もまた避けることはできない。これらが原因で、継続的な改修と取り換えの必要性が生じる。こうした事態にどのように対処すべきかが、ここでは問われている。双方のホテルの当初の機能は基本的に維持されているが、機能的で経済的に存続可能なビジネスにかかわるアメニティは、歴史的構築物に露骨な要求を押しつける。ホテルの拡張、コンドミニアムの増築やタイムシェアの選択など、設備に対する期待は変化し、また発展し続けるであろう。オリジナルの建物のインテグリティを保持したまま、カリブ ヒルトンの敷地内に新しい建物を建設することで、保存と開発のニーズを組み合わせた解決策を提示しているが、オリジナルの建物を完全に見劣りさせてしまう危険性もはらんでいる。

しかし、実際に最も脅威を受けているのは、ホテルの内部空間である。仕上げ材の刷新や表面的な変更が必要不可欠であり、組織と機能の変更もレイアウト全体に影響を与えるからである。通常、内部空間は正しく評価されることがなく、それが営利事業と結びついている場合、その保護はほとんど不可能といってよい。カリブ ヒルトンとSASロイヤルホテルはともに当初の建築家の設計意図とホテルの体験にとってインテリアデザインがどれほど重要であるかを示す好例である。SASロイヤルホテルの606号室はユニークな存在だが、ホテル全体とそのパブリックスペースの当初の感覚をわずかに表現しているにすぎない。ホテルとそのデザイナーの人気と評価が高まり、米国のモーリス・ラピダスのホテルのように、オリジナルのインテリアがこの先再び導入されるとしても、なんら不思議ではない。

発展と経済的圧力による変化の必要性を認めるとしても、パブリックスペースのインテリアは慎重に再検討することが望まれる。最も適切で効果的な成果を得るには、早い段階での保存主義者と開発業者の間の協力が欠かせず、建築的に重要な特徴を確実に長期間保護するには、保存と開発のバランスのとれたアプローチを確立する必要がある。

第13章　空港ターミナル

空港ターミナルの保存の論点

　空港に求められるプログラムは、空港に固有のものでありながら、産業の著しい発展と一体となって絶えず内容を変化させてきた。プログラムの変化に伴い、かつては時代の先端にあった空港も次第に時代遅れなものとして認識されるようになる。それゆえ現在も機能している古い空港を例にとってみると、そこでは使い続けるためになんらかの施策が試みられていることがわかるだろう。

　航空産業が経験してきた急速な変化は、古い空港の建築を機能的に不十分なものとみなす根拠としてしばしば主張されてきた。そして同時に、この急速な変化は、今現在において絶対的な存在であるものがどのようにして明日には不確かな存在となるのかを示している。例えば空港における安全対策、手荷物処理、搭乗手続に関する近年の変化は、10年前に当然とされていた空間設計や運営の方法が、どのように新しいものに取って代わられたのかを示す好例だといえよう。それゆえ建築の旧態化やその保存に関するいかなる議論においても、機能的要求に対する長期的視点を持つことが求められる。そこから導かれる回答は、従来の保存の考え方に当てはまるものではないかもしれない。しかし、その必要性はダレス国際空港における思慮深い措置に明確に示されている。

　第二次世界大戦前に完成した空港のいくつかは現在も使用されており、当初の用途、あるいは別の新しい用途で使用されている。ラガーディア空港のマリンエアターミナルや、ワシントンD.C.のワシントン・ナショナル空港（1997年に新しいターミナルを設け、その翌年にロナルド・レーガン・ワシントン・ナショナル空港と改称された）などでは、当初のターミナルの一部が現在も使用されている。ただし、それらの用途は空港の運営においては付帯的なものである。このほかにもニューヨークのフロイド・ベネット飛行場の格納庫や、現在はマイアミ・シティホールとなっているディナー・キーのかつてのターミナルのように、空港とは関係ない新しい用途を与えられているものが存在する。

　ヨーロッパにおいても、1930年代に建設された空港のいくつかでは、営業を終えたターミナルに新たな用途が与えられている。空港ターミナルが従来の用途で使用されない背景には、かつての空港の立地環境や面積などが制約となり、現代の空港として再利用することを困難にしている現状がある。現在はリヴァプール・ジョン・レノン空港と改称しているリヴァプールのスピーク空港では、格納庫のひとつをフィットネスセンターへと改装し、メインターミナルをホテルと会議場として計画的に再利用したことによって建物が保存された。ただし、その過程で滑走路を産業特区として開発する提案がなされた

ことは、空港全体を視覚的に保存することの難しさを保存推進者に知らしめることとなった。パリのル・ブルジェ空港の格納庫は、エールフランスが航空機の維持・修理のために一部を使用しており、そのほかの部分は国立の航空宇宙博物館となっている。ベルリンのテンペルホーフ空港は、ベルリンの壁の崩壊後に営業を再開したが、時代の進展に対応できなくなり、2008年に再び営業を中止した。現在、その活用計画が嘱望されている[＊1]。

空港ターミナルの保存における最も劇的な事例は、ヴィルヘルム・ラウリッツェンによってデザインされたコペンハーゲンのカストラップ空港であろう。カストラップ空港は、第二次世界大戦の直前に開業した空港である。1960年に現在のターミナルが開業した後、当初のターミナルは管理部門用の施設として使用されていたが、ついに90年代の終わりにその存在が空港のさらなる拡大を妨げるとして取り壊しの候補となった。そこでこのターミナルは、建物全体が数キロメートル先の新しい場所へと移動させられ、保存されたのである。さらに当初の設計図や綿密な調査に基づき、色彩、素材、そしてディテールが正確に再現され、完全に当初の状態へと修復された。こうした作業を経て、現在かつてのターミナルは空港の管理部門とイベントのためのスペースとして使用されている[＊2]。

第二次世界大戦前の空港施設は現在のものに比べて規模が小さく、現在の空港にとってもはや重視すべき機能を持たないため、空港運営における補助的な用途を考慮した保存活動がいくらかの成功を収めている。一方で戦後の空港ターミナルにとって、このような方法には難しい問題が残る。継続的に使用するのか、補助的に使用するのかを問わず、空港ターミナルの保存を議論する際には、空港が直面している物質的・経済的な現実に向き合わねばならない。航空産業は効率性、収益性そして新しい安全対策と暗号処理技術に関心を持ち拡大を続けている。それに伴って、好立地にあって現在も稼働している戦後の空港の多くが、継続的に改修され、増築されているのである。

空港ターミナルの建設時期は、ジェット機が出現する前後で区別することができる。それは、当初TWAフライトセンターと呼ばれていたジョン・F・ケネディ国際空港のTWAターミナルと、ダレス国際空港を比較すると明らかである。既存の空港施設が抱えている課題としては、プロペラ機からジェット機まで網羅的に対応すること、ハンディキャップを持つ人々のアクセシビリティを確保することがある。以下に、そのほかの5つの課題を挙げておきたい。

利用者数

旧来の空港ターミナルの多くは、現在のような膨大な数の利用者を統制することを考慮して設計されていない。それゆえ、新しいデザインによって、機体の数と規模が大きくなり続ける航空機を収容する方法を見いださなければならない。戦前のターミナルにおいては、ターミナルから搭乗口のある建物へ延びる枝をつけ足す方法がそのひとつであった。一般的には2階建てとなるその拡張は、航空機の高さと収容可能な機体数の増加に対応させることを目的とし、これが次世代の空港におけるコンコースの先駆けとなった。旅行者数の増大に伴って、搭乗口付近に乗客を収容する必要性が高まり、その結果として搭乗口前の出発ラウンジが誕生した。それは、第二次大戦後の空港における典型的な特徴だといえる。

プログラムと平面計画

空港のプログラムやターミナルの機能の変化によって、大規模な集合スペースを必要としない搭乗口前の出発ラウンジと、搭乗口付近での乗客サービスの需要が結びつけられるようになった（それは指型・衛星型プランに見られる）。平面計画における問題、例えば乗客や従業員の行動、預けた荷物の処理、そして建物外部で行われる旅客機の誘導には、常に注意を払う必要がある。ジェット機時代が進み、旅客機の機体が大きくなるにつれて、効率性、円滑な連携、そして安全に対するデザイン的な配慮がますます大きな課題となっている。

安全対策

1970年代にハイジャック事件が多発して以来、

安全対策はいかなる空港運営においても不可欠な存在となった。それは、ますます厳格になる一方であり、現在の空港にはさまざまな安全対策が包括されなければならない。かつては空間自体が空港のデザインにおいて最も重要視されたが、それはもう過去のことのようである。

利便性とアクセシビリティ

乗客がターミナルの搭乗口に到着し、航空機へ乗り込むまでの行程はどれほど簡便か。この問いは、ターミナルにエプロン（駐機場）と搭乗口が増え続けるにつれて強い関心を集めてきた。とりわけ問題となったのは、乗り換えのしやすさである。階段などの段差に関しては、ハンディキャップを持つ人々の乗り換えやアクセシビリティの双方が考慮されて設置されるのが普通である。空港の巨大化に伴い、それ自体の利便性とターミナル内外におけるほかの交通機関への乗り換えやすさが求められるようになった。このことは、第二次大戦後につくられた空港を保存し使い続けることに対して、いっそう大きな課題として立ちはだかるだろう。

小売施設と付属的施設

近年の空港に見られるもうひとつの劇的な変化は、小売施設のための空間の増大である。簡単な売店やレストランから始まったこの施設は、多くの事例において、大規模な免税店が出現するほどに発展している。それは現在の巨大化した空港にとっては必要不可欠な存在であり、膨大な床面積がそれらによって占められている。この空間の存在が、空港の運営に莫大な収入をもたらしている。

結論

空港そのものが目的地であり新しい娯楽であった時代において、空港とそのターミナルはときに観光旅行の出発点であり、未来の象徴であった。しかしながら、現代の大衆にとっては、もはやそうではない。むしろ、彼らができるだけ安全に、効率的に、快適に、目的地へと導かれるための必要不可欠で実用的な施設となったのである。これらの3つの必要条件によって、ニューヨーク、ロサンゼルス、サンフランシスコ、シカゴ、セントルイスなどの多くのアメリカの都市は、空港施設の拡張という問題に直面している。それには、新しいターミナルの建設や、竣工から数十年を経たターミナルのリノベーションが含まれている。ヨーロッパの主要な空港もまた同様の努力をしてきた。ロンドンのヒースロー空港や、パリのシャルル・ド・ゴール国際空港の発展が、まさにそうである。空港の歴史そのものにとっても重要であるように、空港ターミナルが放つランドマークとしてのインパクトは重要である。建築の重要な特徴が保存されているもの、あるいは建築が効果的に活用されている空港では、注意深く施設を拡張することや、新しいターミナルに現存するランドマークを組み込むといった、いくつかの限られた方法がとられている。

本章においては、エーロ・サーリネンによってデザインされたふたつの空港ターミナル、ニューヨークのジョン・F・ケネディ国際空港にあるTWAターミナルと、ワシントンD.C.に近いダレス国際空港を事例として紹介する。新しい付加的機能を伴ったターミナルの継続的な使用、ターミナルの拡張、そして竣工して以来建築家によって視覚化されてきた必然性に関して、これらの事例が議論を喚起してくれるだろう。前者はそのターミナルの偉大さについて疑う余地はなく、保存の努力によって空間体験と当初の機能との関係性の両方が保持された。保存問題の渦中にある第二次大戦後の空港はいまだ多くはない。こうした現状において、これらふたつの空港ターミナルは数少ない貴重な事例なのである。

【注】

*1 フランス文化庁の援助により出版された Paul Smith and Bernard Toulier, *Berlin-Tempelhof, Liverpool-Speke, Paris-Le Bourget: Airport Architecture of the Thirties* (Paris: Editions du Patrimoine: 2000) に、ヨーロッパの空港（リバプールのスピーク空港、ベルリンのテンペルホーフ空港、パリのル・ブルジュ空港）の発展と保存の両面に関する詳細なまとめがある。

*2 コペンハーゲン空港が出版したガイドブックである Bente Kornbo, *A Modernist Masterpiece* (Copen-hagen: Copenhagen Airports [CPH], ca. 2000) には、復原された建物についての詳細が書かれている。建物の移設とその2次的な

復原については、Ola Wedebrunn, "Copenhagen Airport 1939, Modern Movement 1999", in *Historic Airports: Proceedmgs of the International 'L'Europe de l'Air' Conferences on Aviation Architecture; Liverpool (1999), Berlin (2000), Paris (2001)*, ed. Bob Hawkins, Gabriele Lechner, and Paul Smith (London: English Heritage, 2005), 189-91, を参照。建物の外装材には初期のアスベストセメントシートである Eternet が使用されていたため、完全に取り換えられた。上記両文献を筆者に提供いただいた Ola Wedebrunn 氏に記して感謝申し上げる。

TWAターミナル（ジョン・F・ケネディ国際空港）
（アメリカ・ニューヨーク州ニューヨーク）

　TWA ターミナル（当初は TWA フライトセンターとして知られた）は、20世紀を代表する重要な建築である。ナショナル・レジスター（National Register of Historic Places）への登録や、ニューヨーク市のランドマークへの指定だけではなく、建築史のなかで重要な作品として取り上げられていることからもその意義が広く認知されていることがわかるだろう。竣工当時アイドルワイルド空港と称したその空港内に、矩形が連なる周囲の建物とはっきりと対照をなして建つその建築は、20世紀前半に強く影響を及ぼしたアメリカの建築家、エーロ・サーリネンのデザインである。しかしながら、今日の名声にもかかわらず、竣工当初からこの建築が異論なく好意的に受け入れられたわけではなかった。事実、ターミナルは多くの注目を集め、TWA の対外アピールに貢献したにもかかわらず、いく人かの評論家はこれを賞賛しなかった[*1]。まもなく否定的な意見は変化し、現在この建築はほぼすべての国において、

図13-1：ジョン・F・ケネディ国際空港 TWA ターミナル、ニューヨーク州ニューヨーク、エーロ・サーリネン＆アソシエイツ（1956-62）。鳥瞰。TWA（トランス・ワールド航空、2001年にアメリカン航空に合併）の航空会社としての威厳が、空港内の配置やターミナルのデザインに反映された。小型機の駐機に利用された北側の出発ラウンジは、竣工の数年後に到来したジェット機時代に機能的に対応できなくなり、建て替えられた

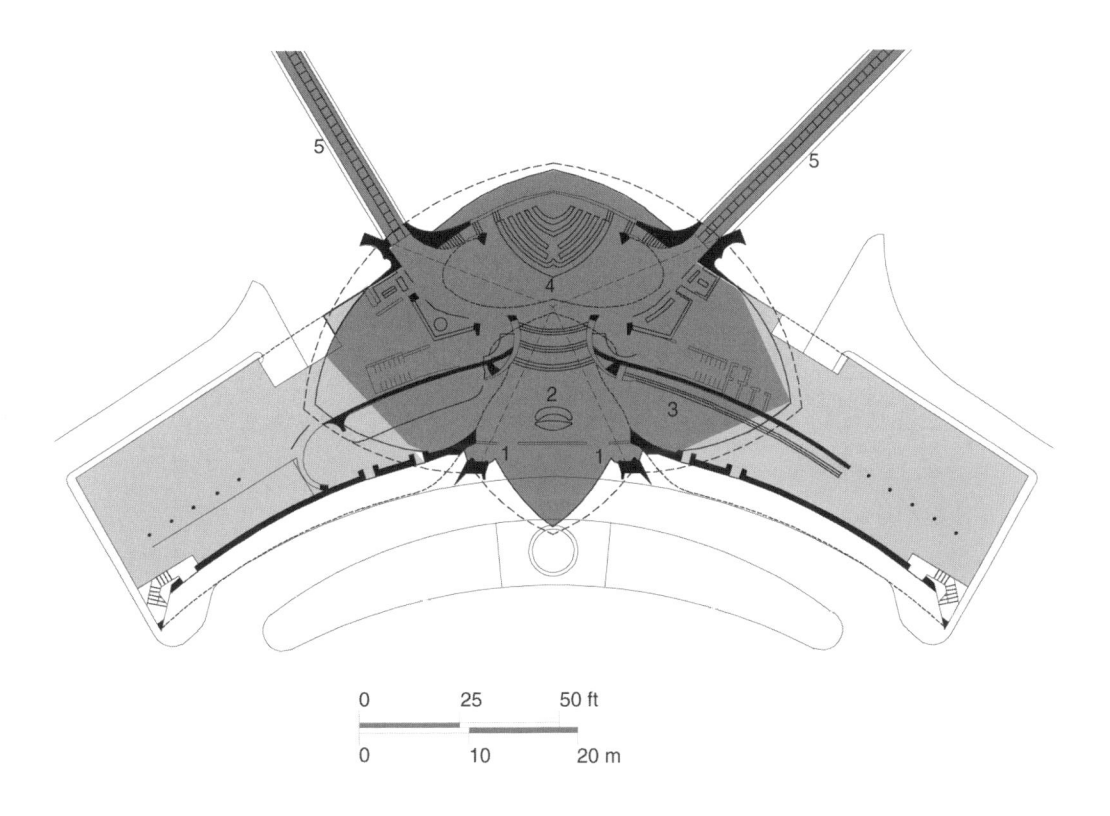

1 エントランス
2 インフォメーションデスク
3 チケットカウンター
4 ラウンジ
5 チューブ（出発ラウンジへの通路）

図13-2：平面図。曲線を描いて交差するコンクリートシェルにより、オープンスペースがつくり出された。中央に位置するインフォメーションデスクと、エントランスの左右にそれぞれ配されたチケットと手荷物のカウンターが、この空間によって連結されている。ラウンジは滑走路側に面して広い眺望を持つように配置されている。滑走路上に分離された出発ラウンジとターミナルはふたつのチューブによって接続している。部分的に設けられた2階には、会員用のレストランとバーが備えられていた

建築史上にその名を刻んでいる。この建築を保存することの重要性に疑う余地はなく、むしろ、どのように保存するべきなのかが問題なのである[*2]。

ニューヨークにあるジョン・F・ケネディ国際空港のトランス・ワールド航空（TWA）ターミナルは、建設当時世界最大であったこの空港の中央軸線上に位置する。鳥が翼を広げたような表現主義的なコンクリートの建築は、ジェット旅客機時代の革新的な精神を表現している[図13-1、2-4]。エーロ・サーリネンによってデザインされた彫塑的な形態は、周囲の建物とははっきりとした対比をなし、現在も空港内において最も印象的な存在感を放っている。「運動と変化（movement and transition）」というサー

リネン自身の言葉に表れているように、ターミナルは内外部両方のデザインとその形態よって、飛ぶことを予感させる空間体験を獲得している。

保存の論点

1962年に商業航空旅行向けに開業した時点で、収容すべき乗客と航空機の機体数に対してこのターミナルはすでに不十分であった。彫塑的な形状は、一方で建築の大きさと機能を制限し、設計が依頼されてから竣工するまでの間に導入された新しいジェット旅客機（およびその結果として増加した旅客者数）に対応しきれなかったのである。アメリカ

図13-3：ラウンジ。ラウンジはターミナルの滑走路側に位置したため、飛行機が離着陸する様子を目の当たりにできた。TWAターミナルにおいて利用者が滑走路を一望できる場所を確保したことで、眺望のよい場所を備えることがその後の空港ターミナルのデザインにおけるひとつの特徴となり、安全確保を理由とする施設の拡張や変更よりも優先された

ン航空に吸収合併されTWAが消滅した後、2001年10月にこのターミナルは廃止されることとなる。資産の引き継ぎに先立って、この敷地に対する新たな全体計画のなかに、この建築をどのように組み込むのかという概略を描いたマスタープランが作成された[*3]。ターミナルの廃止は建築の命運についての多大なる関心を生み、この再開発計画への反対運動は、近年のアメリカにおいて最も興味深い出来事のひとつに挙げられるほどの論争を巻き起こしたのである[*4]。

アメリカン航空がTWAの資産を獲得する2001年4月を前に、ニューヨーク・ニュージャージー港湾局は、オリジナルのTWAターミナルの東側に、巨大なターミナルを新たに建設する計画を作成しはじめていた。その計画には隣接するターミナルの完全な取り壊しが含まれていた。それは、かつてナショナル航空のサンドローム（Sundrome）として知られたもので、TWAが国内線用ターミナルとして運用していた[*5]。周知のように、サーリネンのターミナルもサンドロームも、第5ターミナル（ターミナル5）および第6ターミナル（ターミナル6）にかかわるこの再開発計画のなかにその名の存在を確認できない。2000年7月に発表されたマスタープランでは（これは直後に修正された）、サーリネンの建築に関する歴史とその構造的な欠点、新ターミナルのコンセプトやデザインについて、要点を詳細に示していた。新しいターミナルは、サーリネンがデザインしたTWAターミナルには従属せず、その周囲を包み込むように計画された。取り壊しは隣接するサンドロームだけに限らず、TWAターミナルのフライトウイングや、それとターミナルとを結ぶチューブの大部分の撤去を含んでいた。TWAターミナルと新ターミナルの間は、舗装された広場と新ターミナルへの新しいアクセス道路が計画された。マスタープランがニューヨーク州の州立歴史保存局員に提出されると、承認されて覚書が用意された。

図 13-4：滑走路側から見た TWA ターミナル外観。滑走路側の外観は、よく知られているエントランス側の外観より、いっそうドラマティックである。正面に見える大きなガラス窓の奥に、ラウンジが広がる。このガラス窓は当初のまま残されている。新ターミナルの建設に伴い、新旧ターミナルの間に設けられた道路からこの外観を望めるようになったが、旧ターミナルのラウンジから滑走路への眺望は失われた

図 13-5：ターミナルの内部。彫塑的な外観が、内部空間のボリュームと、インフォメーションデスク、案内板、チケットカウンターなどのデザインに反映されている。これらの内装のほとんどは現在も残されている

図 13-6：TWA ターミナルの建設中の様子。現場打ちコンクリート構造によるシェルには、大規模で複雑な配筋が施されたため、その建設には多くの手作業を必要とした

しかしながら、この計画においては、新旧ターミナルの接続方法が考慮されておらず、旧ターミナルの新しい用途は一切提案されていなかった [*6]。

承認にいたるこうした秘密主義的なやり方が非難の対象となり、計画そのものへの反対が大きくなるとともに意見として発せられるようになる。ニューヨーク芸術協会（MAS：Municipal Art Society of New York）、ニューヨーク・ランドマーク保存委員会をはじめとする地元の保存団体が、歴史保存のためのナショナル・トラストやドコモモ US といった多くの国家的保存機構とともに反対の声をあげ、サーリネンの建築が不完全なものとなることや、明確な目的なしにそれを無用なものとすることに対して抗議したのである。こうした激しい反対を受け、計画案に対する諮問と協議が行われた [*7]。協議の争点はおもに次の 3 つであった。フライトウイ

ングの完全撤去、チューブ先端の撤去（およびそれに付随して起こる機能的損失）、そして再開発後のターミナルの用途にかかわる明確な提案の欠如である。ターミナルを会議場として使用するという提案を含めていくつかの案が浮上したが、どれも非現実的なものであった。

2001 年秋に始まり 04 年半ばまで続いたこの協議には、数多くの団体と個人が関与した。既存の交通施設が歴史的資産となりうるという従来とは相反する価値判断を適用するために、さらなる調査と協議が行われた。そして、港湾局の計画規模を縮小した代替計画が、計画反対者から提出された。それは、フライトウイングへの出入り口を残し、オリジナルのデザインであるチューブと地下道によって、新旧ターミナルを接続するというものであった [*8]。しかし、これらの代替案は港湾局に評価されはしたが、

規模が不十分であるとして却下された[*9]。

　協議によって新ターミナルの規模が完全に変更されることはなかったが、それでもいくつかの成功を収めた。2005年12月に明らかとなった新ターミナルのデザインには、保存主義者らが提案してきた多くの譲歩案が受け入れられたのである。2000年7月に示された最初の計画は、延べ床面積が150万平方フィート、あるいは建築面積が約75万平方フィートの2階建ての建物、そして26か所の新しい搭乗口を必要としていた（オリジナルのターミナルの建築面積は、わずかに約7万平方フィートである）。新しい計画において、ターミナル5の建築面積は63万5000平方フィートで、26個の搭乗口を持つ。そして、旧TWAターミナルには、チケット販売などのいくつかの航空会社関連の機能が維持され、チューブは新旧ターミナルを行き来するための歩行通路として残された[図13-7]。新ターミナルと、滑走路から完全に分離されたTWAターミナルへのアクセスを提供する道路は廃止された。これにより、当初のマスタープランにあったようにチューブを完全に撤去することなく、ターミナルのふたつのフロアへの新しいアクセスを確保することが可能となったのである。しかしながら、TWAターミナルのふたつのフライトウイングは取り壊されてしまった。TWAターミナルの包括的な新しい用途は、いまだ検討中であり、産業界からもその提案が待ち望まれている（現在は部分的に航空会社関連の用途に使用されている）。現在のジョン・F・ケネディ空港は、いくつものターミナルの改変と取り壊しの結果であり、TWAターミナルをめぐるこれらの計画も、ジョン・F・ケネディ空港の絶え間ない改良と近代化の一部なのである[図13-8]。

図13-7：ジョン・F・ケネディ国際空港のジェット・ブルー・ターミナル（ターミナル5）のレンダリング画像（北側から見る）。現在は使用されていないTWAターミナルの東側に、大規模な新ターミナルが建設中である（第1期工事）。それに伴い、フライトウイングが取り壊されているが、幸いにもオリジナルのチューブは残され、新ターミナルに接続される。サーリネンによるターミナル自体は、修復されなんらかの航空会社関連機能が維持される予定である

まとめ

ジェットブルー航空によって使用される新しいターミナル5は現在建設中であり、2008年に竣工が予定されている(訳注：ターミナル5は、ゲンスラーの設計により2008年に竣工した)。TWAターミナルの後方で建設工事が進められているが、ジェットブルー航空の現在の拠点であるサンドロームの取り壊しにはまだ及んでいない。しかしながら、計画の第2段階に入ると、ターミナル拡張のためにサンドロームは取り壊される可能性がある（訳注：サンドロームは、保存を求める声が上がっていたが、2011年に取り壊された）。オリジナルのTWAターミナルの未来は、いまだ不明確なままである。チューブの

1 オリジナルのTWAターミナル
2 新ターミナル
3 駐車場
4 エアトレイン

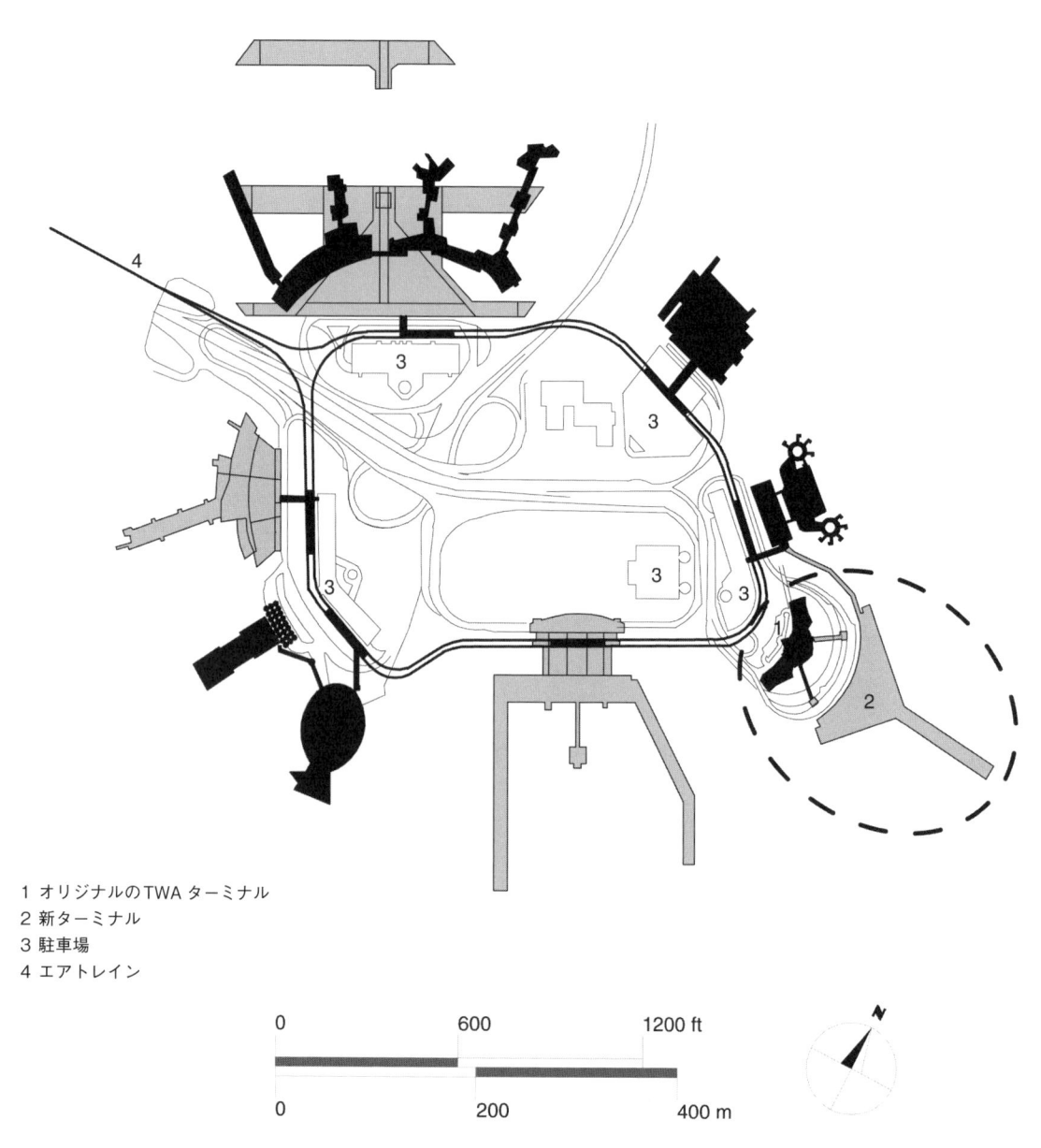

図13-8：ジョン・F・ケネディ国際空港の配置図。当初、ジョン・F・ケネディ国際空港では、同時代の空港とは異なり、主要な航空会社がそれぞれ独自にターミナルを建設した。当初のターミナル（黒い部分）のほとんどが取り壊され、新しいターミナル（灰色の部分）へと建て替えられている。TWAターミナルの後方で進められている新ターミナルの建設が第2期工事に入ると、隣接するサンドロームは取り壊される予定である。サンドロームは、かつてのナショナル航空のターミナルである

保存によって当初の機能の一部を残しえたが、残念ながら、フライトウイングを残すことはできなかった。それを実現するためには、新ターミナルのデザインにおいて、より創造的な工夫が必要であったかもしれない。

　TWAターミナルにおける修復と新たな用途の具体案はまだ現実のものとなってはいない［＊10］。そのために、民間デベロッパーによって、ターミナルの修復と運営のための十分な財源を確保する用途が提案されることが持ち望まれている［＊11］。それが実現するまで、TWAターミナルの保存に関する議論は、近代建築の保存とその複雑さについての一般の議論を喚起し続けるのである［＊12］。

【注】

＊1　Robert A. M. Stern, Thomas Mellins, and David Fishman, *New York 1960: Architecture and Urbanism between the Second World War and the Bicentennial* (New York: Monacelli, 1995, 1014-17) が当時の状況について詳しい。同様の記述がJayne Merkel, *Eero Saarinen* (New York: Phaidon, 2005, 204-13) にも見られる。

＊2　初期の批判に対して起こったTWAターミナルの重要性に関する一般の理解は、ニューヨークのコロンバス・サークルを巡る理解とまさに対称的なものである。後者は、現存していたいずれの時代においても重要な建築作品として理解されていなかった。コロンバス・サークルについては第2章を参照。

＊3　Beyer Blinder Belle Architects & Planners and William Nicholas Bodouva + Associates, *JFK International Airport—Site 5 and 6 Redevelopment Plan, TWA Terminal, Concept Master Plan Documentation for Consultation* (July 2000) およびAddendum A (n.p., February 2001).

＊4　当初のターミナルの部分をより多く残して空港の機能を回復させるため、計画案は大幅に修正された。この議論は世界中のさまざまな新聞や雑誌に取り上げられている。例えば、David W. Dunlap, "Planning a Nest of Concrete for a Landmark of Flight," *New York Times* (August 14, 2001) はこの議論を取り上げ、国内外の著名な建築家と建築史家による反対意見を掲載した。

＊5　隣接するターミナルは、1959年に行われた港湾局による指名コンペを勝ち取ったI・M・ペイによってデザインされたものである。ナショナル航空によって使用されたこのターミナルは、フロリダ近郊への航路を主としたため、サンドロームと呼ばれた。80年にナショナル航空がパンアメリカン航空に引き継がれると、サンドロームはTWAの国内線用ターミナルとして運営された。TWAの解体後、サンドロームはジェットブルー航空に引き継がれている。この建築は重要な価値を持つものであるが、保存計画はいまだ立てられていない。Serianne Worden, "Inconspicuous Serenity: National Airlines 'Sundrome,'" *DOCOMOMO-US New York/Tri State Newsletter*, Summer 2003, 1 参照。Herbert Muschamp, "Correcting the Nearsightedness of Airport Designers," *New York Times*, August 26, 2001 は、TWAターミナルとサンドローム双方の保存問題だけではなく、新しいターミナルのデザインの質の低さにも言及し、その代替案を提示した。

＊6　Randy Kennedy, "Growth of Airport Squeezes Landmark T.W.A. Terminal," *New York Times*, April 4, 2001. この議論はNew York Timesだけではなく、ほかの地方紙やアメリカ国内紙、さらには国際メディアでも広く取り上げられた。

＊7　この協議は、1966年に制定されたアメリカ合衆国連邦歴史保存法の第106号に基づいて開始された。同号は、建物などの保存に対して連邦基金の適用を認めるものである。2001年7月、連邦航空局（FAA）は計画案が歴史的財産に対して不都合なものであるという結論を出し、歴史保存検討委員会にそれを通知した。州の歴史保存局とニューヨーク・ニュージャージ港湾局との間に交わされた当初の覚書は再考され、最終的にTWAターミナルに対する影響を軽減するよう修正された。しかしながら、起草された新たな覚書に署名がなされたのは、2004年10月のことであった。

＊8　これらの追加議論は1966年に制定されたアメリカ合衆国連邦歴史保存法の第106号に基づいて行われたものではないが、96年に制定されたアメリカ合衆国連邦運輸省令の第4（f）号に基づいたものであった。同号の適用は、適当な代替案が考案され評価されることを必要とする。代替案は、ニューヨーク芸術協会の後ろ盾によって作成された。

＊9　CH2M Hill, Inc. (NJ) with support from Ricondo & Associates, Inc. (CA), *Environmental Assessment and DOT Section 4(f) Evaluation of Terminal 5 and 6 Redevelopment Project: John F. Kennedy International Airport* (n.p., June 2003) は代替案の是非について詳細に検討した。

＊10　興味深いことに、9.11以後、当初の計画における了解事項が変更されている。例えば、運営面だけではなくターミナルに必要とされる設備が変化しているため、セルフサービス施設は一般的なものとなった。

＊11　2006年8月、計画案への提案書（RFP #1102）が、ターミナルの発展と再生利用のために港湾局から発表された。Port Authority of New York & New Jersey, *Request for Proposal for the Development and Implementation of Adaptive Reuse of the TWA Flight Center (Building #60) and Associated Site at John F. Kennedy International Airport, Jamaica, New York : 11430*, RFP no. 11002 (New York: 2006). ここに示されたように、これまでターミナルビルの再利用に関する提案は受諾も公表もされていない。

＊12　一般に行われた議論の例として、Anthony Vidler, "It's Still All about Form and Function," *New York Times* (August 12, 2001) を挙げておく。この頃、古い航空機も郷愁的な話題として注目されていた。例えば、Todd Lappin, "Curating Relics of T.W.A. as It Prepares for Departure," *New York Times* (June 7, 2001. 34 Pearman, Airports, 115-21).

ワシントン・ダレス国際空港
（アメリカ・ヴァージニア州シャンティリー）

　ワシントンD.C.の外縁に位置するワシントン・ダレス国際空港もまた、エーロ・サーリネンによってデザインされたものである。首都の航空交通事情を支えるために1962年に開業したダレス国際空港は、大規模な商業用ジェット旅客機のためにデザインされた最初の空港として、アメリカの航空輸送産業に革命をもたらした。これより数年早く設計に着手したTWAターミナルでは、エーロ・サーリネンはそのメインターミナルのデザインにおいて飛ぶことの象徴を求めたが、ダレスにおいては数十年後まで効果を持ち続ける機能的・芸術的な解決法を適用している。機能的な解決法としては、ターミナルと航空機の間を往復して乗客を運ぶ「モバイルラウンジ」の採用がまず挙げられる。これにより、多数の従属施設、つまり滑走路上に配置される搭乗施設の必要性をなくし、同時にTWAターミナルを苦しめた機体の大きさという制約を乗り越えようとしたのである。そして、航空会社がそれぞれ独自にターミナルを持つという考えではなく、凝縮されたひとつのボリュームのなかにすべての乗客サービスを覆い込む中央ターミナルという発想によって、ダレス国際空港は今日もなお影響力を持つ空港モデルとなっ

図13-9:ワシントン・ダレス国際空港、ヴァージニア州シャンティリー、エーロ・サーリネン&アソシエイツ（1956-62）。拡張前の外観。オリジナルのターミナルは、吊り屋根による大規模な一室空間であった。建物の内外から特徴的な吊り屋根形状を体感できるよう、内部空間の附属施設は低く抑えられた

図 13-10：拡張前の空港ターミナルビルの内部。吊り屋根による広いホールは、中央に設けられた低層のボリュームによってふたつに分節されている。アクセス道路側にチケットカウンターがあり、その反対側に出発ラウンジが配されている

ている[図13-9][＊1]。ゆったりとした曲面の屋根を持つこの建築は竣工後すぐさま近代建築の傑作としてみなされた。サーリネンはその完成を見届けることなく1961年に逝去したが、彼には空港が開業した62年にアメリカ建築家協会（AIA）からゴールドメダルが贈られている。なお、78年という早い時期に、このターミナルは保存価値のある建築物として認定を受けている[＊2]。

ダレス国際空港は、ジェット旅客機の導入直後に建設されたというそのタイミングと、革新的なデザインによって、ほかの空港ターミナルが苦しんだ機能の陳腐化という問題を乗り越えてきた。当初のデザインコンセプトに基づく継続的な増築、つまりサーリネンが将来の拡張の必要性を見越していたことで可能となった継続的な増築が、航空産業の成長、技術の発展、そして安全対策への高まる要求を空港が受け入れることを可能にしているのである。慎重に検討された長期計画によって、ダレス国際空港は東海岸の主要な玄関口としての当初の目標を果たしており、航空機と乗客に対する効率的で便利なうえ、安全なサービスを提供しながら保存され続けている。

保存の論点

保存主義者は、建築が当初の用途を保ち続けることを好む。たとえそれが望ましいことだとしても、建築が大きく、複雑になるにつれて、それはより困難なこととなる。ダレス国際空港の保存が成功している要因は、デザインの特徴を失うことなしに、産業の変化に対応した交通施設として空港が成長していくために必要な能力をその建築が持ち続けていることにある。この成功は小さなことではなく、それ自体が建築のデザイン自体に組み込まれた機能であったという点において重要である。ニューヨークと同様に、ワシントンD.C.は3つの空港に囲まれ

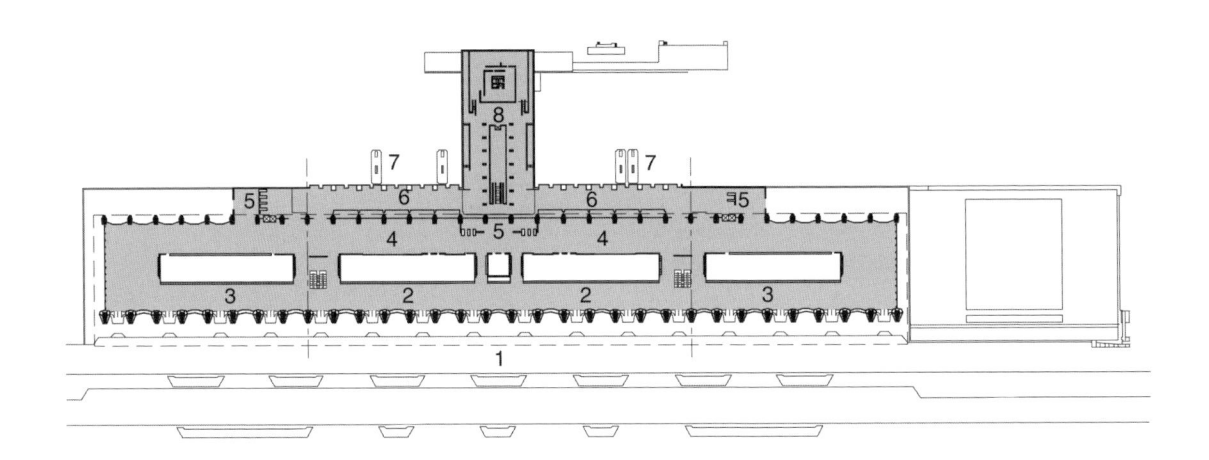

1 到着・出発客用アクセス道路
2 チケットカウンター（オリジナル）
3 チケットカウンター（1996年増設）
4 売店
5 セキュリティ・チェックポイント
6 1980年時のコンコース
7 モバイルラウンジ
8 レストラン（管制塔下部）

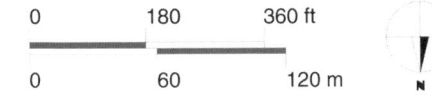

図 13-11：メインターミナルの平面図（拡張部分を含む）。TWA ターミナルからわずか数年後の設計にもかかわらず、ダレスの固有性はまったくそれとは異なるものであった。細長いターミナルビルは、当初のデザインを踏襲して 1990 年代に 2 度拡張されている。当初、乗客はモバイルラウンジという特別な乗り物を利用して、駐機場に停められている航空機に搭乗した。これは、当時進行していた航空機の大型化に対応するためのものであった。現在、このシステムはより簡便な方法へと徐々に変更されつつある

ている。ロナルド・レーガン・ナショナル空港はそのうち最古（1962 年開業）のもので、都心からの近さ、鉄道による都市への簡単なアクセス、そして国内線をおもに取り扱っていることによって、最も便利な空港である。当初、連邦航空局（FAA：Federal Aviation Administration）はダレス国際空港がワシントン D.C. における航空輸送の要になると期待していたが、すぐにはそうならなかった[*3]。ダレス国際空港は首都圏から 27 マイルほど外側に位置し、公共交通機関との接続に限界があったのである。そのため、完成してからの 15 年間は十分に活用されていなかった。しかし、郊外開発の進行、航空産業の規制緩和、格安航空会社（LCC）の急増、国際線のさらなる導入によって状況は一変し、ダレス国際空港は継続的に成長していった。そしてこの成長が施設の拡張を必要としたのである。このような歴史的展開と現在の役割分担において、ワシントン D.C. のロナルド・レーガン・ナショナル空港とダレス空港の関係は、ニューヨーク市におけるラガーディア空港とジョン・F・ケネディ空港のそれと類似している。つまり、古い空港がおもに国内線を扱い、新しい空港が東海岸と西海岸を結ぶ国内長距離路線や国際線をおもに扱うのである。

かつて TWA ターミナルが背負った宿命を避け、空港を拡張可能なものとするためるために、サーリネンはダレス国際空港のデザインにおいてあらゆる施策を試みている。TWA ターミナルは、着工直後から増えはじめた新しい大型旅客機や、その結果として増大した乗客を、竣工した時点ですでに受け入れが困難となった。しかし、20 世紀後半に起こった大量輸送機関の急成長や、ジェット旅客機自体の大型化を予想することはサーリネンにとっても困難なことであった。皮肉にも、サーリネンがダレスのデザインに際して最も関心を持っていたのは、利用者の収容能力や搭乗までのプロセスなど、まさに数十年後に最も大きな問題となることであった。プロ

グラムを基盤に置いて、サーリネンが設計当時に行った研究は模範となるものであったが、航空産業の急激な成長を予想することは不可能であった。空港内の循環とモバイルラウンジの構想は、当初計画された旅客負荷に対して十二分に機能したが、やがて空港はその収容能力の限界を迎えた。エントランスとラウンジまでの近さが賞賛されていたターミナルの奥行きは、増加した乗客を受け入れるにはもはや十分な広さではなくなってしまったのである。1980年にダレス空港の旅客負荷は64年当時の5倍となったが、発着便の実数は減少したためピーク時の占有率と混雑の具合も当初の計画とは異なる状況となった。厳しい安全対策と、増大した乗客数が、チェックインから搭乗にいたるかつてのスムーズな進行を妨げたのである。

航空機での旅行がより大衆的で珍しくなくなるにつれて、モバイルラウンジは時代遅れなものとみなされはじめた。しかしながら、一年間に最大1400万人の乗客を受け入れるため、サーリネンは建物のどちらの端部からも拡張できるようアクセス道路を計画し、ターミナルを建設していた[*4]。滑走路は余裕を持って設計され、空き地は増加する航空機の駐機場となり、あるいは低層の附属建物が建設された。ランドスケープアーキテクトのダン・カイリー(1912-2004)によって設計された駐車場も、オリジナルのターミナルの見え方に影響することなく2フロアとするために、地面を掘り込んで配された[*5]。

1980年代の終わりに、現在はHOKとして知られる建築事務所ヘルムス・オバタ+カッサバウムが、そのマスタープランに変更を加えている。ターミナルの奥行きを広げて50フィート(15m)幅のスカイライトを持つ通路を滑走路側に拡張し、これにより出発階の乗客待機スペースと、その下の到着階にある手荷物受け取りスペースが拡大された。84年に、スキッドモア・オーウィングス・アンド・メリル(SOM)は、ワシントン空港局からの依頼に基づいてターミナルから離れた場所に駐機場内コンコースを設計し、その結果2階建ての建物を建設した(それはターミナル中央に近いコンコースA・Bと、ターミナルから遠いコンコースC・Dからなる)。この変更により、ターミナルへ入った乗客は、安全チェックを受けた後、モバイルラウンジによって出発ラウンジから駐機場内コンコースまで運ばれ、そこから航空機に搭乗することとなった。こうした「駐機施設」の存在はオリジナルの計画に対する大きな追加点であり、ターミナルから航空機へ直接乗客を運ぶモバイルラウンジを用いたシステム、つまり当初のコンセプトの核ともいえる部分を変化させた。それでもターミナル本体への搭乗用桟橋の設置を避けたことで、滑走路側のターミナルの外観は維持されたのである。そして次なる追加点が、メインターミナルの軸線上約300フィート(91m)西側にある国際線到着ビルの建物である。メインターミナルの基礎部分を越えないようにビルの高さが低く抑えられたため、道路側のターミナルの外観も当初のまま維持された。

1996年、オリジナルのターミナルに対して最も大胆な変更が行われた。吊り屋根が両側に300フィート(91m)拡張され、ターミナルの全長が1200フィート(364m)となったのである。拡張部分はオリジナルのデザインを再現しただけではなく、斜柱、吊りケーブル、プレキャストコンクリートパネルからなる当初の屋根の工法がそのまま用いられた(より厳格になった建築基準に基づき、強靭なコンクリートと安全ガラスの改良が求められ、強化された屋根ケーブルとの接合にもより大きな耐荷重制限が課せられた。当初のジッパーガスケットは不具合が頻繁に起こっていたため、現代的な解決方法に改められた)。各部の表面処理と仕上げは、オリジナルの仕様と慎重に合わせられ、窓枠、テラゾー張りの床、特注のサイン、明るい天井、ローズウッドのカウンターテーブルが細部にいたるまで複製されている。チケットカウンターと売店からなるセンターコアは、チケットカウンター前の空間を広げるために、滑走路側へわずかに移動させられた。地階における空港鉄道との将来的な接続を考慮して、到着客と荷物の受け取りのためのスペースが拡大され、搭乗者用の通路幅が広げられた。拡張部分の建設はオリジナル部分のインテリアの修復と同時に進められ、2005年に竣工した。この修復によって、ターミナルは新旧の部分が調和した空間となっている[p.233カラー図20][*6]。

かつてはデザインの中核であったモバイルラウンジのシステムは、いつのまにか、増大する乗客数に

図13-12：吊り屋根の建設の様子。わずかに傾いた柱の建設を終えた後、柱間にワイヤーが架けられ、その上にプレファブのプレートが屋根面を構成するために並べられた。ターミナルが両サイドに拡張された際にも、同様のデザインと工法が採用された

対応できなくなり、南ウイング側面の低層階に仮設搭乗口が設置された。これらの仮設搭乗口は、今や常設のものとなっている。ターミナルと駐機場内コンコースを結ぶ用途で使われているモバイルラウンジは、いずれ廃止される。2004年以来、乗客は動く歩道を備えた地下通路を通って、ターミナルに近い側の駐機場内コンコースにアクセスすることが可能となっている。この地下通路は、将来的にターミナルに遠い側の駐機場内コンコースまで延長される。最終的には、エアポートトレインシステムと呼ばれる新しい空港鉄道システムが、乗客を駐機場内コンコースへ運ぶ計画となっている。そうなれば、メインターミナル側の駅は、出発階、到着階という現在の2フロアに加えて、地下の安全検査を行うためのフロア、鉄道駅のフロアを加えた4フロアに拡張されるはずである。2009年までの完成が予定されているその第1段階においては、メインターミナルを経由してコンコースBとCを結ぶエアポートトレインシステムが計画されている(訳注:2010年に「エアロトレイン」という名称で運用が開始された。エアロトレインは空港内をコンコースB—コンコースA—メインターミナル—コンコースCの順で結ぶ)[＊7]。

まとめ

ダレス国際空港におけるサーリネンのオリジナルデザインに対する保存のアプローチは、ジョン・F・ケネディ国際空港のTWAターミナルにおけるそれとは大きく異なるものであった。これはサーリネンのそれぞれのデザインから直接導かれた結果である。TWAターミナルはひと回り大きい一般的なターミナルビルに比べて融通が利かなかったために、特定の航空会社のささやかな建築的アイコンとなったが、ダレスの平面計画は将来的な拡張と増築の可能性を考慮していた。ダレス空港の増築に際してのマスタープランでとられた総合的なアプローチは、必要な変更をいかに実現するのかという点において、オリジナルデザインへの多大なる敬意と理解を示している。それゆえに、メインターミナルの吊り屋根の外観とその視覚的な存在感が空港の運営や安全対策の犠牲となることなく、現在もその雄大な姿を維持し続けているのである。

ダレスでとられた慎重なアプローチは、綿密に行われた調査の結果である。1970年代にダレス空港の拡張計画が報じられたとき、すぐさまサーリネンによる建築の将来を勘案する議論が起こり、それがナショナル・レジスターに登録されるべきものであると明言されるにいたった。それに対して、TWAターミナルのあるケネディ空港では、そもそもこうした意見は出なかった。ケネディ空港には、開港当初に建てられたチャペルや大規模なターミナルまでもが、大きな反対や熟慮もなしに取り壊されてきた過去がある。ダレス国際空港からわれわれが得た教訓とは、快適性・安全性・経済性を犠牲にすることなく、空港ターミナル(それは想像しうるなかで最も機能的個性を持つ建物である)を拡張し、その突出した特徴を保存していくことが可能だということである。

【注】

＊1　Hugh Pearman, *Airports: A Century of Architecture* (New York: Harry N. Abrams, 2004), 115-21.

＊2　「工学的技巧と革新的プログラムを示し、さらに偉大なモダニズムの建築家であるエーロ・サーリネンの代表作であるという非凡な特徴」を持つという理由で、このターミナルはナショナル・レジスターに登録するに値すると明言された。Richard Longstreth, "The Significance of the Recent Past," *APT Bulletin* 23, no. 2 (1991): 12-24.

＊3　Allen Freeman, "The World's Most Beautiful Airport," *AIA Journal* 69, no. 13 (November 1980): 46-51.

＊4　"Dulles Airport Expansion, Washington, D.C., Skidmore, Owings & Merrill," *Architecture* 82, no. 11 (November 1993): 40; Freeman, "The World's Most Beautiful Airport," 46-51.

＊5　Peter Blake, "Save Dulles Airport!" *Interior Design* 59, no. 14 (October 1988): 300-301.

＊6　Allen Freeman, "SOM's Addition to Dulles International Airport Respects Eero Saarinen's 'Modern Masterpiece,'" *Architectural Record* 185, no. 3 (March 1997): 63-67.

＊7　ダレス空港のマスタープランには、オリジナルのターミナルの南側に新しいターミナルを建設するという将来計画もある。これが実現した場合、新旧ターミナルの間に複数の駐機場内施設が並ぶことになる。複数段階による長期的な計画は両ターミナル間を結ぶ新たな環状鉄道システムを提示しており、これによって当初のモバイルラウンジによるシステムとは異なる方法で乗降客は駐機場内コンコースへと運ばれることとなる。議論の余地はあれど、ある程度はサーリネンの考えと同類の包括的で効率的な輸送システムである。

結論

　ジョン・F・ケネディ空港とダレス国際空港で試みられたサーリネンによるデザインの保存は、規格の変化に直面している近代建築を継続的に維持することの難しさと、急速に発展する産業界の期待を映し出している。ダレス空港におけるターミナルの継続的な使用はその保存の根幹をなすものだが、それはTWAターミナルにおいても同様にあるべきことである。TWAターミナルを残そうとする保存主義者・開発者・建築家には、機能の陳腐化という問題が常にのしかかる。航空旅行の発展を示すモニュメントというだけではなく、継続的な空港運営にとって重要かつ不可欠な部分として、TWAターミナルという航空時代の小さなモニュメントを将来に残していくためには、それらを両立しうる使用方法を見つけることが必要なのである。

第 14 章　産業建築

　産業考古学という学問は、産業のプロセス、製造システム、技術発展に関連する施設や対象物の保存や研究に専念している。その大部分は伝統的な保存手法に関連があり、小規模の複合建築物の文書記録や敷地保全の取り組みにつながっている。産業建築は、この業種に付きものの製造技術や経済的・社会的状況の変化によって、存続の危機にさらされ続けているが、生産量、規模、機能的なデザイン、より近代的な建物の建設技術は、これまでにないような規模で、保存に対する難問を突きつけている。どのようなかたちであるにせよ、保存を確かなものにするために、さまざまなプロジェクトが開始された。例えば、多様で創造的な解決法を例証するもの、オリジナルの敷地との連続性を確立しようとするもの、そして、より先進的な例では、開発と保存を一体的に行うものなどそれぞれである。

　20世紀の間に、製造における重大な変化が生じた。重工業は世界各地に普及したが、大量の製造プラントが老朽化して時代に合わなくなり、その多くは荒廃したまま放置されている。これらの建物や敷地の規模、寸法、複雑さ、すなわち工業化の産物は保存主義者を怖じ気づかせるものであるし、これらのデザインや経済基盤の両面を深く理解して創造力を発揮して解決策を探る必要がある。鋼鉄の圧延工場や炭鉱施設、自動車製造工場などの重工業施設の保存は、今までに例がない。敷地は広大であるし、たいていの場合はアクセスしにくく、まったく好ましくないとみなされている。建物群は特殊な目的に合わせて設計されているが、その目的はそれ以降大きく変化してきた。しかし、新しい用途への適応や修復の可能性のある建物でさえも、財政的に実現性のあるものにすることは容易ではなく、それらの建物は経済的でないとする、通常の景気循環の波に屈することが多い。

　このような規模の建物がうまく保全されてきたところには、その建物に関連する政府機関や個人投資家の支援に基づく強い結びつきがあり、その結果として保全されているのである。保存が試みられてきたところでは、大きく開放的な内部空間を生かして、美術館施設と商業または芸術関連用途を組み合わせるという解決法がよくとられる。そのような改修事例に、テート・モダンやマサチューセッツ現代美術館（MASS MoCA）がある。テート・モダンはロンドン南東部のサザークに位置し、1947年にジャイルズ・ギルバート・スコットが設計したバンクサイド発電所であった[*1]。マサチューセッツ現代美術館はアメリカ・ノースアダムスの19世紀の建物が、用途変更されたものである。テート・モダンの元の建物は1棟の20世紀初頭の発電所であったのに対して、ノースアダムスの広大な敷地には、26棟以上もの個別の構造物が建っている。また、いくつかの例外を除いて、それまでの保存に焦点を

当てた工場建築は、伝統的な組積造である。それに対して、イタリア・トリノにあるフィアット・リンゴット工場とロッテルダムにあるファン・ネレ工場は、この章のケーススタディのなかで詳述するが、単なるアート関連施設とは異なり、新しい用途に合わせて革新的な改修が行われた初期の近代的な多層階工場の代表例である。

また、長年使用してきた産業用の敷地や建物は、環境問題にも関連がある。フォード・モーターズが99年にリノベーションを開始したとき、リバー・ルージュはブラウンフィールド（環境汚染によって利用されなくなった工業用地）であった。当時、建物群の一部は使用されていたが、大部分は機能的に時代遅れになっていて、打ち捨てられていた。リノベーションのマスタープランには、建物の改修以外にも、環境浄化や新しいランドスケープ計画が盛り込まれており、複合施設を機能的かつ持続可能な製造用地に転換することを目的とした。環境に配慮して工場用地を保存する同様の取り組みは、そのほかの事例でも見られる。ドイツでは、19世紀後半に製鉄所であった建物が、著名なデュイスブルクノルト・パークに変更された。

多くの工場用地が汚染を受けている可能性があり、それに対処することに加え、現代の占有基準にまで高めることは困難であるとされる。工場の用途に合わせて設計されているので、素材や外壁の熱性能、建物のシステムは必要最低限であることが多い。断熱性能、仕上げ、システムが十分でない単板ガラスがはめられた壁が特徴であるため、上手な適用、コンバージョンするには、重大な変更を伴う。リンゴット工場とファン・ネレ工場のケーススタディで明らかにしたように、建物を別の用途に順応させたり再利用したりするために変更された箇所において、十分に保存されたかどうかについては、疑問視する声が上がっている。外壁が再建され、改修され、修理される前に、既存の建築物、設計意図、敷地の歴史的、社会的、文化的な意義などのすべての問題が考慮されなければならない。しかし、これらの問題へのアプローチや解決法は、おおむね近代建造物の保存と共通している。

ドイツのエッセンにあるツォルフェライン第12採掘坑の複合施設の例は、広範囲な工場敷地と建物が保存の対象になったときに起こりがちな問題をよく示している。ノルトライン＝ヴェストファーレン州の敷地は今も大半は完全な状態で残されている。その意義は、敷地、鉱業の長い歴史、操業規模、ビルディングタイプの多様性にある。これは19世紀後半を通じての重要な炭鉱であり、20世紀の大半にわたって操業してきた。ツォルフェライン第12採掘坑を構成する建物は、1928年から32年の間にフリッツ・シュップ（1896-1945）とマルティン・クレマー（1894-1945）の設計でモダニズムの言語で建設された。当初この炭鉱は30年から40年程度の寿命を基準に設計されたが、採掘するのが経済的に無意味になるまで54年間稼働し続けた。生産量がピークに達した時期のツォルフェライン第12採掘坑は、5000人から8000人の炭鉱労働者を雇用していた[*2]。

ツォルフェライン第12採掘坑施設は、シュップとクレマーが敷地や建物の配置を注意深く計画し、全体のバランスと機能的な調和をとることに重点を置いていたので、とりわけ興味深い。この設計は、最大限に効率を高めた生産工程を提供したが、柔軟性があり、将来の拡張にも対応していた。建物は独特なボリュームと形態をしているにもかかわらず、鋼製の構造支持材の枠や手すりで囲まれた赤レンガや目立つ帯状の網入りガラス窓をすべて同一面に配すことによって、複合施設に統一感が与えられ、グリッド状の外観が生み出されている。主要建物には、鋼製の構造用門型フレーム、手すりや枠で構成されている鋼材支持システムがある。長い間、風雨、大気汚染、煙、すすに耐えてきた、伝統的な建物材料を選択したのは賢明であった。この選択が建物の長期耐久性やデザイン全体の一貫性に対する認識のカギになっていることがわかっている。

この敷地は86年に正式に閉鎖された。その後、それを地方自治体が鉄鋼会社から買い取り、引き続いて、美術館やそのほかアート関連の教育機関、事務所、工房へと開発するための民間財団に譲渡された。92年から98年のリノベーションにおいて、大半の建物の外壁は、エッセンの建築家ハインリヒ・ベルとハンス・クラベルによって安定化の処置がとられるか、改修または用途変更された。外壁を安定化する際に、当初建材の大部分はそのまま残して補

強された。すべてのレンガタイルを張り替えた箇所は、ごく一部であった。建物内部のリノベーションにおいては、既存の外壁がレンガの奥行きの半分ほどしかなく、耐候性が最小限であったため、入居者の要求に応じて、「建物内に建物をつくる」手法も採用された。新しく空間をデザインしたところでは、元来の構造用途を思い起こすことができるように、当初の設備や機械はできる限り当時のまま残された [図14-1]。

　敷地全体の包括的な計画は、近代建築の保存を含み、ほかの重要な建造物にも配慮し、土壌改善を試みている。このプロジェクトは、現代的なストラテジーが採用されているという意味において、特に興味深い。芸術系の機関が現存する建物のほとんどに入居したが、新築を含む開発も許されている。デザインと経営の学校がベルとクラベルが設計した新しい建物に入居し、敷地の一部は、コークス製造の工程で発生した汚水やスラグに関連する環境問題を和らげるため、公園用地として再開発されている。2001年にレム・コールハース（1943-）と彼の事務所OMA（Office of Metropolitan Architecture）により、敷地周辺エリアのマスタープランが計画された。2001年、ツォルフェライン第12採掘坑はエッセンのツォルフェライン炭鉱業遺産群として世界文化遺産に登録された。

　ツォルフェライン第12採掘坑、リンゴット、ファン・ネレ工場は、公共と民間のパートナーシップに基づいて保存にアプローチした結果である。所有者と地域コミュニティがともに敷地の文化的価値を認識し、地方自治体の助けを得て創造的な混合用途の開発手法に挑戦することによって、再生、保存することができた[*3]。アメリカではアート関連の用途が好まれる傾向にあり、たいていの19世紀の施設を含んでいる。例えば、マサチューセッツ現代美術館に変わったマサチューセッツ州ノースアダムの旧スピローグ・エレクトリック社、繊維の町であったマサチューセッツ州ローウェルの再開発などがある[*4]。

　アメリカは20世紀前半から第二次世界大戦直後の時期に急速に産業発展したため、同時期にヨーロッパで実施された同時期の産業建築の保存手法がそのまま採用される傾向にある。例えば、ペンシルヴァニア州ベスレヘム郊外にあるベスレヘム・スチール社跡地に対し、ツォルフェライン第12採掘坑とよく似た計画が提案されている。この工場は1873年に鉄鋼の圧延をはじめた最初の工場であるが、かつては全国で2番目の規模の製鉄所で、第二次大戦時には約3万人の従業員を雇用していた[*5]。95年に工場は閉鎖され、2001年に破産処理された。博物館や芸術施設からカジノや関連宿泊施設まで幅広

図14-1：ツォルフェライン第12採掘坑、ドイツ・エッセン、フリッツ・シュップとマルティン・クレマー（1928-32）、92-98年改修。通路の風景。ドイツ・ルール地区の石炭鉱業や鉄鋼業は第二次世界大戦以降、緩やかに衰退している。石炭工場を含むツォルフェライン第12採掘坑の壮大な工業用建造物は、大学や芸術施設を擁する文化センターに用途変更された。フォスター＆パートナーズが計画したマスタープランに合わせて進められたこのプロジェクトは保存の成功例であり、大規模な工業施設を公共用途に適応させている

い改修案が出された。しかし、ベスレヘム・スチール社の敷地は、ツォルフェライン第12採掘坑のような明快な近代建築の言語を持っていなかった［＊6］。フォード・モーターズも、フィアット社のように歴史的な遺産価値を自覚している。アルバート・カーン（1869-1942）が設計した最も誇るべき建築のひとつであるリバー・ルージュ工場は、環境計画と保存計画の両方の取り組みを主題としながら、敷地の一部は今も製造施設としての機能を果たしている［＊7］。

　そのほかにも、産業関連施設の保存は20世紀半ばに次第によく見られるようになったが、同様の保存問題を抱えている施設に、大規模な研究開発施設がある。そのような例のひとつが、テネシー州のオークリッジ保留地のさまざまな装置、原子炉、居住者コミュニティである。ここは、もともと1940年代にウラン濃縮のため建設された地域である。また、48年から56年の間に建てられた、ミシガン州ウォーレンにあるゼネラル・モーターズの技術センター、57年から62年に建てられた、ニュージャージー州ホルムデルのベル電話研究所がある。これらふたつの企業の開発研究所は両方ともエーロ・サーリネンにより設計された。数多くの建造物を有する大規模な複合施設は、ますます老朽化の危機に瀕している。このような規模の初期の近代的工場や工業関連施設では、これらの価値や重要性を認識したうえで、保存と実現可能な新しい用途を組み合わせた非伝統的な保存アプローチや創造的な開発戦略が求められる。

【注】

＊1　"South Bank Show," *Architectural Review* 207, no. 1238 (April 2000): 48-51.

＊2　ツォルフェライン第12採掘坑跡は、2001年に世界文化遺産に登録された。跡地の記述は、炭坑と周辺建造物に限らず、炭鉱作業員やほかの従業者の住宅、社会サービス施設の入居する建物も含まれる。

＊3　保存に間接的に関連する興味深い比較は、以下を参照のこと。Leo van den Berg, Erik Braun, and Alexander H. J. Otgaar, *City and Enterprise: Corporate Community Involvement in European mid US Cities* (Aldershot, UK: Ashgate, 2003).

＊4　マサチューセッツ州のローウェルは、ボストン北西部のメリマック川沿いの織物製造の中心地であった。19世紀のローウェルは繁栄し、多くの移住労働者と移民が工場で働くようになった。20世紀の織物産業の撤退とともに、町は衰退した。ここ数十年で、ローウェル国立歴史公園に制定され、川沿いの元工場地区は一部に修復された。

＊5　フレデリック・W・テイラーはベスレヘム・スチール社の相談役であった。1901年に彼は、1日当たりの生産量とコストの実時間分析や近代的な原価計算方式を用いて、製品計画、出来高払い、機能的な現場管理法を工場に導入した。これにより、取り扱う材料1トン当たりの労働量を少なくし、コストを引き下げることができた。

＊6　さまざまな発展への取り組みの歴史の概要については、次を参照のこと。David Andrews, "Rebirthing Bethlehem: A Steel Town Seeks New Life," *Common Ground*, Summer 2005, 32-45. ベス・ワーク・ナウ社と呼ばれる共同事業体による支援を受けている現在の提案は、おもな収入スロットマシーンのギャンブル場から得る、産業を主題とする複合用途再開発を構想している。ギャンブル場の運営は、芸術や博物館の複合施設として利用する歴史的建造物の保存と修復の財源となるだろう。比較的生活費などの物価が低いので、長距離通勤になるにもかかわらず、ベスレヘム周辺の地区はフィラデルフィアやニューヨークで働く人々にも好まれるようになっている。Motoko Rich and David Leonhardt, "Shaking Off the Rust: New Suburbs Are Born," *New York Times*, December 22, 2005.

＊7　John Holuska, "Ford Thinks Green for Historic River Rouge Plant," *New York Times*, November 26, 2000. おそらく環境保全を考慮したデザイン手法が実践されている。一方で、部分保全され、ツアーが行われている。"Ford's Rouge Reborn," *Detroit News*, May 3, 2004.

フィアット・リンゴット工場(現・リンゴット)

(イタリア・トリノ)

　1920年代に完成したフィアット社の本社ビルと自動車生産工場は「フィアット・リンゴット工場」の名で知られ、当時、物理的な規模と生産能力の両方においてヨーロッパ最大の工場であった。リンゴットはジャコモ・マッテ・トルッコ(1864-1934)の監督のもと当時のトリノ市郊外に建設された。全長1600フィート以上の5階建てで、床面積は300万平方フィートを超えた。近未来的で特徴的な屋上のテストコースとそれにつながる象徴的な螺旋状のスロープはすぐにイタリア近代化のシンボルになり、ル・コルビュジエを含むモダニズム建築家たちに賞賛された[図14-2][*1]。

　フィアット社の本社ビルと主となる生産工場が50年代に移転したにもかかわらず、リンゴット工場はおよそ60年間にわたって機能した。最終的に閉鎖されたのは82年のことである。敷地の修復再生や再生利用(アダプティブユース)のための作業はすぐにはずみがつき、設計競技を経て、レンゾ・ピアノ・ビルディング・ワークショップが敷地のマスタープランを立案することになった。修復再生が完了し、リンゴットはそれまでにリノベーションされた最大級の施設になった。また、この建物は官民の連携による投資事業組合によって運営される多目的施設として機能しており、アート、ビジネス、教育を結びつけている。そして、2006年の冬季オリンピックがトリノで開催された際には、国際オリンピック委員会の本部として使用された。

保存の論点

　都市部近郊の建築的、文化的なランドマークであるとの考えから、フィアット社と地方自治体はともに、この建物がトリノの日常生活に貢献し続けることを望んでいた。1983年、フィアット社は敷地の修復再生のアイデアを生み出すべく、設計競技を主催した。その結果、レンゾ・ピアノ・ビルディング・ワークショップが提案したデザインコンセプトが選ばれた。この案は多目的施設を想定しており、官民の相互作用を促し、研究、教育、文化、科学技術における市の必要にかなうであろう施設であった。レンゾ・ピアノ(1937-)が提案したのは多目的用途に供する公益志向の複合施設であり、経済的に実行可能な解決策の必要性を認識して採用したものであった。「都市のなかの都市」というコンセプト(その複合施設はそれを実行可能にするのにちょうどよい大きさだった)は、店舗、オフィス、ホテル、大学、そして起業するためのインキュベーション施設、見本市会場や公共公園が含まれていた。ほかの設計競技応募案は単一の機能を持った建物を想定しており、自動車博物館、駅、ホテルといったものがあった。それらの案は用途の範囲があまり広くなく、建物の規模を過少に評価したものであった。しかしながら、ピアノによって提案された保存と設計との融合は、創造的な柔軟性と収益性の見込みがあり、まさにその複合施設が、二十数年後に実行に移されたのである。

　フィアット・リンゴット工場は、産業都市における19世紀後半から20世紀初期の多くの工場と同じように、町の郊外に建てられた。そして、多くの産業都市においてそうだったように、生産が中止されると従業員は職を失い、地域経済は衰退した。結果として、場所の否定的な認識それ自体を修復再生しなければならなくなった。また、周辺の都市構造とも再びつなげなければならなかったのである。実現が可能かどうかの調査は86年に完了したが、そこでは施設を周辺の地域コミュニティとつなぐ方法の概略が述べられているだけで、実際の設計や施工は91年まで始まることなく、それも10年以上続いた[*2]。

　フィアット社によるこの計画の推進活動は弱ま

図14-2：フィアット・リンゴット工場、イタリア・トリノ、ジャコモ・マッテ・トルッコ（1914-25）、89年レンゾ・ピアノ・ビルディング・ワークショップによる保存再生計画開始。空から見る全景。フィアット社の組立工場として建てられたもので、デトロイトの自動車工場に影響を受けている（と同時に、比肩するものである）。この建物が世界的に知られるようになったのは、壮大な屋上のテストコースの写真が23年に発行されたル・コルビュジエの『建築をめざして』に掲載されたことによるところが大きい。自動車は最上階で完成させられ、屋上階でのテスト走行を経て、地上階の駐車場に下ろされる

図 14-3：フィアット・リンゴット工場のスロープ。自動車の上下移動を可能にする螺旋状のスロープは建物の両端に位置している。スロープは鉄筋コンクリートによる柱梁構造であり、現在もそのまま使われている。北側のスロープはリノベーションされた建物の利便性を高めており、南側のスロープはもともとの工場の1階の一部分と2階全体を占めるショッピングエリアになくてはならないものになっている

ことなく続けられ、最終的に実現にこぎつけたのは、フィアット社（現在にも近くにオフィスビルを構えている）のトリノ市への継続的な働きかけの賜物であった[*3]。工事が始まってもいないときから、フィアット社はトリノの最も有名な20世紀建築の運命を世間に知らしめるために、断続的に記者会見を開いた。89年、フィアット社は、当時「横倒しになった摩天楼のように」困難な状況に置かれていたこの建物を、産業都市の再生を示したピアノの案のような模範になるべきだと宣言した[*4]。リンゴットは内部ネットワークを介して世界中のデータベースに接続する「インテリジェントビル（情報設備の整ったビル）」に変わるべきであり、したがってきわめて重要な機能はコンピューターによって制御されるが、それが最終的には記憶、経験、そして知識を交換する場所になるだろうとされた[*5]。

実現の可能性に関する調査とそれに続く計画から発展したデザインソリューションは、伝統的、歴史的な意味での保存や修復ではなく、むしろ再生利用の戦略として、何よりもまず敷地や建物が有する特

質に基づいて展開された。建物の体積と面積、モジュラー、柱と梁の数学的な厳格さ、螺旋状のスロープ、テストコースは、もともとの工場の最も重要な要素であると考えられ、新しい設計案でも維持された。時間の経過に伴いいくつかの変更箇所、増築部分、補助的な建物を取り壊して、マッテ・トルッコが設計した建物を外に向かって開き、すぐ近くに景観整備されたオープンスペース（空地）、駐車場、付帯施設を設けた。

レンゾ・ピアノはイタリアで数々の重要な修復・再生計画を成功させてきており、プーリア州バリにある劇場の改装やアンドレア・パラディオ（1508-80）によるヴィチェンツァのバシリカ修復などがある[*6]。ピアノはフィアット・リンゴット工場をモダンムーブメントの傑作であると考えていたが、設計の自由を制限する純粋なモニュメントであるとは考えず、このコンバージョンもジェノヴァの古い港にあった20世紀初期の綿倉庫を現代の用途に合わせて改造するのと同じようなことであると主張した。そのようなものとして、ピアノは自由に設計する範囲をかなり広げ、特に内部においてはもともとの配置や仕上げを残すのは最小限に抑えた。この設計では、螺旋状のスロープと劇的な屋上のテストコースのみが元の要素として残された（そして必要に応じて修復された）。大規模な内部の変更や修復にもかかわらず、建築の一般的な特徴は守られた。リンゴットの明快な配置はきちんと残されたが、その変化のない規則性が大量生産にはとても適しており、どのような新しい機能でもほぼ受け入れる余地があった[*7]。新しい設計では窓のパターンが慎重に改められ、屋上階には新しい構築物がつけ加えられた。しかしながら、これらの変更は建物の全体的な統一性に配慮した設計であった[*8]。

新しいプログラムには別個のふたつのホテルが含

図 14-4：床構造のディテール。当時のアメリカの産業施設は平屋建ての構造用鋼やフラットスラブ構造の鉄筋コンクリートで建てられたが、それとは違って柱梁構造の場合には、天井のすぐ近くにある動力を伝えるシャフトを途切れることなく連続させるために、梁のウェブに穴をあける必要があった。このような穴は、現在、スプリンクラーの水管や電線管を配するのに使われている

まれ、ひとつは建物の北端の増築された建物にあり、もうひとつは中央でニッツァ通りに面している。後者は、会議施設や新しい展示ホールと同じように、当初の建物の南端につながっているが、螺旋状のスロープのひとつによって隔てられている。新たに設けられた2000席のオーディトリアム（講堂）は、コンサートホールや会議場として使用されるもので、南側にある中庭のひとつの半地下に位置した。ショッピングセンターは建物の2階部分のほとんどを占め、そこから北端には螺旋状のスロープのひとつを通って、東側には大駐車場まで続く屋根のついたふたつの歩道橋によって行くことができる。4つのうち3つの中庭部分にはスカイライトを設けてさまざまな目的にかなう空地（オープンスペース）があり、2階部分にはフードコートが入っている。そして、もうひとつの中庭は開放的な形で景観整備された［図14-5］。ニッツァ通りに面する建物のひとつは、トリノ工科大学の自動車工学部門が大部分を使用しており、そこには屋内に吹き抜け（アトリウム）が設けられ、中庭部分の内側の壁は施設のコアを設置するために撤去された。そして、ふたつの独特な要素が屋上につけ加えられた。南側にはヘリポートのある宙に浮いたドーム型の会議場があり、北側にはアートギャラリーであるジョヴァンニ＆マレッラ・アニェッリ絵画館がある［図14-6］。

敷地の生産施設としての認識を改め、必要な設備を設けるために大きな変更が加えられた。すべての付属建物と、かつて建物から西側に運搬する役割を果たしていた引き込み線は除去され、駐車場として利用された。駐車場はいくつかの場所で屋根付きの歩道橋によってオリジナルの建物とつながっている。西側に新しく景観整備された場所は、この建物の柱割りを反映して舗道と植樹に区分けして設計され、その下には3500台の自動車を収容できる駐車場が設けられている。ニッツァ通りにある正式な入口広場もまた、建物の柱割りに従って舗道が配置された［図14-7］。

オリジナルのコンクリート構造は新たな用途にも

図14-5：中庭から見る。自然光をできるだけ施設の隅々まで入れるため、もともとの建物にはいくつかの中庭が設けられていた。3つの中庭は部分的には閉鎖してショッピングエリアに組み入れられたが、ひとつの中庭は開放されたままでランドスケープコートになっている

図14-6：屋上の一部を見る。もともとのテストコースは残っているが、現在はジョギングコースとしてのみ使われている。屋上には、新たにまったく異なる形のアートギャラリーやヘリポート、会議室がつけ加えられた

適していると判明したが、当初の外被である鋼製の窓枠は、数々の工場施設で使われていたきわめて典型的なものだが、ひどく錆びついて断熱性能もなく、レンガのスパンドレルに塗られたスタッコは劣化していた。そこで新しい窓システムが設計された。つまり、当初の窓に似た複層ガラスをはめ、レンガによる開口を維持しながら、当初の窓より小さく再分割せず、少し大きいガラスを使ったのである。また、明るい緑色のキャンバス地のロールスクリーンが外側に設置された［図14-8］。1階では、およそ25フィー

ト（約 7.62m）の高さを持つもともとの開口にカーテンウォールが設置され、シャフト全体が、穴のあいたフランジで装飾を施した華奢な柱で補強された。屋上のテストコースは、フィアット社の関係者やホテルの宿泊客、ギャラリーの入館者のみ立ち入ることができる。北側のスロープは、2階のショッピングセンターに行くのに使用されるが、南側のスロープは元の形状を維持し、本館の各階へサービス車両や緊急車両が乗り入れるのに役立っている。建物の外観は、窓のシステムとその形を除けば、ほぼそのままの状態に維持されている。

まとめ

工事の一部は早くに始まったが、2002年までにリンゴットの改造の大部分が完了し、多くの評論家が成功であると考えた。リンゴットの改修によって、経済的に実行可能な、文化、経済、娯楽に供する多機能複合施設になり、それまで活性化が求められていた都市に再び活気が戻ってきた。都市の変容ぶりを強調するために、トリノ市当局者はリンゴット地区を06年冬季オリンピックの中心地に指定し、複合施設そのものはオリンピック委員会としてだけでなく主要メディアの発信基地としても使われた。

フィアット・リンゴット工場のコンバージョンは建築的にも成功を収めた。必然的な構造、飾り気のない外観、屋内の仕上げの欠如によって、この工場の改修はほとんど制限されることなく多くの可能性を持ちえた。この再生利用は、当初の建物の精神を引き継ぎながら重要な要素を維持し、工場建物は再び建築的、文化的に都市のコンテクストに大きく寄与したのである。

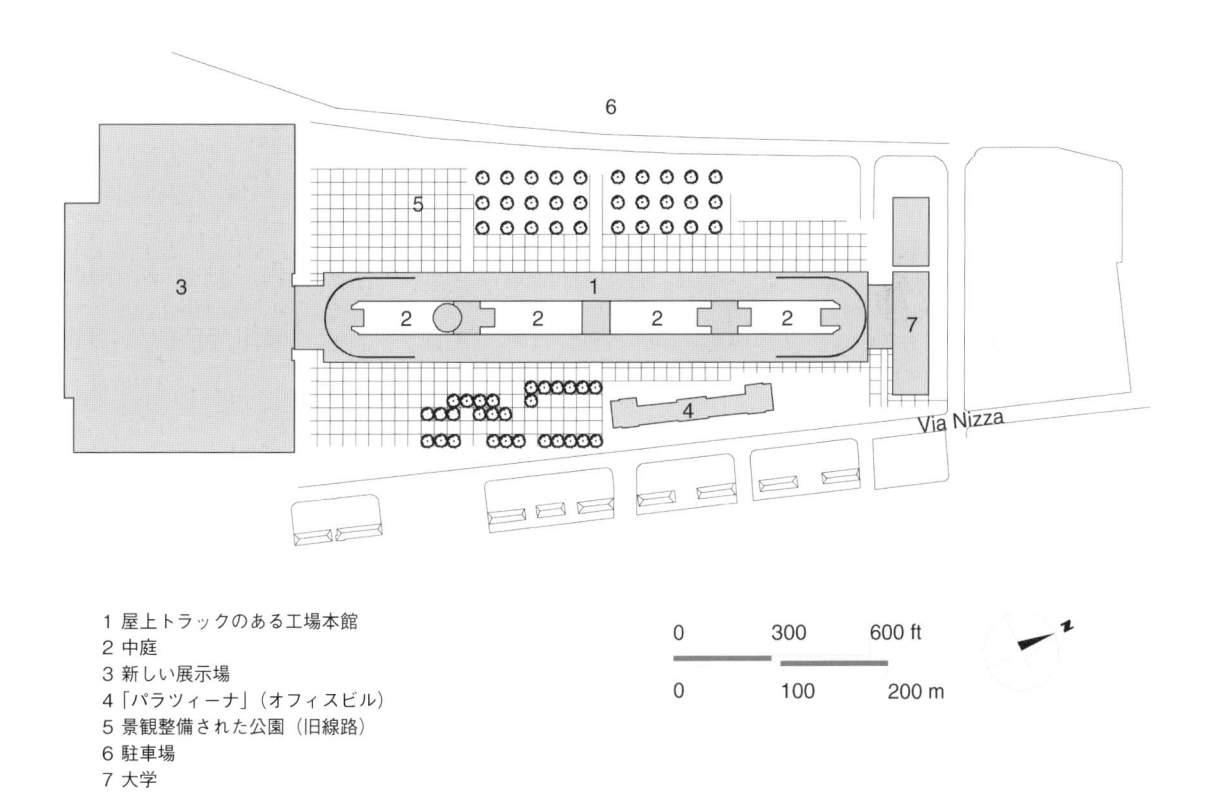

1 屋上トラックのある工場本館
2 中庭
3 新しい展示場
4 「パラツィーナ」（オフィスビル）
5 景観整備された公園（旧線路）
6 駐車場
7 大学

図 14-7：配置図。工場であった建物は、ショッピングセンター、貿易展示や会議のための会場、ホテル、オフィス、そしてトリノ工科大学などさまざまな用途を持つ複合施設に変わった。これに加えて、新たなホテルと大規模な展示会場が建設された。もともとの建物の柱割りは視覚的にランドスケープに受け継がれた。当初のフィアット社のオフィスビルである「パラツィーナ」は離れたまま、同じ用途で継続して使われている

図14-8：改修後の外観。工場の外観は、最近のリノベーションで、ふたつの明らかな変化があった。数枚のガラスがはめられていた鋼製の窓枠は、同様のものに取り換えられたが、1枚ずつ個別にはめられてはいない。外側には、日よけとしてのロールスクリーンがつけ加えられた

【注】

＊1　Banham, *A Concrete Atlantis*, 236, は「アメリカンスタイルの工場」として建物を記述している。

＊2　プロジェクトの概要は多くの雑誌や出版物に見ることができる。Paul S. Byard, *The Architecture of Additions: Design and Regulation* (New York: W. W. Norton, 1998), 179-81. 上記は、まだ完璧なプロジェクトではないと論じている。Wessel de Jonge, "Welcoming the Unexpected Guest: The Lingotto Complex in Turin (Trucco, 1917-30/Piano, 1984-2001)," *DOCOMOMO Journal*, no. 26 (December 2001): 37-43. ここでは保存問題の詳細な議論に触れている。

＊3　Leo van den Berg, Erik Braun, and Jan van der Meer, "Organising and Implementing Major Metropolitan Projects" (paper presented at the European Regional Science Association 36th Congress, ETH Zurich, Switzerland, August 1996), は8つの都市の興味深い比較とリンゴットを含む再開発プロジェクトを論じている。フィアットの特異なリーダーシップに言及している。

＊4　Andrew Nahum, "Lingotto's Future as a Knowledge Factory," *Blueprint* 55 (1989): 8.

＊5　"Rehabilitation of the Lingotto Factory, Turin, Italy, 1986," *A+U: Architecture and Urbanism*, extra ed., no. 3 (1989): 149.

＊6　ピアノの作品は、常に新しいものと歴史的なものの統合と対置している。彼は「古いものと新しいものは都市において常に隣り合わせにあり、建築家は古い構造物の上または内側に新しいものをつくる創造的な能力を示すのを決してやめない」という。しかし彼は、20世紀の修復再生とヴィチェンツァのバシリカのコロシアムなどの古いモニュメントへの働きかけとの違いを認識している。フィアット・リンゴット工場の修復再生は、人口100万人以上の都市に位置し、複合的なプログラムが要求された。ピアノはリンゴットを人々の拠り所となる場所に変えようとした。「貿易と手工業、サービスとビジネス、すまいと文化施設の混合した伝統的なヨーロッパの都市は、多機能システムのモデルとしての役目を果たした。これらすべての機能は、朝6時に始まり夜になってもやむことのない、いきいきとした感覚をつくり出す。都市が銀行街や住居地区などの単一の機能しかもたないとしたらよくない。リンゴットは要塞、もしくはヨーロッパの都市の象徴になるべきである」。いずれの言葉も、Christian Schittich, "Old and New: An Interview with Renzo Piano," *Detail* 36, no. 3 (1996): 286. からの引用である。

＊7　Remo Dorigati, "A Cultural Park for the City," *Area* 78 (1994): 53.

＊8　当初の構造物も別の方法に順応していた。サービスおよび動力系の伝達装置を天井にはわせることを可能にするためにつくられた床根太の開口部が再び役に立ち、よく似た作法で天井をつたうリノベーション配管を可能にした。

ファン・ネレ工場
（オランダ・ロッテルダム）

ファン・ネレ工場は、1925年から31年にかけて、オランダ・ロッテルダムにおいてブリンクマン&ファン・デル・フルーフト建築事務所の指揮下で設計、建設された。当初より、この工場施設の重要性は専門家と研究者の両方から広く認められていた。しかしながら、時間とともに、この建物の歴史的、文化的な重要性が建築的な評価を補完するようになってきた。建築家は、この建物の施主であるファン・ネレの総責任者、キース・ファン・デル・レーウの哲学的、社会的なビジョンに影響を受け、経済的、社会的、そして建築的な進歩のビジョンを形態で表現した。最近行われた修復や再生利用は模範になっている。そこでは古い建物と新しい建物の構成要素が統合したが、ここで最も重要なことは、建物の形状と当初の設計意図や目的といった精神の両方を維持しながら、経済的に実行可能な全体の長寿命化の方法を採用した点である[*1]。

保存の論点

ファン・ネレ工場は、長らくオランダの文化的、建築的なランドマークとして専門書や学術書のなかで長い間認められてきたが、正式にランドマークとして指定されたのは85年のことである。その指定は、主として建物に限定されており、内部の特徴や装飾的な要素はほとんど、もしくはまったく含まれていなかった[*2]。指定されてから施設の閉鎖が決まるまでの数年間、操業上の必要性と保存への関心とを両立させるために相当な取り組みがなされた。いくつかの建物が増築され、建物の一部が取り払われたり、改造されたりした。劣化した喫茶室がタバコ工場の頂部に位置していたが、視覚的にも文化的にも非常に重要であったため取り壊すことはできないと考えられ、91年に公的な補助金を用いて修復された。サラ・リー社の新たな方針表明に伴って、ファン・ネレ工場の世界文化遺産登録を推薦するための真剣な議論が起こった[*3]。この複合施設は2004年まで、世界遺産リストに登録されなかったが、この当初の議論によって、場所のオーセンティシティと保全、受け入れられやすい開発戦略について大きな決断を下すことが欠かせないということがわかった。

保存のプロセスは多くの点でほかの保存計画の模範となるが、それには数年間も時間がかかっているうえに、途中で失敗がないわけではなかった。95年にサラ・リー社が操業停止を表明して以降、保存や経済開発にかかわるさまざまな機関や組織との協議が始まった。サラ・リー社は、適切な用途や入居者を探し出すプロセスに加わり、これからの取り組みと経済や開発への関心とのバランスをとった。市場調査が実施されて、さまざまな開発の選択肢や利用の可能性が浮かび上がり、開発のガイドラインができ上がった。国の保存機関であるオランダ文化財保存局（RDMZ）が早い段階で決定した重要なことのひとつが、文化的、歴史的な予備調査の資料を準備することであった。これが設計ガイドラインの基礎となり、最終的には売買契約に組み込まれた[*4]。

97年には「ファン・ネレ・デザイン・ファクトリー」という基本理念が発表された。これには、デザインとコミュニケーションに関係する事業を集約し、包括的な支援サービス（ややへんぴな場所に必要とされる）を提供することが盛り込まれていた。サラ・リー社は98年に資産を不動産開発会社に売却した。所有権はその後に、01年に投資家たちが再開発を目的に特別に組織した合資会社に移転された。3つの主要建物だけでなく敷地内の別の建物についても、個々のデザイナーや建築家のみならず、調整役を担う建築家が任命された。ゾーニング特例許可、賃貸契約、リノベーションの計画は、マスタープランと最初の報告書を補足した個々の資産や建物

図 14-9、14-10：ファン・ネレ工場、オランダ・ロッテルダム、ブリンクマン＆ファン・デル・フルーフト（1925-31）。何度も増築されており、現在もリノベーションが続いている。全景。弧を描くオフィス棟や付帯施設を含む当初の工場建築は、元の姿のまま残されているが、1968年（上）と1992年（下）の空撮に見られるように、20世紀末に工場が閉鎖されるまで、地区の建設は続いた

図 14-11：外観。弧を描くオフィス棟と円形の喫茶室を頂く元の工場棟は改修され、「デザイン・ファクトリー」へと用途変更された。建築家、インテリアデザイナー、グラフィックデザイナーの事務所、家具ショールーム、複製品や印刷物の会社などのデザイン関連企業が入居している

図 14-12：施工写真。おもな工場棟はフラットスラブシステムを用いて鉄筋コンクリートで建てられた。建物の近代的な外観は、おもに鋼製の窓部品で構成された初期のカーテンウォールによってつくられている。カーテンウォールは各階ごとに床と床の間で支持されており、各床は構造骨組みの邪魔をすることなく前方に延びている

の詳細な歴史的建物の調査と一緒に準備された[*5]。室内と室外から見て価値があると思われる場所が特定されたが、それらは駐車場、公共交通機関、娯楽、そのほかの計画や利用に関する問題に匹敵する。建物の歴史的、建築的な重要性はそのとき格付けされている。残存している建物の合計は約60万平方フィートに相当するが、マスタープランでは、30万平方フィートの新たな敷地に増築し、ゾーニング許可を必要とする独立駐車場も設置することが認められた[図14-13]。

建物の生産システムや環境システムが当初どのように機能していたかを分析することは、新しい設計にとってきわめて重要であり、それによって「概念保存」というコンセプトが選択されることになったのである。リノベーションや再生利用は初めに3つの主要な工場建物に重点を置いて取り組み、建物の当初の設計論理や設計言語の利点を生かして模範を示そうとした。この文脈においては、デザインのオーセンティシティと素材のオーセンティシティとの間の葛藤が、3つの主要な工場建物の各階で生じた[*6]。天井は建物の表現の大部分を形づくっているた

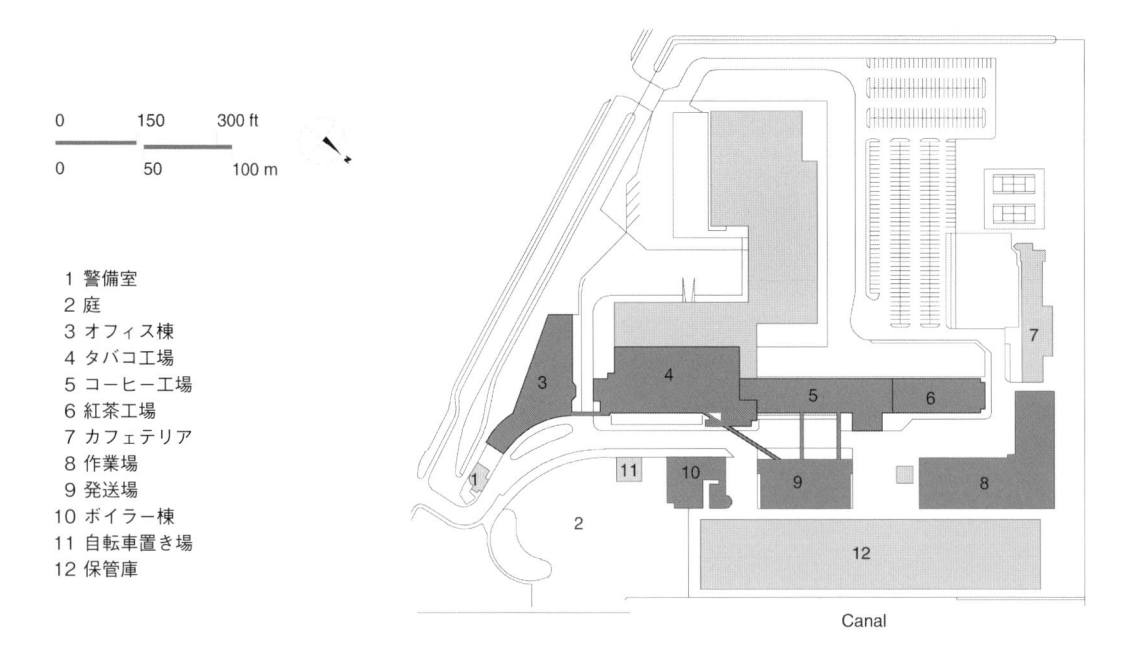

```
0    150    300 ft
0    50     100 m
```

1 警備室
2 庭
3 オフィス棟
4 タバコ工場
5 コーヒー工場
6 紅茶工場
7 カフェテリア
8 作業場
9 発送場
10 ボイラー棟
11 自転車置き場
12 保管庫

Canal

図14-13：配置計画。オリジナルの工場複合施設に、建物が増築されてきた。マスタープランの計画の一部として、そしてリノベーションの取り組みに方向性を与えるため、個々の構造物の重要性や、それらが敷地の歴史的、建築的な特徴に貢献したことを判断するために分析が行われている。濃いグレーで網かけした建物は、歴史的なインテグリティが維持されていることを保証するための改修時に、最も重要で最も綿密な調査を行うに値すると判断された。ある程度、これは保管庫の建物にも適用された。そのほかの建物の多くはあまり重要ではないとされ、敷地に対して設けられているデザインガイドラインに従って、変更、撤去、交換されるだろう

図14-14：リノベーション後の内観。通路の壁は改修された単層ガラスのカーテンウォールに平行するようにしてつくられた。通路のボリュームと二次的な壁は内側のオフィス空間のための断熱層を形成している。その結果、エネルギー効率の高い解決法を生み出し、オリジナルのカーテンウォールの改築も必要としなかった。壁とそのディテールのデザインは古い工場の産業技術に触発された

め、天井面をできるだけ広範囲にふさいだり遮ったりしないようにすることが、建物のオーセンティックな表現に不可欠であると考えられた。そのためには、機械と電気と情報のシステムに使用する配線のほとんどを床仕上げのなかに埋めざるをえなかった。それゆえ、オリジナルの床材がわずかながら残っていたにもかかわらず、すべての床仕上げを交換する必要があったのである。

「箱のなかの箱」という設計のコンセプトは、より大きな歴史的な空間のなかに自己完結した空間を建設することであるが、3つの主要建物にとっては特に重要であった[*7]。当初のカーテンウォールは慎重に修復されたが、本質的には単板ガラスによる工場のファサードであって、サーマルブレイクや断熱材も備えていなかった。外観を変えるという選択肢はなかったため、第二のガラス窓の導入とそれが全体の外観や快適性、そして新しい空間のエネルギー効率に与える影響が慎重に検討された。この案は、内側に窓枠を取りつけた第二の長い壁を設置するかたちで実現された。北東側では、第二の壁が柱の後ろに建てられて新旧の壁の間に廊下ができた。北西側とあまり目立たないファサードでは、第二のカーテンウォールが柱と柱の間に設置され、機械システムとほかのシステムを区分する大きな配線管がつくられた。壁の透明性が破壊されることはなく、「マッシュルーム形の柱」の建築表現は視覚的にも歴史的にも重要な北東立面で、はっきりと見えるように保たれた[図14-14]。

システムを更新するために、配管と空調は建物の外周部分に設置するか、床に埋め込まれた。機械、通信、情報の各システム、換気用のダクト、冷暖房用の配管は、すべて床のトラフに設置された。新しいトラフはその際にスラブに埋め込まれた。これは、元の構造スラブの厚さ4インチの仕上げ層を除去し、再塗装することで可能になった。建物の外周部分の配管を除き、ラジエーターやファンコイルユニットは、閉じた空間すなわち「箱のなかの箱」の内側に置かれた。カーテンウォールの自動制御された可動窓はカーテンウォールと第二のガラス窓の間の換気を容易にした。閉じた空間においては、さまざまなルーバーや窓を開放することで、さらに換気することができる。コア部分に位置する当初のトイレは重要な残存部分であったため、修復、改修された。当初の設備はクレーンプラミング社によって供給されたものであり、造り付けの設備や便器はアメリカから作業現場まで運搬された。オリジナルの造り付けの設備は失われているところでは、同じ形態の新しい設備に交換された。70年代後半に設置された既存のスプリンクラーシステムは維持された。

建物の設計基準を構築する際に、壁やパーティション、ドア、そして内側の窓を含め、開放性や透明性の全体的な感覚は最大限維持された。その基準は、当初の建物の特徴や設計に影響を受けているので、性質上いくぶん工業的で実用的である。一般的に、新しい間仕切り壁は、全体的あるいは部分的に透明でない場合、横木を設けて天井を視覚的に連続させる。建物にはスプリンクラーが備え付けられているため、各間仕切り壁の耐火性能は求められなかった。ドアや金物類のディテールは、建物の工業的な特徴に影響を受けており、残っているオリジナルの部品や仕上げに基づいて製作されているものもある。グラフィックや看板・標識は、ファン・ネレの当初のグラフィックからインスピレーションを受けており、タバコのフロア、コーヒーのフロア、紅茶のフロアといった建物のフロアや柱の番号まで当初の構成に従っている。そのうえ、オリジナルのデザインと施設の構成のつながりを構築している[*8]。当初の建物に取りつけられていた照明は、不透明なガラスの球体で、一定の間隔で天井から細い棒でつり下げられていた。これらとよく似た照明装置が製作され、廊下の外周に沿って設置された。そのおかげで、夜に外から見られる建物の全体像はまったく同じ状態のままである[図14-15]。このガラスでできた球体の照明装置は天井からの強い反射光をつくり出したが、直接照らすものではなかったため、そのデザインコンセプトは却下された。内側の空間では、特注の照明装置が比較的低い照度になるように開発され、テレビのモニターやコンピュータースクリーンの幅広い用途に適するようになっている。

工場建物の歴史的なガラスのカーテンウォールの鋼部分は、ほどほどの状態を保っていたが、洗浄して修理し塗装された。一定の間隔に配置された回転窓は換えられなかったが、建物全体のエネルギー管理計画の一環として自動操作に変更された。鋼製の

図 14-15：リノベーション後の夜景。日光を最大限取り込むためにデザインされた大きなガラス面によって、夜間は建物内部がよく見える。当初のカーテンウォールから新しい構造物をほとんど取り除き、周辺部に沿ってオリジナルの照明を再制作することにより、夜景は第二次世界大戦前にとても近くなっている

スパンドレルパネルは修理され、必要がある場合は、圧縮泥炭のトーファインという断熱材を除去した後に取り換えられた。わずかな雨水の浸潤でも泥炭を腐らせるのに十分であり、鋼製のスパンドレルパネルの腐食を進行させた。単層窓システムの浅い圧延鋼材部分には、現代の複層ガラスをはめこむ余裕はなかった。当初の外壁システムは全般的に良好な状態を保っていたため、「箱のなかの箱」を構成する第二のガラス窓システムは、事務室や新たにプログラムされた空間を当初の外壁であるカーテンウォールから離している。それにより、ふたつのガラス壁の間は、空気を循環させる空間としても役立つ、断熱層になっている。

色彩は当初の設計の重要な要素であり、もともとの色や今後の色彩計画に関する幅広い研究が、外部と内部の両方のために行われた[*9]。保護用のやや反射性のあるアルミニウム塗料が鋼製の窓に見られた。外装用のスタッコ（化粧漆喰）は、場所によって、きめの粗い質感か滑らかな質感のどちらかを持ち、白いポルトランドセメントの下地を覆う薄い色

をしているようだった。建物ごとの微妙な違いは当初から存在し、第二次世界大戦後まで白色には統一されていなかったようである。この建物は何度も塗装や修理されてきたため、近年に塗られた層を除去すると、異なる色のスタッコによる修理箇所のつぎはぎがあらわになったかもしれない。そうする代わりに、施設全体を統一すべく、単色で塗装されたのであろう。しかしながら、オランダ文化財保存局（RDMZ）は、建物の正確な過去の色彩に関する情報が十分でないため、どんな色を選んで塗っても不正確な過去の印象を与えるのではないかと危惧していた。この制約のある状態と冬までに完成させたいという時間に追われた状況下で、妥協するにいたった。最近、クリーム色を希釈してつくられた灰色で塗られた色あいは、建物ごとの質感の違いを緩和するために用いられ、複合施設に統一感をもたらしている[*10]。

　工場の主要な生産施設の柱や壁や天井は、初めはプラスター（漆喰）で仕上げられたが、早くに付着性の問題が原因で、プラスターは剥がれ、白く塗られたコンクリートの粗い面がそのままになっていた。柱や壁や天井の仕上げは、艶がなく皮膜を形成しない塗料を塗って再現されたが、それはオリジナルの仕上げと似ていてコンクリートの表面を損なわないものであった。工場の床のコンクリート仕上げは、当初のものによく似たベンガラ色の新しい仕上げに完全に取り換えられた。こうすることによって、機械システムや電気システムのためのダクトやトラフを据えつけることができた。階段の黄色いタイルの壁のような有色タイルの面はできる限り復原された。カーテンウォールの内側を含む金属製の造作には、外側に見られるのと同じアルミニウム塗料の色が採用された。手すりやそのほかの要素に使われ、もともとのアクセントとなっていた色彩も複製された。

　内装の色彩や仕上げの詳細な研究は、弧を描くオフィス棟についても行われた[*11]。事務棟は80年代に大規模に改築されたが、そのときはまだファン・ネレ社がこの地区を使用しており、サンプル分析を行うのに十分な当初の建材が残っていた。図面や写真、社内記録といった種類の文書は、当初の内装を徹底的に理解するのに役立った。特に関心が寄せられたのは、初期のオランダのモダニズム作家、W・H・ギプソンによってデザインされてつくられた備品や設備である鋼管家具であった[*12]。

　最も高い工場建物の頂部に位置している円形の喫茶室は破損していたが、先に言及したように91年に復元された[*13]。多色のゴムでできた床タイルは特に興味深いところであったが、モノクローム写真からしか知ることができなかった。色彩の研究を通して、そして当初の製作者の協力を得て、オリジナルの色彩に近づけられた。当初の製作者との共同作業によって、この床材の再製作が可能となり、もう手に入らなくなっていた素材の問題を解決することができたのである。

まとめ

　ファン・ネレ工場施設の保存および保全は、近代建築の保存における重要な里程標である。この工場施設は建築的、文化的に重要で、規模も大きかったために、革新的なアプローチをとらなければならなかった。経済的な実現性を考慮した再利用のデザインと保存のバランスをとるという挑戦は、結果的には成功のうちに達成された。この計画は官民協力の模範を示すものであり、同様の大規模な保存計画において必要とされるあり方であろう[*14]。

　近代建築を含む多くの保存計画と同様に、設計意図と当初材のオーセンティシティを維持したいという願望の間で葛藤があった。一部が残存している当初の床仕上げ材を取り換えるという選択となって現れたが、それは新しいビルディングシステムの配管を隠し、当初のデザインの重要な要素である連続した天井面の視覚的な明快さを保持するために行われたことであった。それにもかかわらず、建物全体の視覚的な重要性は、新たな増築部分のデザインにおいても一貫して尊重されており、やはりその決定が正しかったことを証明しているように思われる。同様に、建物の外周部分に沿ってシステムの配管を走らせ、床にダクトやケーブルのトラフを隠すという選択は、もともとのシステムの論理的根拠や設計にとてもよく合っている。このプロジェクトのデザインが成功したのは、計画全体の設計意図や一体性を損ないかねない建築的表現を用いずに、オリジナル

デザインの精神に基づいて、基礎的な決断をしたことに非常に深い関係がある［＊15］。この建物は、もともとの構造だけでなく精神まで維持されているのである。素材のオーセンティシティの解釈や建物の継続的な使用は、多くの近代建築に適用できる総合的な解決策を示している。

【注】

＊1　当初の工場複合施設の開発の歴史および、現在の修復と再生利用（アダプティブユース）については、以下の文献に見られる。Anne Mieke Backer, D'Laine Camp, and Matthijs Dicke, eds., *Van Nelle: Monument in Progress* (Rotterdam: De Hef, 2005).

＊2　Marieke Kuipers, "The Paradox of the Modernist Monument," in Backer, Camp, and Dicke, *Van Nelle*, 218-25.

＊3　Marieke Kuipers, "Van Nelle Nominated on the World Heritage List," in Backer, Camp, and Dicke, *Van Nelle*, 229.

＊4　この研究は本質的には歴史的建造物の報告書であるが、立地環境や敷地から、関連する個々の建物の見方、その外部と内部のディテールにいたるまで、重要な特徴や複合施設の要素を詳細に特定している（文書記録は当初の指定報告書よりも完璧なものになった）。初期の複合施設の重要性や文化的価値を確立することによって、プロセスのはじまりにおいて明快さが提供され、将来的な用途や開発ポテンシャルの可能性と限界の両方が特定されている。Marieke Kuipers, "Cultural Historic Reconnaissance," in Backer, Camp, and Dicke, *Van Nelle*, 231.

＊5　Anne Mieke Backer and Eric Gudde, "Van Nelle Factory to Van Nelle Design Factory," in Backer, Camp, and Dicke, *Van Nelle*, 226-43. そのほかの建物の個々の空間がほかの建築家たちによりデザインされたが、マスタープランと総合設計ガイドラインの作成はヴェッセル・デ・ヨング（1957-）と彼の事務所の仕事であった。この事務所はメイン工場棟のひとつに入居している。

＊6　Wessel de Jonge, "Continuity and Change in the Architecture of Van Nelle," in Backer, Camp, and Dicke, *Van Nelle*, 250-66.

＊7　このアプローチはツォルフェライン第12採掘坑のリノベーションに少々似ているが、レンゾ・ピアノがリンゴットでとったアプローチとは異なる。リンゴットでは、窓がすべて取り換えられただけでなく、新しい断熱材を適用するために壁に下地処理が施された。

＊8　工場建築の南ターミナルに位置し、橋につながっている、緩やかに湾曲したオフィス棟は、1980年代に大幅改修された。この建物は、最近行われた再開発時期に、構造をまったくふさがずに、食品関連企業の広報デザイン部門に貸し出された。新しいプランとデザインは、将来の入居者のためにインテリア、家具、仕上げを用意した。2006年半ば以降、個別のテナントが入居している。敷地内にあるほかの建物のリノベーションが実行、または計画された。ボイラー、配管、制御システムを収容するボイラー棟は、オリジナルの工場の通りに位置しており、すばらしい景色が望める。将来的にはスポーツクラブやスパに開発されることだろう。隣接する高層棟に位置し、建物の間に架けられた橋によって工場に接続した配送場は、アーバンデザインの事務所に改築された。

当初部材の変更には、中央にあって十分に日光が降り注ぐアトリウムが含まれる。建物の外部にある単板ガラスは、内側のフロートガラスと初期の延ばしガラスを組み合わせた、特別に工場で生産された複層ガラスに取り換えられた。この特注ガラスは、戦前のガラスの視覚的特質と省エネルギー性能の新しいガラスを組み合わせている。70年以前に設計施工された多くの建物のように、オリジナルのガラスは延ばしガラス（円筒法のガラス）で製造されているので、その過程で生じる歪みがあった。より現代のフロートガラスの製法は通常ほとんど歪みがないが、ほとんど無色の当初のガラスと違い、低鉄分と砂が含まれているため、かすかに緑色がかっている。Wessel de Jonge, "Glass," in Backer, Camp, and Dicke, *Van Nelle*, 283.

水辺の保管庫などの敷地内にあるほかの建物は、小さな製造施設と特別事務所を収容できるように改修された。その建物はその中央に大きな天窓を取りつけるに十分な深さがあった。その後ランドマークに指定されたが、コーヒーのサイロは取り壊された。敷地の北側にあるオリジナルの社員食堂の建物は70年代に焼失し、新しい建物に建て替えられたが、まだそれに合った用途が見つけられていない。これを書いている段階では、さまざまな規模の100軒以上のテナントがこの複合施設に入居している。

＊9　Mariel Polman, "Architectural Paint Research for Restoration Purposes," in Backer, Camp, and Dicke, *Van Nelle*, 275-279. 塗装仕上げの研究は、色彩分析なくしては明らかにならなかったインテリア空間の関係性に関する見識を提供した。この研究は当初の色、その後に塗装された色だけでなく、仕上げの質感を判定するのに役立った。

＊10　Wessel de Jonge, "Continuity and Change in the Architecture of Van Nelle," in Backer, Camp, and Dicke, *Van Nelle*, 274, 281. クリーム色は設計チームを満足させるものではなかったが、メンテナンス時に、既存のカラースキームの使用は許可が得られなかった。外部の色彩に関するより詳細で抱括的な研究が計画されており、この研究成果は次回の建物の塗装に適用されるだろう。当初のスタッコは野ざらしにされており、修理されるかどうかは未解決のままである。

＊11　A comprehensive discussion of the original interiors may be found in André Koch, "Functionalism as a Quest for the Spiritual," in Backer, Camp, and Dicke, *Van Nelle*, 170-93.

＊12　André Koch, "W. H. Gispen," in Backer, Camp, and Dicke, *Van Nelle*, 177.

＊13　Marieke Kuipers, "The Paradox of the Modernist Monument," in Backer, Camp, and Dicke, *Van Nelle*, 223-25.

＊14　調整役をしていた建築家ヴェッセル・デ・ヨングがプロジェクトに関する哲学的、技術的問題について十分に論じている。一般論については、Wessel de Jonge, "The Technology of Change: The Van Nelle Factories in Transition," in *Back from Utopia: The Challenge of the Modern Movement*, ed. Hubert-Jan Henket and Hilde Heynen (Rotterdam: 010 Publishers, 2002), 44-59. で論じられている。

＊15　ヴェッセル・デ・ヨング建築事務所は、川沿いの配送用建物とシェハーレン、またはシーホールのマスタープラ

ンとリノベーションに対して責任を持っていた。モレナール＆ファン・ヴィンデン建築事務所（Molenaar & Van Winden Architecten）はオフィスビルのプランとスタディを準備した。クレサン・エルトマン建築・デザイン事務所（Claessens Erdmann Architects & Designers BV）が工場建築の構造デザインを担当した。DSランドスケープアーキクツは複合施設の正面にある庭の景観整備と復元を担当した。デザインチームの詳細については、Backer, Camp, and Dicke, *Van Nelle*, 250. に掲載されている。

結論

　産業革命は多様なビルディングタイプを生み出し、建築物はより特定の目的を持つようになった。20世紀の間に見られた工場建物の機能的な表現は、絶え間なく続く陳腐化の脅威と相まって、これらの建物の保存における課題となっている。フィアット・リンゴット工場とファン・ネレ工場で盛り込まれた再生活用（アダプティブユース）のスキームは、新しい発想で開発と保存の可能性に挑戦した例として重要である。両者のコンセプトは、当代の文化にかかわる製造施設という最初の目的を今も保持している。すなわち、それらの建物は情報と創造の「工場」であることを表現している。これらの新しいプログラムは、建物の外観や敷地を含む建築全体のインテグリティを維持しながら実現された。どちらの施設も内部がさまざまに変更されているが、それは機能を現代の使用基準に合わせる必要があることを示している。リンゴットではテストコースを、ファン・ネレでは東北面ファサードの透明性をその施設のシンボルとして位置づけることにより、建物全体の解釈を明確にしている。両者の敷地で行われた保存と開発の取り組みのコラボレーションは、経済的に実現可能で活気あるコンバージョンに結びついた。これらは機能の陳腐化に直面している、広範囲に及ぶ大規模な近代の建築物や敷地に対し、柔軟で創造的な解決方法を適用した重要な事例である。

第15章　外壁構成材――ガラスと石材

外壁構成材の保存の論点

　現在のカーテンウォールや石張り外壁の性能や状態は、いくつもの基準を考慮した特別な調査を経て評価される。風や雨水の浸潤が最も大きな問題であるが、視覚的な側面や美的な側面も同時に考えねばならない。浸透性と耐久性の評価基準や試験方法は、長い時間をかけてさまざまな商業分野や専門家組織によって考案されてきた。カーテンウォールや外装によって起こる問題は必ずしもまったく同じではないが、調査は同様の形式で行われており、生じる問題は3つの範疇に分けられる。つまり、風や雨水の浸潤の問題、アタッチメント（取りつけ金物）やサポート（支持金物）の構造的な問題、そして、危険な状況や極端な浸潤を招く個々の構成部品の問題である。カーテンウォールや外装は、同じような修理や修復の問題に直面する。システムに不具合があるとすれば、外装材の大部分もしくはほとんどすべての取り外しを余儀なくされるだろう。そしてこれは、どのように修理するか、どんな素材を使うか、また修理の結果が見た目にどう現れるかという問題を投げかける。もとより、設計意図や素材のオーセンティシティといった保存に関する一般的な問題もある。大規模に交換せざるをえない場合や、視覚的に同一の素材を使用できない場合には、深刻な難しい問題をつきつけられることになるが、それは施工当時や現在において使用可能な素材や技術であるか（であったか）を踏まえて考えなければならない。

　当初の建物で使われていたガラスの種類と現在も残っているガラスの種類の対比も問題となる。1960年代以前に建てられた多くの建物では、今では手に入らないガラスが使われており、建物の一部分だけを取り換えることは非常に難しく、見た目にも魅力的ではない。完璧に近い現代のガラスの隣に置くと、それまでははっきりと見えなかった表面のわずかな欠陥が目立ってくる。全体的な交換が可能または必要なところでは、建物の特徴が変わってしまうかもしれない。新しいガラスは当初のガラスと同じ視覚的・物理的な特性を持っているわけではない。コーティング、日射遮蔽、断熱など、エネルギー効率の優れた材料が好まれ求められることで、さらに建物の外観が変わるだろう。たいていの場合、ガラスの選び方によって、システム全体を取り換えるか、一部を取り換えるかが決まるということはないように思われるが、その選択次第で、保存主義者は妥協するか、難しい哲学的な問題を提起する革新的な解決策を見つけ出すか、どちらかを選択する必要に迫られる。それゆえ、ガラスは現代の建築保存において最も扱いにくい素材のひとつとなっているのである。

　第二次世界大戦前後の多くの建物に用いられている金属とガラスの外壁システムは、過去20年以上

にわたって修復が行われてきた。深刻な劣化状態、種々の構成部品の不具合、あるいは外壁システムを更新する必要性から、インターベンション（文化財に対する介入処置）を余儀なくされた。損傷具合、壁の構造、望まれる視覚効果の種類に応じて、さまざまな方策がとられた。第二次世界大戦前に建てられた建物には可動部分のある鋼製窓枠が取りつけられていたであろうが、当初の鋼部分は錆びつき、ガラスは広範囲にわたって破損し、断熱性能（特に継続使用時の性能）が劣っていたため、当初の部材や窓全体の組立部品を取り換えざるをえなかった[＊1]。解決策は多岐にわたり、デザインの異なる新しい窓システムに取り換えることや、当初のデザインに合わせた新しい窓システムに換えること、古いものの修復と新しいものの付加とを組み合わせること、あるいは当初のものを修復しながら、望ましい室内環境や快適さをもたらす独立した内部窓システムを補助的に設置することなど、さまざまである[＊2]。

第二次世界大戦後以降に建てられた建物についても、窓やカーテンウォールの技術はさらに複雑になる可能性が高いが、向き合う問題はそれほど変わらない。一般的に、外壁やカーテンウォールシステムの問題は、素材の劣化か雨水の浸潤、もしくはその両方に起因する。そして、その問題は修理することにとどまらず、大規模な交換にまで及ぶインターベンションを必要とする。ニューヨークにあるレヴァー・ハウス（1951-52）のカーテンウォールが完全に取り換えられたことはよく知られているが、これは特異な例ではない。デュッセルドルフにあるティッセンハウス（1957-60）でも、同じような改修が行われている。つまり、オリジナルのものにとてもよく似たカーテンウォールを新たに設置し、風荷重と熱性能の両方を現在の基準に適合させたのである。複層ガラスやファサードの金属部分に設けられたサーマルブレイク（熱絶縁材）がこれにあたる[＊3]。さらに高度なインターベンションも可能である。

また、ガラス壁や外壁は、安全基準やエネルギー基準の変化にも左右される。ミース・ファン・デル・ローエの設計によって56年に建てられたクラウン・ホールは、シカゴのイリノイ工科大学建築学部棟として使われている建物であるが、最近のリノベーションでオリジナルのガラス窓が新しいものに交換された[＊4]。そこでは、望ましい外観にするために窓枠が複雑になったことは別として、基準を満たすために変更を求められた。例えば、一部のガラス窓枠は、重量が増したりガラス押さえの寸法に影響したりするため、種類や厚さの異なるガラス窓枠にしなければならなかった。このような安全性に関する懸念は（したがって、ガラスの大きさも）、どんな公共建築にあっても問題になり続けるだろう。

ソーラーゲイン（熱利得）の制御は、歴史的に見れば、熱帯地域の雨戸や格子、ブリーズソレイユに限られており、もっと温和な地域では、外側の日よけや内側のブラインド、戸、カーテンくらいしか選択肢がなかった[＊5]。ガラスの反射処理などの表面処理が導入されるまでは、あまり選択の余地がなかったのである。複層ガラスや低放射（Low-E）ガラスのようなガラスの素材や技術は、これらの建物のほとんど（とそれらのガラス壁）が建てられたときには存在しなかった。しかしながら、現在においてもともとのガラスと置き換えるとしても、外観や透明度が著しく変わることはないだろう[＊6]。

石張り外壁にもある程度よく似た問題がある[＊7]。石の組成には変化がなかったが、使われた手法は性能に直接的な影響を及ぼした。重大な問題のひとつが薄い石材パネルのそりで、特に大理石のような明るい色の石材に見られる。必ずしも目新しい現象ではないが、パネルの大きさや厚さの変化によって、第二次世界大戦以降に状況が悪化してきた。大理石張りの問題が指摘され、改善された事例もある。エドワード・ダレル・ストーンによるシカゴのアモコ・ビル（現エーオン・センター）やアルヴァー・アールトによるヘルシンキのフィンランディアホール（これらの事例については次のケーススタディで取り上げる）、そしてもちろん、ヨハン・オットー・フォン・スプレッケルセンによるパリのグラン・ダルシュ（比較的最近の90年に完成した）、インディアナポリスのインディアナ国立銀行タワー（T・E・スタンレー、1969）、同じくアルヴァー・アールトによるヘルシンキのエンソ・グートツァイト本社ビル（1959-62）など、いくつかの例が挙げられる[＊

8]。金属とガラスのカーテンウォールと同様に、石張り外壁の場合もシステムの問題になるおそれがあり、素材のオーセンティシティについて疑義が持ち上がろうとも、実質的あるいは全面的な交換が唯一の選択肢になるかもしれない。保存主義者は、同じ問題点があっても、再び同一の素材を使うべきなのかも問わなければならない。大理石パネルがたわむ原因については、厳密に議論が重ねられてきたが、いまだに明確な合意には達していないように思われる。

金属とガラスのカーテンウォールであれ石張り外壁であれ、取り扱う際には、アタッチメントの不具合やアンカー（引き金物）の腐食が最も重要な問題となる。レヴァー・ハウスや国際連合本部ビルのような初期のカーテンウォールでは、炭素鋼でできたチャネル（溝形鋼）やアングル（山形鋼）、ガラス押さえは、十分な剛性を与えるためにシステムに組み込まれている。一方、ミースの設計によるカーテンウォールのように、もう少し後のものでは、炭素鋼の断面が壁材を構成する要素の一部として残っている。いずれの場合も、炭素鋼の腐食が懸念されるだろう。現在のアンカーやそのほかのアタッチメントも、完全に錆びついたり、役に立たなくなったりするおそれがある。石張り外壁の場合には、固定したり、支持したりするために炭素鋼が使われており、それらの腐食は装置の外観と構造保全の両方において惨たんたる結果を招きかねない。アンカーやシェルフアングル（棚受けアングル）の腐食の結果として、剝離を伴う損傷を受けることも珍しくない。そして、金属とガラスのカーテンウォールや石張り外壁が抱えるもうひとつの深刻な問題が目地の欠陥である。これによって雨水が入り込み、腐食などの内部の問題を引き起こす。初期の多くの装置が不適切な目地の施工に悩まされてきたが、それは設計の結果としてのみならず、たいていは未発達であったシーリング方式の結果として生じた。

石張り外壁や金属とガラスのカーテンウォールについての保存に関する文献では、いくつかの最近の事例（以下で検討しているものを含む）を重点的に取り扱っているが、外壁の張り直しや修理の手順は新しいものではなく、それもごく少数の建物に限られている。早くも60年代や70年代には、建物の外壁の張り直し（大部分は戦前に建てられたレンガ造）が始められ、広く受け入れられた。これらのプロジェクトの多くは、劣化してきた外壁を補強すると同時に、建物の見た目を「現代的」にしたいがために行われた。それに加えて、金属やガラスのカーテンウォールと石張りの多くの建物は、おそらく保全指針の恩恵は受けなかっただろうが、定期的なメンテナンスや修理を受けてきた。外壁が重要になっているがゆえに、外装材を張り直して外壁全体の性能を改善したいという願望が大きくなり続け、ますます多くの建物に影響を及ぼしている。当初のデザインを再現するのに、素材の選択、設計、細部造作において、どのくらい忠実であるべきかという保存のジレンマには、ケースバイケースで対処しなければならないだろう[*9]。ここで検討する事例は、今後の保存への取り組みを評定することのできるベンチマークになるだろう。

【注】

*1　ヨーロッパの第二次世界大戦後のカーテンウォールやウィンドーウォールにかなりの注目が集まった。ヨーロッパでは、1920年代と30年代の近代建築の多くが窓を含めてリノベーションを経験した。Wessel de Jonge, "Curtain Walls in the Netherlands: Refurbishing an Architectural Phenomenon," in "Curtain Wall Refurbishment: A Challenge to Manage," special issue, *DOCOMOMO Preservation Technology Dossier*, no. 1 (1996): 22-29 は、第二次世界大戦後の事例に限らず、50年代および60年代の建物も含み、特にドイツの事例を参照している。Berthold Burkhardt and Dieter Rentschler-Weissman, "Modern Buildings and Their Windows: Some Restoration Experiences in Germany," in "Reframing the Moderns: Substitute Windows and Glass," special issue, *DOCOMOMO Preservation Technology Dossier*, no. 3 (2000): 66-75 は、デッサウやワイマールのバウハウス（1925-26）やファグス靴工場（1911）、そしてデッサウの職業安定所（1927-29）を含む。

*2　さまざまな選択肢に関するさらに詳細な議論については、本書第4章と第2部の関連する事例研究を参照のこと。

*3　Eberhard Zerres, "The Thyssen Haus (HPP Architects, 1957): A Curtain Wall Replaced from Head to Toe," in "Curtain Wall Refurbishment: A Challenge to Manage," special issue, *DOCOMOMO Preservation Technology Dossier*, no.1 (1996): 76-79. この24階建ての建物は、最初はヘンリヒ・ペチュニック＆パートナー建築事務所により設計され、リノベーションも請け負っている。レヴァー・ハウスのように、ティッセンハウスはランドマークに指定された。見た目にも、そのカーテンウォールはレヴァー・ハウスのシステムとよく似ており、ほとんど平らな外観で、縦材と横材のみでグリッドが表現されている。当初の立面は、縦型マリオン、複層ガラス、スパ

ンドレルガラスに、複雑な十字形アルミニウム押出成形材を用い、複合断熱パネルで支えていた。Rolf Schaal, *Curtain Walls: Design Manual*, trans. Thomas E. Burton (New York: Reinhold, 1962), 180-81.

＊4　クラウン・ホールの当初のデザインと施工については、Phyllis Lambert, ed., *Mies in America* (New York: Harry N. Abrams, 2001), 436-53, の記述を参照。

＊5　Iñaki ÁAbalos and Juan Herreros, *Tower and Office: From Modernist Theory to Contemporary Practice* (Cambridge, MA: MIT Press, 2003), 103-4, はル・コルビュジエの作品について論じている。彼は戦後にニューヨークの国連ビルの立面にブリーズソレイユを提案している。ル・コルビュジエのスイス館の南面ファサードは組み立て式の鋼製窓ガラスだったが、かなりのソーラーヒートゲインを経験した。ル・コルビュジエはリオデジャネイロの教育保健省によく似た日よけを外側に設置するよう1950年代初めに提案したが、この提案は実行に移されなかった。Ivan Zaknic, *Le Corbusier: Pavilion Suisse; The Biography of a Building* (Basel: Birkhauser, 2004), 306-8. William Dudley Hunt, *The Contemporary Curtain Wall: Its Design, Fabrication, and Erection* (New York: F.W.Dodge, 1958), 75-81. 上記では外部用の水平型や垂直型の日よけ、内部用のベネチアンブラインドや日よけなどブリーズソレイユの活用を含め、日よけやソーラーゲインを調整するさまざまな手法について論じている。ブリーズソレイユの活用例はパリのユネスコ本部に見ることができる。

＊6　Low-Eガラスはソーラーゲインの調整と断熱と高透過度を組み合わせている。Low-Eコーティングは、第二次世界大戦期にピッツバーグ板ガラス社により発表された。レーダー画面のガラス板から静電気を排出するのに用いられたときであった。Low-Eコーティングは、酸化物と金属が放射線放出を減らすために薄いフィルムに適用されたときにつくられた。Amstock, *Handbook of Glass in Construction*, 363-92.

＊7　外装石材の詳細については、第4章を参照のこと。

＊8　薄い大理石の外装材の劣化の総括は、Bent Grelk, Jan Anders Brundin, and Björn Schouenborg, "Deterioration of Thin Marble Cladding: Observations from the Inspections of Buildings with Marble Claddings in Europe"（ニューヨークのコロンビア大学で2004年9月26日から10月2日にかけて行われた第8回ドコモモ国際会議で提出された論文）に示されている。彼らはパリのグランアルシュを例に挙げている。

＊9　過去数十年間の建築雑誌は、再外装にかかわる事例研究を多数掲載している。Nancy Solomon, "Bringing Back 1960s Buildings," *Architectural Record* 187, no. 2 (February 1999): 137-42 は、多くの外壁の取り換え事例を論じている。その事例の多くは異なるデザインや素材を用いている。同時に、ヴァージニアのリッチモンドにある高層の市庁舎の薄い大理石板は、新しい金属やガラスのカーテンウォールに交換された。オリジナルのデザインは、重要であると考えられていなかった。Sara Hart, "Born Again: A New Skin Offers a Fresh Start," *Architectural Record* 193, no. 5 (May 2005): 261-68.

ガラス

シュンク百貨店（グラス・パレス）
（オランダ・ヘールレン）

　著名な建築家であるフリッチュ・ポイツ（1896-1974）によって設計され、1935年に完成したシュンク百貨店は、オランダのヘールレンに位置している。ヘールレンはかつての炭鉱町であり、19世紀後半の小規模建築によって特徴づけられる。この全面ガラスの建物は、非工業用建造物のなかにあって、ガラスの驚くべき可能性をよく表している［図15-1］。オリジナルのガラスはずいぶん前に取り換えられていて、もう百貨店としては利用されていないが、見事な再生によって、街の文化センターと図書館に変わり、視覚的な印象を取り戻した。そして、オランダにおける最も重要な20世紀建築のひとつとみなされている［*1］。新しく建てられた別棟の建物には音楽とダンスの学校が入居し、複合施設としての完成度を高めている。なお、この建物は地下の通路によって本館とつながっている。

保存の論点

　「グラス・パレス」の新しいプログラムと内装の設計においては、当初のデザインが持つ開放的な性質を尊重し、維持した。連続した天井面とマッシュルー

図15-1：シュンク百貨店、オランダ・ヘールレン、フリッチュ・ポイツ（1934-35）、2003年に改修。改修前の建物の外観。周辺には19世紀後半のレンガ造の建物が並び、百貨店の開放的で透明なファサードは市場に面している。すべての商品が外からはっきりと見え、広場の売り台に商品がそのまま陳列されているかのようだ

ム柱の彫刻的な特質は十分に表されている。復原するため、のちに付加されたすべての床や壁面が剥がされ、もともとの構造や開口部があらわになった。オリジナルの縦型の換気ガラリのコンセプトはそのまま残されたが、新たな機械システムが自然な空気の流れを補うようになった。また、主要なダクトを天井面に配管することはなかった。

　重要かつ根本的な変更点は、用途変更に適応させるために、70年代に設置されたガラスを取り除いたことである。当初は、織物などの商品を陳列するのに適した、優れた透明性や視覚的な効果を確保するために、いわゆる鉛ガラスやフリントガラスがはめられていた。このガラスは、第二次世界大戦下における建物の被害を受けて失われ、新しい透明ガラスに交換された。また、そのガラスも、70年代に半透明の曇りガラスに取り換えられていた。それは建物が百貨店からさまざまな店舗や会社が入る商業施設に変わって、入居者のプライバシーを確保するために行われた。その後、もともとの開口部割りは守りながらも、70年代に取り換えられた単板ガラスは鋼製の窓枠から外され、新たに透明な複層ガラスが据えつけられた。分厚い複層ガラスを適応させてサーマルブレイクを設けるために、内側のガラス押さえを取り払って、スペーサーを挿入し、見込みを深くするために大型のガラス押さえを付け加えた。壁の配置や床の縁と壁の隙間のおかげで、窓枠の横断面寸法の増加を最小限にとどめるのが技術的に容易で、視覚的にも目立たずにすんだ[*2]。

　このプロジェクトには注目すべき点がいくつかある。新しい用途に適応させながら、グラス・パレスの見事な存在感と当初の透明性が復原され、ほかでは見られない建物の特徴が高められた。かつて百貨店に並んでいた商品は、彫刻、建築、パフォーマンスアート、映画、ビデオ、文学の新しい文化を象徴するものに取って代わった[*3]。そして、もともとの外観や残存している材料のことで妥協することなく、ガラス壁の熱性能が改善され、建物内部はより快適になったのである。

基準階

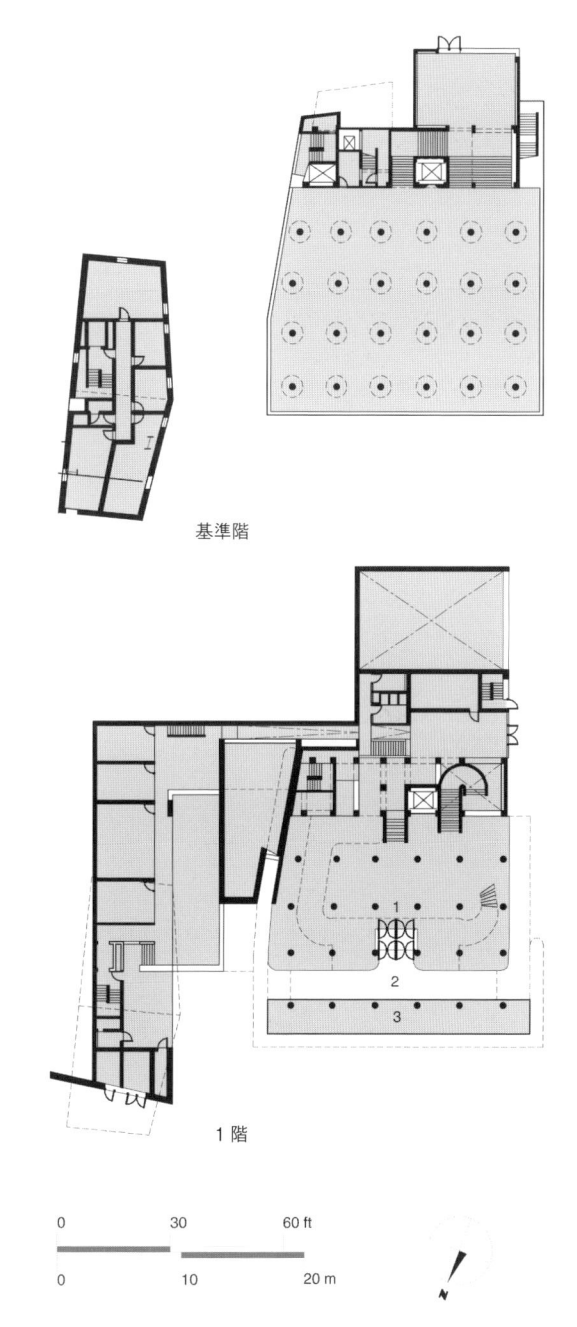

1 階

図 15-2：平面図。当初の百貨店の建物には、販売やサービス機能を持つ 5 層分の地上階と機械室、倉庫や作業用の空間としての 2 層分の地下階からなる。リノベーションの際には、フラットスラブとマッシュルーム柱を含む建物全体の特徴が注意深く維持され、ロマネスク様式の教会に続く狭い路地をはさんで新しく増築された。もともとの建物と増築部分は地下でつなげられた

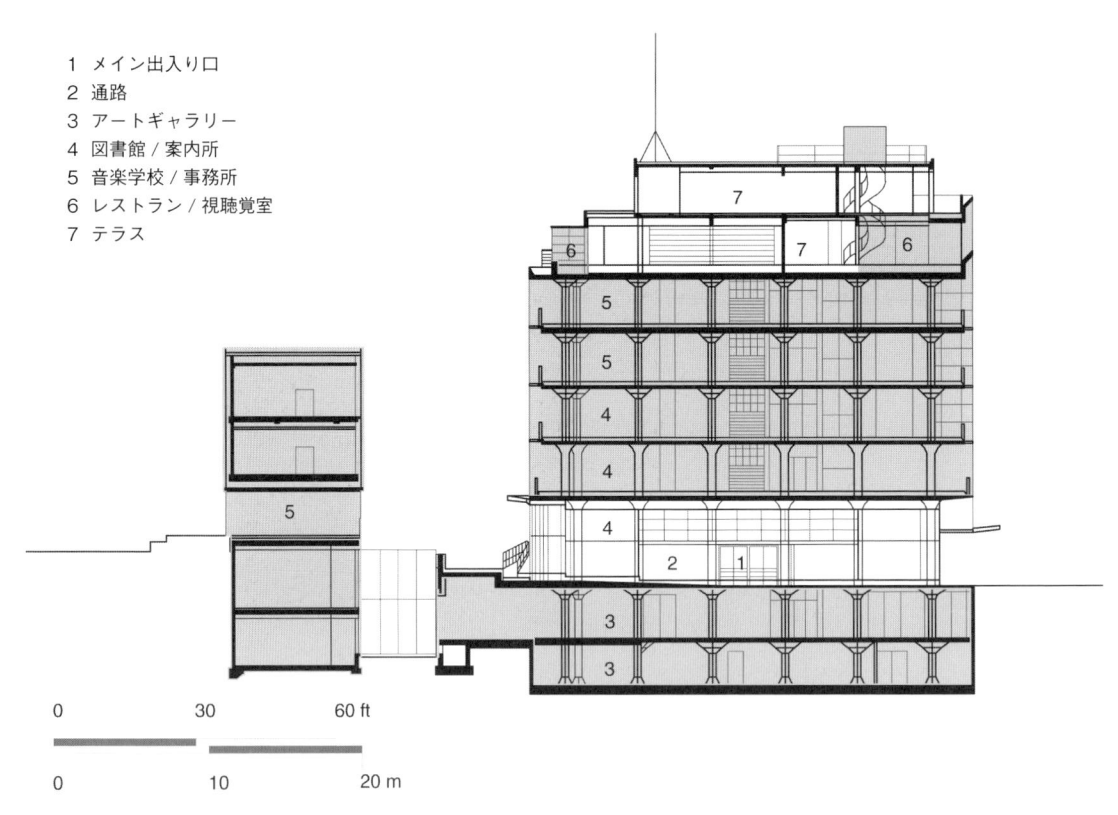

1 メイン出入り口
2 通路
3 アートギャラリー
4 図書館／案内所
5 音楽学校／事務所
6 レストラン／視聴覚室
7 テラス

図15-3：断面図。この百貨店の最も注目すべき設計の特徴が、床とカーテンウォールの隙間であり、これによって空気が建物全体を自由に上下することができた

図15-4：1階内部。1階にはバルコニーがついているが、この空間はかつては事務室にあてられており、おもな売り場を見渡せるようになっていた。リノベーションの際には、この空間の性質が忠実に維持され、市の案内所や建物入居者の文化施設として再び使用されている

図15-5：内部からカーテンウォールを見る。ガラスのカーテンウォールは床から離れた状態に保たれ、床の端とガラスの間に20インチ（50.8cm）の隙間を設けることで、暖かい空気が自由に上昇するように意図された。窓は可動式で換気ができ、ペリメーター方式のラジエーター（放熱器）が必要な熱を供給した。発想としては興味深いものであったが、完全に満足できるシステムではなかった

図 15-6：修復後のグラス・パレス。単板ガラスのカーテンウォールは数回取り換えられた。現代のガラスを使った現在の外観は、ガラスの反射率が当初よりも高いように思われる。この建物は現在も周辺と好対照をなしており、新たな増築によってうまく引き立てられている

【注】

＊1　"Gestapelter Marktplatz: Sanierung und Umbau des 'Glaspaleis' von Frits Peutz in Heerlen," Bauwelt 95, no. 3 (January 16, 2004): 8. リノベーション計画は、オランダのマーストリヒト近郊で実務にあたっているヘールレン出身の建築家ヨー・クーネンとヴィール・アレッツとの協働で行われた。
＊2　角の交差部の新旧の比較については、次の文献を参照。Wiel Arets and Jo Coenen, "Music Center and Renovation Glass Palace 'Schunck,'" A+U: Architecture and Urbanism 408, no.9 (2004): 72.
＊3　このプロジェクトと建築・インテリアについては、Aaron Betsky, "Department of Glass," Architecture, February 2004, 43-51, も参照されたい。

レヴァー・ハウス
(アメリカ・ニューヨーク州ニューヨーク)

レヴァー・ハウスは、第二次世界大戦後の最初期に建てられた、モダニズム建築家による都市型オフィスビルのひとつである。SOMのゴードン・バンシャフトの設計による、金属とガラスの平らなカーテンウォールは当時としてはほかに類を見ないものであったが、金属素材を使用した光り輝く外観は石鹸を製造する会社に実にふさわしいものであった。この建物の設計は、周辺を取り囲むレンガ造の建物群とはまったく対照的で、アメリカ国内だけでなく全世界に衝撃を与えた。最近では、(いくつかの技術的な問題に対する必要性から)カーテンウォール全体を当初の設計意図に沿って新しく取り換えた事例として、重要な意味を持っている[図2-8]。

保存の論点

提案された解決策をよく研究し注意深く発展させ、設計や保存の団体と絶えず幅広い議論を続けてきたため、レヴァー・ハウスの保存は概して評判がよかった。それに加えて、このカーテンウォールの復原は、設計意図や近過去の外装材のオーセンティシティに関して、刺激的な議論を巻き起こす役割を担った。多くの場合、現代の材料や技術を用いて元来の姿を再現する配慮や努力が賞賛されたが、その一方で、ガラス板から構造的な下地枠にいたるまで、当初材のほとんどすべてを取り換えることは、神聖さを汚すものであって保存の行為ではないとする意見も出された。一般的に、建物の再建は、ほかに方策がない場合にのみ許容しうる選択肢とみなされている。レヴァー・ハウスの場合は、建物の状態や問題の全体的な性質から判断するに、素材や全体のシステムを取り換えることが、当初の設計意図を実用的かつ美的に反映させる唯一の方法であった。

これらの議論の大多数はガラスに集中した。この建物が建てられたときのビジョンガラス(大型透明ガラス)や網入りガラスは、視覚的には現在ほど完璧でなかった。当初のガラスが一枚も残っていないため、正確に比較することはできないが、おそらく、この建物が竣工したときよりも現在のほうが、反射率が高く、きれいに輝いて見えるだろう[図15-12]。この事例は、当初の外観に合致させて単純に再建をすることの難しさを痛感させる。現実的な妙案というものは浮かばないし、このような微妙な変化は、当初の設計者であるゴードン・バンシャフトは、もしこれらの素材や技術が利用できたなら用いたであろうという考えに基づいて擁護されている。どうみても議論の余地のある悩ましい解答ではあるのだが[*1]。

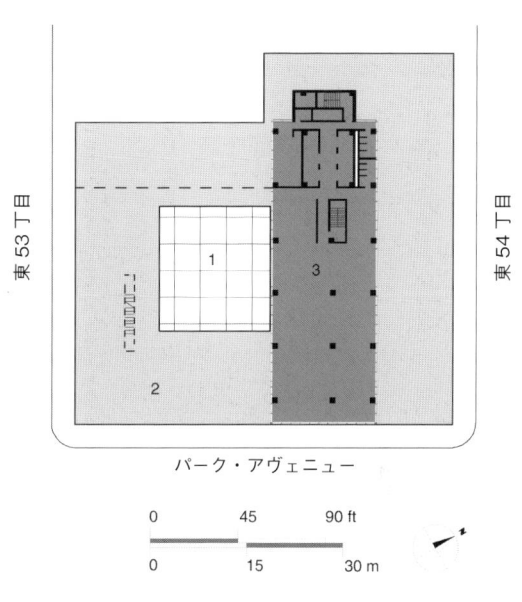

1 中庭
2 ロビーとレストランのある低層部
3 事務所が占める高層部の基準階

図15-7:レヴァー・ハウス、アメリカ・ニューヨーク州ニューヨーク、ゴードン・バンシャフト(SOM)(1951-52)、98年改装。配置図。パーク・アヴェニューに位置しており、中庭を除く敷地のほとんどを占める低層部と高層部から構成されている。東西に延びている高層部はサイドコア形式である

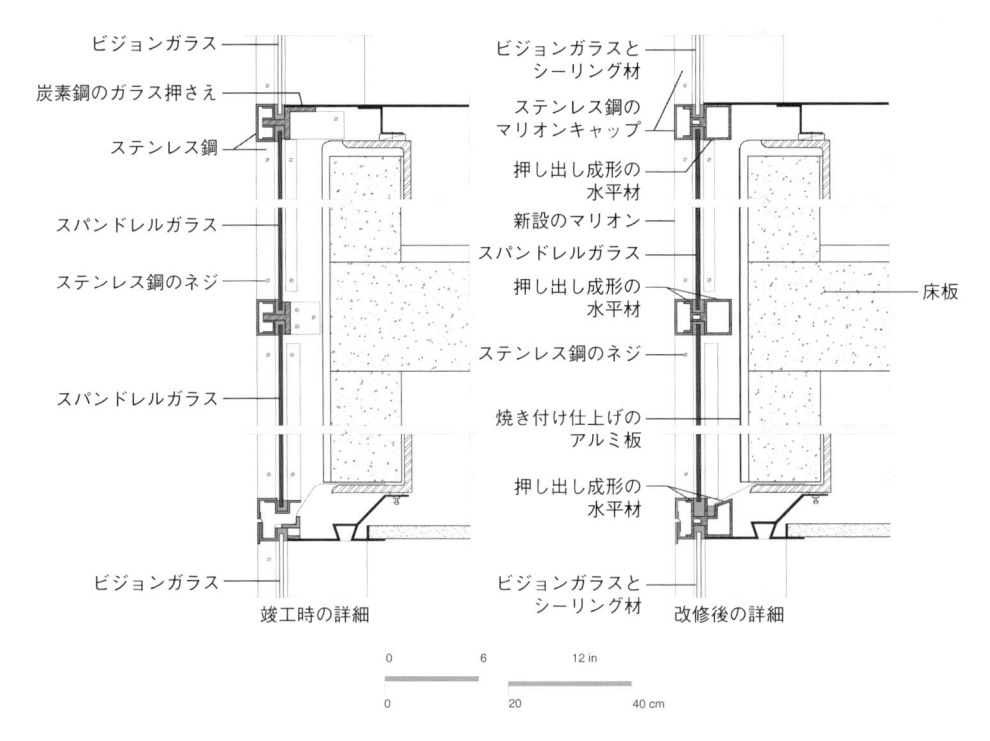

図 15-8：改修前後の垂直断面図の比較。ガラス押さえを含む副次的な炭素鋼部分が錆びたため、もともとのカーテンウォールは完全に取り払われた。新しい設計では、元の設計全体の視覚的な印象を保ちながら、新たにアルミのカーテンウォールシステムが据えつけられた。現代のスパンドレルガラスと、その背後にエナメルを焼き付けて仕上げたアルミ板を用い、もともとの網入りガラスのスパンドレル方式にできるだけ近づけて複製された

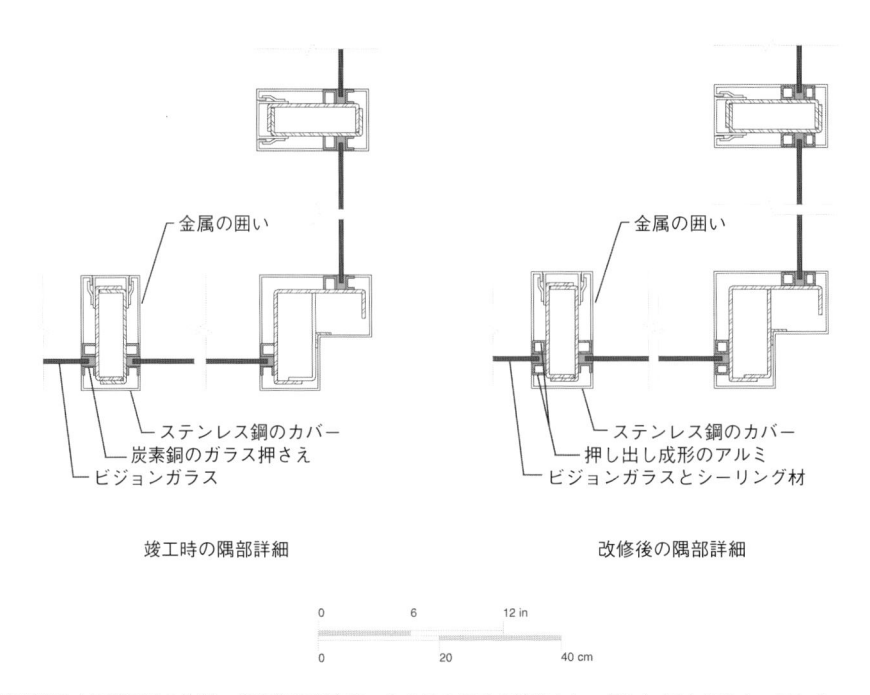

図 15-9：改修前後の水平断面図の比較。炭素鋼の垂直チャネルはそのまま補修され、新しいアルミのカーテンウォールシステムに組み入れられた。炭素鋼チャネルにつけられていたステンレス鋼のキャップは使えなくなり、すべて取り換えられた。新しい素材と技術を用いながら、全体の視覚的な効果は元の設計にできるだけ近づけられた

図15-10：コーナー部分の詳細。コーナーのへこんだ部分は維持され、ステンレス鋼のカバーを固定しているネジは、新しいカーテンウォールの設計で複製された。技術的にはもう必要のないものであったが、元の設計に見た目を合わせるためにつくられた

図15-12：新しいカーテンウォールはディテールの面で当初の設計に非常に近い。ただひとつの例外は現在のフロートガラスである。もともとのガラスに比べてゆがみがはるかに少ないため、光がより反射して見える

図15-11：改修中のディテール。スパンドレル部分では、当初の網入りガラスが取り払われ、床スラブの端にあるコンクリートブロックの壁が見えるようになった。元の設計に見られたシャドーボックス部分の効果を再度つくり出すため、新しいスパンドレルガラスの背後にあるブロックの壁が、焼き付け仕上げのアルミ板によって覆われた

【注】

＊1　修復に関するさまざまな視点については、以下を参照のこと。Wayne Curtis, "No Clear Solution," *Preservation*, September-October 2002, 46-59, and 118.

外装石材

フィンランディアホール
(フィンランド・ヘルシンキ)

ヘルシンキにあるフィンランディアホールは、アルヴァー・アールトの設計による最も評価の高い建物のひとつである。トーロ湾沿いの都心部の一角に位置し、きらびやかな白い大理石の外壁が水面の反射でかすかに光り、大きな存在感を放っている[図15-13]。当初の大理石を同種もしくは異種の石材と取り換えることで生じる、技術的、哲学的な含意はもとより、外装材に関する問題は、近代を表象する建物を対象にしてきた保存活動が直面するいくつかの論点を象徴的に示している。さらに、大理石の交換は、すでにそれ自体が劣化のパターンを示しており、フィンランディアホールをはじめとする建物の今後の取り扱い方を左右することになるだろう。ここで述べるふたつの事例は、白い大理石を建築に用いることで生じる問題を示しているが、ほかの種類の石材でも、同種の問題に直面するかもしれない。

設計施工の概要

早くも1981年にカラーラ大理石パネルのゆがみ

図15-13:フィンランディアホール、フィンランド・ヘルシンキ、アルヴァー・アールト(1961-71)、97-2000年改装。改装前の全景。外壁が白いカラーラ大理石で仕上げられており、水面に反射した光が建物のファサードの上に揺らめく。完成後の約10年間で、大理石に問題の兆候が見られるようになり、個々のパネルがたわみはじめた。数十年に及ぶ議論を経て、パネルが取り払われ、性能を改善するために壁の設計が変更され、新しい大理石パネルが据えつけられた

図15-14：改装前の全景。大理石パネルは、高さは同一だが幅が変えてあり、特徴的な模様の立面を形づくっている。大規模なたわみが指摘されてからは、パネルが地面に落ちないように一時的に保護された

は壁面すべてで目立つようになった。パラペット部分のパネルを外して、ゆがみが戻ることを期待して裏表逆に取りつけることも試みたが、すぐに断念した。多くの建物では大理石パネルは外側に曲がるのだが、パネルのゆがみは進行し、逆に内側に曲がってしまったのである。それに加えて、石自体の当初の強度も失われていたことも判明した。上端と下端の繋ぎ目部分にかなり大きな応力がかかり、外装材の安全性にかかわる深刻な問題になっていた。この問題により、大理石の破片が落下するのを防止するために、外壁の一部に保護幕が掛けられることになった。建物には、視覚的にも目立つ意図していない波形のパターンが浮かび上がっていた [図15-15]。

外装材の不具合に関する議論は石の相対的な薄さに集中し、都市部の公害が石を劣化させる要因であるかどうかが話題になった。アンカーシステムも限界で不十分であると考えられた。パネルの重さに対して、使用するアンカーの数が非常に少なく、パネル同士が相互に連結されているので、多くのパネルに被害が及ぶばかりでなく、部分的な交換も難しくなっていた。このような分析が、大いに外装材の交換を進める動機となった[*1]。1980年代半頃に、

図15-15：改装前のディテール。もともとの大理石パネルのすべてに同様のカッピング現象が生じていたため、それとは異なるシステムや素材と取り換えることが検討された。最初に選ばれたのは白花崗岩であったが、当初のカラーラ大理石が好まれていたために取りやめになった。技術的に進歩してその設置方法が改善されても、同じ現象が再び起こることが予想されたが、それでも同じ大理石が選ばれたのである

フィンランディアホールの所有者であるヘルシンキ市は、外壁の交換にどの素材を使うべきかについて公開討論会を開いた。（できるだけ分厚い）大理石や花崗岩、そのほかに当時生産されていた合成素材などが挙げられた。建物に使われる黒花崗岩は性能がよく、黒花崗岩と淡い色の花崗岩の両方が検討された。しかし、いずれもホールの外観イメージを変えるであろうし、フィンランドの最も有名な建築家のひとりの象徴的な作品だと考えられている建物に対して深刻な問題もたらすことになるだろう。フィンランド国内はもちろん、世界各国のさまざまな石の検査や試験が行われた。物理的強度や長期耐久性、そして時間経過に伴う変形の度合いなどを測定するために、多種多様な石や代替素材や合成素材が幅広く実験され検証された[*2]。既存の石パネルの裏面にコンクリートパネルやトラスを追加する方法により強度を高めることも一案として挙げられた。石造パネルの相対的な薄さが、現在の問題を引き起こしている決定的な要因だと考えられたが、パネルの厚さが増すと、そのほかの建築ディテールに大きく手を加えることが求められ、外観も変わることになる。見た目の変化はそもそも、当初材を保存する本来の目的に合致しないだろう。

解決方法にはそれぞれ長所と短所がある。建物の歴史的、建築的なインテグリティを保つためには大理石の使用が求められると論じる、アールト夫人たちからの猛烈な反対によって、議論はさらに活発化した。しかし、アールト自身も建物の一部に黒花崗岩を使用していたという事実が持ち出され、代替素材として花崗岩を使用することを正当化しようとした。実際、97年には中国産の白花崗岩に取り換えることがほぼ決まっていたが、97年5月の投票で、市民は当初の素材であるカラーラ大理石、7万平方フィート分を購入し設置することを承認した。できる範囲で、材料の厚さをより厚くし、当初のものより約33から40ミリメートル程度、約20パーセントを厚くしたが、ファサードのラインは守られた。そのほかに追加の変更も同時に行われた。防音断熱材としてミネラルウールがコンクリート層と大理石パネルの間に補充された。ひとつのパネルを支えるアンカーやネジの数も増やし、パネル各々の相互負担を減らすために、パネルとパネルの間をつなげていた当初の接合部材を取り外した。外装材の交換作業は、コンサートホール全体の修復再生事業でもあり、この事業にはビルディングシステムの改良のほかにも、音響性能の向上が含まれていた。

当初材と同じカラーラ大理石に交換するという決定は、これから25年以内に、再び外装材を交換する必要があることを理解したうえで行われている。この決定は、建物の重要性や、外観やオーセンティシティの意義が一般市民の心に理解されていることを示すものである。残念なことに、避けられない事態がそう遠くない将来に訪れると思われる。研究や壁の設計に全力を尽くしたにもかかわらず、新しい大理石にもすでに初期に見られたのと同じたわみの兆候が現れはじめている。

保存の論点

フィンランディアホールの修復・再生や外装材の張り換えは、建築の素材やシステムにまつわる問題をどのように扱い、解決することができるかを示す重要な事例である。そのような判断は、建物の重要性と問題自体の深刻さや規模によって決定される。ここで、すべてのファサードをイタリア産のカラーラ大理石で張り直すと決めたことや、新しい外装材もまた、すでに古い大理石と同じように劣化しはじめているということを考え合わせると、将来にこの問題が再検討されるとき、公の議論でまた同じ結論が出るとは言い切れないように思われる。

【注】

*1 Eric Adam, "Wintry Discontent," *Architecture 87*, no.10 (1998): 166-72.

*2 Martti Jokinen, "Finlandia Hall, Helsinki," in "Stone in Modern Buildings: Principles of Cladding," special issue, *DOCOMOMO Preservation Technology Dossier*, no.6 (2003): 64-70.

アモコ・ビル（現エーオン・センター）

（アメリカ・イリノイ州 シカゴ）

シカゴにあるアモコ・ビルは（もともとはスタンダード・オイル・ビルとして、現在はエーオン・センターとして知られているが）、エドワード・ダレル・ストーンがパーキンス＆ウィルと共同で設計を行った、83階建て、高さ1136フィート（約346m）の高層建築である[図15-16]。この建物はその頃の典型的な「ストーン」建築であり、ニューヨークのゼネラルモーターズ・ビルともかなりの類似点が見られるほか、ストーンの設計によるほかの作品でもまさに同じ石材技術が使われている[*1]。この修理計画において重要なことは、建物に用いられているカラーラ大理石の外壁の問題や劣化に関して調査研究を行ったこと、カラーラ大理石をノースカロライナ州マウントエアリー産の花崗岩に取り換えると決めたこと、それとそのようにした方法論である。

設計施工の概要

1985年のシカゴ市の定期検査で大量の欠陥が見つかった。約2700枚のパネルの接続部に現れた三日月形のクラックは、その5年前にはわずか230枚にすぎなかった。なかには割れてできたエッジ、接合部から走るクラック、外側に曲がったパネルも見られた。南側と東側のファサードでは、全体の約75%のパネルにゆがみが見られた。現況調査の結果に基づいて、建物から取り外したパネルや地下室で見つかった予備のパネルを用いた包括的な試験が行われ、試験している間は、建物にパネルを残しておくことが許可された。記載岩石学的な分析や物理的特性の判定とは別に、長期耐久性を評価するための促進耐候試験が行われた。その結果、大理石は風化とともに劣化し続けることが判明した。接合部に関する試験の結果を総合すると、外装材の性能を安全に風荷重に耐え続けられるようにする必要があることがわかってきた。調査や試験を行った結果、4万4000枚の大理石をすべて交換することが推奨された[*2]。

大理石、花崗岩、アルミニウムの外装材が検討され、実物大のモックアップを準備し設置した。シーリング材が時折引き起こす染みをできるだけ小さくするため、現場のモックアップを使ってシーリング材もテストされた[*3]。ビルの所有者は代替材としてノースカロライナ州のマウントエアリー産の花崗岩を選択した。技術的要件や強度だけでなく、花崗岩のほとんど純白に近い明るい色は選択肢として疑いの余地のないものであった。外装の張り直しが完了した建物は、当初の姿のようにも見えた。大理石が風化により強度が失われることが認められたので、花崗岩の厚さはもともと1インチ（3cm）から、2インチ（5cm）に変更された。パネル厚の増加は、重量の増加も意味する。結果的にステンレス鋼サポートアングルの取り換えが必要になった。統一した支持材を提供するため、また、パネルの接合部にかかる応力を全体に均等に分散させるため、パネル自体が側面の連続切断面を支持し、パネルの位置はアングルの上に取りつけられた連続タブにより調整される。

保存の論点

立面全体にわたってディテールが一様であったため、建物の外観には大きな影響を与えることなく、素材の種類や厚さを変更することができた。もとより、まったく異なる種類の石材を使用したことで、オーセンティシティに関する疑義は浮かぶであろうが、当時はこのプロジェクトが建築の保存を意図したものでなかったということには留意すべきだろう。花崗岩の色が（仕上げによっていっそうそうなっているが）元の大理石と似ていたため、視覚的な変化を最小限にとどめながら、長期間性能や全体の安全性を高めることができた。また、既存の大理石の調査研究や促進耐候試験の結果は、高層ビルにおけ

る石張り外壁、特に大理石張りの性能や問題を理解するのに大いに寄与した。

【注】

＊1　エドワード・ダレル・ストーンの作品については、彼の自著、*The Evolution of an Architect* (New York: Horizon, 1962) そして、*Recent & Future Architecture* (New York: Horizon, 1967) を参照のこと。アモコ・ビルにストーンが用いた外装石材の多くは、ニューヨークの前ハンティントン・ハートフォード近代美術ギャラリーに見られる。65年に完成したストーンの初期の建物であるツー・コロンバス・サークルはそれに取り組んだことでよく知られている。

＊2　Cheryl Kent, "Amoco's Blemished Skin," *Inland Architect*, May-June 1989,18-20.

＊3　Michael A. Lacasse, *Science and Technology of Building Seals, Sealants and Glazing and Waterproofing*, vol.5(West Conshohocken, PA: American Society for Testing and Materials, 1996) 174-77.

図15-16：エーオン・センター（1974-85年スタンダード・オイル・ビル、1985-2001年アモコ・ビル）、アメリカ・イリノイ州 シカゴ、エドワード・ダレル・ストーン（1973-74）、92年改装。改装後の全景（写真右）。もともとは外壁に白いカラーラ大理石が張られていたが、早くも84年の点検のときには問題が指摘された。のちに、色の薄いマウントエアリー産の花崗岩を使って外壁が張り換えられた。元の大理石ほど純白ではないが、この新しい外装によって、色の淡い建物であるという全体の印象は損なわれずにすんだ

第 16 章 複合施設

　近代建築の保存は、膨大な数の建築類型を対象とし、それと同じくらい多岐にわたる素材を対象とする。以下のふたつの事例研究、オランダのゾンネストラール・サナトリウムとファースト・プレステビリアン教会堂の「ダル・ド・ヴェール」（ステンドグラスの一種）の保全は、近代建築およびその保存の多様性と幅広さを示す例として選択した。いずれの事例研究も、特殊かつ明確な建築類型（例えば、複数の建物から構成され、20世紀特有の材料でつくられた、広大な敷地に建つサナトリウムなど）に該当し、認識または実際の機能が時代遅れになった事例である。素材と当初の設計意図の両方のインテグリティに対する関心は、両プロジェクトの保存の議論の根本をなす。保存の対話を導き出した、最初のモダニズムの複合施設のひとつであるゾンネストラールで直面している問題と課題は典型的なものである。同時に、保存論者が「ダル・ド・ヴェール」を保存しようとする際に直面する問題は、数々の近代の材料に適用できる。

ゾンネストラール・サナトリウム
(オランダ・ヒルフェルスム)

ゾンネストラール・サナトリウムは20世紀を代表する建築である[*1]。この建物はオランダの「ニュームーブメント」による機能主義建築の推進の重要な成果であり、また19世紀後半から20世紀前半にかけて人々を苦しめた公衆衛生の難題である結核との闘いに対処しようとした努力の産物でもある。この建物の保存の取り組みは、社会的・文化的・建築学的に意義があり、近代建築の保存に力を注ぐ国際組織ドコモモ (DOCOMOMO) の結成の契機となった[p.225カラー図2]。

オランダのヒルフェルスムにあるゾンネストラールの保存は、高度に機能的なプランで設計された建物に、相性のよい用途を見いだせるかどうかにかかっていた。敷地の初期の評価は、保存と開発の統合を求めるマスタープランという恩恵をもたらした。当初の設計意図は、現在も敷地を保存する際の基礎をなしており、プロジェクト全体の経済的実行可能性にも影響を与えている。しかし、その敷地に存在する大半の建物の模範的な保存は、当初の建造物すべての修復にはつながらず、ひとつの別棟が荒廃した状態で残っている。

保存の論点

ゾンネストラールの保存の歴史は、機能と認識の陳腐化に直面している多くの近代建築のタイポロジーの典型である。この敷地の保存は、近代建築の重要性や伝統建築と近代建築の保存の相違に関するヨーロッパ内の意見交換を刺激した点で異例でもある。この議論は、ゾンネストラールの敷地の可能性を討議する研究集会から生まれたが、それが1990年のドコモモの結成へとつながった。ゾンネストラールそれ自体の徹底的な保存は、時代遅れとされた近代建築の用途を、当初のありように沿うかたちで維持できることを示す貴重な実例でもある。

ゾンネストラールの保存と保護への注目や取り組みは、うまい具合に実際に建築群が遺棄される前に始まった。しかし建築群の建築学的、文化的重要性が認められているにもかかわらず、保存計画が実現にいたるには20年以上かかった。90年代初めにマスタープランがつくられ、建築群の当初の特色を基に新たなプログラムも計画された。マスタープランはさまざまな設備や供給施設、娯楽設備を内包す

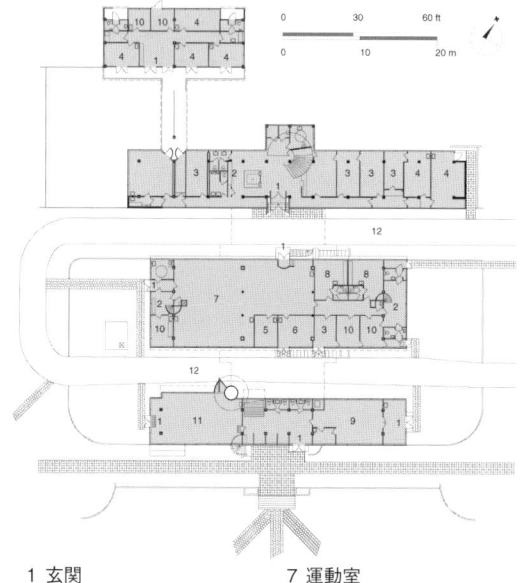

1 玄関
2 待合室
3 診察室
4 処置室
5 理学療法室
6 生体計測室
7 運動室
8 更衣室
9 厨房
10 事務室/支援センター
11 機械室
12 車道

図16-1: ゾンネストラール・サナトリウム、オランダ・ヒルフェルスム、ヤン・ダウカー、ベルナルド・バイフット (1920-28)、2003年にフーベルト・ヤン・ヘンケット、ヴェッセル・デ・ヨンゲが主要棟を修復。上は、修復後の主要棟プラン。主要棟1階のプランは敷地内を走る車道があるため、それぞれ異なる複数の構成要素に分割される。かつて総合治療室と診察室があった下階の空間は類似する目的に適うよう改造され、集会室は2階に配された。各構成要素は修復され、大部分は当初の機能を維持した

図 16-2：当初の建築群の航空写真。患者が最大限新鮮な空気と日光を浴びられるように、郊外の森に囲まれた場所に施設は建てられ、主要棟から外に広がるように配された別棟にはバルコニーがあった。付帯施設として作業棟、従業員用住居、簡易宿泊所も用意されていた。1930 年以降に多くの建物が増築され、当初の建造物の大半も改造された

るヘルスケア複合施設を想定していた。診療所とそのほかの施設は主要棟の 1 階と敷地内にある別棟に入所することになっていた。かつてサナトリウムの娯楽室と食堂であった主要棟の 2 階は、カンファレンスルームや集会室に改造された。別棟の複合施設は、支援業務や夜間施設に改造されることになっていた。計画にテル・メーレン（Ter Meulen）棟をホテルにする案もあったが、ふたつ目の分棟ドレッセルホイス（Dresselhuys）棟の結末については、いまだ確定されずにいる[＊2]。

マスタープランは、現存する歴史的建造物の修復・再生やリノベーションだけでなく、介護施設の長期滞在者が利用していた居住用建物を敷地内の別の場所に新たにつくることも検討され、それらは敷地全体の経済的実行可能性によって判断される。それでもなお、ダウカーの建造物群とそれに隣接するランドスケープは、今もはっきりと認識できる状態で残されている。この計画は、それらをできる限りそのままの状態で残し、重要な構成物を引き立たせることを求めている。当初の敷地の調和に寄与していないと認定された比較的最近に建設された建物は解体された。ヘルスケアや福祉に関連する施設を入居させるというコンセプトは、建物が計画された機能を基本的に持続させているため、建物の当初の意図と機能との相性がよかった。この敷地と構造物は、今では当初のサナトリウムを連想させる偏見や疎外感または孤立感をまったく感じさせない。

修復とリノベーションは、オランダ政府が一部基金を出したのだが、いくつもの明確な基準で統制されていた（概念上、矛盾しない用途を探し出すことは別である）[＊3]。保存するに値すると認められる、建築上重要な特徴は、明快な機能計画と非常に薄いコンクリートスラブ、そして透明性により成立する建物の強烈な視覚的特徴を含んでいた。これらの要素は、それらがすでに劣化しているか失われつつある場合でも、保存・修復・再現されることになって

いた。重要視されたのは、当初のデザインの設計意図と全体の視覚的な印象であった。劣化状態を考えた末、外部の被覆と内部の仕上げや間仕切りを大々的に復元することとなった。さらに全体にわたって重視されたのは、当初の設計概念の中核をなす、建物の透明性と軽快さを回復させることだった[図16-4]。

　主要棟、作業場、ケーペル（Koepel）棟の修復は90年代後半と2000年代初めにかけて行われ、すべて完了した[*4]。この工事の内容は、インテリアのリノベーション、鉄筋コンクリートの修理と交換、全外壁スタッコの洗浄、新しい窓に用いる新しい鉄製サッシからなる。敷地の当初の視覚的透明性は、外部と内部の工事にかかわるすべての決定に影響を与えた。例えば、主要棟では2階のカンファレンスルームにアクセスできる新設のエレベーターは、既存建物全体の建築表現に調和させるために、突合せ接合した強化ガラスのシャフトでつくられており、外観の透明性に影響を与えていない[図16-5]。同様に、機械システムを刷新する際にも、オリジナルの外観を保つためにあらゆる努力が払われた[*5]。

　当初の窓の透明性と反射性は当然ながらきわめて重要であり、したがって外部ウィンドーウォールの復元とガラスの選定はかなり難しい課題であった。鉄の劣化とガラス窓の壁面断熱性能に対する懸念から、サッシとガラス窓は取り換えられた。鋼製窓はもともと作業場で現場施工されたものであった。奥行き1インチ（25mm）の鋼材で組み立てられた、個別の窓は、階から階にかかる垂直材に取りつけられていた。修復時には、材料を節約するため、それぞれの窓は片面のみの仕上げとしたが、全面窓の堅枠を形づくっている昔の材と重複する。垂直の補強材がすでに建設時に付け足されていたが、それでもなお、窓のシステムの強度不足による大量のガラス破損が生じていた。そのほかにも、窓ユニット間の材の耐久性が不足していたため、大幅な寸法の狂い

図16-3：ケーペル（「丸屋根の家」）外観。1930年に建設された元従業員用住居。個室は、天窓がかかる建物中央のコア部分を取り囲むように配置された。この建物は修復されインフォメーションセンターとして開放された。鋼製窓と組立てスパンドレルは比較的よい状態であることがわかり、当初の色に塗り直された

や不具合が生じていた。

　修復の過程で注目されたのは、この窓のシステムに付随する問題が31年のドレッセルホイス棟のその後の施工に変化を引き起こしたということである。後に建設された別棟の例にならって、より奥行きのある断面の材料が新しい窓に用いられ、完全に独立した窓ユニットは、垂直材間に熱膨張や寸法の差異を許容するだけの十分なあそびをとって設置された。サッシの可動部品のサイズは、以前のものよりやや小さくなっていた[*6]。

　ガラスの取り換えにおいても同様の課題があった。当初のガラスは無色で、製造工程が原因の欠陥が多くあった。しかし50年代、60年代のフロートガラスの導入で、ガラス技術と製造技術は著しく変化した。これらの変化は生産方法のみならず、ガラス自体の外見にも影響を及ぼした。初期の延べ板ガラスのムラやそのほかの欠陥が除かれた[*7]。その結果として、当初のガラスのひずみや無色の外見上の特色は、板ガラスの交換とともにあえなく失われた。当初のガラスの特性は建物の外観に不可欠な要素とみなされたので、20年代のものと同じように製造され無色の外見を持つ代用品のガラスを探すのにかなりの労力が費やされた[*8][図16-6]。

　ガラスの熱特性もまた考慮された。当初の単層ガラスの外観を維持するため、新しい単層ガラスは廊下、階段、集会スペースなど、人の滞在時間の短い場所に取りつけられた。また、断熱ガラスは、絶えず人がいる比較的小さい空間に取りつけられた。2種類のガラスを近接して取りつける際には、一貫した外観を確保するための特別な努力が必要だった。新しい延べ板ガラスは、東欧でまだ製造されていた、当初のガラスのゆがみと無色の特性を持つガラスを採用し、単層の窓枠に用いられた。断熱ガラスは、二重に窓枠を設置する箇所に合わせて製造された。複層ガラスの装置は、外側は単層ガラスに使用したものと同じ東欧の延べ板ガラス、内側はアメリカ製

図16-4：主要棟外観。主要棟南西角のガラス張りの部屋にはボイラー室や機械室が入る。はっきりそれと見てとれる近代設備は可能な限り当初からあったかのように見えるよう意図されている。建物の輪郭形成において重要な役割を持つ煙突はひどく改造されてしまっていたが、元の外観に復元された

図16-5：主要棟外観。当初建物の2階へは階段でしか行けなかった。現在の要望と法令に適合させるため、新設のエレベーターは当初の建物の建築的な表現に近似した形式を用いて、既存階の隣に挿入された

の中間色のフロート板ガラスという組み合わせでできていた[*9]。間近で見ると些細な違いが目立つものの、全体の外観はそろっており、ガラスの熱性能も現代の水準まで引き上げられた。

モダニズム建築の色彩はあまり探究されてはいないが、重要なテーマである。ゾンネストラールの宣伝資料や結核撲滅運動に関するチラシで、黄色と青色が健康や幸福を示唆するものとして重要な役割を果たし、その色はゾンネストラール（"太陽の光"）の名を連想させた。文書記録の大部分はモノクロだが、広範にわたって屋内外の表面の色彩が調査された結果、建物の至る所にさまざまな色彩が使用されていたことがわかった[*10]。例えば、主要棟の外壁スタッコの色の幅は白色から灰色まであり、窓の鋼製枠部分には淡い青色とシルバーグレーが塗られていた。屋内は茶色、黒、淡い黄色に加え、同系色の色で仕上げられていた。白い外壁はほのかに紫を帯びており、それが壁面にきらめきを加え、扉と鋼製窓の淡い青色をより効果的に見せていた。室内の天井と壁上部は漆喰仕上げで、壁の腰板は淡い黄色で統一されていたと分析されている。複数棟からなる別棟とそのほかの構造物も、修復の判断材料とするために色彩が分析された。それらの色彩の展開は主要棟とよく似ていた。

限られた資金しかなかったために、建物と材料にかかる費用はゾンネストラールの建設時の最大の関心事であった。デザインの機能性とそれに関連する経済性は、できるだけ最良の建物を建設しようとする一方で、費用を最小限に収めようとする二重の願望に突き動かされていた。この金銭的な収支を合わせるうえで助けとなったのは、工事の労働形態であった。建物の建設中や整備中に、働けるほどに健康を回復した患者が多数いたので、労働者は容易に得られたのである。しかし修復時には、人件費と材料費がともに総予算に組み入れられた。

修復には当初の材が使用されたが、人件費と材料費の関係が変化したことによって起きるジレンマに直面した。例えば、床のリノリウム張りのような仕

上げは、衛生と清潔さを重要視するサナトリウムにおいて重要なものであった[＊11]。当初のリノリウム床は、現地の労働者が取りつけた建材のひとつであった。当初のリノリウムの注文書は入手できたが、どの部屋にどの色のリノリウムが実際に張られたのかは不明瞭であった。リノリウムは経費節約のため、部屋の中央部分にしか張りつけられていなかったので[＊12]、注文した量と当初の各室の寸法を関連づけて入念な計算を行い、各色の最適な配置が決定された。当初の見本帳が正確な意匠と色彩を再生するのに役立った。施工当時は、リノリウムを裁断せず幅いっぱいで使用したので、廃棄部分は生じなかった。幅がかなり狭い廊下では、リノリウムを裁断して幅木を取りつける代わりに、壁まで立ち上がる新しいセメント幅木がつくられた。当時、費用がかけられていなかった細部は、改造するとなると大変仕事がしずらく、費用のかかるものであった。それにもかかわらず、この建物の特性を定義づけるものであるがゆえに、それら細部は再生された。

ドレッセルホイス棟は、いまだ修復されずにいる唯一の当初の建物である。その劣化状態は近代建築にかかわる保存論者によく知られているジレンマ、すなわち設計意図と建材のオーセンティシティ（真正性）のつり合いを取ろうとするがゆえのジレンマを示している。80年代初頭に遺棄されて以来、薄い鉄筋コンクリート構造、化粧漆喰の表面、細いスチールサッシなど、すべての劣化が進み、90年代の屋根部分の漸進的な崩壊のように、建物の視覚的なインテグリティ（完全性）、さらには構造のインテグリティも失われた。なお、このドレッセルホイス棟は2003年に足場が架けられ、できる限り覆いをかけた状態にされている[＊13]。

この棟の修復に関してはふたつの選択肢があるように思われる。当初の建物は可能な限り保全され、素材のオーセンティシティの見かけは維持されているが、いずれかなりの量の当初材の交換を要するであろう。さらに重要なことには、構造のインテグリティや本物の材料の重要な部分がすでに失われているため、必要とされる補強と交換の程度によっては、保存することの経済的価値に対する疑問が生じ、ダウカーの当初のプランにしたがって新しい建物を建設するという以前から議論されてきた代替案が浮

図16-6：ウィンドーウォール詳細。当初の窓枠を手本に新しい窓は製造された。専有空間の窓には断熱ガラスが、副次的空間や移動空間の窓には単層ガラスがはめ込まれた。断熱ガラスの厚さは既存の窓枠にはめ込めるよう最小限にとどめられた。ガラスは視覚的連続性を確保するため延べ板ガラスで誂えられた

上してくる。結果としてでき上がる新たな建物はほかの建物と同様、ダウカーの設計意図にごく近くそしてよりよく表現するものとなるかもしれない。しかしそのように復元された建物は、ことによっては世界文化遺産リストの承認の妨げとなるおそれがある。それゆえこの選択肢はこれまで追求されてこなかった。伝統的な保存の実務において高く評価されてきた素材のオーセンティシティと、近代のデザインにおいて重要な位置を占める設計意図との間で生じるこの矛盾は、近代建築の保存に共通するジレンマを示している。

まとめ

ゾンネストラールやサナトリウムは明確な機能を

持つほかの建築類型のように、おそらくは当初から寿命の短さは予期されていたのであり、それゆえに、それらの保存は深刻な哲学的なジレンマを突きつける。ゾンネストラールの場合は、建築的・文化的意義が備わっていたので、施設の一部を修復し、残存している建物のプランを開発することで、実行可能で相性のよい用途を見つけだすことができた。オランダ政府からの十分な補助金と、新しく計画的に関連づけられた住居部分の建設、そしてカンファレンスルームから診療所までの修復済みの施設の賃貸料によって生み出される収入が、敷地内の修復と持続的な運営の経済基盤を支えた。

　この事業はあらゆる面で保存の模範となる。急速な素材の劣化に伴い機能が陳腐化した複合施設は、修理され修復・再生され、当初の用途とも矛盾しない用途も発見された。また、この事業によって、その敷地における経済的に実行可能で計画的に矛盾しない開発計画が構築された。修復は、十分な歴史研究と現地分析に基づき、革新的な解決策により見事に実現された。新しい窓のシステムの設計に最大限の注意が払われ、外観の透明性がこの建物の当初の特徴の基礎であるという理解に立って、インテリアの各要素が導入された。主要棟の修復が04年に、作業場が03年に、新たな住居部分が06年にそれぞれ完成するなか、ドレッセルホイス棟は03年に足場が組まれ覆いがかけられたままで、今後については未定であるが、間違いなく将来のある時点で、ほかの棟と同様に考え抜かれた方法で修復されるであろう。

【注】

＊1　ゾンネストラール・サナトリウムの歴史に関する本は数多く出版されている。Ronald zoetbrood, *Jan Duiker en het sanatorium Zonnestraal* (Amsterdam: Van Gennep, 1985), Ton Idsinga, *Zonnestraal: Een nieuwe tijd lag in het verschiet* (Amsterdam: De Arbeiderspers,1986) などを参照。のちの復元の詳細に関しては多くの各種出版物で議論されている。Els Arends and Theo van Oeffelt 'Zonnestraal: Het gebouw dat niet meer zou bastaan,' special ed., *Monumenten*, April 2004, を参照。*Documentatie Zonnestraal, Hilversum* 2003, は2003年11月26日に修復した区画の開業に向けて発行された小冊子である。マスタープランと主要建物の修復はオランダのフーベルト・ヤン・ヘンケット＆パートナーズとヴェッセル・デ・ヨンゲ設計事務所による仕事である。

＊2　*Documentatie: Zonnestraal, Hilversum 2003*. 上記は2003年11月26日、修復に取り組んだ関係者が建築見学とシンポジウムの行事で発行した小冊子。

＊3　主要建物と作業場の修復は、オランダ政府からの復元助成金を含む複数の財政支援と慈善団体や財団からの寄贈を受けて実現した。また55戸のケアアパートメントの開発を含め、資産の開発計画を入念に行うことにより実現した。Bram van Vliet and Frans Herberighs, "Op zoek naar een gezonde balans tussen monument en exploitative," in Arends and van Oeffelt, "Zonnestraal: Het gebouw dat niet meer zou mogen bestaan," 18-20, を参照。

＊4　作業場が診療所に変わり、ケーペルは訪問者インフォメーションセンターに改造された。

＊5　Brenda de Munnink, "Vormgeving bepalend voor de techische installaties," in Arends and van Oeffelt, "Zonnestraal: Het gebouw dat niet meer zou mogen bestaan,"14. 新しいボイラーは特注でつくられ当初の姿に似た囲いで隠された。暖房機や照明、そのほか各種装置はできるだけ当初の設計や配置にしたがって組み立てられた。

＊6　この情報は時を経て、2004年10月2日ニューヨークのDOCOMOMO国際科学技術研究会で発表された修復建築家ヴェッセル・デ・ヨンゲの研究論文 "Restration of the Sanatorium 'Zonnestraal' (1928-31) and the Van Nelle Factories (1928-31) Compared: Hands-on Experience on 1920s Metal and Glass Curtain Wall Preservation," からだけでなく、2003年のヴェッセル・デ・ヨンゲとのさまざまな議論のなかで得られた。

＊7　ガラス製造における進歩についての論評は、一例として以下を参照。Michael Cable, "Mechanization of Glass Manufacture," *Journal of the American Ceramic Society* 85, no.5 (1999): 1093-1112.

＊8　de Jonge, "'Zonnestraal': Restration of a Transitory Architecture," 26-27 参照。

＊9　新しい断熱ガラスはおおよそ厚さ11ミリメートル（32分の15インチ）で、新しい鋼製窓の溝にちょうどはまるようつくられている。

＊10　ゾンネストラールの色彩に関するより詳しい研究は、次を参照。de Jonge, "'Zonnestraal': Restration of a Transitory Architecture," 29.

＊11　Nils Aschenbeck, "In the Era of Hygiene," in *Linoleum: History, Design, Architecture, 1882-2000*, ed. Gerhard Kaldewei (Ostfilden, Germany: Hatje Cantz Verlag, 2000), 140-61. 1899年には、リノリウムのおもな製造業者のひとつ、ドイツ・リノリウム社がベルリンの肺結核会議の行事で医療産業向けに専門カタログを出版した。アメリカ合衆国でのリノリウム使用の歴史に関しては以下を参照。Bonnie Wehle Parks Snyder, "Linoleum," in Thomas C. Jester, ed., *Twentieth-Century Building Materials: History and Conservation* (New York: McGraw-Hill, 1995), 214-21.

＊12　白いセメントプラスターはリノリウムと壁の間や柱周りを仕上げるために使用された。de Jonge, "'Zonnestraal': Restration of a Transitory Architecture," 27.

＊13　de Jonge, "'Zonnestraal': Restration of a Transitory Architecture," 19.

ファースト・プレスビテリアン教会堂
（アメリカ・コネティカット州スタンフォード）

　アメリカ・コネティカット州スタンフォードにある、ウォレス・ハリソン設計のファースト・プレスビテリアン教会堂は、間違いなく彼の作品のなかで最も美しく、影響力のある作品のひとつとして位置づけられる。この教会堂は「ダル・ド・ヴェール」、もしくは切り子ガラスと呼ばれる技法を北アメリカで最初に使用した建築のひとつである。ファースト・プレスビテリアンにおける彼の成功により、厚い色ガラスをコンクリートやエポキシ樹脂にはめ込んで抽象的もしくは幾何学的な模様に配列する手法が普及した。この技法はその後、全米の何百もの戦後のモダニズムのキリスト教会堂建築に取り入れられた。ファースト・プレスビテリアンの「ダル・ド・ヴェール」は多くの近代的素材の保存に共通する諸問題を示す。例えば、実験的な材料、隣接する材料の不和合性、水の浸透や漏れによる影響、あるがままの状態で保存することの困難さなどである。ダル・ド・ヴェール保存の技術面が注目されはじめているが、ダル・ド・ヴェールを取り入れた20世紀中頃の教会堂や公共建築の多くがその修理・交換・保護の必要に直面するにつれて、使用されたダル・ド・ヴェールの数量と製作時期、そして建物に及ぼしうる脅威については、さらなる議論と研究が必要であろう。

図16-7：ファースト・プレスビテリアン教会堂、アメリカ・コネティカット州スタンフォード、ウォレス・ハリソン（1952-58）、修復再生中（訳注：2010年には完了）。全景。教会堂はスレートとダル・ド・ヴェールをちりばめたプレキャストパネルの外観を持つ。ダル・ド・ヴェールはバラバラの大きさに砕いた鋳造ガラスでできた近代的素材である

図 16-8：建設風景。大型の三角形のプレキャストパネルを足場にもたれかけさせ、教会堂の切り子面状の穴のあいた外側の覆いが連結された。ダル・ド・ヴェールの窓ガラスは、大型のプレキャスト構造パネル内部の小さな三角形や台形の明かりとりの部分に、現場ではめ込まれた

保存の論点

コンクリートにはめ込んだ初期のダル・ド・ヴェールは、経年に耐えられるものではなかった。常にコンクリートやガラスのひび割れに対する懸念がつきまとった（コンクリートのひび割れは、早くも 56 年にフランスのサクレ・クール・ドーダンクールで確認された）。60 年初め頃に米国のガラス工房が、ガラスとコンクリートの付着力と熱変化に十分に耐えられるガラス性能に一石を投じ、この技術がエポキシ樹脂製鋳型への転換を促した。それにもかかわらず、ヨーロッパのガラス工房では、コンクリートのみを使った窓の製造が続けられた。若干ではあるが、米国でもまだこうした窓の取りつけが見られた。その証拠に、建設当時のファースト・プレスビテリアン教会堂の記事には、ガラスとコンクリートは比較的不活性の物質であり、これらふたつの素材はほぼ同じ割合で膨張収縮するらしいという誤った見解が掲載されていた[*1]。

しかし実際は、建設時に窓に防水塗装を施したに

もかかわらず、建物は使用開始後間もなく漏水しはじめた。南側や東側の壁面は、比較的安定していた北側立面の窓パネルよりも水の浸透具合がひどかった。熱変動がほかの壁面より激しかったからである。しかし、被害は単に水の浸透のみによるものではなかった。決定的なひび割れは、浸み込んだ水分が氷結解凍を繰り返すうちにコンクリートやガラスにさらにダメージを与え、悪化してできたのである。この水の氷結解凍は多くの接合部分——プレキャストパネルの窓ガラスの間、そしてパネル間の接合部分——にもダメージを与え、特に屈曲部分の谷間に沿った箇所の損傷は著しかった。漏水の問題を解決するために、防水加工業者にはめ込んだ窓ガラスとプレキャストパネルとの継ぎ目だけでなく、切り子ガラス自体にも追加塗装をさせるなど、幾多の試みが行われた。ある部分では、外気に面したダル・ド・ヴェールのパネルの上にガラスを保護するポリカーボネート製シートがかぶせられた。これはステンドグラスを保護する方法として確立している手法である[図16-9][＊2]。

80年代後半の大規模な改修では、おもに建築物への防水処理が重点的に行われた。ガラスの保存修復家は、ファースト・プレスビテリアンの南側・東側壁面の切り子ガラスが危機的状態におかれていることを発見した。ガラスはひび割れて破損し、そのうちいくつかは、コンクリートとガラスの熱膨張率の相違や、ガラスとコンクリートの間に浸透した水分によって生じたと思われる結氷被害によって、完全にバラバラになっていた[図16-10]。

ガラスを固定させるエポキシ樹脂の注入は一時的な解決策にはなったが、水の浸透と熱膨張の問題はなおも継続していた。そうして、ファースト・プレスビテリアンの大規模な被害は、システム上の問題であることが判明したのである。その当時、ダル・ド・ヴェールの専門家が提案した唯一の半永久的な解決策は、窓ガラスのシステムを保護するか取り換えるかであった。教会側は保護用の窓ガラスのシステムを内側と外側の双方に取りつけるよりも、南壁面と

図16-9：外部詳細。ダル・ド・ヴェールの窓ガラスが取りつけられていて空に向いている部分は、ダル・ド・ヴェールやそれらをはめ込んだプレキャストパネル、そして大型の構造パネル間の接合部分に水分が浸透するのを防ぐため、後から補助的な防水シートで覆われている

東壁面のコンクリートの窓ガラスを新しいエポキシ樹脂の窓ガラスと取り換えるほうを選んだ。熱変動による圧迫がさほど極端でなかった北壁面は、当初のコンクリートの窓ガラスをそのまま残した。南面と東面の切り子ガラスの窓は、取り外して研磨し、取り換え用の窓ガラスの型板として利用された。新しい色ガラスは、もともとフランスで行われていたのと同じように現場で組み立てられ、手刻みで切り子面がつけられた。それからその新しいガラスを元の意匠と同じになるように配し、エポキシ樹脂をガラスの周囲に流し込んだ。一体になったガラス板の表層には、当初の窓ガラス付きコンクリートの見た目に近づけるためにエポキシ樹脂が上塗りされた。この新しい窓ガラスは、窓ガラスとプレキャストコンクリートの構造部分との間に熱膨張分の余裕をもたせ、かつ水分浸透をできる限り抑えるため、シリコーン・コーキングを施して取りつけられた[図16-11]。

コンクリートの構造システムも修理する必要があった。破損したコンクリートは修理され、腐食した補強材は除去され新しいものに取り換えられた。長年にわたり防水塗布されてきた結果、3層になっていた透明アクリルを除去するため、コンクリートの外面はサンドブラストで磨き上げられた。コンクリートの滑らかな外観を再現し、さらなる防水加工を施すため、新たに補修し洗浄されたコンクリートは、3つの組成からなるセメント質のエポキシ樹脂の下塗りと、透明の防水上塗りを浸み込ませた繊維ガラスのメッシュを使って密閉された。そして表面の接着層はこてで塗られ、ダル・ド・ヴェールの窓ガラスに用いられたものと同種のきめ細かい大理石を混合したトップコートで仕上げられた。天井部の窓ガラスは、保護処理済みの切り子ガラスではないが、同種のものと取り換えられたうえに、後からポリカーボネート製シートが追加された[*3]。しかしそれでもなお、仮に換気装置が取りつけられ、それが伝統的なステンドグラス向けの保護用ガラスシステムにも適していると推奨されているとしても、窓ガラスにさらに損傷を与える可能性のある結露や熱蓄積の過多を防ぐかどうかは疑問である。

図16-10：内部詳細。鋳造ガラスの破損やコンクリートとガラスの隙間の密封不足は水分の浸透を引き起こし、それにより教会堂内側表面には白華現象が見られた。ガラス対プレキャストコンクリートの膨張収縮の差異が最も顕著な箇所である南側の損傷が著しい

まとめ

ファースト・プレスビテリアン教会堂で生じた問題は、コンクリートに埋め込まれたダル・ド・ヴェールにとって特殊なことではない。しかし問題は通常、取りつけからさほど時間が経過せずに起こるため、どの範囲の当初のコンクリートが保護用ガラスシステムのもとで密封されているのか、どれくらいエポキシ樹脂の窓ガラスに取り換えられているのか、またどのくらい状態が悪化しているのか、まったく不明である。単層鋳造で黒いエポキシ樹脂を使用し、あまりに薄い型枠でできた不十分なつくりのエポキシ樹脂製窓ガラスは、たいていは元通りに継ぎ当てしたり修繕したりするよりも、すぐに取り換えられる。

しかし、エポキシ樹脂で固定した切り子ガラスはよく持ちこたえている。プレキャストコンクリー

図16-11：外部詳細。ダル・ド・ヴェールの窓枠の断面は鋳直され、プレキャストパネルにはめ直された。プレキャストパネルの表面は、剥離と腐食した鉄筋を修理するため、再形成され、接合部分も再度密封された

トパネルと窓ガラスとをつなぐシリコーン目地は、早急な修繕を必要としている可能性があるものの、ファースト・プレスビテリアンの取り換えられた窓ガラスは、15年たっても良好な状態を維持しているようである。修復再生の作業は、現在進行中でこうした問題などに取り組んでいる。この類型のガラスの取りつけに不適当なコンクリートの使用や、利きの悪くなったエポキシ樹脂の修繕の不能が原因で、取りつけた素材のオーセンティシティの喪失が一部で見られるが、エポキシ樹脂の窓ガラスを使った同種のものへの取り換えは、設計意図とすべてのガラス工芸品の意義を維持している。例えば、合衆国空軍士官学校付属礼拝堂（1956-63）では、厚さ1インチ（2.5cm厚）のダル・ド・ヴェールがコンクリートやエポキシ樹脂の代わりに、アルミニウムの板と枠にはめ込まれ固定されているのだが、複層窓ガラスやコーキングのような最新の密封材を用いるなど、当初のデザインに対する大幅な妥協は、漏水の問題を完全に回避できないまでも低減させることができ、デザインのインテグリティを保持する手段として用いられている［＊4］。

ダル・ド・ヴェールは、近代的素材を維持するために必要となる、多くは骨の折れる対策——それはしばしば、素材のオーセンティシティの保存と当初の設計意図の保存のどちらを選択するかという難しい選択を突きつけるのだが——の重要な実例である。ファースト・プレスビテリアン教会堂の当初の窓ガラスの取り換えは、当初の窓の意匠と色彩を維持しながらも、双方の問題に取り組むという慎重な解決策を示している。基本的には、ガラスの宝石をちりばめた屈曲したパネルは構造の意匠面に貢献しているが、ガラスをはめたコンクリート基質のパネルの素材のオーセンティシティよりも、構造のインテグリティのほうがはるかに重要である。

【註】

＊1　2006年10月27日のステンドグラス保存委員ジュリー・L・スローンと著者との討論による。また、"A Brilliant Canopy for Worship," *Architectural Forum* 108 (April 1958): 107 と Helene Weis, "Faceted Glass and the French Connection," *Stained Glass Quarterly* 89, no.4 (Winter 1994): 284 参照。

＊2　当時ファースト・プレスビテリアン教会堂の修復再生に携わった建築会社ヴァルス・カーペンター・アソシエーツからの1991年11月14日付のファックスによる。

＊3　2006年8月16日のニューヨークはマウント・ヴァーノンのロルフ有鉛ステンドグラス工房のピーター・ロルフ・シニアと著者との会話による。ロルフと彼の工房はファースト・プレスビテリアンの更新作業にも従事していた。ヴァルス・カーペンター・アソシエーツもまた同様であった。

＊4　James S. Russell, "Learning from Industry: Architectural Technology at the U.S. Air Force Academy," in *Modernism at Mid-Century: The Architecture of the United States Air Force Academy*, ed. Robert Bruegmann (Chicago: University of Chicago Press, 1994), 155n15 を参照。

結論

　高度に機能本位なビルディングタイプと特殊な近代的素材の保全は、素材のオーセンティシティと当初の設計意図に議論が集中すると、いろいろな点でよく似た保存問題を提起することがある。双方の問題に取り組んだ、ゾンネストラール・サナトリウムとファースト・プレスビテリアン教会堂のダル・ド・ヴェールの保存では、その解決策が示されている。ゾンネストラール・サナトリウムの機能は、当初の設計意図の根本をなすものだったが、その場所に適した矛盾しない用途を探り出すことで保全された。開発と保全を一体化してとらえるというマスタープランと部分的に完了している復原計画のもとで、建物を医療施設として継続利用すること、明確な建築物の特徴（透明性が一番大切だが、色彩や仕上げも含む）の維持を確実にする。同じように、ファースト・プレスビテリアン教会堂のガラスの修復にとって重要なのは、ウォレス・ハリソンの当初の設計意図の延長上に解決策が見いだされたことである。

　これらのふたつのプロジェクトは、近代建築の保存に関連する典型的な問題と解決策の代表的なものである。建物の機能と用途は確実に変化し、建材は必ず不具合を起こす。建物の精神に不可欠な当初のアイデアと素材のオーセンティシティの両方を保存することは、われわれに突きつけられた困難な課題である。

訳者あとがき

本書について

　本書は Theodore H. M. Prudon, *Preservation of Modern Architecture*, Wiley 2008 の抄訳である。

　近代建築の保存は歴史的な遺産と共存する豊かな都市を創出し、持続可能な環境を目指すこれからの社会にとって重要な課題であり、にわかに注目を集めている。しかし、こうしている最中にも吉田鉄郎設計の大阪中央郵便局の取り壊しが発表され、玄関のみを残して新しい計画に組み込む予定だと報じられている。その歴史的価値は疑いようもないのだが、おおよそ保存とはいいがたい「保存」が進められようとしている。一方、前川國男設計の京都会館では、機能を拡充するために大規模な改修が提案されているが、京都市は再整備検討委員会を設置し、文化的、歴史的、空間的価値を考慮した改修設計の基本指針を策定しようと議論を進めている。京都の例は近代建築保存にとって明るい兆しといえそうだが、このような議論をふまえて改修した例は、わが国ではほとんど見られない。こうした現状には、参考にすべき先例や考え方に関する情報が入手しにくいこと、そして近代建築の保存の考え方や手法を正面から扱った書が少ないことがひとつの要因であるように思われる。そうしたなか、本書は近代建築保存の最新の情報を提供してくれる数少ない書のひとつといえる。

　近代建築は大量に存在するために、これまでに培われてきた建築保存の知識や概念はそのままでは適用できず、文化財概念の拡張、これまでと異なる考察と戦略が求められる。本書で明らかにされるのは、保存における伝統建築と近代建築の差異、近代建築の保存・再生における問題の所在、それらの問題に対する最新のアプローチである。さらに、多様な事例を通して近代特有の材料、構法、建築類型が具体的に考察され、それぞれの論点が明らかにされる。

　近代建築の保存をめぐる論点は実に多様であり、その解決策も同じように多様である。本書は、建築史学、計画学、材料、構法など、さまざまな知識を武器にして近代と現代をつなげる方法を探らなければ、保存を実践に移すことはできないというメッセージとして読むことができる。保存のためにそれぞれの建物に向き合い、歴史的建造物・歴史的環境の守り方、手の加え方を学び考えよというわけである。そのために世界各地から集められた豊富な事例は、わが国の保存の議論の深化を後押ししてくれると思われる。この訳書の出版が、わが国の近代建築保存の議論を少しでも活発化させることができたならば、幸いである。

　なお、原書は 2008 年にアメリカの保存技術協会の図書賞を受賞しており、米国ですでに高い評価を受けている。

著者について

　著者のプルードン氏は、デルフト工科大学建築学部とコロンビア大学大学院建築・都市計画・歴史保存学部に学び、コロンビア大学で博士の学位を取得後、同校の歴史保存コースで30年以上にわたり教鞭を執っている。また、ニューヨークに建築事務所プルードン＆パートナーズを構え、修復建築家として実務に携わる一方で、ドコモモUSの代表とドコモモ・インターナショナルの評議委員も務めており、近代建築保存の最前線で活躍している。これまでにオランダの建築保存や戦前のアメリカの建材劣化と修理法を分析した論考を発表し、最近は戦後建築の保存に関する研究に取り組んでいる。これまでの経歴からわかるように、プルードン氏は建築保存に関する教育・研究・実務のいずれにも携わっており、欧米の近代建築の保存に最も詳しい専門家のひとりといえる。

翻訳について

　原書のタイトルは直訳すれば「近代建築の保存」であるが、保存は歴史を扱うものであると同時に技術を扱うものであるということを意識し、訳書では「近代建築保存の技法」とした。ひとくちに「保存」といっても、保存のレベルに応じて建築を扱う方法もさまざまである。それは用語にもはっきりと表れる。「保存」「修復」「復原」「復元」などのよく用いられる言葉はその意味の境界が曖昧で英語とうまく対応しない。本書では、英語のpreservationは保存の訳語を充てているが、restorationは文脈によって修復と復原を使い分けている。rehabilitationは機能回復を目的とする修繕を意味することから基本的に修復再生の語を充てている。reconstructionには復元または再建の語を充てている。結果的に、やや揺らぎのある翻訳になっている点はご容赦いただきたい。わが国の保存手法が多様化し、言葉が新たな意味を獲得していけば、いずれ訳語の見直しも必要になると思われる。

　本書は、第1部は保存の理論と実務の概論、第2部は建築類型別のケーススタディ集という二部構成であるが、第1部は全訳とし、第2部は近年新たに生じている問題の多様さを示すことに重点を置き、ビルディングタイプ別およびケーススタディ別の保存の論点を中心に訳出している。原書は600ページほどもある大著であり、脚注テキストも本文以上に充実しているのだが、諸般の事情によりプルードン氏の承諾を得て本文・脚注ともに一部割愛させていただいた。いうまでもなく、原書に記されている建物の来歴や保存に関する議論は、保存の論点を深く理解するためには必要な情報である。それぞれの建物に関する詳細な情報を知りたい場合は原書にあたられることをお薦めしたい。

　翻訳は京都工芸繊維大学の大学院生との共同作業で進められた。序文、第1部の全章と第8章の郊外住宅地は玉田が担当し、第2部は建築リソースマネジメントコースを

専攻する大学院生が翻訳したものに玉田が目を通し、全体を整えた。担当は以下の通りである。

第7章 「パヴィリオン」松下迪生
第8章 「一戸建て住宅」西川博美
第8章 「集合住宅・高層住宅」モニカ・ペレス・バエス
第9章 「プレファブリケーション」増永 恵
第10章「学校」、第11章「舞台芸術センター」原 愛
第12章「ホテル」榎並悠介
第13章「空港ターミナル」三宅拓也
第14章「産業建築」平井直樹、安 箱敏
第15章「外壁構成材――ガラスと石材」安 箱敏、平井直樹
第16章「複合施設」坪井久子

　翻訳にあたっては原書が出版された2008年以降の情報をできるだけアップデートするよう努めた。現状を調査しきれなかったものもあるが、わかったものについては訳注として追記している。訳者の浅学のため、プルードン氏の考えを十分に伝えきれていない箇所や思わぬ誤訳もあるかと思われる。読者のご叱正、ご教示をいただければ幸いである。

　短期間のうちに翻訳を完了させなければならないという時間的な制約もあり、翻訳は困難をきわめた。それがこうして実現できたのは、多くの方々のご支援をいただいたおかげである。中川理先生は本書の翻訳の機会を与えてくださったばかりでなく、翻訳の意義を信じ激励の言葉をいただいた。石田潤一郎先生は翻訳原稿に目を通していただき、温かい励ましとご指導をいただいた。松隈洋先生には建築保存の現状について教えていただいた。大田省一先生は訳語に関する議論に応じてくださり、笠原一人先生は訳文に目を通し、興味深い意見を寄せていただいた。秋枝ユミ・イザベル氏には翻訳を開始するにあたって、保存に関する見識と情報をご提供いただいた。これまでお世話になった先生方、先輩方に対し、心から感謝申し上げる次第である。また、編集にあたって大学院生諸君の手を煩わせた。鹿島出版会の渡辺奈美氏には多大なご支援をいただき、そのおかげでさまざまな困難を乗りこえることができた。本書が少しでも読みやすくなっているとすれば彼女のおかげである。この場を借りて関係者の皆様に御礼の言葉を述べさせていただきたい。

2012年1月
玉田 浩之

索引

あ

アイロ・ハウス AIROH houses　165-166, 168, 175
アウト、J・J・P Oud, J. J. P.　23
アクセシビリティ accessibility　90, 216, 256, 304, 349, 387-388
アスベスト asbestos　102, 104, 220
アダプティブユース adaptive reuse　47, 50, 69, 78, 81, 89-90, 102, 214, 259, 261, 409, 417, 424-425
アーツ・アンド・クラフツ運動 Arts and Crafts movement　61-62, 74
アテネ憲章 Athens Charter　73, 75-78, 80-83, 86, 93
アナスタイローシス anastylosis　63, 76, 79
アナハイム・アイス（ディズニー・アイススケートリンク）Anaheim Ice (Disney Ice Skating Rink)　126
アブラモヴィッツ、マックス Abramovitz, Max　137-138, *138-140*, 140, *356*
網入りガラス wire glass　134
アメリカ館、ブリュッセル万国博覧会 United States Pavilion, Brussels World's Fair (1958)　160
アメリカ建築家協会 American Institute of Architects (AIA)　214, 399
アメリカ先住民の墓所の保護・帰還法 Native Americans Graves Protection and Repatriation Act of 1990　87
アメリカン・ラジエター社 American Radiator Company　167-168
アモコ・ビル（エーオン・センター）Amoco Building (Aon Center)　150, 427, 441, *442*
アリーズ&モリソン Allies & Morrison　351
アリス・タリー・ホール、リンカーン・センター Alice Tully Hall, Lincoln Center　360
アルコア社ビル Alcoa Building　137, *138*
アール・デコ Art Deco style　23, 28-30, 42, 157
アールト、アルヴァー Aalto, Alvar　32, 150, 211, 307, 427, 438, 440
アルハンブラ宮殿 Alhambra　77
アルミネア・ハウス Aluminaire House　66-68, 93, 137, 169-170, *232*, 238-239, 247, *248*, 249-252
アレクサンドラ・ロード集合住宅 Alexandra Road housing project　25
アレッツ、ヴィール Arets, Wiel　*434*

い

イェール大学アートギャラリー Yale University Art Center　144-145, 147, *227*
意匠ドローイング design drawings　211
移築保存 relocation, preservation effort　31
一般調達局（GSA）General Services Administration　198
イリノイ工科大学クラウン・ホール Illinois Institute of Technology, Crown Hall　93, 136, *136*, 145, 427
イリノイ州歴史保存局 Illinois Historic Preservation Agency　311
インターナショナルスタイル International style　18-19
『インターナショナルスタイル：1922年以降の建築』The International Style: Architecture Since 1922 (Museum of Modern Art)　28, 249

う

ヴィオレ・ル・デュク、ウジェーヌ・エマニュエル Viollet-le-Duc, Eugène-Emmanuel　62-63, 71-75, 77, 92, 94
ヴィクトリア様式 Victorian style　42
ウィチタ・ハウス Wichita House　173
ヴィトロライト Vitrolite　134
ウィリアムズ、オーウェン Williams, Owen　23, 142, *142*
ウィルソナート Wilsonart (Ralph Wilson Plastics Company)　158
ウィルソン邸 Wilson House　255
ヴェニス憲章 Venice Charter　77-80, 87, 91
ウォーカー、ヘイル・J Walker, Hale J.　*277*
宇宙線パヴィリオン、都市部キャンパス、メキシコ国立自治大学 Cosmic Rays Pavilion (Pabelolon de Rayos Cosmicos), University City campus, National Autonomous University of Mexico　*116*
ウッツォン、ヨーン Utzon, Jørn　53, 206, *233*, 364-371
ヴューカレ地区の歴史的地区 Vieux Carré historic district　86

え

英国国営鉄道の継電気室 British Rail relay rooms　161
エイブリー・フィッシャー・ホール Avery Fisher Hall　*356-357*, 358, 360
エイン、グレゴリー Ain, Gregory　287, *288*, 328
エスプリ・ヌーヴォー館 Pavilion de l'Esprit Nouveau　78-79, 160, 238, 250

お

オヴ・アラップ Ove Arup　364
オークリッジ保留地 Oak Ridge Reservation　408
オコナー、ダニエル O'Connor, Daniel　157
オーストラリア遺産委員会法 Australian Heritage Commission Act　80
オーセンティシティ authenticity
　オーセンティシティに関する奈良ドキュメント Nara Document on Authenticity　80-83, 87, 91, 93
　哲学的な問題　60-63
　保存のプロセス　202
オープンエアスクール Open-Air School (Openluchtschool)　333-336
オーラルヒストリー oral histories　194, 197, 200-201, 209, 221
オルタ、ヴィクトール Horta, Victor　199

か

カイザー・アルミニウム社 Kaiser Aluminum　137
カイリー、ダン Kiley, Dan　35, 50, *361*, 401
ガウディ、アントニ Gaudí, Antoni　199
カウフマン・ジュニア、エドガー Kaufman, Edgar, Jr.　30, 255
カウフマン邸（デザート・ハウス）Kaufmann House, Palm Springs, California　33, 256
科学的修復 resutauro scientific　73, 78, 80
合衆国空軍士官学校付属礼拝堂 United States Air Force Academy Chapel　455
ガスケット gaskets　61, 99, *138*, 140, 152-155, 327, 401
ガスタヴィノ、ラファエル、シニア Guastavisno, Rafel, Sr.　113, *114-115*
カーテンウォール curtain walls　13, 21, 33, *40*, 50-52, 54, 58, 61-63, 92, 99-100, 102, *104*, 124, 128-148, *130*, *136*, *143*, 152, 154, 202, 219-220, *227-228*, *235*, 380-381, *383*, 415, *419-420*, 421, *422*, 423, 426-428, *432-434*, 435, *436-437*
ガニソン、フォスター、シニア Gunnison, Foster, Sr.　169
カーネギー・ミルズ社 Carnegie Mills　101
カブリニ・グリーン Cabrini-Green　44
ガラス glass
　→カーテンウォール
　→ゾンネストラール・サナトリウム
　→ダル・ド・ヴェール
　哲学的課題　53-57
　保存の論点　141-147
ガラッティ、ヴィットリオ Garatti, Vittorio　113, *115*, 228
カリブヒルトンホテル Caribe Hilton Hotel　374, *375-376*, 377, *378-379*, *385*
カルウォール Kalwall system　160
カルマン、マッキネル&ノールズ Kallman, McKinnel & Knowles　42-43
カーン、アルバート Kahn, Albert　106, 408
カーン、ルイス・I Kahn, Louis I.　58, 107, 145, 226

き

キイヤムイ・ガイドライン Kiiyamuy Guidelines　87, 94
キャンデラ、フェリックス Candela, Félix　114, *116*
キューバ国立芸術学校、バレエ学校 National School of Art, School of Ballet, Havana, Cuba　*115*, *228*
強化ガラス tempered glass　135
共和国宮殿 Place of the Republic　76-77, 82
キーラー・ハウス Keeler House　26
近過去保存ネットワーク Recent Past Preservation Network　34
金属、カーテンウォール metals, curtain walls　135-147
近代建築 Modern Architecture
　定義　11
　小史　16, 18-19
　保存の取組み（ヨーロッパ）　21-27
　保存の取組み（アメリカ合衆国）　27-34
近代建築国際会議 CIAM, Congres International d'Architecture Moderne (International Congress of Modern Architecture)　16, 18, 301, 306
近代建築国際展 Internarional Exhibition of Modern Architecture, Museum of Modern Art　249
キンブル、フィスク Kimball, Fiske　87

く

クイーン・エリザベス・ホール Queen Elizabeth Hall　353, 355
クイーンズ・ウォーク Queens Walk　352
クオンセット・ハット Quonset hut　170, 176
グッゲンハイム美術館 Guggenheim Museum　107
クライスラー・ビル Chrysler Building　138-139, *139*

クラウン・ホール　→イリノイ工科大学クラウン・ホール
グラス・ハウス Glass House　33, 51, 55, 111, 199, 202, *226*, 255-257, 261, 273, 434
グラス・パレス　→シュンク百貨店
グラスファイバー強化プラスチック（GRP）glass-reinforced plastic　156
グラフィックドキュメンテーション graphic documentation　209-210
クラフツマンシップ、哲学的な問題 craftsmanship, philosophical issues　60-61, 155, 192, 426
クラム、ヘンリー Klumb, Henry　28
クランブルックアカデミー Cranbrook Academy of Art　255
クリスタル・パレス、1867年万国博覧会 Crystal Palace, Great Exhibition (1867)　101, 134
クリスチャンセン、ジョン Christiansen, John　115, 117
グリーンベルト Greenbelt, Maryland　277-280, *277*, *280-281*, 291-292, 328
グリーンベルト歴史地区 Greenbelt Historic District　277
グルーラム（集成材）Glu-Lam　126
クレスギ・オーディトリアム Kresge Auditorium, Massachusetts Institute of Technology　116, 117, *118*
グレート・ソサエティ・プログラム Great Society programs　86
クレマー、マルティン Kremmer, Martin　406, *407*
グレン・マーティン爆撃機工場 Glenn L. Martin Company airplane plant　175
クローアイランド小学校 Crow Island School　231, 337, *337-341*, 339, 341
グロピウス、ヴァルター Gropius, Walter　21, *22*, 23, 28, 33, 54, 90-91, 110, 129, *129*, *131*, 144, 167, 198, 201, 208, 255-257, *263-264*, 263-264, 267-268, 274
グロピウス邸 Gropius House　33, 90-91, 255-257, 263-269, *263-264*, 274

け

芸術の殿堂 Palace of Fine Arts, Panama-Pacific International Exposition (1915)　78-79
ケーススタディハウス Case Study House Program　158, *159*
ゲデス、パトリック Geddes, Patrick　59
ゲデス・B・Q・カニンガム Geddes Brecher Qualls & Cunningham　111, *112*
ゲーテアヌム Goetheanum, Dornach, Switzerland　122, 124
ゲートウェイ・アーチ Jefferson National Expansion Memorial (Gateway Arch)　172
ゲートウェイ・センター Gateway Center, Pittsburgh, Pennsylvania　17
ケリー&グルーゼン Kelly & Gruzen　295, *296*
ゲーリー、フランク・O Gehry, Frank O.　126, 358
現況調査 surveys, field investigations　217-218
現代の記念物崇拝（リーグル）Modern Cult of Monuments (Riegl)　75
建築と諸芸術年次展覧会 Allied Arts and Building Products Exhibition (1931)　169, 247
建築ドローイング architectural drawings　210
建築の七燈 Seven Lamps of Architecture　72
現地検査 on-site testing　218-219
現場打ちコンクリート poured-in-place concrete　106-108

こ

公共住宅 public housing
　開発計画　78
　取り壊し　44
　反発　11, 18-19
航空産業 airline industry　19, 47, 137, 386-387, 399-401
構造システム structural systems
　カーテンウォール　99-100, 128-147
　技術的長所　99-101
　保存の論点　102-104
コーキング caulking　152-153, 155, 454-455
国際記念物遺跡会議 International Council on Monuments and Sites (ICOMOS)　34, 77, 80, 85
国際建築博覧会（ドイツ・ライプツィヒ）International Building Exposition, Leipzig, Germany　124
国際博物館会議 International Council of Museums (ICOM)　77
国際連合 United Nations　19, 356
国民住宅法 National Housing Act　317
国立公園局 National Park Service　85-86, 93, 196-198, 202, 311
国連事務局ビル（国際連合本部ビル）Secretariat Building, United Nations　136, 153, 428
古建築保護協会 Socicey for the Preservation of Ancient Buildings, Manifesto (SPAB Manifesto)　72-75
コスタ、ルシオ Costa, Lucio　19, *20*
国家環境政策法 National Environmental Policy Act　87
国家歴史的建造物プログラム National Historic Landmark Program　196-197
国家歴史保存法 National Historic Preservation Act (NHPA)　30, 85-87
コッカー、A・ローレンス Kocher, A. Lawrence　28, 169-170, *232*, 247, *247*, 249, 250
コッホ、カール Koch, Carl　328
コーニング・ガラスビル Corning Glass Building　147
コネチカット州総合生命保険会社 Connecticut General Life Insurance Company　48, 50
コネル、エイミアス Connell, Amyas　23
古物法 Antiquities Act　86
コペンハーゲン・カストラップ空港 Copenhagen Airport, Kastrup, Copenhagen　387
コールドウェル、アルフレッド Caldwell, Alfred　*288*, 313
ゴールドバーグ、バートランド Goldberg, Bertrand　107, *109*, *122*, 308, *308*, 310, 313
ゴールドフィンガー、エルノ Goldfinger, Erno　26
コロニアル・ウィリアムズバーグ（歴史地区）Colonial Williamsburg　86
コワニエ、エドモン Coignet, Edmond　106
コンクリート concrete　104-123
コンクリートの表面 surfaces, concrete　105
コンピュータ支援設計（CAD）computer-aided drafting　218

さ

材料 materials
　オーセンティシティ、哲学的論点　60-63
　カーテンウォール　124, 128-133
　技術革新　98
　技術的進歩　99-101
　機能性と陳腐化　46-50
　構造用鋼材　101-104
　コンクリート　104-123
　集成木材構造　124-128
　プラスチック　155-162
　プレファブ工法　316
材料科学 materials science　100
材料破壊、哲学的論点 materials failure, philosophical issues　58-60
サヴォア邸 Viila Savoye　21-22, 53, 58, 84, 208, *225*, 255, 259-262, 268, 270
サファディ、モシェ Safadie, Moshe　111
サラ・リー社 Sara Lee Corporation/DE　417
サーリネン、エーロ Saarinen, Eero　21, 44, 47-50, 58, 99, 110, 115-117, 125, 138, 154, 337-339, 357, *361*, 390-403, 408
サーリネン、エリエル Saarinen, Eliel　255, 337
サルミエント、W・A Sarmiento, W. A.　144
産業革命 Industrial Revolution　39, 47, 72, 74, 172, 221, 425
産業建築 industrial buildings　405-425
産業考古学会 Society for Industrial Archeology (SIA)　32
サント・シャペル礼拝堂 Sainte-Chapelle　73

し

ジェイコブズ、ジェイン Jacobs, Jane　78, 86
ジェファーソン国立発展記念碑　→ゲートウェイ・アーチ
シェルコンクリート thin-shell concrete　112-115
ジオデシックドーム geodesic domes　161
シカゴ芸術クラブ Chicago Arts Club　61
シカゴ住宅局 Chicago Housing Authority (CHA)　297, 310
シカゴ大火災 Chicago Fire of 1871　101
シカゴ美術館 Art Institute of Chicago　200
シーグラム・ビル Seagram Building　54, 139
資源保存市民部隊 Civilian Conservation Corps (CCC)　86
史跡法 Historic Sites Act　86, 196
自然史博物館ハイデン・プラネタリウム Museum of Natural Histoty, Hayden Planetarium　113
自動車産業 automobile industry　134, 154, 157, 163, 176, 325
自動車シトロエン Citroen automobile　166
シトロアン住宅（1920-1922モデルハウス）Maison Citrohan house (1920-1922 model house)　166
シドニー・オペラハウス Sydney Opera House　53, 82, 84, *233*, 348, 364-371
写真、調査 photography, research　212-213
写真測量法 photogrammetry　217

シャルル・ド・ゴール国際空港 Charles de Gaulle International Airport 388
シャロウン、ハンス Scharoun, Hans 23
ジャンヌレ、ピエール Jeanneret, Pierre 225, 258
住宅法 Housing Act 295
修復再生 rehabilitation 90-91
重要性の決定 significance, determination of 194-196
シュタイナー、ルドルフ Steiner, Rudolf 122
シュップ、フリッツ Schupp, Fritz 406
シュミットレン、エミール Schmidlin, Emil 158
ジュリアード学院 Julliard School of Music 148, 357-359, 360
シュルマン、ジュリアス Shulman, Julius 213
シュンク百貨店、グラス・パレス Schunck Depertment Store (Glaspaleis, Glass Palace) 55, 430-434
商業考古学会 Society for Commercial Archeology (SCA) 33
ショックベトン法 Schokbeton process 110
ジョン・ディア社本社屋 John Deere Corporation Headquarters 29, 59, 140
ジョン・B・ピアース財団 John B. Pierce Foundation 167-169, 174, 319, 320
ジョン・F・ケネディ・センター John F. Kennedy Center for the Performing Arts 349, 349
ジョン・F・ケネディ国際空港 → TWA ターミナル
ジョンソン、フィリップ Johnson, Philip 28, 30, 33, 40, 111, 139, 199, 249, 255-256, 356
ジョンソン、リチャード Johnson, Richard 368
ジョンソン、リンドン・B Johnson, Lyndon B. 86
ジョンソン・ワックス・ビル Johnson Wax Building 153
シーラント sealants 152-154
シリシ、クリスティアン Cirici, Cristian 242
シンドラー、ルドルフ・M Schindler, Rudolf Michael 28, 32, 169

す

スイーツ・カタログ Sweets Catalog 214
スカルパ、カルロ Scarpa, Carlo 58-59, 78
スキッドモア・オーウィングス＆メリル（SOM）Skidmore Owings & Merrill 33, 48, 55, 135, 137-138, 140, 168, 319, 357, 401, 435
スコット、ジョージ・ギルバート Sott, George Gillbert 73
スターリング、ジェームズ Stirling, James 161
スタレット・リーハイ・ビル Starrett-Lehigh Building 135
スタンダード・オイル・ビル Standard Oil Building 441
スタンダード（基準）standards 71-97
　アイントホーヘン宣言 84-85
　アテネ憲章 75-77
　アメリカ合衆国 85-93
　イコモス 80
　ヴェニス憲章 77-79
　カーテンウォール 133, 145-147
　構造用鉄骨 102
　奈良ドキュメント 80, 82-84
　プレファブリケーション 315-317
　歴史的パースペクティブ 71-72
　SPAB 宣言 72-75
ステンレス鋼、カーテンウォール stainless steel, curtain walls 138
ストーラー、エズラ Storller, Ezra 213
ストランドランド、カール Strandlund, Carl 326
ストーン、エドワード・ダレル Stone, Edward Durell 28, 44, 146, 150, 256, 427, 441
スパンドレルガラス spandrel glass 134, 141
スミソニアン博物館 Smithsonian Institution 107
スミッソン、ピーター Smithson, Peter 107, 160

せ

聖アントニウス聖堂 St. Antonius Church 122
成形プラスチック molded plastics 160
製作図 shop drawings 212
税制 taxation 87
税制改革法 Tax Reform Act 87
聖ピーターズ大学 St. Peter's College (Cardross Seminary) 26
セインズバリー大聖堂 Salisbury Cathedral 73
世界遺産委員会 World Heritage Committee 85
世界遺産プログラム（世界遺産の選考）World Heritage program 199
世界遺産リスト（世界文化遺産リスト）World Heritage List 368, 417, 449
世界大恐慌 Great Depression 29, 163, 167, 315
世界文化遺産基金 World Monument Fund 256

石造外装材 stone cladding and veneer 147-151
接合材 joint materials 152-155
ゼネラル・エレクトリック社 General Electric Corporation 160, 168
ゼネラル・ハウス社 General Houses Inc. 168-169, 175
ゼネラル・ベークライト社 General Bakelite Company 157
ゼネラル・モーターズ・ビル General Motors Building 441
ゼネラル・モーターズ技術研究所 General Motors Technical Center 99, 140, 154-155
セメスト・ハウス、テネシー州オークリッジ、メリーランド州ミドルリヴァー（プレファブ住宅）Cemesto House, Oak Ridge, Tennessee and Middle River, Maryland (prefabricated residence) 164, 168, 174, 175, 317, 319, 320-323, 321-322, 324, 330
セルト、ホセ・ルイ Sert, Jose Luis 230, 232, 301-306
ゼルファス、ベルナール・ルイス Zehrfuss, Bernard Louis 108
セロテックス社 Celotex Corporation 319, 320
全世界住宅 Mondial House 161

そ

ソーク研究所 Salk Institute 58
ソンスベーク・パヴィリオン、クレーミューラー美術館 Sonsbeek Pavilion, Kröller-Muller Museum 66
ゾンネストラール・サナトリウム Zonnestraal Sanatorium 12, 23, 54-55, 121, 142, 225, 333, 443-450, 456

た

第一次世界大戦 World War I 11, 75, 113, 124-125, 133, 210
退役軍人緊急住宅プログラム Veteran's Emergency Housing Program 170
退役軍人援護法 GI Bill 29, 170
耐候性鋼材、カーテンウォール weathering steel, curtain walls 138-140
第二次世界大戦 World War II 18, 27, 48, 77, 99-102, 105-110, 119, 126, 128, 134-135, 141, 151, 154-159, 163-164, 168, 170, 172, 175-176, 194, 196, 211, 253, 282, 293, 315-319, 350, 407, 426, 431
ダイマキシオン・ハウス Dymaxion House 169
大理石、石造外装材 marble, stone cladding and veneer 150-151
ダウカー、ヤン Duiker, Jan 23, 225, 333, 334-336, 335, 347, 444-449, 445, 449
ターナー、クロード・A・P Turner, Claude A. P. 106
ダムロッシュ公園 Damrosh Park 357, 360
タリアセン・イースト Taliesin East 255
タリアセン・ウエスト Taliesin West 255
タリアセン・フェローシップ Taliesin Fellowship 30
ダル・ド・ヴェール dallet de verre 443, 451-456, 451- 455
ダレス国際空港 Dulles International Airport 47, 233, 386-388, 398-404

ち

チェース・マンハッタン銀行 Chase Manhattan Bank 132, 136-137
チェンバリン・パウエル＆ボン設計事務所 Chamberlin, Powell & Bon 108, 120
チオコール・ケミカル社 Thiokol Chemical Corporation 153
チーム X Team Ten 26
チャタム・グリーン Chatham Green 295
チャールストン、サウスカロライナ州歴史的地区 Charleston, South Carolina historic district 86
チャルマーズ、ウィリアム Chalmers, William 157
チャンディガール Chandigarh 13, 35, 59, 60, 108
鋳鉄 cast iron 101-102

つ

ツァイス・ディヴィダク・システム Zeiss-Dywidag system 113
ツォルフェライン第 12 採掘坑施設 Zollverein Schacht (Schaft) XII coal mine complex 406-408
ツー・コロンバス・サークル Two Columbus Circle 44-46

て

ディーツ、アルバート・G・H Dietz, Albert G. H. 160-161
ティッセン・ハウス Thyssenhaus 62, 144, 202, 427
ディーラー・スコフィディオ＋レンフロ Diller Scofidio + Renfro 360
テクスチャー textures
　コンクリート 105
デクストン社 Dextone Company 110
テクトン Tecton (architectural firm) 24
鉄筋コンクリート reinforced concrete 104-106
鉄道駅舎 railroad stations 124
鉄道産業 railroad industry 99
テート・モダン Tate Modern 405

テネシー峡谷開発公社 Tennessee Valley Authority (TVA) 165, 167-168
デ・バイエンコルフ百貨店 De Bijenkorf department store 59, *59*
デュドック、W・M Dudok, W. M. 25

と
ドイツ工作連盟、ヴァイゼンホーフジードルンク Deurscher Werkbund, Weissenhofsiedlung 23
ドコモモ (DOCOMOMO) International Working Party for the Documentation and Conservation of Buildings, Sites, and Neighborhoods of the Modern Movement 11, 24, 34, 84-85, 195, 394, 444
都市計画 planning design 13
都市再開発 urban renewal
　アメリカ合衆国 30, 77
　反発心 backlash to 32
ドミニオン・デザインセンター Dominion Modern Museum for Modern Architecture and Design 200
トラヴァーティン邸 Travertine House 48
トラバーチン travertine 150-151
トレリックタワー Tretlick Tower 26
トロピカル・ハウス Tropical House 173

な
ナショナル・シアター National Theater, London, England 355
ナショナル・トラスト National Trust for Historic Preservation 30-31, 86, 256, 273, 394
ナショナル・レジスター National Register of Historic Places 32-34, 87-88, 90, 92-93, 173, 175, 195, 197-198, 202, 251, 277-278, 314, 317, 321, 328-329, 340, 403
ナショナル・ハウス株式会社 National Houses Inc. 169
鉛塗料 lead paint 220

に
20世紀協会 (30年協会) Twentieth Century Society (Thirties Society) 24
ニーマイヤー、オスカー Niemeyer, Oscar 19-20, 53
ニューアーバニズム New Urbanism 281
ニューイングランド建築 New England architecture 196
ニューイングランド古物保存協会 →ヒストリックニューイングランド
ニューカナン New Canaan 111, 199, *226*, 256
ニュータウン (英国) New Towns (England) 13, 197
ニューディール政策 New Deal programs 18, 86, 279
ニューヨーク近代美術館 Museum of Modern Art (MoMA), New York 28, 30, 157, 242-243, 249
ニューヨーク建築連盟 Architectural League of New York City 247
ニューヨーク工科大学 New York Institute of Technology (NYIT) 66, 232, 247, 249
ニューヨーク州立公園・レクリエーション・歴史保存局 New York State Office of Parks, Recreation and Historic Preservation (NYSOPRHP) 251
ニューヨーク・ステート・シアター、リンカーン・センター New York State Theater, Lincoln Center 356-357, 360
ニューヨーク・ランドマーク保存委員会 New York Landmarks Conservancy 394
認知、哲学的な問題 perception, philosophical issues 42-46

ね
ネオジョージアン様式建築 Neo-Georgian buildings 23
熱性能 thermal performance
　カーテンウォール 144
　ガラス 135, 446-447
ネルヴィ、ピエール・ルイージ Nervi, Pier Luigi 108
ネルソン・ロックフェラー・エンパイア・ステート・モール Nelson Rockefeller Empire State Mall 108, *109*

の
ノイトラ、リチャード Neutra, Richard 28, 32-33, 48, 169, 226-227, 249, 256
ノース・プラザ、リンカーン・センター North Plaza, Lincoln Center 349, 357, 359-361
ノートル・ダム Notre Dame 73

は
ハイ・アンド・オーバー High and Over, Amersham 23
ハイデン・プラネタリウム Hayden Planetarium, Museum of Natural History 113
バイフォト、ベルナルド Bijvoet, Bernard *225*, 333, *334*
バイロン・G・ロジャース連邦政府ビル Byron G. Rogers Federal Building 198
パヴィリオン pavilions 32, 42, 54, 62, 65-70, 92, 111, 116, 121, 160, 213, 238-252
バウハウス、デッサウ Bauhaus, Dessau 16, 19, 21, *22*, 24, 28, 59, 129, *131*, 142, 146
バウハウス、ワイマール Bauhaus, Weimar 267
パーキンス、ホイーラー＆ウィル Perkins, Wheeler & Will 337
ハーシェイ・アイスアリーナ Hershey Ice Arena, Hershey 114
パッケージハウジングシステム Packaged House System 167
パティナ patina 74, 89, 92, 119, 140
パナマ太平洋万国博覧会 Panama-Pacific International Exposition, Palace of Fine Arts 78
ハニッシュ、マックス、シニア Hanisch, Max, Sr. 125, *125*
パネルシステム、プレキャストコンクリート panel system, precast concrete 111-112
ハビタ住宅群 Habitat Complex, Expo 67 111
ハーマンミラー工場 Herman Miller Factory 161
バラガン、ルイス Barragán, Luis 19
バラ憲章 Burra Charter 77, 80-83, 87-88, 93, 370
パラディオ、アンドレア Palladio, Andrea 412
ハリソン＆アブラモヴィッツ Harrison & Abramovitz 137-138, *138-139*, *140*, 356
ハリソン、ウォレス・K Harrison, Wallace K. 28, 108, *109*, 170, 249-251, 356, *356*, 451, *451*, 456
ハリディー・ビル Hallidie Building 129, *130*, 135, 146
バルセロナ・パヴィリオン Barcelona Pavilion 24, 54, 62, 66-68, 92, 213, *231*, 238-240, *241*, 242, 245, 250, 252
パルテノン Parthenon 75, 77, 79
ハルプリン、ローレンス Halprin, Lawrence 43-44
バンシャフト、ゴードン Bunshaft, Gordon 33, 48, 50, *52*, 55, *56*, 104, 107, 132, 135, 137, *235*, 357, 435
ハンティントン・ハートフォード近代美術ギャラリー Huntington Hartford Gallery 44, *45*
パンナム・ビル (現メトロポリタン生命ビル) Pan Am Building (Metropolitan Life Building) 110

ひ
ピアース、ジョン・B Pierce, John B. 167-169, *174*, 319-321
ピアノ、レンゾ Piano, Renzo 142, 409-412, 416
ピエールフォンの中世の城 Pierrefonds château 73
ヒストリック・ニューイングランド (ニューイングランド古物保存協会) Historic New England (Society for the Preservation of New England Antiquities) 256, 263-264
ヒッチコック、ヘンリー・ラッセル Hitchcock, Henry-Russell 28, 30, 249
ピッツバーグ板ガラス社 Pittsburgh Plate Glass Company 134, 168
ビニライト・ハウス Vinylite House, Century of Progress International Exposition (1933) 159
ビビアン・ボーモント劇場、リンカーン・センター Vivian Beaumont Theater, Lincoln Center 357, 360
ピーボディ・テラス Peabody Terrace 69, 72, *230*, *232*, 293, 301-302, 306-307
標準化 standardization, technological advances 100
ビリャヌエバ、カルロス・ラウル Villanueva, Carlos Raúl 19, 332
ピルキントン、アラステア Pilkington, Alastair 134
ヒルトンホテル (デンバー) Hilton Hotel, Denver 110, 152
広島ピースセンター Hiroshima Peace Center 84

ふ
ファン・アイク、アルド van Eyck, Aldo 26, 66-67
ファンズワース邸 Farnsworth House 33, 51, 54, 57, 90-91, 136, 255-257, 263, 268, 270-274, *270*
ファン・デル・フルーフト、L・C van der Vlugt, L. C. 25, 50, 54, 417
ファン・デル・レーウ、キース van der Leeuw, Kees 417
ファン・ネレ工場 Van Nelle Factory 25-26, 50, 54, 84, 90, 106, 135, 141, 144, 208, 406-407, 417-425
フィリップス・パヴィリオン、ブリュッセル万博 Philips Pavilion, Brussels World's Fair, Belgium 67
風化 weathering
　コンクリート 117-121
　材料破壊 58-59
　石造外装材 147
　パティナ 74, 89
復元 reconstruction
　アテネ憲章 75-77

463

ヴェニス憲章　77-79
パヴィリオン　238-239, 242-244, 247-249
　理念上の問題　63-68
復原 restoration　91
複層ガラス double-pane glass　135, 414, 422, 427, 431, 447
腐食、鉄筋 corrosion, rebar　117, 119, 121
舞台芸術センター、ネルソン・ロックフェラー・エンパイア・ステート・モール Performing Arts Center, Nelson Rockefeller Empire State Mall　108, 109
ブーツ薬品工場 Boots Pharmaceutical Factory　23, 62, 141-142, 142
フバード・フォード＆パートナーズ Hubbard Ford & Partners　161
ブラウン、ニーブ Brown, Neave　26
ブラジリア大聖堂 Brasilia Cathedral　84
プラスチック plastics　155-162
　歴史と特性　156-161
プラスチック化粧板 decorative plastic laminates　155-162
ブラッケン・ハウス Bracken House　26, 27
ブランディ、チューザレ Brandi, Cesare　68, 78
ブリーズソレイユ brise-soleils　146, 427
ブリュッセル万国世界博覧会 World Exposition, Brussels, Belgium (1910)　124
ブリンクマン＆ファン・デル・フルーフト Brinkman & Van der Vlugt　25, 50, 54, 144, 417, 418
プルーイット・アイゴー Pruitt-Igoe housing　44
ブルータリスト Brutalist style　26
ブルック・ヒル・ファーム・デイリー社、「進歩の世紀」博覧会 Brook Hill Farm Diary Company, Century of Progress Exposition　113
ブレイク、ピーター Blake, Peter　86
プレキャストコンクリート Precast concrete　110-112
プレキャストコンクリート外装材 precast concrete cladding　151-152
プレートガラス plate glass　134
プレファブリケーション Prefabrication　162-176, 315-330
　技術的進歩　99-101
　近代建築　18
　セメスト・ハウス Cemesto House　317, 319-324, 330
　定義　315
　プラスチック　158-159
　ラストロン・ハウス　317, 325-330
　歴史的発展　315-317
プレファブリケーション住宅製造協会 Prefabricated Home Manufacturers Association　170
プレファブリケーション・ホームズ Prefabricated Homes　170
プレーリーハウス Plairie style　32
ブロイヤー、マルセル Breuer, Marcel　28, 59, 106-108, 107, 112, 113, 146, 148, 149, 151, 198, 201, 211
プログラム評価 programmatic assessment　215-217
文化財保存修復研究国際センター International Center for the Study of the Preservation and the Restoration of Cultural Property (ICCROM)　77
文書記録 documentation　32, 68, 75, 77, 79, 84-85, 194, 196, 199-200, 202, 209-214, 217-218, 221, 255, 259, 405, 448

へ

ペイ、I・M Pei, I.M.　110, 152
ベイカー・ハウス学生寮 Baker House Dormitory　307
米国海軍訓練駐屯地 United States Naval Training Station　126
米国建築製造者協会 American Architectural Manufacturers Association (AAMA)　147
米国公文書保管所 United States Chancellery Building　110
米国材料試験協会 American Society for Testing Materials (ASTM)　133, 147
米国住宅都市開発省（HUD）Department of Housing and Urban Development　198
米国商務省（アメリカ商務省）United States Department of Commerce　167, 315
米国大使館 United States Embassy　111, 111
米国歴史的工学技術記録部（HAER）Historical American Engineering Record　86
米国歴史的建造物調査（HABS）Historical American Buildings Survey　86, 217
米国歴史的ランドスケープ調査（HALS）Historical American Landscapes Survey　86
ヘイワード・ギャラリー Hayward Gallery, London, England　353, 355
ベークライト Bakelite　156-157
ペシュティーゴ高校体育館 Peshtigo High School Gymnasium　125
ベスレヘム・スチール社 Bethlehem Steel Company　407
ヘッツァー、カール・フリードリヒ・オットー Hetzer, Karl Friedrich Otto　124, 125
ヘドリック・ブレッシング社 Hedrich Blessing (firm)　212
ペプシコーラ本社ビル Pepsi-Cola building　132
ベミス財団 Bemis Foundation　167
ベル、ハインリヒ Böll, Henrich　406
ベル電話研究所 Bell Telephone Corporation Research Laboratories　48, 408
ペレ、オーギュスト Perret, Auguste　24-25, 77, 110
ベーレンス、ペーター Behrens, Peter　23
ペンギンプール Penguin Pool　24
ヘントリッヒ・ペチュニック＆パートナーズ Hentrich-Petschnigg & Partner　144

ほ

ホイットニー美術館 Whitney Museum of American Art　149, 150-151
ボイト、カミッロ Boito, Camillo　75
ホークスムア、ニコラス Hawksmoor, Nicholas　72
ボストン市庁舎 Boston City Hall　42, 43, 44
保存 preservation
　一戸建て住宅　48, 50, 253-255, 257-258
　外装材　426-428, 430-431, 435-436
　カーテンウォール　141-147
　空港ターミナル　386-388, 391-395, 399-403
　郊外開発　275-276, 278-279, 282-285, 287-290
　構造用鉄骨　102, 104
　コンクリート　115-124
　産業建築　405-415, 417-423
　集合住宅・高層住宅　293-299, 302-306
　集成木材　126-128
　住宅建築　253-254
　ゾンネストラール・サナトリウム　444-449
　ダル・ド・ヴェール　451-455
　舞台芸術センター　348, 351-353, 357-360, 367-369
　プラスチック　161-162
　プレファブリケーション　172-176, 319-324, 326-328
　ホテル　372-374, 376-377, 380-382
　未来への挑戦　34-35
　歴史的遺産のトリートメントに関する内務長官基準　85-87
保存プロセス preservation process　192-203
　インテグリティ　201-202
　現代的なリソース　200-201
　識別と文書記録　196-200
　重要性の決定　194-196
　調査と評価　207-221
ポッロ、リカルド Porro, Ricardo　19, 113
ホテル・ラ・コンチャ Hotel La Concha　375
ホピ財団 Hopi Foundation　87
ホプキンス、マイケル Hopkins, Michael　27
ポープ・ライリー邸 Pope-Leighey House　30-31
ポリエチレン polyethylene　157
ホワイト・シティ White City　19, 59

ま

マイヤー、アドルフ Meyer, Adolf　54, 130, 144
マー・ヴィスタ Mar Vista neighborhood　29, 201-202, 275, 287-292, 328
マークス、ロベルト・ブール Marx, Roberto Burle　19-20, 35
マサチューセッツ現代美術館 Massachusetts Museum of Contemporary Art (MASS MoCA)　405, 407
マスロン邸 Maslon House　48
マッキム、ミード＆ホワイト McKim, Mead & White　29, 114
マッキントッシュ、チャールズ・レニー Mackintosh, Charles Rennie　67
マッテ・トルッコ、ジャコモ Matté-Trucco, Giacomo　409-410, 412
マーティン、レスリー Martin, Leslie　233, 350
マニトガ（ラッセル・ライト邸）Manitoga (Russel Wright house)　255
マニュファクチャー・ハノーヴァー・トラストビル Manufacturers Hanover Trust Building　55-56
マリーナ・シティ Marina City　107, 109, 121, 122, 308
マンデル邸 Mandel House　256
マンハッタン・プロジェクト Manhattan Project　175, 321

み

ミケール邸 Micheels House　48
ミース・ファン・デル・ローエ財団 Mies van der Rohe, Fundació　24, 66
ミース・ファン・デル・ローエ、ルードヴィッヒ Mies van der Rohe,

Ludwig　21, 23, 28, 33, 40, 58, 61-62, 66, 136, 139, 145-146, 198-199, 201, *228*, *231*, 240, 242, 244-245, 252, 255-256, 270, 272-274, 427-428
ミッション66　Mission 66 study　198-199
ミューア、ジョン　Muir, John　85
未来の家（デイリーメイル理想住宅展覧会）House of the Future, Daily Mail Ideal Home Exhibition　160

む

ムーア、ヘンリー　Moore, Henry　360-361
ムンケゴー小学校　Munkegard Elementary School　342-347

め

メイラート、ロバート　Maillart, Robert　106
メキシコ国立自治大学　National Autonomous University of Mexico　*116*, 332
メゾン・トロピカル　Maison Tropicale　25
メトロポリタン歌劇場　Metropolitan Opera House　356-357, 360
メンテナンス、材料破壊　maintenance, materials failure　58-60

も

モーザー、カール　Moser, Karl　122
モーサイ・システム　Mo-Sai system　110, *111*
モーゼス、ロバート　Moses, Robert　78
モダニズム　Modernism
　　反近代傾向　10
　　反動　19
　　産業化　11
モトホーム（アメリカン・ハウス株式会社）Motohome (American Houses, Inc.)　169
モニエ、ジョセフ　Monier, Joseph　106
モリス、ウィリアム　Morris, William　71-74
モンサント社　Monsanto Company　157, 160
モンサント未来住宅　Monsanto House of the Future　160

や

ヤコブセン、アルネ　Jacobsen, Arne　211, *234*, 342, *342-344*, 346-347, 380-383, *381-384*

ゆ

有害物質　hazardous materials　220
ユーソニアン・ハウス　Usonian house　169
ユニテ・ダビタシオン　Unit d'Habitation　22, *105*, 106, 108
ユネスコ、国連教育科学文化機関　United Nations Educational, Scientific and Cultural Organization (UNESCO)　34, 77, 80, 199, 368

よ

ヨハンセン、ジョン・M　Johansen, John M.　111

ら

ライト、フランク・ロイド　Wright, Frank Lloyd　12, 28, 30-33, 64, 67, 107, 153, 169, 199, 211, 255
ライリー、マジョリー　Leighey, Marjorie　30
ラウリッツェン、ヴィルヘルム　Lauritzen, Vilhelm　387
ラガーディア空港　LaGuardia Airport　386, 400
ラスキン、ジョン　Ruskin, John　62-63, 71-73, 75
ラスダン、デニス　Lasdun, Denys　26
ラストロン・ハウス　Lustron house　34, 100, 164, 166, 171, 173-175, *232*, 317, 325-330, *325-327*, *329*
ラピダス、モーリス　Lapidus, Morris　372-373, 385
ラ・マドレーヌ教会堂　Church of the Madeleine　73
ラミネートガラス　laminated glass　134
ラルフ・ウィルソン・シニア邸　Ralf Willlson Sr. house　158, *159*, *229*
ランディ、ヴィクター　Lundy, Victor　198
ランバート空港　Lambert-St. Louis International Airport　114

り

リー、エリス　Leigh, Ellis　*158*
リーグル、アロイス　Riegle, Alois　58, 75
リバー・ルージュ、フォード・モーターズ　River Rouge Plant, Ford Motor Company　406
リュベトキン、バーソルド　Lubetkin, Berthold　24
利用者数、空港ターミナル保存　passenger volume, airport terminal preservation　387
リンカーン・センター　Lincoln Center for the Performing Arts　44, 78, 93, 148, 150-151, 348-349, 356-360, *356-359*, 362, 364

る

ル・アーヴル　Le Havre　25, 77
ル・コルビュジエ　Le Corbusier　16, 21-30, 32, 53, 58-59, *60*, 66-67, *105*, 106-108, 112, 135, 146, 160, 166, 169, 199, 201, 208, 211, *225*, 238, 251, 255, *258*, 259, *260-261*, 261, 270, 274, 301, 409, *410*
ルーセント・テクノロジー　Lucent Technologie　→ベル電話研究所
ルドルフ、ポール　Rudolph, Paul　42, 48, 107
ル・ランシーのノートル・ダム教会堂　Notre Dame du Raincy　24, 110

れ

冷戦　Cold War　18, 33
レイノルズ金属会社　Reynolds Metals　182
レイモンド・M・ヒリアード・センター　Raymond M. Hilliard Center　78-79, 91, 107, 121, 293, 302, 308, 314
レヴァー・ハウス　Lever House　19, 33, *40*, 51-52, *52*, 54, 62, 92, *104*, 132, 136, 138, 144, 147, 153, 202, *235*, *381*, 427-428, 435, *435-437*
レヴィット、ウィリアム　Levitt, William　171
レヴィット・タウン　Levittown　29, 48, *49*, 100, 202, 282-287, *283-286*, 290, 292, 322
歴史的遺産のトリートメントに関する内務長官基準　The Secretary of theInterior's Standards for the Treatment of Historic Properties　85-93
　　修復再生　rehabilitation　90-91
　　現状保存　preservation　88-90
　　復元　reconstruction　92-93
　　復原　restoration　91
レディカット・ハウス　Redi-Cut Houses　166
レン、クリストファー　Wren, Christopher　72
連邦租税裁判所　United States Tax Court　198

ろ

ロイヤル・フェスティバル・ホール　Royal Festival Hall, London　*233*, 350-355, 358, 362, 364
ローウィ、レイモンド　Loewy, Raymond　157
ロヴェル・ビーチハウス　Lovell Beach House　32
ロヴェル邸　Lovell House　32
ロックフェラー、ジョン・D、ジュニア　Rockefeller, John D., Jr　86
ロビー邸　Robie House　256
ロンドン万国博覧会（1851）Great Exhibition, London, England　350-355
ロンドン万国博覧会（1867）Great Exhibition, London, England　182

わ

ワシントン記念塔　Washington Monument　137
ワシントン・ナショナル空港　Washington National Airport (Ronald Reagan Washington National Airport)　386
ワックスマン、コンラッド　Wachsmann, Konrad　167
ワルシャワ（ポーランド）再建　Warsaw (Poland) reconstruction　63, 77
ワールドトレードセンタービル　World Trade Center　132
「ワン・プラス・ツー」ダイアトム・ハウス　"One-Plus-Two" Diatom House　169

A

A・コンガー・グッドイヤー邸　A. Conger Goodyear House　256
CIAM　→近代建築国際会議
HOK（ヘルムス、オバタ＋カッサハウム）HOK　401
SAS ロイヤルホテル　SAS Royal Hotel　*234*, 380-385
共同設計事務所 TAC　The Architects Collaborative　198
TWA ターミナル、ジョン・F・ケネディ国際空港　TWA Terminal　19, 44-47, 51-52, 56, 107, 114, 364, 387-388, 390-397, 400
US スチール本社ビル　United States Steel Tower　140
VDL リサーチ・ハウス　VDL Research House　169

図版提供

第1章
Fig. 1-2, courtesy of Debora Machado de Barros.

第2章
Fig. 2-1, courtesy of Library of Congress, Prints and Photographs Division, Gottscho-Schleisner Collection (LC-G612-71723); Fig. 2-3, courtesy of Gregory Frenzel; Figs. 2-5 and 2-6, courtesy of Flora Chou; Fig. 2-7, courtesy of Library of Congress, Prints & Photographs Division, Gottscho-Schleisner Collection (LC-G612-60918-E); Fig. 2-8, courtesy of Jennifer Ko; Fig. 2-12, courtesy of Shashi Caan; and Fig. 2-14, courtesy of P. S. Byard.

第4章
Fig. 4-1, courtesy of The Skyscraper Museum; Fig. 4-3, courtesy of Susan MacDonald; Fig. 4-5, courtesy of Library of Congress, Prints and Photographs Division, Historic American Engineering Record (HAER UTAH, 18-SALCI, 22-5); Fig. 4-8, courtesy of Eero Saarinen Collection, Manuscripts & Archives, Yale University Library; Fig. 4-9, courtesy of Jack Pyburn, FAIA; Fig. 4-12, courtesy of Tania Goffee; Fig. 4-17, courtesy of Toni Di Maggio; Fig. 4-19, courtesy of Flora Chou; Figs. 4-20 and 4-21, courtesy of Unit Structures, Inc. and Maurice J. Rhude of Sentinel Structures, Inc.; Fig. 4-23, courtesy of Fagus GreCon Greten Gmbh & Co., KG; Fig. 4-24, courtesy of Library of Congress, Prints and Photographs Division, Historic American Building Survey (HABS CAL, 38-SANFRA, 149-1); Fig. 4-25, courtesy of Jeffery Howe, Boston College; Fig. 4-28, courtesy of Jennifer Ko; Fig. 4-30, courtesy of Susan MacDonald; Fig. 4-31, courtesy of Kirk Huffaker; Fig. 4-32, courtesy of Gregory Frenzel; Fig. 4-33, courtesy of Bill Cotter (www.worldsfairphotos.com); Fig. 4-34, courtesy of Wilsonart International; Fig. 4-36, courtesy of Albert Bemis and John E. Burchard, *The Evolving House, vol. III: Rational Design* (Cambridge, MA: The MIT Press); and Figs. 4-37 and 4-38, courtesy of Emily Gunzberger Makas.

第7章
Figs. 7-1, 7-2, and 7-3, courtesy of Pepo Segura, Fundació Mies van der Rohe-Barcelona; Fig. 7-6, courtesy of Mark Kaminis; Figs. 7-8 and 7-9, courtesy of Flora Chou; and Fig. 7-11, courtesy of Mark Kaminis.

第8章
Figs. 8-1, 8-2, 8-3, and 8-4, courtesy of Jeffery Howe; Fig. 8-6, courtesy of Library of Congress, Prints and Photographs Division, Historic American Building Survey (HABS MASS, 9-LIN, 16-4 HABS) (photo by Jack E. Boucher); Fig. 8-9, courtesy of Library of Congress, Prints and Photographs Division, Historic American Building Survey (HABS MASS, 9-LIN, 16-27 HABS) (photo by Jack E. Boucher); Fig. 8-11, courtesy of Library of Congress, Prints and Photographs Division, Historic American Building Survey (HABS MASS, 9-LIN, 16-36 HABS) (photo by Jack E. Boucher); Fig. 8-15, courtesy of Jon Miller, Hedrich Blessing; Figs. 8-18 and 8-20, courtesy of Landmarks Preservation Council of Illinois; Fig. 8-21, courtesy of the Library of Congress (LC-USF344-007483-ZB); Fig. 8-22, courtesy of the Library of Congress (LC-USF344-000286-ZB); Figs. 8-24 and 8-25, courtesy of the Greenbelt Museum; Figs. 8-26, 8-29, and 8-30, courtesy of Levittown Public Library Collection; Figs. 8-27, 8-31, 8-32, 8-35, 8-36, and 8-38, courtesy of Flora Chou; Figs. 8-39 and 8-42, courtesy of Gruzen Samton LLP (photos by David Hirsch); Figs. 8-43, 8-44, and 8-45, courtesy of Jennifer Ko; Fig. 8-47, courtesy of Steve Rosenthal; Figs. 8-52 and 8-55, courtesy of Flora Chou; Fig. 8-57, courtesy of Eskenazi, Farrell & Fodor, PC; and Fig. 8-58, courtesy of Flora Chou.

第9章
Figs. 9-1 and 9-2, courtesy of Emily Gunzberger Makas; Fig. 9-5, courtesy of Ed Westcott Photography (photo by Ed Westcott); Fig. 9-7, courtesy of Susan De Vries (2004); Fig. 9-9, courtesy of Library of Congress, Prints and Photographs Division, Historic American Building Survey (HABS IND, 64-BEVSH, 5-7) (photo by Jack E. Boucher); and Fig. 9-10, courtesy of KDN Films, *Lustron—The House Americas Been Waiting For*.

第10章
Fig. 10-1, courtesy of St. Louis Public Schools Archives; Fig. 10-2, courtesy of Amsterdam City Archives; Fig. 10-6, courtesy of Bureau Monumenten & Archeologie l Han van Gool; Figs. 10-8 and 10-9, courtesy of Flora Chou; Figs. 10-11 and 10-12, courtesy of Eero Saarinen Collection, Manuscripts & Archives, Yale University Library (photos by Harvey Croze); Fig. 10-13, courtesy of Flora Chou; Figs. 10-17, 10-18, and 10-19, courtesy of Ola Wedebrunn; and Figs. 10-20 and 10-21, courtesy of Dorte Mandrup Architects; Figs. 10-22 and 10-23, courtesy of Hiroyuki Tamada.

第11章
Fig. 11-2, courtesy Allies and Morrison and the Royal Festival Hall Archives; Figs. 11-5 and 11-6, courtesy of Toni Di Maggio; Fig. 11-7, courtesy Allies & Morrison and Richard Bryant (http://arcaid.co.uk); Figs. 11-8 and 11-13, courtesy of Flora Chou; Fig. 11-19, courtesy of Max Dupain; and Fig. 11-20, courtesy of Sydney Opera House.

第12章
Fig. 12-3, courtesy of Hospitality Industry Archives, University of Houston; Fig. 12-5, courtesy of José C. Silvestre Lugo, Assoc. AIA; and Fig. 12-10, courtesy of Radisson SAS Royal Hotel, Copenhagen.

第13章
Figs. 13-1 and 13-6, courtesy of Eero Saarinen Collection, Manuscripts & Archives, Yale University Library; Fig. 13-7, courtesy of Gensler; Fig. 13-9, courtesy of Balthazar Korab Ltd. and Eero Saarinen Collection, Manuscripts & Archives, Yale University Library; Fig. 13-10, courtesy of Metropolitan Washington Airports Authority; and Fig.13-12, courtesy of Eero Saarinen Collection, Manuscripts & Archives, Yale University Library.

第14章
Fig. 14-1, courtesy of Thomas Mayer, Neuss; Fig. 14-2, courtesy of Michele d'Ottavio and Pho-to.it PhotAgency; Fig. 14-3, courtesy of Luigi Bertello and Pho-to.it PhotAgency; Fig. 14-5, courtesy Gianni Berengo Gardin, Rpbw; Fig. 14-6, courtesy Enrico Cano, Rpbw; Figs. 14-9 and 14-10, courtesy of Aviodrome Aerial Photography, Lelystad, Holland; Fig. 14-11, courtesy of S. Devan; and Fig. 14-15, courtesy of Fas Keuzenkamp.

第15章
Fig. 15-1, courtesy of Rijckheyt, centrum voor regionale geschiedenis (No. 15486); Fig. 15-4, courtesy of Rijckheyt, centrum voor regionale geschiedenis (No. 17514); Figs. 15-10 and 15-12, courtesy of Jennifer Ko; and Fig. 15-14, courtesy of S. Devan.

第16章
Figs. 16-3, 16-4, 16-5, and 16-6, courtesy of S. Devan; Fig. 16-7, courtesy of Jennifer Ko; Fig. 168, courtesy of Robert C. Calfee; and Figs. 16-9, 16-10, and 16-11, courtesy of Jennifer Ko.

著者略歴
テオドール・H・M・プルードン　Theodore H.M. Prudon
オランダ生まれ。デルフト工科大学大学院にて建築学修士を修めたのち、コロンビア大学大学院建築・都市計画・歴史保存学部にて修士号および博士号を取得。現在、コロンビア大学大学院建築・都市計画・歴史保存学部准教授。同校の歴史保存プログラムにて30年以上教鞭を執る傍ら、プルードン＆パートナーズを主宰し修復建築家としても活躍。アメリカ建築家協会フェロー、DOCOMOMO US代表。DOCOMOMO International Advisory Board Member。

訳者略歴
玉田浩之　たまだ・ひろゆき
1973年生まれ。京都工芸繊維大学大学院工芸科学研究科博士前期課程修了後、コロンビア大学建築・都市計画・歴史保存学部客員研究員を経て、2006年京都工芸繊維大学大学院博士後期課程修了。現在、同大学文化遺産教育研究センター特任助教。博士（学術）。京都造形芸術大学、摂南大学非常勤講師。共編訳に『ラルフ・アースキンの建築　人間性の追求』（鹿島出版会、2008）。

近代建築保存の技法

発行　　2012年2月25日 第一刷

編訳者　玉田浩之

発行者　鹿島光一

発行所　鹿島出版会
〒104-0028　東京都中央区八重洲2-5-14
電話 03-6202-5200
振替 00160-2-180883

装丁　　伊勢功治

DTP　　ホリエテクニカルサービス

印刷　　壮光舎印刷

製本　　牧製本

©TAMADA Hiroyuki 2012
ISBN978-4-306-04568-2　C3052
Printed in Japan

無断転載を禁じます。落丁・乱丁本はお取替えいたします。
本書の内容に関するご意見・ご感想は下記までお寄せください。
URL:http://www.kajima-publishing.co.jp
e-mail:info@kajima-publishing.co.jp